POR QUE AS NAÇÕES FRACASSAM

POR QUE AS NAÇÕES FRACASSAM

AS ORIGENS DO PODER, DA PROSPERIDADE E DA POBREZA

DARON ACEMOGLU
JAMES A. ROBINSON

Tradução de Rogerio W. Galindo
e Rosiane Correia de Freitas

intrínseca

Copyright © 2012 by Daron Acemoglu e James A. Robinson.
Todos os direitos reservados.

TÍTULO ORIGINAL
Why Nations Fail

PREPARAÇÃO
Barbara Morais
Isadora Prospero

REVISÃO
Eduardo Carneiro
Fábio Gabriel
Rayssa Galvão
Thayná de Barros

DESIGN DE CAPA
David Pearson

ADAPTAÇÃO DE CAPA
Gustavo Piqueira | Casa Rex

DIAGRAMAÇÃO
Victor Gerhardt | CALLIOPE

CIP-BRASIL. CATALOGAÇÃO NA PUBLICAÇÃO
SINDICATO NACIONAL DOS EDITORES DE LIVROS, RJ

A157p
    Acemoglu, Daron, 1967-
    Por que as nações fracassam : as origens do poder, da prosperidade e da pobreza / Daron Acemoglu, James A. Robinson ; tradução Rogerio Galindo, Rosiane Correia de Freitas. - 1. ed. - Rio de Janeiro : Intrínseca, 2022.
    592 p. : il. ; 23 cm.

    Tradução de: Why nations fail
    Inclui bibliografia e índice
    Inclui mapas
    ISBN 978-65-5560-540-2

1. Economia - Aspectos políticos. 2. História econômica - Aspectos políticos. 3. Desenvolvimento econômico - Países em desenvolvimento. 4. Revoluções - Aspectos econômicos. 5. Países em desenvolvimento - Política econômica. 6. Países em desenvolvimento - Política social. I. Robinson, James A. II. Galindo, Rogerio. III. Freitas, Rosiane Correia de. IV. Título.
22-76654   CDD: 330
                                             CDU: 330

Meri Gleice Rodrigues de Souza - Bibliotecária - CRB-7/643

[2022]
Todos os direitos desta edição reservados à
EDITORA INTRÍNSECA LTDA.
Av. das Américas, 500, bloco 12, sala 303
22640-904 – Barra da Tijuca
Rio de Janeiro – RJ
Tel./Fax: (21) 3206-7400
www.intrinseca.com.br

Para Arda e Asu — DA

Para María Angélica, mi vida y mi alma — JR

SUMÁRIO

Prefácio — 1

1. Tão perto, mas tão diferente — 7

2. Teorias que não funcionam — 50

3. A criação da prosperidade e da pobreza — 78

4. Pequenas diferenças e conjunturas críticas: o peso da história — 107

5. "Eu vi o futuro, e ele funciona": crescimento em meio a instituições extrativistas — 138

6. Diferenciação — 169

7. O ponto de inflexão — 202

8. Não no nosso território: barreiras para o desenvolvimento — 237

9. Retrocesso no desenvolvimento	273
10. A difusão da prosperidade	306
11. O círculo virtuoso	337
12. O círculo vicioso	374
13. Por que as nações fracassam hoje	411
14. Quebrando o ciclo	451
15. Entendendo a pobreza e a prosperidade	478
Agradecimentos	519
Ensaio bibliográfico e fontes	521
Referências	539
Índice remissivo	563

PREFÁCIO

ESTE LIVRO TRATA DA IMENSA DIFERENÇA de renda e de padrões de vida que separa os países ricos do mundo, como os Estados Unidos, a Grã-Bretanha e a Alemanha, dos países pobres, como os da África subsaariana, da América Central e do sul da Ásia.

No momento em que escrevemos este prefácio, o norte da África e o Oriente Médio estão abalados pela "Primavera Árabe", iniciada pela chamada Revolução de Jasmim, que teve como gatilho a indignação popular pela autoimolação de um vendedor ambulante, Mohamed Bouazizi, em 17 de dezembro de 2010. Em 14 de janeiro de 2011 houve a renúncia do presidente Zine El Abidine Ben Ali, que governava a Tunísia desde 1987, mas, em vez de diminuir, o ardor revolucionário contra o domínio das elites privilegiadas do país ficou mais forte e logo se espalhou pelo restante do Oriente Médio. Hosni Mubarak, que governou o Egito com mão de ferro por quase trinta anos, foi derrubado em 11 de fevereiro de 2011. Enquanto escrevemos este prefácio, os destinos dos governos de Bahrein, Líbia, Síria e Iêmen são desconhecidos.

As raízes do descontentamento nesses países vêm da pobreza. O egípcio médio tem uma renda que equivale a aproximadamente 12% da renda média de um cidadão dos Estados Unidos, e sua expectativa de vida é dez anos menor; 20% da população está em situação de extrema pobreza. Embora essas diferenças sejam significativas, na verdade são consideravelmente pequenas quando comparadas às que existem entre os Estados Unidos e os países mais pobres do mundo, como Coreia do Norte, Serra Leoa e Zimbábue, onde bem mais da metade da população vive na pobreza.

Por que o Egito é tão mais pobre do que os Estados Unidos? Quais são as limitações que impedem os egípcios de se tornarem mais prósperos? A pobreza do Egito é imutável, ou pode ser erradicada? Um modo natural de começar a pensar sobre isso é olhar o que os próprios egípcios dizem sobre os problemas que enfrentam e por que se revoltaram contra o regime de Mubarak. Noha Hamed, de 24 anos, que trabalha em uma agência de publicidade no Cairo, deixou claro o que pensava enquanto protestava na praça Tahrir: "Sofremos devido à corrupção, à opressão e à péssima educação de base. Estamos vivendo em um sistema corrupto que precisa mudar." Também na praça, Mosaab El Shami, de 20 anos, estudante de farmácia, concordou: "Espero que até o fim do ano tenhamos um governo eleito, as liberdades universais tenham sido aplicadas e a corrupção que tomou o país tenha acabado." Os manifestantes da praça Tahrir eram unânimes quanto à corrupção do governo e à sua incapacidade de prestar serviços públicos e quanto à desigualdade de oportunidades no país. Eles reclamavam particularmente da repressão e ausência de direitos políticos. Como Mohamed ElBaradei, ex-diretor da Agência Internacional de Energia Atômica, escreveu no Twitter em 13 de janeiro de 2011: "Tunísia: repressão + ausência de justiça social + falta de canais para mudança pacífica = uma bomba-relógio." Tanto os egípcios quanto os tunisianos acreditavam que seus problemas econômicos eram causados fundamentalmente pela falta de direitos políticos. Quando os manifestantes começaram a formular suas exigências de modo mais sistemático, as doze demandas mais urgentes postadas por Wael Khalil, o engenheiro de software e blogueiro que se tornou um dos líderes dos protestos no Egito, eram voltadas para mudanças políticas. Questões como o aumento do salário mínimo só surgiram entre as demandas transitórias, que seriam implementadas mais tarde.

Para os egípcios, entre os motivos que impedem o país de se desenvolver estão um Estado ineficiente e corrupto e uma sociedade que não acolhe seus talentos, sua ambição e sua engenhosidade nem emprega a instrução que venham a receber. Mas eles também reconhecem que as raízes desses problemas são políticas. Todos os impedimentos econômicos com que se deparam surgem do modo como o poder político no Egito é exercido e monopolizado por uma pequena elite. Isso, segundo eles, é a primeira coisa que precisa mudar.

No entanto, essa crença dos manifestantes da praça Tahrir diverge fundamentalmente da sabedoria convencional sobre o tema. Quando tentam compreender os motivos da pobreza de um país como o Egito, acadêmicos e comentaristas em geral dão ênfase a fatores completamente diferentes. Alguns ressaltam que a pobreza do Egito é determinada, a princípio, por sua geografia: quase todo o território do país está numa área desértica, sem um regime de chuvas adequado e com solos e clima que inviabilizam uma agricultura produtiva. Outros destacam os atributos culturais dos egípcios, que supostamente não são propícios para o desenvolvimento econômico e a prosperidade. Afirmam que os egípcios não têm o mesmo tipo de ética de trabalho nem os mesmos traços culturais que permitiram a prosperidade de outros povos; em vez disso, aceitaram as crenças da fé islâmica, incompatíveis com o progresso econômico.

Uma terceira abordagem, predominante entre os economistas e especialistas em políticas públicas, se baseia na noção de que os governantes do Egito simplesmente não sabem o que é necessário para tornar o país próspero, por isso seguiram muitas políticas e estratégias incorretas. Segundo o raciocínio, se esses governantes fossem bem aconselhados, a prosperidade viria. Para esses acadêmicos e especialistas, o fato de os egípcios terem sido governados por pequenas elites que enriqueceram à custa da sociedade parece irrelevante para compreender os problemas econômicos do país.

Neste livro, afirmaremos que são os egípcios da praça Tahrir, e não a maior parte dos estudiosos e especialistas, que têm a razão. Na verdade, o Egito é pobre precisamente por ter sido governado por uma pequena elite que organizou a sociedade para benefício próprio, à custa da vasta massa da população. O poder político esteve muito concentrado e foi usado para criar muita riqueza para seus detentores, como a suposta fortuna de 70 bilhões de dólares acumulada pelo ex-presidente Mubarak. Quem saiu perdendo foram os egípcios, que entendem isso muito bem.

Vamos mostrar que a interpretação sobre a pobreza egípcia feita pelo povo fornece uma explicação geral para a pobreza de todos os países. Não importa se o assunto é Coreia do Norte, Serra Leoa ou Zimbábue: mostraremos que os motivos de esses países serem pobres são os mesmos que tornam o Egito pobre. Países como a Grã-Bretanha e os Estados Unidos se tornaram ricos porque seus cidadãos derrubaram as elites que controlavam o poder e criaram uma sociedade em que os poderes políticos eram muito mais bem distribuídos, em que o governo era responsabilizado e responsivo aos cidadãos, em que a grande massa de habitantes era capaz de aproveitar as oportunidades econômicas. Mostraremos que, para entender por que existe tanta desigualdade no mundo de hoje, precisamos investigar o passado e estudar a dinâmica histórica da sociedade. Veremos que a razão para que a Grã-Bretanha seja mais rica do que o Egito é o fato de que, em 1688, a Grã-Bretanha (ou a Inglaterra, para sermos exatos) passou por uma revolução que transformou a política e, por consequência, a economia dessa nação. As pessoas lutaram e conquistaram mais direitos políticos, que usaram para expandir suas oportunidades econômicas. O resultado foi uma trajetória política e econômica fundamentalmente diferente, que culminou com a Revolução Industrial.

A Revolução Industrial, com as tecnologias que a acompanham, não chegou ao Egito porque o país estava sob controle do Império Otomano, que tratava o povo mais ou menos do mesmo modo como a família Mubarak faria tempos depois. O governo otomano no Egito foi derrubado por Napoleão Bonaparte em 1798, mas em seguida o país caiu sob controle do colonialismo britânico, que tinha tão pouco interesse quanto os otomanos na promoção da prosperidade egípcia. Embora os egípcios tenham se libertado dos impérios Otomano e Britânico e, em 1952, derrubado a monarquia local, não passaram por revoluções como a de 1688 na Inglaterra. Ao invés de alterar os fundamentos da política no Egito, essas revoluções levaram ao poder outra elite igualmente desinteressada em buscar prosperidade para a população geral, como já acontecia desde os otomanos e os britânicos. Por consequência, a estrutura básica da sociedade não se alterou, e o Egito permaneceu pobre.

Neste livro, vamos estudar como esses padrões se reproduzem ao longo do tempo e por que às vezes se alteram, como aconteceu na Inglaterra, em 1688, e na França, com a revolução de 1789. Isso nos ajudará a entender se a situação no Egito está mudando e se a revolução que derrubou Mubarak conduzirá a um novo conjunto de instituições capaz de levar prosperidade ao cidadão médio. O Egito passou por revoluções que não mudaram a situação porque seus organizadores simplesmente tomaram as rédeas dos líderes depostos e recriaram um sistema similar. É difícil, para cidadãos comuns, obter poder político genuíno e mudar o modo como suas sociedades funcionam. Mas é possível, e veremos como isso aconteceu na Inglaterra, na França e nos Estados Unidos, assim como no Japão, em Botsuana e no Brasil. É necessária uma transformação política desse tipo para que uma sociedade pobre se torne rica. Há indícios de que isso esteja acontecendo no Egito. Reda Metwaly, outro manifestante na praça Tahrir, afirmou: "Agora você vê muçulmanos e cristãos juntos, agora você vê os mais velhos e os mais jovens juntos, e todos querem a mesma coisa."

Veremos que um movimento social abrangente como esse foi um fator decisivo para transformações políticas reais. Se compreendermos quando e por que essas transições acontecem, estaremos em melhores condições de avaliar quando esses movimentos vão fracassar, como aconteceu com frequência no passado, e quando podemos ter esperanças de que sejam bem-sucedidos e mudem a vida de milhões de pessoas.

1.
TÃO PERTO, MAS TÃO DIFERENTE

A economia do Rio Grande

A CIDADE DE NOGALES É CORTADA ao meio por uma cerca. Junto a essa cerca, olhando para o norte, é possível ver Nogales, no Arizona, localizada no distrito de Santa Cruz, onde a renda domiciliar média é por volta de 30 mil dólares anuais. A maioria dos adolescentes frequenta a escola, e a maioria dos adultos se formou no ensino médio. Apesar de todas as questões sobre as deficiências do sistema de saúde dos Estados Unidos, a população é relativamente saudável, com expectativa de vida alta de acordo com padrões mundiais. Muitos residentes têm mais de 65 anos e acesso ao Medicare, apenas um dos muitos serviços que o governo oferece e ao qual quase ninguém dá muita importância, assim como energia elétrica, telefonia, sistema de saneamento, atendimento público de saúde, uma rede de rodovias que liga o lugar a outras cidades da área e ao restante dos Estados Unidos, e, não menos importante, a lei e a ordem. A população de Nogales, Arizona, pode fazer as atividades cotidianas sem temer por sua vida nem por sua segurança e sem se preocupar com roubos, expropriação ou outros possíveis riscos para seus investimentos nos negócios e em suas casas. Igualmente importante, essas pessoas têm a certeza que, apesar de toda a ineficiência e dos ocasionais casos de corrupção, o governo trabalha para elas. Podem votar para substituir o prefeito, os deputados e senadores; e votam nas eleições presidenciais que determinam quem governará o país. A democracia é natural para essa gente.

A vida ao sul da cerca, a poucos metros de distância, é bem diferente. Embora os habitantes de Nogales, no estado de Sonora, vivam em uma parte relativamente próspera do México, sua renda domiciliar média é por volta de um terço da renda de Nogales, Arizona. A maioria dos adultos ali não se formou no ensino médio, e muitos adolescentes não frequentam a escola. As mães se preocupam com a taxa alta de mortalidade infantil. Com a má qualidade dos serviços de saúde, não surpreende que os habitantes de Nogales, Sonora, não vivam tanto quanto seus vizinhos. E também não tenham acesso a muitos serviços públicos. As estradas ao sul da cerca estão em más condições. Os serviços de segurança são piores. A criminalidade é alta, e abrir um negócio é uma atividade arriscada. Como se não bastasse a chance de ser roubado, não é fácil conseguir todas as permissões e molhar as mãos de todas as autoridades necessárias para a empreitada começar a funcionar. Os habitantes de Nogales, Sonora, convivem diariamente com a corrupção e a inércia dos políticos.

Ao contrário do que acontece com seus vizinhos ao norte, a democracia mexicana é uma experiência bastante recente. Até as reformas políticas de 2000, Nogales, Sonora, assim como o restante do país, estava sob o controle corrupto do Partido Revolucionário Institucional (PRI).

Como é possível que as duas metades do que é essencialmente a mesma cidade sejam tão distintas? Não há diferenças geográficas ou climáticas, nem nos tipos de doenças predominantes na área, uma vez que os germes não enfrentam restrições para atravessar a fronteira entre os Estados Unidos e o México. Claro, as condições de saúde são bem diferentes, mas isso não tem nada a ver com o ambiente ser mais ou menos propício para doenças; deve-se ao fato de as pessoas ao sul da fronteira viverem em condições sanitárias piores e não terem bons serviços de saúde.

Mas talvez a diferença esteja nos habitantes. Será que o povo de Nogales, Arizona, descende de migrantes europeus, enquanto os do sul são descendentes de astecas? Não é o caso. As origens dos povos dos dois lados da fronteira são bastante semelhantes: quando o México se tornou independente da Espanha, em 1821, a área em torno de "Los dos Nogales" era parte do estado mexicano de Vieja California, o que continuou mesmo depois da guerra de 1846-1848 entre o México e os Estados Unidos. Na verdade, foi só depois da Compra Gadsden, em 1853, que a fronteira americana se estendeu até essa área. Foi o tenente N. Michler que, ao inspecionar a fronteira, percebeu a presença do "belo vale de Los Nogales". Ali, de cada lado da fronteira, as duas cidades cresceram. Os habitantes de Nogales, Arizona, e de Nogales, Sonora, têm ancestrais em comum e compartilham a comida e a música — e, arriscaríamos dizer, a "cultura".

Claro, existe uma explicação muito simples e óbvia para as diferenças entre as duas Nogales, e você provavelmente já a adivinhou: a própria fronteira que define as duas metades. Nogales, no Arizona, fica nos Estados Unidos. Seus habitantes têm acesso às instituições econômicas dos Estados Unidos, que lhes permitem escolher livremente suas ocupações, se instruir e se qualificar, e incentivam os empregadores a investir na melhor tecnologia, o que leva a salários mais altos. Eles também têm acesso a instituições políticas que lhes permitem tomar parte no processo democrático, eleger seus representantes e os substituir caso se comportem mal. Como consequência, os políticos se dedicam a garantir os serviços básicos (como saúde, estradas e segurança) exigidos pelos cidadãos. Os habitantes de Nogales, Sonora, não têm a mesma sorte: vivem em um mundo diferente, moldado por instituições diferentes, o que cria incentivos muito díspares para os habitantes das duas cidades, assim como para os empreendedores e as empresas dispostos a investir no local. Esses incentivos criados pelas instituições dos dois municípios e pelos países em que se situam são a principal razão para as diferenças de prosperidade econômica dos dois lados da fronteira.

Por que as instituições dos Estados Unidos têm muito mais chances de conduzir ao sucesso econômico do que as do México ou, expandindo a análise, as dos demais países da América Latina? A resposta para essa pergunta está no modo como as sociedades se formaram, no início do período colonial. Na época, ocorreu uma divergência institucional com implicações que duram até hoje. Para compreender essa divergência, é preciso começar pela fundação das colônias da América do Norte e da América Latina.

A fundação de Buenos Aires

No início de 1516, o navegador espanhol Juan Díaz de Solís adentrou um amplo estuário na costa oriental da América do Sul. Após desembarcar, De Solís reivindicou a terra para a Espanha, batizando o curso de água de rio da Prata, metal que encontrou na posse dos locais. Os povos indígenas dos dois lados do estuário — os charruas, onde hoje é o Uruguai, e os querandís, nas planícies que viriam a ser conhecidas como os pampas, na Argentina moderna — responderam com hostilidade à chegada dos colonizadores. Esses povos eram compostos por caçadores-coletores que viviam em grupos pequenos sem autoridades políticas centralizadas. Na verdade, foi um bando de charruas que matou a pauladas o navegador, que explorava os novos domínios ao tentar ocupá-los para a Espanha.

Em 1534, os espanhóis, ainda otimistas, enviaram uma primeira missão de colonos sob a liderança de Pedro de Mendoza. Naquele mesmo ano, foi fundada uma cidade no local da Buenos Aires atual. Devia ser um lugar ideal para europeus. Buenos Aires, que significa literalmente "bons ares", tinha um clima temperado agradável. No entanto, a primeira estada dos espanhóis foi curta. Eles não estavam atrás de bons ares, e sim de recursos para extrair e de mão de obra para trabalhos forçados. Os charruas e os querandís, no entanto, resistiram. Recusavam-se a fornecer alimentos para os espanhóis e, quando capturados, não trabalhavam. Atacavam a nova colônia com arcos e flechas. Os espanhóis passavam fome, pois não tinham cogitado que precisariam providenciar comida para o próprio sustento. Buenos Aires não era o local dos sonhos que tinham imaginado.

Era impossível forçar os nativos a trabalhar para eles. A área não tinha nem ouro nem prata a serem explorados, e a prata que De Solís encontrara na verdade tinha vindo do distante território dos incas nos Andes, bem a oeste.

Ao mesmo tempo que tentavam sobreviver, os espanhóis começaram a enviar expedições para encontrar um novo lugar que oferecesse mais riquezas e populações mais fáceis de coagir. Em 1537, uma dessas expedições, sob o comando de Juan de Ayolas, subiu o rio Paraná em busca de uma rota para os incas. No caminho, entrou em contato com os guaranis, um povo sedentário cuja agricultura se baseava em milho e mandioca. De Ayolas imediatamente percebeu que os guaranis eram muito diferentes dos charruas e dos querandís. Depois de um breve conflito, os espanhóis dominaram a resistência guarani e fundaram uma cidade, Nuestra Señora de Santa María de la Asunción, que até hoje é a capital do Paraguai. Os conquistadores se casaram com as princesas guaranis e logo se estabeleceram como uma nova aristocracia. Eles adaptaram os sistemas existentes de tributos e de trabalho forçado dos guaranis, pondo a si mesmos no leme. Esse era o tipo de colônia que queriam estabelecer, e em quatro anos Buenos Aires estava abandonada, uma vez que todos os espanhóis antes estabelecidos lá haviam se mudado para a nova cidade.

Buenos Aires, a "Paris da América do Sul", uma cidade de amplos bulevares no estilo europeu, fundada na grande riqueza agrícola dos pampas, só voltou a ser ocupada em 1580. O abandono da cidade e a conquista dos guaranis revela a lógica da colonização europeia nas Américas. Os primeiros colonos espanhóis, e, como veremos, também os ingleses, não estavam interessados em trabalhar o solo por conta própria; queriam que outros fizessem isso em seu lugar, e queriam riquezas, ouro e prata, para saquear.

De Cajamarca...

As expedições de Solís, Mendoza e Ayolas vieram no rastro de outras, mais famosas, que ocorreram depois que Cristóvão Colombo avistou uma das ilhas das Bahamas, em 12 de outubro de 1492. A expansão espanhola e a colonização das Américas começaram, de fato, com a invasão do México por Hernán Cortés, em 1519, a expedição de Francisco Pizarro ao Peru, uma década e meia depois, e a expedição de Pedro de Mendoza ao rio da Prata, dois anos mais tarde. Ao longo do século seguinte, a Espanha conquistou e colonizou a maior parte das regiões central, ocidental e meridional da América do Sul, ao passo que Portugal ficou com o Brasil, na porção oriental.

A estratégia de colonização espanhola foi altamente eficaz. Aperfeiçoada por Cortés, no México, a base da atuação se concentrava na ideia de que o melhor meio para subjugar possíveis oposições era capturar o líder dos povos locais. Essa estratégia permitia que os espanhóis ficassem com a riqueza acumulada pelo líder e coagissem os nativos a pagar tributos e fornecer alimentos. O passo seguinte era se estabelecer como a nova elite da sociedade indígena e assumir o controle dos métodos existentes de taxação, tributação e, principalmente, de trabalhos forçados.

Quando chegaram à grande capital asteca de Tenochtitlán, em 8 de novembro de 1519, Cortés e seus homens foram bem acolhidos por Montezuma, o imperador asteca, que, contrariando os avisos de muitos de seus conselheiros, decidiu receber os espanhóis pacificamente. O que aconteceu em seguida é bem descrito pelo relato, compilado depois de 1545, pelo padre franciscano Bernardino de Sahagún, em seu famoso Códice Florentino.

> Imediatamente [os espanhóis] capturaram Montezuma (...) depois, todas as armas dispararam. (...) O medo prevaleceu. Foi como se todos tivessem engolido o coração. Mesmo antes de escurecer, houve terror, houve espanto, houve apreensão, houve perplexidade do povo.
>
> E no seguinte alvorecer [os espanhóis] proclamaram todas as exigências: tortilhas brancas, perus assados, ovos, água potável, madeira, lenha, carvão (...) essas ordens foram dadas por Montezuma.

Quando os espanhóis estavam bem estabelecidos, questionaram Montezuma sobre todos os tesouros da cidade (...) com grande zelo eles procuraram ouro. E Montezuma assim liderou os espanhóis. Eles o cercavam (...) o segurando, então, o agarrando.

Quando chegaram ao armazém, um lugar chamado Teocalco, eles trouxeram todas as coisas brilhantes; o cocar de penas de quetzal, os objetos, os escudos, os discos dourados (...) os crescentes dourados usados sobre o nariz, as faixas douradas usadas nas pernas, as faixas douradas dos braços, as tiaras douradas.

Dali foi retirado o ouro (...) imediatamente eles queimaram, puseram fogo em (...) todas as coisas preciosas. Tudo queimou. O ouro, os espanhóis transformaram em barras separadas (...) E os espanhóis andaram por tudo. Pegaram tudo, tudo o que viam e que julgavam de valor.

Depois, foram ao depósito do próprio Montezuma (...) no lugar chamado Totocalco (...) e pegaram todas as propriedades [de Montezuma] (...) as coisas preciosas, os colares com pingentes, as faixas de braços com penas de quetzal, as faixas douradas de braços, os braceletes, as faixas douradas com conchas (...) e o diadema de turquesa, atributo do governante. Pegaram tudo.

A conquista militar dos astecas se concluiu em 1521. Cortés, como governador da província da Nova Espanha, começou então a dividir o recurso mais valioso, a população indígena, por meio da instituição da *encomienda*. A *encomienda* surgiu na Espanha do século XV como parte da reconquista do sul do país, retomado dos mouros, povos árabes que haviam se estabelecido ali no século VIII. No Novo Mundo, o esquema assumiu uma forma mais perniciosa: era uma concessão de populações indígenas para um indivíduo espanhol, conhecido como *encomendero*. As populações indígenas precisavam pagar tributos e prestar serviços ao *encomendero* que, em troca, ficava encarregado de convertê-las ao cristianismo.

Há um relato vívido dos primeiros tempos do funcionamento da *encomienda* feito por Bartolomé de las Casas, um padre dominicano que formulou as primeiras e mais devastadoras críticas ao sistema colonial espanhol. Las Casas chegou à ilha de Hispaniola em 1502 com uma frota de navios comandada pelo novo governador, Nicolás de Ovando. Ele ficou cada vez mais desiludido e perturbado com a exploração e o tratamento cruel destinado aos povos indígenas que testemunhava dia após dia. Em 1513, tomou parte como capelão na conquista de Cuba pela Espanha, tendo inclusive recebido uma *encomienda* por seus serviços. No entanto, renunciou aos indígenas que lhe foram concedidos e deu início a uma grande campanha para reformar as instituições coloniais espanholas. Seus esforços culminaram no livro *Um breve relato da devastação das Índias*, que escreveu em 1542, um ataque vigoroso à barbárie do domínio espanhol. Sobre a *encomienda*, ele declarou o seguinte, no caso da Nicarágua:

> Cada colono tomava residência na cidade designada para ele (ou encomendada a ele, segundo o dizer legal), punha os habitantes para trabalhar em seu nome, roubava seus gêneros alimentícios já escassos e assumia o controle das terras que possuía e que eram trabalhadas pelos nativos e em que eles tradicionalmente cultivavam seus próprios alimentos. O colono tratava toda a população nativa — dignitários, idosos, mulheres e crianças — como membros de sua casa; como tais, fazia-os trabalhar noite e dia para seu próprio interesse, sem qualquer repouso.

No caso da conquista de Nova Granada, a moderna Colômbia, Las Casas relata a estratégia espanhola como um todo em ação:

> Para cumprir com o propósito de longo prazo de tomar todo o ouro disponível, os espanhóis empregavam sua estratégia

usual de dividir entre si (ou *encomendar*, segundo o dizer deles) as cidades e seus habitantes (…) e depois, como sempre, tratá-los como escravos comuns. O homem no comando geral da expedição capturou o rei de todo o território e o manteve prisioneiro por seis ou sete meses, exigindo de maneira ilícita cada vez mais ouro e mais esmeraldas para si. Este rei, um certo Bogotá, ficou de tal modo apavorado que, em sua ansiedade para se libertar das garras dos algozes, consentiu com a exigência de encher uma casa inteira com ouro; para tanto, enviou seu povo em busca de ouro, que era trazido pouco a pouco junto com muitas pedras preciosas. Mesmo assim, a casa não ficou cheia, e os espanhóis acabaram declarando que matariam Bogotá por não cumprir com a promessa. O comandante sugeriu que o rei deveria ser trazido a ele, como representante da lei; então, formulando acusações formais contra o rei, o sentenciou à tortura caso houvesse persistência em não honrar a barganha. Eles o torturaram com o pêndulo, colocaram sebo fervente no seu abdômen, prenderam ambas as suas pernas com arcos de ferro e o pescoço com outro aro, e então, com dois homens segurando suas mãos, queimaram-lhe os pés. De tempos em tempos, o comandante chegava e repetia ao rei que ele seria torturado lentamente até a morte, a não ser que entregasse mais ouro, e foi isso o que fizeram, até que o rei sucumbiu finalmente às agonias que lhe eram infligidas.

A estratégia e as instituições da conquista, aperfeiçoadas no México, foram adotadas com avidez em toda parte do Império Espanhol. Em nenhum outro lugar isso foi feito com mais eficácia do que na conquista do Peru por Pizarro. Como Las Casas diz no início de seu relato:

> Em 1531, outro grande vilão viajou com muitos homens para o reino do Peru. Viajava com a intenção absoluta de imitar a

estratégia e as táticas de seus companheiros de aventura em outras partes do Novo Mundo.

Pizarro começou na costa, perto da cidade peruana de Tumbes, e marchou para o sul. Em 15 de novembro de 1532, chegou à cidade montanhosa de Cajamarca, onde o imperador inca Atahualpa estava acampado com seu Exército. No dia seguinte, Atahualpa, que acabara de derrotar seu irmão, Huáscar, em uma competição para decidir quem seria o sucessor do falecido pai, Huayna Capac, foi com seu séquito até onde os espanhóis estavam acampados. Atahualpa estava irritado por ter ouvido falar das atrocidades que os espanhóis haviam cometido, como a violação de um tempo do Deus Sol Inti. O que aconteceu em seguida é bem conhecido. Os espanhóis montaram uma armadilha. Mataram os guardas e os seguidores de Atahualpa, um morticínio que pode ter chegado a 2 mil pessoas, e capturaram o novo rei. Para recuperar a liberdade, Atahualpa teve de prometer encher um cômodo com ouro e mais dois do mesmo tamanho com prata. Ele cumpriu a promessa, mas os espanhóis, faltando com a palavra, o estrangularam em julho de 1533. Em novembro daquele ano, os espanhóis capturaram a capital inca, Cusco, onde os aristocratas incas também receberam o tratamento destinado a Atahualpa, sendo mantidos presos até entregarem ouro e prata. Quando não satisfaziam as exigências dos espanhóis, eram queimados vivos. Os grandes tesouros artísticos de Cusco, como o Templo do Sol, tiveram seu ouro arrancado e derretido para a formação de lingotes.

A essa altura, os espanhóis se concentravam no povo do Império Inca. Assim como no México, os cidadãos foram divididos em *encomiendas*, cada uma cedida a um dos conquistadores que acompanharam Pizarro. A *encomienda* era a principal instituição usada para controlar e organizar o trabalho no início do período colonial, mas logo passou a ter um adversário vigoroso. Em 1545, um habitante local chamado Diego Guallpa estava procurando um templo indígena no alto dos Andes, na região onde hoje é a Bolívia. Ele foi arremessado ao solo por uma súbita rajada de vento e acabou encontrando um depósito de minério de prata. O local era parte de uma imensa montanha cheia de veios de prata, que os espanhóis batizaram de El Cerro Rico, "Montanha Bonita". A cidade de Potosí cresceu ao seu redor e, no auge, em 1650, chegou a ter uma população de 160 mil pessoas, maior do que Lisboa ou Veneza na época.

Para explorar a prata, os espanhóis precisavam de mineradores — muitos mineradores. Um novo vice-rei, Francisco de Toledo, foi apontado para atuar como a maior autoridade colonial espanhola, cuja principal missão era resolver o problema de mão de obra. De Toledo chegou ao Peru em 1569 e passou os primeiros cinco anos viajando pelo entorno e investigando seu novo posto. Também solicitou uma imensa pesquisa sobre toda a população adulta. Para encontrar os trabalhadores de que precisava, De Toledo primeiro transferiu quase toda a população adulta, concentrando-a em novas cidades, as *reducciones*, que facilitariam a exploração do trabalho pela Coroa espanhola. Depois, reviveu e adaptou a instituição de trabalho inca conhecida como *mita*, que, na língua dos incas, o quéchua, significa "turno". Sob o sistema da *mita*, os incas haviam usado trabalho forçado para administrar plantações projetadas com o objetivo de oferecer alimento para os templos, a aristocracia e o Exército. Em troca, a elite inca oferecia auxílio contra a fome e segurança. Nas mãos do vice-rei espanhol, a *mita*, especialmente a *mita* de Potosí, veio a se tornar o maior e mais oneroso esquema de exploração de trabalho no período colonial espanhol. De Toledo definiu uma imensa área de captura, que começava no centro do atual Peru e abrangia a maior parte do que hoje é a Bolívia, cobrindo uma área de aproximadamente 320 mil quilômetros quadrados. Nessa região, um em cada sete habitantes do sexo masculino recém-chegados às *reducciones* era obrigado a trabalhar nas minas de Potosí. A *mita* de Potosí durou todo o período colonial e só foi abolida em 1825. O Mapa 1 mostra a área de captura da *mita* superposta à extensão do Império Inca na época da conquista espanhola, ilustrando até que ponto a *mita* coincidia com o coração do império, abrangendo a capital, Cusco.

Mapa 1: O Império Inca, sua rede de estradas e a área de captura da *mita* de mineração.

Ainda hoje, no Peru, o legado da *mita* é evidente de maneira notável. Compare, por exemplo, as províncias de Calca e de Acomayo, próximas entre si. Parece haver poucas diferenças entre as duas. Ambas ficam na parte alta das montanhas e são habitadas por descendentes dos incas falantes de quéchua. No entanto, Acomayo é muito mais pobre, e seus habitantes gastam cerca de um terço a menos do que os residentes de Calca. A população sabe disso. Em Acomayo é comum perguntarem aos estrangeiros corajosos que os visitam: "Você não sabe que aqui as pessoas são mais pobres do que em Calca? Por que quis vir para cá?" Esses viajantes são corajosos porque, saindo de Cusco, a capital regional e antigo centro do Império Inca, é muito mais difícil chegar a Acomayo do que a Calca. A estrada até Calca é pavimentada, enquanto a que vai para Acomayo está em condições terríveis. Para Acomayo, é preciso ir a cavalo ou mula. Os mesmos produtos são cultivados nas duas cidades, mas em Calca a produção é vendida em mercados, em troca de dinheiro. Em Acomayo, o alimento é produzido para subsistência. Essas desigualdades, visíveis a olho nu e percebidas pelos habitantes locais, podem ser compreendidas a partir das diferenças institucionais entre as regiões — diferenças institucionais com raízes históricas que remontam a De Toledo e a seu plano de exploração do trabalho indígena. A principal diferença histórica entre Acomayo e Calca é que Acomayo ficava na área de captura da *mita* de Potosí. Calca, não.

Além da concentração de trabalho e da *mita*, De Toledo consolidou a *encomienda* com um imposto per capita, uma soma fixa por adulto do sexo masculino a ser paga anualmente em prata. Era mais um esquema planejado para forçar as pessoas a entrarem no mercado de trabalho e reduzir os salários pagos pelos proprietários de terras espanhóis. Outra instituição, o *repartimiento de mercancias*, o repartimento de bens, também se disseminou durante esse período. O *repartimiento* envolvia a venda forçada de mercadorias para pessoas da região a preços determinados pelos espanhóis. Por fim, De Toledo introduziu o *trajín* — cujo significado era literalmente "o fardo" —, que obrigava os povos indígenas a carregarem fardos pesados de mercadorias, como vinho, folhas de coca ou têxteis, substituindo os animais de carga nos empreendimentos comerciais da elite espanhola.

Durante o período colonial, surgiram instituições e estruturas sociais semelhantes em toda a América espanhola. Depois de uma fase inicial de saque e cobiça por ouro e prata, os espanhóis criaram uma teia de instituições projetadas para a exploração dos povos indígenas. O conjunto completo, formado por *encomenda, mita, repartimiento* e *trajín*, foi construído para reduzir os padrões de vida das populações indígenas ao nível de subsistência, de forma que todo excedente pudesse ser extraído pelos espanhóis. Foram bem-sucedidos graças à expropriação da terra, ao trabalho escravo, aos baixos salários em troca dos serviços prestados, à imposição de impostos altos e à cobrança abusiva pelas mercadorias, que não eram sequer compradas voluntariamente. Embora essas instituições tenham gerado muita riqueza para a Coroa espanhola e enriquecido os conquistadores e seus descendentes, também transformaram a América Latina no continente mais desigual do mundo e exauriram grande parte de seu potencial econômico.

... a Jamestown

Quando os espanhóis deram início à conquista das Américas, na década de 1490, a Inglaterra era uma potência europeia menor, ainda se recuperando dos efeitos de uma guerra civil devastadora, a Guerra das Rosas. O país não estava em condições de tirar vantagem da disputa pelo butim e pelo ouro, nem da oportunidade de explorar os povos nativos das Américas. Quase cem anos depois, em 1588, a destruição da Armada Espanhola, enviada pelo rei Felipe II para invadir a Inglaterra, abalou os pilares da Europa. Embora tenha ocorrido por um lance de sorte, a vitória inglesa também era um sinal do crescente domínio da Inglaterra sobre os mares, o que lhe permitiria, finalmente, participar da corrida pela construção de um império colonial.

Sendo assim, não é coincidência que os ingleses tenham dado início à colonização da América do Norte nessa época. Porém, estavam atrasados na corrida. A escolha da América do Norte não se deu pela atratividade da área, mas porque era o único território disponível. As partes "desejáveis" das Américas, onde a população indígena a ser explorada era abundante e onde ficavam as minas de ouro e de prata, já estavam ocupadas. Quando Arthur Young, escritor e agricultor inglês do século XVIII, examinou os locais onde se produziam "mercadorias básicas", o que nesse caso era sinônimo de produtos agrícolas que podiam ser exportados, ele observou:

> Parece que, como regra geral, a produção de mercadorias básicas de nossas colônias diminui de valor na proporção de sua distância em relação ao Sol. Nas Índias Ocidentais, as mais quentes de todas, essas mercadorias chegam a um total

de 8l. 12s. 1d. per capita. Nas colônias continentais do sul, a 5l. Nas centrais, a 9s. 6 ½ d. Nas colônias do norte, a 2s. 6d. A escala certamente sugere uma lição de grande importância: evitar a colonização de latitudes mais ao norte.*

A primeira tentativa inglesa de estabelecer uma colônia, em Roanoke, na Carolina do Norte, no período entre 1585 e 1587, foi um completo fracasso. Em 1607, os ingleses tentaram de novo. Pouco antes do fim de 1606, três embarcações, *Susan Constant, Godspeed* e *Discovery*, partiram para a Virgínia sob o comando do capitão Christopher Newport. Os colonos, sob os auspícios da Companhia da Virgínia, entraram na baía de Chesapeake e subiram por um rio, batizado de James em homenagem ao monarca inglês da época, o rei James I. Em 14 de maio de 1607, foi fundada a colônia de Jamestown.

Embora fossem ingleses, os colonos a bordo dos navios da Companhia da Virgínia tinham um modelo de colonização muito influenciado pelo modelo estabelecido por Cortés, Pizarro e De Toledo. Seu primeiro plano era capturar o chefe local e usá-lo para obter provisões e coagir a população a entregar alimentos e riquezas.

No desembarque em Jamestown, os colonos ingleses não sabiam que estavam dentro do território reivindicado pela Confederação Powhatan, uma coalizão de cerca de trinta grupos que juravam fidelidade a um rei chamado Wahunsunacock. A capital, base de Wahunsunacock, ficava na cidade de Werowocomoco, a meros 30 quilômetros de Jamestown. O plano dos colonos era descobrir mais sobre o território. Caso não fosse possível induzir os nativos a fornecer alimentos e trabalho, pelo menos poderiam estabelecer comércio com eles. A ideia de que poderiam trabalhar e cultivar os próprios alimentos parece não ter passado pela cabeça

---

* Os valores indicados por Arthur Young estão em libras. Lê-se 8 libras, 12 xelins e 1 *penny* (ou centavo). Como o sistema não é decimal, a exibição do valor se baseia nas subdivisões da moeda. [N. E.]

dos ingleses. Não era isso que os conquistadores do Novo Mundo faziam. Wahunsunacock não demorou a descobrir a presença dos colonos e viu suas intenções com grande suspeita. Ele estava no comando do que, pelos padrões da América do Norte, era um império bastante grande. No entanto, tinha muitos inimigos e não contava com o impressionante controle político centralizado dos incas. Com isso, decidiu investigar quais eram as intenções dos ingleses, inicialmente enviando mensageiros para anunciar seu desejo de manter relações amistosas.

À medida que o inverno de 1607 se encerrava, os colonos de Jamestown começaram a ficar sem alimentos, e o líder indicado pelo conselho de administração da colônia, Edward Marie Wingfield, não sabia o que fazer. Quem salvou a situação foi o capitão John Smith, um personagem notável cujos escritos são uma das principais fontes de informação sobre o desenvolvimento inicial da colônia. Nascido na Inglaterra, na área rural de Lincolnshire, ele desrespeitou a vontade do pai, que sonhava em ver o filho comerciante, para se tornar aventureiro. Ele lutou ao lado dos Exércitos ingleses na Holanda, depois entrou para as forças austríacas que lutavam na Hungria contra os exércitos do Império Otomano. Capturado na Romênia, foi vendido como escravo e posto para trabalhar no campo. Certo dia, conseguiu dominar seu senhor e, roubando as roupas e o cavalo dele, escapou e voltou para o território austríaco. Smith arrumara encrenca durante a viagem para a Virgínia e fora preso no *Susan Constant* por se amotinar depois de desafiar as ordens de Wingfield. Quando os navios chegaram ao Novo Mundo, o plano era que ele fosse julgado. No entanto, para imenso horror de Wingfield, Newport e outros colonos da elite, quando abrirem as ordens que haviam recebido e até então estavam seladas, descobriram que a Companhia da Virgínia nomeara Smith como membro do conselho de administração que iria governar Jamestown.

Como Newport voltara para a Inglaterra em busca de suprimentos e mais colonos e Wingfield não tinha certeza quanto ao que fazer, foi Smith quem salvou a colônia. Ele deu início a uma série de missões comerciais que asseguraram suprimentos alimentares vitais. Em uma dessas missões, foi capturado por Opechancanough, um dos irmãos mais novos de Wahunsunacock, e levado até o rei, em Werowocomoco. Ele foi o primeiro inglês a conhecer Wahunsunacock, e foi nesse encontro inicial que, segundo alguns relatos, a vida de Smith foi salva pela intervenção da jovem filha de Wahunsunacock, Pocahontas. Smith foi solto em 2 de janeiro de 1608 e voltou para Jamestown, que continuava com um estoque perigosamente baixo de alimentos, até a chegada de Newport, que retornava da Inglaterra naquele mesmo dia, bem a tempo.

Os colonos de Jamestown não aprenderam muito com essa experiência. Durante o ano de 1608, continuaram a busca por ouro e metais preciosos. Ainda pareciam não compreender que, para sobreviver, não podiam depender dos indígenas locais para fornecimento de alimentos, nem por coerção nem por comércio. Smith foi o primeiro a se dar conta de que o modelo de colonização que funcionara tão bem para Cortés e Pizarro simplesmente não funcionaria na América do Norte; as circunstâncias eram diferentes demais. Smith percebeu que, ao contrário dos astecas e dos incas, os povos na Virgínia não tinham ouro. Na verdade, segundo anotou em seu diário, "os víveres, é bom que saibas, são sua única riqueza". Anas Todkill, um dos primeiros colonos a deixar um diário detalhado, expressou bem as frustrações de Smith e alguns outros ao se darem conta disso: "Não havia conversa, nem esperança, nem trabalho que não fosse escavar ouro, refinar ouro, carregar ouro."

Em abril de 1608, quando partiu para a Inglaterra, Newport levou uma carga de pirita, o ouro dos tolos. Ele voltou no fim de setembro com ordens da Companhia da Virgínia para apertar o controle sobre os habitantes originários. O plano era coroar Wahunsunacock, esperando que isso o tornasse subserviente ao rei inglês, Jaime I. O líder indígena foi convidado para ir a Jamestown, mas, ainda profundamente desconfiado dos colonos, Wahunsunacock não queria correr o risco de ser capturado. John Smith registrou a resposta dele: "Seu rei me mandou presentes, mas eu também sou um rei, e esta é minha terra (...). Seu rei deve vir até mim, não eu até ele, nem ao seu forte. Não morderei essa isca."

Se Wahunsunacock não iria "morder essa isca", Newport e Smith teriam que ir até Werowocomoco para realizar a coroação. O evento parece ter sido um fiasco; o único resultado foi a decisão de Wahunsunacock de que era hora de se livrar da colônia. Ele impôs um embargo comercial, impedindo Jamestown de estabelecer comércio para obter alimentos. Wahunsunacock faria com que passassem fome até resolverem ir embora.

Newport partiu mais uma vez para a Inglaterra em dezembro de 1608. Levou consigo uma carta escrita por Smith, na qual pedia que os diretores da Companhia da Virgínia mudassem o modo como viam a colônia. Na Virgínia, não havia a possibilidade de fazer o tipo de exploração que havia sido usado no México e no Peru para enriquecimento rápido. Não havia ouro ou metais preciosos, e era impossível forçar os povos nativos a trabalharem como cativos ou a comercializarem alimentos. Smith percebeu que, para estabelecer uma colônia viável, os colonos é que precisariam trabalhar. Sendo assim, pediu aos diretores que enviassem o tipo certo de gente: "Quando enviardes novamente, suplico que mandeis uns trinta carpinteiros, lavradores, jardineiros, pescadores, ferreiros, pedreiros e escavadores de árvores e raízes bem munidos, em vez de mil outros tais como os que temos."

Smith não queria mais ourives inúteis. Mais uma vez, Jamestown só sobreviveu graças à engenhosidade. Ele conseguiu convencer grupos indígenas a comercializarem com a colônia, tanto por adulação, quanto por intimidação — e, quando os indígenas se recusavam, Smith simplesmente pegava o que conseguia. No comando total da colônia, Smith impôs a regra segundo a qual "quem não trabalhar não vai comer". Jamestown sobreviveu a seu segundo inverno.

A Companhia da Virgínia deveria ser um empreendimento com fins lucrativos, mas, depois de dois anos desastrosos, não havia nem sinal de lucros. Os diretores decidiram que era necessário um novo modelo de gestão, substituindo o conselho de administração por um único governante. O primeiro homem indicado para o cargo foi Sir Thomas Gates. Levando em consideração alguns aspectos do alerta de Smith, a Companhia percebeu que era necessário tentar algo novo. Esse fato ficou ainda mais evidente em função dos acontecimentos do inverno de 1609-1610 — a chamada "época da fome". O novo modo de gestão não deixava espaço para Smith, que, decepcionado, voltou para a Inglaterra no outono de 1609. Sem sua engenhosidade, e com Wahunsunacock sufocando o fornecimento de alimentos, os colonos de Jamestown pereceram. Em março, restavam apenas sessenta pessoas dos quinhentos habitantes com os quais começaram o inverno. A situação era tão desesperadora que precisaram recorrer ao canibalismo.

O "algo novo", imposto à colônia por Gates e seu vice, Sir Thomas Dale, foi um regime de trabalho de rigor draconiano para os colonos ingleses — embora, evidentemente, isso não se aplicasse à elite que geria a colônia. Foi Dale quem propagou as "Leis Divinas, Morais e Marciais", que incluíam as seguintes cláusulas:

> Nenhum homem ou mulher deve fugir da colônia e buscar abrigo com os indígenas, sob pena de morte.
>
> Qualquer um que roube um pomar, público ou privado, ou um vinhedo, ou que furte espigas de milho será punido com a morte.
>
> Nenhum membro da colônia venderá ou dará qualquer mercadoria deste território a um capitão, marinheiro, mestre ou marujo em troca de transporte para fora da colônia, em benefício próprio sob pena de morte.

Se os povos indígenas não podiam ser explorados, a Companhia da Virgínia acreditava que talvez fosse possível explorar os colonos. O novo modelo de desenvolvimento colonial designava a Companhia da Virgínia como dona de todas as terras. Os homens eram abrigados em alojamentos e recebiam rações determinadas pela Companhia. Eram montados grupos de trabalho, cada um supervisionado por um agente da Companhia. Era algo semelhante à lei marcial, sendo a execução a primeira punição a que

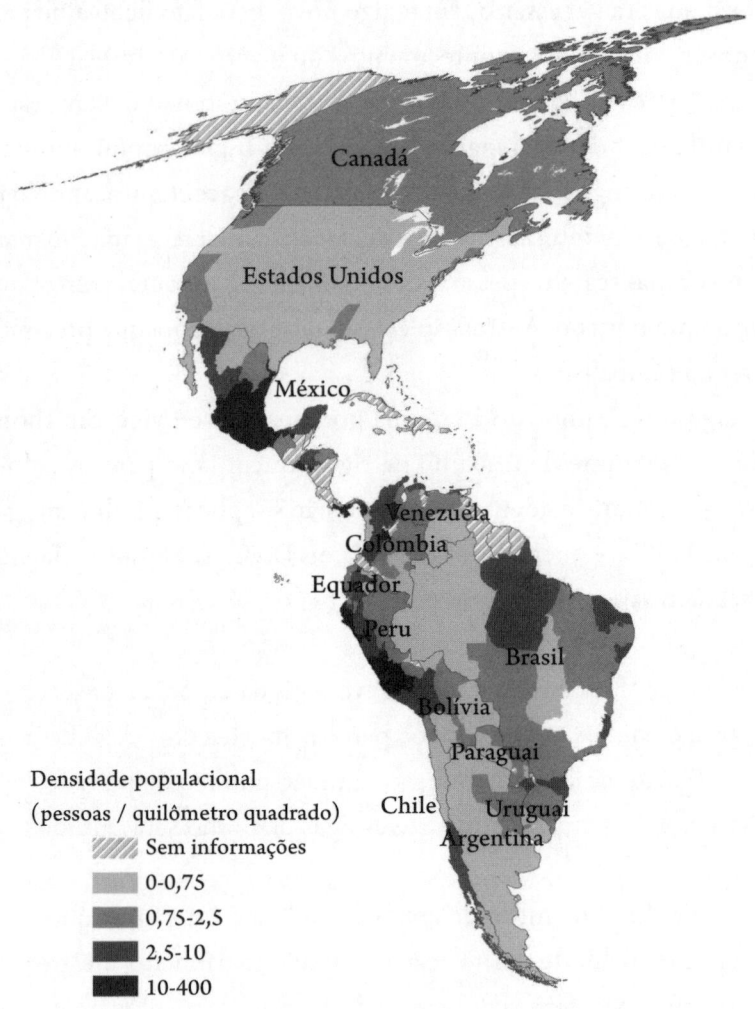

Mapa 2: Densidade populacional nas Américas em 1500.

se recorria. Como parte das novas instituições para a colônia, a primeira cláusula é significativa. A Companhia ameaçava de morte aqueles que fugissem. Tendo em vista o novo regime de trabalho, fugir para viver com os indígenas se tornara uma opção cada vez mais atraente para os colonos que precisavam trabalhar. Considerando a densidade populacional baixa e pouco uniforme de povos indígenas na Virgínia na época, também existia a perspectiva de seguir sozinho para além das fronteiras controladas pela

Companhia da Virgínia. O poder da Companhia diante dessas opções era limitado: não havia como coagir os colonos a trabalharem até a exaustão apenas em troca de rações de subsistência.

O Mapa 2 mostra uma estimativa da densidade populacional de diferentes regiões das Américas na época da conquista espanhola. A densidade populacional dos Estados Unidos, à exceção de alguns bolsões, era de no máximo três quartos de pessoa por quilômetro quadrado. No México central e no Peru andino, chegava a quatrocentas pessoas por quilômetro quadrado, um número mais de quinhentas vezes maior. O que era possível no México ou no Peru era inviável na Virgínia.

A Companhia da Virgínia demorou a reconhecer que esse modelo inicial de colonização não funcionava ali, e levou certo tempo para se dar conta do fracasso das "Leis Divinas, Morais e Marciais". A partir de 1618, foi adotada uma estratégia drasticamente diferente. Como não era possível coagir nativos nem colonos, a única alternativa era oferecer incentivos aos colonos. Em 1618, a Companhia deu início ao "sistema de concessões", que conferia a cada colono do sexo masculino cinquenta acres de terra e mais cinquenta acres por membro da família e por todos os criados que a família pudesse levar para a Virgínia. Os colonos receberam suas casas e foram liberados de seus contratos, e, em 1619, criou-se a Assembleia Geral em Jamestown, o que efetivamente deu voz a todos os homens adultos no que dizia respeito às leis e às instituições da administração da colônia. Era o início da democracia nos Estados Unidos.

A Companhia da Virgínia precisou de doze anos para aprender a primeira lição de que aquilo que funcionara para os espanhóis no México e nas Américas Central e do Sul não funcionaria na América do Norte. O restante do século XVII viu uma série de disputas relacionadas à segunda lição: a única opção para uma colônia economicamente viável era criar instituições que dessem incentivos para que os colonos investissem e fossem diligentes no trabalho.

À medida que a América do Norte se desenvolvia, as elites inglesas fizeram diversas tentativas de criar instituições que restringissem duramente os direitos econômicos e políticos de todos os habitantes da colônia, à exceção de uns poucos privilegiados, assim como os espanhóis fizeram. No entanto, o modelo fracassou em todos os casos, exatamente como na Virgínia.

Uma das tentativas mais ambiciosas teve início pouco depois da mudança de estratégia da Companhia da Virgínia. Em 1632, 10 milhões de acres de terra da parte superior da baía de Chesapeake foram cedidos pelo rei inglês Carlos I para Cecilius Calvert, lorde Baltimore. A Carta Régia de Maryland dava a lorde Baltimore liberdade total para criar um governo dentro dos moldes que lhe conviessem, com a cláusula VII observando que Baltimore tinha, "para bom e feliz Governo da dita Província, Poder livre, pleno e absoluto para, pelo Conteúdo da Presente, Estabelecer, Criar e Decretar Leis de Qualquer Tipo".

Baltimore esboçou um plano detalhado para criar uma sociedade de senhorio, como uma variante norte-americana de uma versão idealizada da Inglaterra rural do século XVII. Dividiria a terra em lotes de milhares de acres, a serem governados por lordes. Por sua vez, os lordes recrutariam inquilinos, que trabalhariam as terras e pagariam aluguéis à elite privilegiada que as controlaria. Outra tentativa semelhante foi feita mais tarde, em 1663, com a fundação da Carolina por oito proprietários, entre os quais Sir Anthony Ashley-Cooper. Junto de seu secretário, o grande filósofo inglês John Locke, Ashley-Cooper formulou as Constituições Fundamentais da Carolina. Esse documento, assim como a Carta Régia de Maryland antes dele, fornecia um plano básico para uma sociedade elitista e hierárquica baseada no controle de uma elite dona de terras. O preâmbulo anunciava a intenção de que "o governo desta província possa se tornar mais aprazível para a monarquia sob a qual vivemos e da qual esta província é parte; e que possamos evitar a construção de uma democracia numerosa".

As cláusulas das Constituições Fundamentais estabeleciam uma estrutura social rígida. Na parte mais inferior estavam os *"leet-men"*, que seriam algo como servos, com a cláusula 23 ressaltando que "Todos os filhos de *leet-men* serão *leet-man*, e assim por todas as gerações". Acima deles, sem poder político, ficavam os *landegraves* e os *caziques*, que formariam a aristocracia. Para cada *landegrave* eram alocados 48 mil acres de terra, e, para cada *cazique*, 24 mil. Haveria um parlamento, em que os *landegraves* e os *caziques* seriam representados, mas só teriam permissão para debater as medidas previamente aprovadas pelos oito proprietários.

Assim como as tentativas de impor um governo draconiano na Virgínia fracassaram, os planos de criar esse tipo de instituições em Maryland e na Carolina não deram certo. Os motivos foram similares. Em todos os casos, viu-se que era impossível forçar os colonos a aceitar uma sociedade com hierarquia rígida, porque eles simplesmente tinham opções demais à disposição no Novo Mundo. Em vez disso, era necessário dar aos colonos incentivos para que desejassem trabalhar — e eles logo começaram a exigir mais liberdade econômica e direitos políticos. Em Maryland, os colonos também insistiram em ser donos de terras e forçaram lorde Baltimore a criar uma assembleia. Em 1691, a assembleia induziu o rei a declarar Maryland uma colônia da Coroa, removendo, assim, os privilégios políticos de Baltimore e de seus senhores de terra. Uma disputa igualmente longa ocorreu nas Carolinas, com mais uma derrota dos proprietários. A Carolina do Sul se tornou colônia real em 1729.

Na década de 1720, as treze colônias que se tornariam os Estados Unidos já contavam com estruturas semelhantes de governo. Em todos os casos havia um governador e uma assembleia baseada no voto dos donos de terras. Não eram democracias: mulheres, escravizados e aqueles que não tinham terras não podiam votar. Os direitos políticos, porém, eram bastante amplos, comparados aos de outras sociedades. Foram essas assembleias e seus líderes que se coligaram para formar o Primeiro Congresso Continental, em 1774, o prelúdio da independência dos Estados Unidos. As assembleias acreditavam que tinham tanto o direito de determinar seus membros quanto o de decidir sobre a taxação. Isso, como sabemos, criou problemas para o governo colonial inglês.

Um conto de duas Constituições

A essa altura, já deve estar aparente que não é coincidência o fato de que os Estados Unidos, e não o México, adotaram e fizeram cumprir uma Constituição que outorga princípios democráticos, com limitações para o uso do poder político e a distribuição ampla desse poder pela sociedade. O documento que os delegados se sentaram para redigir na Filadélfia, em maio de 1787, resultava de um longo processo iniciado em 1619 pela formação da Assembleia Geral em Jamestown.

Há um contraste gritante entre o processo constitucional ocorrido na época da independência dos Estados Unidos e o ocorrido um pouco depois no México. Em fevereiro de 1808, os Exércitos franceses de Napoleão Bonaparte invadiram a Espanha. Em maio, os franceses já haviam conquistado a capital espanhola, Madri. Em setembro, o rei Fernando VII da Espanha foi capturado e abdicou. Uma junta nacional, a Junta Central, assumiu em seu lugar e continuou o combate aos franceses. A Junta se reuniu pela primeira vez em Aranjuez, mas bateu em retirada para o sul com a aproximação dos Exércitos franceses. Por fim chegou ao porto de Cádiz, que, embora sitiado pelas forças napoleônicas, não cedeu. Ali, a Junta formou um parlamento, as chamadas Cortes. Em 1812, as Cortes redigiram aquela que ficou conhecida como Constituição de Cádiz, que previa a introdução de uma monarquia constitucional baseada na noção de soberania popular e também previa o fim dos privilégios especiais e a introdução da igualdade perante a lei. Essas exigências eram todas abomináveis para as elites da América do Sul, que seguiam governando em um ambiente institucional moldado pela *encomienda*, pelo trabalho forçado e pelo poder absoluto que o Estado colonial lhes atribuíra.

O colapso do Estado espanhol após a invasão napoleônica criou uma crise constitucional em toda a América Latina colonial. Houve muita disputa sobre se seria ou não o caso de reconhecer a autoridade da Junta Central, e, como resposta, muitos latino-americanos começaram a formar juntas próprias. Era apenas questão de tempo até começarem a entender que havia a possibilidade de se tornarem independentes da Espanha. A primeira declaração de independência ocorreu em La Paz, na Bolívia, em 1809, embora logo tenha sido reprimida por tropas espanholas enviadas do Peru. No México, as atitudes políticas da elite tinham sido moldadas pela Revolta de Hidalgo, em 1810, liderada pelo padre Miguel Hidalgo. Quando saqueou Guanajuato, em 23 de setembro, o Exército de Hidalgo matou o intendente, a mais importante autoridade colonial, então começou a matar indiscriminadamente as pessoas brancas. Tratava-se mais de uma guerra de classes, ou mesmo étnica, do que de um movimento de independência, e todas as elites se uniram para se opor à revolta. Se a independência permitisse a participação popular na política, as elites locais também se oporiam, não apenas os espanhóis. Por consequência, as elites mexicanas viam com extremo ceticismo a Constituição de Cádiz, que abria caminho para a participação popular, e jamais reconheceriam sua legitimidade.

Em 1815, enquanto o império europeu de Napoleão ruía, o rei Fernando VII voltou ao poder, e a Constituição de Cádiz foi revogada. Ao tentar retomar suas colônias americanas, a Coroa espanhola não teve problemas com o México legalista. No entanto, em 1820, a parte do Exército espanhol que se reunira em Cádiz para ir às Américas a fim de ajudar a restabelecer a autoridade espanhola se amotinou contra Fernando VII. Unidades do Exército de todo o país logo se uniram aos amotinados, e Fernando foi forçado a restaurar a Constituição de Cádiz e a reconvocar as Cortes. Essas Cortes eram ainda mais radicais do que as responsáveis pela Constituição de Cádiz e se propuseram a abolir toda forma de coação de trabalho. Também atacaram privilégios especiais, como o direito dos militares de terem seus crimes julgados por tribunais próprios. Com a imposição desse novo documento ao México, as elites locais decidiram que era melhor seguirem sozinhas e declararem sua independência.

Esse movimento de independência foi liderado por Augustín de Iturbide, que tinha sido oficial do Exército espanhol. Em 24 de fevereiro de 1821, ele publicou o Plano de Iguala, sua visão para um México independente. O plano contemplava uma monarquia constitucional com um imperador mexicano e eliminava os artigos da Constituição de Cádiz que as elites achavam tão ameaçadores para seu status e seus privilégios. O apoio foi imediato, e a Espanha logo percebeu que não tinha como impedir o inevitável. Mas Iturbide fez mais que organizar a secessão mexicana. Ao perceber o vácuo de poder, tratou de tirar vantagem de seu passado militar para fazer com que o declarassem imperador, uma posição que o grande líder da independência sul-americana Simón Bolivar descreveu como obtida "pela graça de Deus e das baionetas". Iturbide não sofria pressão dos mesmos freios impostos pelas instituições políticas que limitavam os presidentes dos Estados Unidos; ele logo se tornou um ditador e, em outubro de 1822, havia dissolvido o Congresso sancionado pela Constituição e o substituíra por uma junta de sua escolha. Embora Iturbide não tenha durado muito, esse padrão de acontecimentos se repetiria muitas vezes no México do século XIX.

A Constituição dos Estados Unidos não criou uma democracia, segundo os padrões modernos. Eram os estados que definiam quem tinha direito a voto. Embora os estados do norte não tenham demorado em conceder o direito a voto a todos os homens brancos independentemente de renda ou propriedade, os estados do sul fizeram isso aos poucos. Nenhum estado deu voto a mulheres ou escravizados, e, à medida que as restrições relativas a propriedade e renda eram eliminadas, criavam-se barreiras raciais com o propósito explícito de retirar dos negros o direito ao voto. A escravidão, claro, era vista como constitucional, uma vez que a Constituição dos Estados Unidos fora escrita na Filadélfia, e a divisão da quantidade de representantes de cada estado na Câmara dos Deputados envolveu uma negociação das mais sórdidas. A distribuição deveria ocorrer com base na população do estado, mas os representantes dos estados do sul exigiam que os escravizados fossem contados. Os do norte se opuseram. Chegaram um meio-termo ao considerar que, para efeitos de distribuição de representantes na Câmara, um escravizado contaria como três quintos de uma pessoa livre. Os conflitos entre o norte e o sul dos Estados Unidos foram reprimidos durante o processo constitucional à medida que a cláusula dos três quintos e outros acordos iam sendo elaborados. Novos pontos foram incluídos ao longo do tempo — por exemplo, o Acordo do Missouri, um arranjo pelo qual um estado a favor da escravidão e outro contra sempre seriam acrescentados juntos à união, para manter o equilíbrio no Senado entre as duas posições. Esses remendos mantiveram o funcionamento pacífico das instituições políticas dos Estados Unidos até que a Guerra Civil resolveu os conflitos em favor do norte.

A Guerra Civil foi sangrenta e destrutiva. Contudo, tanto antes quanto depois, houve amplas oportunidades econômicas para uma grande fatia da população, sobretudo no norte e no oeste dos Estados Unidos. A situação no México era muito diferente. Se os Estados Unidos enfrentaram cinco anos de instabilidade política entre 1860 e 1865, o México viveu uma instabilidade quase contínua nos primeiros cinquenta anos de independência. O que melhor ilustra isso é a carreira de Antonio López de Santa Ana.

Santa Ana, filho de uma autoridade colonial em Veracruz, ganhou destaque como soldado combatendo ao lado dos espanhóis nas guerras de independência. Em 1821, ele trocou de lado e se juntou a Iturbide, e a partir daí sua carreira decolou. Santa Ana se tornou presidente do México pela primeira vez em maio de 1833, embora tenha exercido o poder por menos de um mês, deixando que Valentín Gómez Farías atuasse no cargo. A presidência de Gómez Farías durou quinze dias, então Santa Ana retomou o poder. No entanto, esse novo período foi tão breve quanto o primeiro, e ele foi substituído outra vez por Gómez Farías no início de julho. Santa Ana e Gómez Farías continuaram com essa dança até meados de 1835, quando Santa Ana foi substituído por Miguel Barragán. Mas Santa Ana não era do tipo que desistia. Ele voltou à presidência em 1839, 1841, 1844, 1847 e, finalmente, de 1853 a 1855. Ao todo, ocupou o cargo onze vezes, e durante seu governo ocorreram as perdas do Alamo e do Texas e a guerra desastrosa entre o México e os Estados Unidos, que levou à perda dos territórios que viriam a ser o Novo México e o Arizona. Entre 1824 e 1867, o México teve 52 presidentes, sendo que poucos deles assumiram o poder de acordo com quaisquer procedimentos constitucionais.

As consequências dessa instabilidade política para as instituições e os incentivos econômicos devem ser óbvias. Essa situação criou grande insegurança quanto ao direito de propriedade e levou a um enfraquecimento do Estado mexicano, que passou a ter pouca autoridade e pouca capacidade de elevar impostos ou fornecer serviços públicos. Na verdade, embora Santa Ana tenha sido presidente do México, grandes partes do país não estavam sob seu controle, o que permitiu a anexação do Texas pelos Estados Unidos. Além disso, como acabamos de ver, a motivação por trás da declaração de independência do México foi proteger o conjunto de instituições econômicas desenvolvido durante o período colonial, o que tornou o país, nas palavras do grande explorador e geógrafo da América Latina, o alemão Alexander von Humboldt, o "país da desigualdade". Ao criar uma sociedade baseada na exploração dos povos indígenas e na criação de monopólios, essas instituições bloquearam os incentivos econômicos e as iniciativas da grande massa da população. Na primeira metade do século XIX, enquanto os Estados Unidos começavam a viver a Revolução Industrial, o México empobrecia.

Ter uma ideia, fundar uma empresa e conseguir um empréstimo

A Revolução Industrial começou na Inglaterra. Seu primeiro êxito foi revolucionar a produção de tecidos de algodão com novas máquinas movidas por rodas-d'água e, depois, por motores a vapor. A mecanização da produção de algodão gerou um aumento massivo na produtividade dos trabalhadores, primeiro na indústria têxtil e, em seguida, em outras. O motor dos avanços tecnológicos na economia era a inovação, encabeçada pelos novos empreendedores e empresários, ávidos para aplicar suas ideias de progresso. Esse florescimento inicial logo se espalhou, atravessando o Atlântico Norte e chegando aos Estados Unidos. Vendo as grandes oportunidades econômicas disponíveis para quem adotasse as novas tecnologias desenvolvidas na Inglaterra, muitos se inspiraram para desenvolver as próprias inovações.

Podemos tentar compreender a natureza dessas invenções ao investigar quem obteve concessões de patentes. O sistema de patentes, que protege o direito de propriedade sobre ideias, foi esquematizado no Estatuto dos Monopólios, criado pelo Parlamento inglês em 1623, em parte como uma tentativa de impedir que o rei concedesse "cartas de patente" a qualquer um — o que, na prática, significava a cessão de direitos exclusivos para realizar certas atividades ou negócios. O que impressiona nos registros da época, nos Estados Unidos, é que houve concessões de patentes a pessoas de todo tipo de origem e trajetória, não apenas aos ricos e à elite. Muitos fizeram fortunas. Pense em Thomas Edison, inventor do fonograma e da lâmpada elétrica e fundador da General Electric, ainda hoje uma das maiores empresas do mundo. Edison foi o caçula de sete filhos. O pai, Samuel Edison, teve muitas ocupações, desde cortar madeira para a fabricação de telhados até alfaiataria, além de ter sido dono de uma taverna. Thomas teve pouca instrução formal, mas foi educado pela mãe em casa.

Entre 1820 e 1845, apenas 19% dos agraciados com patentes nos Estados Unidos tinham pais com profissão formal ou pertenciam a famílias conhecidas como grandes proprietárias de terras. No mesmo período, 40% dos que obtiveram patentes só tinham instrução primária ou nem isso, como Edison. Além disso, era frequente que explorassem suas patentes ao abrir uma empresa, novamente como no caso de Edison. Além de serem politicamente mais democráticos do que qualquer outra nação do mundo no século XIX, os Estados Unidos também eram mais democráticos do que os demais em termos de inovação. Isso foi decisivo para que se tornassem a nação economicamente mais inovadora do planeta.

Se você fosse pobre e tivesse uma boa ideia, era fácil conseguir uma patente, que não era tão cara. O difícil, porém, era usar essa patente para ganhar dinheiro. Havia, claro, a possibilidade de vender a patente para outra pessoa. Foi o que Edison fez no começo da carreira, ao vender o telégrafo Quadruplex para a Western Union por 10 mil dólares para conseguir capital. Mas vender patentes só era uma boa ideia para alguém como Edison, que tinha ideias mais rápido do que era capaz de colocá-las em prática. (Ele foi o recordista de patentes, com 1.093 nos Estados Unidos e 1.500 no mundo.) Para ganhar dinheiro de verdade com uma patente, era preciso abrir o próprio negócio. Mas para abrir uma empresa era necessário capital, que dependia dos bancos concederem empréstimos.

Os inventores nos Estados Unidos também tiveram sorte nisso. Durante o século XIX houve uma expansão acelerada da intermediação financeira e bancária, um facilitador crucial para o crescimento rápido e a industrialização da economia. Se em 1818 havia 338 bancos em operação nos Estados Unidos, com ativos totais de 160 milhões de dólares, em 1914 havia 27.864 bancos, com ativos totais de 27,3 bilhões de dólares. Os potenciais inventores nos Estados Unidos tinham fácil acesso a capital para abrir seus negócios. Além disso, a competição intensa entre os bancos e as instituições financeiras fazia com que esse capital fosse disponibilizado a taxas de juros razoavelmente baixas.

O mesmo não acontecia no México. Na verdade, em 1910, o ano do estopim da Revolução Mexicana, o país contava com apenas 42 bancos no México, e dois deles controlavam 60% do total de ativos. Ao contrário do que acontecia nos Estados Unidos, onde a competição era feroz, quase não havia competição entre os bancos mexicanos. Essa falta de competição significava que os bancos podiam cobrar taxas de juros muito altas de seus clientes e costumavam limitar o acesso ao crédito apenas aos privilegiados e a quem já era rico. No fim das contas, esse crédito era usado para aumentar o controle que essa elite já tinha sobre diversos setores da economia.

O formato que o setor bancário mexicano tomou nos séculos XIX e XX foi resultado direto das instituições políticas do país no período posterior à independência. Ao caos da era de Santa Ana se seguiu uma tentativa malsucedida do governo francês, por meio do imperador Napoleão III, de criar um regime colonial no México, sob o comando do imperador Maximiliano, entre 1864 e 1867. Os franceses foram expulsos, e uma nova Constituição foi escrita. Mas o governo formado primeiro por Benito Juárez e, depois de sua morte, por Sebastián Lerdo de Tejada, foi logo desafiado por um jovem militar chamado Porfirio Díaz, um general vitorioso na guerra contra os franceses que passou a ter ambições de poder. Díaz formou um Exército rebelde e, em novembro de 1876, derrotou o Exército do governo na Batalha de Tecoac. Em maio do ano seguinte, foi eleito presidente. Governou o México de maneira mais ou menos ininterrupta e de modo cada vez mais autoritário, até ser deposto no início da revolução, 34 anos depois.

Assim como Iturbide e Santa Ana, Díaz começara a vida como comandante militar, uma rota de entrada na vida política bem conhecida nos Estados Unidos. O primeiro presidente americano, George Washington, também foi um general bem-sucedido na Guerra de Independência. Ulysses S. Grant, um dos generais vitoriosos da União na Guerra Civil, se tornou presidente em 1869, e Dwight D. Eisenhower, o comandante supremo das Forças Aliadas na Europa durante a Segunda Guerra Mundial, foi presidente dos Estados Unidos de 1953 a 1961. No entanto, ao contrário de Iturbide, Santa Ana e Díaz, nenhum desses militares chegou ao poder por meio da força, tampouco usaram a força para evitar sua saída do poder, sempre respeitando a Constituição. Embora o México tenha tido Constituições ao longo do século XIX, suas leis não impunham grandes restrições quanto ao que Iturbide, Santa Ana ou Díaz podiam fazer. Esses homens só podiam ser retirados do poder do mesmo modo como o haviam conquistado: pela força.

Díaz violou o direito de propriedade, facilitando a expropriação de imensas porções de terra, e concedeu monopólios e favores para seus apoiadores em todo tipo de negócio, incluindo o setor bancário. Esse comportamento não era inédito. Foi o mesmo que os conquistadores espanhóis fizeram, e o que Santa Ana fez, imitando seu exemplo.

A razão por que os Estados Unidos tinham um setor bancário radicalmente melhor para a prosperidade econômica do país não tinha nada a ver com as diferenças de motivação dos donos dos bancos. A busca pelo lucro, sempre por trás da natureza monopolista do setor bancário no México, também era uma realidade nos Estados Unidos. Mas essa busca era canalizada de modo diferente em função das instituições radicalmente diferentes dos Estados Unidos. Os banqueiros se confrontavam com instituições econômicas diferentes, que os sujeitavam a uma competição muito maior. E isso se devia em grande medida ao fato de que os políticos que escreveram as regras para os banqueiros também se confrontavam com incentivos diferentes, forjados por instituições políticas diferentes. Na verdade, no fim do século XVIII, pouco depois de a Constituição dos Estados Unidos se tornar vigente, começou a surgir um sistema bancário semelhante àquele que mais tarde dominaria o México. Os políticos tentaram estabelecer monopólios bancários nos estados, que podiam fazer concessões a amigos e sócios em troca de parte do lucro dos monopólios. Não demorou para os bancos também começarem a emprestar dinheiro aos políticos responsáveis pela regulação de seus serviços, assim como ocorria no México. Mas essa situação era insustentável nos Estados Unidos porque os políticos que tentaram criar esses monopólios bancários, ao contrário de seus equivalentes mexicanos, estavam sujeitos a eleições e reeleições. Criar monopólios bancários e fazer empréstimos para políticos é um bom negócio para a classe política, desde que seus integrantes consigam ficar impunes. Entretanto, não é muito positivo para os cidadãos. Ao contrário do que ocorreu no México, a população nos Estados Unidos tinha como fazer pressão sobre os políticos e se livrar daqueles que usavam o cargo para enriquecer ou criar monopólios para seus comparsas. Como consequência, o monopólio bancário ruiu. A distribuição ampla de direitos políticos nos Estados Unidos, especialmente quando comparada com o México, garantia acesso igual a dinheiro e empréstimos. O que, por sua vez, garantia que as pessoas com ideias e invenções pudessem se beneficiar dos próprios louros.

Mudanças que dependem da trajetória

Nas décadas de 1870 e 1880, o mundo estava mudando. A América Latina não era exceção. As instituições que Porfirio Díaz estabeleceu não eram idênticas nem às de Santa Ana nem às do Estado colonial espanhol. A economia mundial estava em expansão na segunda metade do século xix, e inovações nos transportes, como o navio a vapor e a ferrovia, levaram a uma imensa expansão do comércio internacional. Essa onda de globalização teve como consequência o fato de que países ricos em recursos, como o México — ou, para ser mais exato, as elites desses países —, pudessem enriquecer com a exportação de matérias-primas e de recursos naturais para a América do Norte e a Europa Ocidental industrializadas. Díaz e seus amigos se viram em um mundo diferente e em rápida evolução e perceberam que o México também precisava mudar. Mas isso não significava acabar com as instituições coloniais e substituí-las por outras, semelhantes às dos Estados Unidos. Em vez disso, a mudança que fizeram era "dependente da trajetória" e levava apenas a um novo estágio das instituições que já tinham tornado a América Latina tão pobre e desigual.

A globalização valorizou os vastos espaços desabitados das Américas, suas "fronteiras abertas". Com frequência, esses espaços eram desabitados apenas num sentido figurado, uma vez que eram ocupados por povos indígenas brutalmente empobrecidos. Mesmo assim, a disputa por esses recursos valiosos foi um dos processos definidores das Américas na segunda metade do século xix. A súbita expansão dessa valiosa fronteira não levou a processos paralelos nos Estados Unidos e na América Latina, mas a uma divergência ainda maior, moldada pelas diferenças institucionais, sobretudo as que determinavam quem tinha acesso à terra. Nos Estados Unidos, uma longa série de atos legislativos, desde a Ordenança da Terra, de 1785, até a Lei da Propriedade Rural, de 1862, concedeu amplo acesso às terras de fronteira. Embora os povos indígenas tenham sido deixados de lado na divisão, isso criou uma fronteira igualitária e dinâmica do ponto de vista econômico. Na maior parte dos países latino-americanos, porém, as instituições políticas criaram um resultado bem diferente. As terras de fronteira foram dadas a quem tinha poder político e àqueles com riquezas e contatos, o que só serviu para aumentar esse poder.

Díaz também começou a desmantelar muitas das instituições coloniais que impediam o comércio internacional, que poderia trazer riquezas imensas para ele e seus apoiadores. Seu modelo, no entanto, continuou a não ser o tipo de desenvolvimento econômico que se via ao norte do Rio Grande, mas, sim, o de Cortés, Pizarro e De Toledo, no qual a elite conquistaria fortunas imensas enquanto o restante da população permaneceria excluído. Com os investimentos da elite, a economia crescia um pouco, mas esse crescimento sempre seria decepcionante, além de vir à custa dos que não tinham direitos nessa nova ordem, como o povo yaqui de Sonora, no interior de Nogales. Entre 1900 e 1910, estima-se que 30 mil yaquis foram deportados, praticamente escravizados e enviados para trabalhar nas plantações de agave em Yucatán. (As fibras do agave eram um produto de exportação valioso, já que podiam ser usadas na produção de cordas e barbantes.)

A persistência ao longo do século XX de um arranjo institucional específico avesso ao crescimento no México e na América Latina é bem ilustrada pelo fato de que, assim como no século XIX, essa estrutura gerou estagnação econômica e instabilidade política, com guerras civis e golpes, enquanto grupos disputavam os benefícios do poder. Em 1910, Díaz finalmente foi deposto pelas forças revolucionárias. A Revolução Mexicana foi seguida de outras: na Bolívia, em 1952; em Cuba, em 1959; e na Nicarágua, em 1979. Enquanto isso, guerras civis perduravam na Colômbia, em El Salvador, na Guatemala e no Peru. A expropriação ou a ameaça de expropriação de propriedades continuou a passos largos, com grandes reformas agrárias (ou tentativas de reformas) na Bolívia, no Brasil, no Chile, na Colômbia, na Guatemala, no Peru e na Venezuela. Revoluções, expropriações e instabilidade política vieram de braços dados com governos militares e vários tipos de ditadura. Embora também houvesse uma guinada em direção a direitos políticos mais amplos, foi só na década de 1990 que a maior parte dos países da América Latina se tornou uma democracia, e mesmo assim esses países seguiram mergulhados em instabilidade.

Essa instabilidade veio acompanhada de forte repressão e de um grande número de assassinatos. Em 1991, o relatório da Comissão Nacional da Verdade e da Reconciliação do Chile determinou que 2.279 pessoas foram assassinadas por motivos políticos durante a ditadura de Pinochet, ocorrida entre 1973 e 1990. Estima-se que 50 mil pessoas foram presas e torturadas e centenas de milhares foram demitidas. Em 1989, a Comissão de Esclarecimento Histórico da Guatemala publicou um relatório identificando um total de 42.275 vítimas de quem se sabia o nome, embora alguns digam que o número de assassinados na Guatemala entre 1962 e 1996 chegue a 200 mil, sendo que 70 mil foram mortos durante o regime do general Efrain Ríos Montt, que, mesmo com esses crimes conseguiu sair impune a ponto de concorrer à Presidência em 2003 (felizmente ele não ganhou). A Comissão Nacional sobre o Desaparecimento de Pessoas na Argentina afirmou que 9 mil assassinatos foram cometidos pelos militares entre 1976 e 1983, embora estima-se que o número verdadeiro possa ser mais alto (organizações de direitos humanos falam em 30 mil pessoas).

Ganhando 1 ou 2 bilhões

As implicações de longo prazo da organização da sociedade colonial e dos legados institucionais dessas sociedades moldam as atuais diferenças entre os Estados Unidos e o México, e, portanto, entre as duas partes de Nogales. O contraste entre o modo como Bill Gates e Carlos Slim se tornaram os dois homens mais ricos do mundo — Warren Buffett também está na disputa — ilustra as forças em jogo. A ascensão de Gates e da Microsoft é bem conhecida, mas seu status como a pessoa mais rica do mundo e fundador de uma das empresas mais inovadoras em termos de tecnologia não impediram que o Departamento de Justiça dos Estados Unidos entrasse com ações contra a Microsoft Corporation em

9 de maio de 1998, afirmando que a empresa tinha abusado de poder de monopólio. O que estava em questão, especificamente, era o modo como a Microsoft havia atrelado seu navegador de internet, o Explorer, ao sistema operacional Windows. O governo estava de olho em Gates havia algum tempo, e, já em 1991, a Comissão Federal de Comércio dera início a uma investigação para averiguar se a Microsoft estava abusando do monopólio sobre os sistemas operacionais de PCs. Em novembro de 2001, a Microsoft fechou um acordo com o Departamento de Justiça. Suas asas foram cortadas, ainda que as punições tenham sido menores do que muitos desejavam.

No México, Carlos Slim não conquistou sua fortuna com inovações. A princípio, ele se saiu muito bem no mercado de ações com a compra e reforma de empresas não lucrativas. Seu grande passo foi a aquisição da Telmex, que detinha o monopólio das telecomunicações no país e foi privatizada pelo presidente Carlos Salinas em 1990. O governo anunciou sua intenção de vender 51% das ações da empresa com direito a voto (20,4% do total de ações) em setembro de 1989 e recebeu os lances em novembro de 1990. Um consórcio liderado pelo Grupo Carso, de Slim, venceu o leilão. Slim conseguiu adiar o pagamento, quitando com os dividendos da própria Telmex. O que havia sido um monopólio público passava a ser um monopólio de Slim, e a empresa era imensamente lucrativa.

As instituições econômicas que fizeram de Carlos Slim quem ele é são muito diferentes das instituições dos Estados Unidos. Para um empreendedor mexicano, as barreiras para que entre no mercado desempenharão um papel essencial em cada etapa da carreira. Entre os empecilhos estão a obtenção de licenças caras, burocracia, políticos e autoridades que ficarão no caminho, além da dificuldade de obter empréstimos de um setor financeiro que frequentemente atua em conluio com os donos dos negócios competidores. Essas barreiras podem ser insuperáveis, excluindo o empresário das zonas lucrativas, ou suas melhores amigas, mantendo os concorrentes a distância. A diferença entre os dois cenários, claro, está em quem você conhece e quem é capaz de influenciar — e, também, quem consegue subornar. Carlos Slim, um sujeito talentoso, ambicioso, de origens relativamente modestas, descendente de imigrantes libaneses, se tornou mestre na obtenção de contratos de exclusividade; conseguiu monopolizar o lucrativo mercado das telecomunicações no México e depois estender seu alcance para o restante da América Latina.

Houve contestações ao monopólio da Telmex de Slim, mas nenhuma foi bem-sucedida. Em 1996, a Avantel, uma operadora de telefonia de longa distância, entrou com uma requisição para que a Comissão de Concorrência Econômica do México checasse se a Telmex tinha uma posição dominante no mercado das telecomunicações. Em 1997, a comissão afirmou que a Telmex tinha um poder de monopólio substancial no que dizia respeito à telefonia local, às ligações de longa distância nacionais e às ligações de longa distância internacionais, entre outros mercados. Mas as tentativas das autoridades regulatórias mexicanas para limitar esses monopólios não deram em nada. Um dos motivos é o fato de Slim e a Telmex terem acesso a algo conhecido como *recurso de amparo*, literalmente um "pedido de proteção". Um *amparo*, na prática, é uma petição por meio da qual se alega que uma lei específica não se aplica a determinado caso. A ideia do *amparo* remonta à Constituição mexicana de 1857, e sua intenção original era salvaguardar direitos e liberdades individuais. Nas mãos da Telmex e de outros monopólios mexicanos, contudo, esse recurso se tornou uma ferramenta formidável para consolidar monopólios. Em vez de proteger os direitos das pessoas, o *amparo* serve como brecha jurídica para evitar a igualdade perante a lei.

Slim conquistou sua fortuna na economia mexicana em grande parte graças a suas conexões políticas. Quando se aventurou nos Estados Unidos, não foi bem-sucedido. Em 1999, seu Grupo Carso comprou a CompUSA, uma varejista de informática. Na época, a CompUSA tinha concedido franquia para que uma empresa chamada COC Services vendesse seus produtos no México. Slim imediatamente violou esse contrato com a intenção de montar uma cadeia própria de lojas, sem qualquer concorrência da COC, que, por sua vez, processou a CompUSA num tribunal de Dallas. Não havia *amparos* em Dallas e, portanto, Slim perdeu, sendo condenado a uma multa de 454 milhões de dólares. O advogado da COC, Mark Werner, disse mais tarde que "a mensagem desse veredito é a de que, na economia global, as empresas precisam respeitar as regras dos Estados Unidos caso queiram vir para cá". Na segunda instância, porém, o veredito foi revisto, e a decisão, revogada, porque o juiz acreditou que as provas eram insuficientes.

Rumo a uma teoria da desigualdade mundial

Vivemos em um mundo desigual. As diferenças entre as nações são semelhantes às que existem entre as duas partes de Nogales, só que em escala maior. Nos países ricos, os indivíduos são mais saudáveis, vivem mais e recebem muito mais instrução. Também têm acesso a vários serviços e a opções na vida — que vão de férias a carreiras profissionais — com que as pessoas de países mais pobres nem sonham. Os habitantes de países ricos também podem dirigir em estradas sem buracos e contam com vasos sanitários, eletricidade e água corrente em casa. Além disso, tradicionalmente contam com governos que não os prendem nem assediam de maneira arbitrária; pelo contrário, seus governos oferecem serviços como a educação, a saúde, as estradas, as leis e a ordem. Também é importante o fato de que os cidadãos votam em eleições e têm voz nos caminhos políticos que seus países adotam.

As grandes diferenças na desigualdade mundial são evidentes para qualquer um, mesmo para quem vive nos países pobres, embora muitas dessas pessoas nem sequer tenham acesso a televisores ou à internet. É a percepção da realidade dessas diferenças que inspira pessoas a travessias ilegais do rio Grande ou do Mediterrâneo para ter a oportunidade de viver dentro dos padrões de vida dos países ricos e as mesmas oportunidades que as pessoas que moram lá. Essa desigualdade não apenas tem consequências sobre a vida dos habitantes de países pobres; também causa mágoas e ressentimentos, com imensas consequências políticas nos Estados Unidos e em outros lugares. Compreender por que essas diferenças existem e quais são suas causas é foco deste livro. Desenvolver essa compreensão não é apenas um fim em si, mas também um primeiro passo em direção à geração de ideias melhores sobre como melhorar a vida de bilhões de pessoas abaixo da linha de pobreza.

As disparidades dos dois lados da cerca em Nogales são apenas a ponta do iceberg. Assim como no restante do norte do México — que se beneficia do comércio com os Estados Unidos, mesmo que nem todo ele seja feito legalmente —, os habitantes de Nogales são mais prósperos do que outros mexicanos, cuja renda domiciliar anual fica em torno de 5 mil dólares. Essa maior prosperidade relativa vem de *maquiladoras* localizadas em parques industriais, a mais antiga delas fundada por Richard Campbell Jr., um fabricante de cestas californiano. A primeira inquilina desses parques industriais foi a Coin-Art, uma empresa de instrumentos musicais de propriedade de Richard Bosse, dono da Artley, que produz flautas e saxofones em Nogales, Arizona. Depois da Coin-Art surgiram ali a Memorex (cabos de informática); a Avent (roupas hospitalares); a Grant (óculos de sol); a Chamberlain (equipamentos para abertura de porta de garagem da Sears); e a Samsonite (malas). São todas empresas norte-americanas, de empresários norte-americanos, usando capital e conhecimento norte-americanos. Portanto, a prosperidade de Nogales, Sonora, em comparação com o restante do México vem de fora.

As diferenças entre os Estados Unidos e o México são pequenas quando comparadas às que existem entre as nações do globo como um todo. O cidadão norte-americano médio, o que aumenta para sete vezes mais próspero do que o mexicano médio e mais de dez vezes quando comparado com o habitante médio do Peru ou da América Central. Também é cerca de vinte vezes mais próspero do que o habitante médio da África subsaariana e quase quarenta vezes mais próspero do que os que vivem nos países mais pobres da África, como Mali, Etiópia e Serra Leoa. E esse fenômeno não se restringe aos Estados Unidos. Há um grupo pequeno, mas crescente, de países ricos — sobretudo na Europa e na América do Norte, ao qual estão se unindo Austrália, Japão, Nova Zelândia, Singapura, Coreia do Sul e Taiwan — cujos cidadãos desfrutam vidas bastante diferentes daquelas dos habitantes do restante do globo.

A razão para que Nogales, Arizona, seja tão mais rica do que Nogales, Sonora, é simples: são as instituições dos dois lados da fronteira que criam incentivos muito diferentes para os habitantes de Nogales, Arizona, quando comparados aos habitantes de Nogales, Sonora. Os Estados Unidos também são bem mais ricos do que o México ou o Peru porque suas instituições, tanto econômicas quanto políticas, moldam os incentivos dados a empresas, indivíduos e políticos. Cada sociedade funciona com um conjunto de regras econômicas e políticas criadas e garantidas pelo Estado e pelos cidadãos, coletivamente. As instituições econômicas moldam os incentivos econômicos: os incentivos para se tornar uma pessoa instruída, para poupar e investir, para inovar e adotar novas tecnologias, e assim por diante. É o processo político que determina sob quais instituições econômicas as pessoas vivem e são as instituições políticas que determinam como esse processo funciona. Por exemplo, as instituições políticas de uma nação determinam a capacidade de seus cidadãos de controlar seus políticos e de influenciar o modo como eles se comportam. Isso, por sua vez, determina se a classe política trabalha para os cidadãos, ainda que com ressalvas, ou se é capaz de abusar do poder a ela confiado, ou que ela usurpou, para acumular fortunas e perseguir seus próprios interesses em detrimento dos interesses do povo. Embora não se limitem a isso, exemplos de instituições políticas são as Constituições e o fato de a sociedade ser ou não uma democracia. Outros exemplos são o poder e a capacidade do Estado de regular e governar a sociedade. Também é necessário levar em conta fatores mais amplos que determinam como o poder político é distribuído na sociedade, em especial a capacidade que diferentes grupos têm de agir coletivamente para perseguir seus objetivos ou impedir que outras pessoas persigam os delas.

Ao influenciar o comportamento e os incentivos, as instituições forjam o sucesso ou o fracasso das nações. O talento individual faz diferença em todos os níveis da sociedade, mas até isso depende de um modelo institucional que o transforme em uma força positiva. Bill Gates, assim como outras figuras lendárias da indústria de tecnologia da informação (como Paul Allen, Steve Balmer, Steve Jobs, Larry Page, Sergey Brin e Jeff Bezos), tinha imenso talento e ambição. Mas, em última instância, respondeu a incentivos. O sistema educacional nos Estados Unidos permitiu que Gates e outros como ele adquirissem um conjunto único de competências que serviu de complemento a seus talentos. As instituições econômicas dos Estados Unidos facilitaram a abertura de suas empresas, de forma que não precisaram enfrentar barreiras insuperáveis. Essas instituições também tornaram viável o financiamento de seus projetos. Os mercados de trabalho dos Estados Unidos permitiram que eles contratassem mão de obra qualificada, e o ambiente relativamente competitivo possibilitou que expandissem suas empresas e comercializassem seus produtos. Desde o início, esses empresários tinham a confiança de que os projetos com que sonharam podiam ser implementados: confiavam nas instituições e no Estado de Direito e não se preocuparam com a segurança dos direitos de propriedade. Por fim, as instituições políticas garantiram estabilidade e continuidade a esses indivíduos. Só para citar um exemplo, essas instituições asseguraram que não haveria risco de um ditador assumir o poder e mudar as regras do jogo, expropriando suas fortunas, mandando-os para a prisão ou ameaçando-lhes a vida e o sustento. Também garantiram que nenhum interesse específico na sociedade pudesse conduzir o governo rumo a um desastre econômico, já que o poder político, além de limitado, era distribuído de maneira suficientemente ampla para permitir o surgimento de um conjunto de instituições econômicas que criaria incentivos para a prosperidade.

Este livro vai demonstrar que, embora as instituições econômicas sejam decisivas para determinar se um país é pobre ou próspero, são sua política e suas instituições políticas que determinam quais instituições econômicas um país possui. Em última instância, as boas instituições econômicas dos Estados Unidos resultaram das instituições políticas que emergiram gradualmente depois de 1619. Nossa teoria para a desigualdade mundial mostra como as instituições políticas e econômicas interagem, causando pobreza ou prosperidade, e como diferentes partes do mundo acabaram com conjuntos diferentes de instituições. Nossa breve revisão da história das Américas começa a dar uma noção das forças que moldam as instituições políticas e econômicas. Os diferentes arranjos de instituições que vemos hoje têm raízes profundas no passado, porque, depois que uma sociedade se organiza, o modelo de organização tende a persistir. Demonstraremos que esse fato deriva do modo como as instituições políticas e econômicas interagem.

Essa persistência e as forças que a criam também explicam por que é tão difícil acabar com a desigualdade mundial e tornar prósperos os países pobres. Embora as instituições sejam a chave para as diferenças entre as duas Nogales e entre o México e os Estados Unidos, não significa que vá existir um consenso no México para que se mudem as instituições. Não há necessidade de que uma sociedade desenvolva ou adote as instituições mais aptas para o crescimento econômico ou para o bem-estar de seus cidadãos, porque outras instituições podem ser ainda melhores para aqueles que controlam a política e as instituições políticas. Os poderosos e o restante da sociedade com frequência discordarão quanto ao conjunto de instituições que deve permanecer vigente e quanto ao que deve ser substituído. Carlos Slim não ficaria feliz de ver suas conexões políticas desaparecerem ou as barreiras de entrada que protegem suas empresas reduzidas, ainda que a entrada de novas empresas fosse enriquecer milhões de mexicanos. Por não existir consenso, o que determina o destino de uma sociedade é a política: quem tem o poder e como esse poder pode ser exercido. Carlos Slim tem o poder para conseguir o que quer. O poder de Bill Gates é bem mais limitado. Eis por que nossa teoria não se limita à economia, mas fala também de política. Ela trata dos efeitos que as instituições têm no sucesso e no fracasso das nações — portanto, trata da economia da pobreza e da prosperidade. Também trata do modo como as instituições são determinadas e como mudam ao longo do tempo, e de como não mudam nem mesmo quando criam pobreza e miséria para milhões — trata, portanto, da política da pobreza e da prosperidade.

2.
TEORIAS QUE NÃO FUNCIONAM

A situação atual

O FOCO DE NOSSO LIVRO ESTÁ EM EXPLICAR a desigualdade do mundo, comentando alguns dos padrões que podem ser percebidos com certa facilidade. O primeiro país a viver um crescimento econômico sustentado foi a Inglaterra — ou a Grã-Bretanha, como é chamada a união de Inglaterra, País de Gales e Escócia desde 1707. O crescimento foi lento na segunda metade do século XVIII, à medida que se consolidava a Revolução Industrial, baseada em grandes avanços tecnológicos e em suas aplicações na indústria. Esse processo na Inglaterra foi logo seguido pela industrialização da maior parte da Europa Ocidental e dos Estados Unidos. A prosperidade inglesa também se espalhou depressa pelas "colônias de povoamento" do Canadá, da Austrália e da Nova Zelândia. Uma lista atual dos trinta países mais ricos do mundo incluiria todos esses, além de Japão, Singapura e Coreia do Sul. A prosperidade destes últimos três, por sua vez, é parte de um modelo mais amplo, que possibilitou a muitas nações do Leste Asiático viverem um crescimento rápido, incluindo Taiwan e, posteriormente, a China.

Os países nas posições mais baixas no rol da distribuição de renda do mundo desenham um retrato tão claro quanto os do topo. Se você fizer uma lista atual dos trinta países mais pobres do mundo verá que quase todos ficam na África subsaariana. Junto, há países como Afeganistão, Haiti e Nepal, que, embora não fiquem na África, têm um fator decisivo em comum com as nações africanas, como explicaremos adiante. Se você voltasse cinquenta anos no tempo, os países na parte superior e inferior da lista seriam basicamente os mesmos. Singapura e Coreia do Sul não estariam entre os mais ricos, e haveria vários países diferentes entre os trinta mais pobres, mas o retrato geral seria bastante coerente com o que vemos hoje. Volte cem anos, ou cento e cinquenta, e vai encontrar praticamente os mesmos países nos mesmos grupos.

O Mapa 3 mostra o cenário em 2008. Os países pintados em tons mais escuros são os mais pobres do mundo, os que têm renda per capita média anual (chamada pelos economistas de Produto Interno Bruto — PIB) de menos de 2 mil dólares. A maior parte da África está desta cor, assim como Afeganistão, Haiti e partes do Sudeste Asiático (por exemplo, Camboja e Laos). A Coreia do Norte também está neste grupo. Os países em branco são os mais ricos, aqueles com renda média per capita de 20 mil dólares ou mais. Aqui encontramos os suspeitos de sempre: América do Norte, Europa Ocidental, Australásia e o Japão.

Outro padrão interessante pode ser percebido nas Américas. Faça uma lista das nações desse continente, da mais rica à mais pobre. Você vai descobrir que, no topo, estão Estados Unidos e Canadá, seguidos por Chile, Argentina, Brasil, México e Uruguai, e talvez também a Venezuela, dependendo do preço do petróleo. Depois disso vêm Colômbia, República Dominicana e Peru. No fim da lista há outro grupo bastante distinto, muito mais pobre, que abrange Bolívia, Guatemala e Paraguai. Volte cinquenta anos no tempo e encontrará um ranking idêntico. Cem anos: mesma coisa. Cento e cinquenta anos: novamente a mesma coisa. Então não é só que os Estados Unidos e o Canadá sejam mais ricos do que a América Latina: também há uma divisão definida e persistente entre as nações ricas e pobres dentro do continente.

Há um último padrão interessante no Oriente Médio. Ali encontramos nações ricas por causa do petróleo, como a Arábia Saudita e o Kuwait, que têm níveis de renda próximos aos dos trinta países mais ricos. No entanto, se o preço do petróleo cair, eles despencam na tabela. Países do Oriente Médio com pouco ou nenhum petróleo, como o Egito, a Jordânia e a Síria, se agrupam em um perfil de renda semelhante ao da Guatemala e do Peru. Sem petróleo, os países do Oriente Médio também são todos pobres, ainda que, assim como os países da América Central e os dos Andes, não sejam tão pobres quanto as nações da África subsaariana.

Embora haja um grande grau de persistência, os padrões de prosperidade que vemos à nossa volta não são inertes nem imutáveis. Em primeiro lugar, como já enfatizamos, a maior parte da desigualdade do mundo atual surgiu a partir do fim do século XVIII, depois da Revolução Industrial. As diferenças de prosperidade eram muito menores até meados do século XVIII, e os rankings que têm se mantido tão estáveis desde então não eram os mesmos se analisarmos um período anterior da História. Nas Américas, por exemplo, o ranking que vemos nos últimos cento e cinquenta anos era completamente diferente quinhentos anos atrás. Em segundo lugar, muitas nações passaram por várias décadas de crescimento rápido desde a Segunda Guerra Mundial, como grande parte do Leste Asiático e, mais recentemente, a China. Muitos desses países mais tarde viram esse crescimento se inverter. A Argentina, por exemplo, teve um crescimento acelerado por cinco décadas, até 1920, tornando-se um dos países mais ricos do mundo, mas depois entrou em um longo declínio. A União Soviética é um exemplo ainda mais notável, crescendo depressa entre 1930 e 1970, e, na sequência, vivendo um rápido colapso.

O que explica essas grandes diferenças na pobreza e na prosperidade e esses padrões de crescimento? Por que as nações da Europa Ocidental

TEORIAS QUE NÃO FUNCIONAM — 53

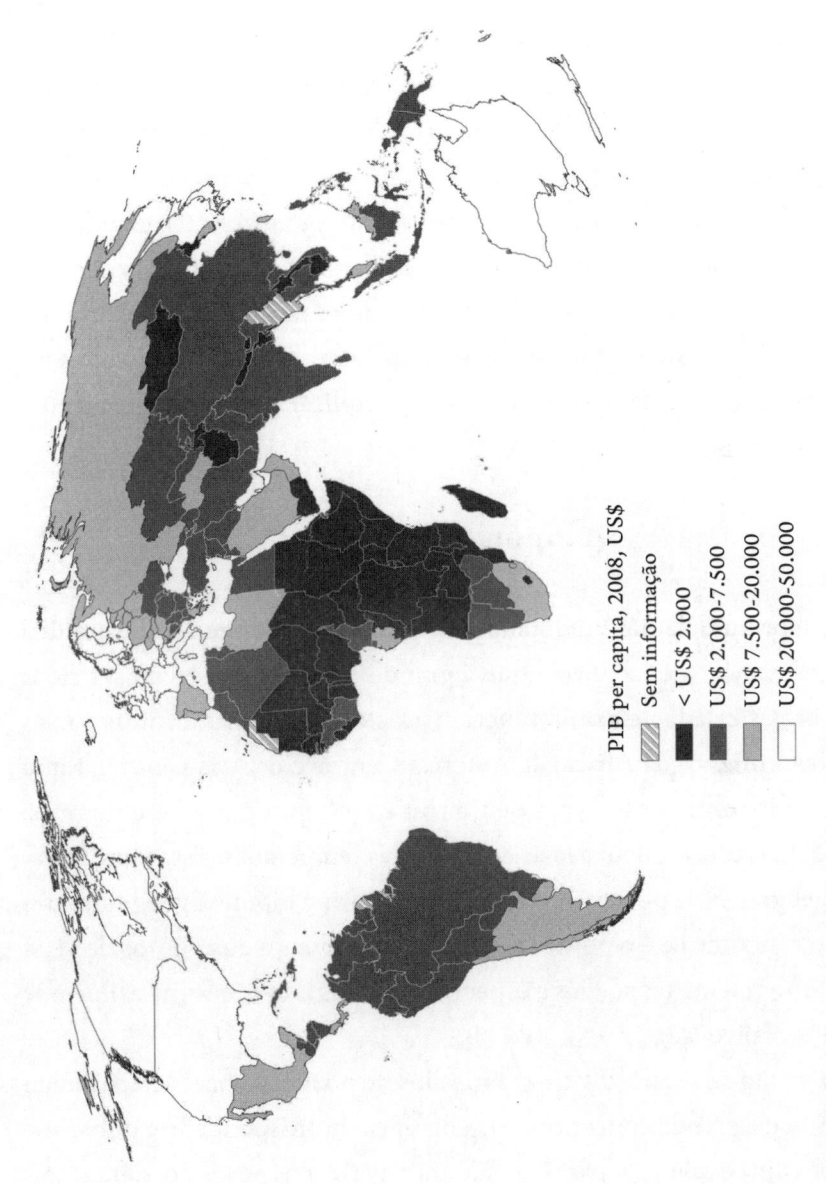

Mapa 3: Prosperidade no mundo em 2008.

PIB per capita, 2008, US$
- Sem informação
- < US$ 2.000
- US$ 2.000-7.500
- US$ 7.500-20.000
- US$ 20.000-50.000

e suas colônias de povoamento começaram a crescer no século XIX e praticamente não pararam desde então? O que explica o ranking de desigualdade persistente dentro das Américas? Por que as nações da África subsaariana e do Oriente Médio não conseguiram atingir o tipo de desenvolvimento econômico visto na Europa Ocidental, ao passo que grande parte do Leste Asiático atingiu taxas astronômicas de crescimento econômico?

Pode-se pensar que o fato de a desigualdade mundial ser tão grande e ter tantas consequências e padrões tão claros significa que há uma explicação bem-aceita pelos cientistas sociais. Não é bem assim. A maior parte das hipóteses propostas para as origens da pobreza e da prosperidade simplesmente não funciona e não consegue explicar de modo convincente a situação atual.

A hipótese geográfica

Uma teoria amplamente adotada para as causas da desigualdade mundial é a geográfica, a qual afirma que a grande divisão entre os países ricos e pobres é criada pelas diferenças físicas de cada lugar. Muitos países pobres, como os da África, da América Central e da Ásia Central, estão localizados entre os trópicos de Câncer e de Capricórnio. Nações ricas, por outro lado, tendem a ficar em latitudes temperadas. Essa concentração geográfica da pobreza e da prosperidade dá à hipótese geográfica um apelo superficial e é o ponto de partida das teorias e dos pontos de vista de muitos cientistas sociais e especialistas. Mas isso não torna a hipótese menos equivocada.

Já no fim do século XVIII, o grande filósofo político francês Montesquieu observou a grande concentração geográfica de prosperidade e pobreza e propôs uma explicação para isso. Ele afirmava que os povos dos climas tropicais tendiam a ser preguiçosos e não muito curiosos. Como consequência, não se esforçavam e não eram inovadores, e essa era a razão de sua pobreza. Montesquieu também especulou que povos preguiçosos tendiam a ser governados por déspotas, sugerindo que a localização tropical poderia explicar não apenas a pobreza, mas também alguns fenômenos políticos associados ao fracasso econômico, como a ditadura.

A teoria segundo a qual países quentes são intrinsecamente pobres, embora seja contradita pelo rápido avanço econômico recente de países como Singapura, Malásia e Botsuana, continua sendo muito defendida por pessoas como o economista Jeffrey Sachs. A versão moderna desse ponto de vista enfatiza não os efeitos diretos do clima sobre o esforço dos trabalhadores ou sobre os processos de pensamento político, mas, sim, dois outros argumentos: primeiro, que as doenças tropicais, particularmente a malária, têm consequências muito graves para a saúde pública e, portanto, para a produtividade da mão de obra; segundo, que os solos tropicais não permitem o desenvolvimento de uma agricultura produtiva. A conclusão, no entanto, é a mesma: climas temperados têm uma vantagem relativa em comparação com áreas tropicais e semitropicais.

A desigualdade mundial, no entanto, não pode ser explicada por clima ou doenças, nem por qualquer versão da hipótese geográfica. Basta pensar em Nogales. O que separa as duas partes não é o clima, nem a geografia, nem o ambiente sanitário, e sim a fronteira entre os Estados Unidos e o México.

Se a hipótese geográfica não consegue explicar as diferenças entre o norte e o sul de Nogales, ou entre as Coreias do Norte e do Sul, ou entre as Alemanhas Oriental e Ocidental antes da queda do Muro de Berlim, será que ainda pode ser uma teoria útil para explicar as diferenças entre a América do Norte e a América do Sul? Entre a Europa e a África? De forma alguma.

A história mostra que não existe uma conexão simples ou duradoura entre clima ou geografia e sucesso econômico. Por exemplo, não é verdade que os trópicos sempre foram mais pobres do que as latitudes temperadas. Como vimos no capítulo anterior, na época do descobrimento das Américas por Colombo, as áreas ao sul do Trópico de Câncer e ao norte do Trópico de Capricórnio, que hoje incluem o México, a América Central, o Peru e a Bolívia, eram lar das grandes civilizações asteca e inca. Esses impérios eram politicamente centralizados e complexos, construíam estradas e ofereciam auxílio contra a fome. Os astecas tinham moeda própria e escrita, e os incas, embora não tivessem nenhuma dessas duas tecnologias importantes, registravam enormes quantidades de informação em cordas com nós chamadas quipos. Num forte contraste, na época dos astecas e dos incas, ao norte e ao sul da área habitada por esses povos, que hoje inclui os Estados Unidos, o Canadá, a Argentina e o Chile, as civilizações se organizavam como na Idade da Pedra e não contavam com essas tecnologias. Os trópicos nas Américas, portanto, eram muito mais ricos do que as zonas temperadas, o que sugere que o "fato óbvio" da pobreza dos trópicos não é nem óbvio nem um fato. Pelo contrário, a riqueza dos Estados Unidos e do Canadá representa uma profunda inversão da distribuição das fortunas, se comparado com o que havia quando os europeus chegaram ao continente.

Essa inversão não teve nada a ver com a geografia e, como já vimos, está relacionada com o modo como essas áreas foram colonizadas. Também não se limitou às Américas. Povos na China e no sul da Ásia (sobretudo no subcontinente indiano) eram muito mais prósperos do que outros que viviam em muitas outras partes do continente asiático e certamente mais do que os povos que habitavam a Austrália e a Nova Zelândia. Esse cenário também se inverteu à medida que Coreia do Sul, Singapura e Japão emergiam como as nações mais ricas na Ásia, e a Austrália e a Nova Zelândia ultrapassavam quase todas as nações asiáticas em termos de prosperidade. Mesmo dentro da África subsaariana houve uma inversão semelhante. Antes do início do intenso contato europeu com a África, a região sul daquele continente era a mais escassamente habitada e a que estava mais longe de ter Estados desenvolvidos com qualquer tipo de controle sobre seus territórios. No entanto, a África do Sul é hoje uma das nações mais prósperas da África subsaariana. Voltando a um momento anterior na história, observamos outra vez a grande prosperidade nos trópicos; algumas das grandes civilizações pré-modernas, como Angkor, no moderno Camboja, Vijayanagara, no sul da Índia, e Axum, na Etiópia, floresceram nos trópicos, assim como as grandes civilizações de Mohenjo Daro e Harapa, no Vale do Indo, localizado no Paquistão. A história, portanto, deixa poucas dúvidas de que não existe uma conexão simples entre localização tropical e sucesso econômico.

As doenças tropicais de fato causam grande sofrimento e altas taxas de mortalidade infantil na África, mas não são o motivo da pobreza dos africanos. As doenças são, em grande medida, consequência da pobreza e da incapacidade ou da falta de vontade de governos de adotar as medidas de saúde públicas necessárias para erradicá-los. A Inglaterra no século XIX também era um lugar bastante insalubre, porém o governo começou a investir em água limpa, no tratamento adequado do esgoto e dos efluentes e em um serviço de saúde eficiente. As melhores condições de saúde e o aumento na expectativa de vida não foram a causa do sucesso econômico da Inglaterra, e sim um dos frutos das mudanças políticas e econômicas. Isso também vale para Nogales, Arizona.

A outra parte da hipótese geográfica diz que os trópicos são pobres porque a agricultura tropical é intrinsecamente pouco produtiva. Os solos tropicais são ralos e incapazes de manter nutrientes, além de não resistirem muito à erosão por chuvas torrenciais. Claro que existe algum mérito nesse argumento, mas, como demonstraremos, o principal motivo para a produtividade agrícola — a produção agrícola por acre — ser tão baixa em muitos países pobres, particularmente na África subsaariana, pouco tem a ver com a qualidade do solo. Na verdade, trata-se de uma consequência da estrutura de propriedade da terra e dos incentivos que os governos e as instituições criam para os proprietários de terras. Também vamos demonstrar que a desigualdade mundial não pode ser explicada pelas diferenças na produtividade agrícola. A grande desigualdade do mundo moderno, que emergiu no século XIX, foi causada por uma disseminação desigual das tecnologias industriais e da produção de manufaturas, não pela divergência no desempenho agrícola.

Outra versão influente da hipótese geográfica é defendida pelo ecologista e biólogo evolucionário Jared Diamond. Ele afirma que as origens da desigualdade intercontinental no início do período moderno, há quinhentos anos, se apoiavam na distribuição diferente de espécies de plantas e animais, que posteriormente tiveram influência sobre a produtividade agrícola. Em alguns lugares, como o Crescente Fértil, no moderno Oriente Médio, havia grande número de espécies passíveis de domesticação. Em outros lugares, como as Américas, não. A existência de espécies de animais domesticáveis facilitou a transição de um estilo de vida baseado em caça e coleta para um baseado na agricultura. Como consequência, a agricultura se desenvolveu primeiro no Crescente Fértil e só depois nas Américas. A densidade populacional cresceu, permitindo a especialização do trabalho, o comércio, a urbanização e o desenvolvimento político. Mais importante ainda, em lugares onde a agricultura se tornou dominante, a inovação tecnológica teve velocidade muito maior do que em outras partes do mundo. Assim, de acordo com Diamond, a diferente disponibilidade de espécies animais e vegetais criou intensidades diferentes de agricultura, o que levou a distintos caminhos de mudanças tecnológicas e de prosperidade em diferentes continentes.

Embora seja uma abordagem poderosa para o enigma que se propõe a resolver, a tese de Diamond não pode ser aplicada para explicar a desigualdade do mundo moderno. Por exemplo, Diamond afirma que os espanhóis foram capazes de dominar as civilizações das Américas em função de seu histórico mais antigo como agricultores e de sua consequente superioridade tecnológica. Porém, precisamos entender por que os mexicanos e os peruanos que habitam as antigas terras dos astecas e dos incas são pobres. Embora ter acesso a trigo, cevada e cavalos tenha tornado os espanhóis mais ricos do que os incas, a diferença de renda entre os dois não era muito grande. A renda média de um espanhol devia ser um pouco menor do que o dobro da renda média de um cidadão do Império Inca. A tese de Diamond implica que, depois de serem expostos a todas as novas espécies e às tecnologias que derivavam delas e que não tinham sido capazes de desenvolver por conta própria, os incas deveriam ter atingido os padrões de vida dos espanhóis. No entanto, nada do gênero ocorreu. Pelo contrário, nos séculos XIX e XX, a diferença de renda entre a Espanha e o Peru cresceu muito. Hoje, o espanhol médio é seis vezes mais rico do que o peruano médio. Essa diferença de renda está intimamente ligada à disseminação desigual de tecnologias modernas, mas isso tem pouco a ver com o potencial para domesticação de espécies animais e vegetais ou as diferenças intrínsecas de produtividade agrícola entre a Espanha e o Peru.

Enquanto a Espanha, embora com certa defasagem, adotou as tecnologias do motor a vapor, das ferrovias, da eletricidade, da mecanização e da produção fabril, o Peru não o fez, ou, na melhor das hipóteses, o fez de modo muito lento e imperfeito. Essa diferença tecnológica persiste ainda hoje e se reproduz em uma escala maior à medida que novas tecnologias, sobretudo aquelas relacionadas com a tecnologia da informação, dão impulso a um novo crescimento em muitos países desenvolvidos e em alguns países que se desenvolvem depressa. A tese de Diamond não nos diz por que essas tecnologias cruciais não estão se difundindo pelo mundo e equalizando rendas e não explica por que a metade norte de Nogales é muito mais rica do que sua metade gêmea ao sul da cerca, embora ambas fossem parte da mesma civilização quinhentos anos atrás.

A história de Nogales destaca outro grande problema na adaptação da tese de Diamond: como já vimos, independente dos problemas que pudessem ter em 1532, o Peru e o México eram, sem dúvida, mais prósperos do que aquelas partes das Américas que vieram a se tornar os Estados Unidos e o Canadá. A América do Norte se tornou mais próspera precisamente por ter adotado com entusiasmo as tecnologias e os avanços da Revolução Industrial. A população se tornou mais instruída, e as ferrovias se espalharam pelas Grandes Planícies, em forte contraste com o que aconteceu na América do Sul. Isso não pode ser explicado por diferenças geográficas entre a América do Norte e a

América do Sul, uma vez que essas diferenças, na verdade, favoreceriam a América do Sul.

A desigualdade do mundo moderno resulta em grande medida das diferenças no processo de disseminação e adoção de tecnologias, e a tese de Diamond de fato inclui argumentos importantes sobre isso. Por exemplo, ele afirma, seguindo a linha do historiador William McNeil, que a inclinação oriente-ocidente das terras da Eurásia permitiu que as plantações, os animais e as inovações se espalhassem a partir do Crescente Fértil para a Europa Ocidental, ao passo que a distância norte-sul das Américas explica por que os sistemas de escrita criados no México não se espalharam para os Andes ou para a América do Norte. No entanto, a orientação geográfica dos continentes não é capaz de explicar a desigualdade do mundo hoje. Pense na África. Embora tenha de fato representado uma barreira significativa para o movimento de mercadorias e ideias do norte para a África subsaariana, o deserto do Saara não era intransponível. Os portugueses, e depois outros europeus, navegaram pela costa e minimizaram as diferenças de conhecimento em uma época cujas disparidades de renda entre esses países eram bem menores em comparação com as atuais. Desde então, a África não alcançou a Europa; pelo contrário, hoje existe uma diferença de renda muito maior entre países africanos e europeus.

Deveria ficar claro que a tese de Diamond, que trata da desigualdade entre continentes, não serve para explicar as variações dentro de um mesmo continente — uma parte essencial da desigualdade mundial moderna. Por exemplo, embora a inclinação das terras do continente eurasiano possa explicar como a Inglaterra pôde se beneficiar das inovações do Oriente Médio sem precisar reinventá-las, não explica por que a Revolução Industrial ocorreu na Inglaterra e não, digamos, na Moldávia. Além disso, como o próprio Diamond ressalta, a China e a Índia tinham bons conjuntos de animais e de plantas e eram favorecidas pela orientação da Eurásia — porém a maior parte das pessoas pobres do mundo hoje está nesses dois países.

Na verdade, o melhor modo de compreender o escopo da tese de Diamond é usando os mesmos termos das variáveis que ele utiliza em sua explicação. O Mapa 4 (a seguir) mostra dados sobre a distribuição do *Sus scrofa*, o ancestral do porco moderno, e dos auroques, antecessores da vaca moderna. Ambas as espécies eram amplamente distribuídas pela Eurásia e até pelo norte da África. Já o Mapa 5 (a seguir) mostra a distribuição de alguns ancestrais selvagens das plantações mais comuns da atualidade, como a *Oryza sativa*, que deu origem ao arroz cultivado na Ásia, e os ancestrais do trigo e da cevada modernos. O mapa mostra que o ancestral do arroz era amplamente disseminado pelo sul e pelo sudeste da Ásia, ao passo que os ancestrais da cevada e do trigo se distribuíam por um longo arco do Levante, passando pelo Irã e chegando ao Afeganistão e aos vários "istões" (Turcomenistão, Tadjiquistão e Quirguistão). Essas espécies ancestrais estão presentes em grande parte da Eurásia, mas sua ampla disseminação sugere que a desigualdade na Eurásia não pode ser explicada por uma teoria que se baseie na incidência geográfica das espécies.

A hipótese geográfica não é apenas inútil — e bastante incorreta — para explicar as origens da prosperidade ao longo da história, também é incapaz de explicar a situação atual do mundo, apresentada no início deste capítulo. Seria de se pensar que qualquer padrão persistente, como a hierarquia da renda dentro das Américas ou as diferenças amplas e intensas entre a Europa e o Oriente Médio, pode ser explicado pela geografia imutável. Mas não é o caso. Já vimos como é muito improvável que os padrões nas Américas tenham sido motivados por fatores geográficos. Antes de 1492, eram as civilizações do vale central do México, da América Central e dos Andes que tinham tecnologia e padrões de vida superiores aos da América do Norte e ao de lugares onde hoje estão situados a Argentina e o Chile. Embora a geografia tenha permanecido a mesma, as instituições impostas pelos colonos europeus criaram uma "inversão das fortunas". Por razões semelhantes, também é improvável que a geografia explique a pobreza do Oriente Médio. Afinal, o Oriente Médio

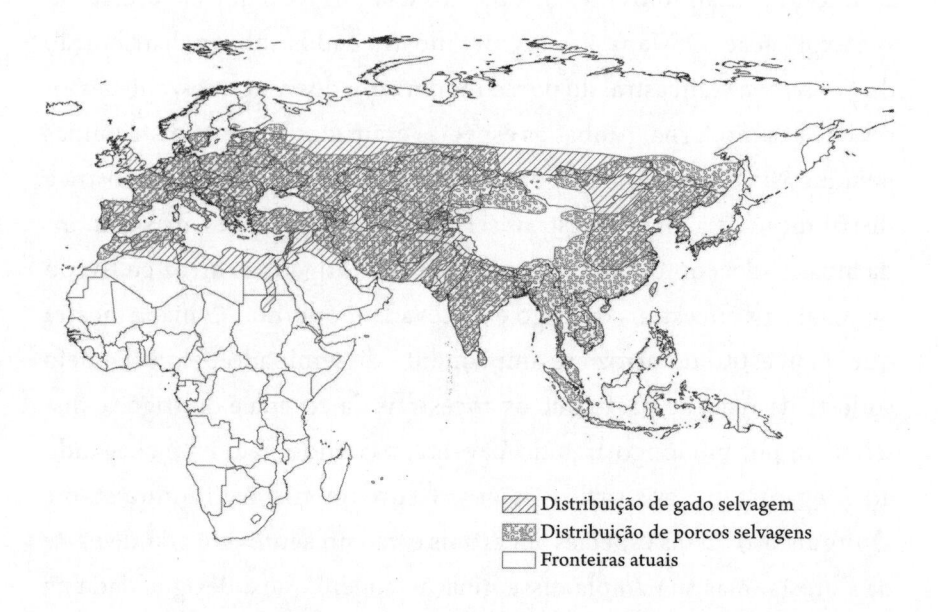

Mapa 4: A distribuição histórica de variedades selvagens de gado e de porco.

- Distribuição de gado selvagem
- Distribuição de porcos selvagens
- Fronteiras atuais

liderou o mundo na Revolução do Neolítico, e as primeiras cidades se desenvolveram no Iraque moderno. O ferro foi fundido pela primeira vez na Turquia e, ainda na Idade Média, o Oriente Médio era dinâmico em termos de tecnologia. Não foi a geografia do Oriente Médio que levou a Revolução do Neolítico a florescer naquela parte do mundo, como veremos no Capítulo 5, e, novamente, não foi a geografia que empobreceu o Oriente Médio. Em vez disso, foram a expansão e a consolidação do Império Otomano, e é o legado institucional desse império que mantém o Oriente Médio pobre hoje.

Por fim, fatores geográficos são inúteis para explicar não apenas as diferenças que vemos em várias partes do mundo atual, como também para compreendermos por que muitas nações, como o Japão e a China, passam por longos períodos de estagnação e depois dão início a um rápido processo de crescimento. Precisamos de outra história, precisamos de uma história melhor.

- Arroz: área de origem
— Arroz: distribuição de variedades selvagens
- Trigo: área de origem
▲ Trigo: distribuição de variedades selvagens
- Cevada: área de origem
• Cevada: distribuição de variedades selvagens
☐ Fronteiras atuais

Mapa 5: A distribuição histórica de variedades selvagens de arroz, trigo e cevada.

A hipótese cultural

A segunda teoria amplamente aceita, a hipótese cultural, relaciona prosperidade e cultura. A hipótese cultural, assim como a geográfica, tem uma linhagem renomada, que remonta pelo menos ao grande sociólogo alemão Max Weber, o qual afirmava que a Reforma Protestante, com sua ética protestante, desempenharam um papel fundamental em facilitar o surgimento da sociedade industrial moderna na Europa Ocidental. A hipótese cultural hoje não se apoia mais apenas na religião, ressaltando também outros tipos de crença, valores e ética.

Embora não seja politicamente correto afirmar isso em público, muitas pessoas continuam acreditando que os africanos são pobres por não terem uma boa ética profissional, por ainda crerem em bruxarias e magia, ou por resistirem a novas tecnologias ocidentais. Muitos também creem que a América Latina jamais será rica porque seus povos são intrinsecamente libertinos e desonestos e por terem uma espécie de cultura "ibérica", ou cultura do *"mañana"*. Claro, muitos também já acreditaram que a cultura chinesa e os valores do confucionismo eram hostis ao crescimento econômico, embora hoje se proclame que a ética profissional desse povo é um importante motor do crescimento na China, em Hong Kong e em Singapura.

Sendo assim, a hipótese cultural é útil para compreender a desigualdade mundial? Sim e não. Sim, no sentido de que as normas sociais, que estão relacionadas à cultura, têm importância e podem ser difíceis de mudar, e por vezes também são a base de diferenças institucionais, que são a explicação deste livro para a desigualdade mundial. Mas na maioria dos casos não, porque esses aspectos da cultura que costumam ser enfatizados — religião, ética nacional, valores africanos ou latinos — simplesmente não são importantes para compreender como chegamos aqui e por que as desigualdades mundiais persistem. Outros aspectos, como até que ponto as pessoas confiam umas nas outras ou até que ponto são capazes de colaborar entre si, são importantes, mas provêm essencialmente das instituições e não consistem em uma causa independente.

Voltemos a Nogales. Como observamos, muitos aspectos da cultura são os mesmos ao norte e ao sul da cerca. No entanto, pode haver diferenças claras no que diz respeito a práticas, normas e valores, embora essas não sejam as causas para os diferentes caminhos de desenvolvimento seguidos por esses dois lugares, e sim seu resultado. Por exemplo, pesquisas mostram que os mexicanos em geral declaram que confiam menos em estranhos do que cidadãos dos Estados Unidos. Mas não chega a surpreender que os mexicanos não demonstrem confiança quando seu governo não consegue eliminar cartéis de drogas ou oferecer um sistema judiciário que considerem funcional e imparcial. Isso também vale para a Coreia do Norte e a Coreia do Sul, como discutiremos no capítulo seguinte. A Coreia do Sul é um dos países mais ricos do mundo, ao passo que a Coreia do Norte luta contra a recorrente escassez de alimentos e uma pobreza indecorosa. Embora a "cultura" atual seja muito diferente no sul e no norte, não desempenhou qualquer papel na evolução dos diferentes destinos econômicos dessas duas metades de uma nação. A península Coreana teve um longo período de história compartilhada. Antes da Guerra da Coreia e da divisão no paralelo 38, a península tinha uma homogeneidade sem precedentes em termos de idioma, etnia e cultura. Assim como em Nogales, o que importa é a fronteira. Ao norte há um regime diferente, que impõe instituições diferentes, criando outros incentivos. Qualquer diferença cultural entre as partes ao sul e ao norte da fronteira, tanto no caso de Nogales quanto no da Coreia, não é causa das diferenças de prosperidade, mas, sim, uma consequência.

E o que dizer da África e da cultura africana? Historicamente, a África subsaariana era mais pobre do que outras partes do mundo, e suas civilizações antigas não desenvolveram a roda, a escrita (à exceção da Etiópia e da Somália) nem o arado. Embora essas tecnologias não fossem amplamente usadas até o advento da colonização formal pelos europeus no fim do século XIX e início do XX, as sociedades africanas as conheciam desde muito antes. Os europeus começaram a navegar contornando a costa ocidental no fim do século XV, e os asiáticos navegavam para a África Oriental desde muito antes.

Podemos entender por que essas tecnologias não foram adotadas a partir da história do Reino do Congo, na foz do rio Congo, que deu seu nome à moderna República Democrática do Congo. O Mapa 6 mostra onde ficava o Reino do Congo, próximo a outro importante Estado do centro da África, o Reino Cuba, que discutiremos mais adiante.

O Reino do Congo teve contato intenso com os portugueses depois da primeira visita do marinheiro Diogo Cão, em 1483. Na época, o Congo era um regime altamente centralizado segundo os padrões africanos, cuja capital, Mbanza, tinha uma população de 60 mil habitantes e era uma cidade mais ou menos do mesmo tamanho que a capital portuguesa, Lisboa, e maior que Londres, com sua população de cerca de 50 mil pessoas em 1500. O rei do Congo, Nzinga a Nkuwu, se converteu ao catolicismo e mudou seu nome para João I. Mais tarde, o nome Mbanza foi modificado para São Salvador. Graças aos portugueses, os congoleses conheceram a roda e o arado, tecnologias cuja adoção até incentivaram por meio de missões agrícolas em 1491 e 1512. Mas todas essas iniciativas fracassaram. No entanto, os congoleses estavam longe de ser avessos a tecnologias modernas. Inclusive, não demoraram a adotar uma venerável invenção ocidental: a arma de fogo. Essa nova e poderosa ferramenta foi empregada para responder a incentivos de mercado: capturar e exportar escravizados. Não há indícios de que os valores africanos ou a cultura do continente tenham impedido a adoção de novas tecnologias e práticas. Conforme aprofundavam o contato com os europeus, os congoleses adotaram outras práticas ocidentais: letramento, estilos de vestuário e desenho de casas. No século XIX, muitas sociedades africanas também se beneficiaram das crescentes oportunidades econômicas criadas pela Revolução Industrial ao modificar seus padrões de produção. Na África Ocidental houve um rápido desenvolvimento econômico baseado na exportação do óleo de palma e do amendoim; na parte sul da África, foram desenvolvidos produtos de exportação para as áreas do Rand, na África do Sul, que passavam por uma rápida expansão nas atividades de mineração e da indústria. Entretanto, esses promissores experimentos econômicos foram obliterados não pela cultura africana nem pela incapacidade dos africanos comuns de agir no próprio interesse, mas pelo colonialismo europeu, inicialmente, e, depois, pelos governos africanos pós-independência.

O verdadeiro motivo para os congoleses não adotarem tecnologias superiores foi a falta de incentivos. Eles enfrentavam o alto risco de ter toda a produção expropriada e taxada pelo rei todo-poderoso, apesar de ele ter se convertido ao catolicismo. Na verdade, não era apenas a propriedade deles que corria riscos. A própria existência também ficava por um fio, dado que muitos eram capturados e vendidos como escravos — dificilmente o tipo de ambiente que estimule investimentos a fim de aumentar a produtividade a longo prazo. O rei também não tinha incentivos para adotar o arado em larga escala nem para priorizar a maior produtividade agrícola — a exportação de escravos era muito mais lucrativa.

Pode ser verdade que os africanos hoje confiem menos uns nos outros do que outros povos nas demais partes do mundo. No entanto, isso

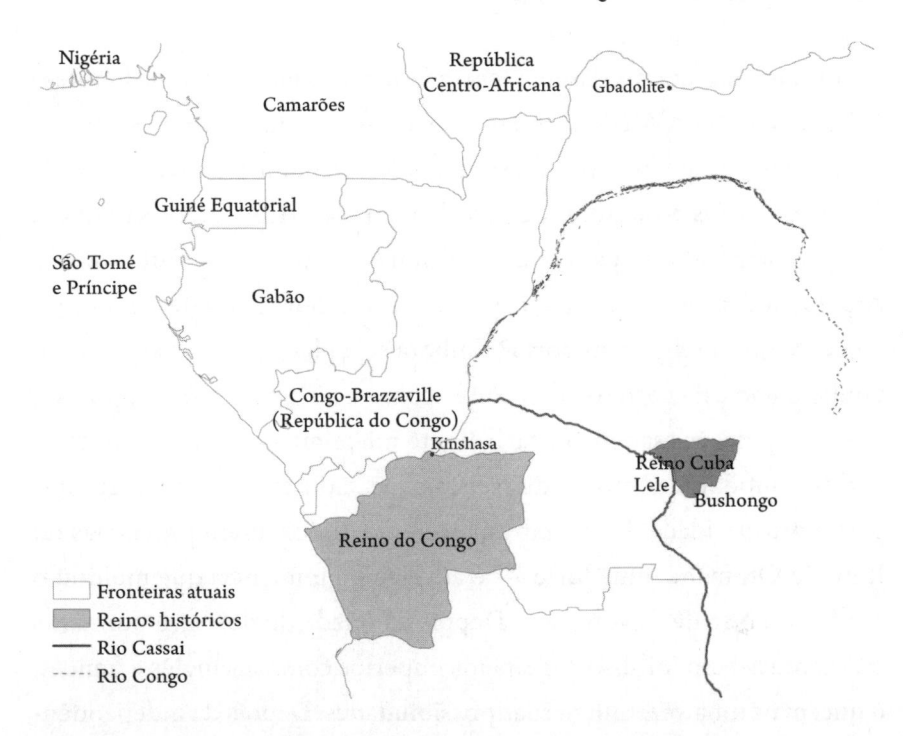

Mapa 6: Reino do Congo, Reino Cuba, os bushongos e os leles.

é resultado de uma longa série de instituições que minaram os direitos humanos e o direito à propriedade na África. A possibilidade de ser capturado e vendido como escravo certamente influenciou, do ponto de vista histórico, o grau de confiança que os africanos sentem pelos outros.

E o que dizer da ética protestante de Max Weber? Embora possa ser verdade que países predominantemente protestantes, como a Holanda e a Inglaterra, tenham sido os primeiros casos de êxito econômico da era moderna, há pouca relação entre religião e sucesso econômico. A França, um país majoritariamente católico, não demorou a imitar o desempenho econômico dos holandeses e dos ingleses no século XIX, e a Itália hoje é tão próspera quanto qualquer uma dessas nações. Olhando mais para o oriente, você verá que nenhum dos casos de sucesso econômico no Leste Asiático tem a ver com qualquer forma de religião cristã, portanto, lá também não há muito embasamento para uma relação especial entre o protestantismo e o sucesso econômico.

Vamos analisar uma das regiões preferidas dos entusiastas da hipótese cultural: o Oriente Médio. Os países de lá são, em sua maioria, islâmicos, e entre eles os que não produzem petróleo são muito pobres, como já observamos. Os produtores de petróleo são mais ricos, mas essa riqueza inesperada pouco fez para criar economias modernas diversificadas na Arábia Saudita ou no Kuwait. Essa análise não demonstra de modo convincente que a religião importa? Embora seja plausível, esse argumento também não está correto. Sim, países como a Síria e o Egito são pobres, e suas populações são majoritariamente muçulmanas. Entretanto, esses países também têm outras diferenças que são bem mais importantes para a prosperidade. Para citar um exemplo, todos foram províncias do Império Otomano, uma forte — e adversa — influência que moldou o modo como se desenvolveram. Depois da queda do domínio otomano, o Oriente Médio foi absorvido pelos impérios coloniais inglês e francês, o que, mais uma vez, tolheu suas possibilidades. Depois da independência, seguiram o caminho de grande parte do antigo mundo colonial ao desenvolverem regimes políticos hierárquicos e autoritários com poucas das instituições políticas e econômicas que, segundo afirmaremos, são cruciais para gerar o sucesso econômico. Esse caminho de desenvolvimento foi forjado em grande medida pela história do domínio otomano e europeu. A correlação entre a religião islâmica e a pobreza no Oriente Médio é, em grande medida, falsa.

O papel que esses eventos históricos, mais do que fatores culturais, tiveram na formação da trajetória econômica do Oriente Médio também fica evidente quando observamos que as partes dessa região que romperam temporariamente com o domínio do Império Otomano e das potências europeias, como no caso do Egito entre 1805 e 1848, sob o governo de Muhammad Ali, conseguiram embarcar em um caminho de rápida mudança econômica. Muhammad Ali usurpou o poder depois da retirada das forças francesas que haviam ocupado o Egito sob a liderança de Napoleão Bonaparte. Na época, ao explorar a fraqueza do domínio otomano sobre o território egípcio, ele foi capaz de fundar sua própria dinastia, que iria, sob diversas formas, governar até a Revolução Egípcia liderada por Nasser, em 1952. As reformas de Muhammad Ali, embora feitas à força, de fato levaram o Egito a crescer, conforme a burocracia estatal, o Exército e o sistema tributário foram modernizados e houve crescimento na agricultura e na indústria. No entanto, esse processo de modernização e crescimento terminou com a morte de Ali, quando o Egito retornou à influência europeia.

Mas talvez essa seja a maneira errada de pensar sobre o papel da cultura. Talvez os fatores culturais que mais importem não estejam associados à religião e sim a "culturas nacionais" específicas. Será que é a influência da cultura inglesa que explica por que países como os Estados Unidos, o Canadá e a Austrália são tão prósperos? Embora de início pareça ser interessante, essa ideia também não funciona. Sim, o Canadá e os Estados Unidos foram colônias inglesas, mas Serra Leoa e Nigéria também foram. A variação de prosperidade das antigas colônias inglesas é tão grande quanto a dos países do mundo. O legado inglês não é o motivo para o sucesso da América do Norte.

Há ainda mais uma versão da hipótese cultural: pode ser que a comparação mais importante não seja entre ingleses e não ingleses, mas, sim, entre europeus e não europeus. Será que os europeus são superiores em função de sua ética profissional, da perspectiva que têm da vida, dos valores judaico-cristãos ou da herança romana? É verdade que a Europa Ocidental e a América do Norte, povoadas principalmente por pessoas de origem europeia, são as partes mais prósperas do mundo. Talvez seja o legado cultural superior dos europeus que esteja na raiz da prosperidade. Esse é o último refúgio da hipótese cultural, mas, infelizmente, essa versão tem tão pouco potencial de explicação quanto as demais. A Argentina e o Uruguai, quando comparados com a população do Canadá e dos Estados Unidos, têm proporcionalmente mais descendentes de europeus, porém o desempenho econômico dos dois países deixa muito a desejar. Japão e Singapura nunca tiveram muitos habitantes de descendência europeia, mas são tão prósperos quanto muitas partes da Europa Ocidental.

A China, apesar das muitas imperfeições em seu sistema econômico e político, foi a nação que cresceu mais rápido nas três últimas décadas. A pobreza do país até a morte de Mao Zedong nada tinha a ver com a cultura chinesa, e sim ao modo desastroso como Mao organizou a economia e conduziu a política. Nos anos 1950, ele promoveu o Grande Salto Adiante, uma política de industrialização drástica que levou à penúria generalizada e à fome no país. Nos anos 1960, ele propagou a Revolução Cultural, que gerou uma perseguição de intelectuais e de pessoas instruídas — qualquer um cuja fidelidade ao partido pudesse ser questionada. Mais uma vez, a política trouxe o terror e um imenso desperdício de talento e dos recursos da sociedade. Do mesmo modo, o atual crescimento chinês não tem nada a ver com valores chineses ou com mudanças na cultura da China; é resultado de um processo de transformação econômica iniciado pelas reformas implementadas por Deng Xiaoping e seus aliados, que, depois da morte de Mao Zedong, gradualmente abandonaram as políticas econômicas e as instituições do socialismo, primeiro na agricultura e depois na indústria.

Assim como acontece com a hipótese geográfica, a hipótese cultural também é inútil para explicar outros aspectos da situação que vemos no mundo atual. Claro que existem outras diferenças de crenças, atitudes culturais e valores entre os Estados Unidos e a América Latina, mas, assim como no caso das diferenças que existem entre Nogales, Arizona, e Nogales, Sonora, ou como no caso daquelas existentes entre as Coreias do Sul e do Norte, essas disparidades são consequência das diferentes instituições e das histórias institucionais dos dois lugares. Os fatores culturais que enfatizam quanto a cultura "hispânica" ou "latina" moldaram o Império Espanhol não conseguem explicar as diferenças na América Latina — por exemplo, por que a Argentina e o Chile são mais prósperos do que o Peru e a Bolívia. Outros tipos de argumento cultural — por exemplo, os que ressaltam a cultura indígena contemporânea — apresentam resultados igualmente ruins. A Argentina e o Chile têm poucos povos indígenas quando comparados com Peru e Bolívia. Embora isso seja verdade, a cultura indígena também não funciona como explicação. Colômbia,

Equador e Peru têm níveis semelhantes de renda, mas a Colômbia tem, hoje, pouquíssimos povos indígenas, ao passo que Equador e Peru têm muitos. Por fim, atitudes culturais, que em geral mudam devagar, dificilmente serão responsáveis por crescimentos milagrosos no Leste Asiático e na China. Embora instituições também sejam persistentes, em certas circunstâncias elas de fato mudam rápido, como veremos.

A hipótese da ignorância

A última teoria mais comum que tenta explicar por que certas nações são pobres e outras são ricas é a hipótese da ignorância, a qual afirma que a desigualdade mundial existe porque nós — ou nossos governantes — não sabemos fazer com que países pobres enriqueçam. A ideia é sustentada por muitos economistas, que partem da famosa definição proposta pelo economista inglês Lionel Robbins, em 1935, segundo a qual "a economia é a ciência que estuda o comportamento humano como uma relação entre os fins e meios escassos que têm usos alternativos".

A partir daí basta um pequeno passo para concluir que a ciência econômica deveria se concentrar na melhor forma de usar os meios escassos para satisfazer fins sociais. Na verdade, o mais famoso resultado teórico na economia, o chamado Primeiro Teorema do Bem-Estar, identifica as circunstâncias sob as quais a alocação de recursos em uma "economia de mercado" é socialmente desejável de um ponto de vista econômico. Uma economia de mercado é uma abstração concebida para retratar uma situação em que todos os indivíduos e empresas podem produzir, comprar e vender livremente quaisquer produtos ou serviços que desejem. Quando essas circunstâncias não estão presentes, existe uma "falha de mercado". Essas falhas são a base para uma teoria da desigualdade mundial, considerando que, quanto mais negligenciadas as falhas de mercado, mais pobre deve ser o país. A hipótese da ignorância afirma que países pobres são pobres porque têm muitas falhas de mercado e os economistas e responsáveis pelas políticas públicas não sabem como se livrar delas e ouviram maus conselhos no passado. Países ricos são ricos porque criaram melhores políticas e tiveram sucesso em eliminar essas falhas.

Será que a hipótese da ignorância pode explicar a desigualdade mundial? Será que os países africanos são mais pobres do que o restante do mundo porque seus líderes tendem a ter os mesmos pontos de vista equivocados sobre como governá-los, levando-os à pobreza, ao passo que os líderes europeus são mais bem informados ou mais bem aconselhados, o que explica seu relativo sucesso? Embora haja exemplos famosos de líderes que adotaram políticas desastrosas por estarem equivocados quanto às consequências, a ignorância, na melhor das hipóteses, pode explicar apenas uma pequena parte da desigualdade mundial.

Num primeiro momento, parece que a ignorância foi a causa do declínio econômico contínuo que, em Gana, teve início logo depois da independência da Grã-Bretanha. O economista britânico Tony Killick, que na época trabalhava como conselheiro do governo de Kwame Nkrumah, registrou muitos dos problemas com grandes detalhes. As políticas de Nkrumah se concentraram no desenvolvimento da indústria estatal, o que se mostrou muito ineficiente. Killick notou:

> A fábrica de calçados (...) que ligaria a fábrica de carne do norte ao sul com o transporte de couros (a uma distância de mais de 800 quilômetros) para um curtume (hoje abandonado); o couro seria então transportado para a fábrica de calçados em Kumasi, no centro do país, a cerca de 300 quilômetros do curtume. Como o principal mercado de calçados fica na região metropolitana de Acra, os sapatos teriam de ser transportados por mais 300 quilômetros rumo ao sul.

Killick discretamente observa que o empreendimento teve "a viabilidade minada pela falha de localização". A fábrica de calçados foi um dos muitos projetos do gênero, assim como a indústria de manga em lata que ficava situada em uma parte de Gana onde não se cultivavam mangas e cuja produção seria maior do que a demanda do mundo inteiro pela fruta. Essa sequência infinita de empreendimentos economicamente irracionais não surgiu porque Nkrumah ou seus conselheiros estavam mal informados ou ignoravam quais seriam as políticas econômicas corretas. Eles tinham o apoio de pessoas como Killick e chegaram a ser aconselhados por Sir Andrew Lewis, ganhador do Nobel, que sabia que essas políticas não eram boas. O que levou as políticas econômicas a tomarem aquela forma foi a necessidade de Nkrumah de usá-las para comprar apoio político e sustentar seu regime pouco democrático.

Nem o desempenho decepcionante de Gana depois da independência nem os infinitos outros casos de aparente má gestão econômica podem ser atribuídos apenas à ignorância. Afinal, se a ignorância fosse o problema, líderes bem-intencionados aprenderiam rápido que tipos de política aumentam a renda e o bem-estar de seus cidadãos e tenderiam a adotá-los.

Pense nos caminhos divergentes seguidos por Estados Unidos e México. Atribuir essa disparidade à ignorância dos líderes das duas nações é, na melhor das hipóteses, bem pouco plausível. Não foram diferenças de conhecimento nem de intenções entre John Smith e Cortés que plantaram as sementes da divergência durante o período colonial, assim como não foram diferenças de conhecimento entre Porfirio Díaz e presidentes dos Estados Unidos, como Teddy Roosevelt ou Woodrow Wilson, que levaram o México a escolher instituições econômicas que enriqueceram as elites à custa do restante da sociedade no fim do século XIX e princípio do XX, ao passo que Roosevelt e Wilson fizeram o contrário. Foram as diferenças nos limites institucionais impostos aos presidentes e às elites dos dois países. De modo semelhante, os líderes de nações africanas que sofreram durante os últimos cinquenta anos com inseguranças relativas aos direitos de propriedade e às instituições econômicas, empobrecendo grande parte da população, não permitiram que essas condições surgissem por acharem que estavam adotando boas práticas econômicas; na verdade, deixaram que isso acontecesse por saber que podiam escapar impunes e enriquecer à custa do restante do país, ou por acharem que era positivo do ponto de vista político: queriam se manter no poder comprando o apoio crucial de grupos ou elites.

A experiência do primeiro-ministro de Gana em 1971, Kofi Busia, ilustra a que ponto a hipótese da ignorância pode estar equivocada. Busia enfrentou uma perigosa crise econômica. Depois de chegar ao poder em 1969, Busia, como Nkrumah antes dele, adotou políticas econômicas expansionistas insustentáveis e um sistema de controle de preços dominado por associações de produtores, além de manter uma taxa de câmbio supervalorizada. Embora tenha sido opositor de Nkrumah e feito um governo democrático, Busia enfrentou as mesmas limitações políticas. Como no caso de Nkrumah, essas políticas econômicas foram adotadas não porque Busia era "ignorante" e acreditava que se tratava de boas práticas ou de um modo ideal para desenvolver o país. Tais políticas foram escolhidas por serem interessantes, permitindo que Busia transferisse recursos para grupos com mais poder — por exemplo, em áreas urbanas — que precisavam estar satisfeitos. Os controles de preços estrangularam a agricultura, fazendo com que alimentos baratos chegassem a eleitores da área urbana e gerassem receita para gastos do governo. Mas esses controles eram insustentáveis. Gana logo passou a sofrer com uma série de crises de balança de pagamentos e escassez de moeda estrangeira. Diante desses dilemas, em 27 de dezembro de 1971, Busia assinou um acordo com o Fundo Monetário Internacional (FMI) que incluía uma grande desvalorização da moeda.

O FMI, o Banco Mundial e a comunidade internacional como um todo pressionaram Busia para implementar as reformas do acordo. Embora as instituições internacionais se mantivessem numa abençoada ignorância quanto à situação política em Gana, Busia sabia que estava assumindo um risco. A consequência imediata da desvalorização monetária foram motins e descontentamento em Acra, capital do país, que cresceram de maneira incontrolável até Busia ser derrubado pelos militares, liderados pelo tenente-coronel Acheampong, que imediatamente cessou a desvalorização.

A hipótese da ignorância difere das hipóteses geográfica e cultural na medida em que já vem com uma sugestão sobre como "resolver" o problema da pobreza: se a ignorância nos colocou nessa situação, governantes esclarecidos e bem informados podem nos tirar dela, e deveríamos ser capazes de "construir" prosperidade no planeta dando os conselhos certos e convencendo os políticos de quais são as boas práticas econômicas. No entanto, a experiência de Busia ressalta o fato de que o principal obstáculo para a adoção de políticas que reduziriam as falhas de mercado e incentivariam o crescimento econômico não é a ignorância dos políticos, mas os incentivos e os limites com que eles se deparam e que se originam das instituições políticas e econômicas de sua sociedade.

Embora a hipótese da ignorância continue reinando soberana nos círculos de formuladores de políticas públicas do Ocidente — que, excluindo quase todo o resto, se concentram em como construir a prosperidade —, é apenas mais uma hipótese que não funciona. Não explica nem as origens da prosperidade ao redor do mundo nem a situação atual à nossa volta — por exemplo, por que algumas nações, como o México e o Peru, adotaram instituições e políticas que empobreceriam a maioria de seus cidadãos, enquanto isso não ocorreu nos Estados Unidos ou na Inglaterra; ou por que todas as nações da África subsaariana e a maioria dos países da América Central são tão mais pobres do que os da Europa Ocidental ou os do Leste Asiático.

Quando as nações rompem com os padrões institucionais que as condenam à pobreza e conseguem embarcar em um caminho de crescimento econômico, isso não se dá porque os líderes ignorantes se educaram ou ficaram menos egoístas ou porque passaram a se aconselhar com economistas melhores. A China, por exemplo, é um dos países a fazer a passagem de políticas econômicas que causavam pobreza e fome a milhões de pessoas para políticas que incentivavam o crescimento econômico. Mas, como vamos discutir com mais detalhes adiante, isso não ocorreu porque o Partido Comunista Chinês enfim compreendeu que a propriedade coletiva da terra agrícola e da indústria era um péssimo modo de criar incentivos econômicos. O que aconteceu foi que Deng Xiaoping e seus aliados — que não eram mais altruístas do que seus rivais, só tinham interesses e objetivos políticos diferentes — conseguiram derrotar seus poderosos oponentes no Partido Comunista e idealizaram uma espécie de revolução, mudando radicalmente a liderança e a direção do partido. As reformas econômicas, que criaram incentivos de mercado na agricultura e depois na indústria, se seguiram a essa revolução política. Foi a política que determinou a passagem do comunismo para os incentivos de mercado na China, e não conselhos melhores ou uma melhor compreensão de como a economia funciona.

DEFENDEREMOS QUE, PARA compreender a desigualdade mundial, é preciso primeiro compreender por que algumas sociedades são organizadas de maneiras muito ineficientes e socialmente indesejáveis. Nações às vezes adotam instituições eficientes e alcançam a prosperidade, mas infelizmente são raros os casos. A maior parte dos economistas e dos formuladores de políticas públicas se concentrou em "acertar o caminho", quando, na verdade, o que realmente se faz necessário é compreendermos por que as nações pobres seguem o "caminho errado". Escolher o caminho errado pouco tem a ver com ignorância ou cultura. Como demonstraremos, países pobres são pobres porque aqueles que têm o poder fazem escolhas que criam pobreza. Eles escolhem o caminho errado não por ignorância, mas de propósito. Para compreender isso é necessário não se limitar à economia e aos conselhos dos especialistas sobre qual é a melhor coisa a se fazer, e sim estudar como as decisões de fato ocorrem, quem são os responsáveis por elas e por que essas pessoas tomam tais decisões. Isso é o estudo da política e dos processos políticos. Tradicionalmente a economia ignora a política, mas sua compreensão é crucial para explicar a desigualdade no mundo. Como o economista Abba Lerner observou, nos anos 1970: "A economia conquistou o título de Rainha das Ciências Sociais ao escolher como seu domínio problemas políticos já resolvidos."

Defenderemos que a prosperidade depende da resolução dos problemas políticos mais básicos. É precisamente porque a economia presumiu que os problemas políticos estão resolvidos que não foi capaz de apresentar uma explicação convincente para a desigualdade mundial. Explicar a desigualdade mundial exige que a economia compreenda como diferentes tipos de política e de arranjos sociais afetam os incentivos e o comportamento econômico. A política também é necessária.

3.
A CRIAÇÃO DA PROSPERIDADE E DA POBREZA

A economia do paralelo 38 N

No verão de 1945, com a proximidade do fim da Segunda Guerra Mundial, a colônia japonesa na Coreia começou a ruir. Um mês depois da rendição incondicional do Japão, em 15 de agosto, a Coreia foi dividida no paralelo 38 N em duas esferas de influência. O sul era administrado pelos Estados Unidos. O norte, pela Rússia. A paz frágil da Guerra Fria foi implodida quando, em junho de 1950, o Exército norte-coreano invadiu o sul. Os norte-coreanos, apesar de terem feito grandes incursões, chegando até a conquistar Seul, a capital, bateram em retirada no outono. Foi quando Hwang Pyong-won e seu irmão foram separados. Hwang Pyong-won conseguiu se esconder e evitou ser convocado para o Exército norte-coreano. Ele permaneceu no sul, onde trabalhou como farmacêutico. Seu irmão, um médico que trabalhava em Seul tratando soldados feridos do Exército sul-coreano, foi levado quando o Exército norte-coreano se retirou. Separados em 1950, eles se reencontraram em 2000, em Seul, pela primeira vez em 50 anos, depois que os dois governos finalmente concordaram em começar um programa limitado de reunificação de famílias.

Como médico, o irmão de Hwang Pyong-won acabou trabalhando para a Força Aérea, um bom cargo numa ditadura militar. Porém, na Coreia do Norte, mesmo aqueles com privilégios não vivem tão bem assim. Quando os irmãos se encontraram, Hwang Pyong-won perguntou como era a vida ao norte do paralelo 38 N. Hwang tinha um carro, mas o irmão, não. "Você tem telefone?", perguntou para o irmão. "Não", respondeu ele. "Minha filha, que trabalha para o Ministério de Relações Exteriores, tem um telefone, mas, se você não sabe o código, não pode ligar." Hwang Pyong-won ainda lembrou que, no encontro, todas as pessoas do norte estavam pedindo dinheiro, então ofereceu um pouco ao irmão. Mas o irmão disse: "Se eu voltar com dinheiro, o governo vai tomar de mim, então fique com ele." Hwang Pyong-won percebeu que o casaco do irmão estava surrado: "Troque de casaco comigo e volte usando este", sugeriu. "Não posso fazer isso", respondeu o irmão. "Este casaco foi emprestado pelo governo para a ocasião." Hwang Pyong-won ainda lembrou como, quando se despediram, o irmão estava pouco à vontade e bastante nervoso, como se alguém estivesse ouvindo. Ele era mais pobre do que Hwang Pyong-won havia imaginado, e, mesmo dizendo que levava uma vida boa, parecia em péssimo estado e estava magro como um graveto.

As pessoas na Coreia do Sul têm padrões de vida similares aos de Portugal e da Espanha. Ao norte, na chamada República Popular Democrática da Coreia, ou Coreia do Norte, o padrão de vida é semelhante ao de um país da África subsaariana, cerca de um décimo do padrão médio da Coreia do Sul. A saúde da Coreia do Norte é ainda pior; o norte-coreano médio pode esperar viver dez anos a menos que seus vizinhos ao sul do paralelo 38 N. O Mapa 7 (a seguir) é uma ilustração dramática da desigualdade econômica entre as Coreias: mostra dados da intensidade de luz à noite a partir de imagens de satélite. A Coreia do Norte é quase totalmente escura devido à falta de eletricidade; a Coreia do Sul resplandece de luz.

Essas diferenças marcantes não são antigas. Na verdade, não existiam antes do fim da Segunda Guerra Mundial. Mas, depois de 1945, os diferentes governos no norte e no sul adotaram maneiras diversas de organizar suas

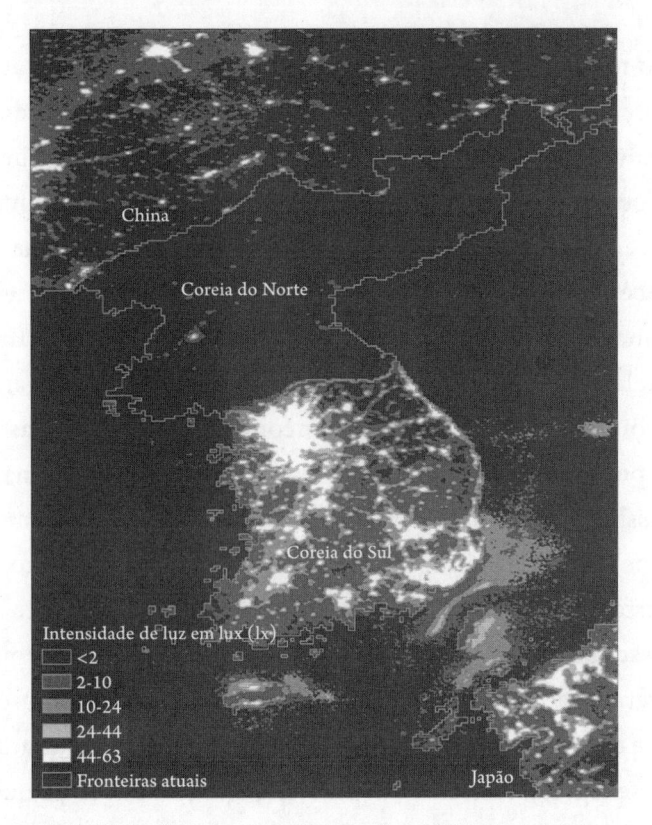

Mapa 7: Luzes na Coreia do Sul e escuridão na Coreia do Norte.

economias. A Coreia do Sul foi conduzida pelo ex-aluno de Harvard e Princeton, firmemente anticomunista, Syngman Rhee, que planejou as primeiras instituições econômicas e políticas do país com apoio considerável dos Estados Unidos. Rhee foi eleito presidente em 1948. Forjada no meio da Guerra da Coreia e contrária à ameaça de expansão comunista ao sul do paralelo 38 N, a Coreia do Sul não era uma democracia. Tanto Rhee quanto seu sucessor igualmente famoso, o general Park Chung-Hee, asseguraram seus lugares na história como presidentes autoritários. Mas ambos governaram uma economia de mercado em que a propriedade privada era reconhecida, e, depois de 1961, Park efetivamente colocou a força do Estado em prol do rápido crescimento econômico, direcionando crédito e subsídios para empresas bem-sucedidas.

A situação ao norte do paralelo 38 N era diferente. Kim Il-sung, um líder de partidários comunistas antijaponeses durante a Segunda Guerra

Mundial, se estabeleceu como ditador em 1947 e, com a ajuda da União Soviética, implantou uma forma rígida de economia planejada centralizada como parte da chamada ideologia Juche. A propriedade privada se tornou ilegal, e o mercado privado foi banido. As liberdades foram cerceadas não apenas no ambiente de mercado, mas em todas as esferas da vida — exceto para aqueles que calhavam de ser parte de uma pequena elite mandatária próxima de Kim Il-sung e, depois, de seu filho e sucessor Kim Jong-il.

Não deveria nos surpreender que os destinos econômicos das Coreias do Sul e do Norte tenham seguido rumos tão distintos. O comando econômico de Kim Il-sung e a ideologia Juche logo se revelaram um desastre. Estatísticas detalhadas não estão disponíveis, pois a Coreia do Norte é um Estado pouco transparente, para dizer o mínimo. Apesar disso, indícios confirmam o que sabemos das frequentes ondas de fome: além de não conseguir desenvolver a produção industrial, a Coreia do Norte de fato sofreu um colapso na produtividade agrícola. A falta de propriedade privada significa que poucas pessoas têm incentivos para investir ou fazer esforço para aumentar ou mesmo manter a produtividade. O regime repressivo e sufocante é hostil à inovação e à adoção de novas tecnologias. Mas Kim Il-sung, Kim Jong-il e seus comparsas não têm a intenção de reformar o sistema, voltar a aceitar a propriedade privada, os mercados e os contratos privados, ou mudar as instituições econômicas e políticas. A Coreia do Norte continua estagnada economicamente.

Enquanto isso, no sul, instituições econômicas encorajaram investimento e comércio. Políticos sul-coreanos investiram em educação, conquistando altos índices de alfabetização e acesso à escola. As empresas sul-coreanas foram rápidas em aproveitar a população relativamente instruída, as políticas estimulando investimentos e industrialização, a exportação e a transferência de tecnologia. A Coreia do Sul logo se tornou uma das "Economias Milagrosas", uma das nações que cresceram mais rápido no mundo.

No fim da década de 1990, após cerca de meio século, o crescimento da Coreia do Sul e a estagnação da Coreia do Norte levaram a uma diferença de dez vezes entre as duas metades do país anteriormente unido — imagine a diferença que alguns séculos podem causar. Quando comparado ao sucesso econômico da Coreia do Sul, o desastre econômico da Coreia do Norte, que levou milhões à fome, é marcante: nem a cultura, nem a geografia, nem a ignorância podem explicar os caminhos divergentes da Coreia do Norte e da Coreia do Sul. Temos de procurar as respostas nas instituições.

Instituições econômicas extrativistas e inclusivas

As diferenças de sucesso econômico dos países resulta das suas diferentes instituições, das regras que influenciam como a economia funciona e dos incentivos que motivam a população. Imagine adolescentes nas Coreias do Norte e do Sul e o que esperam da vida. Os da Coreia do Norte cresceram na miséria, sem espírito empreendedor, criatividade ou educação adequada para trabalhos qualificados. Grande parte da educação que recebem da escola é pura propaganda, destinada a fortalecer a legitimidade do regime; há poucos livros, e computadores são ainda mais raros. Depois de concluir os estudos, todo mundo precisa servir no Exército por dez anos. Esses adolescentes sabem que não poderão ter propriedades, abrir um negócio nem melhorar de vida, ainda que muitas pessoas se envolvam em atividades econômicas privadas e ilegais para ganhar a vida. Também sabem que não terão acesso legal a mercados em que poderiam comprar produtos de que precisam e que desejam. Eles nem sabem muito bem que tipo de direitos humanos terão.

Já os da Coreia do Sul têm boa instrução, incentivos que os estimulam a se esforçarem e a serem os melhores na área que escolheram. O país é uma economia de mercado, construída com base na propriedade privada. Os adolescentes sul-coreanos sabem que, se bem-sucedidos como empreendedores ou trabalhadores, podem um dia aproveitar os frutos de seus investimentos e esforços, melhorar o padrão de vida, comprar carros e casas e pagar por tratamentos de saúde.

No sul, há o apoio do Estado para a atividade econômica. Assim, empreendedores podem obter empréstimos de bancos e do mercado financeiro, empresas estrangeiras podem fazer parcerias com firmas sul-coreanas, indivíduos podem financiar seus imóveis. Na Coreia do Sul, em geral, você é livre para abrir qualquer negócio que deseje. Na do Norte, não. Na Coreia do Sul, é possível contratar funcionários, vender produtos e serviços e gastar dinheiro no mercado da forma que achar melhor. Na do Norte, há apenas o mercado irregular. Essas regras diferentes são criadas pelas instituições sob as quais os norte e os sul-coreanos vivem.

Instituições econômicas inclusivas, assim como as presentes na Coreia do Sul ou nos Estados Unidos, são as que permitem e estimulam a participação de seu povo em atividades econômicas que fazem o melhor uso de seus talentos e habilidades e permitem que os indivíduos façam as escolhas que desejarem. Para serem inclusivas, as instituições devem proporcionar propriedades privadas seguras, um sistema jurídico imparcial e serviços públicos que garantam um campo igualitário no qual as pessoas possam fazer trocas e firmar contratos; também devem permitir a entrada de novos negócios e mudanças de carreira.

O CONTRASTE ENTRE AS Coreias do Sul e do Norte e entre os Estados Unidos e a América Latina ilustra um princípio geral: as instituições econômicas inclusivas alimentam a atividade econômica, o crescimento da produtividade e a prosperidade. A segurança do direito à propriedade privada é central, pois apenas pessoas que detêm esse direito estarão dispostas a investir e aumentar a produtividade. Um empresário que teme que seus resultados possam ser roubados, expropriados ou tributados em excesso terá poucos incentivos para trabalhar, e menos ainda para fazer investimentos e inovações. Mas tais direitos precisam existir para a maioria das pessoas na sociedade.

Em 1680, o governo inglês realizou um censo da população de Barbados, sua colônia das Índias Ocidentais. O censo revelou que, do total da população da ilha, de cerca de 60 mil habitantes, quase 39 mil eram africanos escravizados que vinham a ser propriedade do terço restante da população. De fato, a maioria era propriedade de um dos 175 maiores produtores de açúcar, que também eram donos da maior parte da terra. Esses grandes produtores tinham direito à propriedade da terra e a posse de escravizados assegurada e protegida. Se um produtor quisesse vender escravizados para outro, podia fazê-lo e esperar que um tribunal reconhecesse tal venda ou qualquer contrato que escrevesse. Por quê? Dos quarenta juízes e magistrados da ilha, 29 eram grandes produtores. Além disso, os oito oficiais militares de maior patente eram todos grandes produtores. Apesar do direito à propriedade bem definido, seguro e protegido e do respeito aos contratos firmados pela elite da ilha, Barbados não tinha instituições econômicas inclusivas, pois dois terços da população eram escravizados sem qualquer acesso à educação ou a oportunidades econômicas e sem nenhuma condição ou incentivo para usar seus talentos ou habilidades. As instituições econômicas inclusivas exigem direitos de propriedade seguros e oportunidades econômicas não apenas para a elite, mas também para a ampla maioria da sociedade.

O direito à propriedade estável, as leis, os serviços públicos e a liberdade para contratar e negociar dependem todos do Estado, a instituição com a capacidade coercitiva de impor ordem, prevenir roubo e fraude e garantir o cumprimento de contratos entre duas entidades privadas. Para funcionar bem, a sociedade também precisa de outros serviços públicos: estradas e uma rede de transportes para que os bens possam circular; infraestrutura pública para que a atividade econômica possa florescer; e algum tipo de regulamentação básica para evitar fraudes e condutas ilegais. Apesar de muitos desses serviços públicos poderem ser ofertados pelos mercados e cidadãos, o grau de coordenação necessário para fazê-lo em grande escala com frequência só é alcançado por uma autoridade central. O Estado é, portanto, entrelaçado inexoravelmente com as instituições econômicas, como executor da lei e da ordem, da propriedade privada e dos contratos, e, em geral, como o principal provedor de serviços públicos. Instituições econômicas inclusivas precisam do Estado e recorrem a ele.

As instituições econômicas da Coreia do Norte ou da América Latina colonial — a *mita*, a *encomienda* e o *repartimiento* descritos em capítulos anteriores — não têm essas propriedades. A propriedade privada não existe na Coreia do Norte. Na América Latina colonial havia propriedade privada para os espanhóis, mas a propriedade dos indígenas era bastante incerta. Em nenhum dos tipos de sociedade mencionadas, a maioria da população era capaz de tomar decisões econômicas; as pessoas estavam sujeitas à coerção em massa. Em nenhum desses tipos de sociedade o poder do Estado costumava ofertar serviços públicos essenciais que promoviam prosperidade. Na Coreia do Norte, o Estado construiu um sistema educacional para inculcar propaganda, mas não é capaz de prevenir a morte por inanição. Na América Latina colonial, o Estado se concentrava em coagir os indígenas. Em nenhum desses tipos de sociedade havia um campo igualitário ou um sistema legal imparcial. Na Coreia do Norte, o sistema legal é um braço do Partido Comunista no poder; na América Latina, era uma ferramenta de discriminação contra a população. Chamamos tais instituições, que têm propriedades opostas das que chamamos de inclusivas, de instituições econômicas extrativas, também conhecidas como extrativistas — pois são concebidas para extrair receita e riqueza de uma parte da sociedade a fim de beneficiar outra.

Mecanismos de prosperidade

Instituições econômicas inclusivas criam mercados inclusivos, que não apenas dão às pessoas liberdade para seguirem suas vocações e buscarem carreiras que melhor se adaptem a seus talentos, mas também criam um campo igualitário que lhes dá oportunidade para isso. Aqueles que têm boas ideias serão capazes de abrir negócios; os trabalhadores tendem a ir para atividades nas quais sua produtividade é maior, e empresas menos eficientes podem ser substituídas por outras mais eficientes. Compare o modo como as pessoas escolhem suas ocupações em mercados inclusivos com o que ocorria no Peru e na Bolívia coloniais, onde, sob o sistema da *mita*, muitos eram forçados a trabalhar nas minas de prata e mercúrio, a despeito de suas habilidades ou de sua vontade. Mercados inclusivos não são apenas mercados livres. Barbados do século XVII também tinha mercados próprios. Entretanto, assim como falhavam em fornecer direito à propriedade para todos, garantindo-os apenas para uma pequena elite de produtores, esses mercados não eram inclusivos; os mercados de escravizados eram, na verdade, parte de instituições econômicas que sistematicamente coagiam a maioria da população e impediam as pessoas de escolherem suas ocupações e o modo como deveriam usar seus talentos.

As instituições econômicas inclusivas também pavimentaram o caminho para dois outros mecanismos de prosperidade: tecnologia e educação. O crescimento econômico sustentável é quase sempre acompanhado pelo avanço tecnológico que permite o crescimento de produtividade das pessoas (mão de obra), da terra e do capital existente (prédios, máquinas e assim por diante). Pense em seus tataravôs, que, há apenas um século, não tinham acesso a aviões ou carros e à maior parte dos remédios e cuidados médicos que agora damos como garantidos, sem mencionar água encanada, ar-condicionado, shoppings, rádio ou cinemas; isso sem falar em tecnologia da informação, robótica ou máquinas controladas por computador. Voltando mais algumas gerações, o conhecimento tecnológico e os padrões de vida eram ainda mais atrasados, tanto que temos dificuldade em imaginar como a maioria das pessoas sobrevivia. Esses avanços são derivados da ciência e de empreendedores como Thomas Edison, que usava a ciência para criar negócios lucrativos. Esse processo de inovação é viável por meio das instituições econômicas que promovem a propriedade privada, garantem contratos, criam campos igualitários e incentivam e permitem a entrada de novos negócios, que podem trazer novas tecnologias para a vida. Portanto, não deveria ser surpreendente ter sido a sociedade norte-americana, não o México nem o Peru, quem produziu Thomas Edison, e ter sido a Coreia do Sul, não a Coreia do Norte, que hoje fomenta empresas tecnologicamente inovadoras como a Samsung e a Hyundai.

Intimamente ligados à tecnologia estão a educação, as habilidades, as competências e o conhecimento da força de trabalho, adquiridos nas escolas, em casa e no trabalho. Somos muito mais produtivos do que há um século, e não apenas por causa da melhora tecnológica agregada às máquinas, mas também pela grande quantidade de conhecimento dos trabalhadores. Toda a tecnologia do mundo teria pouco uso sem trabalhadores que soubessem como operá-la. Mas as habilidades e competências não se resumem à capacidade de operar máquinas. São a educação e as habilidades da força de trabalho que geram o conhecimento científico sobre o qual nosso progresso é construído e que permitem adaptações e adoções dessas tecnologias em diversos tipos de negócio. Apesar de termos visto no Capítulo 1 que muitos dos inovadores que surgiram a partir da Revolução Industrial, como Thomas Edison, não tinham uma alta escolaridade, suas inovações eram muito mais simples do que a tecnologia moderna. Hoje, a mudança tecnológica demanda formação tanto do inovador quanto do trabalhador. E aqui vemos a importância das instituições econômicas que criam um campo igualitário. Os Estados Unidos conseguiram formar, ou atrair do exterior, pessoas como Bill Gates, Steve Jobs, Sergey Brin, Larry Page, Jeff Bezos e centenas de cientistas que fizeram descobertas fundamentais na tecnologia da informação, na energia nuclear, na biotecnologia e em outros campos que auxiliaram esses empreendedores a construírem seus negócios. O estoque de talento estava lá para ser utilizado porque a maioria dos adolescentes nos Estados Unidos tem acesso à formação acadêmica que quiserem ou que forem capazes de obter. Agora imagine uma sociedade diferente, por exemplo o Congo ou o Haiti, onde uma grande fração da população não tem condições de frequentar a escola, ou onde, se conseguirem ir à escola, a qualidade do ensino é lamentável, os professores não aparecem para trabalhar e, ainda que apareçam, pode não haver livro disponível para as aulas.

O baixo nível de instrução dos países pobres é causado por instituições econômicas que falham em criar incentivos para que pais eduquem seus filhos e instituições políticas que não conseguem induzir o governo a construir, financiar e apoiar escolas e os desejos dos pais e das crianças. O preço que essas nações pagam pela baixa escolarização da população e pela falta de mercados inclusivos é alto: não conseguem mobilizar seu talento natural. Há muitos Bill Gates em potencial e talvez um ou dois Albert Einsteins trabalhando como agricultores pobres e sem instrução, coagidos a fazer o que não querem ou convocados pelo Exército, porque nunca tiveram a oportunidade de descobrir sua vocação.

A habilidade das instituições econômicas de utilizar o potencial presente em mercados inclusivos, de estimular a inovação tecnológica, de investir em pessoas e de mobilizar talentos e habilidades de uma grande quantidade de indivíduos é decisiva para o crescimento econômico. Explicar por que tantas instituições econômicas falham em atingir esses objetivos simples é o tema central deste livro.

Instituições políticas extrativistas e inclusivas

Todas as instituições econômicas são criadas pela sociedade. As da Coreia do Norte, por exemplo, foram impostas a seus cidadãos pelos comunistas que tomaram o país em 1940, enquanto as da América Latina colonial foram impostas pelos conquistadores espanhóis. A Coreia do Sul optou por instituições econômicas bem diferentes das que existem na Coreia do Norte porque pessoas diferentes, com interesses e objetivos diferentes, tomaram decisões sobre como estruturar a sociedade. Em outras palavras, a Coreia do Sul teve uma política distinta.

A política é o processo pelo qual uma sociedade escolhe as regras que vão governá-la. A política reveste as instituições porque, embora instituições inclusivas possam ser boas para a prosperidade de uma nação, algumas pessoas ou grupos, tais como a elite do Partido Comunista na Coreia do Norte ou os produtores de açúcar da Barbados colonial, viverão melhor se criarem instituições extrativistas. Quando há conflito sobre as instituições, o que acontece depende de quais pessoas ou grupos vencem o jogo da política — quem consegue mais apoio, obtém mais recursos e forma alianças mais eficazes. Em resumo, a vitória depende da distribuição do poder político na sociedade.

As instituições políticas de uma sociedade são um fator-chave do resultado desse jogo. Trata-se das regras que governam os incentivos na política, que determinam como o governo é escolhido e qual parte dele tem direito de fazer o quê. As instituições políticas determinam quem tem poder na sociedade e para quais fins esse poder pode ser utilizado. Se a distribuição de poder é limitada e irrestrita, as instituições políticas são absolutistas, como exemplificado pelas monarquias absolutistas que reinaram pelo mundo durante muito tempo. Sob instituições políticas absolutistas como as da Coreia do Norte e da América Latina colonial, aqueles que podem dominar esse poder serão capazes de estabelecer instituições econômicas para enriquecimento próprio e aumentar seu poder à custa da sociedade. Em contraste, instituições políticas que distribuem o poder amplamente e se sujeitam a restrições são plurais. Em vez de ser transferido para um único indivíduo ou grupo restrito, o poder político é distribuído para uma ampla coalizão ou para uma pluralidade de grupos.

Há, obviamente, uma conexão próxima entre o pluralismo e as instituições econômicas inclusivas. Mas a chave para entender por que a Coreia do Sul e os Estados Unidos têm instituições econômicas inclusivas não está só nas suas instituições políticas plurais, mas também em um Estado suficientemente centralizado e poderoso. Há um contraste revelador com a Somália, na África Oriental. Como veremos mais adiante, o poder político na Somália por muito tempo tem sido distribuído amplamente — quase que de maneira plural. De fato, não há uma autoridade real que possa controlar ou impor sanções ao que qualquer um faz. A sociedade é dividida em clãs profundamente antagônicos que não conseguem dominar uns aos outros. O poder de um clã é restringido apenas pelas armas de outro. Essa distribuição de poder leva não a instituições inclusivas, mas ao caos, e na raiz disso está a incapacidade do Estado somali de realizar qualquer tipo de centralização política ou centralizar o Estado e na sua inabilidade de impor um mínimo de lei e ordem para apoiar a atividade econômica, o comércio ou mesmo a segurança básica dos seus cidadãos.

Max Weber, que mencionamos no capítulo anterior, fornece a mais famosa e amplamente aceita definição de Estado, identificando-o com o "monopólio da violência legítima" na sociedade. Sem tal monopólio e o grau de centralização que isso implica, o Estado não pode exercer seu papel de aplicador da lei e da ordem, muito menos fornecer serviços públicos, encorajar e regular a atividade econômica. Quando o Estado falha em conquistar um grau mínimo de centralização política, a sociedade cedo ou tarde se converte em caos, como na Somália.

Vamos nos referir às instituições políticas que são suficientemente centralizadas e plurais como instituições políticas inclusivas. Quando ambas as condições falham, vamos nos referir a elas como instituições políticas extrativistas.

Há uma sinergia forte entre as instituições econômicas e políticas. Instituições políticas extrativistas concentram o poder nas mãos de uma pequena elite e colocam poucos limites no exercício desse poder. Então, instituições econômicas são construídas para garantir que essa elite possa extrair recursos do restante da sociedade. Logo, instituições econômicas extrativistas naturalmente acompanham instituições políticas extrativistas. De fato, elas dependem intrinsecamente de instituições políticas extrativistas para sua sobrevivência. Instituições políticas inclusivas, ao distribuir o poder amplamente, tendem a desalojar instituições econômicas que expropriam os recursos de muitos, estabelecem barreiras de entrada e suprimem os mercados que beneficiam apenas alguns.

Em Barbados, por exemplo, o sistema de *plantation*, baseado na exploração de escravizados, não poderia sobreviver sem instituições políticas que suprimissem e excluíssem completamente os escravizados do processo político. O sistema econômico que empobrece milhões para o benefício de uma pequena elite comunista na Coreia do Norte também seria impensável sem a dominação política total do Partido Comunista.

Essa relação sinérgica entre instituições políticas e econômicas extrativistas resulta num forte círculo vicioso: as instituições políticas permitem às elites que controlam o poder político escolher as instituições econômicas com poucas restrições ou forças de oposição. Também permitem que as elites estruturem as futuras instituições políticas e sua evolução. Instituições econômicas extrativistas, por sua vez, enriquecem essas mesmas elites, e sua riqueza econômica e seu poder ajudam a consolidar seu domínio político. Em Barbados ou na América Latina, por exemplo, os colonizadores usaram seu poder político para impor um conjunto de instituições econômicas que os levou a amealhar grandes fortunas à custa do restante da população. Os recursos que essas instituições criaram permitiram que as elites formassem exércitos e forças de segurança para defender seu monopólio absolutista de poder político. A consequência, claro, é que as instituições políticas e econômicas extrativistas se apoiam mutuamente e tendem a persistir.

Há de fato mais do que uma sinergia entre instituições políticas e econômicas extrativistas. Quando as elites existentes são desafiadas sob as instituições políticas extrativistas e seus adversários conseguem romper o domínio anterior, a atuação desses desafiantes também estará sujeita a poucos limites. Assim, eles têm incentivos para manter essas instituições políticas e criar um conjunto de instituições econômicas similares, como Porfirio Díaz e a elite em torno dele fizeram no México no fim do século XIX.

Instituições econômicas inclusivas, por sua vez, são forjadas nas fundações estabelecidas por instituições políticas inclusivas, que distribuem o poder de maneira mais ampla na sociedade e limitam seu exercício arbitrário. Tais instituições políticas também dificultam que outros usurpem o poder e enfraqueçam as fundações de instituições inclusivas. Aqueles que controlam o poder político não podem facilmente utilizá-lo para estabelecer instituições econômicas extrativistas em benefício próprio. Instituições econômicas inclusivas criam uma distribuição de recursos mais igualitária, facilitando a persistência de instituições políticas inclusivas.

Não foi coincidência que, em 1618, na ocasião em que a Companhia da Virgínia deu terras e liberou dos contratos draconianos os colonos que havia tentado coagir anteriormente, a Assembleia Geral do ano seguinte permitiu que a colônia passasse a se autogovernar. Direitos econômicos sem direitos políticos não seriam aceitos pelos colonos, atentos aos esforços persistentes da Companhia da Virgínia para coagi-los. Nem essas economias seriam estáveis e duradouras. De fato, combinações de instituições extrativistas e inclusivas são, em geral, instáveis. Instituições econômicas extrativistas sob instituições políticas inclusivas provavelmente não sobreviverão por muito tempo, como sugere nossa discussão sobre Barbados.

De forma semelhante, instituições econômicas inclusivas não vão apoiar nem serão apoiadas por instituições políticas extrativistas. Ou serão transformadas em instituições econômicas extrativistas para beneficiar os interesses limitados que controlam o poder, ou o dinamismo econômico que criam desestabilizará as instituições políticas extrativistas, abrindo caminho para o surgimento de instituições políticas inclusivas. Instituições econômicas inclusivas também tendem a reduzir os benefícios que as elites usufruem ao dominar instituições políticas extrativistas, uma vez que essas instituições enfrentam competição no mercado e estão limitadas por contratos e o direito de propriedade do restante da sociedade.

Por que não escolher sempre a prosperidade?

Instituições políticas e econômicas, que no fim das contas são escolhidas pela sociedade, podem ser inclusivas e estimular o crescimento econômico ou podem ser extrativistas e se tornar impedimentos para o crescimento econômico. Nações fracassam quando têm instituições econômicas extrativistas, apoiadas por instituições políticas igualmente extrativistas que impedem, ou mesmo barram, o crescimento econômico. Mas isso significa que a escolha das instituições — isto é, a política das instituições — é central para nossa busca pela compreensão das razões do sucesso ou fracasso das nações. Precisamos entender por que as políticas de algumas sociedades levam a instituições inclusivas que promovem crescimento econômico, enquanto a política da grande maioria das sociedades na história levou, e ainda leva, a instituições extrativistas que dificultam o crescimento econômico.

Pode parecer óbvio que todo mundo deveria ter interesse em criar o tipo de instituição econômica que trará prosperidade. Afinal, todo cidadão, todo político e até mesmo um ditador predador não desejariam tornar seu país o mais rico possível?

Vamos voltar ao Reino do Congo, já mencionado anteriormente. Apesar de ter colapsado no século XVII, foi esse reino que forneceu o nome para o país que se tornou independente do domínio colonial belga em 1960. Como regime independente, o Congo experimentou um declínio econômico ininterrupto e uma miséria crescente sob o domínio de Joseph Mobutu, entre 1965 e 1997. Esse declínio continuou depois que Mobutu foi deposto por Laurent Kabila. Mobutu criou um conjunto de instituições econômicas altamente extrativista. Os cidadãos estavam empobrecidos, mas Mobutu e a elite ao seu redor, conhecida como *Les Grosses Légumes* (os Grandes Vegetais), se tornaram extraordinariamente ricos. Mobutu construiu um palácio em sua cidade natal, Gbadolite, no norte do país, com um aeroporto grande o bastante para pousar um jato supersônico Concord, um avião que ele frequentemente alugava da Air France para viajar para a Europa. No continente europeu, comprou castelos e era dono de grandes terrenos em Bruxelas, a capital belga.

Não seria melhor para Mobutu criar instituições econômicas que aumentassem a riqueza dos congoleses, ao invés de aprofundar-lhes a pobreza? Se Mobutu tivesse conseguido aumentar a prosperidade de sua nação, não teria sido capaz de obter ainda mais dinheiro, comprar o Concord em vez de alugá-lo, ter mais mansões e castelos e possivelmente um Exército maior e mais poderoso? Infelizmente, para os cidadãos de muitos países no mundo, a resposta é não. Instituições econômicas que criam incentivos para o progresso econômico podem também redistribuir receita e poder de uma maneira capaz de prejudicar um ditador predatório e outros com poder político.

O problema fundamental é que necessariamente haverá disputas e conflitos a respeito das instituições econômicas. Instituições diferentes trazem consequências distintas para a prosperidade de uma nação, para o modo como essa prosperidade é distribuída e para quem detém o poder. O crescimento econômico que pode ser induzido por instituições cria tanto vencedores quanto perdedores. Isso ficou claro durante a Revolução Industrial na Inglaterra, que criou as fundações da prosperidade que vemos hoje nos países ricos do mundo. A revolução foi baseada em uma série de mudanças tecnológicas no uso do motor a vapor, nos transportes e na produção têxtil. Mesmo com o grande aumento da renda total trazida pela industrialização e sua consolidação como base da sociedade industrial moderna, essa mecanização foi combatida amargamente. Não por ignorância ou miopia; justamente o oposto. A oposição ao crescimento econômico tem sua própria lógica, que infelizmente é bem coerente. O crescimento econômico e a mudança tecnológica são acompanhados por aquilo que o grande economista Joseph Schumpeter chamou de destruição criativa, em que há a substituição do velho pelo novo. Novos setores atraem recursos dos antigos. Novas empresas tiram negócios das já estabelecidas. Novas tecnologias tornam as habilidades e máquinas existentes obsoletas. O processo de crescimento econômico e as instituições inclusivas nas quais ele está ancorado criam perdedores, assim como vencedores, na arena política e no mercado econômico. O medo da destruição criativa é comum na raiz da oposição a instituições econômicas e políticas inclusivas.

A história europeia fornece um exemplo vívido das consequências da destruição criativa. Às vésperas da Revolução Industrial no século XVIII, os governos da maioria dos países europeus eram controlados pelas aristocracias e elites tradicionais, cuja maior fonte de receita provinha da posse de terra ou da venda de privilégios adquiridos graças aos monopólios concedidos e às barreiras de entrada impostas pelos monarcas. Em conformidade com a ideia de destruição criativa, a expansão de indústrias, fábricas e cidades retirou recursos da terra, reduziu a renda e aumentou os salários que os donos de terras tinham de pagar a seus trabalhadores. Essas elites também viram surgir novos empresários e comerciantes, reduzindo seus privilégios de comércio. No fim das contas, foram os claros perdedores econômicos da industrialização. A urbanização e o surgimento de uma classe média trabalhadora socialmente consciente também desafiavam o monopólio dos aristocratas donos de terras. Portanto, com a expansão da Revolução Industrial, as aristocracias se tornavam não apenas perdedoras econômicas, mas também corriam o risco de perder influência sobre o poder político. Com o poder político e econômico sob ameaça, essas elites se juntavam para formar uma oposição formidável contra a industrialização.

A aristocracia não foi a única a perder com a industrialização. Artesãos cujas habilidades manuais estavam sendo substituídas pela mecanização também se opunham à expansão da indústria. Muitos se organizaram em oposição, protestando e destruindo as máquinas, que viam como responsáveis pelo declínio de sua qualidade de vida. Eram os luditas, uma palavra que hoje é sinônimo de resistência a qualquer mudança tecnológica. John Kay, inglês que inventou a "lançadeira transportadora" em 1733, um dos mais significativos avanços na mecanização da tecelagem, teve sua casa incendiada pelos luditas em 1753. James Hargreaves, inventor da máquina de fiar hidráulica Jenny, mais um avanço revolucionário, recebeu um tratamento similar.

Na realidade, a oposição dos artesãos à industrialização foi muito menos efetiva do que a dos donos de terras e das elites. Os luditas não tinham nem de perto o mesmo poder político — a habilidade de afetar os resultados políticos contra o desejo de outros grupos — dos aristocratas donos de terras. Na Inglaterra, a industrialização seguiu em frente apesar da oposição dos luditas simplesmente porque a oposição aristocrata, mesmo forte, foi silenciada. Nos impérios Austro-Húngaro e Russo, os monarcas absolutistas e aristocratas tinham muito mais a perder, e a industrialização foi impedida. Como consequência, as economias da Áustria-Hungria e da Rússia ficaram estagnadas; não acompanharam as outras nações europeias, onde o crescimento econômico decolou no século XIX.

Independentemente do sucesso e do fracasso de grupos específicos, uma lição é clara: grupos poderosos com frequência se colocam contra o progresso econômico e os mecanismos de prosperidade. O crescimento econômico não é apenas um processo que envolve maior quantidade de máquinas, melhores do que as anteriores, e mais pessoas instruídas, mas é também um processo transformativo e desestabilizante que promove destruição criativa generalizada. O crescimento, portanto, só avança se não for impedido pelos grupos que terão perdas econômicas e preveem a diminuição ou extinção de seus privilégios ou pelos grupos que terão perdas políticas e temem uma redução de poder.

O conflito por recursos escassos, receita e poder se traduz em conflito pelas regras do jogo e instituições econômicas, que vão determinar as atividades econômicas e quem se beneficia delas. Quando há conflito, não há como atender aos interesses de todos. Alguns serão derrotados e frustrados, enquanto outros conseguirão garantir os resultados que desejam. A decisão sobre o vencedor desse conflito tem consequências fundamentais para a trajetória econômica de uma nação. Se os grupos opositores saem vencedores, podem impedir o crescimento econômico, e a economia ficará estagnada.

A lógica da razão pela qual os poderosos não necessariamente querem criar instituições econômicas que promovam o sucesso econômico é a mesma que rege a escolha das instituições políticas. Num regime absolutista, algumas elites podem ter poder para constituir as instituições econômicas que preferem. Elas estariam interessadas em mudar as instituições políticas para torná-las mais plurais? Em geral, não, pois isso iria diluir seu poder político, dificultando, e talvez impossibilitando, a estruturação de instituições econômicas que promovam seus interesses. Essa é mais uma fonte de conflito. As pessoas que sofrem a ação das instituições econômicas extrativistas não podem esperar que governantes absolutistas mudem voluntariamente as instituições políticas e redistribuam o poder na sociedade. A única maneira de mudar essas instituições políticas é forçar a elite a criar instituições mais plurais.

Também, não há motivo para que instituições políticas se tornem mais plurais sem pressão, pois não há uma tendência natural à centralização política. Decerto há incentivos para criar instituições mais centralizadas no Estado em qualquer sociedade, sobretudo naquelas sem qualquer centralização. Por exemplo, na Somália, se um clã criasse um Estado centralizado capaz de impor ordem no país, isso levaria a benefícios econômicos e tornaria o clã mais rico. O que os impede? A principal barreira à centralização política é, de novo, uma forma de medo da mudança: qualquer clã, grupo ou político que tente centralizar o poder no Estado também vai centralizar o poder nas próprias mãos, e isso certamente atrairia a ira de outros clãs, grupos e indivíduos, que sairiam como perdedores políticos. Ausência de centralização política significa não apenas ausência de lei e da ordem na maior parte do território, mas também que há muitos atores com poder suficiente para impedir ou perturbar uns aos outros, e o medo da oposição e de reações violentas frequentemente deterá muitos interessados em realizar essa centralização, que de fato só é possível quando um grupo de pessoas é mais poderoso que os outros o suficiente para construir um Estado. Na Somália, o poder é equilibrado, e nenhum clã é capaz de impor sua vontade a outro. Portanto, a falta de centralização de poder persiste.

A longa agonia do Congo

Há poucos exemplos melhores, ou mais deprimentes, das forças que explicam os motivos de a prosperidade econômica ser tão rara sob instituições extrativistas — ou que ilustram a sinergia entre instituições econômicas e políticas extrativistas — do que o Congo. Visitantes portugueses e holandeses nos séculos XV e XVI destacaram a "pobreza miserável" do lugar. A tecnologia era rudimentar para os padrões europeus: os congoleses não tinham escrita, roda ou arado. A razão dessa pobreza e a relutância dos agricultores congoleses em adotar tecnologias melhores quando as conheciam é clara nos relatos históricos. Devia-se à natureza extrativista das instituições econômicas do país.

Como vimos, o Reino do Congo era governado pelo rei em Mbanza, posteriormente São Salvador. As áreas distantes da capital eram governadas por uma elite cujos membros assumiam o papel de governadores de diferentes partes do reino. A riqueza dessa elite se baseava em latifúndios escravagistas ao redor de São Salvador e na cobrança de impostos do restante do reino. A escravidão foi fundamental para a economia, fornecendo mão de obra para as propriedades da elite e para os europeus na costa. Os impostos eram arbitrários: uma taxa era cobrada toda vez que o barrete do rei caía. Para se tornarem mais prósperos, os congoleses teriam de poupar e investir em tecnologias melhores — por exemplo, para comprar arados. Mas não valeria a pena, uma vez que qualquer produção extra estaria sujeita a expropriação pelo rei e sua elite. Em vez de investir para aumentar a produtividade e vender seus produtos nos mercados, os congoleses levavam suas vilas para longe dos mercados e tentavam ficar o mais longe possível das estradas, de forma a reduzir a incidência de pilhagem e escapar do alcance dos mercadores de escravos.

A pobreza do Congo era, portanto, um resultado de instituições econômicas extrativistas que impediam todos os mecanismos de prosperidade ou até mesmo os faziam atuar de forma inversa. O governo do Congo fornecia poucos serviços públicos para os cidadãos, deixando de garantir até mesmo os mais básicos, como o direito de propriedade, o cumprimento das leis e a manutenção da ordem. Pelo contrário, o próprio governo era a maior ameaça à propriedade e aos direitos humanos dos governados. A instituição da escravidão significava que não existia o mercado mais importante de todos, um mercado de trabalho inclusivo em que as pessoas poderiam escolher sua ocupação ou trabalho de maneiras que são tão cruciais para uma economia próspera. Mais do que isso, o comércio de longa distância e as atividades mercantis eram controlados pelo rei e estavam abertos apenas para quem fosse próximo a ele. Apesar de a elite ter se alfabetizado depressa depois que os portugueses introduziram a escrita, o rei não fez qualquer tentativa de universalizar a alfabetização.

No entanto, embora a "pobreza miserável" fosse generalizada, as instituições extrativistas congolesas seguiam uma lógica própria impecável: tornavam algumas poucas pessoas, aquelas com poder político, muito ricas. No século XVI, o rei do Congo e a aristocracia importavam artigos de luxo europeus e viviam cercados de servos e escravizados.

As raízes das instituições econômicas da sociedade congolesa emergiram da distribuição do poder político na sociedade e, portanto, da natureza das instituições políticas. Não havia nada que impedisse o rei de tomar os bens ou o corpo das pessoas, além da ameaça de revolta. Essa ameaça, embora real, não era o suficiente para deixar as pessoas ou suas riquezas seguras. As instituições políticas do Congo eram mesmo absolutistas, deixando o rei e a elite essencialmente sem limites e negando aos cidadãos a possibilidade de se manifestar sobre a forma como a sociedade era organizada.

Claro, não é difícil ver que as instituições políticas do Congo têm um contraste agudo em relação a instituições políticas inclusivas em que o poder é restrito e distribuído amplamente. As instituições absolutistas do Congo eram mantidas por um Exército. Em meados do século XVII, o rei tinha um Exército de cinco mil soldados de prontidão, com uma base de quinhentos mosqueteiros — uma força formidável para a época. Fica fácil de entender por que o rei e a aristocracia aderiram tão prontamente às armas europeias.

Não houve mudança de crescimento econômico sustentável sob esse conjunto de instituições econômicas e até os incentivos para gerar crescimento temporário eram bastante limitados. Reformar instituições econômicas para melhorar os direitos de propriedade individuais teria deixado a sociedade congolesa mais próspera como um todo. Mas é improvável que a elite se beneficiasse dessa prosperidade mais ampla. Primeiro, tais reformas prejudicariam a riqueza da elite, pois diminuiriam a riqueza proporcionada pelo tráfico de escravizados e pelos latifúndios escravagistas. Além disso, essas reformas só teriam sido possíveis se o poder político do rei e da elite fossem limitados. Por exemplo, se o rei continuasse a comandar seus quinhentos mosqueteiros, quem iria acreditar num anúncio de que a escravidão havia sido abolida? O que teria impedido o rei de mudar de ideia? A única garantia real seria uma mudança nas instituições políticas, para que os cidadãos ganhassem algum poder político compensatório, dando a eles alguma voz para determinar a tributação ou a ação dos mosqueteiros. Nesse caso, é improvável que a manutenção do consumo e do estilo de vida do rei e da elite teria um lugar muito alto na lista de prioridades. Mudanças que poderiam criar instituições econômicas melhores para a sociedade teriam colocado o rei e a aristocracia entre os perdedores tanto política quanto economicamente.

A interação entre as instituições econômicas e políticas há quinhentos anos ainda é relevante para entender por que o Congo continua miserável. O advento do domínio europeu nessa área, especialmente na bacia do rio Congo na época da "Partilha da África", no fim do século XIX, levou a uma insegurança nos direitos humanos e de propriedade ainda mais notória do que a que caracterizou o Congo pré-colonial. Além disso, a colonização também reproduzia o padrão de instituições extrativistas e o absolutismo político que empoderavam e enriqueciam alguns poucos à custa das massas, embora esses poucos fossem os colonizadores belgas, mais notavelmente o rei Leopoldo II.

Quando o Congo se tornou independente, em 1960, reproduziu o mesmo padrão de instituições econômicas, incentivos e desempenho. Essas instituições econômicas extrativistas continuaram sendo apoiadas por instituições políticas altamente excludentes. A situação piorou porque o colonialismo europeu criou um país, o Congo, composto de muitos Estados e sociedades pré-coloniais diferentes sobre os quais o Estado nacional, administrado a partir de Kinshasa, tinha pouco controle. Apesar de o presidente Mobutu usar o Estado para enriquecer a si e à sua corte — por exemplo, por meio do programa de zairização de 1973, que incluía a expropriação em massa de ativos econômicos estrangeiros —, presidia um Estado não centralizado, com pouca autoridade sobre boa parte do país, e teve de apelar para assistência externa de modo a impedir a separação das províncias de Katanga e Cassai nos anos 1960. Essa falta de centralização política, que quase levou ao colapso total do Estado, é uma característica que o Congo compartilha com grande parte da África subsaariana.

A República Democrática do Congo moderna permanece pobre porque seus cidadãos ainda não têm instituições econômicas que criem os incentivos básicos para fazer a sociedade ser próspera. Não é a geografia, a cultura ou a ignorância de seus cidadãos ou políticos que mantêm o Congo pobre, mas suas instituições econômicas extrativistas. Essas instituições ainda estão lá depois de todos esses séculos porque o poder político continua fortemente concentrado nas mãos de uma elite que tem poucos incentivos para assegurar direitos de propriedade ao povo, ofertar serviços públicos básicos que melhorariam a qualidade de vida ou estimular o progresso econômico. No lugar disso, seus interesses são extrair receita e sustentar o poder. Eles não querem usar esse poder para construir um Estado centralizado, pois isso criaria os mesmos problemas de oposição e desafios políticos que decorreriam da promoção do crescimento econômico. Além do mais, assim como no restante da África subsaariana, guerras internas estimuladas por grupos rivais tentando tomar o controle de instituições extrativistas destruíram qualquer tendência de centralização do Estado que pudesse existir.

A história do Reino do Congo e a história mais recente do Congo ilustra vividamente como instituições políticas determinam instituições econômicas e, através delas, os incentivos e o escopo do crescimento econômico. Também demonstra a relação simbiótica entre o absolutismo político e as instituições econômicas que empoderam e enriquecem poucos em detrimento de muitos.

Crescimento sob instituições políticas extrativistas

O Congo hoje é um exemplo extremo, cheio de ilegalidades e com quase nenhuma segurança para os direitos de propriedade. No entanto, na maioria dos casos, uma situação extrema como essa não atenderia ao interesse da elite, pois destruiria todos os incentivos econômicos e geraria poucos recursos para serem extraídos. A tese central deste livro é que o crescimento econômico e a prosperidade estão associados a instituições políticas e econômicas inclusivas, ao passo que instituições extrativistas tradicionalmente levam a estagnação e pobreza. Mas isso não significa que as instituições extrativistas nunca geram crescimento, nem que todas as instituições extrativistas são iguais.

Há duas formas distintas, mas complementares, de haver crescimento sob instituições políticas extrativistas. Primeiro, o crescimento é possível quando as elites podem alocar recursos diretamente para atividades muito produtivas que elas mesmas controlam. Um exemplo ilustrativo desse tipo de crescimento sob instituições extrativistas são as ilhas caribenhas entre os séculos XVI e XVIII. A maior parte das pessoas estava sob o jugo da escravidão, trabalhando em situações terríveis nos latifúndios e vivendo no limite da subsistência. Muitos morriam de desnutrição e exaustão. Em Barbados, em Cuba, no Haiti e na Jamaica nos séculos XVII e XVIII, uma pequena minoria, a elite agrícola, controlava todo o poder político e era dona de todos os recursos, incluindo todos os escravizados. A maioria não tinha direitos, mas as propriedades e os recursos da elite de produtores agrícolas estavam bem protegidos. Apesar das instituições econômicas extrativistas que exploravam intensamente a maioria da população, essas ilhas estavam entre os lugares mais ricos do mundo, porque podiam produzir açúcar para vender no mercado mundial. A economia das ilhas estagnou apenas quando houve necessidade de seguir novas atividades econômicas, que ameaçavam tanto os lucros quanto o poder político da elite proprietária de terras.

Outro exemplo é o crescimento econômico e a industrialização da União Soviética entre o primeiro Plano Quinquenal, em 1928, e os anos 1970. As instituições políticas e econômicas eram altamente extrativistas, e os mercados, extremamente restritos. Apesar disso, a União Soviética conseguiu garantir o rápido crescimento econômico porque podia usar o poder do Estado para deslocar recursos da agricultura, onde eram usados de forma muito ineficiente, para a indústria.

O segundo tipo de crescimento sob instituições políticas extrativistas surge quando as instituições permitem o desenvolvimento de instituições econômicas moderadamente inclusivas. Muitas sociedades com instituições políticas extrativistas vão coibir instituições econômicas inclusivas com medo da destruição criativa. Porém, o grau com o qual a elite consegue monopolizar o poder varia de uma sociedade para outra. Em algumas, a elite pode ter uma posição suficientemente segura para permitir movimentos em direção a instituições econômicas inclusivas, quando tem certeza de que isso não vai ameaçar seu poder político. Por outro lado, a situação histórica pode gerar um regime político extrativista de instituições econômicas bastante inclusivas que ele decide não bloquear. Estas possibilitam a segunda forma de crescimento sob instituições políticas extrativistas.

A rápida industrialização da Coreia do Sul sob o general Park é um exemplo. Park chegou ao poder por meio de um golpe militar em 1961, mas fez isso numa sociedade fortemente apoiada pelos Estados Unidos e com uma economia em que as instituições eram essencialmente inclusivas. Apesar de o regime de Park ser autoritário, estava seguro o suficiente para promover o crescimento econômico, e de fato fez isso ativamente — em parte porque o regime talvez não tivesse apoio direto de instituições econômicas extrativistas. Ao contrário da União Soviética e da maioria dos casos de crescimento sob instituições extrativistas, a Coreia do Sul mudou para instituições políticas inclusivas em 1980. Essa transição bem-sucedida se deveu a uma confluência de fatores.

Na década de 1970, as instituições econômicas da Coreia do Sul tinham se tornado inclusivas a ponto de reduzir uma das maiores justificativas para instituições políticas extrativistas — a elite econômica tinha pouco a ganhar com seu poder ou com o domínio militar da política. A relativa igualdade de renda na Coreia do Sul também significava que a elite tinha menos medo do pluralismo e da democracia. A influência crucial dos Estados Unidos, particularmente dada a ameaça da Coreia do Norte, também significava que um movimento democrático forte que desafiasse a ditadura militar não poderia ser reprimido por muito tempo. Apesar de o assassinato do general Park, em 1979, ser acompanhado por outro golpe militar, liderado por Chun Doo-hwan, o sucessor escolhido por Chun, Roh Tae-woo, iniciou um processo de reforma política que levou à consolidação de uma democracia plural depois de 1992. Claro, nenhuma transição desse gênero aconteceu na União Soviética. Como consequência, o crescimento soviético perdeu fôlego, e a economia começou a entrar em colapso nos anos 1980, até desmoronar nos anos 1990.

O crescimento econômico chinês atual também tem muitas semelhanças tanto com a experiência soviética quanto com a sul-coreana. Embora os primeiros momentos do crescimento chinês tenham sido liderados por reformas radicais do mercado no setor agrícola, as reformas no setor industrial haviam sido mais contidas. Mesmo hoje, o Estado e o Partido Comunista têm papel central na decisão de quais setores e quais empresas vão receber capital adicional e expandir — gerando e eliminando fortunas no processo. Como a União Soviética no seu auge, a China cresce rápido, mas ainda se trata de crescimento sob instituições extrativistas e o controle do Estado, com poucos sinais de transição para instituições políticas inclusivas. O fato de que as instituições econômicas chinesas ainda estão longe de ser totalmente inclusivas também sugere que uma transição no estilo da Coreia do Sul é menos provável, embora, claro, não seja impossível.

É digno de nota que a centralização política é essencial para ambas as maneiras de crescimento sob instituições políticas extrativistas. Sem algum grau de centralização política, a elite agrícola de Barbados, Cuba, Haiti e Jamaica não teria sido capaz de manter a lei e a ordem e defender seus próprios recursos e propriedades. Sem centralização política significativa e um domínio firme do poder político, nem as elites militares da Coreia do Sul nem o Partido Comunista Chinês se sentiriam seguros o suficiente para produzir reformas econômicas significativas e ainda conseguir se manter no poder. Sem tal centralização, o Estado na União

Soviética ou na China não teria como coordenar a atividade econômica para direcionar recursos para as áreas mais produtivas. Uma grande linha divisória entre instituições políticas extrativistas é, portanto, seu grau de centralização política. As nações que não possuem essa característica, como muitas na África subsaariana, terão dificuldade em obter até mesmo um crescimento limitado.

Apesar de instituições extrativistas poderem gerar algum crescimento, não costumam produzir crescimento econômico sustentável, e com certeza não o tipo de crescimento acompanhado pela destruição criativa. Quando tanto as instituições políticas quanto as econômicas são extrativistas, não há incentivos para que se promova a destruição criativa ou a mudança tecnológica. Por um tempo o Estado pode ser capaz de gerar crescimento econômico rápido ao alocar recursos e pessoal por decreto, mas esse processo é intrinsecamente limitado. Quando os limites são atingidos, o crescimento estanca, como na União Soviética nos anos 1970. Mesmo quando os soviéticos conseguiram um crescimento econômico acelerado, houve pouca mudança tecnológica na maior parte da economia, embora, ao injetar recursos massivos nas Forças Armadas, o governo tenha sido capaz de desenvolver tecnologias militares e até mesmo se colocar à frente dos Estados Unidos nas corridas nuclear e espacial por um tempo. Mas esse crescimento sem destruição criativa e sem ampla inovação tecnológica não era sustentável e chegou a um fim abrupto.

Além disso, os arranjos que sustentam o crescimento econômico sob instituições políticas extrativistas são frágeis e podem entrar em colapso ou acabar destruídos pela luta interna gerada pelas próprias instituições extrativistas. De fato, instituições políticas e econômicas extrativistas criam uma tendência geral de disputas internas, porque levam à concentração de riqueza e de poder nas mãos de uma pequena elite. Se outro grupo puder superar e vencer essa elite, tomando o controle do Estado, passará a aproveitar essa riqueza e esse poder. Consequentemente, como nossa discussão sobre o colapso do Império Romano e as cidades maias ilustrará (Capítulo 6), a luta pelo controle de um Estado todo-poderoso é sempre latente e vai se intensificar periodicamente, levando ao fim desses regimes, uma vez que se transformarão em guerras civis, e por vezes até levando à ruína e ao colapso do Estado. Uma implicação disso é que mesmo se uma sociedade sob instituições extrativistas conseguir algum grau de centralização, essa situação não será duradoura. De fato, a luta interna pelo controle de instituições extrativistas frequentemente redunda em guerras civis e ilegalidade generalizada, ocasionando uma ausência persistente de centralização do Estado, como ocorre em muitas das nações na África subsaariana e algumas na América Latina e no sul da Ásia.

Por fim, quando o crescimento vem sob instituições políticas extrativistas, mas onde as instituições econômicas têm aspectos inclusivos, como acontecia na Coreia do Sul, há sempre o risco de as instituições econômicas passarem a ser mais extrativistas e interromperem o crescimento. Aqueles que controlam o poder político vão acabar achando mais benéfico usá-lo para limitar a competição, aumentar sua fatia do bolo, ou mesmo roubar e saquear os outros em vez de apoiar o progresso econômico. A distribuição do poder e a habilidade de exercê-lo acabarão minando as fundações da prosperidade econômica, a menos que as instituições políticas deixem de ser extrativistas e se tornem inclusivas.

4.
PEQUENAS DIFERENÇAS E CONJUNTURAS CRÍTICAS: O PESO DA HISTÓRIA

O mundo que a peste criou

EM 1346, A PESTE BUBÔNICA CHEGOU à cidade portuária de Tana, na foz do rio Don, no mar Negro. Transmitida por pulgas que viviam nos ratos, a peste foi levada da China por comerciantes que viajavam pela Rota da Seda, a grande artéria comercial transasiática. Graças aos comerciantes genoveses, os ratos foram logo espalhando as pulgas e a peste de Tana para todo o Mediterrâneo. No início de 1347, a doença havia chegado a Constantinopla. Na primavera de 1348, se espalhara pela França e pelo norte da África e avançava pela Itália. A peste varreu cerca de metade da população de todas as áreas que atingiu. Sua chegada à cidade italiana de Florença foi presenciada em primeira mão pelo escritor italiano Giovanni Boccaccio. Ele lembraria mais tarde:

> Diante de seu avanço, toda a sabedoria e toda a engenhosidade humanas eram inúteis (...) a peste começou, apavorante e extraordinária, a tornar seus efeitos aparentes. Ela não assumiu a mesma forma que no Oriente, onde qualquer

sangramento pelo nariz era evidente portento de morte certa. Pelo contrário, seus primeiros sintomas eram a aparição de certos inchaços na virilha ou nas axilas, alguns em forma de ovo e outros com aproximadamente o tamanho de uma maçã comum (...) Mais tarde, os sintomas da doença se modificaram, e muitas pessoas começaram a encontrar manchas e hematomas escuros nos braços, nas coxas e em outras parte do corpo (...) Contra esse mal (...) todo o conselho dos médicos e todo o poder da medicina eram inúteis e frívolos (...) Na maioria, dos casos a morte ocorria três dias depois do surgimento dos sintomas descritos.

As pessoas na Inglaterra sabiam que a peste estava se aproximando e tinham plena consciência da desgraça iminente. Em meados de agosto de 1348, o rei Eduardo III pediu ao arcebispo de Cantuária que organizasse orações, e muitos bispos escreveram cartas para que os padres lessem nas igrejas, a fim de ajudar as pessoas a lidar com o que estava prestes a se abater sobre elas. Ralph de Shrewsbury, bispo de Bath, escreveu a seus padres:

O Deus Todo-Poderoso usa o trovão, o relâmpago e outros golpes que partem de seu trono para açoitar os filhos que pretende redimir. Portanto, desde que uma pestilência catastrófica chegou a um reino vizinho vinda do oriente, há o grande temor de que, a não ser que oremos devota e incessantemente, pestilência semelhante estenda seus ramos venenosos para este reino e atinja e consuma seus habitantes. Sendo assim, devemos comparecer diante da presença do Senhor para nos confessarmos, recitando salmos.

Não adiantou nada. A peste chegou e logo varreu metade da população da Inglaterra. Tais catástrofes podem ter um efeito imenso sobre as instituições da sociedade. Muitas pessoas enlouqueceram. Boccaccio observou:

> Alguns diziam que um modo infalível de se proteger contra esse mal terrível era beber muito, gozar a vida plenamente, sair por aí cantando e se divertindo, satisfazer todos os seus desejos quando a oportunidade se apresentasse e encarar a coisa toda como uma enorme piada (...) e isso explica por que as mulheres que se recuperaram foram bem menos castas no período que se seguiu.

No entanto, a peste também teve um impacto transformador nos aspectos social, político e econômico nas sociedades medievais da Europa.

Na virada do século XIV, a Europa tinha uma ordem feudal, uma organização da sociedade que surgiu na Europa Ocidental após a queda do Império Romano. Essa organização se baseava nas relações hierárquicas entre o rei e os senhores feudais que ficavam abaixo dele, com os camponeses na parte mais inferior da sociedade. O rei era dono da terra e a concedia aos senhores em troca de serviços militares. Os senhores distribuíam a terra entre os camponeses, que em troca tinham de desempenhar uma vasta quantidade de trabalho não remunerado e ficavam sujeitos a muitas multas e taxas. Os camponeses, que em função de seu status "servil" eram chamados de servos, estavam presos à terra, sem possibilidade de se mudar para outro lugar sem a permissão de seu senhor, que era não apenas o senhorio, mas também exercia as funções de juiz, júri e força policial. Era um sistema muito excludente, em que a riqueza fluía em direção ao topo, partindo dos muitos camponeses rumo aos poucos senhores.

A grande escassez de mão de obra criada pela peste abalou as fundações da ordem feudal. Isso estimulou os camponeses a exigir que as coisas mudassem. Na abadia de Eynsham, por exemplo, eles reivindicaram que as multas e o trabalho não remunerado fossem reduzidos. As demandas foram atendidas, e o novo contrato começava com a seguinte afirmação: "Na época da mortalidade ou pestilência, ocorrida em 1349, apenas dois arrendatários permaneceram na terra. Eles expressaram sua intenção de partir a não ser que o irmão Nicholas de Upton, na época abade e senhor da propriedade, fizesse com eles um novo acordo." Ele fez.

O que aconteceu em Eynsham se replicou em toda parte. Camponeses começaram a se libertar dos serviços compulsórios e de muitas obrigações com seus senhores. A remuneração aumentou. O governo tentou impedir que isso continuasse e, em 1351, aprovou o Estatuto dos Trabalhadores, que começava assim:

> Como grande parte do povo, sobretudo dos trabalhadores e servos, morreu naquela pestilência, alguns, observando as dificuldades dos senhores e a escassez de servos, não estão dispostos a trabalhar a não ser que recebam salários excessivos (...) Nós, considerando as graves inconveniências que podem advir da falta sobretudo de lavradores e de tais trabalhadores, decidimos (...) determinar: que cada homem e mulher de nosso reino da Inglaterra (...) esteja obrigado a servir àquele que achar conveniente requisitar seus serviços; e deverá receber apenas como ordenado, salário ou recompensa aquilo que, nos lugares onde foi trabalhar, pagava-se no vigésimo ano de nosso reinado na Inglaterra [o rei Eduardo III subiu ao trono em 25 de janeiro de 1327, portanto a referência aqui é a 1347] ou nos cinco ou seis anos ordinários antecedentes.

Na prática, o estatuto tentava fixar os salários nos níveis pagos antes da peste. Uma das preocupações da elite inglesa era o "aliciamento", a tentativa de um senhor feudal de atrair os poucos camponeses do outro. A solução foi fazer com que a prisão fosse a punição para quem abandonasse o emprego sem a permissão do empregador:

E caso um ceifeiro ou segador, ou outro trabalhador ou servo, seja qual for sua posição ou condição, a serviço de alguém deixe tal serviço antes do fim do período acordado, sem permissão ou causa razoável, a ele caberá a pena de prisão, e que ninguém (...), além disso, pague ou permita que sejam pagos a qualquer um salários, recompensas ou ordenados maiores do que o determinado pelo costume, como já ficou dito.

A tentativa do Estado inglês de interromper as mudanças nas instituições e nos salários que se seguiram à peste negra não funcionou. Em 1381, eclodiu a Revolta Camponesa, e os rebeldes, sob a liderança de Wat Tyler, chegaram a controlar a maior parte de Londres. Embora os revoltosos tenham sido derrotados, e Tyler, executado, não houve novas tentativas de fazer cumprir o Estatuto dos Trabalhadores. Os trabalhos feudais foram minguando, um mercado de trabalho inclusivo começou a surgir na Inglaterra, e os salários subiram.

A peste parece ter atingido a maior parte do mundo, e em todos os lugares uma fração semelhante da população morreu. Portanto, o impacto demográfico no Leste Europeu foi o mesmo que na Inglaterra e no restante da Europa Ocidental. As forças sociais e econômicas em jogo também eram idênticas. A mão de obra era escassa, e as pessoas exigiam mais liberdade. Já no Leste Europeu, uma lógica contraditória mais poderosa estava em operação. A menor quantidade de pessoas significava maiores salários em um mercado de trabalho inclusivo. Contudo, isso incentivava os senhores a manter o mercado de trabalho extrativista e os camponeses em seu estado servil. Na Inglaterra, esse incentivo também existiu, conforme mostra o Estatuto dos Trabalhadores, mas os trabalhadores conquistaram poder suficiente para fazer com que sua vontade prevalecesse. O mesmo não ocorreu no Leste Europeu. Depois da peste, os senhores feudais da região começaram a dominar grandes porções de novas terras e a expandir seus domínios, que já eram maiores do que os da Europa Ocidental. As cidades eram pouco desenvolvidas e menos populosas, e, em vez de se libertarem, os trabalhadores começaram a perder as liberdades que tinham.

Os efeitos se tornaram ainda mais evidentes depois de 1500, quando a Europa Ocidental passou a comprar produtos como trigo, centeio e gado produzidos no Leste Europeu. Das importações de centeio que chegavam a Amsterdã, 80% vinham dos vales dos rios Elba, Vístula e Oder. Em pouco tempo, metade do comércio crescente da Holanda era praticado com o Leste Europeu. À medida que a demanda no oeste se expandia, os senhores de terra do leste aumentavam o rigor do controle sobre a mão de obra para expandir a oferta. Isso ficaria conhecido como Segunda Servidão, diferente e mais intensa do que sua forma original no início da Idade Média. Os nobres aumentaram a tributação sobre as terras dos servos e ficavam com metade da produção bruta. Em Korczyn, na Polônia, todo o trabalho feito para o senhor feudal em 1533 era remunerado, mas, em 1600, quase metade era trabalho não remunerado. Em 1500, os trabalhadores em Mecklemburgo, na parte oriental da Alemanha, tinham apenas alguns dias de serviços não remunerados por ano. Em 1550, a taxa era de um dia por semana e, em 1600, três dias por semana. Os filhos dos trabalhadores tinham de trabalhar de graça para o senhor por muitos anos. Na Hungria, os senhores feudais assumiram o total controle da terra em 1514, determinando por lei que haveria um dia de serviços não remunerados para cada trabalhador. Em 1550, um decreto determinou que seriam dois dias por semana. No fim do século, eram três. Os servos sujeitos a essas regras compunham 90% da população rural da época.

Embora em 1346 houvesse poucas diferenças entre a Europa Ocidental e o Leste Europeu em termos de instituições políticas e econômicas, em 1600 eram dois mundos diferentes. Na porção ocidental, os trabalhadores estavam livres das obrigações, das multas e dos regulamentos do mundo feudal e começavam a se tornar parte essencial de uma economia de mercado em expansão. No leste, também havia envolvimento com essa economia, mas era baseado na produção de bens agrícolas vendidos no Ocidente por servos coagidos. Era uma economia de mercado, mas não uma economia inclusiva. Essa divergência institucional foi o resultado de uma situação em que as diferenças entre essas áreas inicialmente pareciam muito pequenas: no Leste Europeu, os senhores feudais estavam um pouco mais organizados: tinham alguns direitos a mais, e sua posse da terra estava mais consolidada. As cidades eram menos desenvolvidas e menores, e os camponeses, menos organizados. No grande esquema da História, essas eram diferenças muito pequenas. No entanto, trouxeram grandes consequências tanto para a vida de suas populações quanto para os caminhos tomados pelo desenvolvimento institucional quando a ordem feudal foi abalada pela peste.

A peste foi um exemplo vívido de uma conjuntura crítica, um grande evento ou uma confluência de fatores que causa turbulências na economia ou no equilíbrio político existentes na sociedade. Uma conjuntura crítica é uma faca de dois gumes que pode causar uma virada drástica na trajetória de uma nação. Por um lado, pode abrir o caminho para que se rompa o ciclo de instituições extrativistas e permitir que surjam instituições mais inclusivas, como na Inglaterra. Por outro, pode haver uma intensificação de instituições excludentes, como foi o caso da Segunda Servidão no Leste Europeu.

Compreender como a história e as conjunturas críticas moldam o caminho das instituições econômicas e políticas nos permite tecer uma teoria mais completa das origens das diferenças na pobreza e na prosperidade. Além disso, pode explicar a situação do mundo hoje e por que algumas nações fazem a transição para instituições inclusivas na economia e na política, ao passo que outras, não.

A construção de instituições inclusivas

A Inglaterra foi um caso único, fazendo a passagem para um crescimento econômico sustentado ainda no século XVII. As grandes mudanças econômicas foram precedidas por uma revolução que gerou um novo conjunto de instituições econômicas e políticas, muito mais inclusivas do que qualquer uma da sociedade anterior. Essas instituições teriam implicações profundas não apenas para os incentivos econômicos e a prosperidade, mas também na definição de quem colheria os benefícios dessa prosperidade. E não foram criadas por consenso. Na verdade, resultaram de intenso conflito entre os grupos que competiam pelo poder, contestando a autoridade uns dos outros e tentando estruturar instituições que lhes fossem favoráveis. O ápice das disputas institucionais dos séculos XVI e XVII foram dois acontecimentos decisivos: a Guerra Civil Inglesa, entre 1642 e 1651, e, sobretudo, a Revolução Gloriosa de 1688.

A Revolução Gloriosa limitou o poder do rei e do Executivo, realocando para o Parlamento o poder de determinar as instituições econômicas. Ao mesmo tempo, abriu o sistema político para uma ampla parcela da sociedade, que exercia uma influência considerável sobre o modo como o Estado funcionava. A Revolução Gloriosa foi a base para a criação de uma sociedade plural, e não só iniciou, como também acelerou o processo de centralização política. Foi a criação do primeiro conjunto de instituições políticas inclusivas do mundo.

Como consequência, as instituições econômicas também passaram a se tornar mais inclusivas. Nem a escravidão nem as severas restrições econômicas do período feudal medieval, como a servidão, existiam na Inglaterra em princípios do século XVII. No entanto, havia muitas restrições quanto às atividades econômicas que as pessoas podiam desenvolver. Tanto a economia doméstica quanto a internacional estavam estranguladas por monopólios. O Estado estabelecia taxas arbitrárias e manipulava o sistema legal. A maior parte das terras estava presa a formas arcaicas de direitos de propriedade que impossibilitavam a venda e tornavam arriscado qualquer investimento.

Isso mudou depois da Revolução Gloriosa. O governo adotou um conjunto de instituições econômicas que oferecia incentivos aos investimentos, ao comércio e à inovação. Essas instituições deram garantias quanto ao direito de propriedade, incluindo a concessão de patentes sobre ideias, oferecendo assim um grande estímulo para a inovação. Elas protegiam a lei e a ordem. A aplicação da lei inglesa a todos os cidadãos foi uma inovação histórica sem precedentes. A taxação arbitrária cessou, e os monopólios foram quase completamente extintos. O Estado inglês proporcionou intenso incentivo às atividades mercantis e trabalhou para promover a indústria nacional, não apenas removendo barreiras à expansão da atividade industrial, como também usando todo o poder da Marinha inglesa para defender os interesses mercantis. Ao criar uma lógica racional para os direitos de propriedade, a Inglaterra facilitou a construção de infraestrutura, sobretudo de rodovias, canais e, mais tarde, ferrovias, que se revelariam cruciais para o crescimento industrial.

Esses fundamentos estabeleceram mudanças cruciais nos incentivos para que a população engajasse em atividades econômicas e deram impulso aos motores da prosperidade, pavimentando o caminho para a Revolução Industrial. Antes de mais nada, a Revolução Industrial dependia de grandes avanços tecnológicos que explorassem a base de conhecimento acumulado na Europa nos séculos anteriores. Foi uma ruptura radical com o passado, possibilitada pela investigação científica e pelos talentos de vários indivíduos singulares. A plenitude da força dessa revolução veio do mercado que criou oportunidades lucrativas para que tecnologias fossem desenvolvidas e aplicadas. Foi a natureza inclusiva dos mercados que permitiu que as pessoas dedicassem seus talentos aos negócios adequados. A revolução também se apoiou na educação e nas habilidades das pessoas, pois foram os níveis relativamente altos de instrução, pelo menos segundo os padrões da época, que permitiram o surgimento de empreendedores com visão para empregar as novas tecnologias em seus negócios e encontrar trabalhadores com capacidade para usá-las.

Não é coincidência que a Revolução Industrial tenha começado na Inglaterra poucas décadas depois da Revolução Gloriosa. Os grandes inventores, como James Watt (que aperfeiçoou o motor a vapor), Richard Trevithick (construtor da primeira locomotiva a vapor), Richard Arkwright (inventor da máquina de fiar) e Islamabad Kingdom Brunel (criador de várias embarcações a vapor revolucionárias), foram capazes de desfrutar as oportunidades econômicas geradas por suas ideias, confiavam que o direito à propriedade seria respeitado e tinham acesso a mercados em que suas inovações podiam ser vendidas e usadas de modo lucrativo. Em 1775, pouco depois de ter renovada a patente de seu motor a vapor, que ele chamava de "motor de fogo", James Watt escreveu ao pai:

> Caro Pai,
> Depois de uma série de variadas e violentas oposições, consegui finalmente um Ato do Parlamento concedendo a mim e meus representantes o direito de propriedade sobre meus novos motores de fogo em toda a Grã-Bretanha e nas colônias pelos próximos 25 anos, o que espero que me traga muitos benefícios, já que ainda há demanda considerável por esses motores.

Essa carta revela duas coisas. Primeiro, Watt era motivado pelas oportunidades de mercado, que previam a "demanda considerável" na Grã-Bretanha e nas colônias ultramarinas inglesas. Além disso, mostra como ele foi capaz de influenciar o Parlamento para conseguir o que desejava, o que indica que a instituição era responsiva aos apelos de indivíduos e inovadores.

Os avanços tecnológicos, o ímpeto das empresas para expandir e investir e o uso eficiente das capacidades e dos talentos foram todos possibilitados pelas instituições econômicas inclusivas que a Inglaterra desenvolvera. Essas, por sua vez, nasceram a partir das instituições políticas inclusivas.

A Inglaterra desenvolveu essas instituições políticas inclusivas em função de dois fatores. O primeiro foi a existência de instituições políticas, incluindo um Estado centralizado, que permitiram o próximo passo radical — na verdade, sem precedentes — em direção a instituições inclusivas; o que começou com a Revolução Gloriosa. Embora esse fator diferenciasse a Inglaterra de grande parte do mundo, ela não era tão distinta de outros países da Europa Ocidental, como a França e a Espanha. Mais importante foi o segundo fator. Os acontecimentos que levaram à Revolução Gloriosa forjaram uma ampla e poderosa coalizão capaz de colocar limites duradouros ao poder da monarquia e do Executivo, que foram forçados a se abrir às demandas dessa coalizão. Isso estabeleceu as bases para instituições políticas pluralistas, que então permitiram o desenvolvimento de instituições econômicas que iriam servir de sustentáculo para a Primeira Revolução Industrial.

Pequenas diferenças que fazem a diferença

A desigualdade mundial aumentou dramaticamente com a Revolução Industrial britânica — ou inglesa — porque apenas algumas partes do mundo adotaram as inovações e as novas tecnologias desenvolvidas por homens como Arkwright, Watt e muitos que os seguiram. As respostas das diferentes nações a essa onda de tecnologias, que determinaram se os países iriam definhar na pobreza ou atingir um crescimento econômico sustentado, foram em grande medida moldadas pelos diferentes caminhos históricos de suas instituições. Em meados do século XVIII, já havia diferenças notáveis nas instituições políticas e econômicas no mundo. Mas de onde vieram essas diferenças?

As instituições políticas inglesas caminhavam rumo a um pluralismo muito maior em 1688, em comparação com as instituições da França e da Espanha, porém, se recuarmos cem anos, essas diferenças eram mínimas. Os três países eram governados por monarcas relativamente absolutistas: Elizabeth I na Inglaterra, Felipe II na Espanha e Henrique III na França. Todos tinham disputas com assembleias de cidadãos — como o Parlamento na Inglaterra, as Cortes na Espanha e os Estados Gerais na França —, que exigiam mais direitos e controle sobre a monarquia. Essas assembleias tinham poderes e escopos um pouco diferentes. Por exemplo, o Parlamento inglês e as Cortes espanholas tinham poder sobre a tributação, ao passo que os Estados Gerais, não. Na Espanha, isso pouco importava, uma vez que, depois de 1492, a Coroa espanhola tinha um vasto império nas Américas e se beneficiava tremendamente do ouro e da prata extraídos de lá. Na Inglaterra, a situação era diferente. Elizabeth I tinha uma independência financeira bem menor, então precisava barganhar com o Parlamento para aumentar tributos. Em troca, o Parlamento exigia concessões, sobretudo restrições sobre o direito da rainha de criar monopólios. O conflito foi gradualmente vencido pelo Parlamento. Na Espanha, as Cortes perderam num conflito semelhante. O comércio não era só um monopólio comum; era um monopólio da monarquia espanhola.

Essas distinções, que de início pareciam pequenas, começaram a ter grande importância no século XVII. Embora as Américas tivessem sido descobertas em 1492, e Vasco da Gama tivesse chegado à Índia em 1498, contornando o cabo da Boa Esperança, no extremo sul da África, foi apenas depois de 1600 que se iniciou uma imensa expansão do comércio mundial, particularmente no Atlântico. Em 1585, a primeira tentativa de colonização inglesa na América do Norte teve início em Roanoke, no que hoje é a Carolina do Norte. Em 1600, foi formada a Companhia Inglesa das Índias Orientais, seguida em 1602 pelo equivalente holandês. Em 1607, a colônia de Jamestown foi fundada pela Companhia da Virgínia. Na década de 1620, o Caribe foi colonizado, com Barbados sendo ocupado em 1627. A França também se expandia no Atlântico, fundando a Cidade de Québec em 1608 como capital da Nova França, no que hoje é o Canadá. As consequências dessa expansão econômica para as instituições foram muito diferentes para a Inglaterra, se compararmos com a Espanha e a França, em função das pequenas diferenças iniciais.

Elizabeth I e seus sucessores não conseguiram monopolizar o comércio com as Américas; outros monarcas europeus conseguiram. Assim, na Inglaterra, quando o comércio atlântico e a colonização começaram, começou a se formar um grande grupo de comerciantes ricos e começou a se formar com poucas ligações com a Coroa, mas esse não foi o caso na Espanha e na França. Os comerciantes ingleses se ressentiam do controle real e exigiam mudanças nas instituições políticas e a restrição das prerrogativas monárquicas. Eles desempenharam papel decisivo na Guerra Civil Inglesa e na Revolução Gloriosa. Conflitos semelhantes ocorreram em outros lugares. Os reis franceses, por exemplo, enfrentaram as Frondas entre 1648 e 1652. A diferença é que, na Inglaterra, era bem mais provável que os oponentes do absolutismo prevalecessem por serem relativamente mais ricos e mais numerosos do que os oponentes do absolutismo na Espanha e na França.

Os caminhos divergentes das sociedades inglesa, francesa e espanhola no século XVII ilustram a importância da interação entre pequenas diferenças institucionais e conjunturas críticas. Durante as conjunturas críticas, um grande acontecimento ou uma confluência de fatores rompe com o equilíbrio existente entre as forças políticas ou econômicas de uma nação. Esses momentos podem afetar um único país, como a morte do presidente Mao Zedong em 1976, que de início criou uma conjuntura crítica apenas para a China comunista. Com frequência, contudo, conjunturas críticas afetam várias sociedades, como a colonização e a posterior descolonização afetaram a maior parte do globo.

Essas conjunturas críticas são importantes porque consistem em grandes barreiras a melhorias graduais e resultam da sinergia entre instituições políticas e econômicas extrativistas e o apoio que elas oferecem umas às outras. A persistência dessa retroalimentação cria um círculo vicioso. Aqueles que se beneficiam do *statu quo* são ricos e bem organizados e podem combater de modo eficaz grandes mudanças que acabarão com seus privilégios econômicos e com seu poder político.

Quando ocorre uma conjuntura crítica, as pequenas disparidades institucionais iniciais são muito importantes, capazes de gerar resultados muito diferentes. Essa é a razão pela qual diferenças institucionais relativamente pequenas entre Inglaterra, França e Espanha levaram a caminhos de desenvolvimento fundamentalmente diferentes. Esses caminhos resultam da conjuntura crítica criada pelas oportunidades econômicas que o comércio transatlântico proporcionou aos europeus.

Ainda que pequenas diferenças institucionais tenham grande importância em conjunturas críticas, nem toda diferença institucional é pequena e, naturalmente, diferenças institucionais maiores levam a padrões ainda mais divergentes durante tais conjunturas. Embora as diferenças institucionais entre a Inglaterra e a França fossem pequenas em 1588, as diferenças entre a Europa Ocidental e o Leste Europeu eram muito maiores. No Ocidente, Estados fortes e centralizados, como Inglaterra, França e Espanha, tinham instituições constitucionais latentes (o Parlamento, os Estados Gerais e as Cortes, respectivamente). Também havia semelhanças na essência das instituições econômicas, como a ausência da servidão.

O caso do Leste Europeu era diferente. O reino da Polônia-Lituânia, por exemplo, era governado por uma elite chamada de Szlachta, uma classe tão poderosa que chegou a criar uma eleição para rei. Isso não era como o governo absoluto que se via na França sob Luís XIV, o Rei Sol, mas, sim, o absolutismo de uma elite, que também resultava em instituições políticas excludentes. A Szlachta governava uma sociedade basicamente rural, dominada por servos que não tinham nem liberdade de movimento nem oportunidades econômicas. Mais a leste, o imperador russo Pedro, o Grande, também consolidava um absolutismo bem mais intenso e extrativista, superando até mesmo o de Luís XIV. O Mapa 8 (a seguir) oferece um jeito simples de ver a extensão da divergência entre a Europa Ocidental e o Leste Europeu no início do século XIX, mostrando quais países tinham ou não servidão em 1800. Os países que aparecem em tom mais escuro contavam com essa instituição, os que estão em tom mais claro, não. O Leste Europeu está em tons escuros; a Europa Ocidental, em tons claros.

No entanto, as instituições da Europa Ocidental nem sempre foram tão diferentes das instituições do Leste Europeu. Como vimos, as divergências começaram no século XIV, quando a peste atingiu o continente, em 1346. Na época, já havia pequenas diferenças entre as instituições políticas na Europa Ocidental e no Leste Europeu. A Inglaterra e a Hungria eram governadas por membros da mesma família, os angevinos. As diferenças institucionais mais importantes surgiram depois da peste e criaram um pano de fundo sobre o qual se desenvolveriam divergências mais importantes entre o leste e o oeste da Europa durante os séculos XVII, XVIII e XIX.

De onde surgiram essas pequenas diferenças institucionais que deram início a esse processo de divergência? Por que o Leste Europeu tinha instituições políticas e econômicas que diferiam das instituições da Europa Ocidental no século XIV? Por que o equilíbrio de poder entre a Coroa e o Parlamento era diferente na Inglaterra em relação ao que se via na França e na Espanha? Como veremos no próximo capítulo, até sociedades bem menos complexas do que a nossa sociedade moderna criam instituições políticas e econômicas com efeitos poderosos sobre a vida da população. Isso vale inclusive para caçadores-coletores, como sabemos por sociedades que existem até hoje, como o povo san, da moderna Botsuana, que não praticam agricultura nem vivem em um local permanente.

Não há duas sociedades que criem as mesmas instituições; elas terão costumes distintos, sistemas de direitos de propriedade diferentes e modos diversos de dividir um animal abatido ou o butim do saque feito contra outro grupo. Algumas reconhecerão a autoridade dos mais velhos, outras não; algumas atingirão certo grau de centralização política cedo, mas nem todas. As sociedades estão sempre sujeitas a conflitos econômicos e políticos, que são resolvidos de modos distintos em função de diferenças históricas, do papel dos indivíduos ou simplesmente de fatores aleatórios.

Essas diferenças, em geral, começam pequenas, mas se acumulam, criando um processo de distanciamento institucional. Assim como duas populações de organismos isolados fazem um movimento de separação num processo de diferenciação genética em função de mutações genéticas aleatórias que se acumulam, duas sociedades semelhantes também se distanciarão lentamente do ponto de vista institucional. Embora, assim como no caso da diferenciação genética, a diferenciação institucional não tenha qualquer caminho predeterminado nem precise ser cumulativa, ao longo dos séculos pode levar a distinções perceptíveis, por vezes importantes. As discrepâncias criadas pela diferenciação institucional ganham ainda mais relevância por influenciarem o modo como a sociedade reage a mudanças nas circunstâncias econômicas ou políticas durante conjunturas críticas.

Os padrões amplamente divergentes do desenvolvimento econômico no mundo dependem da interação entre conjunturas críticas e diferenciação institucional. As instituições políticas e econômicas existentes — por vezes

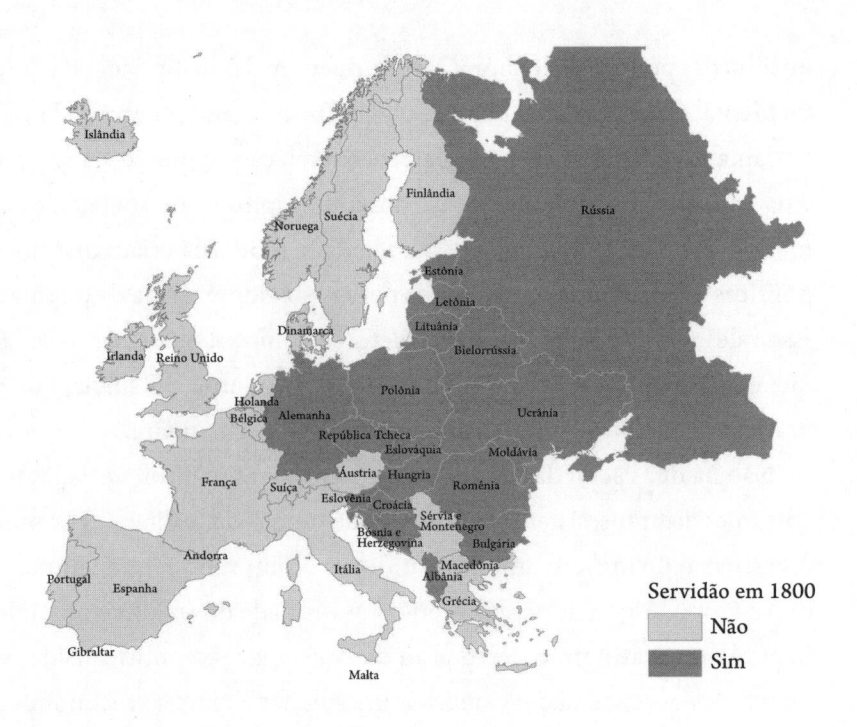

Mapa 8: Servidão na Europa em 1800.

moldadas por um longo processo de diferenciação institucional e resultantes de respostas divergentes a conjunturas críticas anteriores — criam a bigorna sobre a qual mudanças futuras são forjadas. A peste e a expansão do comércio mundial depois de 1600 foram conjunturas críticas importantes para as potências europeias e interagiram com as diferentes instituições iniciais para criar uma divergência ainda maior. Como em 1346 os camponeses tinham mais poder e autonomia na Europa Ocidental do que no Leste Europeu, a peste levou à dissolução do feudalismo nos países do Ocidente e à Segunda Servidão nos países do Leste Europeu. O início dessa divergência no século XIV fez com que as novas oportunidades econômicas dos séculos XVII, XVIII e XIX também tivessem implicações fundamentalmente diferentes para essas partes distintas da Europa. A Coroa ter um domínio mais fraco na Inglaterra do que na França e na Espanha levou o comércio transatlântico a abrir caminho para a criação de instituições mais plurais na Inglaterra, ao mesmo tempo que fortalecia os monarcas da França e da Espanha.

A trajetória contingente da História

Os resultados dos acontecimentos que ocorrem durante conjunturas críticas são moldados pelo peso da História, à medida que as instituições econômicas e políticas moldam o equilíbrio de poder e delineiam aquilo que é viável. O resultado, contudo, é contingente e não está historicamente predeterminado. O caminho exato do desenvolvimento institucional durante esses períodos depende de qual das forças adversárias terá êxito, de qual grupo será capaz de formar coalizões efetivas e de quais líderes serão capazes de estruturar os acontecimentos de modo que lhes seja vantajoso.

O papel da contingência pode ser ilustrado pelas origens das instituições políticas inclusivas na Inglaterra. Além de não haver nada predeterminado na vitória dos grupos que defendiam a limitação do poder da Coroa e advogavam em prol de instituições mais pluralistas na Revolução Gloriosa de 1688, todo o caminho que levou a essa revolução política esteve à mercê de fatos contingentes. A vitória dos grupos que acabaram triunfando esteve inexoravelmente associada à conjuntura crítica criada pelo aumento do comércio transatlântico, que enriqueceu e encorajou os mercadores que se opunham à Coroa. Contudo, um século antes, estava longe de ser óbvio que a Inglaterra teria qualquer habilidade para dominar os mares, colonizar várias partes do Caribe e da América do Norte, ou capturar uma fatia tão lucrativa do comércio com as Américas e o Oriente. Nem Elizabeth I nem qualquer outro monarca Tudor antes dela havia construído uma Marinha poderosa e unificada. A Marinha inglesa era constituída de corsários e navios mercantes independentes e era muito menos poderosa do que a frota espanhola. Os lucros do Atlântico, porém, atraíram esses corsários, desafiando o monopólio da Espanha no oceano. Em 1588, os espanhóis decidiram pôr um fim a esses desafios, assim como à interferência inglesa nos Países Baixos Espanhóis, que na época lutavam por independência.

O monarca espanhol Felipe II enviou uma poderosa frota, a Armada, comandada pelo duque de Medina-Sidonia. Para muitos, parecia evidente que a Espanha eliminaria a competição inglesa, consolidaria seu monopólio no Atlântico e provavelmente derrubaria Elizabeth I, talvez chegando a controlar as Ilhas Britânicas. No entanto, algo muito diferente ocorreu. O mau tempo e os erros estratégicos do duque, colocado no comando no último minuto após a morte de um líder mais experiente, fizeram com que a Armada espanhola perdesse a vantagem. Contrariando todas as probabilidades, os ingleses destruíram grande parte da frota de seu adversário mais poderoso. Os mares do Atlântico estavam abertos para os ingleses em termos mais igualitários. Sem essa vitória improvável, os acontecimentos que criariam a conjuntura crítica transformadora e gerariam as instituições políticas claramente mais plurais na Inglaterra pós-1688 jamais teriam ocorrido. O Mapa 9 mostra o rastro dos naufrágios espanhóis conforme a Armada era perseguida no entorno das Ilhas Britânicas.

Claro, em 1588 não havia como prever as consequências da afortunada vitória inglesa. Poucos devem ter compreendido como isso criaria uma conjuntura crítica que levaria a uma grande revolução política um século depois.

Entretanto, não se deve presumir que qualquer conjuntura crítica redundará em uma revolução política bem-sucedida ou uma mudança para melhor. A história está cheia de exemplos de revoluções e movimentos radicais que substituem uma tirania por outra, em um padrão que o sociólogo alemão Robert Michels chamou de lei de ferro da oligarquia, um círculo vicioso particularmente pernicioso. O fim do colonialismo nas décadas que se seguiram à Segunda Guerra Mundial criou conjunturas críticas para muitas antigas colônias. No entanto, na maior parte dos casos da África subsaariana e em boa parte da Ásia, os governos pós-independência simplesmente fizeram o que Robert Michels descreve e repetiram e intensificaram os abusos de seus antecessores, limitando muito a distribuição do poder político, eliminando restrições aos governantes e minando as já escassas iniciativas para que as instituições econômicas viabilizassem investimentos e o progresso econômico. Só em poucos casos, em sociedades como Botsuana (ver Capítulo 14), conjunturas críticas foram usadas

Mapa 9: A Armada espanhola, naufrágios e lugares relevantes que determinaram o ponto de virada.

para dar início a um processo de mudanças políticas e econômicas que pavimentaram o caminho para o crescimento econômico.

Conjunturas críticas também podem resultar em grandes mudanças rumo a instituições mais extrativistas. Instituições inclusivas, muito embora contem com um ciclo próprio de retroalimentação, o círculo virtuoso, também podem ser transformadas e se tornarem cada vez mais extrativistas em função de desafios enfrentados em conjunturas críticas — e a ocorrência disso, também nesse caso, é contingente. A República de Veneza, como veremos no Capítulo 6, deu grandes passos rumo a instituições políticas e econômicas mais inclusivas no período medieval. Entretanto, embora essas instituições tenham aos poucos se fortalecido na Inglaterra depois da Revolução Gloriosa, em Veneza acabaram por se transformar em instituições extrativistas sob o controle de uma pequena elite que monopolizou tanto as oportunidades econômicas quanto o poder político.

Compreendendo o estágio atual do mundo

O surgimento de uma economia de mercado baseada em instituições inclusivas e no crescimento econômico sustentado na Inglaterra do século XVIII causou abalos em todo o mundo, entre vários motivos, por ter permitido que a Inglaterra colonizasse boa parte do globo. Mas se, por um lado, o crescimento econômico sem dúvida se expandiu pelo planeta, o mesmo não aconteceu de modo automático com as instituições econômicas e políticas que o criaram. A difusão da Revolução Industrial teve efeitos distintos no mundo do mesmo modo que a peste teve efeitos diferentes sobre os países europeus, e do mesmo modo que a expansão do comércio transatlântico provocou efeitos divergentes na Inglaterra e na Espanha. Foram as instituições existentes em cada nação que determinaram o impacto, e essas instituições eram de fato diferentes — pequenas discrepâncias tinham sido amplificadas ao longo do tempo por conjunturas críticas anteriores. Essas diferenças institucionais e suas consequências tenderam a persistir até o presente devido a círculos viciosos e virtuosos, mesmo que imperfeitos, e são a chave para compreender tanto o modo como a desigualdade mundial surgiu quanto a natureza da situação atual do mundo à nossa volta.

Algumas partes do mundo desenvolveram instituições muito parecidas com as inglesas, embora por um caminho muito diferente. Isso foi particularmente verdadeiro para algumas "colônias de povoamento" como a Austrália, o Canadá e os Estados Unidos, embora suas instituições estivessem apenas se formando na época em que a Revolução Industrial ganhava tração. Como vimos no Capítulo 1, um processo que teve início com a fundação da colônia de Jamestown, em 1607, e culminou com a Guerra de Independência e a promulgação da Constituição norte-americana, compartilha muitas características com a longa disputa na Inglaterra entre o Parlamento e a monarquia, pois, nos dois casos, houve a formação de um Estado centralizado com instituições políticas pluralistas. Com isso, a Revolução Industrial se espalhou depressa por esses países.

A Europa Ocidental, que viveu muitos dos mesmos processos históricos, tinha instituições semelhantes às da Inglaterra na época da Revolução Industrial. Havia diferenças pequenas — mas relevantes — entre a Inglaterra e os demais países, e por isso a Revolução Industrial ocorreu na Inglaterra e não na França. Essa revolução criou uma situação inteiramente nova e um conjunto de desafios consideravelmente diferentes para os regimes europeus, o que, por sua vez, gerou um novo conjunto de conflitos, que culminaram na Revolução Francesa. A Revolução Francesa foi outra conjuntura crítica que levou as instituições da Europa Ocidental a convergir com as instituições inglesas, ao passo que o Leste Europeu divergiu ainda mais.

O restante do mundo seguiu trajetórias institucionais diferentes. A colonização europeia preparou o palco para a divergência institucional nas Américas: instituições extrativistas surgiram na América Latina, em contraposição às instituições inclusivas que se desenvolveram nos Estados Unidos e no Canadá, o que explica os padrões de desigualdade que vemos no continente americano. As instituições políticas e econômicas extrativistas dos conquistadores espanhóis na América Latina perduraram, condenando grande parte da região à pobreza. A Argentina e o Chile, porém, se saíram bem melhor do que a maioria dos países da região. Os dois países tinham menos povos nativos e menos riquezas minerais, e foram "negligenciados" enquanto os espanhóis se concentravam nas terras ocupadas pelas civilizações asteca, maia e inca. Não por coincidência, a parte mais pobre da Argentina é o noroeste, única região do país integrada à economia colonial espanhola. Essa pobreza persistente, legado de instituições excludentes, é semelhante à criada pela *mita* de Potosí na Bolívia e no Peru (Capítulo 1).

A África era a região do mundo com instituições menos capazes de aproveitar as oportunidades criadas pela Revolução Industrial. Pelo menos nos últimos mil anos, fora de pequenos bolsões e em períodos limitados, o continente ficou para trás do restante do mundo em termos tecnológicos, em desenvolvimento político e em prosperidade. É a região do mundo onde a formação de Estados centralizados foi mais tardia e com menos firmeza. Nas regiões em que esses Estados se formaram, era muito provável que fossem altamente absolutistas, como no caso do Congo, e durassem pouco, em geral acabando em colapso. A África compartilha essa trajetória de ausência de centralização estatal com países como o Afeganistão, o Haiti e o Nepal, que também não obtiveram êxito em impor ordem sobre seus territórios e criar um nível mínimo de estabilidade para assegurar pelo menos certo grau de progresso econômico. Embora estejam localizados em partes muito diferentes do mundo, Afeganistão, Haiti e Nepal têm muitas instituições em comum com diversas nações subsaarianas, e, portanto, estão entre os países mais pobres do mundo.

O modo como as instituições africanas evoluíram até formar suas instituições extrativistas atuais ilustra o processo de diferenciação institucional pontuado por conjunturas críticas, mas, nesse caso, é um processo que com frequência veio acompanhado de resultados perversos, sobretudo durante a expansão do comércio escravagista no Atlântico. Com a chegada de comerciantes europeus, houve novas oportunidades econômicas para o Reino do Congo. O comércio de longa distância que transformou a Europa também transformou o Reino do Congo, porém, mais uma vez, as diferenças institucionais iniciais fizeram a diferença. O absolutismo congolês se metamorfoseou, passando de uma sociedade completamente dominante, com instituições extrativistas que apreendiam toda a produção agrícola de seus cidadãos, para uma sociedade que escravizava pessoas em massa e as vendia para os portugueses em troca de armas e mercadorias de luxo para a elite congolesa.

As diferenças iniciais entre a Inglaterra e o Congo significavam que, embora as oportunidades de comércio de longa distância criassem uma conjuntura crítica rumo a instituições políticas mais plurais na sociedade inglesa, no Congo essa mesma conjuntura crítica possibilitou a extinção de quaisquer esperanças de que o absolutismo fosse derrotado. Em grande parte da África, os grandes lucros que podiam ser obtidos com a escravização levaram não apenas à sua intensificação e a uma insegurança ainda maior quanto aos direitos de propriedade, como também resultaram em uma intensa guerra que causou a destruição de muitas instituições; em questão de poucos séculos, todo o processo de centralização estatal havia sido revertido, e muitos Estados africanos tinham praticamente sucumbido. Embora alguns Estados novos — e por vezes poderosos — tenham se formado para explorar o tráfico de escravizados, seu domínio se baseava na guerra e na pilhagem. A conjuntura crítica da descoberta das Américas pode ter ajudado a Inglaterra a desenvolver instituições inclusivas, mas tornou as instituições na África ainda mais extrativistas.

Embora o comércio escravagista tenha basicamente se encerrado após 1807, o colonialismo europeu posterior não só fez retroceder a nascente modernização econômica em partes do sul e do oeste da África, como também eliminou toda possibilidade de reforma institucional local. Com isso, até mesmo regiões fora de áreas como o Congo, Madagascar, a Namíbia e a Tanzânia, onde a pilhagem, a ruptura em grande escala e até o assassinato em massa eram a regra, havia poucas chances para que a África modificasse seu caminho institucional.

Pior ainda, as estruturas do governo colonial deixaram a África com um legado institucional mais complexo e pernicioso nos anos 1960 do que no início do período colonial. Considerando a forma como se deu o desenvolvimento das instituições políticas e econômicas em muitas colônias africanas, a independência, em vez de proporcionar uma conjuntura crítica que gerasse melhorias nessas instituições, criou uma brecha para que líderes inescrupulosos assumissem e intensificassem a exclusão que antes era comandada pelos colonialistas europeus. Os incentivos políticos que essas estruturas criaram tiveram como consequência um estilo de política que reproduzia os padrões históricos de insegurança e ineficiência nos direitos de propriedade em Estados com fortes tendências absolutistas, mas que mesmo assim não contavam com nenhum tipo de autoridade centralizada sobre seus territórios.

A Revolução Industrial ainda não se espalhou pela África porque o continente viveu um longo círculo vicioso de persistência e recriação de instituições políticas e econômicas extrativistas. Botsuana é a exceção. Como veremos, no século XIX, o rei Khama, avô do primeiro-ministro de Botsuana na época da independência, Seretse Khama, iniciou mudanças para modernizar as instituições políticas e econômicas de seu povo. Ao contrário do que aconteceu em muitos outros países, essas mudanças não foram desfeitas no período colonial, em parte como consequência da oposição inteligente de Khama e outros chefes à autoridade colonial. A interação delas com a conjuntura crítica criada pela independência do governo colonial criou as bases para o sucesso econômico e político de Botsuana. Foi mais um caso em que as pequenas diferenças históricas foram essenciais para definir o rumo do país.

Existe uma tendência de ver os acontecimentos históricos como consequências inevitáveis de forças bem enraizadas. Embora coloquemos grande ênfase no modo como a história das instituições econômicas e políticas cria círculos viciosos e virtuosos, a contingência, como enfatizamos no contexto do desenvolvimento das instituições inglesas, pode sempre ser um fator relevante. Seretse Khama, que estudou na Inglaterra na década de 1940, se apaixonou por Ruth Williams, uma mulher branca. Como resultado, o regime racista do *apartheid* da África do Sul convenceu o governo inglês a bani-lo do protetorado, na época chamado de Bechuanalândia (cuja administração estava a cargo do Alto-Comissariado para a África do Sul), e Khama abdicou da coroa. Ao retornar para liderar a luta anticolonial, sua intenção era adaptar as instituições tradicionais ao mundo moderno, e não as proteger e manter da forma como eram. Khama foi um homem extraordinário, sem qualquer interesse em aumentar riquezas pessoais e dedicado à construção de seu país. A maioria dos países africanos não teve a mesma sorte. Duas coisas foram importantes em Botsuana: o desenvolvimento histórico das instituições e os fatores contingentes que as levaram a ser desenvolvidas, em vez de eliminadas ou distorcidas, como aconteceu em outras partes da África.

No século XIX, um absolutismo não muito diferente do africano ou do que havia no Leste Europeu bloqueava o caminho da industrialização em grande parte da Ásia. Na China, o Estado era fortemente absolutista, e cidades, mercadores e industriais independentes ou não existiam ou eram muito fracos politicamente. A China era uma grande potência naval e já estava bastante envolvida no comércio de longa distância muitos séculos antes dos europeus. Mas os chineses deram as costas para os mares no momento errado, quando os imperadores Ming decidiram, no fim do século XIV e no início do XV, que o aumento no comércio de longa distância e a destruição criativa que poderiam trazer representavam uma potencial ameaça para o seu domínio.

Na Índia, a criação das instituições seguiu outros parâmetros e levou ao desenvolvimento de um rígido sistema de castas hereditário singularmente rígido que limitava o funcionamento dos mercados e a alocação da mão de obra nos diferentes trabalhos de modo muito mais severo do que a ordem feudal na Europa medieval. As castas também foram o sustentáculo de outra forma muito dura de absolutismo, empregada pelos governantes do Império Mogol. Muitos dos países europeus tinham sistemas semelhantes na Idade Média, tanto que os sobrenomes anglo-saxões modernos, como Baker, Cooper e Smith, são descendentes diretos de categorias ocupacionais hereditárias: os Bakers eram padeiros, os Coopers faziam barris, e os Smiths forjavam metais. Essas categorias, no entanto, jamais chegaram a ser tão rigorosas quanto as distinções de castas na Índia e aos poucos perderam o sentido de prever a ocupação da pessoa. Embora os mercadores indianos de fato fizessem comércio em todo o oceano Índico, tendo desenvolvido uma grande indústria têxtil, o sistema de castas e o absolutismo mogol eram sérios entraves ao desenvolvimento de instituições econômicas inclusivas na Índia. No século XIX, o ambiente era ainda menos convidativo à industrialização, uma vez que a Índia se tornou uma colônia extrativista da Inglaterra. A China jamais foi formalmente colonizada por uma potência europeia, mas, depois que os ingleses derrotaram os chineses nas Guerras do Ópio entre 1839 e 1842 e novamente entre 1856 e 1860, o país foi obrigado a assinar uma série de tratados humilhantes e a permitir que produtos de exportação europeus entrassem em seu território. Com a China, a Índia e outras nações incapazes de se beneficiar das oportunidades comerciais e industriais, a Ásia, à exceção do Japão, ficou para trás enquanto a Europa Ocidental seguia em frente.

O CAMINHO DE DESENVOLVIMENTO institucional traçado pelo Japão no século XIX mais uma vez ilustra a interação entre conjunturas críticas e pequenas diferenças criadas pelas distinções nas instituições. O Japão, assim como a China, tinha um governo absolutista. A família Tokugawa assumiu o poder em 1600 e governou num sistema feudal que também baniu o comércio internacional. O Japão também se deparou com uma conjuntura crítica criada pela intervenção ocidental quando quatro navios de guerra dos Estados Unidos, comandados por Matthew C. Perry, entraram na baía de Edo, em julho de 1853, exigindo concessões comerciais semelhantes às que a Inglaterra obtivera com os chineses durante as Guerras do Ópio. Porém, essa conjuntura crítica teve desdobramentos muito diferentes no Japão. Apesar da proximidade e das interações frequentes, no século XIX a China e o Japão já eram institucionalmente muito diferentes.

Embora o governo dos Tokugawa, no Japão, fosse absolutista e extrativista, seu domínio sobre os líderes dos demais grandes domínios feudais era frágil e estava suscetível a contestações. Na China, apesar de haver rebeliões de camponeses e disputas civis, o absolutismo era mais forte, e a oposição, menos organizada e autônoma. Não havia equivalentes aos líderes de outros domínios feudais na China que pudessem desafiar o governo absolutista do imperador e traçar um caminho institucional alternativo. Essa diferença institucional, em muitos sentidos pequena, se comparada às diferenças que separavam a China e o Japão da Europa Ocidental, teve consequências cruciais durante a conjuntura crítica criada pela chegada violenta de ingleses e norte-americanos. A China continuou o caminho absolutista depois das Guerras do Ópio, ao passo que a ameaça americana uniu a oposição ao governo dos Tokugawa no Japão e levou a uma revolução política, a Restauração Meiji, como veremos no Capítulo 10. Essa revolução permitiu o desenvolvimento de instituições políticas e econômicas mais inclusivas e criou as bases para o rápido crescimento que se seguiu no Japão, ao passo que a China definhava sob o absolutismo.

O modo como o Japão reagiu à ameaça dos navios de guerra dos Estados Unidos, dando início a um processo de transformação de seus fundamentos institucionais, nos ajuda a compreender mais um aspecto do mundo que temos hoje à nossa volta: as transições que levam da estagnação ao crescimento acelerado. Coreia do Sul, Taiwan e por fim China atingiram taxas astronômicas de crescimento desde a Segunda Guerra Mundial, seguindo um caminho semelhante ao do Japão. Em todos esses casos, o crescimento foi precedido por mudanças históricas nas instituições econômicas do país — embora nem sempre nas instituições políticas, como fica claro no caso chinês.

O modo como períodos de crescimento acelerado chegam a um fim abrupto e retrocedem segue a mesma lógica. Assim como passos decisivos rumo a instituições econômicas inclusivas podem detonar o crescimento econômico, um afastamento brusco das instituições inclusivas pode desaguar na estagnação. Mais frequentemente, porém, o fim de períodos de crescimento acelerado, como na Argentina ou na União Soviética, é uma consequência do declínio do crescimento ocorrido sob instituições extrativistas. Como vimos, isso pode ocorrer tanto em função de conflitos internos pelos espólios da economia extrativista, que levam a um colapso do regime, quanto em função da ausência de inovação e destruição criativa, inerente em países dominados por instituições extrativistas, que criam um limite para o crescimento sustentado. No próximo capítulo, será discutido com mais detalhes o exemplo dos soviéticos, que sofreram fortes consequências ao colidir contra esse teto.

SE AS INSTITUIÇÕES POLÍTICAS e econômicas da América Latina ao longo dos últimos quinhentos anos foram moldadas pelo colonialismo espanhol, as instituições do Oriente Médio foram moldadas pelo colonialismo otomano. Em 1453, os otomanos, governados pelo sultão Maomé II, tomaram Constantinopla e fizeram dela sua capital. Durante o restante do século, conquistaram grandes porções dos Bálcãs e a maior parte do restante da Turquia. Na primeira metade do século XVI, o domínio otomano se espalhava pelo Oriente Médio e pelo norte da África. Em 1566, ano da morte do sultão Solimão I, o Magnífico, o império se estendia da Tunísia, no oeste, passando pelo Egito, até Meca, na península Arábica, e alcançando o que hoje é o Iraque moderno. O Estado otomano era absolutista; o sultão precisava prestar contas a poucas pessoas e não dividia o poder com ninguém. As instituições econômicas que os otomanos impunham eram muito extrativistas. Não havia propriedade privada da terra, que pertencia formalmente ao Estado. A taxação da terra e da produção agrícola, junto com o butim da pilhagem de guerra, era a principal fonte de receitas do governo. No entanto, o Estado otomano não dominava o Oriente Médio do mesmo modo como podia dominar o coração de seu território na Anatólia, nem mesmo no grau que os espanhóis dominavam a sociedade latino-americana. O Estado otomano era continuamente desafiado pelos beduínos e por outros poderes tribais na península Arábica. Além de não ter a capacidade de impor uma ordem estável em grande parte do Oriente Médio, o Estado não contava com a capacidade administrativa de recolher impostos. Por isso "arrendava" essas tarefas para indivíduos, vendendo o direito para que outros cobrassem tributos do modo como conseguissem. Esses cobradores se tornaram autônomos e poderosos. As taxas de tributação nos territórios do Oriente Médio eram muito altas, variando de metade a dois terços do que os fazendeiros produziam. Grande parte dessa receita ficava com os tributadores. Como o Estado otomano fracassou em estabelecer uma ordem estável nessas áreas, havia pouco ou nenhuma garantia dos direitos sobre a propriedade e grande criminalidade e banditismo, com grupos armados disputando o controle local. Na Palestina, por exemplo, a situação era ruim a ponto de, a partir do fim do século XVI, os camponeses abandonarem as terras mais férteis e se mudarem para as áreas montanhosas, que ofereciam maior proteção contra os bandidos.

As instituições econômicas extrativistas nas áreas urbanas do Império Otomano não eram menos rigorosas. O comércio estava sob controle estatal, e as ocupações eram estritamente reguladas pelas guildas e pelos monopólios. A consequência foi que, na época da Revolução Industrial, as instituições econômicas do Oriente Médio eram extrativistas. A região havia estagnado economicamente.

Na década de 1840, os otomanos tentaram reformar suas instituições — por exemplo, modificando o sistema de arrendamento tributário e tentando controlar os grupos autônomos locais. O absolutismo, porém, perdurou até a Primeira Guerra Mundial, e os esforços reformistas foram frustrados pelo medo usual da destruição criativa e pela ansiedade entre os grupos da elite, que temiam sofrer perdas econômicas ou políticas. Embora os reformistas otomanos falassem em introduzir direitos de propriedade privada sobre a terra para aumentar a produtividade agrícola, o *statu quo* perdurou em função do desejo de controle político e da tributação. A colonização otomana foi seguida pela colonização europeia depois de 1918. Quando o controle europeu acabou, a mesma dinâmica que vimos na África subsaariana ganhou corpo, com as elites independentes assumindo o controle das instituições coloniais extrativistas. Em alguns casos, como na monarquia da Jordânia, essas elites foram criação direta das potências coloniais, mas isso também acontecia com frequência na África, como veremos. Os países do Oriente Médio que hoje não têm petróleo apresentam níveis de renda semelhantes aos das nações pobres da América Latina, pois não sofriam os efeitos de forças que levavam à miséria, como o comércio escravagista, e se beneficiaram por um período mais longo do fluxo de tecnologias vindas da Europa. Na Idade Média, o Oriente Médio em si era uma parte relativamente avançada do mundo, do ponto de vista econômico. Por isso a região hoje não é tão pobre quanto a África, mas a maior parte do povo ainda vive na pobreza.

◆ ◆ ◆

COMO VIMOS, AS TEORIAS baseadas em fatores geográficos ou culturais e na ignorância não explicam a situação mundial de hoje, porque não oferecem uma narrativa satisfatória para os claros padrões de desigualdade mundial, como o fato de que o processo da divergência econômica começou com a Revolução Industrial na Inglaterra durante os séculos XVIII e XIX e depois se espalhou pela Europa Ocidental e pelas colônias de povoamento europeias; a persistente divergência entre as Américas; a pobreza da África e do Oriente Médio; a divergência entre a Europa Ocidental e o Leste Europeu; e as transições que levam da estagnação ao crescimento e os ocasionais encerramentos abruptos de surtos de crescimento. Nossa teoria institucional oferece essa explicação.

Nos próximos capítulos, discutiremos mais a fundo o funcionamento da teoria institucional e ilustraremos o amplo escopo de fenômenos que ela é capaz de explicar. Esses fenômenos vão desde as origens da Revolução do Neolítico até o colapso de várias civilizações, seja em função dos limites intrínsecos ao crescimento quando há instituições extrativistas, seja devido ao fato de passos limitados em direção à inclusão terem sido revertidos.

Veremos como e por que passos decisivos rumo a instituições políticas inclusivas foram dados durante a Revolução Gloriosa na Inglaterra. Prestaremos atenção mais especificamente ao seguinte:

- Como instituições inclusivas emergiram da interação entre conjunturas críticas criadas pelo comércio transatlântico e a natureza das instituições inglesas preexistentes.
- Como essas instituições persistiram e foram fortalecidas para criar as bases da Revolução Industrial, em parte graças ao círculo virtuoso e em parte graças a uma série de fatos contingentes oportunos.
- Como muitos regimes baseados no absolutismo e em instituições extrativistas resistiram firmemente à disseminação das novas tecnologias geradas pela Revolução Industrial.

- Como os europeus eliminaram a possibilidade de crescimento econômico em muitas partes do mundo sob seu domínio.
- Como o círculo vicioso e a lei de ferro da oligarquia criaram uma tendência poderosa para que as instituições extrativistas persistam, o que fez com que as terras pelas quais a Revolução Industrial originalmente não se disseminou tenham permanecido pobres, em alguma medida.
- Por que a Revolução Industrial e outras novas tecnologias não se disseminaram e dificilmente vão se disseminar por lugares do mundo onde não se atingiu um grau mínimo de centralização do Estado.

Nossa discussão também mostrará que certas áreas que conseguiram transformar suas instituições numa direção mais inclusiva, como a França ou o Japão, ou que impediram o estabelecimento de instituições extrativistas, como os Estados Unidos ou a Austrália, foram mais receptivas à disseminação da Revolução Industrial e avançaram mais do que as demais. Como na Inglaterra, nem sempre esse processo foi tranquilo e, durante o caminho, muitos desafios à criação de instituições inclusivas foram superados, às vezes em função da dinâmica do círculo virtuoso, às vezes graças à trajetória contingente da história.

Por fim, também discutiremos como o fracasso das nações hoje é bastante influenciado por sua história institucional, como grande parte dos conselhos quanto às políticas a serem adotadas é moldada por hipóteses incorretas e pode levar a direções equivocadas e como as nações ainda podem aproveitar conjunturas críticas e romper com o ciclo para reformar suas instituições e embarcar num caminho mais próspero.

5.

"EU VI O FUTURO, E ELE FUNCIONA": CRESCIMENTO EM MEIO A INSTITUIÇÕES EXTRATIVISTAS

Eu vi o futuro

DIFERENÇAS INSTITUCIONAIS desempenham um papel decisivo na explicação do crescimento econômico ao longo da história. Mas se a maior parte das sociedades até hoje se baseou em instituições políticas e econômicas extrativistas, então o crescimento jamais ocorre? Obviamente não. Instituições extrativistas, por lógica própria, devem criar riqueza para ser extraída. Um governante que monopoliza o poder político e está no controle de um Estado centralizado pode introduzir algum grau de ordem pública e um sistema de regras, assim como estimular a atividade econômica.

Contudo, o crescimento que ocorre em sociedades com instituições extrativistas é diferente do crescimento gerado por instituições inclusivas. Mais importante, não será o tipo de crescimento sustentado que exige mudanças tecnológicas, e sim baseado nas tecnologias existentes. A trajetória econômica da União Soviética oferece um exemplo vívido de como a autoridade e os incentivos do Estado podem acelerar o crescimento econômico de uma sociedade com instituições extrativistas e de como, em última instância, esse tipo de crescimento chega a um colapso.

A Primeira Guerra Mundial havia acabado, e as potências vencedoras e derrotadas se encontraram no grande Palácio de Versalhes, nas proximidades de Paris, para decidir os parâmetros da paz. Dentre os participantes, chamava a atenção a presença de Woodrow Wilson, presidente dos Estados Unidos. A ausência notável era a de alguém que representasse a Rússia. O velho regime czarista tinha sido derrubado pelos bolcheviques em outubro de 1917. No período, houve uma guerra civil entre os vermelhos (bolcheviques) e os brancos. Os ingleses, os franceses e os norte-americanos enviaram uma força expedicionária para combater os bolcheviques. Uma missão liderada por um jovem diplomata, William Bullitt, e pelo intelectual e jornalista veterano Lincoln Steffens foi enviada a Moscou para se encontrar com Lênin e tentar entender as intenções dos bolcheviques e como conviver com eles. Steffens ficara famoso como iconoclasta, um jornalista especializado em arrasar reputações sempre denunciando os males do capitalismo nos Estados Unidos. Ele havia estado na Rússia na época da revolução. A ideia era que sua presença desse credibilidade à missão, para que não parecesse excessivamente hostil. A missão voltou com o esboço de uma oferta de Lênin sobre o que seria necessário para garantir a paz com a recém-criada União Soviética. Steffens estava boquiaberto com o que imaginava ser o grande potencial do regime soviético.

"A Rússia soviética", lembraria em sua autobiografia de 1931, "era um governo revolucionário com um plano evolucionário. O plano não era empregar ação direta contra males como a pobreza e a riqueza, a corrupção, os privilégios, a tirania e a guerra, mas sim extirpar suas causas. Uma ditadura havia sido instaurada, apoiada por uma pequena minoria treinada, para promover e manter por algumas gerações um rearranjo científico das forças econômicas que resultaria, primeiro, em uma democracia econômica e, por fim, em uma democracia política".

Quando voltou da missão diplomática, Steffens foi se encontrar com seu velho amigo, o escultor Jo Davidson, que estava fazendo um busto do rico financista Bernard Baruch. "Então você esteve na Rússia", observou

Baruch. "Estive no futuro, e ele funciona", respondeu Steffens, que aperfeiçoaria esse adágio até assumir a forma que entrou para a história: "Eu vi o futuro, e ele funciona."

Até o início dos anos 1980, muitos ocidentais viam o futuro na União Soviética e acreditavam que estava funcionando. Em certo sentido funcionava mesmo, ou pelo menos funcionou durante um tempo. Lênin morreu em 1924, e em 1927 Stálin já havia consolidado seu domínio sobre o país. Ele expurgou os oponentes e deu início a uma rápida industrialização, o que foi feito com estímulos ao Comitê Estatal de Planejamento, a Gosplan, fundada em 1921. A Gosplan elaborou o primeiro Plano Quinquenal, para os anos de 1928 a 1933. O crescimento econômico no estilo de Stálin era simples: desenvolver a indústria por meio do governo e obter os recursos necessários para garantir o desenvolvimento impondo impostos muito altos à agricultura. O Estado comunista não tinha um sistema de tributação eficiente, então Stálin "coletivizou" a agricultura. Esse processo levou à abolição da propriedade privada sobre a terra e à aglomeração de toda a população do campo em fazendas coletivas gigantes administradas pelo Partido Comunista. Ficou muito mais fácil para Stálin se apropriar da produção agrícola e usá-la para alimentar todas as pessoas que estavam construindo e operando as novas fábricas. As consequências disso para a população rural foram calamitosas. As fazendas coletivas não ofereciam nenhum incentivo para que os trabalhadores se esforçassem, e a produção caiu bruscamente. A expropriação era tão grande que não sobrava o suficiente para alimentar a população rural, que começou a morrer de fome. Ao todo, é provável que a fome tenha ceifado 6 milhões de vidas, ao mesmo tempo que outras centenas de milhares de pessoas foram assassinadas ou banidas para a Sibéria durante a coletivização forçada.

Nem a indústria recém-criada nem as fazendas coletivizadas eram economicamente eficientes, no sentido de fazerem o melhor uso dos recursos que estavam à disposição da União Soviética. Soa como uma receita para o desastre econômico e a estagnação, e talvez até para o colapso puro e simples. Mas a União Soviética cresceu bastante, e bem rápido. Não é difícil compreender por quê. Permitir que as pessoas tomem as próprias decisões por meio dos mercados é o melhor caminho para que uma sociedade utilize seus recursos de forma eficiente. Quando, em vez disso, o Estado ou uma pequena elite controla todos os recursos, ocorre que não são criados os incentivos adequados nem há alocação eficiente das capacidades e dos talentos das pessoas. Em certos casos, porém, a produtividade da mão de obra e do capital pode ser tão mais alta em um setor ou atividade, como era no caso da indústria pesada na União Soviética, que mesmo um processo imposto, alocando recursos arbitrariamente para garantir essa alta produtividade, pode gerar crescimento em uma sociedade com instituições extrativistas. Como vimos no Capítulo 3, as instituições extrativistas nas ilhas do Caribe, como Barbados, Cuba, o Haiti e a Jamaica, conseguiram gerar níveis de renda relativamente altos por alocar recursos para a produção do açúcar, uma mercadoria cobiçada em todo o mundo. A produção do açúcar baseada em trabalho escravizado certamente não era "eficiente", e não houve nem mudanças tecnológicas nem destruição criativa nessas sociedades, mas isso não impediu que esses países obtivessem certo crescimento mesmo em meio a instituições extrativistas. A situação foi semelhante na União Soviética, com a indústria desempenhando o papel que o açúcar exercia no Caribe. Além disso, o crescimento industrial na União Soviética foi facilitado porque a tecnologia local era muito atrasada se comparada com o que havia na Europa e nos Estados Unidos, o que permitia a obtenção de ganhos maiores na realocação de recursos para o setor industrial, mesmo que fosse uma distribuição ineficiente e feita por imposição.

Antes de 1928, a maioria dos russos vivia no campo. A tecnologia usada pelos camponeses era primitiva, e havia poucos incentivos para aumentar a produtividade. Na verdade, os últimos vestígios do feudalismo russo só foram erradicados pouco antes da Primeira Guerra Mundial. Sendo assim, havia um imenso potencial econômico não aproveitado para a realocação dessa força de trabalho da agricultura para a indústria. A industrialização stalinista fez um aproveitamento brutal desse potencial. Por decreto, Stálin fez com que esses recursos muito mal utilizados fossem realocados para a indústria, onde podiam ser empregados de maneira mais produtiva, ainda que a indústria em si fosse organizada de maneira pouco eficiente em relação ao que podia ser realizado. Na verdade, entre 1928 e 1960, a renda nacional cresceu 6% ao ano, provavelmente o surto de crescimento mais rápido na história até então. Esse crescimento econômico acelerado não foi propiciado por mudanças tecnológicas, e sim pela realocação de força de trabalho e pelo acúmulo de capital por meio da criação de novas ferramentas e fábricas.

O crescimento foi tão rápido que enganou gerações de ocidentais, não apenas Lincoln Steffens. Enganou a CIA, nos Estados Unidos. Enganou os próprios líderes soviéticos, como Nikita Kruschev, que numa célebre frase, num discurso para diplomatas ocidentais em 1956, se gabou de que "nós vamos enterrar vocês [o Ocidente]". Ainda em 1977, um livro didático acadêmico importante, escrito por um economista inglês, afirmava que as economias de estilo soviético eram superiores às capitalistas em termos de crescimento econômico, oferecendo pleno emprego e estabilidade de preços e até mesmo produzindo pessoas com motivações altruístas. O pobre e velho capitalismo ocidental só era melhor quando se tratava de oferecer liberdade política. Na verdade, o livro didático mais utilizado para ensinar economia nas universidades, escrito por Paul Samuelson, vencedor do Nobel, trazia múltiplas previsões sobre o domínio econômico iminente da União Soviética. Na edição de 1961, Samuelson previu que a renda nacional soviética poderia já ultrapassar a dos Estados Unidos em 1984, mas que havia grandes chances de isso ocorrer até no máximo 1997. Na edição de 1980, houve pouca mudança na análise, embora as duas datas tenham sido adiadas para 2002 e 2012.

Embora pudessem produzir um rápido crescimento econômico, as políticas de Stálin e dos líderes soviéticos que o sucederam não podiam produzir um crescimento sustentado. Na década de 1970, o crescimento tinha praticamente parado. A lição mais importante é que instituições extrativistas não são capazes de gerar mudanças tecnológicas sustentadas, e isso por dois motivos: a falta de incentivos econômicos e a resistência das elites. Além disso, depois que todos os recursos que eram empregados sem muita eficiência foram realocados para a indústria, restaram poucos ganhos econômicos a serem obtidos por decreto. Com isso, o sistema soviético chegou ao limite; a falta de inovação e os frágeis incentivos econômicos impediam qualquer progresso adicional. Na única área em que os soviéticos conseguiram manter alguma inovação, isso só foi possível por meio de enormes esforços em tecnologia militar e aeroespacial. Como resultado, eles conseguiram colocar o primeiro animal, a cadela Laika, e o primeiro homem, Yuri Gagarin, no espaço. Também deixaram ao mundo o legado da AK-47.

A Gosplan era a agência de planejamento supostamente onipotente encarregada do planejamento central da economia soviética. Um dos benefícios da sequência de planos quinquenais elaborados e administrados pela Gosplan seria o horizonte de longo prazo necessário para realizar investimentos e inovações racionais. Na verdade, o que foi realizado na indústria soviética pouco teve a ver com os planos quinquenais, frequentemente revisados e reescritos ou mesmo ignorados. O desenvolvimento da indústria se deu com base nas ordens de Stálin e do Politburo, que mudavam bastante de ideia e muitas vezes modificavam completamente as decisões anteriores. Todos os planos eram rotulados como "esboços" ou "preliminares". Apenas uma cópia de um plano rotulado como "final" — voltado para a indústria de bens de consumo de 1939 — chegou a ser conhecida. O próprio Stálin disse, em 1937, que "só um burocrata poderia acreditar que o trabalho de planejamento acaba com a criação do plano. A criação do plano é só o começo. A verdadeira direção do plano se dá depois de organizá-lo". Stálin queria maximizar sua liberdade para recompensar pessoas ou grupos politicamente leais e punir os que não fossem. Quanto à Gosplan, seu principal papel era oferecer informações para que Stálin pudesse monitorar seus amigos e inimigos. A agência, na verdade, evitava tomar decisões. Quem tomasse uma decisão que desse errado poderia ser fuzilado. Melhor evitar qualquer responsabilidade.

Um exemplo do que poderia ocorrer caso você levasse seu trabalho a sério demais, em vez de tentar prever o que o Partido Comunista queria, é oferecido pelo censo soviético de 1937. Quando os resultados foram tabulados, ficou claro que o censo revelaria uma população de cerca de 162 milhões de pessoas, bem menor do que os 180 milhões que Stálin previra, inclusive abaixo dos 168 milhões que o próprio Stálin anunciara em 1934. O censo de 1937 foi o primeiro realizado desde 1926 e, portanto, o primeiro depois das grandes fomes e dos expurgos do início da década de 1930. Os números corretos da população refletiam isso. A reação de Stálin foi mandar prender os responsáveis pela organização do censo, que foram enviados para a Sibéria ou assassinados. Ele determinou a realização de um novo censo, concluído em 1939. Dessa vez, os organizadores anunciaram o resultado certo: descobriram que a população era, na verdade, de 171 milhões.

Stálin compreendia que na economia soviética as pessoas tinham poucos incentivos para se esforçar. Uma resposta natural teria sido a introdução de tais incentivos e modos de recompensar melhorias; e, em alguns momentos, foi o que ele fez — por exemplo, ao direcionar cargas de alimentos para áreas onde a produtividade estivesse baixa. Além disso, já em 1931, ele desistiu da ideia de criar "homens e mulheres socialistas" que trabalhassem sem incentivos monetários. Em um famoso discurso, criticou "os fanáticos da igualdade" e daí em diante não só fez com que diferentes profissionais recebessem salários diferentes, como também criou um sistema de bônus. É educativo compreender como o esquema funcionava. Tradicionalmente, uma empresa em um sistema de planejamento central precisava atingir uma meta de produção estabelecida pelo plano, embora esses planos volta e meia fossem renegociados e modificados. A partir da década de 1930, os trabalhadores recebiam bônus quando as metas eram batidas. Esses bônus podiam ser bastante altos, chegando a 37% do salário no caso de gestores ou de engenheiros seniores. Mas esses pagamentos geraram todo tipo de desestímulo à mudança tecnológica. Entre outras coisas, a inovação, que retirava recursos da produção, aumentava o risco de que a meta não fosse batida e de que o bônus não fosse pago. Outra razão consistia no fato de que as metas, em geral, eram estabelecidas com base em níveis anteriores de produção. Isso criou um incentivo imenso para nunca expandir a produção, pois isso significava ter de produzir mais no futuro, já que as metas seguintes seriam "elevadas". Produzir menos do que o possível era sempre o melhor meio de garantir que atingiriam as metas e receberiam os bônus. O fato de que os bônus eram pagos mensalmente também mantinha todos focados no presente, e a inovação tem a ver com sacrificar o presente em nome de ter mais no futuro.

Mesmo quando os bônus e incentivos eram eficientes para modificar o comportamento, era comum que criassem outros problemas. O planejamento central simplesmente não conseguia substituir aquilo que o grande economista do século XVIII Adam Smith chamou de "mão invisível" do mercado. Quando o plano era formulado em toneladas das folhas de aço, a folha era feita com um peso excessivo. Quando era formulado em termos de área das folhas de aço, as folhas eram feitas com uma espessura muito fina. Quando o plano para candelabros era feito em toneladas, eles ficavam tão pesados que o teto mal conseguia sustentá-los.

Nos anos 1940, os líderes da União Soviética tinham plena consciência desses incentivos perversos, ao contrário de seus admiradores ocidentais. Esses líderes agiam como se se tratasse de problemas técnicos, que poderiam ser consertados. Por exemplo, deixaram de pagar bônus baseados em metas de produção e passaram a permitir que as empresas separassem uma porção de seus lucros para pagar os bônus. Mas o lucro não era um incentivo maior à inovação do que eram as metas de produção. O sistema de preços usado para calcular os lucros era quase totalmente desconectado do valor das inovações ou da tecnologia. Ao contrário do que ocorre numa economia de mercado, os preços na União Soviética eram estabelecidos pelo governo, por isso tinham pouca relação com o valor. Para criar incentivos mais ligados à inovação, em 1946, a União Soviética criou bônus dedicados explicitamente à inovação. Já em 1918, fora identificada a necessidade de oferecer recompensas financeiras para trabalhos inovadores, porém as recompensas estabelecidas eram pequenas e não estavam relacionadas com o valor da nova tecnologia. Isso só mudou em 1956, quando se estipulou que os bônus deveriam ser proporcionais à produtividade da inovação. No entanto, como a produtividade era calculada levando-se em conta benefícios econômicos medidos pelo sistema de preços existente, isso também não representaria um grande incentivo para a inovação. Seria possível preencher muitas páginas com exemplos dos incentivos perversos que esses esquemas geraram. Por exemplo, como o tamanho do fundo que pagava os bônus de inovação era limitado pela folha de pagamentos da empresa, o que reduzia o incentivo para produzir ou adotar qualquer inovação que pudesse economizar em mão de obra.

Focar nas diferentes regras e esquemas de bônus tende a mascarar os problemas inerentes do sistema. Enquanto a autoridade política e o poder estivessem nas mãos do Partido Comunista, seria impossível mudar a essência dos incentivos básicos oferecidos, com ou sem bônus. Desde sua origem, o Partido Comunista não tinha usado apenas cenouras como incentivos para conseguir o que queria, mas também chibatas e porretes. No caso da produtividade na economia não foi diferente. Um conjunto de leis criou várias ofensas criminais para trabalhadores que fizessem corpo mole. Em junho de 1940, por exemplo, uma lei tornou a vadiagem, definida como qualquer período de vinte minutos de ausência não autorizada do posto de trabalho ou mesmo de inatividade, uma infração passível de ser punida com seis meses de trabalhos forçados e corte de 25% no salário. Todo tipo de punição como essa foi criada, e eram aplicadas com uma frequência espantosa. Entre 1940 e 1955, 36 milhões de pessoas, cerca de um terço da população adulta, foi considerada culpada de tais ofensas. Desses, 15 milhões foram enviados à prisão, e 250 mil foram fuzilados. Por ano, 1 milhão de pessoas ia para a cadeia por violações da lei trabalhista; isso sem falar nos 2,5 milhões de pessoas que Stálin exilou nos *gulags* da Sibéria. Ainda assim, não funcionou. Embora seja possível transferir alguém para uma fábrica, é impossível forçar as pessoas a pensar e a ter boas ideias ameaçando-as de fuzilamento. Esse tipo de coação poderia gerar uma alta produtividade de açúcar em Barbados ou na Jamaica, mas não tinha como compensar a falta de incentivos em uma economia industrial moderna.

O fato de que incentivos realmente eficazes não seriam implantados naquela economia de planejamento central não se devia a erros técnicos na concepção dos esquemas de bônus. Na verdade, era intrínseco ao método pelo qual o crescimento extrativista havia sido obtido, conquistado por meio de ordens governamentais, o que só dava conta de resolver alguns problemas econômicos básicos. Contudo, estimular o crescimento econômico sustentado exigia que os indivíduos usassem seus talentos e suas ideias, e isso jamais poderia ser feito em um sistema econômico de estilo soviético. Os governantes da União Soviética teriam de abandonar as instituições econômicas extrativistas, mas esse movimento teria colocado seu poder político em risco. Na verdade, quando Mikhail Gorbachev começou a se afastar das instituições econômicas extrativistas, depois de 1987, o poder do Partido Comunista desmoronou e, com ele, a União Soviética.

A UNIÃO SOVIÉTICA PÔDE gerar crescimento acelerado mesmo utilizando instituições extrativistas porque os bolcheviques construíram um poderoso Estado centralizado e o usaram para alocar recursos na indústria. No entanto, como em todos os exemplos de crescimento sob instituições extrativistas, essa experiência não contou com mudanças tecnológicas e não se sustentou. O crescimento primeiro desacelerou e depois entrou em colapso. Embora efêmero, esse tipo de crescimento ilustra como instituições extrativistas podem estimular a atividade econômica.

Ao longo da história, a maior parte das sociedades foi governada por instituições extrativistas, e aquelas que conseguiram impor certo grau de ordem nos países foram capazes de gerar um crescimento limitado — mesmo que nenhuma dessas sociedades tenha conseguido atingir um crescimento sustentado. Na verdade, alguns dos maiores pontos de inflexão da história são caracterizados por inovações que consolidaram instituições extrativistas e aumentaram a autoridade de um grupo para impor a lei e a ordem e se beneficiar da exploração. No restante deste capítulo, vamos discutir a natureza das inovações institucionais que estabelecem certo grau de centralização estatal e permitem o crescimento sob instituições extrativistas. Depois, mostraremos como essas ideias nos ajudam a entender a Revolução do Neolítico, a importante transição para a agricultura que sustenta vários aspectos da civilização atual. Concluiremos ilustrando, com o exemplo das cidades-Estado maias, como o crescimento sob instituições extrativistas fica limitado não apenas pela ausência de progresso tecnológico, como também por incentivar as disputas internas entre grupos rivais que desejam assumir o controle do Estado e da exploração que ele gera.

Às margens do Cassai

Um dos grandes afluentes do rio Congo é o Cassai. Com as nascentes em Angola, o rio ruma para o norte e se funde com o Congo a nordeste de Kinshasa, a atual capital congolesa. Embora a República Democrática do Congo seja pobre em comparação com o restante do mundo, sempre houve diferenças significativas de prosperidade entre os vários grupos no país. O rio Cassai é a fronteira entre dois desses grupos. Logo depois de entrar no Congo, ao longo da margem ocidental encontramos o povo lele; na margem oriental estão os bushongo (Mapa 6). À primeira vista, deveria haver poucas diferenças entre esses dois grupos no que diz respeito à prosperidade, pois são separados somente por um rio, que pode ser atravessado de barco. Os dois grupos têm uma origem comum e falam línguas próximas. Além disso, muito de sua produção e arquitetura têm estilo semelhante, inclusive as casas, as roupas e os barcos.

No entanto, quando a antropóloga Mary Douglas e o historiador Jan Vansina estudaram esses grupos, na década de 1950, descobriram algumas diferenças espantosas entre os dois. Nas palavras de Douglas: "Os lele são pobres, ao passo que os bushongo são ricos (...) Tudo que os lele têm ou fazem, os bushongo têm mais ou fazem melhor." É fácil pensar em explicações simples para essa desigualdade. Uma diferença, que lembra o que ocorre entre os lugares do Peru que estiveram ou não sujeitos à *mita* de Potosí, é o fato de que os lele produzem para subsistência, enquanto os bushongo produzem para comercialização. Douglas e Vansina também observaram que os lele usavam tecnologia inferior. Por exemplo, não empregavam redes na caça, mesmo que seu uso aumentasse bastante a produtividade. Douglas afirmou: "A ausência de redes é coerente com uma tendência geral dos lele de não investirem tempo e trabalho em equipamentos de longo prazo."

Havia também importantes distinções nas tecnologias e na organização da agricultura. Os bushongo praticavam uma forma sofisticada de agricultura mista, com cinco espécies plantadas sucessivamente, em um sistema de rotação de dois anos. Eles cultivavam inhame, batata-doce, mandioca e feijão e colhiam duas, às vezes três, safras de milho por ano. Os lele não contavam com esse sistema e só conseguiam uma safra anual de milho.

Também havia diferenças notáveis na lei e na ordem. Os lele moravam em aldeias fortificadas dispersas e estavam constantemente em conflito. Qualquer um que se deslocasse entre duas aldeias ou simplesmente entrasse na floresta para coletar comida estava sujeito a ser atacado ou raptado. No território dos bushongo, isso quase nunca acontecia.

O que estava por trás dessas diferenças nos padrões de produção, de tecnologia agrícola e de prevalência da ordem? Obviamente não era a geografia que induzia os lele a usar tecnologias inferiores de caça e agricultura. Certamente não era a ignorância, pois eles conheciam as ferramentas utilizadas pelos bushongo. Uma explicação alternativa poderia ser a cultura — será que a cultura dos lele não os incentivava a investir em redes de caça e em casas mais resistentes e mais bem construídas? Mas isso não parece ser verdade. Como acontece no caso dos povos do Congo, os lele estavam muito interessados na aquisição de armamentos, e Douglas chegou a observar que "sua avidez pela compra de armas (...) mostra que a cultura não os restringe a técnicas inferiores que não exigem colaboração e esforço a longo prazo". Portanto, nem uma aversão cultural à tecnologia, nem a ignorância, nem a geografia explicam a maior prosperidade dos bushongo em comparação com os lele.

O motivo das diferenças entre esses dois povos está nas diferentes instituições políticas que surgiram em seus territórios. Já observamos que os lele viviam em aldeias fortificadas que não eram parte de uma estrutura política unificada. Era diferente do outro lado do Cassai. Por volta de 1620, uma revolução política liderada por um homem chamado Shyaam criou o Reino Cuba, que vimos no Mapa 6, com os bushongo em posição central e ele próprio como rei. Antes desse período, provavelmente havia poucas diferenças entre os bushongo e os lele; as diferenças surgiram como consequência do modo como Shyaam reorganizou a sociedade na margem oriental do rio. Ele construiu um Estado e uma pirâmide de instituições políticas. Essas instituições, além de significativamente mais centralizadas do que as de antes, também envolviam estruturas bastante elaboradas. Shyaam e seus sucessores criaram uma burocracia para aumentar a tributação, além de um sistema legal e uma força policial para impor a lei. Os líderes eram fiscalizados por conselhos, que deviam ser consultados antes das decisões. Havia até mesmo julgamentos por júri, fato aparentemente único na África subsaariana antes do colonialismo europeu. No entanto, o Estado centralizado de Shyaam era uma ferramenta de extração altamente absolutista. Ele não era escolhido pelo voto, e a política de Estado era imposta de cima, não definida por participação popular.

Essa revolução política que criou uma centralização estatal e impôs a lei e a ordem no Reino Cuba levou, por sua vez, a uma revolução econômica. A agricultura foi reorganizada, e novas tecnologias foram adotadas para aumentar a produtividade. As culturas a que se dedicavam foram substituídas por outras, de maior rendimento, vindas das Américas (em particular, milho, mandioca e pimenta). O ciclo intenso de rotação de safras foi introduzido nessa época, e a quantidade de alimentos produzidos per capita dobrou. Para adotar essas culturas e reorganizar o ciclo agrícola, foram necessárias mais mãos no campo. Por isso, a idade de casamento foi reduzida para 20 anos, o que levou os homens a servirem mais jovens como mão de obra na agricultura. O contraste com o outro grupo é notável: os homens lele tendiam a se casar aos 35 e só então iam trabalhar nos campos. Antes disso, dedicavam a vida ao combate e à pilhagem.

A conexão entre a revolução política e a revolução econômica foi simples. O rei Shyaam e seus apoiadores desejavam cobrar impostos e extrair riqueza dos povos do Reino Cuba, que precisavam produzir um excedente além do que eles próprios consumiam. Embora Shyaam e seus homens não tenham introduzido instituições inclusivas na margem oriental do rio Cassai, certo grau de prosperidade econômica é intrínseco a instituições extrativistas que atingem um mínimo de centralização estatal e conseguem impor a lei e a ordem. Incentivar a atividade econômica, obviamente, era de interesse de Shyaam e seus homens, do contrário não haveria nada a ser extraído. Assim como no caso de Stálin, Shyaam criou por decreto um conjunto de instituições que gerariam a riqueza necessária para sustentar o sistema. Em comparação à absoluta ausência de lei e ordem que reinava na outra margem do Cassai, o Reino Cuba teve uma prosperidade econômica significativa — ainda que grande parte provavelmente ficasse para Shyaam e suas elites. No entanto, era uma prosperidade limitada. Assim como no caso da União Soviética, não houve destruição criativa nem inovação tecnológica no Reino Cuba depois dessa mudança inicial. Essa situação seguia mais ou menos inalterada na época em que o reino foi encontrado pelas autoridades coloniais belgas, no fim do século XIX.

Os feitos do rei Shyaam ilustram como um grau limitado de sucesso econômico pode ser alcançado por meio de instituições extrativistas. Criar essa riqueza exige um Estado centralizado. Para isso, frequentemente faz-se necessária uma revolução política. Depois de criar um Estado, Shyaam pôde usar seu poder para reorganizar a economia e impulsionar a produtividade agrícola, que então foi capaz de tributar.

Por que foram os bushongo, e não os lele, que tiveram uma revolução política? Será que os lele não poderiam ter seu próprio rei Shyaam? O feito do rei bushongo foi uma inovação institucional que não estava atrelada de modo algum à geografia, à cultura ou à ignorância. Os lele poderiam ter tido uma revolução semelhante e transformado suas instituições, mas não foi o que aconteceu. Talvez o motivo esteja além de nossa compreensão, em função do conhecimento limitado que temos dessa sociedade. O mais provável é que isso se deva à natureza contingente da história. As mesmas contingências provavelmente estavam em operação quando, 12 mil anos atrás, algumas sociedades do Oriente Médio embarcaram em um conjunto de inovações institucionais ainda mais radicais que levaram ao surgimento de sociedades fixadas à terra e depois à domesticação de plantas e animais, como discutiremos a seguir.

O Longo Verão

Por volta de 15.000 a.C., a Era do Gelo chegou ao fim, e o clima da Terra se aqueceu. Indícios no gelo da Groenlândia sugerem que as temperaturas médias subiram até 15°C em um curto espaço de tempo. Esse aquecimento parece ter coincidido com rápidos aumentos nas populações humanas à medida que o aquecimento global levou à expansão das populações de animais e à maior disponibilidade de plantas selvagens e alimentos. Esse processo foi logo revertido em torno de 14.000 a.C., por um período de resfriamento conhecido como Dryas Recente, mas, depois de 9.600 a.C., as temperaturas globais voltaram a subir, cerca de 7°C em menos de uma década, e desde então permaneceram altas. O arqueólogo Brian Fagan chama esse período de Longo Verão. O aquecimento do clima foi uma grande conjuntura crítica, que criou o cenário para a Revolução do Neolítico, na qual as sociedades humanas fizeram a transição para a vida sedentária, a agricultura e a pecuária. Isso e o restante da história humana que se seguiu podem ser vistos como a humanidade desfrutando seu Longo Verão.

Há uma diferença fundamental entre agricultura e pecuária e entre caça e coleta. O primeiro par de atividades se baseia na domesticação de plantas e espécies animais, com intervenção ativa em seus ciclos de vida para modificar a genética e tornar as espécies mais úteis para os humanos. A domesticação é uma mudança tecnológica que permite a produção de muito mais alimentos a partir das plantas e dos animais disponíveis. A domesticação do milho, por exemplo, começou quando os humanos colheram o teosinto, a planta selvagem que é sua ancestral. As espigas do teosinto eram muito pequenas, de poucos centímetros. Seriam espigas anãs, na comparação com o milho moderno. No entanto, pouco a pouco, por meio da seleção de espigas maiores de teosinto e plantas cujas espigas não quebravam, ficando no talo para serem colhidas, os humanos criaram o milho moderno, uma cultura que oferece muito mais alimentos a partir do mesmo pedaço de terra.

Os primeiros indícios de agricultura, pastoreio e domesticação de plantas e animais vêm do Oriente Médio, em particular da área conhecida como flancos montanhosos, que se estende do sul da atual Israel, passando pela Palestina, pela margem ocidental do rio Jordão e pela Síria e entrando no sudoeste da Turquia, no norte do Iraque e no oeste do Irã. As primeiras plantas domésticas, o farro e a cevada de duas fileiras, foram encontradas em Jericó, na margem ocidental do rio Jordão, na Palestina, aproximadamente em 9.500 a.C.; e farro, ervilhas e lentilhas foram encontradas em Tell Aswad, mais ao norte na Síria. Ambos eram sítios da chamada cultura natufiana e ambos sustentavam grandes vilarejos; o de Jericó possivelmente tinha uma população de quinhentas pessoas na época.

Por que as primeiras aldeias com agricultura apareceram ali, e não em outros lugares? Por que foram os natufianos, e não outros povos, que domesticaram as ervilhas e as lentilhas? Será que tiveram sorte e calharam de viver num local onde havia muitos candidatos à domesticação? Embora isso seja verdade, muitos outros povos viviam em meio a essas espécies, porém não as domesticaram. Como visto no Capítulo 2, nos

Mapas 4 e 5, pesquisas de geneticistas e arqueólogos sobre a distribuição dos ancestrais selvagens de animais e plantas domesticados modernos revelam que muitos desses ancestrais estavam espalhados por áreas imensas, de milhões de quilômetros quadrados. Os ancestrais selvagens das espécies animais estavam disseminados por toda a Eurásia. Embora fossem particularmente bem guarnecidos em termos de espécies selvagens de cultivo, os flancos montanhosos estavam longe de serem únicos. Viver em uma área particularmente dotada de espécies selvagens não foi o que tornou os natufianos especiais. O que os diferenciou foi o fato de serem sedentários antes de começarem a domesticar plantas ou animais. Um indício desse sedentarismo vem de dentes de gazela, compostos de um tecido conjuntivo ósseo que cresce em camadas. Durante a primavera e o verão, quando o crescimento desse tecido é mais rápido, as camadas têm uma cor diferente das formadas no inverno. Com um corte no dente, é possível ver a cor da última camada criada antes de a gazela morrer. Usando essa técnica, é possível determinar se a gazela foi morta no verão ou no inverno. Nos sítios natufianos, encontram-se gazelas mortas em todas as estações, o que sugere uma residência permanente durante o ano. O vilarejo de Abu Hureyra, no rio Eufrates, é um dos assentamentos natufianos pesquisados com mais intensidade. Durante quase quarenta anos, arqueólogos examinaram as camadas do lugar, que oferece um dos exemplos mais bem documentados de vida sedentária antes e depois da transição para a agricultura. O assentamento provavelmente surgiu em torno de 9.500 a.C., e os habitantes continuaram com o estilo de caça e coleta por mais quinhentos anos antes de passarem para a agricultura. Os arqueólogos estimam que a população da aldeia antes da agricultura ficava entre cem e trezentas pessoas.

Pode-se pensar em todo tipo de motivo para que uma sociedade considere o sedentarismo vantajoso. A vida nômade é custosa: as crianças e os velhos precisam ser carregados, e é impossível armazenar comida para tempos de penúria quando se está sempre em movimento. Além disso, ferramentas como pedras de moagem e foices eram úteis para processar alimentos selvagens, mas são pesadas para carregar. Existem indícios de que até mesmo caçadores-coletores nômades armazenavam alimentos em locais selecionados, como cavernas. Um dos atrativos do milho é o fato de ser facilmente armazenável, e essa é uma razão fundamental para que tenha sido cultivado com tanta intensidade nas Américas. A capacidade de armazenar e estocar alimentos com mais eficácia deve ter sido um incentivo essencial para a adoção de um estilo de vida sedentário.

Embora do ponto de vista coletivo possa ser desejável se tornar sedentário, isso não significa que a mudança necessariamente vá ocorrer. Um grupo nômade de caçadores-coletores teria que concordar em fazer isso, ou algo precisaria forçá-los à mudança de comportamento. Alguns arqueólogos sugeriram que a densidade populacional cada vez maior e o declínio dos padrões de vida foram fatores fundamentais no surgimento da vida sedentária, forçando povos nômades a permanecerem em um só lugar. No entanto, a densidade nos sítios natufianos não é maior do que nos grupos anteriores, então não parece haver indícios de grande crescimento populacional. Indícios obtidos em esqueletos e dentes também não sugerem a deterioração da saúde. Por exemplo, a escassez de alimentos tende a criar linhas finas no esmalte dos dentes, uma condição chamada hipoplasia. Essas linhas, na verdade, são menos comuns nos povos natufianos do que em povos agrícolas posteriores.

O mais importante é que, embora a vida sedentária tivesse seus pontos positivos, também tinha problemas. A resolução de conflitos provavelmente era muito mais difícil no caso de grupos sedentários, uma vez que as discordâncias não eram tão fáceis de resolver quanto nos casos de grupos em constante movimento. Depois que as pessoas constroem habitações permanentes e passam a ter mais pertences do que são capazes de carregar, mudar-se vira uma opção muito menos atrativa. Por isso, os vilarejos precisavam ter meios mais eficazes de resolução de conflitos e noções mais elaboradas de propriedade. Era preciso decidir quem tinha acesso a cada lote de terra perto do vilarejo, ou quem podia pegar as frutas de quais árvores e pescar em qual parte do riacho. Era preciso desenvolver regras e elaborar as instituições que criariam e fariam valer tais regras.

Portanto, para que a vida sedentária surgisse, parece plausível que os caçadores-coletores tivessem que ser forçados a se estabelecer, e isso deveria ser precedido por uma inovação institucional que concentrasse poder nas mãos de um grupo que se tornaria a elite política, garantiria os direitos de propriedade, manteria a ordem e se beneficiaria de seu status, extraindo recursos do restante da sociedade. Na verdade, uma revolução política semelhante à iniciada pelo rei Shyaam, ainda que em menor escala, provavelmente foi o avanço que levou à vida sedentária.

Os indícios arqueológicos de fato sugerem que, muito antes de se tornarem agricultores, os natufianos desenvolveram uma sociedade complexa caracterizada pela hierarquia, pela ordem e pela desigualdade — princípios daquilo que reconheceríamos como instituições extrativistas. Um indício bastante convincente dessa hierarquia e dessa desigualdade vem dos túmulos natufianos. Algumas pessoas eram enterradas com grandes quantidades de obsidiana e conchas de moluscos *scaphopoda*, que vinham do litoral do Mediterrâneo, perto do monte Carmelo. Também há outros tipos de ornamento, como colares, jarreteiras e braceletes, feitos de dentes caninos e falanges de cervos, além de conchas. Outras pessoas eram enterradas sem qualquer ornamento. As conchas e a obsidiana eram comercializadas, e o controle desse comércio muito provavelmente era uma fonte de acúmulo de poder e desigualdade. Outros indícios de desigualdade econômica e política vêm do sítio natufiano de Ain Mallaha, pouco ao norte do mar da Galileia. Em meio a um grupo de mais ou menos cinquenta cabanas circulares e muitos poços, nitidamente utilizados para armazenamento, há uma edificação com grossas camadas de reboco perto de uma clareira central. Essa edificação quase certamente era a casa de um chefe. Entre os sepultamentos no sítio, alguns são muito mais elaborados, e também existem indícios de um culto a caveiras, possivelmente indicando adoração dos ancestrais. Esses cultos eram disseminados em sítios natufianos, particularmente em Jericó. A preponderância de indícios de sítios natufianos sugere que essas sociedades provavelmente já tinham instituições elaboradas que determinavam a herança do status de elite. Elas faziam comércio com lugares distantes e tinham formas nascentes de religião e hierarquias políticas.

O surgimento de elites políticas provavelmente criou primeiro a transição para a vida sedentária e depois para a agricultura. Como mostram os sítios natufianos, a vida sedentária não necessariamente tem relação com agricultura e pastoreio. As pessoas podiam se fixar e continuar a viver de caça e coleta. Afinal, o Longo Verão tornou as plantas selvagens mais abundantes, e a caça e a coleta provavelmente se tornaram mais atrativas. A maioria poderia se contentar com uma vida de subsistência baseada em caça e coleta que não exigia muito esforço. A inovação tecnológica também não leva necessariamente à maior produção agrícola. Na verdade, sabe-se que uma grande inovação tecnológica — a introdução do machado de aço no grupo dos povos aborígenes australianos conhecidos como Yir Yoront — redundou não em produção mais intensa, e sim em mais horas de sono, porque a ferramenta permitia que as exigências da subsistência fossem atingidas com mais facilidade e havia pouco incentivo para que as pessoas trabalhassem mais.

A explicação tradicional, baseada na geografia, para a Revolução do Neolítico — o cerne da argumentação de Jared Diamond que discutimos no Capítulo 2 — é de que foi motivada pela disponibilidade fortuita de muitas espécies de plantas e animais que podiam ser domesticadas. Isso tornou a agricultura e o pastoreio atrativos e induziu a vida sedentária. Depois de se tornarem sedentárias e darem início à agricultura, as sociedades começaram a desenvolver hierarquia política, religião e instituições significativamente mais complexas. Embora seja bastante aceita, os indícios dos natufianos sugerem que essa explicação tradicional põe o carro na frente dos bois. Mudanças institucionais ocorreram em sociedades um bom tempo antes da transição para a agricultura, e provavelmente foram a causa tanto da passagem para o sedentarismo, que reforçou as mudanças institucionais, quanto, mais tarde, da Revolução do

Neolítico. Esse padrão é sugerido não apenas pelos indícios dos flancos montanhosos, a área estudada com maior intensidade, como também pela preponderância de indícios das Américas, da África subsaariana e do Leste Asiático.

A transição para a agricultura com certeza aumentou a produtividade agrícola e permitiu uma expansão populacional significativa. Por exemplo, em sítios como Jericó e Abu Hureyra, é possível ver que os primeiros vilarejos agrícolas eram muito maiores do que os anteriores à agricultura. Em geral, os vilarejos cresciam de duas a seis vezes após a transição. Além disso, muitas das consequências tradicionalmente associadas à transição sem dúvida ocorreram. Houve maior especialização das ocupações, progresso tecnológico mais rápido e provavelmente o desenvolvimento de instituições mais complexas e que deviam ser menos igualitárias. Mas a ocorrência disso em um lugar específico não foi determinada pela disponibilidade de espécies de plantas e animais. Na verdade, foi consequência de a sociedade ter passado pelo tipo de inovações institucionais, sociais e políticas que permitiram o surgimento da vida sedentária e da agricultura.

Embora tenham possibilitado a mudança, o Longo Verão e a presença de espécies vegetais e animais não determinaram onde ou quando exatamente ela ocorreria depois do aquecimento do clima. Na verdade, essa mudança foi determinada pela interação de uma conjuntura crítica, o Longo Verão, com pequenas — mas importantes — diferenças institucionais relevantes. À medida que o clima se aquecia, algumas sociedades, como as dos natufianos, desenvolveram elementos de instituições centralizadas e uma hierarquia, embora em escala muito pequena se comparadas com os modernos Estados-nação. Como no caso dos bushongo, governados por Shyaam, as sociedades se reorganizaram para aproveitar oportunidades criadas pela abundância de plantas e animais selvagens, e sem dúvida as elites foram as principais beneficiárias dessas novas oportunidades e do processo de centralização política. Outros lugares, com instituições apenas ligeiramente diferentes, não permitiram que suas elites aproveitassem essa conjuntura e ficaram para trás no processo de centralização política e na criação de sociedades fixadas à terra, agrícolas e mais complexas. Isso pavimentou o caminho para uma divergência posterior, do tipo que já vimos. Depois de surgirem, essas diferenças se disseminaram para alguns lugares, porém não para outros. Por exemplo, a agricultura se espalhou do Oriente Médio para a Europa em torno de 6.500 a.C., principalmente como consequência da migração de agricultores. Na Europa, as instituições se distanciaram de outras partes do mundo, como a África, onde as instituições iniciais eram diferentes e as inovações que o Longo Verão proporcionou no Oriente Médio só ocorreram muito mais tarde, e mesmo assim de outra forma.

As INOVAÇÕES TECNOLÓGICAS dos natufianos, embora provavelmente tenham sido o sustentáculo da Revolução do Neolítico, não deixaram um legado simples para a História e não levaram uma inexorável a prosperidade de longo prazo em sua terra natal, nos atuais Israel, Palestina e Síria. A Síria e a Palestina são países de relativa pobreza no mundo atual, e a prosperidade de Israel foi em grande medida importada depois da Segunda Guerra Mundial, pelo assentamento de povos judeus com seus altos níveis educacionais e o fácil acesso a tecnologias avançadas. O crescimento inicial dos natufianos não se sustentou pelo mesmo motivo que o crescimento soviético minguou. Embora significativo, até mesmo revolucionário para a época, esse crescimento se deu sob instituições extrativistas. Para a sociedade natufiana, também era provável que esse crescimento criasse conflitos profundos sobre quem controlaria as instituições e a extração que permitiam. Para cada elite que se beneficia com a extração, há pessoas que não pertencem a essa elite e adorariam substituí-la. Às vezes, as disputas internas simplesmente substituem uma elite por outra. Às vezes, destroem a sociedade extrativista como um todo, dando origem a um processo de colapso do Estado e da sociedade, como aconteceu no caso das espetaculares cidades-Estado que a civilização maia construiu mais de mil anos atrás.

A extração instável

A agricultura surgiu de modo independente em várias partes do mundo. No território que hoje é o México, sociedades se formaram, estabeleceram Estados e assentamentos e fizeram a transição para a agricultura. Como no caso dos natufianos no Oriente Médio, também atingiram certo grau de crescimento econômico. As cidades-Estado maias no sul do México, em Belize, na Guatemala e na parte ocidental de Honduras na verdade construíram uma civilização bastante sofisticada sob um tipo particular de instituições extrativistas. A experiência maia ilustra não apenas a possibilidade de crescimento sob essas instituições, como também outro limite a esse crescimento: a instabilidade política que, em última instância, leva ao colapso tanto da sociedade quanto do Estado à medida que diferentes grupos e povos lutam para se tornarem extratores.

As cidades maias começaram a se desenvolver em torno de 500 a.C., e acabaram dando errado em algum ponto do século I d.C. Um novo modelo político emergiu então, criando as bases para a Era Clássica, entre 250 d.C. e 900 d.C. Esse período marca o pleno florescimento da cultura e da civilização maias. Contudo, essa civilização mais sofisticada também entraria em colapso ao longo dos seiscentos anos seguintes. Quando os conquistadores espanhóis chegaram, no início do século XVI, os grandes templos e palácios de sítios maias, como Tikal, Palenque e Calakmul, tinham sido tomados pela floresta e só foram descobertos no século XIX.

As cidades maias jamais se unificaram num império, embora algumas fossem subservientes a outras e pareçam ter cooperado com frequência, sobretudo na guerra. A principal conexão entre as cidades-Estado da região, cinquenta das quais podemos reconhecer por seus glifos, é o fato de seus povos falarem cerca de 31 línguas diferentes, porém intimamente relacionadas. Os maias desenvolveram um sistema de escrita, e há pelo menos 15 mil inscrições remanescentes descrevendo vários aspectos da vida da elite, da cultura e da religião. Eles também tinham um calendário sofisticado para registrar as datas, conhecido como Contagem Longa. Era muito semelhante ao nosso calendário pelo fato de contar os anos a partir de uma data fixa e era usado por todas as cidades maias. A Contagem Longa começava em 3114 a.C., embora não saibamos que significado os maias atribuíam a essa data, muito anterior ao surgimento de qualquer coisa que se assemelhe à sociedade em que viviam.

Os maias eram construtores talentosos e inventaram o cimento. Suas edificações e inscrições oferecem informações vitais sobre as trajetórias de suas cidades, registros de episódios datados de acordo com a Contagem Longa. Observando a totalidade das cidades maias, os arqueólogos são capazes de contar quantas edificações foram concluídas em anos específicos. Em torno de 500 d.C., havia poucos monumentos datados. Por exemplo, a data da Contagem Longa correspondente a 514 d.C. registrava só dez. Houve então um crescimento regular, chegando a vinte em 672 d.C. e a quarenta em meados do século VIII. Depois disso, o número de monumentos datados cai. No século IX, fica em menos de dez por ano, e no século X, chega a zero. Essas inscrições datadas nos dão um panorama claro da expansão das cidades maias e de sua posterior contração a partir do século VIII.

A análise das datas pode ser complementada pela análise das listas de reis registradas pelos maias. Na cidade maia de Copán, hoje na parte ocidental de Honduras, há um famoso monumento conhecido como Altar Q. O Altar Q registra os nomes de todos os reis, começando pelo fundador da dinastia, K'inich Yax K'uk'Mo', ou "Rei Sol-Verde, Primeiro Quetzal Arara". Esse nome homenageia não apenas o Sol, mas também dois pássaros exóticos da floresta centro-americana cujas penas eram imensamente valorizadas. K'inich Yax K'uk'Mo' chegou ao poder em Copán em 426 d.C., o que sabemos pela data da Contagem Longa registrada no Altar Q. Ele fundou uma dinastia que reinou por quatrocentos anos. Alguns de seus sucessores tinham nomes igualmente gráficos. O glifo do 13o governante se traduz como "Coelho 18", que foi sucedido por "Macaco Fumaça" e depois por "Concha Fumaça", que morreu em 763 d.C. O último nome no altar é o do rei Yax Pasaj Chan Yoaat, ou "Céu do Primeiro Amanhecer, Deus Relâmpago", que foi o 16o governante dessa linhagem e assumiu o trono após a morte de "Concha Fumaça". Depois dele, sabemos apenas de mais um rei, Ukit Took, ou "Patrono do Sílex", em função de um fragmento de altar. Depois de Yax Pasaj, as edificações e inscrições pararam, e parece que a dinastia logo foi destronada. Ukit Took provavelmente sequer possuía direito real ao trono; é possível que fosse um farsante.

Existe um último modo de analisar esses indícios em Copán, desenvolvido pelos arqueólogos AnnCorinne Freter, Nancy Gonlin e David Webster. Esses pesquisadores mapearam a ascensão e a queda de Copán pelo exame da extensão do assentamento no Vale de Copán por um período de 850 anos, de 400 d.C. até 1250 d.C., usando uma técnica denominada hidratação da obsidiana, que calcula quanta água havia na obsidiana quando foi extraída. Depois de retirada da terra, a quantidade de água aumenta a uma taxa conhecida, o que permite aos arqueólogos calcular a data em que a pedra foi extraída da terra. Assim, Freter, Gonlin e Webster puderam mapear em que locais a obsidiana foi encontrada no Vale do Copán e rastrear como a cidade se expandiu e mais tarde se contraiu. Como é possível ter uma boa noção do número de casas e edificações numa área específica, é possível estimar a população total da cidade. No período entre 400 e 449 d.C., a população era ínfima, estimada em cerca de seiscentas pessoas, mas cresceu continuamente até chegar a um pico de 28 mil habitantes em 750-799 d.C. Embora isso não pareça grande pelos padrões urbanos contemporâneos, era gigantesco para a época; esses números implicam que, naquele período, Copán tinha uma população maior do que Londres ou Paris. Outras cidades maias, como Tikal e Calakmul, eram sem dúvida muito maiores. Isso é coerente com os indícios das datas da Contagem Longa e mostra que o pico da população de Copán ocorreu em 800 d.C. Depois disso, teve início o declínio, e em 900 d.C. a população tinha diminuído para cerca de 15 mil pessoas. A queda continuou, e em 1200 d.C. a população era a mesma de oitocentos anos antes.

As bases para o desenvolvimento econômico da Era Clássica Maia foram idênticas às dos bushongo e dos natufianos: a criação de instituições extrativistas com certo grau de centralização estatal. Essas instituições tinham vários elementos centrais. Próximo a 100 d.C., na cidade de Tikal, na Guatemala, surgiu um novo reinado dinástico. Uma classe dominante baseada no *ajaw* (senhor ou governante) se enraizou com um rei chamado *k'ubul ajaw* (senhor divino) e, abaixo dele, uma hierarquia de aristocratas. O senhor divino organizava a sociedade com a cooperação dessas elites e se comunicava com os deuses. Até onde sabemos, esse novo conjunto de instituições políticas não permitia qualquer tipo de participação popular, mas trouxe estabilidade. O *k'ubul ajaw* aumentou a tributação dos agricultores e organizou o trabalho para construir grandes monumentos. A união dessas instituições estabeleceu a base para uma expansão econômica impressionante. A economia dos maias se baseava na especialização ocupacional extensiva, com talentosos ceramistas, tecelões, carpinteiros e fabricantes de ferramentas e ornamentos. Os maias também comerciavam obsidiana, peles de onça, conchas marinhas, cacau, sal e penas entre si e com outras sociedades, cobrindo longas distâncias no México. É provável que também tivessem dinheiro e, como os astecas, usassem sementes de cacau como moeda.

O modo como a Era Clássica Maia se baseou na criação de instituições políticas extrativistas foi muito semelhante à situação com os bushongo, quando Yax Ehb' Xook, em Tikal, desempenhou um papel parecido com o do rei Shyaam. As novas instituições políticas levaram a um aumento significativo na prosperidade econômica, em grande parte aproveitada pela nova elite que cercava o *k'ubul ajaw*. Contudo, depois que esse sistema se consolidou, por volta de 300 d.C., houve pouca mudança tecnológica. Embora haja alguns indícios de melhorias na irrigação e nas técnicas de gestão da água, a tecnologia agrícola era rudimentar e parece não ter se modificado. As edificações e as técnicas artísticas se tornaram muito mais sofisticadas com o tempo, mas no geral houve pouca inovação.

Não houve destruição criativa, mas houve outras formas de destruição à medida que a riqueza criada pelas instituições extrativistas para o *k'ubul ajaw* e a elite maia levaram a guerras constantes, que pioraram com o passar do tempo. A sequência de conflitos está registrada nas inscrições maias, e glifos especiais indicam que uma guerra ocorreu em certa data da Contagem Longa. O planeta Vênus era o patrono celestial da guerra, e os maias viam certas fases da órbita do planeta como particularmente auspiciosas para guerrear. O glifo que indicava guerra, chamado pelos arqueólogos de "guerra nas estrelas", mostra uma estrela derramando sobre a terra um líquido que pode ser água ou sangue. As inscrições também revelam padrões de aliança e competição. Houve longas disputas pelo poder entre as maiores cidades, como Tikal, Calakmul, Copán e Palenque, que subjugaram cidades menores a um estado de vassalagem. Indícios disso vêm dos glifos que indicavam a ascensão de realezas. Em tais períodos, os registros apontavam que Estados menores passaram a ser dominados por um governante externo.

O Mapa 10 (a seguir) mostra as principais cidades maias e os vários padrões de contato entre elas, segundo a reconstrução feita pelos arqueólogos Nikolai Grube e Simon Martin. Esses padrões indicam que, embora as cidades grandes como Calakmul, Dos Pilas, Piedras Negras e Yaxchilan tivessem intensos contatos diplomáticos, algumas eram frequentemente dominadas por outras e também lutavam entre si.

O fato impressionante sobre o colapso maia é que coincide com a derrubada do modelo político baseado no *k'ubul ajaw*. Vimos que, em Copán, não houve mais reis depois da morte de Yax Pasaj, em 810 d.C. Mais ou menos nessa época, os palácios reais foram abandonados. Ao norte, a 30 quilômetros de Copán, na cidade de Quiriguá, o último rei, Céu de Jade, ascendeu ao trono entre 795 d.C. e 800 d.C. O último monumento datado é de 810 d.C., segundo a Contagem Longa, mesmo ano em que Yax Pasaj morreu. A cidade foi abandonada pouco depois. Em toda a área maia a história é a mesma: as instituições políticas que haviam fornecido as circunstâncias para a expansão do comércio, da agricultura e da população desapareceram. Cortes reais não funcionavam, monumentos e templos não eram construídos, e os palácios foram

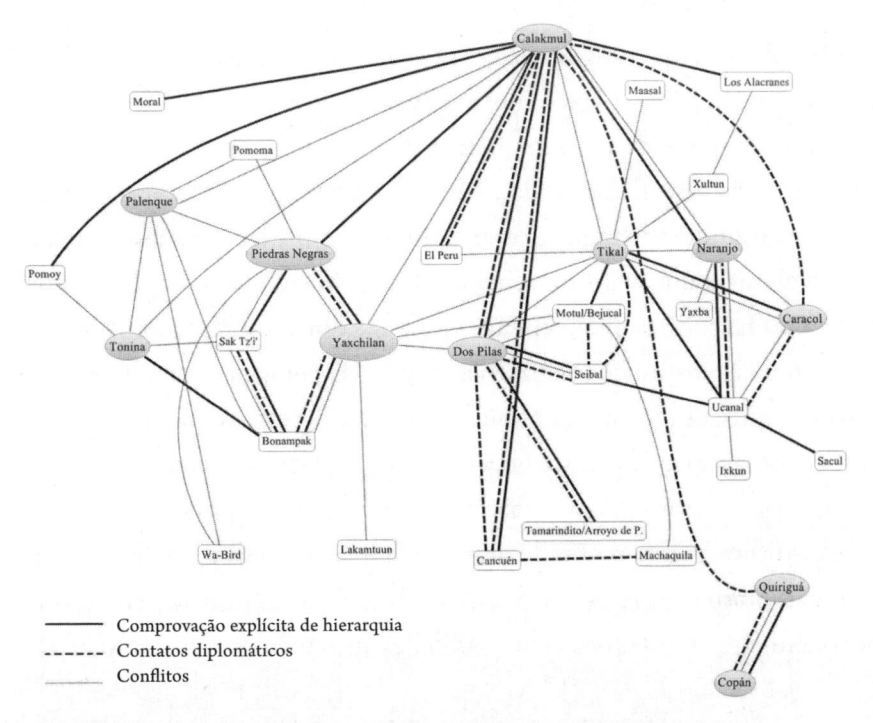

Mapa 10: As cidades-Estado maias e os contatos e conflitos entre elas.

(legenda: —— Comprovação explícita de hierarquia; ----- Contatos diplomáticos; ▬▬ Conflitos)

esvaziados. À medida que as instituições políticas e sociais se desfaziam, revertendo o processo de centralização estatal, a economia se contraía e a população diminuía.

Em alguns casos, os principais centros entraram em colapso em função da violência disseminada. Um exemplo vívido disso é a região de Petexbatun, na Guatemala — onde os grandes templos foram demolidos e as pedras usadas para construir grandes muralhas defensivas. Como veremos no próximo capítulo, algo muito semelhante ocorreu no fim do Império Romano. Mais tarde, mesmo em lugares como Copán, onde existem menos sinais de violência na época do colapso, muitos monumentos foram desfigurados ou destruídos. Em algumas regiões, a elite permaneceu mesmo depois do destronamento inicial do *k'ubul ajaw*. Em Copán, há indícios de que a elite continuou a construir edificações por pelo menos mais duzentos anos antes de também desaparecer. Em outros lugares as elites parecem ter sumido junto com o senhor divino.

Os indícios arqueológicos existentes não nos permitem chegar a uma conclusão definitiva sobre o motivo de o *k'ubul ajaw* e as elites em seu entorno terem sido derrubados, nem explicam por que as instituições que haviam criado a Era Clássica Maia entraram em colapso. Sabemos que isso ocorreu no contexto de uma guerra mais intensa entre as cidades, e parece provável que a oposição e a rebelião dentro delas, talvez lideradas por diferentes facções da elite, tenham acabado com a instituição.

Embora as instituições extrativistas criadas pelos maias tenham produzido riqueza suficiente para que as cidades florescessem e para que a elite se tornasse rica e gerasse obras de arte e edificações monumentais, o sistema não era estável. As instituições extrativistas pelas quais essa pequena elite governou geraram grande desigualdade e, com ela, o potencial para disputas internas entre os que podiam se beneficiar da riqueza extraída do povo. Em última instância, esse conflito levou à ruína da civilização maia.

Qual é o problema?

Instituições extrativistas são muito comuns na História porque apresentam uma lógica poderosa: podem gerar prosperidade limitada e ao mesmo tempo distribuí-la entre uma pequena elite. Para que esse crescimento ocorra, deve haver centralização política. Depois disso, o Estado — ou a elite que o controla — tipicamente tem incentivos para investir e gerar riquezas, e encoraja outros a investirem para que o Estado possa extrair recursos deles e até mesmo imitar alguns processos comuns em instituições econômicas e mercados inclusivos. Nas economias do Caribe baseadas em *plantations*, as instituições extrativistas assumiam a forma de uma elite que coagia escravizados a produzir açúcar. Na União Soviética, tinham a forma do Partido Comunista realocando recursos da agricultura para a indústria e estruturando incentivos para gestores e trabalhadores. Como vimos, esses incentivos foram minados pela natureza do sistema.

O potencial de criar um crescimento extrativista impulsiona a centralização política e é o motivo pelo qual o rei Shyaam desejou criar o

Reino Cuba, e provavelmente é também a razão por que os natufianos no Oriente Médio estabeleceram uma forma primitiva de lei e ordem, hierarquia e instituições extrativistas que, em última instância, levariam à Revolução do Neolítico. É possível que processos semelhantes também tenham sido a base para o surgimento de sociedades fixadas na terra e para a transição rumo à agricultura nas Américas, o que vemos na sofisticada civilização que os maias construíram a partir das fundações estabelecidas por instituições altamente extrativistas que coagiam muitos em benefício de pequenas elites.

O crescimento gerado pelas instituições extrativistas, no entanto, é de natureza bem diferente do criado pelas instituições inclusivas. Mais importante: não é sustentável. Por natureza, instituições extrativistas não geram destruição criativa e, na melhor das hipóteses, geram uma quantidade limitada de progresso tecnológico. O crescimento, portanto, tem prazo de validade. A experiência soviética oferece um exemplo nítido desse limite. A Rússia soviética cresceu rápido enquanto se aproximava de algumas das tecnologias avançadas do planeta e retirava recursos do ineficiente setor agrícola para alocar na indústria. Em última instância, porém, os incentivos em todos os setores, da agricultura à indústria, não tinham como estimular progresso tecnológico. Isso só ocorreu nos poucos bolsões em que os recursos estavam sendo alocados e a inovação era fortemente recompensada em função de seu papel na competição com o Ocidente. Sem considerar o fator velocidade, o crescimento soviético estava fadado a durar pouco e já perdia ímpeto nos anos 1970.

A ausência de destruição criativa e de inovação não é o único motivo porque sociedades com instituições extrativistas têm crescimento severamente limitado. A história das cidades-Estado maias ilustra um fim mais sinistro e, infelizmente, mais comum, também inerente à lógica interna das instituições extrativistas. À medida que essas instituições criam ganhos significativos para a elite, haverá fortes incentivos para que outros disputem o poder. As disputas internas e a instabilidade são, portanto, características inerentes das instituições extrativistas, e não apenas criam outras ineficiências como frequentemente revertem qualquer centralização política, chegando por vezes a levar ao completo colapso da lei e da ordem e ao caos, como aconteceu com as cidades-Estado maias depois de um relativo sucesso na Era Clássica.

Embora inerentemente limitado, o crescimento em sociedades com instituições extrativistas pode parecer espetacular enquanto ocorre. Na União Soviética, e mais ainda no Ocidente, muitas pessoas se impressionaram com o crescimento soviético nas décadas de 1920, 1930, 1940, 1950 e 1960 e até mesmo nos anos 1970, do mesmo modo como hoje ficam hipnotizadas com o ritmo atordoante do crescimento econômico da China. Mas, como vamos discutir com mais detalhes no Capítulo 15, a China sob o governo do Partido Comunista é outro exemplo de sociedade que vive um crescimento sob instituições extrativistas e é igualmente improvável que gere um crescimento sustentado, a menos que passe por uma transformação política fundamental rumo a instituições inclusivas.

6.
DIFERENCIAÇÃO

Como Veneza se transformou em museu

O GRUPO DE ILHAS QUE FORMA Veneza fica no extremo norte do mar Adriático. Na Idade Média, Veneza era possivelmente o lugar mais rico do mundo, com o conjunto mais avançado de instituições econômicas sustentadas pela política inclusiva nascente. Obteve sua independência em 810 d.C., um momento que se mostrou fortuito. A economia da Europa estava se recuperando da crise sofrida quando o Império Romano ruiu, e reis como Carlos Magno reconstruíam um forte poder político central. Isso gerou estabilidade, maior segurança e expansão do comércio, da qual Veneza pôde tirar muito proveito devido à sua localização geográfica. Era uma nação de navegantes, localizada bem no meio do Mediterrâneo. Do Oriente vinham especiarias, bens de fabricação bizantina e escravizados. Veneza enriqueceu. Em 1050, quando já se expandia economicamente havia pelo menos um século, tinha uma população de 45 mil pessoas. Em 1200, já eram 70 mil, um aumento de 50%. Em 1330, a população aumentara mais 50%, chegando a 110 mil; Veneza era tão grande quanto Paris e, provavelmente, três vezes maior do que Londres.

Uma das principais bases para a expansão econômica de Veneza foi uma série de inovações contratuais que tornavam as instituições econômicas ainda mais inclusivas. A mais famosa era a *commenda*, um tipo rudimentar de sociedade anônima que se formava apenas pela duração de uma única missão comercial. Uma *commenda* envolvia dois parceiros, um "sedentário", que permanecia em Veneza, e outro que viajava. O sócio sedentário investia capital no negócio, enquanto o sócio viajante acompanhava a carga. O mais comum era o sócio sedentário investir a maior parte do capital, o que permitia que jovens empreendedores sem fortuna própria entrassem no negócio viajando com as mercadorias. Era um canal-chave de mobilidade social vertical. Quaisquer perdas na viagem eram divididas de acordo com a quantidade de capital que os sócios haviam investido. Se a viagem rendesse dinheiro, os lucros se baseavam em dois tipos de contrato. Se a *commenda* fosse unilateral, o sócio sedentário havia colocado 100% do capital e recebia 75% dos lucros. Se fosse bilateral, o comerciante sedentário investia 67% do capital e recebia 50% dos lucros. Estudando os documentos oficiais, é possível ver quão poderosa era a *commenda* na promoção de mobilidade social vertical: esses documentos estão cheios de nomes novos, pessoas que antes não faziam parte da elite veneziana. Nos documentos do governo de 960 d.C., 971 d.C. e 982 d.C., os nomes novos representam, respectivamente, 69%, 81% e 65% dos registrados.

Essa inclusão econômica e a ascensão de novas famílias por meio do comércio forçaram uma abertura bem maior do sistema político. O doge, que governava Veneza, era escolhido pela Assembleia Geral para mandatos vitalícios. Apesar de ser uma reunião de todos os cidadãos, a Assembleia Geral, na prática, era dominada por um grupo central de famílias poderosas. E, apesar de o doge ser muito poderoso, seu poder foi gradualmente reduzido por mudanças nas instituições políticas. Depois de 1032, o doge passou a ser eleito junto com um recém-criado Conselho Ducal, cujo trabalho era garantir que ele não tivesse poder absoluto. O primeiro doge contido por esse conselho, Domenico Flabianico, era um rico comerciante de seda de uma família que não havia ocupado nenhum cargo relevante até então. Essa mudança institucional foi seguida por uma grande expansão do poder mercantil e naval veneziano. Em 1082, Veneza conseguiu extensos privilégios de comércio em Constantinopla, e um bairro veneziano foi criado na cidade. Não demorou para o lugar passar a abrigar 10 mil venezianos. As instituições econômicas e políticas começavam a trabalhar em conjunto.

A expansão econômica de Veneza, que gerou mais pressão por mudança política, explodiu depois das transformações nas instituições políticas e econômicas que se seguiram ao assassinato do doge, em 1171. A primeira inovação importante foi a criação de um Grande Conselho, que seria a fonte de poder político em Veneza a partir de então. O Conselho era constituído por integrantes do Estado veneziano, como juízes, e era dominado por aristocratas. Além desses servidores públicos, a cada ano, cem novos membros eram nomeados por um comitê de quatro integrantes, sorteados a partir dos componentes do Conselho. Também eram escolhidos os membros de dois subconselhos, o Senado e o Conselho dos Quarenta, que tinham várias tarefas legislativas e executivas. O Grande Conselho também elegia o Conselho Ducal, que aumentou de dois para seis membros. A segunda inovação foi a criação de mais um conselho, escolhido por sorteio pelo Grande Conselho para nomear o doge. A escolha tinha que ser ratificada pela Assembleia Geral, mas, como só havia um candidato, a decisão na verdade cabia ao Conselho. A terceira inovação era que o novo doge precisava prestar um juramento que limitava seu poder. Ao longo do tempo, essas limitações foram expandidas, de forma que os doges seguintes deviam obediência aos magistrados, precisando submeter todas as suas decisões para aprovação do Conselho Ducal. Este também recebeu o papel de garantir que o doge acatasse todas as decisões do Grande Conselho.

Essas reformas políticas levaram a mais uma série de inovações institucionais: do ponto de vista legal, houve a criação de magistrados e cortes independentes, uma corte de apelação e novas leis de contratos privados e falência. Essas novas instituições econômicas venezianas permitiram o surgimento de novas formas de negócios legais e novos tipos de contrato. Houve inovações financeiras rápidas, e o início do comércio bancário em Veneza se deu por volta dessa época. Parecia impossível frear a dinâmica que movia a república rumo a instituições totalmente inclusivas.

Mas havia uma tensão nisso tudo. O crescimento econômico apoiado pelas instituições inclusivas venezianas vinha acompanhado por destruição criativa. Cada onda de jovens empreendedores que enriquecia por meio da *commenda* ou de instituições econômicas semelhantes tendia a reduzir os lucros e o sucesso econômico das elites já estabelecidas. Essa ascensão não apenas reduzia os lucros, também desafiava o poder político, deixando a elite do Grande Conselho sob constante tentação de fechar o sistema para essas novas pessoas, desde que conseguisse evitar represálias.

Quando o Grande Conselho foi introduzido, os membros eram trocados todos os anos. Como vimos, no fim de cada ano, quatro membros escolhidos aleatoriamente nomeavam cem membros para o ano seguinte, que eram aprovados automaticamente. Em 3 de outubro de 1286, chegou ao Grande Conselho uma proposta para que as nomeações tivessem que ser confirmadas pela maioria do Conselho dos Quarenta, firmemente controlado pelas famílias da elite. Isso lhes daria o poder de veto sobre novas nomeações, algo que não acontecia até então. A proposta foi derrotada. Em 5 de outubro de 1286, outra proposta foi apresentada; dessa vez, aprovada. Dali em diante, se o pai ou os avós do candidato tivessem servido no conselho, a confirmação era automática. Caso contrário, exigia-se confirmação do Conselho Ducal. Em 17 de outubro, outra mudança estipulou que indicações para o Grande Conselho deviam ser aprovadas pelo Conselho dos Quarenta, pelo doge e pelo Conselho Ducal.

Os debates e as emendas constitucionais de 1286 precederam *La Serrata* (O Fechamento) de Veneza. Em fevereiro de 1297, decidiu-se que quem tivesse sido membro do Grande Conselho nos quatro anos anteriores receberia nomeação e aprovação automáticas. Novas nomeações deveriam ser aprovadas pelo Conselho dos Quarenta, mas com apenas doze votos. Depois de 11 de setembro de 1298, os membros e suas famílias não precisavam mais de confirmação. O Grande Conselho estava efetivamente fechado para pessoas de fora, e os titulares iniciais haviam se tornado uma aristocracia hereditária. A consolidação disso veio em 1315, com o *Libro d'Oro*, ou "Livro de Ouro", um registro oficial da nobreza veneziana.

Os excluídos dessa nobreza não veriam seus poderes reduzidos sem lutar. Entre 1297 e 1315, as tensões políticas recrudesceram. A reação parcial do Grande Conselho foi ampliar seus domínios. Numa tentativa de cooptar seus oponentes mais atuantes, o número de cadeiras passou de 450 para 1.500, uma expansão que foi complementada pela repressão. Uma força policial foi introduzida pela primeira vez em 1310, e a coerção interna passou a ser uma realidade, uma forma indiscutível de solidificar a nova ordem política.

Após implementar uma *Serrata* política, o Grande Conselho se voltou para a adoção de uma *Serrata* econômica. A instauração de instituições políticas extrativistas seguiu-se a adoção de medidas rumo a instituições econômicas dessa mesma natureza. O passo mais importante foi a proibição da *commenda*, uma das grandes inovações institucionais que haviam enriquecido Veneza. Isso não deveria ser uma surpresa: a *commenda* beneficiava novos comerciantes, que a elite estabelecida tentava excluir. Esse foi só mais um passo em direção a instituições econômicas mais extrativistas. Outro fator que contribuiu foi quando, a partir de 1314, o Estado veneziano passou a assumir e a nacionalizar o comércio. Veneza organizou uma frota estatal de navios para o comércio e, de 1324 em diante, passou a cobrar altas taxas dos indivíduos que quisessem se dedicar à atividade. O comércio de longa distância se tornou exclusividade da nobreza, e foi o começo do fim da prosperidade veneziana. Com as principais áreas de negócio monopolizadas por uma elite cada vez mais restrita, o declínio estava a caminho. Veneza parecia à beira de se tornar a primeira sociedade inclusiva do mundo, mas caiu diante de um golpe.

As instituições políticas e econômicas se tornaram mais excludentes, e a república começou a experimentar o declínio econômico. Em 1500, a população havia se reduzido para 100 mil. Entre 1650 e 1800, enquanto a população da Europa crescia exponencialmente, a de Veneza diminuía.

Hoje, a única atividade econômica de Veneza, além de um pouco de pesca, é o turismo. Em vez de serem pioneiros em rotas de comércio e instituições econômicas, os venezianos fazem pizza e sorvete e sopram vidros coloridos para hordas de estrangeiros. Os turistas visitam as maravilhas da Veneza pré-*Serrata*, como o Palácio Ducal e os cavalos da Catedral de São Marcos, roubados dos bizantinos quando a república dominava o Mediterrâneo. Veneza passou de potência econômica a museu.

NESTE CAPÍTULO, vamos nos concentrar no desenvolvimento histórico de instituições de diferentes partes do mundo e explicar por que evoluíram de formas diferentes em cada lugar. Vimos no Capítulo 4 como as instituições da Europa Ocidental se diferenciaram daquelas do Leste Europeu, e depois como as instituições da Inglaterra divergiram das existentes no restante da Europa Ocidental. Tudo foi consequência de pequenas diferenças institucionais, em sua maioria resultado da interação entre o processo de diferenciação institucional e as conjunturas críticas intervenientes. Pode ser tentador considerar que essas diferenças institucionais são a ponta de um profundo iceberg histórico no qual, sob a água, encontramos as instituições inglesas e europeias se afastando inexoravelmente das demais, com base em acontecimentos históricos que remontam a milênios. O resto, como dizem, é história.

Só que não é assim, e por duas razões. A primeira é que movimentos em direção a instituições inclusivas, como mostra relato sobre Veneza, podem ser revertidos. Veneza se tornou próspera, mas suas instituições políticas e econômicas foram derrubadas, e a prosperidade retrocedeu. Hoje a cidade só é rica porque pessoas que fazem dinheiro em outros lugares escolhem gastá-lo lá, admirando sua glória passada. O simples fato de que instituições inclusivas podem cair mostra que não há um processo cumulativo simples de aprimoramento institucional.

A segunda delas é que essas pequenas diferenças institucionais que desempenham um papel crucial durante conjunturas críticas são, por natureza, efêmeras. Por serem pequenas, podem ser anuladas, depois podem ressurgir e desaparecer novamente. Neste capítulo, veremos que, diferente do que as teorias geográfica e cultural dão a entender, a Inglaterra, onde o passo decisivo em direção a instituições inclusivas foi dado no século XVII, era uma retardatária — não apenas nos milênios que se seguiram à Revolução Neolítica no Oriente Médio, mas também no início da Idade Média, depois da queda do Império Romano do Ocidente. As Ilhas Britânicas ficavam à margem do Império Romano, eram certamente menos importantes que a Europa Ocidental continental, o norte da África, os Bálcãs, Constantinopla ou o Oriente Médio. Quando o Império Romano do Ocidente ruiu, no século V d.C., a Inglaterra entrou em declínio. Mas as revoluções políticas que acabariam levando à Revolução Industrial não iriam acontecer na Itália, na Turquia ou mesmo na Europa continental ocidental, e sim nas Ilhas Britânicas.

Contudo, para entender o caminho da Revolução Industrial da Inglaterra e dos países que a seguiram, o legado de Roma é importante por diversas razões. Primeiro, Roma, assim como Veneza, passou por grandes inovações institucionais em seus primórdios. Também igual a Veneza, o sucesso econômico inicial de Roma se baseou em instituições inclusivas — pelo menos dentro dos padrões da época. Essas instituições se tornaram decididamente mais extrativistas com o tempo, tal como ocorreu em Veneza. Em Roma, isso foi consequência da mudança da República (510 a.C.-49 a.C.) para o Império (49 a.C.-476 d.C.). Mesmo que durante o período republicano Roma tenha construído um império impressionante e o comércio de longa distância e o transporte tenham florescido, grande parte da economia romana se baseava em extração. A transição de república para império aumentou a extração e, no fim, levou ao tipo de luta interna, instabilidade e colapso que vimos acontecer com as cidades-Estado maias.

Além disso, e mais importante que a razão anterior, veremos que o desenvolvimento das instituições na Europa Ocidental, embora não seja herança direta de Roma, foi consequência de conjunturas críticas comuns a toda a região que surgiram na esteira do colapso do Império Romano do Ocidente. Essas circunstâncias tinham poucos paralelos em outras partes do mundo, como África, Ásia ou Américas, embora a história da Etiópia, como veremos, mostre que outros lugares, ao passar por conjunturas semelhantes, por vezes tenham reagido de modo notavelmente parecido. O declínio romano levou ao feudalismo, que teve como efeitos a redução da escravidão e o surgimento de cidades fora da esfera de influência dos monarcas e aristocratas, criando, no processo, uma série de instituições em que o poder político dos governantes foi enfraquecido. Sobre essa base feudal, a peste criaria devastação e reforçaria ainda mais a autonomia das cidades e dos camponeses em detrimento dos monarcas, aristocratas e grandes proprietários de terras. Seria nesse cenário que as oportunidades criadas pelo comércio no Atlântico se desenvolveriam. Muitas partes do mundo não passaram por tais mudanças, e como resultado se isolaram.

Virtudes romanas...

O tribuno da plebe Tibério Graco foi espancado até a morte em 133 a.C. por senadores romanos, e seu corpo foi lançado ao rio Tibre sem ritos fúnebres. Seus assassinos eram aristocratas como ele, e o assassinato foi planejado por seu primo, Públio Cornélio Cipião Násica. Tibério Graco vinha de uma linhagem aristocrática impecável e descendia de alguns dos mais ilustres líderes da República Romana, como Lúcio Emílio Paulo, herói da Ilíria e da Segunda Guerra Púnica, e Cipião Africano, o general que derrotou Aníbal na Segunda Guerra Púnica. Por que os poderosos senadores da época, e até seu primo, se viravam contra ele?

A resposta revela muito sobre as tensões na República Romana e as causas de seu subsequente declínio. O que colocou Tibério contra esses poderosos senadores foi sua oposição numa questão crucial da época: a alocação de terra e o direito dos plebeus, cidadãos comuns romanos.

Na época de Tibério Graco, Roma era uma república bem estabelecida. As instituições políticas e as virtudes dos cidadãos-soldados romanos — capturadas por Jacques-Louis David na famosa pintura *Juramento dos Horácios*, que mostra os filhos jurando aos pais defender a República Romana até a morte — ainda são vistas por muitos historiadores como a base desse sucesso. O novo estilo de governança foi criado quando os cidadãos romanos depuseram seu rei, Lúcio Tarquínio Soberbo, conhecido como Tarquínio, o Soberbo, em torno de 510 a.C. A república concebeu instituições políticas com muitos elementos inclusivos e era governada por magistrados eleitos por um ano. Como o cargo de magistrado era eletivo e ocupado por muitas pessoas ao mesmo tempo, a possibilidade de que alguém consolidasse ou explorasse seu poder era reduzida. As instituições continham um sistema de freios e contrapesos que distribuía o poder de forma bastante ampla — ainda que nem todo cidadão tivesse representação igual, uma vez que o voto era indireto. Havia também muitos escravizados, cruciais para a produção em grande parte da Itália, representando talvez um terço da população. Pessoas escravizadas, é claro, não tinham direitos, muito menos representação política.

Contudo, assim como em Veneza, as instituições políticas romanas tinham elementos plurais. Os plebeus tinham uma assembleia própria, que podia eleger tribunos da plebe, com o poder de vetar iniciativas dos magistrados, convocar o Conselho da Plebe e propor leis. Foram os plebeus que colocaram Tibério Graco no poder em 133 a.C. Esse poder havia sido estabelecido pela "secessão da plebe", uma espécie de greve dos plebeus, principalmente dos soldados, que se retiravam para uma colina fora da cidade e se recusavam a cooperar com os magistrados até que suas reivindicações fossem atendidas. Essa ameaça com certeza era muito importante em tempos de guerra. Supostamente, foi durante uma secessão no século V a.C. que os cidadãos conquistaram o direito de eleger os tribunos e aprovar as leis que regeriam a comunidade. Essa proteção política e legal, ainda que limitada para nossos padrões atuais, criaram oportunidades econômicas para os cidadãos e algum grau de inclusão nas instituições econômicas. Como resultado, o comércio pelo Mediterrâneo floresceu sob a República Romana. Indícios arqueológicos sugerem que, embora a maioria dos cidadãos e dos escravizados vivesse pouco acima do nível de subsistência, muitos romanos, incluindo cidadãos comuns, obtinham rendas altas e tinham acesso a serviços públicos, como sistema de esgoto e iluminação nas ruas.

Além disso, há indícios de que houve algum crescimento econômico sob a República Romana. Os naufrágios podem ser usados para mensurar as fortunas econômicas dos romanos. O império que construíram era, de certa forma, uma rede de cidades portuárias — de Atenas, Antioquia e Alexandria no leste, passando por Roma, Cartago e Cádiz até chegar a Londres, no extremo oeste. À medida que os territórios romanos se expandiam, também se expandiam o comércio e os transportes, que podem ser rastreados a partir dos destroços de navios encontrados por arqueólogos no leito do Mediterrâneo. Esses destroços podem ser datados de muitas formas. Era comum que os navios carregassem ânforas cheias de vinho ou azeite, transportadas da Itália para a Gália, ou óleo de oliva espanhol para ser vendido ou distribuído de graça em Roma. Era comum que as ânforas, recipientes de argila selados, carregassem a informação de quem as produzira e quando. Perto do rio Tibre, em Roma, há uma pequena colina, o monte Testácio, também conhecido como monte dei Cocci (montanha da cerâmica), feita de aproximadamente 53 milhões de ânforas, que eram descartadas ali ao serem descarregadas dos navios e no decorrer dos séculos formaram uma grande colina.

Outras mercadorias transportadas nos navios, sem falar na própria embarcação, por vezes podem ser datadas por radiocarbono, uma técnica poderosa usada pelos arqueólogos para determinar a idade de restos orgânicos. Plantas criam energia pela fotossíntese, que utiliza a energia do Sol para converter dióxido de carbono em açúcares. Durante esse processo, as plantas incorporam uma quantidade de um radioisótopo de ocorrência natural, o carbono-14. Depois que as plantas morrem, o carbono-14 se deteriora pelo decaimento radioativo. Quando os arqueólogos encontram um navio naufragado, podem datar a madeira do navio comparando a fração de carbono-14 com o que se espera do carbono-14 na atmosfera, o que dá uma estimativa da época em que a árvore foi cortada. A datação apontou que apenas cerca de vinte naufrágios ocorreram por volta de 500 a.C. Esses provavelmente não eram navios romanos, e podem muito bem ter sido cartagineses, por exemplo. Depois, o número de navios naufragados romanos aumenta rapidamente. Por volta do nascimento de Cristo, chegam a um ápice de 180.

Destroços de navios são bons métodos de delinear os contornos econômicos da República Romana e mostram indícios de algum crescimento econômico, mas precisamos entendê-los dentro de seu contexto. Provavelmente dois terços da carga desses navios eram propriedade do Estado — impostos ou tributos levados das províncias para Roma, ou grãos e azeite do norte da África que eram distribuídos de graça aos cidadãos da capital. São esses frutos do extrativismo que formaram a maior parte do monte Testácio.

Outra forma fascinante de encontrar indícios de crescimento econômico é o Projeto de Testemunho de Gelo da Groenlândia. Quando os flocos de neve caem, absorvem pequenas quantidades de poluição na atmosfera, particularmente metais como chumbo, prata e cobre. A neve congela e se acumula sobre a que caiu nos anos anteriores. Esse processo acontece há milênios e oferece uma oportunidade incomparável para os cientistas entenderem a extensão da poluição atmosférica milhares de anos atrás. No período de 1990-1992, o Projeto de Testemunho de Gelo da Groenlândia perfurou e atravessou 3.030 metros de gelo acumulado durante cerca de 250 mil anos de história humana. Um dos principais achados desse projeto e de outros antes dele foi que houve um aumento de poluentes na atmosfera desde 500 a.C. As quantidades atmosféricas de chumbo, prata e cobre desde então crescem de forma constante até atingir um pico no século I d.C. O fato marcante é que essa quantidade atmosférica de chumbo só volta a ser atingida no século XIII. Essas descobertas mostram quão intensa, comparada com o que veio antes e depois, era a mineração romana. Tal avanço na mineração claramente indica expansão econômica.

Mas o crescimento romano era insustentável, uma vez que ocorria sob instituições parcialmente inclusivas e parcialmente extrativistas. Embora os cidadãos romanos tivessem direitos políticos e econômicos, a escravidão era muito difundida e bastante excludente, e a elite, a classe senatorial, dominava tanto a economia quanto a política. Apesar da existência do Conselho da Plebe e da tribuna plebeia, por exemplo, o poder real estava nas mãos do Senado, cujos membros eram integrantes dos grandes proprietários de terra que constituíam a classe senatorial. De acordo com o historiador romano Tito Lívio, o Senado foi criado pelo primeiro rei de Roma, Rômulo, e era composto por cem homens. Seus descendentes inventaram a classe senatorial, por meio da qual sangue novo foi introduzido. A distribuição de terras era bastante desigual, o que provavelmente aumentou no século II d.C. Essa era a raiz dos problemas que Tibério Graco pôs na berlinda como tribuno.

À medida que sua expansão pelo Mediterrâneo continuava, Roma recebeu um influxo de grandes riquezas. Essa fortuna era absorvida principalmente por algumas famílias ricas da classe senatorial, e a desigualdade entre ricos e pobres aumentou. Os senadores deviam sua riqueza não apenas ao controle sobre províncias lucrativas, mas também às suas grandes propriedades por toda a Itália. Essas terras eram trabalhadas por escravizados, frequentemente capturados nas guerras que Roma lutava. Saber a origem da terra desses latifúndios também é importante. Os exércitos de Roma na república eram compostos de cidadãos-soldados que eram pequenos proprietários de terra, primeiro em Roma e depois em outras partes da Itália. Tradicionalmente, lutavam no exército quando necessário e depois retornavam a suas propriedades. À medida que Roma se expandia e as campanhas ficavam mais longas, esse modelo parou de funcionar. Os soldados ficavam anos longe de suas terras, que deixavam de ser trabalhadas. As famílias dos soldados muitas vezes se viam soterradas por dívidas e passando fome. Aos poucos, muitas dessas terras foram abandonadas e absorvidas pelos latifúndios dos senadores. Enquanto a classe senatorial enriquecia ainda mais, a grande massa de cidadãos sem posses se reunia em Roma, com frequência depois de serem descomissionados do exército. Sem terras para onde voltar, procuravam trabalho na cidade. No fim do século II a.C., a situação chegou a um perigoso ponto de ebulição, pois as diferenças entre ricos e pobres tinham aumentado de forma sem precedentes e havia hordas de cidadãos descontentes em Roma, prontas a se rebelar em resposta às injustiças e a se virar contra a aristocracia romana. Mas o poder político estava nas mãos dos ricos proprietários de terra da classe senatorial, beneficiários das mudanças ocorridas nos dois séculos anteriores. A maioria não tinha intenção de mudar o sistema que os servira tão bem.

De acordo com o historiador romano Plutarco, Tibério Graco, em viagem pela Etrúria, na atual Itália central, soube das dificuldades das famílias dos soldados-cidadãos. Por causa dessa experiência ou por outras disputas com os poderosos senadores da época, ele logo embarcaria num plano ousado para mudar a alocação de terras na Itália. Foi eleito tribuno da plebe em 133 a.C. e usou o cargo para propor uma reforma agrária: uma comissão investigaria se as terras públicas estavam sendo ocupadas ilegalmente e redistribuiria para os cidadãos romanos sem propriedades as que excedessem o limite legal de 120 hectares. O limite de 120 hectares era, na realidade, parte de uma antiga lei, ignorada havia séculos. A proposta de Tibério Graco provocou turbulências na classe senatorial, que pôde bloquear a implantação de suas reformas por algum tempo. Quando Tibério conseguiu usar o poderoso apoio da multidão para remover outro tribuno que ameaçou vetar sua reforma agrária, a comissão foi finalmente criada. O Senado, no entanto, evitou a implantação da comissão ao cortar seus recursos.

A situação chegou ao ápice quando Tibério Graco reivindicou para sua comissão de reforma agrária os fundos deixados ao povo romano pelo rei da cidade grega de Pérgamo. Ele também tentou se reeleger como tribuno, em parte por temer a perseguição do Senado depois de deixar o cargo. Isso deu aos senadores pretexto para acusar Tibério de tentar se declarar rei, lançando um ataque contra ele, e muitos de seus apoiadores foram mortos. O próprio Tibério Graco foi um dos primeiros a cair, mas sua morte não resolveu o problema: outros ainda tentariam reformar a distribuição de terra e diversos aspectos da economia e da sociedade romanas. Muitos teriam destino semelhante. O irmão de Tibério, Caio, por exemplo, também foi morto por latifundiários depois de assumir o cargo do irmão.

Essas tensões reapareciam de maneira cíclica durante o século seguinte — por exemplo, levando à Guerra Social entre 91 a.C. e 87 d.C. Grande defensor dos interesses senatoriais, Lúcio Cornélio Sula não apenas abafou com violência os pedidos por mudanças, como também reduziu severamente os poderes dos tribunos da plebe. Os mesmos problemas também seriam o fator central no apoio que Júlio César receberia do povo romano na luta contra o Senado.

As instituições políticas que formavam a base da República Romana foram destituídas por Júlio César em 49 a.C., quando ele cruzou o Rubicão, o rio que separava da Itália as províncias romanas cisalpinas da Gália. Roma se pôs aos pés de César, e outra guerra civil foi deflagrada. Apesar dessa vitória, César depois foi assassinado por senadores descontentes, liderados por Bruto e Cássio, em 44 a.C. A República Romana nunca seria recriada. Uma nova guerra civil começou entre os apoiadores de César, envolvendo em particular Marco Antônio, Otaviano e seus asseclas. Depois de saírem vitoriosos, Antônio e Otaviano lutaram um contra o outro, até Otaviano triunfar na batalha de Áccio, em 31 a.C. No ano seguinte, e pelos próximos 45 anos, Otaviano, conhecido após 28 a.C. como Augusto, comandou Roma sozinho. Augusto criou o Império Romano, embora preferisse o título de Primeiro Cidadão, uma espécie de "primeiro entre iguais", e chamasse o regime de Principado. O Mapa 11 mostra o Império Romano no auge de sua extensão, em 117 d.C. Ele também inclui o rio Rubicão, que César cruzou de maneira tão fatídica.

DIFERENCIAÇÃO — 183

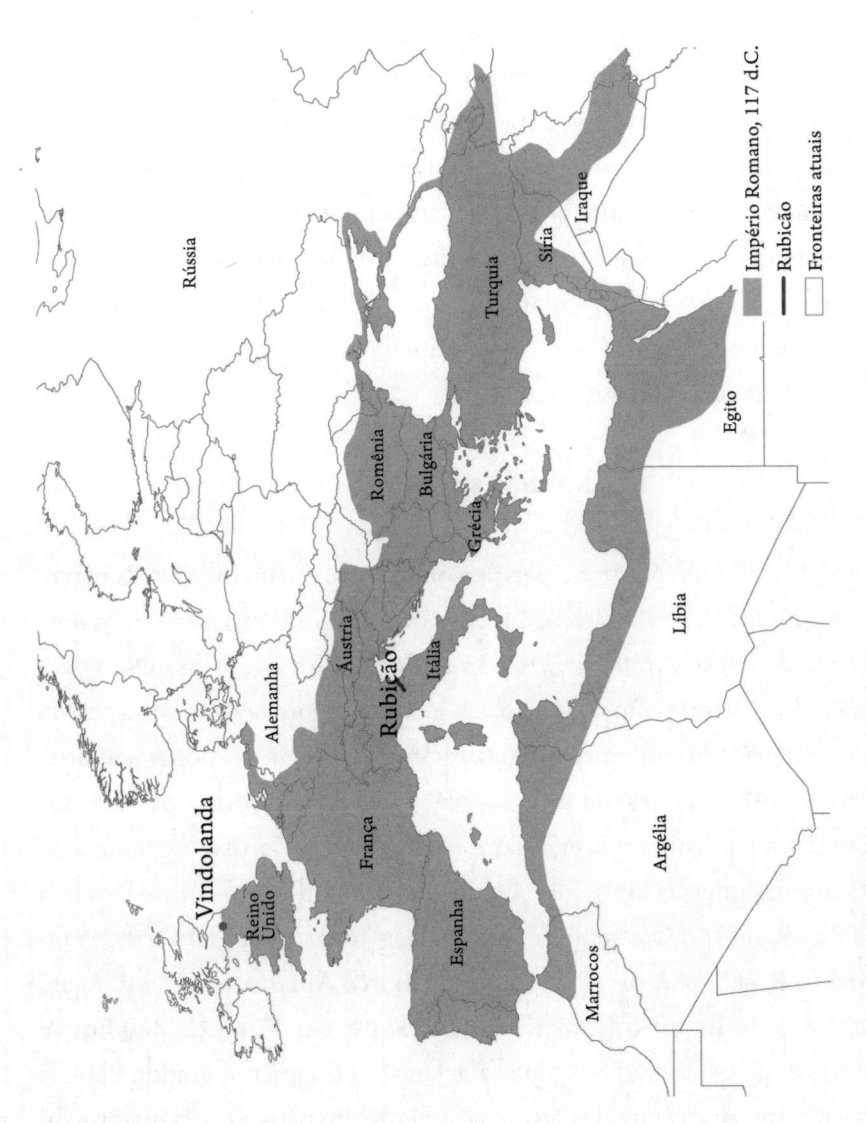

■ Império Romano, 117 d.C.
— Rubicão
☐ Fronteiras atuais

Mapa 11: O Império Romano em 117 d.C.

Foi essa transição de República para Principado, e depois Império sem disfarces, que plantou as sementes do declínio de Roma. As instituições políticas parcialmente inclusivas, que implantaram a base para o sucesso econômico, foram enfraquecidas pouco a pouco. Ainda que favorecesse a classe senatorial e outros romanos ricos, a República Romana não se tratava de um regime absolutista e nunca havia concentrado tanto poder numa só mão. A princípio, as mudanças lideradas por Augusto, assim como a *Serrata* veneziana, foram políticas, mas geraram consequências econômicas significativas. Como resultado dessas mudanças, no século v d.C., o Império Romano do Ocidente, como o oeste passou a ser chamado depois de romper com o leste, sofreu um declínio econômico e militar e estava à beira do colapso.

... vícios romanos

Flávio Aécio foi um dos principais personagens do fim do Império Romano, apelidado de "último dos romanos" por Edward Gibbon, autor de *Declínio e queda do Império Romano*. De 433 a 454 d.C., até ser assassinado pelo imperador Valentiniano III, Aécio, um general, foi provavelmente a pessoa mais poderosa do Império Romano. Ele deu forma tanto à política interna quanto à externa e travou diversas batalhas cruciais contra os bárbaros e contra outros romanos, em guerras civis. Dos poderosos generais que lutaram nas guerras civis, foi o único a não reivindicar o trono. Desde o fim do século II d.C., a guerra civil havia se tornado um fato da vida no Império Romano. A partir da morte de Marco Aurélio, em 180 d.C., até o colapso do Império Romano do Ocidente, em 476 d.C., não houve década sem guerra civil ou golpe palaciano contra um imperador. Poucos imperadores morreram de causas naturais ou em batalha — a maioria foi assassinada por usurpadores ou pelas próprias tropas.

A carreira de Aécio ilustra as mudanças da República Romana e do início do período imperial até o fim do Império Romano. Seu envolvimento com incessantes guerras civis e sua influência sobre cada aspecto do império contrastam com o poder muito mais limitado dos generais e senadores em períodos anteriores, mas também realçam como o destino dos romanos mudou radicalmente de outras maneiras nos séculos seguintes.

No fim do Império Romano, os chamados bárbaros, que antes eram dominados e incorporados aos exércitos romanos ou escravizados, agora dominavam muitas partes do império. Quando jovem, Aécio fora mantido refém primeiro pelos godos liderados por Alarico e depois pelos hunos. As relações dos romanos com esses bárbaros são um indicativo de como as coisas mudaram desde a República. Alarico era um inimigo feroz, mas também um aliado, tanto que em 405 foi indicado como um dos generais mais graduados do exército romano. No entanto, o acordo era temporário. Em 408, Alarico lutou contra os romanos, invadindo a Itália e saqueando Roma.

Os hunos também se alternavam nos papéis de inimigos poderosos e aliados frequentes dos romanos. Apesar de um dia terem mantido Aécio refém, mais tarde lutaram ao seu lado numa guerra civil. Mas os hunos não ficavam por muito tempo de um lado, e, sob as ordens de Átila, travaram uma grande batalha contra os romanos em 451, na margem oposta do Reno. Dessa vez quem defendia os romanos eram os godos, liderados por Teodorico.

Nada disso impediu que as elites romanas tentassem apaziguar os comandantes bárbaros, com frequência sem o objetivo de proteger os territórios romanos e, sim, visando a obter vantagens nas lutas internas pelo poder. Por exemplo, os vândalos, sob o reinado de Genserico, devastaram grandes áreas da península Ibérica e de 429 em diante conquistaram as áreas produtoras de trigo no norte da África. A reação romana foi oferecer a filha do imperador Valentiniano III como noiva a Genserico. Este, na ocasião, era casado com a filha de um dos líderes godos, mas isso não o impediu de aceitar o trato. Ele anulou o casamento sob o pretexto de que a esposa estava tramando matá-lo e a mandou de volta para sua família depois de mutilar as orelhas e o nariz da mulher. Para a sorte da futura noiva, que era muito jovem, ela foi mantida na Itália e nunca consumou o casamento com Genserico. Ela mais tarde se casaria com outro general poderoso, Petrônio Máximo, a mente por trás do assassinato de Aécio pelo imperador Valentiniano III, que em seguida também pereceria como parte de um complô criado pelo genro. Máximo depois se declarou imperador, mas seu breve reinado se encerraria com sua morte durante uma grande ofensiva dos vândalos, liderados por Genserico, contra a Itália, que viu Roma cair e ser selvagemente saqueada.

No início do século v, os bárbaros estavam literalmente às portas de Roma. Para alguns historiadores isso se justifica porque, no fim do Império, os oponentes dos romanos eram mais formidáveis. Mas o êxito dos godos, hunos e vândalos contra Roma era um sintoma, não a causa, do seu declínio. Durante a República, Roma lidara com oponentes muito mais organizados e ameaçadores, como os cartagineses. Sua decadência teve causas muito similares a das cidades-Estado maias. As instituições políticas e econômicas cada vez mais extrativistas provocaram a queda, pois causavam lutas internas e guerra civil.

As origens do declínio datam pelo menos da ascensão de Augusto ao poder, desencadeando mudanças que tornaram as instituições políticas mais extrativistas. Isso incluía alterações na estrutura do Exército que tornaram a secessão impossível, removendo um elemento crucial para garantir a representação política dos romanos comuns. O imperador Tibério, que assumiu depois de Augusto em 14 d.C., aboliu o Conselho da Plebe e transferiu esses poderes para o Senado. Em vez de uma voz política, os cidadãos romanos passaram a receber gratuitamente trigo e, mais tarde, azeite de oliva, vinho e porco, e eram mantidos entretidos por espetáculos de circo e disputas de gladiadores. Com as reformas de Augusto, os imperadores começaram a depender menos do exército de soldados-cidadãos e mais na Guarda Pretoriana, um grupo de elite de soldados profissionais criado por Augusto. A Guarda Pretoriana logo se tornaria um importante agente independente na escolha de quem se tornaria imperador, com frequência não de forma pacífica, e sim com guerras civis e fomentando intrigas. Augusto fortalecera a aristocracia contra o cidadão comum romano, e a crescente desigualdade que sustentara o conflito entre Tibério Graco e os aristocratas perdurou, talvez até mais intensa.

A acumulação de poder no centro diminuiu a segurança dos romanos comuns sobre o direito à propriedade, e os confiscos só expandiram as propriedades do Estado que chegaram a representar metade do território em muitas regiões. Os direitos de propriedade apresentaram tamanha instabilidade devido à concentração do poder nas mãos do imperador e de seu séquito. Num padrão não muito diferente do que aconteceu nas cidades-Estado maias, a luta interna para tomar o controle desse poderoso cargo se intensificou. As guerras civis se tornaram recorrentes, mesmo antes do caótico século V, quando os bárbaros estavam no comando. Por exemplo, Septímio Severo tomou o poder de Dídio Juliano, que se proclamou imperador no chamado Ano dos Cinco Imperadores, então travou batalha com seus rivais, os generais Pescênio Níger e Clódio Albino, que foram enfim derrotados em 194 d.C. e 197 d.C., respectivamente. Severo confiscou todas as propriedades de seus oponentes derrotados na guerra civil que se seguiu. Apesar de governantes capazes, como Trajano (98 a 117 d.C.), Adriano e Marco Aurélio no século seguinte, terem interrompido o declínio, não conseguiram — ou não quiseram — enfrentar os principais problemas institucionais. Nenhum desses homens propôs abandonar o Império ou recriar instituições políticas efetivas a exemplo da República Romana. Apesar de todos os seus êxitos, Marco Aurélio foi seguido pelo filho, Cômodo, mais parecido com Calígula ou Nero do que com o pai.

A crescente instabilidade se evidenciou a partir da distribuição e localização dos vilarejos e cidades no Império. No século III d.C., todas as grandes cidades do Império tinham um muro de defesa. Em muitos casos, monumentos eram demolidos para que as pedras fossem usadas nas fortificações. Na Gália, antes que os romanos chegassem, em 125 a.C., era comum a construção de assentamentos no topo de colinas, mais fáceis de defender. Com a chegada de Roma, os assentamentos mudaram para as planícies. No século III, essa tendência foi revertida.

Junto com a crescente instabilidade política vieram mudanças na sociedade que levaram as instituições econômicas a serem mais extrativistas. Apesar de a cidadania ter sido expandida a ponto de, em 212 d.C., todos os habitantes do Império serem considerados cidadãos, essa mudança aconteceu junto com outras modificações no status entre cidadãos. Qualquer impressão de que poderia haver igualdade perante a lei se deteriorou. Por exemplo, no reinado de Adriano (117 a 138 d.C.), havia diferenças claras nos tipos de leis aplicadas a diferentes categorias de cidadãos romanos. Igualmente importante, o papel dos cidadãos era bastante diferente do que havia sido na época da República Romana, quando eram capazes de exercer algum poder nas decisões políticas e econômicas por meio das assembleias em Roma.

A escravidão continuou uma constante por todo o território, embora haja alguma controvérsia em relação à proporção de escravizados na população, que chegou a cair no decorrer dos séculos. Ademais, à medida que o império se desenvolvia, cada vez mais os trabalhadores agrícolas eram reduzidos ao status semisservil e presos à terra. O status desses *coloni* servis é extensamente discutido em documentos legais como o Código de Teodósio e o Código Justiniano, e provavelmente se originou durante o reinado de Diocleciano (284 a 305 d.C.). Os direitos dos senhorios sobre os *coloni* aumentaram progressivamente. Em 332, o imperador Constantino permitiu que os senhorios agrilhoassem um *colonus* suspeito de tentar escapar, e, a partir de 365 d.C., os *coloni* passaram a não ter mais permissão para vender suas propriedades sem a autorização do senhorio.

Assim como podemos usar os destroços de navios e o gelo na Groenlândia para acompanhar a expansão de Roma durante os períodos anteriores, também podemos recorrer a esses recursos para ver seu declínio. Em 500 d.C., o auge de 180 navios havia sido reduzido a 20. À medida que o declínio de Roma se aprofundava, o comércio no Mediterrâneo diminuía, e alguns estudiosos já propuseram que só tenha voltado ao nível do auge romano no século XIX. O gelo da Groenlândia conta uma história semelhante. Os romanos usavam prata em suas moedas, e o chumbo tinha muitos usos, entre as quais a fabricação de canos e talheres. Depois de alcançar o ápice no século I d.C., os depósitos de chumbo, prata e cobre no gelo diminuem.

A experiência de crescimento econômico durante a República Romana foi impressionante, assim como outros casos de crescimento sob instituições extrativistas — por exemplo, a União Soviética. Mas esse crescimento era limitado e não sustentável, mesmo quando levamos em consideração ter ocorrido sob instituições parcialmente inclusivas. Baseava-se em uma produtividade agrícola relativamente alta, tributos significativos das províncias e comércio de longa distância, mas não foi sustentado por progresso tecnológico ou destruição criativa. Os romanos herdaram algumas tecnologias básicas, ferramentas de ferro e armas, alfabetização, agricultura de arado e técnicas de construção. No início da República, criaram outras: alvenaria de cimento, bombas e a roda-d'água. Mas a tecnologia permaneceu estagnada por todo o período imperial. Na navegação, por exemplo, houve poucas mudanças no desenho dos navios ou no cordame, e os romanos nunca desenvolveram o leme de popa e usavam remos para direcionar seus barcos. Como a disseminação das rodas-d'água foi muito lenta, a energia hidráulica nunca revolucionou a economia romana. Mesmo realizações consideráveis, como os aquedutos e a coleta de esgoto, usavam tecnologias anteriores, ainda que aperfeiçoadas pelos romanos. Apesar da falta de inovação, houve um pequeno crescimento econômico, dependente apenas da tecnologia existente. Mas, sem destruição criativa, não perdurou. Assim, a crescente insegurança dos direitos de propriedade e o desmonte dos direitos econômicos dos cidadãos — que logo perderam também os direitos políticos —, foram acompanhados de um inevitável declínio econômico.

Um fato notável sobre as novas tecnologias no período romano é que sua criação e difusão parecem ter sido impulsionadas pelo Estado. Isso é bom, mas só até o governo decidir que não está mais interessado no desenvolvimento tecnológico — algo recorrente devido ao temor da destruição criativa. O grande escritor romano Plínio, o Velho, narra a seguinte história: durante o reinado de Tibério um homem inventou um vidro que não se quebrava e foi até o imperador acreditando que receberia uma grande recompensa. Após a demonstração do homem, Tibério perguntou se ele havia contado sobre a invenção para mais alguém. Diante da negativa, fez o homem ser arrastado à força e morto "para que o ouro não seja reduzido ao valor da lama". Há duas coisas interessantes sobre essa história. Primeiro, o homem procurou em busca de uma recompensa, em vez de montar um negócio por conta própria e lucrar com a venda do vidro. Isso mostra o papel do governo romano no controle da tecnologia. Depois, Tibério ficou feliz em destruir a inovação, com medo dos efeitos econômicos adversos que ela poderia acarretar. Isso ilustra o receio dos efeitos econômicos da destruição criativa.

O período imperial também nos deixou evidências diretas do medo inspirado pelas consequências políticas da destruição criativa. Suetônio conta como Vespasiano, que comandou o império entre 69 e 79 d.C., foi abordado por um homem que havia inventado um dispositivo para transportar colunas para o Capitólio, a cidadela de Roma, a um custo relativamente baixo. As colunas eram grandes, pesadas e muito difíceis de transportar. Movê-las das minas onde eram feitas para Roma envolvia o trabalho de milhares de pessoas, uma grande despesa para o governo. Vespasiano não matou o homem, mas também se recusou a usar a inovação, declarando: "Como poderei alimentar minha população?" De novo um inventor foi até o governo. Talvez esse contato faça mais sentido do que no caso do vidro inquebrável, pois o governo romano estava bastante envolvido com a produção das colunas e seu transporte. De novo a inovação foi rejeitada pelo medo da destruição criativa — não tanto pelo impacto econômico, mas por receio de suas implicações políticas. Vespasiano temia que, se não mantivesse o povo feliz e sob controle, a situação poderia ser politicamente desestabilizadora. Os plebeus romanos deviam ser mantidos ocupados e dóceis, então era bom ter trabalho para lhes oferecer, como mover as colunas. Isso complementava o pão e o circo, também distribuídos de graça para manter a população contente. Talvez seja revelador que ambos os exemplos tenham ocorrido logo após o colapso da República. Os imperadores romanos tinham muito mais poder para bloquear mudanças do que as autoridades republicanas.

Outra importante razão para a falta de inovação tecnológica era a prevalência da escravidão. À medida que os territórios controlados pelos romanos se expandiam, muitas pessoas eram escravizadas e com frequência levadas para a península itálica com a finalidade de trabalhar em grandes latifúndios. Muitos cidadãos em Roma não precisavam trabalhar: viviam daquilo que o Estado distribuía de graça. De onde a inovação poderia vir? Já argumentamos que a inovação vem de novas pessoas com novas ideias, desenvolvendo soluções novas para problemas antigos. Em Roma, quem produzia eram os escravizados e, depois, os *coloni* semisservis com poucos incentivos para inovar, uma vez que seriam seus mestres, não eles, que se beneficiariam de qualquer inovação. Como vimos inúmeras vezes neste livro, economias baseadas na repressão do trabalho e em sistemas como a escravidão e a servidão são notoriamente contrárias à inovação. Isso vale tanto para o mundo antigo quanto para a era moderna. Nos Estados Unidos, por exemplo, os estados do norte participaram da Revolução Industrial; os do sul, não. Claro que a escravidão e a servidão criavam grandes fortunas para quem possuía escravizados e gerenciava servos, mas não fomentavam inovação tecnológica nem prosperidade para a sociedade.

Ninguém escreve de Vindolanda

Em 43 d.C., o imperador romano Cláudio já havia conquistado a Inglaterra, mas não a Escócia. Uma última tentativa malsucedida foi feita pelo governador romano Agrícola, que desistiu e, em 85 d.C., construiu uma série de fortes para proteger a Inglaterra na fronteira norte. Um dos maiores era em Vindolanda, 56 quilômetros a oeste de Newcastle, no limite noroeste do Império Romano e retratado no Mapa 11 (a seguir). Depois, o forte de Vindolanda foi incorporado a um muro defensivo de 137 quilômetros construído pelo imperador Adriano, mas em 103 d.C., quando um centurião romano, Candidus, foi alocado lá, era um forte isolado. Candidus, encarregado de abastecer a guarnição romana, entrou em contato com seu amigo Otávio, que lhe enviou uma carta:

> Otávio a seu irmão Candidus, saudações
> Escrevi muitas vezes para você contando que comprei cerca de 5 mil medidas de grãos, razão pela qual preciso de dinheiro. A menos que me envie algum dinheiro, pelo menos 500 denários, acabarei por perder o que entreguei como depósito, cerca de 300 denários, o que me deixaria em situação constrangedora. Então, eu lhe peço que me envie algum dinheiro assim que possível. Os couros sobre os quais você pergunta estão em Cataractonium — escreva para que me sejam entregues, assim como o vagão do qual você fala. Eu já teria ido retirá-los, mas não quis ferir os animais enquanto as estradas estão ruins. Fale com Tertius a respeito dos 8,5 denários que ele recebeu de Fatalis. Ele não os creditou na minha conta. Certifique-se de me enviar dinheiro para que eu tenha minhas medidas de grãos na eira. Cumprimente Spectatus e Firmus. Adeus.

A correspondência entre Candidus e Otávio ilustra algumas facetas significativas da prosperidade econômica da Inglaterra romana. Revela uma economia monetária avançada, com serviços financeiros. Revela a existência de estradas, ainda que por vezes em más condições. Revela a presença de um sistema fiscal que cobrava taxas para pagar os salários de Candidus. E demonstra claramente que ambos os homens eram alfabetizados e capazes de tirar vantagem de uma espécie de serviço postal. A Inglaterra romana também se beneficiou da fabricação em massa de cerâmica de alta qualidade, particularmente em Oxfordshire; de centros urbanos com banhos e prédios públicos; e de técnicas de construção de casas com argamassa e telhas.

No século IV, tudo estava em declínio, e, após 411 d.C., o Império Romano desistiu da Inglaterra. As tropas foram retiradas, os que ficaram não foram pagos, e, à medida que o Estado romano se desintegrava, os administradores foram expulsos pela população local. Em 450 d.C., todos os aparatos da prosperidade econômica desapareceram. O dinheiro sumiu de circulação. Áreas urbanas foram abandonadas, e prédios, despojados de suas pedras. As estradas foram tomadas pelo mato. O único tipo de cerâmica fabricado era bruto e artesanal, não manufaturado. As pessoas se esqueceram de como usar argamassa, e o nível de alfabetização caiu substancialmente. Telhados eram feitos de galhos. Ninguém mais escrevia de Vindolanda.

Depois de 411 d.C., a Inglaterra sofreu um colapso econômico e se tornou um lugar pobre e estagnado — e não pela primeira vez. No capítulo anterior, vimos como a Revolução do Neolítico começou no Oriente Médio por volta de 9.500 a.C. Enquanto os habitantes de Jericó e Abu Hureyra viviam em pequenas cidades e cultivavam o solo, os habitantes da Inglaterra ainda caçavam e coletavam, e continuariam assim por pelo menos mais 5.500 anos. Todavia, os ingleses não inventaram a agricultura ou a pecuária, essas inovações foram trazidas pelos imigrantes que se espalharam pela Europa a partir do Oriente Médio durante milhares de anos. Enquanto os habitantes da Inglaterra se atualizavam com essas grandes inovações, os habitantes do Oriente Médio inventavam as cidades, a escrita e a cerâmica. Em 3.500 a.C., grandes cidades como Uruk e Ur surgiram na Mesopotâmia, no atual Iraque. Uruk pode ter alcançado uma população de 14 mil pessoas em 3.500 a.C. e de 40 mil um pouco depois. A roda de oleiro foi inventada na Mesopotâmia na mesma época que o transporte sobre rodas. A capital egípcia de Mênfis emergiu como uma grande cidade logo depois. A escrita surgiu de forma independente nas duas regiões. Enquanto os egípcios construíam as grandes pirâmides de Gizé, por volta de 2.500 a.C., os ingleses construíram seu mais famoso monumento antigo, o círculo de pedra em Stonehenge. Nada mal para os padrões ingleses, mas não era grande o suficiente nem para conter um dos barcos cerimoniais enterrados aos pés da pirâmide do rei Quéops. A Inglaterra continuou atrasada, pegando tecnologias emprestadas do Oriente Médio e do restante da Europa até o período romano.

Apesar da história tão pouco auspiciosa, foi na Inglaterra que surgiu a primeira sociedade verdadeiramente inclusiva e onde começou a Revolução Industrial. Argumentamos antes (Capítulo 6) que isso foi resultado de uma série de interações entre pequenas diferenças institucionais e conjunturas críticas — por exemplo, a peste bubônica e a descoberta das Américas. A divergência inglesa teve raízes históricas, mas a visão de Vindolanda sugere que essas raízes não eram tão profundas e não tinham sido determinadas historicamente. Não foram plantadas na Revolução do Neolítico, nem mesmo durante os séculos de hegemonia romana. Em 450 d.C., no começo do que os historiadores costumavam chamar de Idade das Trevas, a Inglaterra voltou para a pobreza e o caos político e não teria nenhum Estado centralizado efetivo por centenas de anos.

Caminhos divergentes

O surgimento de instituições inclusivas e o subsequente crescimento industrial na Inglaterra não foi um legado direto das instituições romanas (ou anteriores). Isso não significa que nada relevante aconteceu após a queda do Império Romano do Ocidente, um grande acontecimento que afetou a maior parte da Europa. Diferentes partes do continente europeu compartilharam as mesmas conjunturas críticas, e suas instituições iriam seguir caminhos semelhantes, talvez de uma forma distintivamente europeia. A queda do Império Romano foi parte crucial dessas conjunturas críticas em comum. Esse caminho da Europa contrasta com os de outras partes do mundo, como os da África subsaariana, da Ásia e das Américas, que se desenvolveram de maneiras tão distintas em parte por não compartilharem as mesmas conjunturas críticas.

A Inglaterra romana desmoronou. Não foi o que aconteceu na Itália ou na Gália romana (atual França), ou mesmo no norte da África, onde muitas das antigas instituições perduraram de alguma forma. Contudo, não há dúvida de que a mudança do domínio de um único Estado romano para uma pletora de Estados comandados por francos, visigodos, ostrogodos, vândalos e burgúndios era significativa. O poder desses Estados era muito menor, além de enfraquecido por uma extensa série de incursões das periferias. Do norte vinham os vikings e dinamarqueses em seus drácares. Do leste, os cavaleiros hunos. Finalmente, a emergência do islã como religião e força política no século após a morte de Maomé, em 632 d.C., levou à criação de novos Estados islâmicos na maior parte do Império Bizantino, do norte da África e da Espanha. Esses processos comuns agitaram a Europa, e, no seu rastro, surgiu um tipo particular de sociedade, comumente chamada de feudal. A sociedade feudal era descentralizada porque os Estados fortes centrais estavam atrofiados, ainda que alguns governantes como Carlos Magno tenham tentado reconstruí-los.

As instituições feudais, que dependiam de mão de obra servil e coagida (os servos), eram obviamente extrativistas, e formaram a base para um longo período de crescimento lento e extrativista na Europa durante a Idade Média. Além disso, tiveram consequências para os desdobramentos posteriores. Por exemplo, durante a redução da população rural ao estado de servidão, a escravidão desapareceu da Europa. Em uma época na qual as elites tinham a possibilidade de reduzir toda a população rural à servidão, não parecia necessário ter uma classe separada de escravos, como ocorrera em todas as sociedades anteriores. O feudalismo também criou um vácuo de poder em que cidades independentes que se especializavam na produção e no comércio puderam florescer. O equilíbrio de poder mudou com a peste, e a servidão começou a ruir na Europa Ocidental, abrindo espaço para uma sociedade muito mais pluralista sem a presença de pessoas escravizadas.

As conjunturas críticas que deram origem à sociedade feudal foram distintas, mas não ficaram restritas à Europa. Uma comparação relevante é com a atual Etiópia, que se desenvolveu a partir do Reino de Axum, fundado no norte do país em torno de 400 a.C. Axum era um reino relativamente desenvolvido para a época e fazia comércio internacional com a Índia, a Arábia, a Grécia e o Império Romano. Era, em vários sentidos, comparável ao Império Romano do Oriente nesse período. O reino usava dinheiro, construiu estradas e edificações públicas monumentais e tinha tecnologias muito semelhantes, por exemplo, na agricultura e na navegação. Também há paralelos ideológicos interessantes entre Axum e Roma. O imperador romano Constantino se converteu ao cristianismo em 312 d.C., assim como o rei Ezana de Axum, mais ou menos na mesma época. O Mapa 12 (a seguir) mostra a localização do Estado histórico de Axum nas atuais Etiópia e Eritreia, com postos avançados no mar Vermelho, na Arábia Saudita e no Iêmen.

No mesmo período em que Roma entrou em declínio, Axum também entrou em decadência, e sua derrocada histórica seguiu um padrão próximo ao do Império Romano do Ocidente. Os árabes desempenharam o mesmo papel no declínio de Axum que o dos hunos e vândalos no declínio de Roma, que, no século VII, dominaram do mar Vermelho à península Arábica. Axum perdeu suas colônias na Arábia e as rotas comerciais, o que precipitou sua decadência econômica: o reino deixou de cunhar moeda, a população urbana foi reduzida, e o Estado passou a se concentrar no interior do país e nos planaltos da atual Etiópia.

Na Europa, as instituições feudais surgiram depois do colapso da autoridade central estatal. A mesma coisa ocorreu na Etiópia, baseada num sistema denominado *gult*, que envolvia a concessão de terras pelo imperador. A instituição é mencionada em manuscritos do século XIII, embora possa ter se originado muito antes. O termo *gult* deriva de uma palavra do idioma amárico que significa "aquele a quem foi designado um

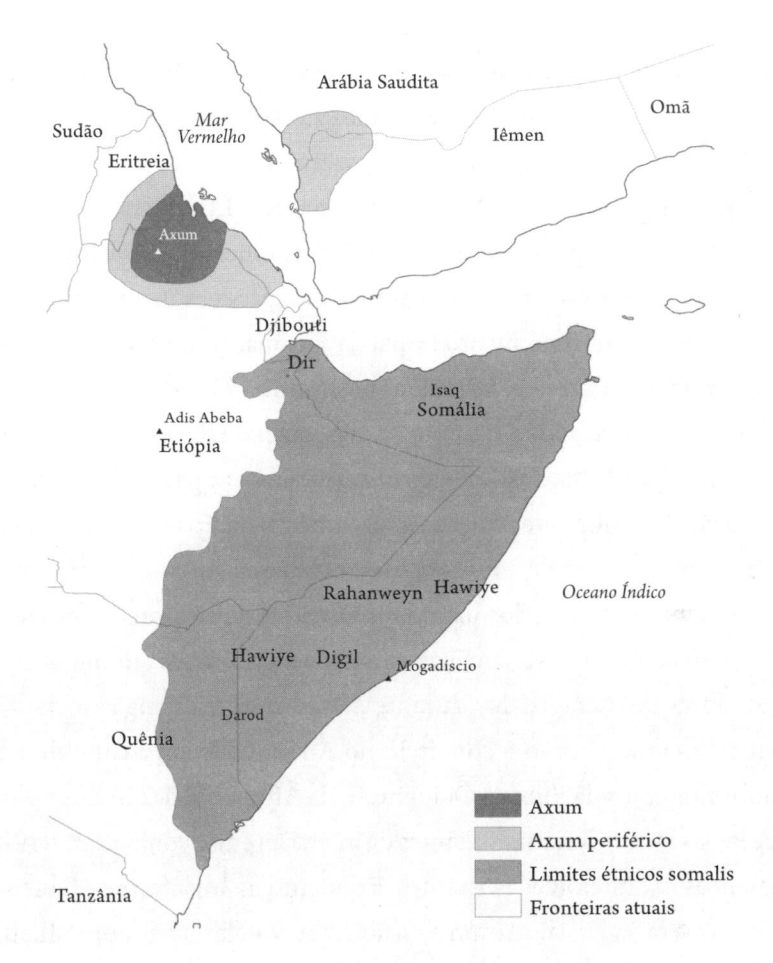

Mapa 12: O Império de Axum e os clãs familiares da Somália.

feudo". Isso significava que, em troca da terra, o titular do *gult* tinha de prestar serviços (principalmente militares) para o imperador. Por outro lado, o titular do *gult* tinha o direito de cobrar tributos dos que trabalhavam a terra. Várias fontes históricas sugerem que os detentores do *gult* cobravam de metade a três quartos da produção dos camponeses. Esse sistema surgiu de forma independente, apesar das similaridades notáveis em relação ao feudalismo europeu, mas provavelmente era ainda mais extrativista. No auge do feudalismo na Inglaterra, os servos enfrentaram uma extração menos onerosa: perdiam apenas cerca de metade da produção para os senhores da terra de uma ou de outra forma.

No entanto, a Etiópia não representa o que se sucedeu em toda a África. Nos demais lugares, a escravidão não foi substituída pela servidão — a escravidão africana e as instituições que lhe davam apoio ainda perdurariam por muitos séculos. Até o caminho que a Etiópia tomou acabou sendo diferente. Depois do século VII, a nação permaneceu isolada nas montanhas da África Oriental, distante dos processos que mais tarde influenciaram o caminho institucional da Europa, como o surgimento de cidades independentes, as restrições aos monarcas e a expansão do comércio no Atlântico após a descoberta das Américas. Por conta disso, sua versão das instituições absolutistas permaneceu em grande medida sem contestação. O continente africano mais tarde interagiria de maneira muito diferente com a Europa e a Ásia. A África Oriental se tornou uma grande fornecedora de escravizados para o mundo árabe, e as porções ocidental e central do continente seriam arrastadas para a economia mundial como fornecedoras de escravizados durante a expansão europeia associada ao Atlântico. O modo como o comércio no Atlântico levou a caminhos tão distintos nos casos da Europa Ocidental e da África é mais um exemplo de divergências institucionais resultantes da interação entre conjunturas críticas e diferenças institucionais existentes. Enquanto na Inglaterra os lucros do comércio escravagista ajudaram a enriquecer aqueles que se opunham ao absolutismo, na África, ajudaram a criar e fortalecer o absolutismo.

Em lugares ainda mais longínquos da Europa, os processos de distanciamento institucional obviamente tiveram maior liberdade para seguir caminhos próprios. Nas Américas, por exemplo, que haviam se separado da Europa em torno de 15.000 a.C. pelo derretimento do gelo que ligava o Alasca à Rússia, houve inovações institucionais semelhantes às dos natufianos, que tiveram como consequência a vida sedentária, a hierarquia e a desigualdade — em resumo, as instituições extrativistas. Isso ocorreu primeiro no México e depois nas regiões andinas do Peru e da Bolívia, e levou à Revolução Americana do Neolítico, com a domesticação do milho. Foi nesses lugares que ocorreram formas iniciais de crescimento extrativista, como vimos nas cidades-Estado maias. Mas, assim como grandes avanços em direção a instituições inclusivas e ao crescimento industrial na Europa não aconteceram em lugares onde o mundo romano tinha maior controle, as instituições inclusivas nas Américas não se desenvolveram nas terras dessas primeiras civilizações. Na verdade, como vimos no Capítulo 1, essas civilizações densamente povoadas interagiram de modo perverso com o colonialismo europeu, "revertendo a sorte", empobrecendo os lugares de maior riqueza nas Américas. Hoje são os Estados Unidos e o Canadá, que na época estavam muito atrás das complexas civilizações no México, no Peru e na Bolívia, que são muito mais ricos do que o restante do continente.

Consequências do crescimento inicial

O longo período entre a Revolução do Neolítico, que teve início em 9.500 a.C., e a Revolução Industrial britânica, no fim do século XVIII, está cheio de surtos de crescimento econômico disparados por inovações institucionais que acabaram desaparecendo. Na Roma Antiga, as instituições da república, que criaram certo grau de vitalidade econômica e permitiram a construção de um império gigantesco, se desfizeram depois do golpe de Júlio César e da construção do império sob Augusto. Foram necessários séculos para que o Império Romano finalmente desaparecesse, e o declínio foi lento — no entanto, depois que as instituições inclusivas republicanas cederam lugar para as instituições mais extrativistas do império, o retrocesso econômico se tornou inevitável.

A dinâmica em Veneza foi semelhante. A prosperidade econômica da república foi forjada por instituições que tinham elementos inclusivos importantes, mas que foram minados quando a elite da época fechou o sistema para impedir a entrada de novas pessoas e chegou a banir as instituições econômicas que haviam criado a prosperidade.

Por mais notável que seja a experiência de Roma, não foi a herança romana que levou diretamente ao surgimento das instituições inclusivas na Inglaterra e à Revolução Industrial britânica. Fatores históricos moldam o modo como as instituições se desenvolvem, mas não se trata de um simples processo cumulativo predeterminado. Roma e Veneza são exemplos de como os primeiros passos em direção à inclusão retrocederam. A paisagem econômica e institucional que Roma criou na Europa e no Oriente Médio não gerou as instituições inclusivas que surgiriam séculos mais tarde. Na verdade, essas instituições surgiriam primeiro e com mais força na Inglaterra, onde o domínio romano era mais fraco e desapareceu de modo mais definitivo, quase sem deixar rastros, durante o século v d.C. Como discutimos no Capítulo 4, a história tem papel fundamental na diferenciação institucional, que cria discrepâncias institucionais, por vezes pequenas, que se amplificam ao interagir com conjunturas críticas. É por serem pequenas que essas diferenças podem ser superadas com facilidade, sem trazer necessariamente as consequências de um simples processo cumulativo.

Claro que o domínio de Roma teve efeitos duradouros sobre a Europa. As instituições e o direito romanos influenciaram as instituições e o direito que os reinos dos bárbaros estabeleceram após o colapso do Império Romano do Ocidente. Foi também a queda de Roma que criou a paisagem política descentralizada que desembocou na ordem feudal. O desaparecimento da escravidão e o surgimento de cidades independentes foram efeitos colaterais longos e arrastados (e, é claro, historicamente contingentes) desse processo. Isso ganhou ainda mais relevância quando a peste abalou a sociedade feudal. Das cinzas da peste emergiram cidades mais fortes e um campesinato que não estava mais atrelado à terra e se livrava das obrigações feudais. Foram precisamente essas conjunturas críticas criadas pela queda do Império Romano que levaram a uma diferenciação institucional que afetou toda a Europa de um modo sem paralelos na África subsaariana, na Ásia ou nas Américas.

No século XVI, a Europa já era bastante distinta institucionalmente da África subsaariana e das Américas. Embora não fosse muito mais rica do que as espetaculares civilizações asiáticas na Índia ou na China, diferia dessas sociedades em aspectos essenciais. Por exemplo, desenvolvera instituições representativas de um tipo desconhecido por lá. Essas instituições desempenhariam um papel decisivo no desenvolvimento de instituições inclusivas. Como veremos nos dois próximos capítulos, seriam as pequenas diferenças institucionais que teriam maior importância na Europa. E essas diferenças favoreceriam a Inglaterra, por ter sido lá que a ordem feudal mais cedeu lugar a fazendeiros de mentalidade comercial e a centros urbanos independentes em que mercadores e industriais podiam florescer. Esses grupos já exigiam dos monarcas direitos de propriedade mais seguros, instituições econômicas diferentes e uma voz na política. Esse processo chegaria ao auge no século XVII.

7.
O PONTO DE INFLEXÃO

Problemas com a mecanização

EM 1583, WILLIAM LEE voltou da Universidade de Cambridge para se tornar o padre local de Calverton, na Inglaterra. Elizabeth I (1558-1603) recentemente havia decretado que a população devia sempre usar um gorro de tricô. Lee observou: "apenas tricoteiras produzem tais artigos, mas o tempo que se leva para concluir o trabalho é muito longo. Comecei a pensar. Observei minha mãe e minhas irmãs sentadas ao crepúsculo lidando com as agulhas. Se os gorros são feitos com duas agulhas e uma linha, por que não várias agulhas para trabalhar a linha?".

Essa ideia decisiva foi o início da mecanização da produção têxtil. Lee ficou obcecado com a construção de uma máquina que libertasse as pessoas do infinito e difícil trabalho de tricotar manualmente. Ele lembraria: "Comecei a negligenciar meus deveres para com a Igreja e a família. A ideia da máquina e sua criação tomaram meu coração e meu cérebro."

Finalmente, em 1589, a máquina de tricotar estava pronta. Lee viajou a Londres empolgado, em busca de uma audiência com Elizabeth I para exibir como a máquina era útil e pedir uma patente que impedisse outras pessoas de copiar o projeto. Alugou um local para montar a máquina e, com a ajuda do membro do Parlamento da sua região, Richard Parkyns, encontrou Henry Carey, lorde Hunsdon, membro do Conselho Privado da rainha. Carey conseguiu que a rainha Elizabeth visse a máquina, mas a reação da monarca foi devastadora. Ela se recusou a conceder uma patente a Lee, chegando a afirmar: "O senhor pensa grande, mestre Lee. No entanto, considere o que sua invenção poderia fazer com meus súditos pobres. Certamente traria a ruína para eles, privando-os de seus empregos, o que os transformaria em mendigos." Arrasado, Lee se mudou para a França e tentou a sorte lá; também fracassou. Então voltou para a Inglaterra, onde pediu a Jaime I (1603-1625), sucessor de Elizabeth, uma patente. Jaime I também recusou o pedido, com as mesmas alegações. Ambos temiam que a mecanização da produção de tecidos fosse politicamente desestabilizadora. Aquilo acabaria com o trabalho das pessoas, criando desemprego e instabilidade política, o que ameaçaria o poder real. A máquina de tricotar era uma inovação que prometia imensos aumentos de produtividade, mas também destruição criativa.

A REAÇÃO À BRILHANTE INVENÇÃO de Lee ilustra uma ideia fundamental deste livro. O medo da destruição criativa é o principal motivo pelo qual não houve aumento sustentado nos padrões de vida entre o Neolítico e as revoluções industriais. A inovação tecnológica torna as sociedades humanas prósperas, mas também envolve a substituição do velho pelo novo e a destruição de privilégios econômicos e do poder político de alguns. Para que haja crescimento econômico sustentado, precisamos de novas tecnologias, de novos modos de fazer as coisas, e com frequência essas inovações partem de novatos como Lee. As inovações podem trazer prosperidade, mas o processo de destruição criativa que iniciam ameaça o sustento daqueles que trabalham com as velhas tecnologias, como as tricoteiras, que ficariam desempregadas pela tecnologia de Lee. Mais importante, grandes inovações como a máquina de tricô de Lee ameaçam dar nova forma ao poder político. Em última instância, não foi a preocupação com o destino das pessoas que perderiam seus empregos devido à invenção de Lee que levou Elizabeth I e Jaime I a negarem uma patente a ele; foi o medo que sentiam de se tornarem perdedores políticos — a preocupação era com a instabilidade política advinda desse tipo de desemprego e como isso ameaçaria seu próprio poder. Como vimos no caso dos luditas (Capítulo 3), é possível contornar a resistência de trabalhadores como tecelões manuais. Mas a elite, sobretudo quando seu poder político está ameaçado, pode ser uma formidável barreira à inovação. O fato de terem muito a perder com a destruição criativa significa que, mais do que não incentivarem, as elites muitas vezes resistirão e tentarão impedir tais inovações. Portanto, a sociedade precisa de pessoas de fora dessa elite para introduzir as inovações mais radicais, e essas pessoas e a destruição criativa que causam com frequência precisam superar várias fontes de resistência, incluindo a de governantes poderosos e das elites.

Antes da Inglaterra do século XVII, as instituições extrativistas eram a norma ao longo da história. Por vezes, foram capazes de gerar crescimento econômico, como mostramos nos dois últimos capítulos, sobretudo quando continham elementos inclusivos, como em Veneza e Roma. Mas não permitiam a destruição criativa. O crescimento que provocaram não era sustentado e chegou ao fim por causa da ausência de inovações, pelas disputas políticas internas causadas pelo desejo de se beneficiar da extração, ou porque os elementos inclusivos nascentes foram completamente revertidos, como em Veneza.

A expectativa de vida de um habitante do vilarejo natufiano de Abu Hureyra provavelmente não era muito diferente daquela de um cidadão da Roma Antiga. Já a expectativa de vida de um romano típico era bastante semelhante à de um habitante da Inglaterra no século XVII. Em termos de renda, em 301 d.C. o imperador romano Diocleciano promulgou o Edito Máximo, estabelecendo uma escala de valores a serem pagos a vários tipos de trabalhadores. Não sabemos com exatidão como os salários e preços determinados por Diocleciano eram assegurados, porém, quando o historiador econômico Robert Allen usou o edito para calcular os padrões de vida de um trabalhador não qualificado típico, descobriu que eram quase os mesmos de um trabalhador não qualificado da Itália do século XVII. Mais ao norte, na Inglaterra, os salários eram mais altos e estavam subindo, e as coisas vinham mudando. O modo como isso ocorreu é o tema deste capítulo.

O conflito político onipresente

Disputas em torno das instituições e da distribuição de recursos sempre estiveram presentes na História. Vimos, por exemplo, como os conflitos políticos afetaram a evolução de Veneza e da Roma Antiga, onde acabaram resolvidas em favor da elite, que aumentou seu domínio.

A história inglesa também está repleta de conflitos entre a monarquia e os súditos, entre as diferentes facções disputando o poder e entre as elites e os cidadãos. O resultado, porém, nem sempre foi o fortalecimento do poder entre os que o detinham. Em 1215, os barões, a camada da elite abaixo real, enfrentaram o monarca João e o fizeram assinar a Magna Carta em Runnymede (ver o Mapa 9, Capítulo 4). O documento estabeleceu alguns princípios básicos que representaram desafios significativos à autoridade real. Além disso, determinou que o monarca precisava consultar os barões para aumentar os impostos. A cláusula mais controversa era a de número 61, que afirmava: "os barões escolherão quaisquer 25 barões do reino que desejarem, os quais disporão de plenos poderes para proteger, manter e assegurar a paz e as liberdades, que concedemos e confirmamos a eles por meio da presente carta". Em essência, os barões criaram um conselho para garantir que o rei implementasse a carta e, caso não o fizesse, os 25 membros teriam o poder de confiscar castelos, terras e propriedades "até que, segundo o seu julgamento, sejam feitas as devidas compensações". O rei João não gostava da Magna Carta e, assim que os barões se dispersaram, conseguiu que o papa a anulasse. Contudo, tanto o poder político dos barões quanto a influência da Magna Carta permaneceram. A Inglaterra dera seu primeiro passo hesitante rumo ao pluralismo.

Os conflitos em torno das instituições políticas continuaram, e o poder da monarquia recebeu nova limitação com a eleição do primeiro Parlamento, em 1265. Ao contrário do Conselho da Plebe, em Roma, ou das legislaturas eleitas hoje, os primeiros membros eram os nobres feudais, depois os cavaleiros, então os aristocratas mais ricos da nação. Apesar de composto pelas elites, o Parlamento inglês desenvolveu duas peculiaridades. A primeira era o fato de representar não apenas as elites mais próximas e aliadas ao rei, mas também um amplo conjunto de interesses, que incluía a pequena aristocracia, envolvida em diferentes atividades sociais, como o comércio e a indústria, e, mais tarde, a "pequena nobreza", uma nova classe de comerciantes e proprietários rurais em ascensão social. Assim o Parlamento conferiu poder a uma fatia bastante ampla da sociedade — sobretudo pelos padrões da época. Em segundo lugar, e em grande medida como resultado da primeira peculiaridade, muitos membros do Parlamento formavam uma oposição consistente às tentativas da realeza de aumentar o próprio poder e se tornariam o esteio dessa luta contra a monarquia na Guerra Civil Inglesa e depois na Revolução Gloriosa.

Apesar da Magna Carta e da eleição do primeiro Parlamento, os conflitos políticos continuaram em função de disputas relativas ao poder da monarquia e sobre quem devia ser o rei. Esses conflitos internos da elite culminaram na Guerra das Rosas, um longo duelo entre as casas de Lancaster e York, duas famílias com pretendentes ao trono. Os vencedores foram os Lancasters, cujo candidato ao trono, Henrique Tudor, tornou-se Henrique VII em 1485.

Então, ocorreram dois outros processos inter-relacionados. O primeiro foi a crescente centralização política, iniciada pelos Tudors. Depois de 1485, Henrique VII desarmou a aristocracia, na prática desmilitarizando-a e, com isso, expandindo imensamente o poder do Estado central. Em seguida, seu filho, Henrique VIII, em seguida, por meio de seu principal ministro, Thomas Cromwell, implementou uma revolução no governo. Na década de 1530, Cromwell criou um Estado burocrático nascente. O governo deixava de ser apenas o círculo privado e doméstico do rei para se tornar um conjunto separado de instituições duradouras. Isso foi complementado pela ruptura de Henrique VIII com a Igreja Católica Romana e pela "Dissolução dos Monastérios", por meio da qual Henrique expropriou todas as terras da Igreja. Retirar o poder da Igreja era parte da centralização do Estado. E a centralização das instituições estatais possibilitava, pela primeira vez, que as instituições políticas fossem inclusivas. Esse processo, iniciado por Henrique VII e Henrique VIII, centralizou as instituições estatais e aumentou a demanda por uma representação política de base mais ampla. O processo de centralização política pode levar a uma forma de absolutismo, à medida que o rei e seus associados esmagam outros grupos poderosos na sociedade. Essa é de fato uma das razões para haver oposição à centralização do Estado, como vimos no Capítulo 3. No entanto, em oposição a essa força, a centralização das instituições estatais também pode mobilizar a demanda por uma forma nascente de pluralismo, como aconteceu na Inglaterra dos Tudors. Quando reconhecem que o poder político será cada vez mais centralizado e que é difícil parar esse processo, os barões e as elites locais exigirão ter voz no modo como tal poder é usado. Na Inglaterra entre o fim do século XV e o século XVI, isso significou maiores esforços da parte desses grupos para ter o Parlamento como contrapeso à Coroa e assumir parte do controle do funcionamento do Estado. Assim, o projeto dos Tudors não apenas deu início à centralização política, um dos pilares das instituições inclusivas, como também contribuiu de forma indireta para o pluralismo, o outro pilar das instituições inclusivas.

Esses desdobramentos nas instituições políticas ocorreram no contexto de outras grandes mudanças na própria natureza da sociedade. Em particular, foi significativo o recrudescimento dos conflitos políticos que ampliaram a diversidade de grupos capazes de fazer exigências à monarquia e às elites políticas. A Revolta Camponesa de 1381 foi um momento crucial, e na sequência a elite inglesa foi afligida por uma longa série de insurreições populares. O poder político estava sendo redistribuído não apenas do rei para os lordes, mas também da elite para o povo. Essas mudanças, aliadas às crescentes restrições ao poder do rei, possibilitaram o surgimento de uma ampla coalizão que se opunha ao absolutismo, o que estabeleceu as fundações para instituições políticas pluralistas.

Apesar de contestadas, as instituições políticas e econômicas que os Tudors herdaram e sustentaram eram claramente extrativistas. Em 1603, Elizabeth I, a filha de Henrique VIII que subira ao trono da Inglaterra em 1558, morreu sem deixar filhos, e os Tudors foram substituídos pela dinastia Stuart. O primeiro rei Stuart, Jaime I, herdou as instituições e os conflitos que geravam. Ele desejava ser um governante absolutista. Embora o Estado tivesse se tornado mais centralizado e as mudanças sociais estivessem redistribuindo o poder na sociedade, as instituições políticas ainda não eram pluralistas. Na economia, as instituições extrativistas se manifestavam tanto na oposição à invenção de Lee, quanto na forma de monopólios, monopólios e mais monopólios. Em 1601, uma lista desses monopólios foi lida no Parlamento, e um membro do governo indagou ironicamente: "O pão não está incluído?" Em 1621, havia setecentos monopólios. Nas palavras do historiador inglês Christopher Hill, um homem vivia

> (...) em uma casa construída com tijolos monopolizados, com janelas (...) de vidro monopolizado; aquecida por carvão monopolizado (na Irlanda, lenha monopolizada), queimando em uma grelha de ferro monopolizado (...) Ele se lavava com sabão monopolizado e usava goma monopolizada nas roupas. Ele se vestia com rendas monopolizadas, linho monopolizado, couro monopolizado, bordado monopolizado (...) Suas roupas eram mantidas

no lugar por cintos monopolizados, fechadas com botões e alfinetes monopolizados. Eram tingidas com corantes monopolizados. Ele comia manteiga monopolizada, groselha monopolizada, arenque defumado monopolizado, salmão monopolizado e lagostas monopolizadas. A comida era temperada com sal monopolizado, pimenta monopolizada, vinagre monopolizada (...) Ele escrevia com penas monopolizadas em papel monopolizados, lia (com óculos monopolizados, à luz de velas monopolizadas) livros impressos monopolizados.

Esses monopólios, e muitos mais, davam a indivíduos ou grupos o direito exclusivo de controlar a produção de muitos bens. Impediam o tipo de alocação de talentos que é tão crucial para a prosperidade econômica.

Tanto Jaime I quanto seu filho e sucessor, Carlos I, aspiraram a um fortalecimento da monarquia, a uma redução da influência do Parlamento e ao estabelecimento de instituições absolutistas semelhantes às que estavam sendo construídas na Espanha e na França para aprofundar o controle que eles e as elites detinham sobre a economia, tornando as instituições mais extrativistas. O conflito entre Jaime I e o Parlamento chegou ao ápice na década de 1620. Um ponto central desse conflito foi o controle do comércio, tanto com outros países quanto nas Ilhas Britânicas. A capacidade da Coroa de conceder monopólios era uma fonte essencial de receitas para o Estado, usada com frequência como meio de conceder direitos exclusivos a apoiadores do rei. Não surpreende que essa instituição extrativista, que bloqueava a entrada de pessoas e inibia o funcionamento do mercado, também fosse altamente prejudicial para a atividade econômica e os interesses de muitos membros do Parlamento. Em 1623, o Parlamento obteve uma vitória notável ao conseguir aprovar o Estatuto dos Monopólios, que proibia Jaime I de criar outros monopólios domésticos. Contudo, o rei ainda poderia conceder monopólios no comércio internacional, uma vez que a autoridade do Parlamento não se estendia a assuntos internacionais. Os monopólios já existentes, internacionais ou não, permaneceram intactos.

O Parlamento não tinha sessões regulares e precisava ser convocado pelo rei. De acordo com a convenção determinada pela Magna Carta, o monarca precisava reunir o Parlamento para obter o aval para novos tributos. Carlos I ascendeu ao trono em 1625, se recusou a convocar o Parlamento a partir de 1629 e intensificou os esforços de Jaime I no sentido de consolidar um regime absolutista. Impôs empréstimos forçados, isto é, forçou a população a "emprestar" dinheiro a ele, e mudou unilateralmente os termos dos empréstimos, recusando-se a pagar as dívidas. Ele criou e vendeu monopólios no único âmbito que o Estatuto dos Monopólios lhe permitia: o comércio internacional. Também minou a independência do Judiciário e tentou intervir para influenciar no resultado de processos legais. O rei também instituiu muitas multas e taxas, a mais polêmica a "tarifa naval" de 1634 — cobrando dos distritos litorâneos uma taxa para custear a Marinha Real. Em 1635, estendeu a cobrança para distritos sem acesso ao mar. A tarifa naval foi cobrada anualmente até 1640.

O comportamento cada vez mais absolutista de Carlos e suas políticas extrativistas geraram ressentimento e resistência em todo o país. Em 1640, ele enfrentou um conflito com a Escócia e, sem dinheiro para aparelhar o Exército, foi forçado a convocar o Parlamento para solicitar maior carga tributária. O chamado Parlamento Curto só funcionou por três semanas. Os parlamentares que se apresentaram a Londres não apenas se recusaram a falar sobre impostos, mas deram vazão a várias reclamações, até que Carlos os dispensou. Ao perceberem que o rei não tinha o apoio da nação, os escoceses invadiram a Inglaterra, ocupando a cidade de Newcastle. Carlos iniciou negociações, e os invasores exigiram participação no Parlamento. Isso induziu o monarca a convocar o que ficou conhecido como Parlamento Longo, por ter se mantido em sessão até 1648, recusando-se a dissolver-se mesmo quando o rei determinou.

Em 1642, estourou a Guerra Civil entre Carlos e o Parlamento, embora muitos parlamentares tenham ficado do lado da Coroa. O padrão de conflitos refletia a luta envolvendo as instituições econômicas e políticas. O Parlamento desejava pôr fim às instituições políticas do absolutismo; o rei desejava fortalecê-las. Os conflitos tinham profundas raízes econômicas. Muitos apoiavam a Coroa por terem recebido monopólios lucrativos. Por exemplo, os monopólios locais controlados pelos ricos e poderosos mercadores de Shrewsbury e Oswestry eram protegidos contra a competição dos mercadores de Londres. Esses mercadores aliaram-se a Carlos I. Por outro lado, a indústria metalúrgica havia florescido no entorno de Birmingham porque os monopólios ali eram fracos e quem desejasse entrar na indústria não precisava passar por um aprendizado de sete anos, como acontecia em outras partes do país. Durante a Guerra Civil, esses metalúrgicos fabricaram espadas e se voluntariaram pela causa parlamentar. De modo semelhante, a ausência de uma guilda regulatória no distrito de Lancashire permitiu o desenvolvimento dos "Novos Tecidos" — que eram mais leves — antes de 1640. A área onde esses tecidos se concentravam foi a única de Lancashire a apoiar o Parlamento.

Sob a liderança de Oliver Cromwell, os parlamentaristas — conhecidos como Cabeças Redondas, em função do modo como cortavam o cabelo — derrotaram os monarquistas, conhecidos como Cavalheiros. Carlos foi julgado e executado em 1649. Sua derrota e a abolição da monarquia, no entanto, não resultaram em instituições inclusivas. Em vez disso, a monarquia foi substituída pela ditadura de Oliver Cromwell. A monarquia foi restaurada em 1660, depois da morte de Cromwell, recuperando muitos dos privilégios que lhe foram retirados em 1649. O filho de Carlos, Carlos II, retomou o programa de criação de um absolutismo na Inglaterra. Essas tentativas foram intensificadas por seu irmão, Jaime II, que ascendeu ao trono depois da morte de Carlos, em 1685. Em 1688, a tentativa do rei de restabelecer o absolutismo provocou outra crise, desencadeando nova guerra civil. Dessa vez o Parlamento estava mais unido e organizado e convidou o *Statholder* holandês, Guilherme de Orange, e sua esposa, Maria, a filha protestante do rei Jaime, para substituí-lo no trono. Guilherme levou seu Exército e reivindicou o trono, para governar não como monarca absolutista, mas numa monarquia constitucional forjada pelo Parlamento. Dois meses depois do seu desembarque nas Ilhas Britânicas em Brixham, em Devon (ver Mapa 9, Capítulo 4), o Exército de Jaime se desintegrou e fugiu para a França.

A Revolução Gloriosa

Depois da vitória na Revolução Gloriosa, o Parlamento e Guilherme negociaram uma nova Constituição. As mudanças foram prenunciadas pela "Proclamação" de Guilherme, feita pouco antes de sua invasão. Elas também foram incluídas na Proclamação de Direitos, apresentada pelo Parlamento em fevereiro de 1689. A Proclamação foi lida para Guilherme na mesma sessão em que lhe foi oferecida a coroa. Em vários aspectos, a Proclamação, que seria chamada de Declaração de Direitos depois de se transformar em lei, era vaga. Crucialmente, no entanto, ela estabelecia alguns princípios constitucionais centrais. Determinava, por exemplo, como ocorreria a sucessão do trono, estabelecendo uma mudança drástica em relação aos princípios hereditários de antes. Se o Parlamento pôde remover um monarca e substituí-lo por outro mais de seu agrado, por que não fazer isso de novo? A Declaração de Direitos também afirmava que o monarca não podia suspender nem revogar leis e reafirmava a ilegalidade da tributação sem consentimento parlamentar. Além disso, afirmava que não podia haver um Exército permanente na Inglaterra sem consentimento parlamentar. A vagueza ficava por conta de cláusulas como a oitava, que afirmava que "a eleição dos membros do Parlamento deverá ser livre", mas não especificava o que significava "livre". Ainda mais vaga era a cláusula treze, cujo principal assunto era que o Parlamento deveria ser convocado com frequência. Como durante todo o século havia se discutido quando o Parlamento deveria ser convocado e até mesmo se era o caso de convocá-lo, seria de esperar que a cláusula fosse mais específica. No entanto, a razão para que fosse tão vaga é clara: é preciso garantir que cláusulas legais sejam cumpridas. Durante o reinado de Carlos II, esteve em vigência um Ato Trienal que afirmava a obrigação de convocar o Parlamento pelo menos uma vez a cada três anos. A obrigação foi ignorada, e nada aconteceu ao monarca porque não havia meios de garantir o cumprimento da lei. Depois de 1688, o Parlamento poderia ter tentado induzir um método para garantir o cumprimento dessa cláusula, como os barões haviam feito com seu conselho depois que o rei João assinou a Magna Carta. Isso não foi feito porque não havia necessidade, uma vez que, depois de 1688, a autoridade e o poder de tomada de decisão passaram para o Parlamento. Mesmo sem regras constitucionais ou leis, Guilherme simplesmente renunciou a muitas das práticas de reis anteriores. Ele parou de interferir em decisões legais e abriu mão de "direitos", como o recebimento vitalício das receitas alfandegárias. No conjunto, essas mudanças nas instituições políticas representaram o triunfo do Parlamento sobre o rei, e, portanto, o fim do absolutismo na Inglaterra e, na sequência, na Grã-Bretanha — já que a Inglaterra e a Escócia se uniram pelos Atos de União de 1707. A partir daí, o Parlamento exerce firme controle sobre a política do Estado. Isso fez imensa diferença, porque os interesses do Parlamento divergiam muito dos interesses dos reis Stuarts. Como muitos no Parlamento tinham investimentos importantes no comércio e na indústria, eles se interessavam fortemente por assegurar os direitos de propriedade. Os Stuarts infringiram muitas vezes tais direitos, que agora estariam protegidos. Além disso, quando cabia aos Stuarts determinar como o governo despenderia seus recursos, o Parlamento se opunha a aumentos na carga tributária e se insurgia contra reforçar o poder do Estado. Agora que o próprio Parlamento estava no controle dos gastos, seus membros ficavam contentes em aumentar os impostos e gastar o dinheiro em atividades que consideravam importantes. A principal delas era o fortalecimento da Marinha, que protegeria os interesses mercantis internacionais de muitos membros do Parlamento.

O surgimento de instituições políticas de natureza pluralista foi ainda mais importante do que os interesses dos parlamentares. O povo inglês conquistara acesso ao Parlamento, e as políticas e instituições econômicas eram geradas pelos parlamentares, de um modo que nunca ocorrera quando as políticas eram dirigidas pelo rei. Claro que isso se devia em parte ao fato de os membros do Parlamento serem eleitos. Mas, como a Inglaterra estava longe de ser uma democracia nesse período, a responsividade que esse acesso garantia era pequena. Entre as muitas desigualdades estava o fato de que, no século XVIII, menos de 2% da população podia votar, e esses eleitores só podiam ser do sexo masculino. As cidades em que a Revolução Industrial ocorreu — Birmingham, Leeds, Manchester e Sheffield — não dispunham de representação independente no Parlamento. Por outro lado, as áreas rurais estavam super-representadas. Igualmente ruim era o fato de o direito ao voto nas zonas rurais, os chamados "condados", se basear na propriedade da terra, e de muitas áreas urbanas, os "burgos", serem controladas por uma pequena elite que não permitia que os novos industriais votassem ou concorressem a cargos. No burgo de Buckingham, por exemplo, treze moradores detinham o direito exclusivo ao voto. Além disso, havia os "burgos podres", que historicamente tinham direito a voto, mas haviam "apodrecido", seja porque a população emigrara ao longo do tempo, seja porque, como no caso de Dunwich ou na costa leste da Inglaterra, essas regiões tivessem sido literalmente engolidas pelo mar como resultado da erosão costeira. Em cada um desses "burgos podres", um pequeno número de eleitores escolhia dois membros do Parlamento. Old Sarum tinha sete eleitores, Dunwich tinha 32, e cada um elegia dois membros.

Mas havia outros meios de influenciar o Parlamento e, por consequência, as instituições econômicas. O mais importante eram as petições, e esse caminho foi muito mais significativo do que a democracia limitada para o surgimento do pluralismo depois da Revolução Gloriosa. Qualquer um podia apresentar uma petição ao Parlamento, e a prática era comum. É digno de nota que, quando as pessoas apresentavam petições, o Parlamento ouvia. Acima de tudo, esse é um sinal da derrota do absolutismo, do poder adquirido por um segmento significativamente amplo da sociedade e da ascensão do pluralismo na Inglaterra depois de 1688. O número frenético de petições demonstra como era vasto o segmento da população, muito além dos que ocupavam assento no Parlamento ou eram representados lá, com poder de influenciar o modo como o Estado funcionava. E era um poder bem usado.

O caso dos monopólios ilustra bem isso. Vimos como os monopólios estavam no coração das instituições econômicas extrativistas no século XVII. Eles passaram a ser atacados em 1623, com o Estatuto dos Monopólios, e foram um dos pontos de atrito durante a Guerra Civil Inglesa. O Parlamento Longo aboliu todos os monopólios domésticos que tanto afetavam a vida do povo. Embora não tenham conseguido restabelecê-los, Carlos II e Jaime II conseguiram manter a prerrogativa de conceder monopólios no comércio exterior. Um deles foi o da Real Companhia Africana, emitido por Carlos II em 1660. Essa companhia tinha o monopólio sobre o lucrativo negócio do tráfico de escravos, e seu governador e principal acionista era Jaime, irmão de Carlos, que em breve se tornaria Jaime II. Depois de 1688, a companhia perdeu não apenas seu governador, como também seu principal apoiador. Jaime tinha protegido o monopólio da companhia contra "clandestinos", os comerciantes independentes que tentavam comprar escravos na África Ocidental e vendê-los nas Américas. Esse era um comércio muito lucrativo, e a Real Companhia Africana se deparou com vários desafios, uma vez que o restante do comércio inglês no Atlântico era livre. Em 1689, a companhia confiscou a carga de uma empresa clandestina chamada Nightingale, que reagiu abrindo um processo por confisco ilegal de bens. O presidente da Suprema Corte, Holt, determinou que o confisco era ilegal, uma vez que se baseava no exercício de um monopólio criado por prerrogativa real. Holt afirmou que os privilégios de monopólio só podiam ser criados por estatuto, e isso era atribuição do Parlamento. Desse modo, todos os futuros monopólios, não só o da Real Companhia

Africana, ficaram nas mãos do Parlamento. Antes de 1688, Jaime II teria retirado do cargo qualquer juiz que tomasse uma decisão como essa. Depois de 1688, as coisas eram bem diferentes.

O Parlamento agora precisava decidir o que fazer com o monopólio, e começaram a receber petições de todo lado. Cento e trinta e cinco chegaram de empresas clandestinas exigindo livre acesso ao comércio no Atlântico. Embora tenha respondido na mesma moeda, a Real Companhia Africana não podia esperar fazer frente nem à quantidade nem ao escopo das petições que pediam seu fim. Os clandestinos conseguiram formular sua oposição não apenas em termos de interesse próprio e mesquinho, mas também dizendo trabalhar pelo interesse nacional, o que era verdade. Como resultado, só 5 das 135 petições foram assinadas pelos próprios clandestinos, e 73 foram enviadas por províncias nas imediações de Londres, contra 8 a favor da companhia. Das colônias, onde o peticionamento também era permitido, os clandestinos conseguiram 27 petições, contra 11 da companhia. Os clandestinos também reuniram muito mais assinaturas nas petições, num total de 8 mil, contra 2.500 da companhia. A disputa continuou até 1698, quando o monopólio da Real Companhia Africana foi abolido.

Junto com esse novo foro para a determinação das instituições econômicas e com essa nova responsividade depois de 1688, os parlamentares deram início a uma série de mudanças fundamentais nas instituições econômicas e nas políticas governamentais que, em última instância, pavimentariam o caminho para a Revolução Industrial. Os direitos de propriedade que haviam sido erodidos durante o regime dos Stuarts foram fortalecidos. O Parlamento deu início a um processo de reforma das instituições econômicas para promover as manufaturas, em vez de apenas tributá-las e impedir sua existência. O "imposto sobre lareira" — uma taxa anual por lareira ou forno, que pesava sobretudo para manufatureiros, que se opunham ferozmente à cobrança — foi abolido em 1689, logo depois de Guilherme e Maria ascenderem ao trono. No lugar de taxar lareiras, o Parlamento passou a tributar a terra.

A redistribuição da carga tributária não foi a única política pró-manufaturas que o Parlamento apoiou. Foi aprovado todo um pacote de atos e leis que expandiam o mercado e a lucratividade de tecidos de lã. Tudo isso fazia sentido politicamente, uma vez que muitos dos parlamentares que se opunham a Jaime tinham grandes investimentos nesses empreendimentos de manufatura nascentes. O Parlamento também aprovou leis autorizando uma reorganização completa dos direitos de propriedade sobre a terra, permitindo a consolidação e a eliminação de muitas formas arcaicas de propriedade e de direitos de uso.

Outra prioridade do Parlamento foi a reforma das finanças. Apesar da expansão dos serviços bancários e das finanças no período anterior à Revolução Gloriosa, esse processo só foi consolidado em 1694, com a criação do Banco da Inglaterra como fonte de recursos para a indústria. Foi outra consequência direta da Revolução Gloriosa. A fundação do Banco da Inglaterra pavimentou o caminho para uma "revolução financeira", que levou a uma grande expansão dos mercados financeiros e da atividade bancária. No início do século XVIII, qualquer um capaz de apresentar as devidas garantias podia ter acesso a um empréstimo. Ilustram esse fato os registros que sobreviveram intactos de um banco relativamente pequeno, o C. Hoare & Co. em Londres, do período que vai de 1702 a 1724. Embora o banco efetivamente emprestasse dinheiro para aristocratas e lordes, dois terços dos maiores tomadores de empréstimos do Hoare ao longo desse período não vinham das classes sociais privilegiadas. Eram mercadores e empresários, entre os quais um certo John Smith, um nome usado para definir o típico cidadão médio inglês, que, entre 1715 e 1719, obteve um empréstimo de 2,6 mil libras esterlinas do banco.

Até aqui, enfatizamos como a Revolução Gloriosa transformou as instituições políticas inglesas, tornando-as mais plurais, e como também começou a criar as fundações para instituições econômicas inclusivas. Há mais uma mudança significativa que ocorreu em decorrência da Revolução Gloriosa: o Parlamento deu continuidade ao processo de centralização política iniciado pelos Tudors. Isso não se resumiu a um aumento das restrições nem ao fato de o Estado passar a regular a economia de uma nova forma ou a gastar dinheiro em coisas diferentes, mas também à maior capacidade do Estado em todos os sentidos. Isso mais uma vez ilustra os elos entre centralização política e pluralismo: o Parlamento tinha se oposto a tornar o Estado mais eficiente e mais bem aparelhado antes de 1688 por não ter como controlá-lo. Depois de 1688, a história foi diferente.

O Estado começou a se expandir, e os gastos logo chegaram perto de 10% da renda nacional. Isso foi sustentado por uma expansão da base de tributação, particularmente no que diz respeito ao imposto sobre consumo, cobrado sobre uma longa lista de bens produzidos no país. Era um orçamento estatal bem grande para a época — na verdade, é maior do que vemos hoje em muitas partes do mundo. Os orçamentos estatais da Colômbia, por exemplo, só atingiram esse tamanho relativo nos anos 1980. Sem os grandes fluxos de ajuda estrangeira, em muitas partes da África subsaariana — por exemplo, em Serra Leoa —, o orçamento estatal de hoje seria bem menor, proporcionalmente ao tamanho da economia.

Contudo, a expansão do Estado é apenas parte do processo de centralização política. Mais relevante foi a forma qualitativa como o Estado funcionou e o modo como se comportavam aqueles que o controlavam e que trabalhavam nele. A construção de instituições estatais na Inglaterra remontava à Idade Média, mas, como vimos, os passos decisivos rumo à centralização política e ao desenvolvimento de uma administração moderna foram dados por Henrique VII e Henrique VIII. No entanto, o Estado ainda estava longe da forma moderna que emergiria depois de 1688. Por exemplo, muitas indicações para cargos eram feitas com base em critérios políticos, e não em função de mérito ou talento, e o Estado ainda tinha capacidade muito limitada para elevar tributos.

Depois de 1688, o Parlamento começou a melhorar a capacidade de aumentar as receitas por meio de taxação, um desenvolvimento bem exemplificado pela burocracia do imposto sobre consumo, que se expandiu depressa, passando de 1.211 funcionários em 1690 para 4.800 em 1780. Os inspetores do imposto sobre o consumo estavam espalhados pelo país, supervisionados por coletores que faziam viagens de inspeção para medir e conferir a quantidade de pão, cerveja e outros bens sujeitos a tributação. O tamanho dessa operação é ilustrado pela reconstrução das rotas do supervisor George Cowperthwaite, realizada pelo historiador John Brewer. Entre 12 de junho e 5 de julho de 1710, o supervisor viajou 467 quilômetros no distrito de Richmond, em Yorkshire. Durante esse período, visitou 263 revendedores, 71 fabricantes de malte, 20 fabricantes de velas e um cervejeiro. Ao todo, realizou 81 medições de produção e conferiu o trabalho de nove inspetores que eram seus subordinados. Oito anos depois, Cowperthwaite pode ser encontrado trabalhando com o mesmo afinco, mas agora no distrito de Wakefield, em uma parte diferente de Yorkshire. Na região, viajou em média mais de 30 quilômetros por dia e trabalhou seis dias por semana, geralmente inspecionando quatro ou cinco estabelecimentos. Nos domingos, sua folga, ele fazia suas anotações, por isso temos um registro completo de suas atividades. Na verdade, o sistema de tributação de consumo tinha um registro bastante sofisticado. Os funcionários mantinham três tipos de registro, que precisavam coincidir, e qualquer adulteração era considerada infração grave. Esse nível extraordinário de supervisão estatal sobre a sociedade excede o que a maioria dos países pobres consegue realizar hoje, e isso ocorria em 1710. Também é significativo que, depois de 1688, o Estado tenha começado a fazer mais nomeações para cargos com base em talento e menos em indicações políticas e tenha desenvolvido uma poderosa infraestrutura para administrar o país.

A Revolução Industrial

A Revolução Industrial se manifestou em todos os aspectos da economia inglesa. Houve grandes melhorias nos transportes, na metalurgia e nos motores a vapor. Mas as áreas em que ocorreram as melhorias mais significativas foi a da mecanização da produção de têxteis e a do desenvolvimento de fábricas para a produção desses manufaturados. Esse processo dinâmico foi iniciado pelas mudanças institucionais advindas da Revolução Gloriosa. Não se tratava apenas da abolição dos monopólios domésticos, obtida em 1640, nem das diferenças de taxas ou do acesso às finanças. Tratava-se de uma reorganização dos fundamentos das instituições econômicas em favor de inovadores e empreendedores, baseada no surgimento de direitos sobre a propriedade mais seguros e mais eficientes.

As melhorias na segurança e na eficiência dos direitos de propriedade desempenharam papel central na "revolução dos transportes", pavimentando o caminho para a Revolução Industrial. O investimento em canais e estradas, conhecidos como pedágios, aumentaram tremendamente depois de 1689. Esses investimentos reduziram os custos de transporte, o que ajudou a criar um importante pré-requisito para a Revolução Industrial. Antes de 1688, os investimentos nesse tipo de infraestrutura foram impedidos por atos arbitrários dos reis Stuarts. A mudança na situação depois de 1688 é ilustrada pelo caso do rio Salwerpe, em Worcestershire, na Inglaterra. Em 1662, o Parlamento aprovou uma lei para incentivar investimentos que tornassem o rio navegável, e a família Baldwyn investiu 6 mil libras esterlinas com esse objetivo. Em 1693, uma proposta de lei apresentada ao Parlamento pretendia transferir os direitos de taxação sobre a navegação para o conde de Shrewsbury e o lorde Coventry. Esse ato foi contestado por Sir Timothy Baldwyn, que imediatamente submeteu uma petição ao Parlamento afirmando que a proposta em sua essência estava expropriando seu pai, que já tinha feito grandes investimentos no rio, antecipando as taxas que poderia cobrar. Baldwyn argumentou que "a nova lei tende a anular a lei antiga e a desprezar todos os trabalhos e materiais usados para esse fim". A realocação de direitos como esse era exatamente o tipo de coisa que os reis Stuarts faziam. Baldwyn observou: "São perigosas as consequências da retirada, de qualquer pessoa, de direitos adquiridos por ato do Parlamento, sem consentimento do próprio

Parlamento". Na ocasião, a nova lei não foi aprovada, e os direitos de Baldwyn foram assegurados. Os direitos de propriedade ficaram muito mais seguros depois de 1688, em parte porque assegurá-los era coerente com os interesses do Parlamento e em parte em função das instituições pluralistas que permitiam a influência das petições no processo. Depois de 1688, o sistema político se tornou significativamente mais pluralista e criou uma relativa igualdade na Inglaterra.

Por trás da revolução dos transportes e, de modo mais geral, da reorganização da terra que ocorreu no século XVIII, estavam atos parlamentares que mudaram a natureza da propriedade. Até 1688 existia até mesmo a ficção legal de que, em última instância, todas as terras da Inglaterra pertenciam à Coroa, um legado direto da organização feudal da sociedade. Muitos terrenos estavam submetidos a formas arcaicas de direitos de propriedade e muitas reivindicações de direito à posse. Uma grande quantidade de terras se enquadrava na definição de *equitable estates*, o que significava que o proprietário não tinha direito a hipotecar, arrendar ou vender a terra. Era frequente que terras comuns só pudessem ser usadas para finalidades tradicionais. Havia enormes impedimentos o uso da terra de modos economicamente desejáveis. O Parlamento começou a mudar essa situação, permitindo a apresentação de petições solicitando a simplificação e a reorganização dos direitos de propriedade, alterações que foram posteriormente incorporadas a centenas de atos do Parlamento.

Essa reorganização das instituições econômicas também se manifestou no surgimento de uma agenda para proteger a produção nacional de têxteis contra as importações de outros países. Não é de surpreender que os parlamentares e seus eleitores não se opusessem a todas as barreiras de entrada e a todos os monopólios. As barreiras e os monopólios que aumentassem seus mercados e lucros eram bem-vindos. No entanto, o crucial é que as instituições políticas pluralistas — o fato de o Parlamento representar, ouvir e conferir poder a uma ampla parcela da sociedade — faziam com que essas barreiras de entrada não sufocassem outros industriais nem impedissem completamente a chegada de novos atores econômicos, como a *Serrata* fez em Veneza (Capítulo 6). Os poderosos manufatureiros de lã descobriram isso bem rápido.

Em 1688, a lista das mais importantes importações da Inglaterra incluía tecidos da Índia — chita e musselina —, que respondiam por cerca de um quarto de todas as importações de têxteis. As sedas da China também eram importantes. A chita e a seda eram importadas pela Companhia das Índias Orientais, que antes de 1688 desfrutava um monopólio concedido pelo Estado para o comércio com a Ásia. Entretanto, o monopólio e o poder político da Companhia das Índias Ocidentais era mantido por meio de grandes propinas pagas a Jaime II. Depois de 1688, a companhia estava numa situação vulnerável e logo passou a ser atacada. Esse ataque aconteceu sob a forma de uma intensa guerra de petições em que comerciantes que pretendiam fazer comércio com o Extremo Oriente e a Índia exigiam que o Parlamento aprovasse a concorrência com a Companhia das Índias Orientais, ao passo que a companhia respondeu com outras petições, além de ofertas para emprestar dinheiro ao Parlamento. A companhia perdeu, e foi fundada uma Companhia das Índias Orientais concorrente. Os produtores de têxteis, porém, não queriam apenas participação no comércio com a Índia; queriam que a importação de têxteis baratos (chita) fosse tributada ou até mesmo banida. Esses produtores enfrentavam forte concorrência dos importados indianos. A essa altura, os mais importantes manufatureiros ingleses produziam têxteis de lã, mas os produtores de tecidos de algodão estavam ganhando mais importância econômica e mais poder político.

A indústria da lã organizava tentativas para se proteger desde a década de 1660 ela promoveu as "Leis Suntuárias", que, entre outras coisas, proibiam o uso de tecidos mais leves. Também fez lobby no Parlamento para que fossem aprovadas, em 1666 e em 1678, leis que proibissem qualquer sepultamento feito com mortalhas que não fossem de lã. Ambas as medidas protegeram o mercado para os produtos de lã e reduziram a concorrência que os fabricantes ingleses enfrentavam da Ásia. No entanto, nesse período a Companhia das Índias Orientais era forte demais para que conseguissem restringir as importações dos têxteis asiáticos. A maré mudou depois de 1688. Entre 1696 e 1698, os fabricantes de lã da Ânglia Oriental e do sudoeste inglês se aliaram a tecelões de seda de Londres e da Cantuária e à Companhia do Levante para restringir as importações. Os importadores de seda do Levante desejavam excluir a seda asiática e criar um nicho para o Império Otomano, ainda que tivessem perdido o monopólio desse comércio. Essa coalizão começou a apresentar projetos de lei ao Parlamento para restringir o uso de algodão e sedas vindos da Ásia, além de propor restrições ao tingimento e ao uso de estampas em tecidos asiáticos na Inglaterra. Como resposta, em 1701 o Parlamento finalmente aprovou "uma lei para o emprego mais eficaz dos pobres, pelo incentivo dos manufaturados desse reino". A partir de setembro de 1701, o texto decretava: "Fica proibido o uso de todas as sedas, sedas de Bengala e tecidos que contenham mescla de seda ou ervas manufaturadas na Pérsia, na China ou nas Índias Orientais, e de toda chita pintada, tingida, estampada ou colorida lá que sejam ou venham a ser importadas."

Passava a ser ilegal vestir sedas e chitas asiáticas na Inglaterra. No entanto, ainda era possível importá-las e depois reexportá-los para a Europa ou outros lugares, em particular as colônias americanas. Além disso, chitas simples podiam ser importadas e receber acabamento na Inglaterra, e as musselinas ficaram de fora do banimento. Depois de uma longa disputa, essas brechas, como eram vistas pelos fabricantes ingleses de têxteis de lã, foram fechadas pela Lei da Chita de 1721: "Depois de 25 de dezembro de 1722, será considerado ilegal o uso, por quaisquer pessoas na Grã-Bretanha, em qualquer roupa ou vestimenta, de todo tipo de chita estampada, pintada, colorida ou tingida." Embora acabasse com a concorrência asiática aos produtores ingleses de lã, essa lei ainda permitia que uma indústria nacional ativa de algodão e de linho concorresse com as lãs: o algodão e o linho eram misturados para produzir um tecido popular chamado fustão. Depois de ter excluído a concorrência asiática, a indústria da lã se virou para suprimir o linho.

O tecido era fabricado principalmente na Escócia e na Irlanda, o que abria uma brecha para que a coalizão inglesa exigisse a exclusão desses países do mercado inglês. No entanto, havia limites para o poder dos fabricantes de lã. Suas novas tentativas encontraram forte oposição dos produtores de fustão nos florescentes centros industriais de Manchester, Lancaster e Liverpool. A existência de instituições políticas pluralistas significava que todos esses diferentes grupos agora tinham acesso ao processo político no Parlamento por meio do voto e, mais importante, das petições. Embora tenham sido feitas muitas petições por ambos os lados, com grandes quantidades de assinaturas contra e a favor, o resultado desse conflito foi uma vitória dos novos interesses em detrimento dos interesses da indústria da lã. O Ato de Manchester de 1736 afirmava que "grandes quantidades de produtos feitos a partir de linho e algodão vêm sendo fabricados nos últimos anos e têm sido estampados e pintados neste reino da Grã-Bretanha". O texto prosseguia determinando que "nada no dito Ato [de 1721] deve se estender ou ser interpretado de modo a proibir o uso em vestimentas, objetos domésticos, mobília ou o que mais seja, de qualquer tipo de produto de linho e algodão fabricado e estampado ou pintado de quaisquer cores dentro do reino da Grã-Bretanha".

O Ato de Manchester foi uma vitória significativa para a indústria nascente do algodão. No entanto, sua importância histórica e econômica foi de fato muito maior. Primeiro, demonstrava os limites das barreiras de entrada que as instituições políticas pluralistas da Inglaterra parlamentar permitiriam. Além disso, ao longo dos cinquenta anos seguintes as inovações tecnológicas na manufatura dos têxteis de algodão teriam papel central na Revolução Industrial e gerariam transformações fundamentais na sociedade ao introduzir o sistema fabril.

Depois de 1688, apesar da disputa mais igualitária dentro da Inglaterra, o Parlamento se esforçou para que continuasse havendo desigualdade no âmbito internacional. Isso ficou evidente não apenas pelas Leis da Chita, como também pelos Atos de Navegação, o primeiro aprovado em 1651, e que continuaram vigentes, com interrupções, por duzentos anos. O objetivo desses atos era facilitar o monopólio inglês do comércio internacional — mas um aspecto crucial era que a monopolização seria feita pelo setor privado, e não pelo Estado. O princípio básico era que o comércio inglês devia ser realizado em navios ingleses. Os atos tornaram ilegal que navios estrangeiros transportassem mercadorias de fora da Europa para a Inglaterra ou suas colônias e igualmente ilegal que navios de outros países levassem mercadorias de outra parte da Europa para a Inglaterra. Essa vantagem aumentou os lucros dos comerciantes e fabricantes ingleses e pode ter incentivado ainda mais a inovação nessas atividades novas e altamente lucrativas.

Em 1760, a combinação desses fatores — direitos de propriedade novos e aprimorados, melhor infraestrutura, um novo regime fiscal, maior acesso às finanças e proteção agressiva aos comerciantes e fabricantes — começava a fazer efeito. Depois dessa data, houve um salto no número de invenções patenteadas, e o grande florescimento de mudanças tecnológicas que estaria no coração da Revolução Industrial começou a ficar evidente. As inovações ocorreram em muitas frentes, refletindo o melhor ambiente institucional. Uma área crucial era a energia, sendo o exemplo mais famoso as transformações no uso do motor a vapor resultantes das ideias de James Watt, na década de 1760.

O avanço inicial obtido por Watt foi a introdução de uma câmara separada de condensação para o vapor, de modo que o cilindro que abrigava o pistão pudesse se manter permanentemente quente, em vez de ter que ser aquecido e resfriado. Mais tarde, Watt desenvolveu muitas outras ideias, inclusive métodos bem mais eficientes para converter o movimento do motor a vapor em energia utilizável, principalmente com seu sistema de engrenagens denominado "sol e planetas". Em todas essas áreas, as inovações tecnológicas foram baseadas em trabalhos anteriores de outras pessoas. No caso do motor a vapor, isso incluía trabalhos iniciais do inventor inglês Thomas Newcomen e do físico e inventor francês Dionysius Papin.

A história da invenção de Papin é outro exemplo de como, numa sociedade com instituições extrativistas, a ameaça da destruição criativa impede a mudança tecnológica. Papin desenvolveu o projeto de um "digestor a vapor" em 1679 e, em 1690, o ampliou para um motor a pistão. Em 1705, usou esse motor rudimentar para construir o primeiro barco a vapor do mundo. A essa altura, era professor de matemática na Universidade de Marburgo, na Alemanha, no estado de Kassel. Ele decidiu percorrer com sua embarcação o rio Fulda até o rio Weser. Qualquer embarcação que fizesse essa viagem era forçada a parar na cidade de Münden. Na época, o tráfego fluvial no Fulda e no Weser era monopólio de uma guilda de barqueiros. Papin deve ter percebido que teria problemas. Seu amigo e mentor, o famoso físico alemão Gottfried Leibniz, escreveu para o eleitor de Kassel, o chefe de Estado, pedindo que Papin tivesse permissão para "passar sem ser incomodado" por Kassel. No entanto, a petição foi recusada, e Leibniz recebeu uma resposta lacônica, informando que "Os Conselheiros do Eleitorado encontraram sérios obstáculos para conceder o acima peticionado e, sem oferecer as razões, dirigiram-se a mim para me informar de sua decisão. Em consequência, a solicitação não foi atendida por Sua Alteza, o eleitor". Sem se deixar abater, Papin decidiu fazer a viagem mesmo assim. Quando o barco a vapor chegou a Münden, a guilda de barqueiros tentou convencer um juiz local a ordenar sua apreensão, mas não teve êxito. Eles então destruíram a embarcação e o motor de Papin, que morreu pobre e foi enterrado em um túmulo sem lápide. Na Inglaterra dos Tudors ou dos Stuarts, Papin poderia ter recebido um tratamento igualmente hostil, mas tudo mudou depois de 1688. Na verdade, antes desse ataque, Papin pretendia ir a Londres com seu barco.

Na metalurgia, contribuições fundamentais foram feitas na década de 1780 por Henry Cort, que introduziu novas técnicas para lidar com impurezas no ferro, permitindo que se produzisse ferro forjado de muito melhor qualidade. A produção de vastas quantidades de ferro forjado com as técnicas de Cort foi facilitada pelas inovações de Abraham Darby e seus filhos, pioneiros a partir de 1709 no uso de carvão para fundir ferro. Esse processo foi aprimorado em 1763 pela adaptação, feita por John Smeaton, de energia hídrica para operar cilindros de sopro na produção de coque. Depois disso, o carvão vegetal sumiu do processo de produção do ferro, substituído pelo carvão mineral, muito mais barato e disponível.

Embora a inovação obviamente seja um processo cumulativo, houve nítida aceleração em meados do século XVIII. Em nenhuma outra indústria isso é mais visível do que na produção de têxteis. A mais básica das operações nesse tipo de produção é a fiação, que envolve pegar fibras de plantas ou animais, como o algodão ou a lã, e uni-las para fabricar um fio. Esse fio é depois tecido para a fabricação dos têxteis. Uma das grandes inovações tecnológicas do período medieval foi a roda de fiar, que substituiu a fiação feita a mão. Essa invenção surgiu em torno de 1280 na Europa, provavelmente disseminada a partir do Oriente Médio. Os métodos de fiar não mudaram até o século XVIII. Inovações significativas começaram em 1738, quando Lewis Paul patenteou um novo método de fiar usando tambores para substituir as mãos humanas na coleta das fibras que seriam transformadas em fio. A máquina, contudo, não funcionou bem, e foram as inovações de Richard Arkwright e James Hargreaves que revolucionaram a fiação.

Em 1769, Arkwright, uma das figuras dominantes da Revolução Industrial, patenteou sua máquina de fiar hidráulica, que representava uma imensa melhoria em relação à máquina de Lewis. Ele formou uma sociedade com Jedediah Strutt e Samuel Need, fabricantes de roupas íntimas. Em 1771, eles construíram uma das primeiras fábricas do mundo, em Cromford. As novas máquinas eram movidas a água, porém Arkwright mais tarde fez a transição crucial para o vapor. Em 1774, sua firma empregava seiscentos trabalhadores, e ele expandiu bastante os negócios, chegando a instalar fábricas em Manchester, Matlock, Bath e New Lanark, na Escócia. As inovações de Arkwright foram complementadas pela invenção, em 1764, da máquina de fiar Jenny (*spinning jenny*), de Hargreaves, que seria aprimorada por Samuel Crompton em 1779, para se transformar na máquina de fiar mule (*spinning mule*), e mais tarde por Richard Roberts, passando a se chamar "mule automática". Os efeitos dessas inovações foram revolucionários: no início do século, eram necessárias 50 mil horas para fiar a mão 50 quilos de algodão. A máquina movida a água de Arkwright podia fazer o mesmo em 300 horas, e a mule automática, em 135.

Junto com a mecanização do trabalho de fiar veio a mecanização da tecelagem. Um primeiro e importante passo foi a invenção da lançadeira transportadora, por John Kay, em 1733. Embora a princípio a máquina tenha apenas aumentado a produtividade da tecelagem manual, seu impacto mais duradouro estaria no fato de abrir caminho para a tecelagem mecanizada. A partir da lançadeira transportadora, Edmund Cartwright introduziu o tear mecânico em 1785, a primeira de uma série de inovações que levariam as máquinas a substituir as habilidades manuais na tecelagem, assim como vinha acontecendo no trabalho de fiar.

A indústria têxtil inglesa não foi apenas o motor por trás da Revolução Industrial, também revolucionou a economia mundial. As exportações inglesas, lideradas pelos têxteis de algodão, duplicaram entre 1780 e 1800. Foi o crescimento desse setor que impulsionou a economia. A combinação de inovações tecnológicas e organizacionais oferece o modelo para o progresso econômico que transformou as economias do mundo que enriqueceram.

Novas pessoas com novas ideias foram cruciais para essa transformação. Pense na inovação dos transportes. Na Inglaterra, houve várias ondas dessas inovações: primeiro, canais, depois estradas e, por fim, ferrovias. Em cada uma dessas ondas, os inovadores não faziam parte do mercado. Os canais começaram a ser desenvolvidos na Inglaterra depois de 1770, e em 1810 já ligavam muitas das mais importantes áreas de manufatura. À medida que a Revolução Industrial avançava, desempenharam um importante papel na redução dos custos de transporte para levar de um lado para outro os novos e volumosos produtos finais da indústria, como tecidos de algodão, e os insumos usados em sua fabricação, particularmente o algodão cru e o carvão para os motores a vapor. Entre os primeiros inovadores na construção de canais estavam homens como James Brindley, contratado pelo duque de Bridgewater para construir o canal de Bridgewater, que fez a ligação entre a importantíssima cidade industrial de Manchester e o porto de Liverpool. Nascido na zona rural, em Derbyshire, Brindley era construtor de moinhos, e sua reputação de encontrar soluções criativas para problemas de engenharia chegou aos ouvidos do duque. Ele não tinha experiência com problemas de transporte, o que também valia para outros grandes engenheiros de canais como Thomas Telford, que começou a vida como pedreiro, ou John Smeaton, engenheiro e fabricante de instrumentos.

Assim como os grandes engenheiros de canais, os grandes engenheiros de estradas e ferrovias também não tinham experiência prévia com transportes. John McAdam, que inventou o macadame em torno de 1816, era o segundo filho de um pequeno aristocrata. O primeiro trem a vapor foi construído por Richard Trevithick, em 1804. O pai de Trevithick estava envolvido com mineração em Cornwall, e Richard começou a trabalhar no negócio ainda novo, deixando-se fascinar pelos motores a vapor usados para bombear as minas. Mais significativas foram as inovações de George Stephenson, filho de pais analfabetos e inventor do famoso trem *The Rocket*, que começou trabalhando como engenheiro em uma mina de carvão.

Pessoas de áreas diferentes também estiveram por trás da importante indústria de têxteis de algodão. Alguns dos pioneiros dessa nova indústria estiveram profundamente envolvidos na produção e no comércio de artigos de lã. John Foster, por exemplo, empregava setecentos tecelões manuais na indústria de artigos de lã quando passou para o algodão e abriu a Black Dyke Mills, em 1835. Mas homens como Foster eram minoria. Apenas cerca de um quinto dos principais industriais da época já tinha exercido algo parecido com atividades de manufatura. Não é de surpreender. Afinal, a indústria do algodão se desenvolveu em novas cidades no norte da Inglaterra. As fábricas eram um modo completamente novo de organizar a produção. A indústria da lã tinha um arranjo muito diferente: enviava os materiais para a casa dos indivíduos que fiavam e teciam a fibra. Portanto, a maior parte da indústria da lã estava mal preparada para trabalhar com algodão, como Foster. Os novatos na indústria eram necessários para desenvolver e usar as novas tecnologias. A rápida expansão do algodão dizimou a indústria da lã — a destruição criativa em ação.

A destruição criativa redistribui não apenas renda e riqueza, mas também poder político, como William Lee aprendeu ao ver o pouco entusiasmo que as autoridades, temerosas das consequências políticas, demonstraram com sua invenção. À medida que a economia industrial se expandia em Manchester e Birmingham, os novos donos de fábricas e os grupos de classe média que surgiam no entorno começaram a protestar por não poderem votar e contra as políticas do governo contrárias a seus interesses. Seu alvo prioritário eram as Leis dos Cereais, que baniam a importação de todo tipo de grãos e cereais, mas principalmente o trigo, caso o preço fosse baixo demais, garantindo os lucros dos grandes proprietários de terra. Essa política era excelente para os latifundiários que produziam trigo, mas péssima para os manufatureiros, que precisavam pagar salários mais altos para compensar o alto preço do pão.

Com os trabalhadores concentrados em novas fábricas e novos centros industriais, passou a ser mais fácil se organizar e provocar rebeliões. Na década de 1820, a exclusão política dos novos manufatureiros e dos centros de manufaturas estava ficando insustentável. Em 16 de agosto de 1819, foi marcado um protesto contra o sistema político e as medidas do governo em St. Peter's Fields, em Manchester. O organizador era Joseph Johnson, fabricante local de pincéis e um dos fundadores do jornal radical *Manchester Observer*. Entre os outros organizadores estavam John Knight, fabricante de algodão e reformista, e John Thacker Saxton, editor do *Manchester Observer*. Sessenta mil manifestantes se reuniram, muitos com cartazes com dizeres como "Abaixo as Leis dos Cereais", "Sufrágio universal" e "Voto na cédula" (exigindo voto secreto, e não aberto, como acontecia em 1819). As autoridades estavam bastante nervosas com o protesto, e uma força de seiscentos homens do Décimo Quinto Regimento de Cavalaria de Hussardos foi convocada. Quando os discursos começaram, um magistrado local decidiu emitir um mandado para prender os oradores. Na tentativa de cumprir o mandado, a polícia enfrentou oposição da multidão, e teve início uma briga. Os hussardos avançaram contra a multidão. Em poucos minutos caóticos, onze pessoas morreram e provavelmente seiscentas ficaram feridas. O *Manchester Observer* chamou o episódio de Massacre de Peterloo.

Porém, considerando as mudanças que já haviam ocorrido nas instituições econômicas e políticas, a repressão não era uma solução de longo prazo para a Inglaterra. O Massacre de Peterloo foi um incidente isolado. Depois do motim, as instituições políticas na Inglaterra cederam à pressão e à ameaça de desestabilização que seria causada por um descontentamento social muito maior, particularmente depois da revolução de 1830 na França contra Carlos X, que tentara restaurar o absolutismo destruído pela Revolução Francesa de 1789. Em 1832, o governo aprovou a Primeira Lei de Reforma. A lei dava direito a voto para Birmingham, Leeds, Manchester e Sheffield e ampliava a base de eleitores para que os manufatureiros tivessem representação no Parlamento. A consequente mudança no poder fez com que as políticas andassem na direção que favorecia os interesses que passaram a ser representados; em 1846, eles conseguiram fazer com que as detestadas Leis dos Cereais fossem revogadas, demonstrando mais uma vez que a destruição criativa causava redistribuição não apenas de renda, mas também de poder político. E, naturalmente, as mudanças na distribuição de poder político com o tempo levariam a uma maior redistribuição de renda.

Foi a natureza inclusiva das instituições inglesas que permitiu esse processo. Aqueles que sofreram com a destruição criativa e a temiam já não tinham como impedi-la.

Por que na Inglaterra?

A Revolução Industrial começou e deu seus maiores passos na Inglaterra em função de suas instituições econômicas singularmente inclusivas. Essas instituições, por sua vez, foram construídas sobre as bases estabelecidas pelas instituições políticas inclusivas criadas pela Revolução Gloriosa. Foi a Revolução Gloriosa que fortaleceu e racionalizou os direitos de propriedade, aprimorou os mercados financeiros, minou os monopólios sancionados pelo Estado no comércio internacional e removeu as barreiras à expansão da indústria. A Revolução Gloriosa também foi responsável por abrir o sistema político e torná-lo mais responsivo às necessidades econômicas e às aspirações da sociedade. Essas instituições econômicas inclusivas deram a homens de talento e visão, como James Watt, a oportunidade e o incentivo para desenvolver, suas habilidades e ideias e influenciar o sistema de modos que beneficiaram eles próprios e a nação. Naturalmente esses homens, depois de se tornarem bem-sucedidos, tinham as mesmas necessidades de qualquer outra pessoa: eles queriam impedir a entrada de outros agentes em seu ramo de negócio e bloquear a concorrência, além de temer o processo de destruição criativa que poderia tirá-los do mercado, assim como tinham feito, levando outras pessoas à falência. No entanto, esse processo ficou mais difícil a partir de 1688. Em 1775, Richard Arkwright adquiriu uma patente abrangente com a qual esperava obter o futuro monopólio sobre a indústria da fiação de algodão, que se expandia depressa, mas não conseguiu essa garantia com o Judiciário.

Por que esse processo singular teve início na Inglaterra e por que no século XVII? Por que a Inglaterra desenvolveu instituições políticas pluralistas e rompeu com as instituições extrativistas? Como vimos, os desdobramentos políticos que levaram à Revolução Gloriosa foram moldados por vários processos interligados. O conflito político entre o absolutismo e seus oponentes teve papel central. O resultado desse conflito não só pôs fim às tentativas de criar um absolutismo renovado e mais forte na Inglaterra, como também empoderou aqueles que desejavam mudar os próprios fundamentos das instituições da sociedade. Os oponentes do absolutismo não tentaram apenas construir um tipo diferente de absolutismo. Não se tratava só da Casa de Lancaster ter derrotado a Casa de

York na Guerra das Rosas. A Revolução Gloriosa envolveu o surgimento de um novo regime baseado na regra constitucional e no pluralismo.

Esse resultado foi consequência do distanciamento das instituições inglesas e do modo como elas interagiram com conjunturas críticas. No capítulo anterior, vimos como as instituições feudais foram criadas na Europa Ocidental após o colapso do Império Romano do Ocidente. O feudalismo se espalhou pela maior parte da Europa. Contudo, como o Capítulo 4 demonstrou, a Europa Ocidental e o Leste Europeu começaram a divergir radicalmente depois da peste bubônica. Graças a pequenas diferenças nas instituições políticas e econômicas, o equilíbrio de poder redundou em aprimoramentos institucionais no Ocidente. Mas esse não era um caminho que levaria necessária e inexoravelmente a instituições inclusivas. Muitas outras inflexões cruciais teriam de ocorrer. Embora a Magna Carta tenha sido uma tentativa de estabelecer alguns fundamentos institucionais básicos para o governo constitucional, muitas outras partes da Europa, mesmo do Leste Europeu, viram disputas semelhantes com documentos semelhantes. No entanto, depois da peste, a Europa Ocidental se distanciou significativamente da porção leste. Documentos como a Magna Carta começaram a ter mais força no Ocidente. No leste, não significaram grande coisa. Na Inglaterra, mesmo antes dos conflitos do século XVII, a norma estabelecia que o rei não podia criar novos impostos sem o consentimento do Parlamento. Igualmente importante foi a passagem lenta e gradual do poder das elites para uma parcela dos cidadãos, como exemplificado pela mobilização política das comunidades rurais, vista na Inglaterra em momentos como a Revolta Camponesa de 1381.

A diferenciação das instituições agora interagia com outra conjuntura crítica causada pela grande expansão do comércio no Atlântico. Como vimos no Capítulo 4, o fato de a Coroa ter ou não a capacidade de monopolizar esse comércio influenciaria a futura dinâmica institucional de modo crucial. Em virtude do poder um pouco maior do Parlamento, os monarcas Tudors e Stuarts não conseguiram levar isso a cabo. Dessa forma, surgiu uma nova classe de mercadores e negociantes que se opunham agressivamente ao plano de criar um absolutismo na Inglaterra. No ano de 1686, em Londres, por exemplo, 702 mercadores exportavam para o Caribe e 1.283 importavam. A América do Norte tinha 691 exportadores e 626 importadores. Eles empregavam almoxarifes, marinheiros, capitães, estivadores, escriturários — todas as pessoas que compartilhavam seus interesses. Outros portos vibrantes, como Bristol, Liverpool e Portsmouth, também estavam cheios de mercadores. Essa nova classe de comerciantes desejava e exigia instituições econômicas diferentes, e, à medida que enriquecia, se tornava mais poderosa. As mesmas forças agiam na França, na Espanha e em Portugal, mas lá os reis tinham uma capacidade muito maior de controlar o comércio e seus lucros. O tipo de grupo que iria transformar a Inglaterra chegou a surgir nesses países, mas, tanto em quantidade quanto em força, eram consideravelmente menores.

Quando o Parlamento Longo foi convocado e a Guerra Civil eclodiu, em 1642, esses mercadores se alinharam majoritariamente com a causa dos parlamentares. Na década de 1670, estavam profundamente envolvidos na formação do Partido Whig para se opor ao absolutismo dos Stuarts, e, em 1688, teriam papel fundamental na deposição de Jaime II. As oportunidades crescentes de negócios apresentadas pelas Américas, a entrada massiva de mercadores ingleses nesse comércio e o desenvolvimento econômico das colônias, assim como as fortunas que conquistaram no processo, mudaram o equilíbrio de poder em seu favor na disputa entre a monarquia e os que se opunham ao absolutismo.

Talvez ainda mais decisivo foi que, com o surgimento e o empoderamento de diversos interesses — que iam desde a pequena nobreza, uma classe de fazendeiros comerciantes que surgira no período Tudor, até diferentes tipos de manufatureiros e comerciantes transatlânticos —, a coalizão contra o absolutismo dos Stuarts era não só forte, como também ampla. Essa coalizão ficou ainda mais forte com a criação do Partido Whig, na década de 1670, que formou uma organização para que seus interesses fossem defendidos. Esse ganho de poder foi o que deu sustentação ao pluralismo depois da Revolução Gloriosa. Caso todos aqueles que combatiam os Stuarts tivessem os mesmos interesses, seria muito mais provável que essa derrubada fosse praticamente uma repetição da disputa entre a Casa de Lancaster e a Casa de York, jogando um pequeno grupo contra o outro e, em última instância, substituindo e recriando instituições extrativistas iguais ou muito semelhantes. Uma coalizão ampla significava maiores demandas pela criação de instituições políticas pluralistas. Sem algum tipo de pluralismo, haveria o perigo de que um dos diversos grupos usurpasse o poder à custa dos outros. Depois de 1688, o Parlamento passou a representar uma coalizão muito ampla, fator crucial para levar seus membros a ouvir petições, mesmo as de pessoas de fora ou que não tinham direito a voto. Isso foi decisivo para impedir as tentativas de um grupo criar um monopólio à custa do restante, como a indústria da lã tentou antes do Ato de Manchester.

A Revolução Gloriosa foi marcante por ter sido liderada por uma frente ampla e arrojada e por ter dado ainda mais poder a seus integrantes, que conseguiram forjar um regime constitucional que limitava o poder tanto do Executivo quanto — o que é igualmente importante — de qualquer um de seus membros. Foram essas restrições, por exemplo, que impediram os fabricantes de lã de esmagarem a potencial concorrência dos fabricantes de algodão e fustão. Assim, essa frente ampla foi essencial para que se criasse um Parlamento forte depois de 1688, mas também significou que havia contrapesos dentro da casa legislativa contra qualquer grupo que se tornasse influente demais e abusasse de seu poder. Esse foi o fator decisivo para o surgimento de instituições políticas pluralistas. O empoderamento de uma frente tão ampla também teve papel importante na permanência e no fortalecimento dessas instituições econômicas e políticas inclusivas, como veremos no Capítulo 11.

No entanto, nada disso fez com que um regime realmente pluralista fosse inevitável, e seu surgimento foi, em parte, consequência do caminho contingente da história. Uma coalizão não muito diferente saiu vitoriosa na Guerra Civil Inglesa contra os Stuarts, mas isso só levou à ditadura de

Oliver Cromwell. A força dessa coalizão também não era garantia de que o absolutismo seria derrotado. Jaime II poderia ter derrotado Guilherme de Orange. O caminho das grandes mudanças institucionais foi, como de costume, tão contingente quanto o resultado de outros conflitos políticos. Isso segue sendo verdade, ainda que o caminho específico da diferenciação institucional que criou a frente ampla oposta ao absolutismo e a conjuntura crítica das oportunidades de comércio no Atlântico tenham diminuído as chances de vitória dos Stuarts. Nesse exemplo, portanto, a contingência e a frente ampla foram fatores decisivos que deram sustentação ao surgimento do pluralismo e das instituições inclusivas.

8.
NÃO NO NOSSO TERRITÓRIO: BARREIRAS PARA O DESENVOLVIMENTO

Impressão proibida

EM 1445, NA CIDADE ALEMÃ DE MAINZ, Johannes Guttenberg revelou uma inovação com profundas consequências para a história econômica posterior: uma prensa de tipos móveis. Até então, os livros eram copiados a mão por copistas, um processo muito lento e trabalhoso, ou estampados com blocos de madeira entalhados individualmente para cada página. Livros eram raros, escassos e muito caros. Depois da invenção de Guttenberg, as coisas começaram a mudar. Os livros passaram a ser impressos, e sua disponibilidade cresceu. Sem essa inovação, a alfabetização e a educação em massa teriam sido impossíveis.

Na Europa Ocidental, a importância da imprensa logo foi reconhecida. Em 1460, já havia uma prensa do outro lado da fronteira, em Estrasburgo, na França. No fim da década de 1460, a tecnologia se espalhara pela Itália, a princípio em Roma e Veneza, e em seguida por Florença, Milão e Turim. Em 1476, William Caxton mantinha uma prensa em Londres, e, dois anos depois, havia outra em Oxford. Durante o mesmo período, a impressão se espalhou para Holanda, Espanha e até o Leste Europeu.

Budapeste teve sua primeira prensa em 1473 e, no ano seguinte, havia outra na Cracóvia.

Mas nem todos consideravam essa inovação desejável. Em 1485, o sultão otomano Bajazeto II publicou um edito declarando que os muçulmanos estavam expressamente proibidos de imprimir em árabe. Essa regra foi reforçada pelo sultão Selim I, em 1515. A primeira prensa só foi instalada em território otomano em 1727, quando o sultão Amade III publicou um decreto que concedia permissão a Ibrahim Müteferrika para imprimir livros. Mesmo esse passo tardio foi cercado de restrições. Embora o decreto falasse do "afortunado dia em que essa técnica ocidental terá retirado o véu, como uma noiva, para não mais voltar a ficar oculta", a prensa de Müteferrika seria monitorada de perto. O decreto afirmava:

> Para que os livros impressos não contenham erros de impressão, a leitura das provas contará com a supervisão dos sábios, respeitados e louváveis eruditos religiosos especializados na Lei Islâmica; do excelente cádi de Istambul, Mevlana Ishak; do cádi de Salonica, Mevlana Sahib; e do cádi de Gálata, Mevlana Asad, que seus méritos sejam ampliados junto com o das ilustres ordens religiosas; além do pilar dos eruditos religiosos justos, do xeque de Kasim Pasa Mevlevihane, Mevlana Musa, que sua sabedoria e seu conhecimento se multipliquem.

Müteferrika obteve permissão para instalar uma prensa, mas tudo que fosse impresso precisaria ser analisado por um trio de sábios religiosos e jurídicos, os cádis. Talvez a sabedoria dos cádis, assim como a de toda a população, teria se ampliado muito mais depressa caso a imprensa fosse mais difundida. Mas isso não aconteceria, mesmo depois de Müteferrika obter a permissão.

Não é nenhuma surpresa que, no fim das contas, Müteferrika tenha conseguido imprimir poucos livros (apenas dezessete) entre 1729, quando a prensa começou a operar, e 1743, quando deixou de funcionar. Sua família tentou dar continuidade à tradição, mas só conseguiu imprimir outros sete livros até que os descendentes finalmente desistissem, em 1797. Fora do coração do Império Otomano, na Turquia, o processo de impressão demorou ainda mais. No Egito, por exemplo, a primeira prensa foi instalada apenas em 1798, por franceses que participaram da tentativa fracassada de Napoleão Bonaparte de dominar o país. Até a segunda metade do século XIX, a produção de livros no Império Otomano continuou principalmente a cargo de copistas, que reproduziam a mão os livros já existentes. No início do século XVIII, estima-se que houvesse 80 mil copistas ativos em Istambul.

Essa oposição à imprensa teve consequências óbvias para a alfabetização, a educação e o sucesso econômico. Em 1800, provavelmente apenas 2% a 3% dos cidadãos do Império Otomano eram alfabetizados, comparados com os 60% de homens e 40% de mulheres adultos na Inglaterra. Na Holanda e na Alemanha, as taxas de alfabetização eram ainda maiores. Os povos sob domínio otomano ficaram bem atrás dos países europeus com os menores índices educacionais do período, como Portugal, onde é provável que apenas 20% dos adultos soubessem ler e escrever.

Tendo em vista as instituições altamente absolutistas e extrativistas dos otomanos, é fácil compreender a hostilidade do sultão à imprensa. Livros disseminam ideias e dificultam o controle da população. Algumas dessas ideias podem gerar inovações valiosas para o crescimento econômico, porém outras podem ser subversivas e desafiar o *statu quo* político e social. Os livros também colocam em xeque o poder daqueles que controlam o conhecimento oral, uma vez que o tornam o facilmente disponível para qualquer um que seja alfabetizado. Isso ameaçava minar o *statu quo*, no qual o conhecimento era controlado pelas elites. Os sultões otomanos e o *establishment* religioso temiam a destruição criativa que resultaria disso. A solução que encontraram foi proibir a impressão.

◆ ◆ ◆

A REVOLUÇÃO INDUSTRIAL CRIOU uma conjuntura crítica que afetou praticamente todos os países. Algumas nações, como a Inglaterra, que não apenas permitiu mas incentivou o comércio, a industrialização e o empreendedorismo, cresceram rápido. Muitas, como o Império Otomano, a China e outros regimes absolutistas, ficaram para trás ao bloquear ou pelo menos não estimular a disseminação da indústria. As instituições políticas e econômicas moldaram a resposta à inovação tecnológica, criando, mais uma vez, o padrão familiar de interação entre as instituições existentes e as conjunturas críticas que levou a divergências nas instituições e nos resultados econômicos.

O Império Otomano permaneceu absolutista até o colapso, no fim da Primeira Guerra Mundial, o que permitiu a oposição ou o completo impedimento de inovações, como no caso da prensa e da destruição criativa que surgiria como resultado. Não passou por mudanças econômicas como as que aconteceram na Inglaterra devido à conexão natural entre instituições políticas extrativistas e absolutistas e instituições econômicas extrativistas. O absolutismo é um sistema de governo que não sofre limitações da lei nem do desejo de outros grupos de poder, embora, na prática, os absolutistas governem com o apoio de uma pequena elite. Na Rússia do século XIX, por exemplo, os czares eram governantes absolutistas apoiados por uma nobreza que representava cerca de 1% do total da população, que organizou instituições políticas para se perpetuar no poder. Não havia Parlamento nem representação política de outros grupos na sociedade russa antes de 1905, quando o czar criou a Duma, embora logo tenha reduzido os poucos poderes que havia concedido. Não surpreende que as instituições econômicas fossem extrativistas, organizadas para enriquecer o czar e a nobreza. A base para isso, como no caso de muitos sistemas econômicos extrativistas, era um sistema massivo de trabalho forçado e de controle sob a forma particularmente perniciosa da servidão russa.

O absolutismo não era o único tipo de instituição política que impedia a industrialização. Embora esse regimes não fossem pluralistas e temessem a destruição criativa, muitos possuíam Estados centralizados, ou pelo menos suficientemente centralizados para impor banimentos a inovações como a imprensa. Mesmo hoje, países como o Afeganistão, o Haiti e o Nepal têm Estados nacionais destituídos de centralização política. Na África subsaariana, a situação é ainda pior. Como já afirmamos, sem um Estado centralizado que garanta a ordem e faça valer as leis e os direitos de propriedade, não há o surgimento de instituições inclusivas. Veremos neste capítulo que, em muitas partes da África subsaariana (por exemplo, na Somália e no sul do Sudão), uma grande barreira para a industrialização foi a ausência de qualquer forma de centralização política. Sem esses pré-requisitos naturais, a industrialização não teve chance alguma de decolar.

O absolutismo e a ausência de centralização política, ou fragilidade na centralização, são duas barreiras diferentes para a disseminação da indústria, mas estão bem relacionadas, pois se mantêm com base no medo da destruição criativa e pela tendência ao absolutismo criada pelo processo de centralização política. A resistência à centralização é motivada por razões semelhantes às que levam à resistência a instituições políticas inclusivas: o medo da perda de poder, dessa vez para um novo Estado centralizado e que o controla. Vimos, no capítulo anterior, como o processo de centralização sob a monarquia Tudor na Inglaterra aumentou as demandas por voz e representação das diferentes elites locais nas instituições políticas nacionais, que queriam evitar essa perda de poder. Um Parlamento mais forte foi criado, em última instância permitindo o surgimento de instituições políticas inclusivas.

No entanto, em muitos outros casos ocorreu exatamente o oposto, e o processo de centralização também impulsionou uma era de absolutismo ainda mais forte. Um caso notável são as origens do absolutismo russo, forjado por Pedro, o Grande, entre 1682 e sua morte, em 1725. Pedro construiu uma nova capital em São Petersburgo, retirando o poder da velha aristocracia, os boiardos, para fundar um Estado burocrático e um exército modernos. Ele até aboliu a Duma dos boiardos, que o tornara czar. Pedro criou a Tabela de Patentes, uma hierarquia social completamente nova cuja essência era o serviço ao czar, e assumiu o controle da Igreja, assim como Henrique VIII, que centralizou o Estado na Inglaterra. Com esse processo de centralização política, Pedro retirava e absorvia poder de outros grupos. Suas reformas militares levaram à rebelião dos membros da tradicional guarda real, os Streltsys. A revolta foi seguida por outras, como a dos basquires, na Ásia Central, e a Rebelião Bulavin. Nenhuma teve êxito.

Embora o projeto de centralização política de Pedro, o Grande, tenha sido um sucesso e a oposição tenha sido derrotada, o tipo de força que se opunha à centralização do Estado por ver seu poder ameaçado, como os Streltsys, venceu em muitas partes do mundo, e a ausência de um Estado centralizado que resultou disso significou a persistência de um tipo diferente de instituições políticas extrativistas.

Neste capítulo, veremos como, durante a conjuntura crítica criada pela Revolução Industrial, muitas nações perderam o bonde e deixaram de se beneficiar com a disseminação da indústria — ou porque tinham instituições políticas absolutistas e instituições econômicas extrativistas, como no caso do Império Otomano, ou porque não tinham um Estado centralizado, como na Somália.

Uma pequena diferença com grande importância

O absolutismo entrou em declínio na Inglaterra durante o século XVII, mas se fortaleceu na Espanha. O equivalente espanhol do Parlamento inglês, as Cortes, existia apenas nominalmente. A Espanha foi criada em 1492, a partir da fusão dos reinos de Castela e Aragão por meio do casamento da rainha Isabel e do rei Fernando. A data coincidiu com o fim da Reconquista, longo processo de expulsão dos árabes que ocupavam o sul da Espanha desde o século VIII e haviam construído as grandes cidades de Granada, Córdoba e Sevilha. Granada, o último Estado árabe na Península Ibérica, foi derrotado pela Espanha no mesmo período em que Cristóvão

Colombo chegava às Américas e dava início à reivindicação de terras para a rainha Isabel e o rei Fernando, que financiaram a viagem.

A fusão das coroas de Castela e Aragão e os posteriores casamentos dinásticos e heranças criaram um superestado europeu. Isabel morreu em 1504, e sua filha Joana foi coroada rainha de Castela. Joana se casou com Felipe, da dinastia dos Habsburgos, filho do imperador do Sacro Império Romano-Germânico, Maximiliano I. Em 1516, Carlos, filho de Joana e Felipe, foi coroado como Carlos I de Castela e Aragão. Quando o pai morreu, Carlos herdou a Holanda e o Franco-Condado, que acrescentou a seus territórios na Ibéria e nas Américas. Em 1519, quando Maximiliano I morreu, Carlos também herdou os territórios dos Habsburgos na Alemanha e se tornou o imperador Carlos V do Sacro Império Romano-Germânico. Aquilo que havia começado com a fusão de dois reinados espanhóis em 1492 se tornou um império multicontinental, e Carlos deu continuidade ao projeto de fortalecimento do Estado absolutista que Isabel e Fernando haviam começado.

O esforço para construir e consolidar o absolutismo na Espanha contou com o imenso auxílio da descoberta de metais preciosos nas Américas. A prata já tinha sido descoberta em grandes quantidades em Guanajuato, no México, na década de 1520, e logo depois em Zacatecas, também no México. A conquista do Peru, depois de 1532, criou ainda mais riqueza para a monarquia. Isso se deu na forma de um tributo, o "quinto real", cobrado sobre o butim de qualquer conquista ou da mineração. Como vimos no Capítulo 1, uma montanha de prata foi descoberta em Potosí na década de 1540, o que gerou ainda mais riqueza para o rei espanhol.

Na época da fusão de Castela e Aragão, a Espanha estava entre as partes da Europa mais bem-sucedidas do ponto de vista econômico. Depois da consolidação de seu sistema político absolutista, o país entrou em relativo declínio econômico, que, após 1600, passou a ser um declínio absoluto. Entre os primeiros atos de Isabel e Fernando após a Reconquista esteve a expropriação dos judeus na Espanha. Os cerca de 200 mil judeus que moravam no país precisaram deixá-lo em quatro meses. Tiveram que vender as terras e os pertences a preços muito baixos e não receberam permissão para levar qualquer quantidade de ouro ou prata para fora do país. Uma tragédia humana semelhante ocorreu pouco mais de cem anos depois. Entre 1609 e 1614, Felipe III expulsou os mouriscos, descendentes dos cidadãos dos antigos Estados árabes no sul da Espanha. Assim como no caso dos judeus, os mouriscos precisaram partir levando só o que conseguissem carregar e não tiveram permissão para levar ouro, prata ou outros metais preciosos.

Sob o governo dos Habsburgos na Espanha, os direitos de propriedade sofriam outras formas de preconização. Felipe II, sucessor de seu pai, Carlos V, em 1556, declarou moratória em suas dívidas em 1557 e novamente em 1560, arruinando duas famílias de banqueiros, os Fugger e os Welser. O papel das famílias de banqueiros alemães foi assumido pelas famílias de banqueiros genovesas, que foram arruinadas por novas moratórias espanholas durante o reinado dos Habsburgos em 1575, 1596, 1607, 1627, 1652, 1660 e 1662.

Tão crucial quanto a instabilidade dos direitos de propriedade na Espanha absolutista foi o impacto do absolutismo nas instituições econômicas do comércio e no desenvolvimento do império colonial espanhol. Como vimos no capítulo anterior, o sucesso econômico da Inglaterra se baseou na rápida expansão mercantil. Embora tenha chegado tarde ao comércio transatlântico, quando comparada à Espanha e a Portugal, a Inglaterra teve participação relativamente ampla no comércio e nas oportunidades coloniais. O dinheiro que encheu os cofres da Coroa na Espanha enriqueceu a classe mercantil emergente inglesa, que daria a base para o início do dinamismo econômico britânico e se tornaria o cerne da coalizão política contrária ao absolutismo.

Na Espanha, esses processos que levariam ao progresso econômico e à mudança institucional não ocorreram. Depois da descoberta das Américas, Isabel e Fernando organizaram o comércio entre as novas colônias e a Espanha por meio de uma guilda de mercadores em Sevilha. Esses mercadores controlavam todo o comércio e garantiam que a monarquia recebesse sua parcela da riqueza das Américas. Não havia livre-comércio com nenhuma colônia, e uma grande flotilha de navios voltava das Américas todos os anos trazendo metais preciosos e bens valiosos para Sevilha. A base pequena e monopolizada desse comércio significava que nenhuma classe ampla de mercadores poderia surgir por meio do comércio com as colônias. Mesmo entre as Américas, o comércio era bastante regulado. Por exemplo, um mercador de uma colônia como Nova Espanha, basicamente o México atual, não podia negociar diretamente com alguém de Nova Granada, a atual Colômbia. Essas restrições ao comércio dentro do Império Espanhol reduziram a prosperidade econômica e, indiretamente, os potenciais benefícios que a Espanha poderia ter obtido ao comerciar com um império mais próspero. No entanto, essas restrições eram atrativas porque garantiam que a prata e o ouro continuariam seguindo para a Espanha.

As instituições econômicas extrativistas da Espanha foram resultado direto da construção do absolutismo e do caminho tomado por suas instituições políticas, diferente do percorrido pela Inglaterra. Tanto o Reino de Castela quanto o Reino de Aragão tinham suas Cortes, um parlamento que representava os diferentes grupos ou "Estados" do reino. Assim como no caso do Parlamento inglês, as Cortes de Castela precisavam ser convocadas para que tributos fossem criados. No entanto, as Cortes de Castela e Aragão representavam sobretudo as principais cidades, e não a totalidade das áreas urbanas e rurais, como se dava no Parlamento inglês. No século XV, as Cortes representavam apenas dezoito cidades, sendo que cada uma enviava dois deputados. Como consequência, não representavam um conjunto tão amplo de grupos quanto o Parlamento inglês e jamais se tornaram um ponto de ligação entre interesses divergentes que visavam impor limitações ao absolutismo. As Cortes não podiam legislar, e até o escopo de seus poderes quanto à tributação era limitado. Tudo isso facilitava que a monarquia espanhola as ignorasse no processo de consolidação de seu absolutismo. Mesmo com a prata que chegava das Américas, Carlos V e Felipe II exigiam receitas tributárias cada vez maiores para financiar guerras caríssimas. Em 1520, Carlos decidiu exigir das Cortes uma tributação maior. As elites urbanas usaram o momento para pedir mudanças muito mais amplas nas Cortes e nos seus poderes. Essa oposição se tornou violenta e logo ficou conhecida como Revolta dos Comuneros. Carlos conseguiu sufocar a rebelião com tropas leais. No restante do século XVI, porém, houve uma batalha contínua, com a Coroa tentando retirar das Cortes quaisquer poderes que ainda tivesse para instituir novos impostos e aumentar os já existentes. Apesar de algumas reviravoltas, essa batalha foi vencida pela monarquia. Após 1664, as Cortes não voltaram a se reunir até serem reconstruídas durante as invasões napoleônicas, quase 150 anos depois.

Na Inglaterra, a derrota do absolutismo em 1688 levou não apenas a instituições políticas pluralistas, como também ao desenvolvimento de um Estado centralizado muito mais eficiente. Na Espanha se deu o oposto, com o triunfo do absolutismo. Embora a monarquia tenha enfraquecido as Cortes e retirado delas qualquer potencial para impor restrições, passou a ser cada vez mais difícil aumentar impostos, mesmo quando havia tentativas de negociações diretas com cidades específicas. Enquanto o Estado inglês criava uma burocracia tributária moderna e eficiente, o Estado espanhol mais uma vez ia na direção oposta. A monarquia não só fracassava em assegurar o direito de propriedade para empreendedores e monopolizava o comércio, como também vendia cargos, muitas vezes tornando-os hereditários, permitindo o aumento de impostos e até mesmo vendendo imunidade judicial.

A consequência dessas instituições políticas e econômicas extrativistas na Espanha eram previsíveis. Durante o século XVII, enquanto a Inglaterra caminhava para o crescimento comercial e depois para a rápida industrialização, a Espanha avançava a passos largos rumo ao declínio econômico. No início do século, uma em cada cinco pessoas na Espanha morava em áreas urbanas. No fim do século, esse número tinha caído pela metade, com apenas uma pessoa em cada dez, em um processo que correspondeu a um crescente empobrecimento da população espanhola. A renda na Espanha caiu, ao passo que na Inglaterra, cresceu.

A persistência e o fortalecimento do absolutismo na Espanha, que era eliminado na Inglaterra, é outro exemplo de como pequenas diferenças importam durante conjunturas críticas. As pequenas diferenças estavam na força e na natureza das instituições representativas, e a conjuntura crítica foi a descoberta das Américas. A interação desses dois fatores colocou a Espanha num caminho institucional muito diferente do adotado pela Inglaterra. As instituições econômicas relativamente inclusivas criaram um dinamismo econômico sem precedentes na Inglaterra, o que culminou na Revolução Industrial, ao passo que, na Espanha, a industrialização não teve a menor chance. Quando a tecnologia industrial começou a se espalhar por muitas partes do mundo, a economia espanhola entrara em tamanho declínio que não havia sequer necessidade de a Coroa ou as elites agrárias na Espanha criarem empecilhos à industrialização.

Medo da indústria

Sem mudanças nas instituições políticas e no poder político semelhantes às que ocorreram na Inglaterra depois de 1688, havia pouca chance de países absolutistas se beneficiarem das inovações e das novas tecnologias da Revolução Industrial. Na Espanha, por exemplo, com a ausência de direitos de propriedade assegurados e o amplo declínio econômico, as pessoas não recebiam incentivo para fazer os investimentos e os sacrifícios necessários. Na Rússia e na Áustria-Hungria, não foram apenas a negligência e a má gestão das elites e o insidioso declínio econômico sob instituições extrativistas que impediram a industrialização. Nessa região, os governantes bloquearam ativamente qualquer tentativa de introdução dessas tecnologias e investimentos básicos em infraestrutura, como ferrovias, que podiam ter funcionado como seus indutores.

Na época da Revolução Industrial, no século XVIII e no início do XIX, o mapa político da Europa era bastante diferente do que é hoje. A maior parte da Europa Central era ocupada pelo Sacro Império Romano-Germânico, uma colcha de retalhos formada por mais de quatrocentas sociedades que mais tarde se reuniriam para formar, em sua maioria, a Alemanha. A Casa de Habsburgo persistia como grande força política, e seu império, conhecido como Império Habsburgo ou Império Austro-Húngaro, se espalhava por uma vasta área de cerca de 650 mil quilômetros quadrados — isso depois que a Espanha deixou de ser parte do império após os Bourbons terem assumido o trono espanhol, em 1700. Em termos de população, era o terceiro maior Estado da Europa e abrangia um sétimo da população do continente. No fim do século XVIII, o território dos Habsburgos incluía, a oeste, o que hoje é a Bélgica, na época conhecida como Países Baixos Austríacos. A maior parte, no entanto, era o bloco contíguo de terras em torno da Áustria e da Hungria, incluindo a República Tcheca e a Eslováquia, ao norte, e a Eslovênia, a Croácia e grandes partes da Itália e da Sérvia, ao sul. A leste, o império também incorporava muito das atuais Romênia e Polônia.

Nos domínios dos Habsburgos, os mercadores tinham uma importância muito menor do que na Inglaterra, e a servidão prevalecia nas terras do Leste Europeu. Como vimos no Capítulo 4, a Hungria e a Polônia estavam no coração da Segunda Servidão. Os Habsburgos, ao contrário dos Stuarts, tiveram êxito em manter um governo fortemente absolutista. Francisco I, que governou como último imperador do Sacro Império Romano-Germânico, entre 1792 e 1806, e depois como imperador da Áustria-Hungria até sua morte, em 1835, era um absolutista consumado. Não reconhecia quaisquer limitações a seu poder e, acima de tudo, desejava preservar o *statu quo*. Sua estratégia básica era se opor a mudanças, de qualquer tipo. Em 1821 ele deixou isso claro em um discurso característico dos governantes Habsburgos aos professores de uma escola em Laibach, atual Ljubljana: "Não preciso de eruditos, mas sim de cidadãos bons e honestos. A tarefa de vocês é educar os jovens a serem assim. Aquele que serve a mim deve ensinar o que lhe ordeno. Se alguém não for capaz disso, ou vier com novas ideias, pode ir embora ou eu o farei ir embora."

A imperatriz Maria Teresa, que reinou entre 1740 e 1780, frequentemente respondia a sugestões sobre como aprimorar ou mudar instituições dizendo: "Deixe tudo como está." No entanto, ela e o filho, José II, imperador entre 1780 e 1790, tentaram construir um Estado central mais poderoso e um sistema administrativo mais eficiente. Mas a tentativa veio no contexto de um sistema político sem limitações reais às suas ações e com poucos elementos de pluralismo. Não havia um Parlamento nacional que poderia exercer um mínimo de controle sobre o monarca, apenas um sistema de estados e dietas regionais, que historicamente tinha alguns poderes no que dizia respeito à tributação e ao recrutamento militar. Os Habsburgos da Áustria-Hungria enfrentavam ainda menos limitações do que os monarcas espanhóis, e seu poder político era muito concentrado.

À medida que o absolutismo dos Habsburgos se fortalecia no século XVIII, o poder de todas as instituições não monárquicas enfraquecia ainda mais. Quando uma delegação de cidadãos da província austríaca do Tirol fez uma petição a Francisco solicitando uma Constituição, a resposta foi: "Então, vocês querem uma Constituição! (…) Vejam, eu não ligo para isso e lhes darei uma Constituição, mas vocês precisam saber que os soldados obedecem a mim, e não vou pedir duas vezes caso precise de dinheiro (…) Em todo caso, aconselho que sejam cuidadosos com o que vão dizer." Tendo em vista a resposta, os líderes tiroleses responderam: "Se sua majestade pensa assim, é melhor não haver Constituição." Ao que Francisco respondeu: "Esta é também a minha opinião."

Francisco dissolveu o Conselho de Estado que Maria Teresa havia usado como fórum para consultar seus ministros. Dali em diante, não haveria consulta nem discussão pública sobre as decisões da Coroa. Francisco criou um Estado policial e estabeleceu uma censura implacável de tudo que pudesse ser visto como ligeiramente radical. Sua filosofia de governo foi definida pelo conde Hartig, um assistente que trabalhou ao lado do imperador por muito tempo, como uma "manutenção irredutível da autoridade do soberano e negação de quaisquer reivindicações da parte do povo para ter participação nessa autoridade". Ele teve auxílio do príncipe Von Metternich, indicado como seu ministro das Relações Exteriores em 1809. Na verdade, seu poder e influência sobreviveram aos de Francisco, e Metternich permaneceu no posto de ministro das Relações Exteriores por quase quarenta anos.

No centro das instituições econômicas dos Habsburgos estavam a ordem feudal e a servidão. Avançando rumo ao oriente dentro do império, o feudalismo se intensificava, um reflexo do gradiente mais amplo das instituições econômicas que vimos no Capítulo 4, saindo da Europa Ocidental para o Leste Europeu. A mobilidade da mão de obra era muito limitada, e a imigração era ilegal. Quando o filantropo inglês Robert Owen tentou convencer o governo austríaco a adotar algumas reformas sociais para melhorar as condições dos pobres, um dos assistentes de Metternich, Friedrich von Gentz, respondeu: "Não temos o menor desejo de que as massas se tornem prósperas e independentes (...) De outro modo, como poderíamos governá-las?".

Além da servidão, que bloqueava o surgimento de um mercado de trabalho e removia os incentivos econômicos ou as iniciativas da massa da população rural, o absolutismo dos Habsburgos lucrava com os monopólios e outras restrições ao comércio. A economia urbana era dominada por guildas, que restringiam a entrada nas profissões. Até 1775, havia tarifas internas dentro da própria Áustria e, até 1784, na Hungria. Havia tarifas muito altas sobre bens importados, com muitas proibições explícitas à importação e à exportação de produtos.

É evidente que a supressão dos mercados e a criação das instituições econômicas extrativistas são bastante características do absolutismo, mas Francisco foi mais longe. O que ocorreu não foi apenas fruto da falta de incentivos para inovar ou adotar novas tecnologias provocada por instituições econômicas extrativistas. No Capítulo 2, vimos como, no Reino do Congo, as tentativas de promover o uso de arados não tiveram êxito porque as pessoas não tinham incentivos para empregá-los, dada a natureza extrativista das instituições econômicas. O rei do Congo percebeu que, caso pudesse induzir as pessoas a usar arados, a produtividade agrícola seria mais alta e geraria mais riquezas, que poderiam lhe trazer benefícios. Esse é um incentivo em potencial para todos os governos, mesmo os absolutistas. O problema no Congo era que as pessoas entendiam que tudo que produzissem poderia ser confiscado por um monarca absolutista, de modo que não tinham incentivos para investir nem usar tecnologias melhores. No território dos Habsburgos, Francisco não incentivava seus cidadãos a adotarem tecnologias melhores — pelo contrário, se opunha a isso e impedia a disseminação de tecnologias que as pessoas poderiam se dispor a adotar dentro das instituições econômicas existentes.

A oposição à inovação se manifestava de dois modos. Primeiro, Francisco I se opunha ao desenvolvimento da indústria. A indústria levava a fábricas, e fábricas concentrariam trabalhadores pobres em cidades, particularmente na capital, Viena. Esses trabalhadores poderiam então passar a apoiar opositores do absolutismo. As políticas que implementava almejavam manter as elites tradicionais na mesma posição e preservar o *statu quo* político e econômico. Ele desejava manter a sociedade basicamente agrária. O melhor modo de fazer isso, Francisco acreditava, era impedir que as fábricas fossem construídas. Ele tomou medidas diretas com esse fim — por exemplo, em 1802, banindo a criação de novas fábricas em Viena. Em vez de incentivar a importação e a adoção de novos maquinários, a base da industrialização, o imperador proibiu esse tipo de ação até 1811.

Além disso, ele se opunha à construção de ferrovias, uma das novas tecnologias fundamentais trazidas pela Revolução Industrial. Quando um plano para construir uma ferrovia no norte lhe foi apresentado, Francisco I, respondeu: "Não, não, não vou aceitar nada disso, para que a revolução não possa entrar no país."

Como o governo não concedia autorização para que se construísse uma ferrovia para trens movidos a vapor, a primeira estrada de ferro construída no império precisou usar carruagens puxadas por cavalos. A linha, que ligava as cidades de Linz, no Danúbio, a Budweis, na Boêmia, às margens do rio Moldava, foi construída com aclives e curvas fechadas, tornando impossível que fosse um dia convertida para receber trens a vapor. Por isso, a ferrovia continuou usando tração animal até os anos 1860. O potencial econômico para o desenvolvimento de ferrovias no império havia sido percebido cedo pelo banqueiro Salomon Rothschild, representante em Viena da grande família de banqueiros. O irmão de Salomon, Nathan, que morava na Inglaterra, ficou muito impressionado com o motor *The Rocket*, de George Stephenson, e com o potencial para locomoção usando motores a vapor. Ele entrou em contato com Salomon a fim de incentivá-lo a buscar oportunidades para desenvolver ferrovias na Áustria, acreditando que a família podia obter grandes lucros com o financiamento de estradas de ferro. Nathan concordou, porém o esquema não deu em nada porque o imperador Francisco novamente rejeitou o projeto.

A oposição à indústria e às ferrovias vinha da preocupação de Francisco com a destruição criativa que acompanhava o desenvolvimento de uma economia moderna. Suas principais prioridades eram garantir a estabilidade das instituições extrativistas por meio das quais ele governava e proteger as vantagens das elites tradicionais que o apoiavam. Não só havia pouco a ganhar com a industrialização, que minaria a ordem feudal atraindo mão de obra do campo para as cidades, como Francisco também reconhecia a ameaça que grandes mudanças econômicas trariam a seu poder político. Como consequência, impediu a indústria e o progresso econômico, mantendo o atraso econômico, que se manifestava de várias maneiras. Por exemplo, ainda em 1883, quando 90% do ferro produzido no mundo era feito a partir de carvão mineral, mais da metade da produção nos territórios dos Habsburgos usava o carvão vegetal, muito menos eficiente. Do mesmo modo, até a Primeira Guerra Mundial, quando o império entrou em colapso, a tecelagem jamais foi plenamente mecanizada e continuava manual.

A Áustria-Hungria não estava sozinha no temor à indústria. Mais a leste, a Rússia tinha um conjunto igualmente absolutista de instituições políticas, forjadas por Pedro, o Grande, como já vimos neste capítulo. Assim como no Império Austro-Húngaro, as instituições econômicas russas eram bastante extrativistas, baseadas na servidão, mantendo pelo menos metade da população presa à terra. Os servos eram forçados a trabalhar de graça três dias por semana nas terras de seus senhores. Não podiam se mudar, não tinham liberdade ocupacional e podiam ser vendidos à vontade para outro proprietário de terras. O filósofo radical Piotr Kropotkin, um dos fundadores do anarquismo moderno, deixou um retrato vívido do modo como a servidão funcionava durante o reinado do czar Nicolau I, que governou a Rússia de 1825 a 1855. Ele lembrava da própria infância:

> (...) histórias de homens e mulheres arrancados de suas famílias e de seus vilarejos e vendidos, perdidos em apostas no jogo ou trocados por alguns cães de caça e transportados para uma parte remota da Rússia (...) de crianças tiradas dos pais e vendidas para donos de terra dissolutos; de punições diárias "nos estábulos", com crueldade inaudita; de uma garota que descobriu sua única salvação no afogamento; de um velho que criou cabelos brancos durante o serviço, até finalmente se enforcar na janela de seu senhor; e de revoltas de servos, reprimidas pelos generais de Nicolau I, que açoitaram até a morte um em cada dez ou um em cada cinco dos homens retirados das fileiras e destruíram o vilarejo (...) Quanto à pobreza que testemunhei durante nossas viagens a certos vilarejos, sobretudo naqueles que pertenciam à família imperial, não há palavras adequadas para descrever a miséria para os leitores que não estavam lá.

Da mesma forma como aconteceu na Áustria-Hungria, o absolutismo fez mais que criar um conjunto de instituições econômicas que impedia a prosperidade da sociedade — também havia na Rússia um medo semelhante da destruição criativa e um medo da indústria e das ferrovias.

Durante o reinado de Nicolau I, o conde Egor Kankrin, que atuou como ministro das Finanças entre 1823 e 1844, era um representante notável desse medo e desempenhou papel fundamental na oposição às mudanças sociais necessárias para promover a prosperidade econômica.

As políticas de Kankrin almejavam fortalecer os tradicionais pilares políticos do regime, sobretudo a aristocracia proprietária de terras, e manter a sociedade rural e agrária. Ao se tornar ministro das Finanças, Kankrin se opôs à proposta de seu antecessor, Gurev, de desenvolver um banco comercial mantido pelo Estado que daria crédito à indústria. Na verdade, Kankrin seguiu na direção contrária e reabriu o Banco de Fomento Estatal, fechado durante as Guerras Napoleônicas, criado originalmente para fornecer crédito a grandes proprietários de terra a taxas subsidiadas, uma política que Kankrin aprovava. Os empréstimos exigiam que os credores dessem servos como garantia, de modo que apenas proprietários de terras feudais conseguiam crédito. Para financiar o Banco de Fomento Estatal, Kankrin transferiu ativos do Banco Comercial, matando dois coelhos com uma só cajadada: sobraria pouco dinheiro para a indústria.

As atitudes de Kankrin foram moldadas instintivamente pelo receio das mudanças econômicas que trariam mudanças políticas, e o mesmo valia para o czar Nicolau. A ascensão de Nicolau ao poder, em dezembro de 1825, quase foi impedida por uma tentativa de golpe de oficiais militares, os chamados dezembristas, que tinham um programa radical de mudanças sociais. Nicolau escreveu para o grão-duque Miguel: "A revolução está às portas da Rússia, mas juro que não entrará no país enquanto eu viver."

Nicolau temia as mudanças sociais que a criação de uma economia moderna traria. Como disse num discurso em um encontro de manufatureiros, numa exposição industrial em Moscou:

> (...) tanto o Estado quanto os manufatureiros devem voltar sua atenção para um tema sem o qual as próprias fábricas se tornariam um mal, ao invés de uma bênção; falo do cuidado com os trabalhadores, que aumentam em

números anualmente. Eles precisam de supervisão enérgica e paternal quanto à moral; sem isso, as massas gradualmente serão corrompidas e acabarão se transformando numa classe tão miserável quanto perigosa para seus senhores.

Assim como no caso de Francisco I, Nicolau temia que a destruição criativa causada por uma economia industrial moderna fosse minar o *statu quo* político na Rússia. Incitado por Nicolau, Krankin adotou medidas específicas para diminuir a velocidade do potencial para a indústria. Ele baniu várias exposições industriais, antes realizadas periodicamente para demonstrar novas tecnologias e facilitar a adoção tecnológica.

Em 1848, a Europa foi chacoalhada pela eclosão de uma série de movimentos revolucionários. Como resposta, A. A. Zakrevski, governador militar de Moscou e encarregado de manter a ordem pública, escreveu para Nicolau: "Para preservar a calma e a prosperidade, de que neste momento apenas a Rússia desfruta, o governo não deve permitir a reunião de pessoas sem teto e dissolutas, muito propensas a aderir a qualquer movimento, destruindo a paz social ou privada." O conselho foi levado aos ministros de Nicolau, e em 1849 uma nova lei entrou em vigor colocando limites severos ao número de fábricas que poderiam ser inauguradas em qualquer parte de Moscou. A lei proibia especificamente a abertura de fiações de lã ou algodão e de fundições de ferro. Outras indústrias, como tecelagem e tingimento, precisavam pedir permissão ao governador militar caso quisessem abrir novas fábricas. Mais tarde, a fiação de algodão foi expressamente proibida. A intenção era barrar qualquer aumento da concentração de trabalhadores potencialmente rebeldes na cidade.

A oposição à indústria vinha acompanhada da oposição às ferrovias, exatamente como na Áustria-Hungria. Antes de 1842 havia apenas uma ferrovia na Rússia, a Czarskoe Selo, que percorria 27 quilômetros entre São Petersburgo e as residências imperiais de Selo e Pavlovsk. Assim como se opunha à indústria, Kankrin não via qualquer motivo para promover a criação de ferrovias, que, segundo ele, trariam uma mobilidade social perigosa. Ele observou que "as ferrovias nem sempre são resultado de necessidades naturais, sendo antes objeto de uma necessidade artificial ou do luxo. Elas incentivam viagens desnecessárias entre um lugar e outro, o que é típico dos nossos tempos".

Kankrin rejeitou diversas ofertas de construção de ferrovias, e só em 1851 foi construída uma linha que ligava Moscou a São Petersburgo. A política de Kankrin foi continuada pelo conde Kleinmichel, promovido a chefe da Administração dos Transportes e Edificações Públicas. Essa instituição se tornou a principal responsável por tomar decisões sobre ferrovias, e Kleinmichel a usou como plataforma para desestimular sua construção. Depois de 1849, ele chegou a usar seus poderes para censurar discussões nos jornais sobre o assunto.

O Mapa 13 mostra as consequências dessa lógica. Em 1870, enquanto a Grã-Bretanha e grande parte do noroeste da Europa eram cruzados por ferrovias, pouquíssimas penetravam no vasto território da Rússia. A política contrária às ferrovias só foi revertida depois da derrota decisiva da Rússia para forças britânicas, francesas e otomanas na Guerra da Crimeia (1853-1856), quando o atraso na rede de transportes foi visto como um sério problema para a segurança russa. Também houve pouco desenvolvimento de ferrovias na Áustria-Hungria fora da Áustria e das partes ocidentais do império, embora as revoluções de 1848 tivessem causado mudanças nesses territórios, particularmente a abolição da servidão.

Navios proibidos

O absolutismo reinou não apenas em grande parte da Europa, como também na Ásia, onde impediu a industrialização durante a conjuntura crítica da Revolução Industrial. As dinastias Ming e Qing, da China, e o absolutismo do Império Otomano ilustram esse padrão. Sob a dinastia Song, entre 960 e 1279, a China foi pioneira de inovações tecnológicas

—— Ferrovias em 1870
—— Fronteiras em 1870

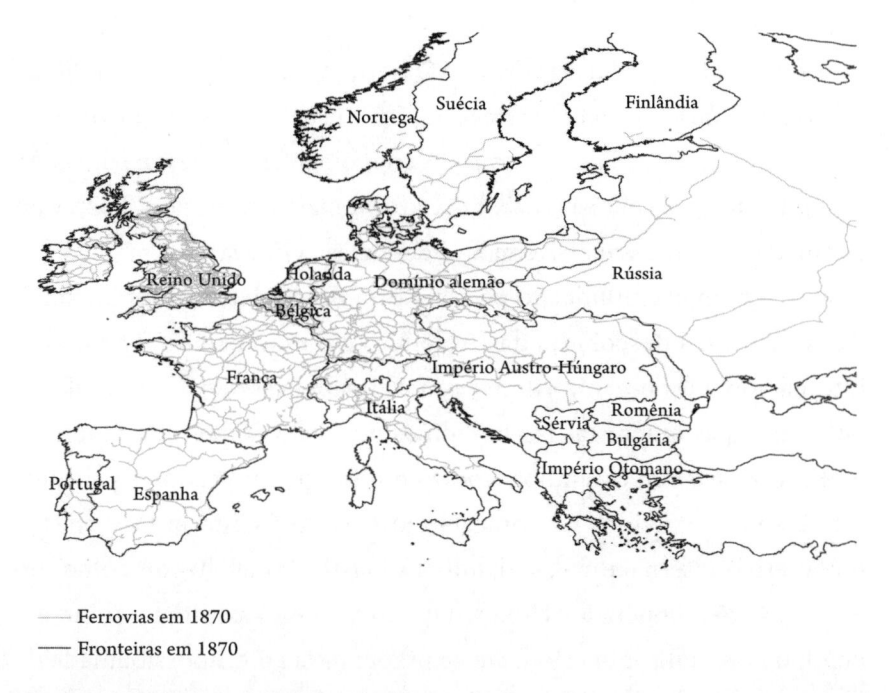

Mapa 13: Ferrovias na Europa em 1870.

no mundo. Os chineses inventaram relógios, a bússola, a pólvora, o papel, as cédulas de dinheiro, a porcelana e os altos-fornos para a fundição de ferro antes da Europa. Também desenvolveram máquinas de fiação e aprenderam a dominar a força hidráulica mais ou menos na mesma época em que essas tecnologias surgiram no outro extremo da Eurásia. Como consequência, os padrões de vida em 1500 eram no mínimo tão altos na China quanto na Europa. Por séculos a China também teve um Estado centralizado com funcionários públicos recrutados com base em mérito.

No entanto, o governo era absolutista, e o crescimento sob a dinastia Song se deu sob instituições extrativistas. Não havia representação política na sociedade para grupos que não fossem a monarquia, nada que lembrasse um Parlamento ou as Cortes. Os mercadores sempre tiveram status precário, e as grandes invenções da era Song não foram estimuladas por incentivos do mercado, e, sim, passaram a existir sob o apoio, ou mesmo as ordens, do governo. Poucas eram comercializadas. O domínio do Estado ficou ainda mais forte durante as dinastias Ming e Qing, que sucederam a dinastia Song. A raiz desse posicionamento estava na lógica usual das instituições extrativistas. Como a maioria dos governantes que comandavam essas instituições, os imperadores absolutistas da China se opunham a mudanças, buscavam estabilidade e, em essência, temiam a destruição criativa.

Isso é bem exemplificado pela história do comércio internacional. Como vimos, a descoberta das Américas e o modo como o comércio internacional foi organizado tiveram um papel essencial nos conflitos políticos e nas mudanças institucionais no início do período moderno na Europa. Na China, embora fosse comum que mercadores privados estivessem envolvidos no comércio interno, o Estado monopolizava o comércio internacional. Quando a dinastia Ming chegou ao poder, em 1368, foi o imperador Hongwu quem primeiro assumiu o trono e o ocupou por trinta anos. Hongwu se preocupava com a possibilidade de o comércio internacional ser política e socialmente desestabilizador e só permitiu sua existência com a condição de que fosse organizado pelo governo e envolvesse apenas viagens de missões que iam à China prestar tributo ao imperador, e não atividades comerciais. Hongwu chegou a executar centenas de pessoas acusadas de tentar transformar missões de homenagem em empreendimentos comerciais. Entre 1377 e 1397, nenhuma missão de homenagem que envolvesse viagens oceânicas foi permitida. O imperador proibiu que os indivíduos fizessem comércio com estrangeiros e não permitia a navegação de chineses para outros países.

Em 1402, o imperador Yongle chegou ao trono e iniciou um dos mais famosos períodos da história chinesa ao reinstaurar o comércio internacional patrocinado pelo governo em grande escala. Yongle financiou seis missões do almirante Zheng He ao sudeste e ao sul da Ásia, à Arábia e à África. Os chineses conheciam esses lugares, com quem tinham um longo histórico de relações comerciais, mas nunca haviam promovido viagens comerciais nessa escala. A primeira frota incluía 27.800 homens e 62 grandes navios do Tesouro, acompanhados por 190 navios menores, incluindo alguns com a tarefa específica de carregar água potável e outros a de levar suprimentos ou tropas. No entanto, o imperador Yongle impôs uma pausa temporária depois da sexta missão, em 1422. A pausa se tornou permanente sob seu sucessor, Hongxi, que governou entre 1424 e 1425. A morte prematura de Hongxi levou ao trono o imperador Xuande, que permitiu uma última missão de Zheng He, em 1433. Depois disso, todo o comércio internacional foi banido. Em 1436, a construção de navios oceânicos inclusive passou a ser ilegal. A proibição ao comércio internacional só foi revogada em 1567.

Esses fatos, embora sejam apenas a ponta do iceberg extrativista que impediu muitas atividades econômicas consideradas potencialmente desestabilizadoras, teriam um impacto fundamental no desenvolvimento econômico chinês. Bem na época em que o comércio internacional e a descoberta das Américas geravam transformações drásticas nas instituições da Inglaterra, a China se isolava dessas conjunturas críticas e se voltava para dentro. Esse movimento só acabou em 1567. A dinastia Ming foi derrubada em 1644 pelo povo jurchén, os manchus da Ásia interior, que criaram a dinastia Qing. Um período de intensa instabilidade política se seguiu, e teve início uma expropriação em massa de propriedades e ativos. Na década de 1690, Tang Zhen, um erudito chinês aposentado que havia fracassado como mercador, escreveu:

> Mais de cinquenta anos se passaram desde a fundação da dinastia Ch'ing [Qing], e o império se torna cada dia mais pobre. Os produtores rurais estão pobres, os artesãos estão pobres, os mercadores estão pobres, e os funcionários do governo estão pobres. Os grãos são baratos, porém é difícil comer até ficar saciado. As roupas são baratas, e, no entanto, é difícil se vestir. Barcas com mercadorias viajam de um mercado para outro, porém as cargas são vendidas com prejuízo. Funcionários do governo, ao deixarem seus cargos, descobrem que não têm como sustentar a família. Na verdade, as quatro ocupações estão empobrecidas.

Em 1661, o imperador Kangxi determinou que todos os habitantes da região litorânea entre o Vietnã e Zhejiang — quase toda a costa sul, que chegou a ser a parte mais comercialmente ativa da China — deveriam migrar cerca de 27 quilômetros para o interior. Essa proibição voltou a ser imposta regularmente durante o século XVIII, o que impediu o surgimento do comércio exterior chinês. Embora alguns empreendimentos comerciais tenham de fato se desenvolvido, poucos estavam dispostos a investir sob um imperador que podia mudar de ideia de repente e proibir o comércio, tornando os investimentos em navios, equipamentos e relações comerciais inúteis — ou pior.

O raciocínio das dinastias Ming e Qing para se opor ao comércio internacional a essa altura é familiar: o medo da destruição criativa. O objetivo primordial dos líderes era a estabilidade política. O comércio internacional carregava um potencial desestabilizador, pois o enriquecimento tornava os mercadores mais destemidos, assim como aconteceu na Inglaterra durante a era da expansão atlântica. Essa não foi apenas uma crença durante as dinastias Ming e Qing, foi também o modo de agir dos governantes da dinastia Song, ainda que estivessem dispostos a financiar inovações tecnológicas e a permitir maior liberdade comercial, desde que sob seu controle. A situação piorou nas dinastias Ming e Qing à medida que se fortalecia o controle do Estado sobre a atividade econômica, e com a proibição do comércio exterior. Certamente havia mercados e comércio na China das dinastias Ming e Qing, e os tributos cobrados pelo governo sobre a economia interna eram bastante leves. No entanto, o governo fez pouco para apoiar a inovação e trocou o desenvolvimento da prosperidade mercantil ou industrial pela estabilidade política. A consequência de todo esse controle absolutista sobre a economia era previsível: a economia chinesa ficou estagnada durante o século XIX e o início do XX, enquanto outras economias se industrializavam. Na época em que Mao instalou o regime comunista, em 1949, a China havia se transformado em um dos países mais pobres do mundo.

O absolutismo do Preste João

O absolutismo como um conjunto de instituições políticas e as consequências econômicas que o acompanhavam não se restringiu à Europa e à Ásia. Também esteve presente na África, por exemplo, com o Reino do Congo, como vimos no Capítulo 2. Um exemplo ainda mais duradouro do absolutismo africano é a Etiópia, ou Abissínia, cujas raízes abordamos no Capítulo 6, ao discutir o surgimento do feudalismo após o declínio de Axum. O absolutismo abissínio teve vida ainda mais longa do que suas contrapartes europeias, por se deparar com desafios e conjunturas críticas muito diferentes.

Depois da conversão do rei axumita Ezana ao cristianismo, os etíopes permaneceram cristãos, e no século XIV haviam se tornado o foco do mito do rei Preste João. Preste João era um rei católico que ficara isolado da Europa com o surgimento do islã no Oriente Médio. Inicialmente imaginava-se que seu reino ficasse na Índia. No entanto, à medida que o conhecimento europeu sobre a Índia aumentava, as pessoas perceberam que isso não era verdade. O rei da Etiópia, cristão, passou a ser um alvo natural para o mito. Os reis etíopes de fato se esforçaram para forjar alianças com monarcas europeus contra as invasões árabes, enviando missões diplomáticas à Europa a partir de 1300 e chegando a convencer o rei português a enviar soldados.

Esses soldados, junto com diplomatas, jesuítas e viajantes que desejavam encontrar o Preste João, deixaram muitos relatos sobre a Etiópia. Alguns dos mais interessantes, do ponto de vista econômico, são os de Francisco Álvares, capelão que acompanhou uma missão diplomática portuguesa que esteve na Etiópia entre 1520 e 1527. Também há relatos do jesuíta Manoel de Almeida, que viveu na Etiópia a partir de 1624, e de John Bruce, viajante que esteve no país entre 1768 e 1773. Os escritos dessas pessoas fornecem um rico relato das instituições políticas e econômicas da época e não deixam dúvidas de que a Etiópia era um espécime perfeito de absolutismo. Não havia instituições pluralistas de nenhum tipo nem contrapesos e limitações ao poder do imperador, que reivindicava o direito de governar com base na suposta descendência do lendário rei Salomão e da rainha de Sabá.

Como consequência do absolutismo havia uma grande insegurança quanto aos direitos de propriedade, motivada pela estratégia política do imperador. Bruce, por exemplo, observou que:

> Toda terra é do rei; ele a dá a quem lhe agrada, enquanto lhe agrada, e a retoma quando for de seu desejo. Assim que ele morre, toda a terra do reino fica à disposição da Coroa; e não só isso, mas, com a morte do atual proprietário, suas posses, não importa por quanto tempo tenham lhe pertencido, são revertidas para o rei, não ficam para o filho mais velho.

Álvares afirmou que haveria muito mais "frutos e cultivos caso os grandes homens não maltratassem as pessoas". O relato de Almeida sobre como a sociedade funcionava corrobora essa afirmação. Ele observou:

> É tão comum que o imperador troque, altere e retire as terras que estão de posse de cada homem a cada dois ou três anos, por vezes todos os anos e até mesmo muitas vezes ao longo do ano, que isso não chega a surpreender. É frequente que um homem are a terra, outro plante e outro colha. Assim ninguém cuida da terra de que gosta; não há nem mesmo quem plante uma árvore, porque sabe que quem planta raramente colhe os frutos. Para o rei, contudo, é útil que os homens sejam tão dependentes dele.

Essas descrições sugerem grandes semelhanças entre as estruturas políticas e econômicas da Etiópia e as do absolutismo europeu, embora também deixem claro que o absolutismo era mais intenso na Etiópia e que as instituições econômicas eram ainda mais extrativistas. Ademais, como enfatizamos no Capítulo 6, a Etiópia não esteve sujeita às mesmas conjunturas críticas que ajudaram a minar o regime absolutista na Inglaterra. Pelo contrário, ficou isolada de muitos dos processos que moldaram o mundo moderno. Ainda que não tivesse sido assim, a intensidade de seu absolutismo provavelmente teria levado o regime a se fortalecer ainda mais. Por exemplo, assim como na Espanha, o comércio exterior na Etiópia, incluindo o lucrativo tráfico de escravizados, era controlado pelo monarca. A Etiópia não estava completamente isolada: os europeus de fato procuravam o Preste João, e o país precisou combater em guerras contra as sociedades islâmicas em seu entorno. Mesmo assim, o historiador Edward Gibbon observou com certa precisão que "cercados pelos inimigos de sua religião, os etíopes dormiram por quase mil anos, esquecidos de um mundo que os esquecera".

Quando a colonização europeia da África teve início no século XIX, a Etiópia era um reino independente governado pelo rás (que significa algo como duque) Kassa, coroado imperador Teodoro II em 1855. Teodoro embarcou em uma modernização do Estado, criando uma burocracia e um Judiciário mais centralizados, bem como forças armadas capazes de controlar o país e possivelmente lutar contra os europeus. Ele indicou governadores militares para todas as províncias, responsáveis por cobrar impostos e remeter os recursos a ele. Suas negociações com as potências europeias foram difíceis, e, exasperado, ele prendeu o cônsul inglês. Em 1868, os ingleses enviaram uma força expedicionária que saqueou a capital. Teodoro cometeu suicídio.

Mesmo assim, o governo reconstruído por Teodoro conseguiu um dos grandes triunfos anticoloniais do século XIX contra os italianos. Em 1889, o trono passou para as mãos de Menelique II, que se deparou com o interesse italiano de lá estabelecer uma colônia. Em 1885, o chanceler alemão Bismarck havia convocado uma conferência em Berlim onde as potências europeias conceberam a "Partilha da África" — ou seja, decidiram como dividir a África em diferentes esferas de interesse. Na conferência, a Itália assegurou seus direitos às colônias na Eritreia, ao longo da costa da Etiópia e da Somália. A Etiópia, embora não tivesse representantes na reunião, conseguiu sobreviver intacta. Os italianos, porém, ainda tinham planos de conquistar a região, e em 1896 um exército saiu da Eritreia marchando para o sul. A resposta de Menelique foi semelhante à de um rei medieval europeu: formou um exército fazendo com que a nobreza reunisse seus homens armados. Essa abordagem não poderia manter soldados no campo de batalha por muito tempo, mas poderia formar um exército enorme por um curto prazo. Esse curto período foi o suficiente para derrotar os italianos, e seus 15 mil homens foram esmagados pelos 100 mil de Menelique na Batalha de Adowa, em 1896. Foi a mais séria derrota militar que um país africano pré-colonial conseguiu impor a uma potência europeia, e a vitória assegurou a independência da Etiópia por mais quarenta anos.

O último imperador da Etiópia, o rás Tafari, foi coroado como Haile Selassie em 1930. Haile Selassie governou até ser derrubado por uma segunda invasão italiana, que teve início em 1935, mas voltou do exílio com a ajuda dos ingleses em 1941. Depois disso, governou até ser derrubado em 1974 por um golpe do Derg, "o Comitê", um grupo de oficiais marxistas do Exército, que passou a empobrecer e a saquear ainda mais o país. As instituições econômicas extrativistas básicas do império absolutista etíope, como o *gult* (Capítulo 6) e o feudalismo, criado depois do declínio de Axum, duraram até serem abolidos após a revolução de 1974.

Hoje a Etiópia é um dos países mais pobres do mundo. A renda de um etíope médio é cerca de quarenta vezes menor que a um cidadão inglês médio. A maior parte da população vive em áreas rurais e pratica a agricultura de subsistência, e não tem água limpa e eletricidade nem acesso a escolas adequadas ou a tratamento de saúde. A expectativa de vida é de mais ou menos 55 anos, e apenas um terço dos adultos é alfabetizado. Uma comparação entre a Inglaterra e a Etiópia revela a desigualdade mundial. O motivo para que a Etiópia esteja assim hoje é que, ao contrário da Inglaterra, no país africano o absolutismo persistiu até o passado recente. Com o absolutismo vieram as instituições econômicas extrativistas e a pobreza para as massas dos etíopes — embora, é claro, os imperadores e a nobreza tenham sido imensamente beneficiados. Mas a implicação mais duradoura do absolutismo foi a sociedade etíope ter deixado de tirar vantagem das oportunidades de industrialização durante o século XIX e início do XX, o que está por trás da pobreza abjeta de seus cidadãos hoje.

Os filhos de Samaale

Instituições políticas absolutistas no mundo todo impediram a industrialização, seja indiretamente, pelo modo como organizavam a economia, seja diretamente, como nos casos da Áustria-Hungria e da Rússia. O absolutismo, porém, não foi a única barreira para o surgimento de instituições econômicas inclusivas. Na aurora do século XIX, muitas partes do mundo, sobretudo na África, não contavam com um Estado que pudesse oferecer um grau mínimo de lei e de ordem, um pré-requisito para garantir uma economia moderna. Não havia um equivalente de Pedro, o Grande, na Rússia para dar início ao processo de centralização política e depois forjar o absolutismo russo, muito menos um equivalente dos Tudors na Inglaterra para centralizar o Estado sem destruir — ou, é mais apropriado dizer, sem ter a capacidade de destruir — o Parlamento e outras limitações impostas a seu poder. Sem algum grau de centralização política, mesmo que as elites dessas sociedades africanas tivessem desejado receber a industrialização de braços abertos, não haveria muito que pudessem ter feito.

A Somália, situada no Chifre da África, ilustra os efeitos devastadores da ausência de centralização política. Historicamente, foi dominada por povos organizados em seis clãs familiares. Os quatro maiores, os dir, os darod, os isaq e os hawiye, traçam sua árvore genealógica até um ancestral mítico, Samaale. Esses clãs familiares se originaram no norte da Somália e se espalharam pelo sul e leste, e ainda hoje são basicamente pastores que migram com seus rebanhos de cabras, ovelhas e camelos. Ao sul, os digil e os rahanweyn, agricultores sedentários, completam a lista de clãs. Os territórios desses clãs estão retratados no Mapa 12 (Capítulo 6).

Os somalis se identificam primeiramente com seu clã familiar, que são muito grandes e contêm muitos subgrupos. Os mais importantes são os clãs cuja ascendência remonta a uma das famílias maiores. Mais significativos são os agrupamentos nos clãs chamados de pagadores de *diya*, pessoas intimamente relacionadas por laços familiares que pagam e coletam a *diya*, ou "dívida de sangue", uma compensação pela morte de um de seus membros. Os clãs somalis e os grupos pagadores de *diya* viviam um conflito histórico quase contínuo pelos escassos recursos à disposição, particularmente recursos hídricos e boas pastagens para os animais. Eles também invadiam as áreas de clãs e grupos pagadores de *diya* vizinhos para roubar seus rebanhos. Embora os clãs tenham líderes, chamados de sultões, além de terem anciãos, essas pessoas não tinham poder real. O poder político estava bastante disperso, sendo que todo somali adulto do sexo masculino podia dar palpite sobre decisões que pudessem afetar o clã ou grupo, o que era realizado por meio de um conselho informal composto por todos os homens adultos. Não havia lei escrita, polícia ou sistema legislativo, exceto pelo fato de a xaria ser usada como a base em que estavam embutidas as leis informais. Essas leis informais para um grupo de pagadores de *diya* eram codificadas em um *heer*, um conjunto de obrigações, direitos e deveres que se referiam à interação com outros grupos. Com o advento do governo colonial, esses *heers* passaram a manter registros escritos. Por exemplo, a linhagem Hassan Ugaas formava um grupo pagador de *diya* de mais ou menos quinhentos homens e era um subclã do clã dir, na Somalilândia britânica. Em 8 de março de 1950, seu *heer* foi registrado pelo comissário do distrito britânico, e as primeiras cláusulas eram as seguintes:

1. Quando um homem do grupo de Hassan Ugaas é assassinado por um grupo de extermínio, vinte camelos de sua dívida de sangue (cem) serão tomados pelo parente mais próximo, e os oitenta camelos restantes serão compartilhados entre todos os Hassan Ugaas.

2. Caso um homem dos Hassan Ugaas seja ferido por alguém de fora e seus ferimentos sejam avaliados em 33 camelos e um terço, dez camelos devem ser dados a ele, e o restante a seu grupo *jiffo* (um subgrupo da *diya*).
3. O homicídio entre membros dos Hassan Ugaas é objeto de compensação na taxa de 33 camelos e um terço, que só poderão ser pagos ao parente mais próximo do falecido. Caso não tenha como pagar tudo o que deve, o culpado será auxiliado pela sua linhagem.

A grande atenção do *heer* para assassinatos e ferimentos reflete o estado quase constante de guerra entre grupos pagadores de *diya* e clãs. No centro disso estavam as dívidas e as disputas de sangue. Um crime contra uma pessoa específica era um crime contra todo o grupo e exigia compensação coletiva, gerando uma dívida de sangue. Caso essa dívida não fosse paga, o grupo do responsável pelo crime enfrentava retaliação coletiva do grupo a que pertencia a vítima, uma disputa de sangue. Quando os transportes modernos chegaram à Somália, as dívidas de sangue foram estendidas a pessoas mortas ou feridas em acidentes de trânsito. O *heer* dos Hassan Ugaas não se referia apenas a assassinatos; a cláusula 6 dizia: "Caso um homem dos Hassan Uggas insulte outro homem dos Hassan Uggas durante uma reunião de conselho, deverá pagar 150 xelins à parte ofendida."

No início de 1955, os rebanhos de dois clãs, o habar tol ja'lo e o habar yuunis, pastavam próximos, na região de Domberelly. Um homem dos yuunis foi ferido após uma disputa com um membro do tol ja'lo em função da pastagem de um camelo. A retaliação do clã dos yunnis foi imediata, com um ataque ao clã tol ja'lo que resultou no assassinato de um homem. Essa morte fez com que os yuunis, de acordo com o código de dívida de sangue, oferecessem uma compensação ao clã tol ja'lo, que foi aceita. O pagamento deveria ser entregue pessoalmente, como de costume na forma de camelos. Durante a cerimônia de entrega, um membro dos tol ja'los matou um membro dos yunnis, confundindo-o com um membro do grupo pagador de *diya* do assassino. Isso levou a uma guerra total, e, nas 48 horas seguintes, 13 yunnis e 26 membros dos tol ja'los foram assassinados. A guerra continuou por mais um ano, até que anciãos de ambos os clãs, reunidos pela administração colonial inglesa, chegassem a um acordo (o pagamento da dívida de sangue) que satisfez a ambos os lados e que foi pago ao longo dos 3 anos seguintes.

O pagamento da dívida de sangue ocorreu sob a sombra da ameaça de uso da força e de novas guerras, e mesmo o pagamento da dívida não acabou de vez com os conflitos, que em geral se reduziam, mas depois voltavam a crescer.

O poder político, portanto, estava amplamente disperso na sociedade somali, quase de maneira pluralista. Contudo, sem a autoridade de um Estado centralizado para garantir a ordem, que dirá os direitos de propriedade, isso não levou a instituições inclusivas. A autoridade do outro não era respeitada, e ninguém, nem mesmo o Estado colonial britânico, foi capaz de impor a ordem. A ausência de uma centralização política impossibilitou que a Somália se beneficiasse da Revolução Industrial. Em um ambiente como esse, seria inimaginável investir em novas tecnologias vindas da Grã-Bretanha, adotá-las ou mesmo criar o tipo de organização necessária para isso.

A política complexa da Somália teve consequências ainda mais sutis para o progresso econômico. Já mencionamos alguns dos grandes enigmas tecnológicos da história africana. Antes da expansão do governo colonial, em fins do século XIX, as sociedades africanas não usavam transportes baseados em rodas nem arado e poucas contavam com sistemas de escrita. A Etiópia tinha todos esses elementos, conforme vimos. Os somalis também contavam com um sistema de escrita, porém, ao contrário dos etíopes, não o utilizavam. Já vimos exemplos como esse na história africana. As sociedades africanas podiam não ter rodas ou arados, porém certamente sabiam da existência desses objetos. No caso do Reino do Congo, como vimos, isso se devia fundamentalmente ao fato de que as instituições econômicas não criavam incentivos para que as pessoas adotassem essas tecnologias. Será que o mesmo tipo de questão esteve presente na adoção da escrita?

Podemos ter uma noção disso ao examinar o Reino de Taqali, situado a noroeste da Somália, nas colinas Nuba, do sul do Sudão. O Reino de Taqali foi formado no fim do século XVIII por um grupo de guerreiros liderados por um sujeito chamado Isma'il e se manteve independente até ser incorporado ao Império Britânico, em 1884. Os reis dos taqalis e seu povo tinham acesso à escrita em árabe, mas não a usavam — a não ser os reis, para comunicação externa com outras sociedades e na correspondência diplomática. De início, essa situação parece inusitada. A explicação tradicional sobre a origem da escrita na Mesopotâmia diz que foi desenvolvida pelos Estados para registrar informações, controlar as pessoas e cobrar impostos. Será que o Estado taqali não se interessava por isso?

Essas perguntas foram investigadas pela historiadora Janet Ewald no fim dos anos 1970, numa tentativa de reconstruir a história do Estado taqali. Parte da história é que os cidadãos resistiam ao uso da escrita por temer que fosse usada para controlar recursos, como terras valiosas, permitindo que o Estado reivindicasse sua propriedade. Também havia o receio de que isso fosse levar a uma tributação mais sistemática. A dinastia iniciada por Isma'il não se consolidou como um Estado poderoso. Ainda que quisesse, o Estado não era forte o bastante para impor sua vontade contra as objeções dos cidadãos. Mas havia outros fatores, mais sutis, em operação. Várias elites também se opunham à centralização política, preferindo, por exemplo, a interação oral à escrita com os cidadãos, porque isso lhes oferecia o máximo possível de arbítrio. Leis ou ordens escritas não podiam ser retiradas ou negadas e seriam mais difíceis de mudar, estabelecendo padrões que as elites governantes poderiam desejar reverter. Por isso, nem os governados nem os governantes de Taqali viam a introdução da escrita como vantajosa para si. Os governados temiam o modo como seria usado pelos governantes, que, por sua vez, viam a ausência da escrita como positiva para manter seu domínio precário sobre o poder. Foi a política de Taqali que impediu a introdução da escrita. Embora os somalis tivessem uma elite menos bem definida, em comparação com o reino dos taqalis, é bastante plausível que as mesmas forças tenham inibido o uso da escrita e a adoção de outras tecnologias básicas.

O caso somali mostra as consequências da ausência de centralização política para o crescimento econômico. A literatura histórica não registra exemplos de tentativas de criar tal centralização na Somália. No entanto, fica claro por que isso teria sido muito difícil. Criar centralização política implicaria alguns clãs se sujeitarem ao controle de outros, mas todos rejeitavam a submissão e a entrega de poder que isso teria significado; o equilíbrio de forças militares na sociedade também teria dificultado a criação de instituições centralizadas. Na verdade, é provável que qualquer grupo ou clã que tentasse centralizar o poder enfrentasse forte resistência e acabasse perdendo o poder e os privilégios. Como consequência dessa falta de centralização política e da conseguinte ausência até mesmo da mais básica segurança de direitos de propriedade, a sociedade somali jamais gerou incentivos para o investimento em tecnologias que aumentassem a produtividade. No século XIX e início do XX, enquanto o processo de industrialização ocorria em outras partes do mundo, os somalis lutavam para seguir vivos, e seu atraso tecnológico se tornava mais arraigado.

Retrocesso duradouro

A Revolução Industrial criou uma conjuntura crítica transformadora para o mundo todo durante o século XIX e além, e as sociedades que deram permissão e incentivos para que seus cidadãos investissem em novas tecnologias viveram um período de crescimento acelerado. Mas muitas sociedades ao redor do mundo não conseguiram fazer isso — ou escolheram explicitamente não fazer. Nações dominadas por instituições políticas e econômicas extrativistas não geraram tais incentivos. A Espanha e a Etiópia são exemplos de lugares onde o controle absolutista das instituições políticas e as instituições econômicas que dele derivam sufocaram os incentivos econômicos bem antes da aurora do século XIX. O resultado foi semelhante em outros regimes absolutistas — por exemplo, na Áustria-Hungria, na Rússia, no Império Otomano e na China, embora nesses casos os governantes, em função do receio da destruição criativa, não apenas tenham deixado de incentivar o progresso econômico, como também adotaram medidas explícitas para bloquear a disseminação da indústria e a introdução de novas tecnologias que levassem à industrialização.

O absolutismo não é a única forma de instituição política extrativista e não foi o único fator a impedir a industrialização. As instituições políticas e econômicas inclusivas necessitam de algum grau de centralização política para que o Estado possa garantir a lei e a ordem, sustentar os direitos de propriedade e incentivar a atividade econômica quando necessário por meio do investimento em serviços públicos. No entanto, mesmo hoje, muitas nações, como o Afeganistão, o Haiti, o Nepal e a Somália, têm Estados incapazes de manter a ordem mais rudimentar, e os incentivos econômicos são praticamente nulos. O caso da Somália ilustra o modo como o processo de industrialização passou ao largo dessas sociedades. A centralização política é alvo de resistência pelo mesmo motivo que regimes absolutistas rechaçam as mudanças: os que frequentemente estão em boa situação temem que a mudança realoque o poder político da elite dominante atual para novos indivíduos e grupos. Desse modo, assim como o absolutismo, as elites tradicionais e os clãs predominantes em sociedades sem centralização estatal também bloqueiam movimentos em direção ao pluralismo e à mudança econômica. Como consequência, sociedades que ainda não possuíam essa centralização nos séculos XVIII e XIX estavam numa condição de desvantagem na era da indústria.

Embora a variedade de instituições extrativistas que vão do absolutismo a Estados com pequena centralização tenha fracassado em se aproveitar da disseminação da indústria, a conjuntura crítica da Revolução Industrial teve efeitos muito diferentes em outras partes do globo. Como veremos no Capítulo 10, as sociedades que já haviam dado passos rumo a instituições políticas e econômicas inclusivas, como os Estados Unidos e a Austrália, e as em que o absolutismo enfrentava desafios maiores, como a França e o Japão, tiraram vantagem dessas novas oportunidades econômicas e deram início a um processo de crescimento econômico acelerado. Desse modo, o padrão costumeiro de interação entre uma conjuntura crítica e diferenças institucionais existentes que levam a maior divergência industrial e econômica mais uma vez desempenhou um papel no século XIX, e dessa vez com ainda mais alarde e efeitos mais fundamentais sobre a prosperidade e a pobreza das nações.

9.
RETROCESSO NO DESENVOLVIMENTO

Especiarias e genocídio

O ARQUIPÉLAGO DAS MOLUCAS, na atual Indonésia, é composto de três grupos de ilhas. No início do século XVII, as Molucas do Norte abrigavam os reinos independentes de Tidore, Ternate e Bacan. As Molucas Médias abrigavam o reino insular de Amboína. No sul havia as Ilhas Banda, um pequeno arquipélago que ainda não havia sido unificado politicamente. Embora hoje pareçam remotas, na época as Molucas eram centrais para o comércio internacional por serem as únicas produtoras das especiarias cravo-da-índia, mácide e noz-moscada. Dessas, a mácide e a noz-moscada só podiam ser encontradas nas Ilhas Banda. Os habitantes das ilhas produziam e exportavam essas especiarias raras em troca de comida e de bens manufaturados que chegavam de Java, do entreposto de Malaca, na península Malaia, e da Índia, da China e da Arábia.

O primeiro contato que os habitantes tiveram com os europeus foi no século XVI, com marinheiros portugueses que foram comprar especiarias. Antes disso, as mercadorias eram enviadas pelo Oriente Médio, passando por rotas comerciais controladas pelo Império Otomano. Os europeus procuraram uma passagem contornando a África ou atravessando o Atlântico para conseguir acesso direto às Ilhas das Especiarias e ao comércio dos temperos. O Cabo da Boa Esperança foi contornado pelo marinheiro português Bartolomeu Dias em 1488, e Vasco da Gama chegou à Índia pela mesma rota em 1498. Pela primeira vez, os europeus tinham uma rota própria independente para as Ilhas das Especiarias.

Os portugueses então se dedicaram à tarefa de tentar controlar o comércio de especiarias. Capturaram Malaca em 1511. Estrategicamente situada na porção ocidental da península Malaia, a região recebia mercadores de todo o Sudeste Asiático que iam vender suas especiarias a outros mercadores — indianos, chineses e árabes —, que depois as enviavam para o Ocidente. Como disse o viajante português Tomé Pires, em 1515: "O comércio entre as diversas nações a mil léguas de distância em qualquer direção precisa passar por Malaca (...) Quem quer que domine Malaca terá as mãos no pescoço de Veneza."

Com Malaca nas mãos, os portugueses tentaram sistematicamente conquistar um monopólio do valioso comércio de especiarias. Não conseguiram.

Os adversários eram consideráveis. Entre os séculos XIV e XV houve grande desenvolvimento econômico no Sudeste Asiático baseado no comércio de especiarias. Cidades-Estado como Aceh, Banten, Malaca, Macáçar, Pegu e Brunei se expandiram rápido, produzindo e exportando especiarias junto com outros produtos, como madeiras de lei.

Esses Estados tinham formas absolutistas de governo semelhantes às da Europa do mesmo período. O desenvolvimento de instituições políticas foi estimulado por processos semelhantes, incluindo mudanças tecnológicas nos métodos de guerra e no comércio internacional. As instituições estatais se tornaram mais centralizadas, com um rei reivindicando poder absoluto. Assim como os governantes absolutistas na Europa, os reis do Sudeste Asiático dependiam bastante das receitas do comércio, fosse com participação direta, fosse concedendo monopólios a elites locais e estrangeiras. Assim como na Europa absolutista, isso gerava

Mapa 14: Sudeste Asiático, as Ilhas das Especiarias, Amboína e Banda em 1600.

algum crescimento econômico, mas passava longe de ser um conjunto ideal de instituições econômicas para promover a prosperidade, criando enormes barreiras de entrada e muita insegurança quanto aos direitos de propriedade da maioria. No entanto, o processo de comercialização ocorria mesmo enquanto os portugueses tentavam estabelecer seu domínio sobre o oceano Índico.

A presença dos europeus aumentou e passou a ter muito mais impacto com a chegada dos holandeses, que logo se deram conta de que monopolizar a oferta das valiosas especiarias das Molucas seria muito mais lucrativo do que competir contra outros comerciantes locais e europeus. Em 1600, convenceram o governante de Amboína a assinar um acordo de exclusividade que lhes dava o monopólio sobre o comércio do cravo-da-índia na ilha. Com a fundação da Companhia Holandesa das Índias Orientais, em 1602, as tentativas dos holandeses de dominar o comércio de especiarias e eliminar seus concorrentes lhes renderam bons frutos, prejudicando imensamente o Sudeste Asiático. A Companhia Holandesa das Índias Orientais foi a segunda empresa europeia de capital aberto, depois da Companhia Inglesa das Índias Orientais — ambas grandes marcos no desenvolvimento das corporações modernas e mais tarde desempenhariam papel importante no crescimento industrial europeu. Também foi a segunda empresa a ter exército próprio e o poder de declarar guerra e colonizar terras estrangeiras. Foi o poder militar da companhia que permitiu que os holandeses eliminassem qualquer possível obstáculo e garantissem que seu tratado com o governante de Amboína fosse respeitado. Em 1605, capturaram um forte importante que estava em mãos portuguesas e, na sequência, removeram à força todos os demais comerciantes. Depois, expandiram sua atuação para as Molucas do Norte, forçando os governantes de Tidore, Ternate e Bacan a concordar com a proibição do cultivo e do comércio do cravo-da-índia em seu território. O tratado que impuseram a Ternate chegava a permitir que os holandeses destruíssem qualquer árvore de cravo-da-índia encontrada lá.

Amboína tinha o mesmo tipo de governo que grande parte da Europa e das Américas na época, em que os cidadãos deviam tributos ao governante e eram obrigados a fazer trabalhos forçados. Os holandeses assumiram e intensificaram esses sistemas para obter mais mão de obra e mais cravos-da-índia. Antes da sua chegada, as famílias pagavam tributos em cravos-da-índia à elite local. Os holandeses estipularam que os moradores de cada casa estavam presos a um pedaço de terra e deviam cultivar um certo número de árvores de cravo-da-índia. As famílias também eram obrigadas a prestar trabalhos forçados.

Os holandeses também assumiram o controle das Ilhas Banda, na intenção de monopolizar a mácide e a noz-moscada. As Ilhas Banda, porém, eram organizadas de modo muito diferente de Amboína. Elas eram compostas de várias pequenas cidades-Estado autônomas, onde não havia hierarquia social nem estrutura política. Esses pequenos Estados, que na verdade não eram mais do que vilarejos, eram administrados por assembleias compostas pelos cidadãos locais. Não havia uma autoridade central que os holandeses pudessem coagir a assinar um tratado de monopólio e nenhum sistema de tributos que pudessem assumir para pôr as mãos em todo o suprimento de mácide e noz-moscada. De início, isso significou que os holandeses precisaram concorrer com mercadores ingleses, portugueses, indianos e chineses, perdendo para seus concorrentes quando não pagavam preços altos. Os planos iniciais de estabelecer um monopólio de mácide e noz-moscada naufragaram, e o governador holandês da Batávia, Jan Pieterszoon Coen, propôs um plano alternativo. Coen fundou a Batávia, na ilha de Java, que em 1618 se tornou a nova capital da Companhia Holandesa das Índias Orientais. Em 1621, ele navegou até as Ilhas Banda com uma frota e começou um massacre de quase toda a população das ilhas, provavelmente cerca de 15 mil pessoas. Todos os líderes foram executados, e só algumas pessoas foram deixadas vivas, o suficiente para preservar o conhecimento da produção de mácide e noz-moscada. Depois que o genocídio estava completo, Coen criou a estrutura política e econômica necessária para seu plano: uma sociedade de *plantations*. As ilhas foram divididas em 68 domínios, que foram entregues a 68 holandeses, quase todos empregados ou ex-empregados da Companhia Holandesa das Índias Orientais. Esses novos latifundiários aprenderam a produzir especiarias com os poucos habitantes originários sobreviventes e compraram escravizados da Companhia Britânica das Índias Orientais para povoar as ilhas esvaziadas e produzir especiarias, que seriam vendidas a preços fixos para a própria companhia.

As instituições extrativistas criadas pelos holandeses nas Ilhas das Especiarias tiveram os efeitos desejados, mas em Banda isso aconteceu ao custo de 15 mil vidas de inocentes e ao estabelecimento de um conjunto de instituições econômicas e políticas que condenariam as ilhas ao subdesenvolvimento. No fim do século XVII, os holandeses haviam reduzido a oferta mundial dessas especiarias em cerca de 60%, e o preço da noz-moscada dobrara.

Os holandeses disseminaram a estratégia aperfeiçoada nas Molucas por toda a região, trazendo consequências profundas para as instituições econômicas e políticas do restante do Sudeste Asiático. A longa expansão comercial de diversos Estados na área, iniciada no século XIV, começou a retroceder. Mesmo sociedades que não foram diretamente colonizadas nem esmagadas pela Companhia Holandesa das Índias Orientais se voltaram para as atividades domésticas e abandonaram o comércio internacional. A mudança econômica e política que nascia no Sudeste Asiático foi refreada.

Para evitar a ameaça da Companhia Holandesa das Índias Orientais, diversos Estados abandonaram a produção destinada à exportação e cessaram as atividades comerciais. A autossuficiência era mais segura do que enfrentar os holandeses. Em 1620, o Estado de Bantém, na ilha de Java, cortou suas pimenteiras na esperança de que os holandeses os deixassem em paz. Quando um mercador holandês visitou Maguindanao, no sul das Filipinas, em 1686, ouviu que "é possível cultivar noz-moscada e cravo-da-índia aqui, assim como nas Molucas. Essas especiarias não crescem mais aqui porque o antigo rajá mandou destruir tudo antes de morrer, com medo de que a Companhia Holandesa viesse guerrear por causa disso". Um comerciante ouviu algo semelhante do governante de Maguindanao em 1699: "Ele proibiu o cultivo permanente de pimenta para não se meter em guerras com a companhia [holandesa] nem com outros potentados." Houve um processo de desurbanização e até mesmo de declínio populacional. Em 1635, os birmaneses transferiram sua capital de Pegu, na costa, para Ava, bem mais para o interior, subindo o rio Irauádi.

Não sabemos qual teria sido o caminho do desenvolvimento econômico e político dos Estados do Sudeste Asiático sem a agressão holandesa. Talvez tivessem desenvolvido uma forma própria de absolutismo, talvez tivessem permanecido na situação em que estavam no fim do século XVI, ou talvez tivessem continuado com a comercialização, adotando instituições cada vez mais inclusivas. Mas, assim como nas Molucas, o colonialismo holandês mudou fundamentalmente seu desenvolvimento econômico e político. Os povos do Sudeste Asiático pararam de fazer comércio, se voltaram para o interior e se tornaram mais absolutistas. Nos dois séculos seguintes, não estariam em condições de tirar vantagem das inovações que surgiriam com a Revolução Industrial. E, em última instância, sua retirada do comércio mundial não os salvou dos europeus — no fim do século XVIII, quase todos eram parte de impérios coloniais europeus.

Vimos no Capítulo 7 como a expansão europeia no Atlântico estimulou o surgimento de instituições inclusivas na Grã-Bretanha. No entanto, como mostra a experiência das Molucas sob a administração dos holandeses, essa expansão semeou o subdesenvolvimento em muitos lugares do mundo ao impor instituições extrativistas ou fortalecer as que já existiam. Direta ou indiretamente, essas instituições destruíram nascentes atividades comerciais e industriais ao redor do planeta ou perpetuaram instituições que impediam a industrialização. Como resultado, à medida que a industrialização se disseminava por algumas partes do mundo, lugares que eram parte dos impérios coloniais europeus não tiveram chance de se beneficiar dessas novas tecnologias.

Uma instituição comum até demais

No Sudeste Asiático, a disseminação do poder naval e comercial europeu no início do período moderno trouxe um fim prematuro a um momento promissor de expansão econômica e de mudanças institucionais. No mesmo período, à medida que a Companhia Holandesa das Índias Orientais se expandia, uma espécie muito diferente de comércio internacional se intensificava na África: o comércio escravagista.

Nos Estados Unidos, a escravidão do sul era com frequência chamada de "instituição peculiar". No entanto, como o grande estudioso clássico Moses Finlay ressaltou, a escravidão nunca foi peculiar para a História, pois estava presente em quase todas as sociedades. Era, como já vimos, endêmica na Roma Antiga e na África, que por muito tempo foi uma fonte de pessoas escravizadas para a Europa, embora não a única.

No período romano, os escravos vinham dos povos eslavos ao redor do mar Negro, do Oriente Médio e também do norte da Europa. Em 1400, porém, os europeus haviam parado de escravizar uns aos outros. A África, no entanto, como vimos no Capítulo 6, não passou pela transição da escravidão para a servidão que ocorrera na Europa medieval. Antes do período moderno, havia um intenso comércio escravagista na África Oriental, e grandes quantidades de escravizados foram transportadas pelo Saara para a península Arábica. Além disso, os grandes Estados medievais da África Ocidental — Mali, Gana e Songai — empregavam bastante escravidão no governo, no exército e na agricultura, adotando modelos organizacionais inspirados nos Estados muçulmanos do norte da África, com quem faziam comércio.

Foi o desenvolvimento das colônias produtoras de açúcar no Caribe, a partir do início do século XVII, que levou a um aumento dramático no comércio internacional de escravizados e a um aumento sem precedentes na importância da escravidão dentro da própria África. No século XVI, provavelmente cerca de 300 mil escravizados foram comercializados no Atlântico, vindo principalmente da África Central, com forte envolvimento do Congo e dos portugueses que tinham base mais ao sul em Luanda, hoje a capital de Angola. Durante esse período, o tráfico escravo transaariano era ainda maior: provavelmente cerca de 550 mil africanos foram escravizados e levados para o norte. No século XVII, a situação se inverteu. Cerca de 1,35 milhão de africanos foram vendidos como escravos no comércio transatlântico, a maioria enviada para as Américas. Os números envolvidos no comércio transaariano não sofreram grandes alterações. O século XVIII assistiu a outro aumento dramático, com cerca de 6 milhões de escravizados enviados para o outro lado do Atlântico e talvez 700 mil pelo Saara. Somando os números dos vários períodos e das várias partes da África, bem mais de 10 milhões de africanos foram escravizados e enviados para fora do continente.

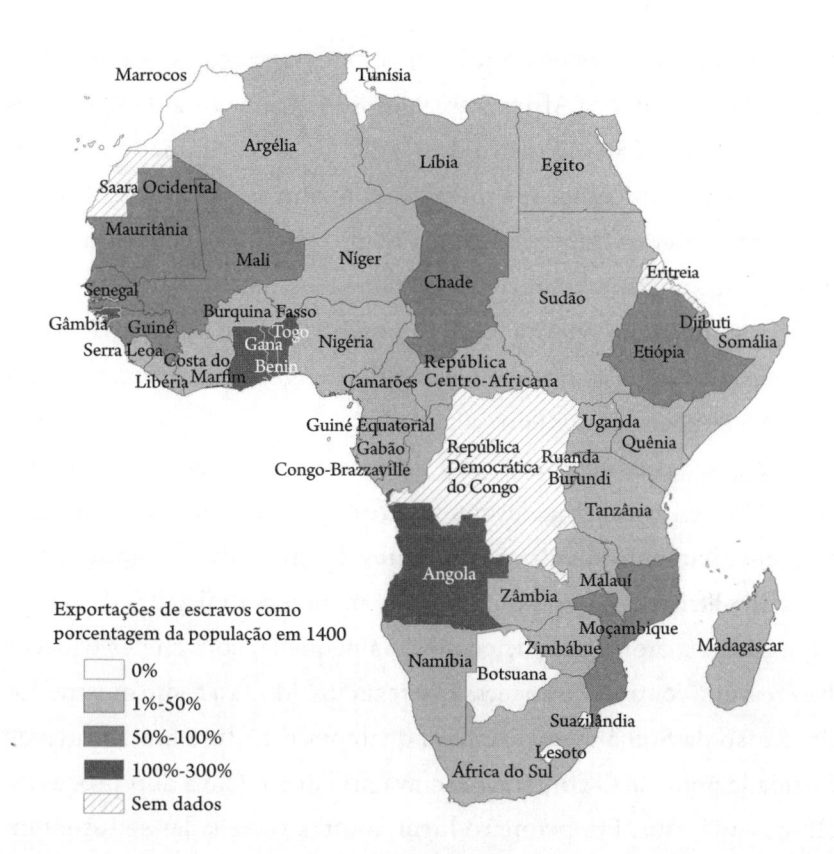

Mapa 15: Exportações de escravizados na África.

O Mapa 15 dá uma noção da escala do comércio escravagista. Usando as fronteiras atuais entre os países, ele retrata estimativas do tamanho cumulativo da escravidão entre 1400 e 1900 expresso como percentual da população total no ano de 1400. Cores mais escuras mostram uma escravidão mais intensa. Por exemplo, em Angola, Benin, Gana e Togo, o total cumulativo de exportação de escravizados ultrapassou a população inteira do país em 1400.

O súbito aparecimento de europeus ávidos para comprar escravizados em toda a costa ocidental e central da África teria um impacto transformador nas sociedades africanas. Na maioria, os escravizados eram prisioneiros de guerra transportados até o litoral e enviados para as Américas. O aumento das guerras foi impulsionado pela imensa importação de armas e munição, que os europeus trocavam por escravizados. Nos anos 1730, só na costa ocidental da África, cerca de 180 mil armas eram importadas por ano e entre 1750 e o início do século XIX, os britânicos sozinhos venderam entre 283 mil e 394 mil armas por ano. Entre 1750 e 1807, os britânicos venderam impressionantes 22 mil toneladas de pólvora, o que corresponde a uma média anual de 384 mil quilos, junto com 91 mil quilos anuais de chumbo. Mais para o sul, o comércio era igualmente vigoroso. Na costa do Loango, ao norte do Reino do Congo, os europeus vendiam cerca de 50 mil armas por ano.

Essas guerras e conflitos, além de causar imensa perda de vidas e muito sofrimento humano, levaram a África por um caminho específico de desenvolvimento institucional. Antes do início da era moderna, as sociedades africanas eram politicamente menos centralizadas do que as da Eurásia. A maioria das sociedades era pequena, com chefes tribais e talvez reis que controlavam a terra e os recursos. Muitas, como mostramos com o caso da Somália, não tinham qualquer estrutura hierárquica de autoridade política. O comércio escravagista deu início a dois processos políticos adversos. Em primeiro lugar, muitas sociedades se tornaram mais absolutistas de início, organizadas em torno de um único objetivo: escravizar e vender outros povos para os escravizadores europeus. Em segundo lugar, como consequência, mas paradoxalmente em oposição ao primeiro processo, as guerras e a escravidão destruíram qualquer tipo de ordem e de autoridade estatal na África subsaariana. Além de guerras, escravos também eram raptados e capturados em pequenas incursões. A lei também se transformou em uma ferramenta de escravização. Independentemente do crime que se cometesse, a pena era a escravidão. O mercador inglês Francis Moore observou as consequências disso ao longo da costa da Senegâmbia, na África Ocidental, na década de 1730:

> Desde que se passou a usar o comércio de escravos, todas as punições foram modificadas para a escravidão; por existir uma vantagem nessas condenações, eles se esforçam bastante

para punir o crime e obter o benefício de vender o criminoso. Não apenas assassinato, roubo e adultério são punidos com a venda do criminoso como escravo, mas mesmo casos triviais recebem essa punição.

As instituições, inclusive as religiosas, se perverteram pelo desejo de capturar e vender escravos. Um exemplo é o famoso oráculo de Arochukwu, na Nigéria Oriental. Acreditava-se que o oráculo falava em nome de uma importante divindade da região, respeitada pelos principais grupos étnicos locais, os ijaws, os ibibios e os igbos. O oráculo era procurado para resolver disputas e julgar desavenças. Quem viajava a Arochukwu com uma queixa precisava descer da cidade por uma garganta do rio Cross, onde o oráculo ficava abrigado em uma caverna alta, cuja entrada era revestida por caveiras humanas. Os sacerdotes do oráculo, associados aos escravagistas e mercadores do Aro, apresentavam a decisão. Com frequência, essa decisão exigia que as pessoas fossem "engolidas" pelo oráculo, o que, na verdade, significava que, ao passar pela caverna, eram levadas pelo rio Cross até os navios dos europeus, que estariam à espera. Esse processo pelo qual todas as leis e costumes eram distorcidos e rompidos em nome da captura de escravos em quantidades cada vez maiores teve efeitos devastadores sobre a centralização política, embora em alguns lugares tenha levado ao surgimento de Estados poderosos cuja *raison d'être* era fazer ataques a vizinhos e escravizar pessoas. O próprio Reino do Congo provavelmente foi o primeiro Estado africano a experimentar uma metamorfose que o transformou em um Estado escravizador, até ser destruído por uma guerra civil. Outros Estados escravizadores surgiram, principalmente na África Ocidental, entre os quais Oió, na Nigéria, Daomé, no Benin, e mais tarde Axante, em Gana.

A expansão do Estado de Oió em meados do século XVII, por exemplo, está diretamente relacionada ao aumento das exportações de escravos no litoral. O poder do Estado foi resultado de uma revolução militar que envolveu a importação de cavalos do norte e a formação de uma poderosa cavalaria que poderia dizimar exércitos oponentes. À medida que Oió se expandia para o sul rumo ao litoral, ia esmagando outras sociedades e vendia muitos de seus habitantes como escravos. No período que vai de 1690 a 1740, Oió estabeleceu seu monopólio no interior da região que viria a ser conhecida como Costa dos Escravos. Estima-se que entre 80% e 90% dos escravizados vendidos no litoral fossem resultado dessas conquistas. Uma conexão igualmente dramática entre a guerra e o fornecimento de escravizados ocorreu mais a oeste no século XVIII, na Costa do Ouro, a área onde hoje fica Gana. A partir de 1700, o Estado de Axante se expandiu a partir do interior, de modo muito semelhante ao que aconteceu com Oió, um pouco antes. Durante a primeira metade do século XVIII, essa expansão deu início às chamadas Guerras Akan, à medida que Axante derrotava diversos Estados independentes. O último, Jamãs, foi conquistado em 1747. A maior parte dos 375 mil escravizados exportados da Costa do Ouro entre 1700 e 1750 era de prisioneiros dessas guerras.

O impacto mais evidente dessa extração em massa de seres humanos provavelmente foi o demográfico. É difícil saber com certeza qual era a população da África antes do período moderno, mas estudiosos fizeram várias estimativas plausíveis do impacto do comércio escravagista sobre a população. O historiador Patrick Manning estima que a população das áreas da África Ocidental e da África Centro-Ocidental que forneciam escravizados para exportação era algo entre 22 e 25 milhões de pessoas no início do século XVIII. Usando a premissa conservadora de que, durante o século XVIII e início do XIX, essas áreas tivessem apresentado uma taxa de crescimento populacional de mais ou menos 0,5% ao ano sem o tráfico de escravizados, Manning estima que a população da região em 1850 poderia ficar entre 46 e 53 milhões de pessoas. Na prática, era cerca de metade disso.

Essa enorme diferença não ocorre apenas porque 8 milhões de pessoas foram exportadas como escravas entre 1700 e 1850, mas também porque milhões provavelmente foram mortas nas guerras internas contínuas destinadas à captura de escravos. A escravidão e o comércio escravagista também afetaram as estruturas da família e do casamento na África e podem ainda ter reduzido a fertilidade.

Desde o início do século XVIII, um forte movimento para abolir o tráfico de escravizados começou a ganhar força na Grã-Bretanha, liderado pela carismática figura de William Wilberforce. Depois de repetidos fracassos, em 1807 os abolicionistas convenceram o Parlamento britânico a aprovar uma lei que proibia o tráfico de escravizados. Os Estados Unidos adotaram medida semelhante no ano seguinte, mas o governo britânico foi ainda mais longe: passou a garantir o cumprimento dessa lei colocando esquadras navais no Atlântico. Embora tenha sido necessário algum tempo para que essas medidas se mostrassem eficazes e a escravidão em si só ter sido abolida no Império Britânico em 1834, os dias do comércio escravagista transatlântico — de longe sua parcela mais expressiva — estavam contados.

Embora o fim do tráfico depois de 1807 de fato tenha reduzido a demanda por escravizados da África, o impacto da escravidão sobre as sociedades africanas e suas instituições não desapareceu como num passe de mágica. Muitos Estados africanos tinham se organizado em torno da escravidão, e o fato de os britânicos terem colocado fim ao comércio não modificou essa realidade. Além disso, a escravidão tinha se tornado muito mais presente na própria África. Esses fatores, em última instância, moldariam o caminho do desenvolvimento do continente não só antes, como também depois de 1807.

No lugar da escravidão surgiu o "comércio legítimo", uma frase cunhada para designar a exportação de novas mercadorias a partir da África não associadas ao tráfico de escravizados. Dentre esses produtos estavam o óleo de palma e palmiste, amendoim, marfim, borracha e goma-arábica. À medida que as rendas se expandiam na Europa e na América do Norte com a disseminação da Revolução Industrial, a procura por muitos desses produtos tropicais cresceu bastante. As sociedades africanas tiravam o máximo de proveito das oportunidades apresentadas pelo tráfico de escravizados, e o mesmo aconteceu com o comércio legítimo. Contudo, isso aconteceu dentro de um contexto peculiar em que a escravidão era parte da vida, mas a demanda externa por escravizados tinha cessado de repente. O que fazer com todos aqueles escravizados agora que era impossível vendê-los aos europeus? A resposta era simples: colocá-los para trabalhar, sob coação, na própria África, produzindo os novos itens do comércio legítimo e gerando lucros.

Um dos exemplos mais bem documentados ocorreu em Axante, na atual Gana. Antes de 1807, o Império Axante se envolveu intensamente na captura e exportação de escravizados, que eram levados até a costa para serem vendidos nos grandes castelos de escravizados da Costa do Cabo e de Elmina. Depois de 1807, sem essa opção, a elite política de Axante teve que reorganizar sua economia. No entanto, a captura de escravizados e a escravidão não tinham acabado. Em vez disso, os escravizados eram colocados em grandes latifúndios, que a princípio ficavam nos arredores da capital, Kumasi, mas depois se espalharam por todo o império (que corresponde à maior parte do interior de Gana). Eles trabalhavam não só na mineração de ouro e na produção de noz-de-cola para exportação, mas também no cultivo de grandes quantidades de alimento, além de serem bastante usados como carregadores, uma vez que Axante não usava transportes com rodas. Mais a leste, adaptações semelhantes ocorreram. Em Daomé, por exemplo, o rei mantinha grandes latifúndios de óleo de palma perto de Uidá e Porto Novo, todos baseados em trabalho escravo.

Assim, a abolição do tráfico de escravizados, no lugar de pôr fim à escravidão na África, simplesmente levou a um novo uso dos escravizados, agora na África e não nas Américas. Além disso, muitas instituições políticas que o tráfico forjara nos dois séculos anteriores permaneceram inalteradas, e os padrões de comportamento persistiram. Por exemplo, o Reino de Oió, na Nigéria, que chegara a ser grandioso, entrou em colapso nas décadas de 1820 e 1830. O reino foi minado por guerras civis e pelo surgimento das cidades-Estado iorubás, como Ilorin e Ibadã, que estavam diretamente envolvidas no comércio de escravizados ao sul. Na década de 1830, a capital de Oió foi saqueada, e depois disso as cidades iorubás passaram a competir com Daomé pelo domínio regional. Houve uma série de guerras quase contínuas na primeira metade do século, o que gerou um suprimento gigantesco de escravizados. Ao mesmo tempo, continuavam ocorrendo raptos, condenações por oráculos e incursões de pequena monta. O rapto se tornou um problema tão grande que, em algumas partes da Nigéria, os pais não deixavam os filhos brincarem fora de casa com medo de que fossem capturados e escravizados.

Como resultado, a escravidão, em vez de diminuir, parece ter se expandido na África ao longo do século XIX. Embora seja difícil precisar, vários relatos de viajantes e mercadores da época sugerem que, na África Ocidental, nos reinos de Axante e Daomé e nas cidades-Estado iorubás, bem mais de metade da população era composta por escravizados. Existem dados mais precisos nos primeiros registros coloniais franceses do oeste do Sudão, uma larga faixa da África Ocidental que vai do Senegal, passando por Mali e Burkina Fasso, até chegar ao Níger e ao Chade. Nessa região, 30% da população estava escravizada em 1900.

Assim como no caso do surgimento do comércio legítimo, o advento da colonização formal depois da Partilha da África não foi capaz de acabar com a escravidão no continente. Embora grande parte da presença europeia na África tenha se justificado com a alegação de que era preciso combater e acabar com a escravidão, a realidade foi diferente. Por quase toda a África colonial, a escravidão continuou por boa parte do século XX. Em Serra Leoa, por exemplo, a escravidão só foi finalmente abolida em 1928, embora a capital, Freetown, tenha sido projetada no fim do século XVIII como um porto seguro para escravizados repatriados da América. Depois a cidade se tornou uma base importante para a esquadra britânica de fiscalização do tráfico de escravizados e um novo lar para os libertos resgatados de navios negreiros capturados pela Marinha britânica. Mesmo com esse simbolismo, a escravidão perdurou em Serra Leoa por 130 anos. Ao sul, a Libéria também foi fundada por escravizados americanos libertos na década de 1840. No entanto, lá também a escravidão perdurou até o século XX; ainda em 1960, estimava-se que um quarto da mão de obra fosse coagida, vivendo e trabalhando em condições análogas à escravidão. Devido às instituições extrativistas econômicas e políticas baseadas no comércio escravagista, a industrialização não se disseminou pela África subsaariana, que ficou estagnada ou chegou mesmo a passar por uma piora econômica na época em que outras partes do mundo transformavam suas economias.

Criando uma economia dual

O paradigma da "economia dual", originalmente proposto em 1955 por Sir Arthur Lewis, continua determinando o modo como os cientistas sociais pensam nos problemas econômicos dos países menos desenvolvidos. De acordo com Lewis, muitas economias menos desenvolvidas ou subdesenvolvidas têm estrutura dual e estão divididas em dois setores, um moderno e um tradicional. O moderno, que corresponde à parte mais desenvolvida da economia, está associado com a vida urbana, a indústria de ponta e o uso de tecnologias avançadas. O setor tradicional está associado à vida rural, à agricultura e a instituições e tecnologias "retrógradas". Entre as instituições agrícolas retrógradas estão a posse comunitária da terra, que implica a ausência de propriedade privada. De acordo com Lewis, a mão de obra era usada de modo tão ineficiente no setor tradicional que poderia ser realocada para o setor moderno sem reduzir a produção do setor rural. Para gerações de economistas especializados em desenvolvimento que teorizaram a partir das ideias de Lewis, o "problema do desenvolvimento" passou a significar a transferência de pessoas e recursos do setor tradicional — a agricultura e a vida no interior — para o setor moderno — a indústria e as cidades. Em 1979, Lewis recebeu o prêmio Nobel por seu trabalho sobre desenvolvimento econômico.

Lewis e os economistas especializados nessa área que trabalharam a partir de sua obra certamente tinham razão ao identificar economias duais.

A África do Sul foi um dos mais claros exemplos, dividida em um setor tradicional retrógrado e pobre e um setor moderno vibrante e próspero. Ainda hoje, a economia dual que Lewis identificou está por toda parte na África do Sul. Um dos modos mais dinâmicos de observá-la é dirigindo pela fronteira entre o estado de KwaZulu-Natal, que antes se chamava apenas Natal, e o estado de Transkei. A fronteira segue o rio Great Kei. A leste do rio, na antiga Natal, junto à costa, veem-se propriedades de luxo de frente para o mar, posicionadas diante de imensas e gloriosas orlas de areia. O interior é coberto pelo verde luxuriante das plantações de cana-de-açúcar. As estradas são bonitas, e a área toda tem um ar de prosperidade. Do outro lado do rio, é como se estivéssemos em uma época diferente e em outro país. A área está bastante devastada. A terra não é verde, mas, sim, marrom e bastante desmatada. Em vez de casas de luxo modernas com água encanada, vasos sanitários e todos os confortos da atualidade, as pessoas vivem em cabanas improvisadas e cozinham em fogueiras a céu aberto. A vida é bem tradicional, e passa longe da existência moderna na margem leste do rio. A essa altura, não será surpresa alguma saber que essas disparidades estão associadas a grandes diferenças nas instituições econômicas entre os dois lados do rio.

A leste, em Natal, temos direito à propriedade privada, sistemas legais funcionais, mercados, agricultura comercial e indústria. A oeste, o Reino de Transkei até recentemente se organizava com base na posse comunitária da terra e era governado por chefes poderosos e tradicionais. Visto pelas lentes da teoria de Lewis da economia dual, o contraste entre Transkei e Natal ilustra os problemas do desenvolvimento africano. Na verdade, podemos ir adiante e observar que, historicamente, toda a África foi semelhante ao Transkei: pobre, com instituições econômicas pré-modernas, tecnologia atrasada e governada por chefes. Visto por essa perspectiva, portanto, o desenvolvimento econômico deveria simplesmente fazer com que Transkei uma hora acabasse se transformando em Natal.

Essa perspectiva é bastante verdadeira, porém deixa de lado a razão do surgimento da economia dual e suas relações com a economia moderna.

O atraso de Transkei não é apenas um vestígio histórico do atraso natural da África. A economia dual que ocorre em Transkei e Natal é, na verdade, bastante recente, e nem de longe natural. Foi criada pelas elites brancas sul-africanas com o objetivo de produzir um reservatório de mão de obra barata para seus negócios e reduzir a concorrência de africanos negros. A economia dual é mais um exemplo de subdesenvolvimento criado, em vez de algo que surgiu naturalmente e persistiu ao longo dos séculos.

A África do Sul e Botsuana, como veremos a seguir, de fato evitaram a maior parte dos efeitos adversos do tráfico de escravizados e das guerras que isso gerou. A primeira grande interação dos sul-africanos com os europeus aconteceu quando a Companhia Holandesa das Índias Orientais fundou uma base na baía da Mesa, o atual porto da Cidade do Cabo, em 1652. Na época, a parte ocidental da África do Sul era pouco povoada, ocupada majoritariamente por um povo de caçadores-coletores chamado khoikhoi. Mais a leste, nos atuais Ciskei e Transkei, havia sociedades africanas densamente povoadas, especializadas na agricultura. De início, elas não interagiram muito com a nova colônia holandesa nem se envolveram na escravidão. A costa sul-africana ficava bastante distante dos mercados de escravizados, e os habitantes do Ciskei e do Transkei, conhecidos como xossas, estavam suficientemente longe do litoral para não atrair a atenção de ninguém. Como consequência, essas sociedades não sentiram o impacto de muitas correntes adversas que atingiram a África Ocidental e a Central.

O isolamento desses lugares mudou no século XIX. Para os europeus, o clima da África do Sul e a ausência de certas doenças eram características muito atrativas. Ao contrário da África Ocidental, por exemplo, a África do Sul tinha um clima temperado livre de doenças tropicais como a malária e a febre amarela, que tornavam grande parte da África a "cova do homem branco" e impediam que os europeus se estabelecessem lá ou mesmo criassem postos avançados. A África do Sul era muito mais convidativa. A expansão europeia para o interior começou logo depois de os britânicos tomarem a Cidade do Cabo dos holandeses durante as

Guerras Napoleônicas, dando início a uma longa série de guerras contra os xossas, à medida que as colônias se expandiam mais para o interior. A conquista do interior da África do Sul se intensificou em 1835, quando os europeus remanescentes de ascendência holandesa, que passariam a ser conhecidos como africâneres ou bôeres, deram início à migração em massa conhecida como a Grande Jornada, afastando-se do controle britânico na costa e na região da Cidade do Cabo. Os africâneres posteriormente fundaram dois Estados independentes no interior da África, o Estado Livre de Orange e o Transvaal.

O próximo estágio do desenvolvimento da África do Sul veio com a descoberta de vastas reservas de diamantes em Kimberley, em 1867, e de férteis minas de ouro em Johanesburgo, em 1886. Essa imensa riqueza mineral no interior imediatamente convenceu os britânicos a estender seu controle para toda a África do Sul. A resistência do Estado Livre de Orange e do Transvaal levou às famosas Guerras Bôeres em 1880-1881 e 1899-1902. Depois de uma derrota inicial inesperada, os britânicos conseguiram fundir os Estados africâneres com a Província do Cabo e de Natal, fundando a União da África do Sul, em 1910. Além da luta entre os africâneres e os britânicos, o desenvolvimento da economia de mineração e a expansão da colonização europeia tiveram outras consequências para o desenvolvimento da área. De modo mais evidente, geraram uma demanda por alimentos e outros produtos agrícolas e criaram oportunidades econômicas para africanos locais tanto na agricultura quanto no comércio.

Os xossas, no Ciskei e no Transkei, reagiram depressa a essas oportunidades econômicas, conforme documentou o historiador Colin Bundy. Já em 1832, antes mesmo do boom da mineração, um missionário morávio no Transkei observou o novo dinamismo econômico nessas áreas e percebeu a demanda dos africanos pelos novos bens de consumo que começavam a conhecer com a disseminação dos europeus. Bundy escreveu: "Para obter esses objetos, eles tentam (...) conseguir dinheiro com o trabalho das próprias mãos, e compram roupas, pás, arados, carroças e outros artigos úteis."

A descrição da visita do comissário civil John Hemming a Fingoland, no Ciskei, em 1876, é igualmente reveladora. Ele escreveu que estava

> impressionado com o grande avanço que os fingos fizeram em poucos anos (...) Aonde quer que eu fosse, encontrava cabanas sólidas e casas de tijolos e pedras. Em muitos casos, casas sólidas de tijolos haviam sido erguidas (...) e árvores frutíferas foram plantadas; onde quer que se pudesse tornar disponível, uma corrente de água havia sido desviada, e o solo era cultivado até onde pudesse ser irrigado; as encostas das colinas e até os cumes das montanhas eram cultivados em todo lugar onde um arado pudesse ser usado. A extensão da terra arada me surpreendeu; havia anos eu não via uma área de terra cultivada tão grande.

Assim como em outras partes da África subsaariana, o uso do arado era novidade na agricultura — porém, quando foi dada a oportunidade, os fazendeiros africanos pareceram bastante dispostos a adotar a tecnologia. Também estavam prontos a investir em carroças e obras de irrigação.

À medida que a economia agrícola se desenvolvia, as rígidas instituições tribais começaram a ceder. Há muitos indícios de que surgiram mudanças no direito de propriedade da terra. Em 1879, o magistrado em Umzimkulu, na Griqualândia Oriental, no Transkei, observou "o crescente desejo dos nativos de se tornarem proprietários de terra — eles compraram 15 mil hectares". Três anos depois, registrou que cerca de 8 mil fazendeiros africanos no distrito haviam comprado 36 mil hectares de terra e começado a trabalhar na agricultura.

A África certamente não estava à beira de uma Revolução Industrial, porém havia verdadeiras mudanças em andamento. A propriedade privada da terra enfraquecera os chefes e permitira que diferentes homens comprassem terras e fizessem riqueza, algo impensável poucas décadas antes. Isso também ilustra a rapidez com que o enfraquecimento de instituições extrativistas e dos sistemas de controle absolutistas pode levar a um novo dinamismo econômico. Uma das histórias de sucesso foi a de Stephen Sonjica, um fazendeiro de origem pobre que prosperou sozinho no Ciskei. Em um discurso em 1911, Sonjica contou que, quando falou com seu pai pela primeira vez sobre o desejo de comprar terras, o pai respondeu: "Comprar terras? Como você pode querer comprar terras? Você não sabe que toda a terra é de Deus, que deu tudo apenas para os chefes?". A reação do pai de Sonjica era compreensível, mas o jovem não desistiu. Ele conta que conseguiu um emprego em King William's Town:

> Com sagacidade, abri uma conta bancária em que pus parte das minhas economias (...) Continuei até conseguir economizar oitenta libras (...) [Comprei] uma junta de bois com jugo, arreios, arado e todo o resto da parafernália agrícola (...) Agora comprei uma pequena fazenda (...) Não posso recomendar com muita veemência [a agricultura] como profissão para meus concidadãos (...) No entanto, eles deveriam adotar métodos modernos de obtenção de lucro.

Há um indício extraordinário do dinamismo econômico e da prosperidade dos fazendeiros africanos nesse período em uma carta enviada em 1869 por um missionário metodista, W. J. Davis. Em missiva para a Inglaterra, ele registrou com prazer que havia coletado 46 libras em dinheiro "para o Fundo de Assistência Social do Algodão em Lancashire". Nesse período, os prósperos fazendeiros africanos doavam dinheiro para ajudar os pobres operários ingleses da indústria têxtil!

Esse novo dinamismo econômico, não é de surpreender, não agradou aos chefes tradicionais, que — em um padrão a essa altura familiar para nós — viram nisso algo que erodia sua riqueza e seu poder. Em 1879, Matthew Blyth, chefe da magistratura no Transkei, observou que havia oposição ao exame topográfico da terra que seria feito para dividir lotes e transformá-los em propriedade privada. Ele registrou que "alguns chefes (...) fizeram objeções, mas o povo estava satisfeito (...) os chefes acreditam que a concessão de títulos individuais de propriedade vai acabar com a influência que têm sobre as lideranças".

Os chefes também resistiam às melhorias feitas nas terras, como a escavação de canais de irrigação e a construção de cercas. Eles reconheciam que essas melhorias eram apenas um prelúdio aos direitos de propriedade individual da terra, o princípio de seu fim. Observadores europeus chegaram a notar que os chefes e outras autoridades tradicionais, como os curandeiros, tentaram proibir todos os "modos europeus", entre os quais estavam novos cultivos, ferramentas como arados e produção para o comércio. No entanto, a integração do Ciskei e do Transkei ao Estado colonial britânico enfraqueceu o poder dos chefes tradicionais e das autoridades, e sua resistência não seria suficiente para frear o novo dinamismo econômico na África do Sul. Na Fingolândia, em 1884, um observador europeu afirmou que as pessoas tinham

> transferido sua lealdade para nós. Seus chefes passaram a ser uma espécie de proprietários de terras (...) sem poder político. Já sem medo dos ciúmes dos chefes ou das armas mortais (...) dos curandeiros, que prejudicam os ricos donos de gado, dos advogados talentosos, da introdução de novos costumes, dos agricultores hábeis, que os reduziam a um nível uniforme de mediocridade — sem esses medos, um membro do clã Fingo (...) é um homem progressista. Ainda como um camponês (...) ele possui carroções e arados; abre canais de irrigação e tem um rebanho de ovelhas.

Mesmo um vislumbre de instituições inclusivas e da erosão dos poderes dos chefes e das limitações impostas por eles foi suficiente para dar início a um vigoroso crescimento econômico na África. Infelizmente, isso não duraria muito. Entre 1890 e 1913, essa tendência chegaria ao fim e começaria a ser revertida. Durante esse período, duas forças trabalharam para destruir a prosperidade rural e o dinamismo que os africanos haviam criado nos cinquenta anos anteriores. O primeiro foi o antagonismo dos fazendeiros europeus que concorriam com os africanos. Os fazendeiros africanos bem-sucedidos faziam cair o preço dos produtos que os europeus também cultivavam. A resposta dos europeus foi eliminar a concorrência africana. A segunda força foi ainda mais sinistra. Os europeus queriam mão de obra barata para a florescente economia da mineração, e o único modo de garanti-la era empobrecendo os africanos. Eles alcançaram esse objetivo metodicamente nas décadas seguintes.

O depoimento de George Albu, presidente da Associação de Minas, feito em 1897 à Comissão de Inquérito descreve com vigor a lógica de empobrecer os africanos para obter mão de obra barata. Ele explicou como propôs baratear o custo do trabalho "simplesmente dizendo aos rapazes que o salário tinha sido reduzido". O depoimento diz o seguinte:

> **Comissão**: Imagine que os kafir [negros africanos] voltem a cuidar de seus rebanhos. O senhor seria favorável a pedir que o governo instituísse o trabalho forçado?
> **Albu:** Com certeza... Eu tornaria o trabalho compulsório... Por que um kafir devia ter permissão para não fazer nada? Acho que os kafir precisam ser forçados a trabalhar para ganhar a vida.
> **Comissão:** Se uma pessoa consegue viver sem trabalhar, como forçá-la a trabalhar?
> **Albu:** Cobrando impostos...
> **Comissão:** Então você não permitiria que um kafir seja dono de terras no país, mas o obrigaria a trabalhar para que os brancos enriqueçam?
> **Albu:** Ele tem que fazer sua parte para ajudar os vizinhos.

Tanto o objetivo de acabar com a concorrência aos fazendeiros brancos quanto o de gerar grandes quantidades de mão de obra barata foram atingidos pela Lei de Terras Nativas (Natives Land Act, no original) de 1913. A lei, antecipando a noção de Lewis de economia dual, dividiu a África do Sul em duas partes, uma moderna e próspera e outra tradicional e pobre — mas, no caso, a prosperidade e a pobreza estavam sendo criadas pela própria lei. A legislação afirmava que 87% das terras deveriam ser dadas aos europeus, que representavam cerca de 20% da população. Os 13% restantes iriam para os africanos. A Lei de Terras tinha muitas antecessoras, é claro, já que os europeus vinham confinando os africanos em reservas cada vez menores. Foi a lei de 1913, porém, que institucionalizou a situação e preparou o terreno para a formação do regime do *apartheid* na África do Sul, com a minoria branca tendo direitos tanto políticos quanto econômicos, e a maioria negra excluída de ambas as esferas. A lei especificava que várias reservas de terra, incluindo o Transkei e o Ciskei, deveriam se tornar a "Pátria" dos africanos. Mais tarde, essas áreas ficariam conhecidas como Bantustões, outra parte da retórica do regime do *apartheid* na África do Sul, que afirmava que os povos africanos de lá não eram nativos da área, sendo descendentes do povo bantu, que tinha migrado da Nigéria Oriental cerca de mil anos antes. Sendo assim, não tinham mais — e, evidentemente, na prática tinham menos — direito à terra do que os colonos europeus.

O Mapa 16 (a seguir) mostra a quantidade irrisória de terras alocada para os africanos pela Lei de Terras Nativas de 1913 e por sua sucessora em 1936. Também registra informações de 1970 sobre a extensão de uma alocação de terras semelhante que ocorreu durante a construção de outra economia dual, dessa vez no Zimbábue, que discutiremos no Capítulo 13.

A legislação de 1913 também incluía artigos destinados a impedir que arrendatários e meeiros negros cultivassem terras de propriedade de brancos, exceto como caseiros. Conforme explicou o secretário para assuntos nativos: "O efeito da lei foi impedir todas as futuras transações

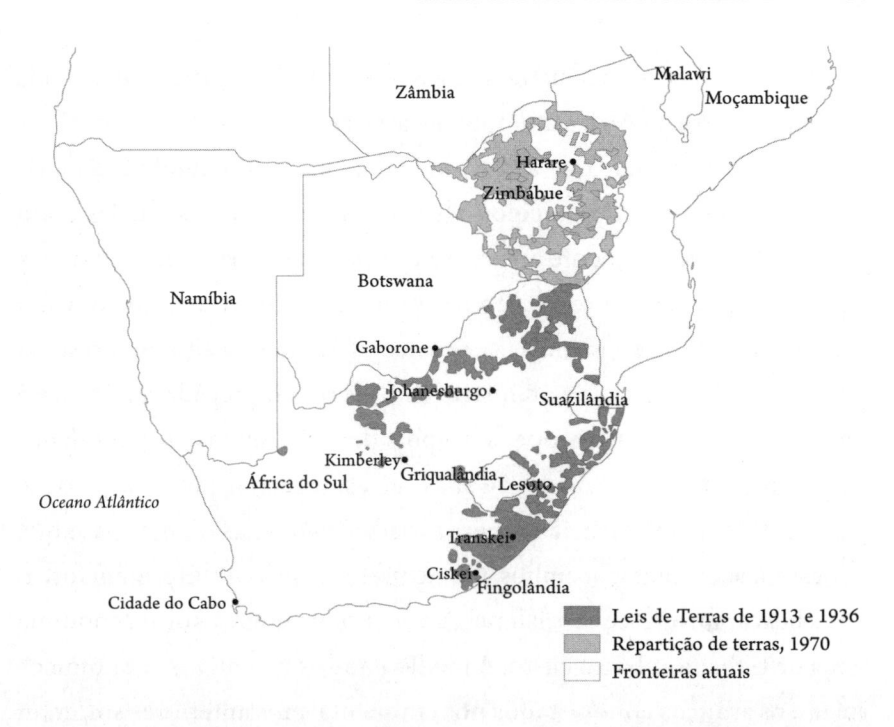

Mapa 16: Quantidades de terra alocadas para os africanos pelos governos da minoria branca na África do Sul e no Zimbábue.

envolvendo algo que se assemelhe a uma parceria entre europeus e nativos no que diz respeito à terra e aos seus frutos. Todos os novos contratos com os nativos devem ser contratos de serviço. Desde que haja um contrato válido dessa natureza, não há nada que impeça um empregador de pagar em espécie a um nativo ou lhe dar o privilégio de cultivar um pedaço de terra específico (...) Porém os nativos não podem pagar nada a seu senhor pelo direito de ocupar a terra."

Para os economistas especialistas em desenvolvimento que visitaram a África do Sul nas décadas de 1950 e 1960, quando a disciplina acadêmica tomava forma e as ideias de Arthur Lewis estavam se disseminando, o contraste entre essas Pátrias e a economia próspera e moderna dos brancos europeus parecia ser exatamente aquilo de que a teoria da economia dual tratava. A parte europeia da economia era urbana e instruída e usava tecnologias modernas. As Pátrias eram pobres, rurais e retrógradas; a mão de obra era muito improdutiva; as pessoas não tinham instrução. Parecia a imagem clichê da África atemporal e atrasada.

Exceto pelo fato de que a economia dual não era natural ou inevitável; havia sido criada pelo colonialismo europeu. Sim, as Pátrias eram pobres e tecnologicamente atrasadas, e as pessoas não tinham instrução. Tudo isso, porém, era resultado das políticas do governo, que haviam parado à força o crescimento econômico africano e criado uma reserva de mão de obra barata e sem instrução para ser empregada nas minas e terras controladas por europeus. Depois de 1913, imensas quantidades de africanos foram expulsos de suas terras, tomadas pelos brancos, e passaram a viver em Pátrias superpovoadas, pequenas demais para que pudessem se sustentar sozinhos. Como pretendido, portanto, eram forçados a buscar formas de subsistência na economia branca, fornecendo sua força de trabalho a baixo custo. À medida que os incentivos econômicos ruíam, os avanços conquistados nos cinquenta anos anteriores sofreram um retrocesso. As pessoas desistiram dos arados e voltaram a trabalhar a terra com enxadas — isto é, aqueles que continuaram a trabalhar a terra. O mais comum era que eles apenas ficassem à disposição como mão de obra barata, exatamente o objetivo que os brancos europeus queriam alcançar com as Pátrias.

Além de os incentivos econômicos terem sido destruídos, as mudanças políticas que haviam começado a ocorrer também passaram por um retrocesso. O poder dos chefes e dos governantes tradicionais, que havia entrado em declínio, se fortaleceu, porque parte do projeto de criação de uma força de trabalho barata era acabar com a propriedade privada da terra. Assim, o controle dos chefes sobre a terra foi reafirmado. Essas medidas atingiram o apogeu em 1951, quando o governo aprovou a Lei da Autoridade Bantu. Já em 1940, G. Findlay definiu a questão perfeitamente:

> A posse tribal da terra é uma garantia de que jamais será usada adequadamente e jamais pertencerá de fato aos nativos. Para

criar mão de obra barata é preciso ter um criadouro barato, e esse local é fornecido aos africanos à custa deles próprios.

A expropriação dos fazendeiros africanos levou ao empobrecimento da população. Além de estabelecer as fundações institucionais para uma economia atrasada, isso também garantiu o fornecimento de pessoas pobres para movimentá-la.

Os indícios disponíveis demonstram a reversão nos padrões de vida nas Pátrias depois da Lei de Terras Nativas de 1913. O Transkei e o Ciskei entraram em prolongado declínio econômico. Os registros de emprego das companhias mineradoras coletados pelo historiador Francis Wilson mostram que esse declínio estava disseminado pela economia sul-africana como um todo. Depois da Lei de Terras Nativas e de outras leis, o salário dos mineradores caiu 30% entre 1911 e 1921. Em 1961, apesar do crescimento relativamente estável da economia sul-africana, esses salários permaneceram 12% abaixo do nível de 1911. Não é surpresa que, nesse período, a África do Sul tenha se tornado o país mais desigual do mundo.

Entretanto, mesmo nessas circunstâncias, será que os africanos negros não poderiam ter participado da economia moderna europeia, aberto um negócio ou se instruído e começado uma carreira? O governo garantiu que isso fosse impossível. Nenhum africano podia ter propriedades ou abrir empresas na parte europeia da economia — aqueles 87% do território. O regime do *apartheid* também percebeu que africanos instruídos concorriam com os brancos, em vez de fornecer mão de obra barata para as minas e o cultivo das terras que pertenciam aos brancos. Em 1904, já havia um sistema de reserva de empregos para europeus na economia de mineração. Nenhum africano tinha permissão para trabalhar como amalgamador, avaliador, bancário, fabricante de caldeira, ferreiro, modelador de latão, pedreiro, polidor de latão... e a lista seguia até a letra z. Em uma canetada, os africanos foram proibidos de ocupar qualquer cargo qualificado no setor de mineração. Essa foi a primeira encarnação das famosas "barreiras de cor", uma das muitas invenções racistas do regime da África do Sul. As barreiras de cor foram estendidas para toda a economia em 1926 e continuaram em vigor até os anos 1980. Não é de surpreender que os negros africanos não tivessem instrução — o Estado sul-africano não apenas acabou com a possibilidade de os africanos se beneficiarem economicamente da instrução, como também se recusava a investir em escolas para negros e desestimulava sua educação. Essa política atingiu o ápice nos anos 1950, quando, sob a liderança de Hendrik Verwoerd, um dos arquitetos do regime do *apartheid*, que duraria até 1994, o governo aprovou a Lei da Educação Bantu. A filosofia por trás dessa lei foi manifestada sem rodeios pelo próprio Verwoerd, em um discurso em 1954:

> Os Bantu devem ser orientados a servir a própria comunidade em todos os aspectos. Não há lugar para eles na comunidade europeia acima do nível de certas formas de trabalho (...) Por isso é inútil que recebam um treinamento que tenha como objetivo sua incorporação à comunidade europeia, pois não podem e não vão ser absorvidos lá.

Naturalmente, o tipo de economia dual articulado no discurso de Verwoerd é bastante diferente da teoria da economia dual de Lewis. Na África do Sul, a economia dual não era um resultado inevitável do processo de desenvolvimento; foi uma criação do Estado. Na África do Sul não haveria transições graduais de pessoas pobres do setor atrasado para o setor moderno à medida que a economia se desenvolvesse. Pelo contrário: o sucesso do setor moderno dependia da existência do setor atrasado, que permitia aos empregadores terem imensos lucros pagando salários muito baixos a trabalhadores negros não qualificados. Na África do Sul não ocorreria o processo pelo qual os trabalhadores sem qualificação do setor tradicional aos poucos se tornariam instruídos e qualificados, conforme previa a abordagem de Lewis. Na verdade, os trabalhadores negros eram mantidos intencionalmente sem instrução e eram barrados de ocupações mais qualificadas para que os trabalhadores brancos não enfrentassem concorrência e pudessem desfrutar altos salários. Na África do Sul, os africanos negros estavam "presos" à economia tradicional nas Pátrias, mas esse não era um problema de desenvolvimento que pudesse ser resolvido por meio do crescimento econômico. As Pátrias eram o que permitia o desenvolvimento da economia branca.

Também não deveria ser surpresa que o tipo de desenvolvimento econômico obtido na África do Sul branca tivesse limitações, uma vez que se baseava nas instituições extrativistas que os brancos haviam formulado para explorar os negros. Os brancos sul-africanos tinham direitos de propriedade, investiam em educação e podiam extrair ouro e diamantes e vendê-los com lucro no mercado internacional. Porém, 80% da população da África do Sul estava marginalizada e excluída de quase todas as atividades econômicas desejáveis. Os negros não podiam usar seus talentos; não podiam se tornar trabalhadores qualificados, empresários, empreendedores, engenheiros ou cientistas. As instituições econômicas eram extrativistas; os brancos enriqueciam extraindo dos negros. Na verdade, os sul-africanos brancos desfrutavam os mesmos padrões de vida das pessoas de países da Europa Ocidental, ao passo que os negros sul-africanos eram pouco mais ricos do que os do restante da África subsaariana. Esse crescimento econômico sem destruição criativa, do qual apenas os brancos se beneficiavam, perdurou enquanto as receitas do ouro e dos diamantes aumentaram. Na década de 1970, porém, a economia havia parado de crescer.

Também não será surpresa alguma que esse conjunto de instituições econômicas extrativistas tenha sido construído sobre fundações criadas por um conjunto de instituições políticas muito extrativistas. Antes da queda, em 1994, o sistema político sul-africano dava todo o poder aos brancos, os únicos com permissão para votar e se candidatar a cargos públicos. Os brancos dominavam a força policial, as forças armadas e todas as instituições políticas. Essas instituições foram estruturadas sob o domínio militar dos colonos brancos. À época da fundação da União da África do Sul, em 1910, as sociedades africâneres do Estado Livre de Orange e do Transvaal tinham barreiras racistas explícitas para decidir quem tinha direito a voto, impedindo a participação política dos negros. Natal e a Colônia do Cabo permitiam que os negros votassem caso tivessem propriedades suficientes, o que não era comum. O *statu quo* de Natal e da Colônia do Cabo foi conservado em 1910, porém, na década de 1930, os negros já haviam oficialmente perdido os direitos políticos em toda a África do Sul.

A economia dual do país chegou ao fim em 1994, porém não devido às razões teorizadas por Sir Arthur Lewis. Não foi o curso natural do desenvolvimento econômico que pôs fim às barreiras de cor e às Pátrias; os negros sul-africanos protestaram e se rebelaram contra um regime que não reconhecia seus direitos básicos e não compartilhava com eles os ganhos auferidos com o crescimento econômico. Depois do levante de Soweto, em 1976, os protestos se tornaram mais organizados e mais fortes, acabando por derrubar o *apartheid*. Foi a organização dos negros, para estabelecer uma rebelião, que, em última instância, pôs fim à economia dual da África do Sul, criada pela força política da organização dos brancos.

Reverter o desenvolvimento

A desigualdade mundial atual existe porque, durante os séculos XIX e XX, algumas nações foram capazes de se aproveitar da Revolução Industrial e das suas tecnologias e seus métodos de organização, ao passo que outras não puderam fazê-lo. A mudança tecnológica é apenas um dos motores da prosperidade, porém talvez seja o mais importante. Os países que não usaram as novas tecnologias também não se beneficiaram dos demais motores da prosperidade. Como mostramos neste capítulo e no anterior, essa falha se deve às instituições extrativistas, seja como consequência da persistência de seus regimes absolutistas, seja pela ausência de Estados centralizados. Contudo, este capítulo também demonstrou que, em vários casos, as instituições extrativistas que estavam por trás da pobreza dessas nações foram impostas, ou no mínimo reforçadas, pelo mesmo processo que impulsionou o crescimento europeu: a expansão comercial e colonial. Na verdade, a lucratividade dos impérios coloniais europeus foi construída com base na destruição de sociedades independentes e de economias nativas ao redor do mundo, ou na criação de instituições extrativistas essencialmente do zero, como no caso das ilhas do Caribe, onde, depois do colapso quase completo das populações nativas, os europeus importaram escravizados africanos e implantaram sistemas de latifúndios.

Jamais saberemos quais teriam sido as trajetórias de cidades-Estado independentes como as das Ilhas Banda, em Aceh, ou em Burma (Mianmar) sem a intervenção europeia. Talvez passassem por uma Revolução Gloriosa própria ou caminhassem lentamente em direção a instituições políticas e econômicas mais inclusivas baseadas no comércio crescente de especiarias e outras mercadorias valiosas. Entretanto, essa possibilidade deixou de existir em função da expansão da Companhia Holandesa das Índias Orientais, que acabou com quaisquer esperanças de desenvolvimento indígena nas Ilhas Banda ao promover um genocídio. Sua ameaça também levou cidades-Estado de muitas outras partes do Sudeste Asiático a se retirarem do comércio.

A história de uma das mais antigas civilizações da Ásia, a Índia, é semelhante, embora a reversão do desenvolvimento não tenha sido levada a cabo pelos holandeses, e sim pelos britânicos. No século XVIII, a Índia era a maior produtora e exportadora de têxteis do mundo. As chitas e musselinas indianas inundavam os mercados europeus e eram negociadas em toda a Ásia e até mesmo na África Oriental. O principal agente que as levava até as Ilhas Britânicas era a Companhia Britânica das Índias Orientais. Fundada em 1600, dois anos antes da versão holandesa, a Companhia Britânica das Índias Orientais passou o século XVII tentando estabelecer um monopólio sobre as valiosas exportações da Índia. Havia concorrência com os portugueses, que tinham bases em Goa, Chitigão e Mumbai, e com os franceses, com suas bases em Pondicheri, Chandernagore, Yanam e Karaikal. A situação da Companhia Britânica das Índias

Orientais piorou ainda mais com a Revolução Gloriosa, como vimos no Capítulo 7. Seu monopólio havia sido concedido pelos reis Stuarts e foi imediatamente contestado depois de 1688, chegando a ser abolido por mais de uma década. A perda de poder foi significativa, como vimos no Capítulo 7, porque os produtores de têxteis britânicos conseguiram induzir o Parlamento a banir a importação de chitas, o item mais lucrativo comercializado pela Companhia Britânica das Índias Orientais. No século XVIII, sob a liderança de Robert Clive, a companhia mudou de estratégia e começou a desenvolver um império continental. Na época, a Índia era dividida em muitas sociedades que concorriam entre si, embora nominalmente muitas estivessem sob o controle do imperador mogol em Délhi. A Companhia Britânica das Índias Orientais primeiro se expandiu para Bengala, a leste, conquistando as potências locais nas batalhas de Plassey em 1757 e de Buxar em 1764, então saqueou as riquezas locais e assumiu, talvez até de maneira mais intensa, as instituições tributárias extrativistas dos governantes do Império Mogol na Índia. Essa expansão coincidiu com a redução massiva da indústria têxtil indiana, uma vez que já não havia mercado para esses produtos na Grã-Bretanha. A redução veio acompanhada de desurbanização e pobreza crescente. Esse processo deu início a um longo período de reversão do desenvolvimento na Índia. Em pouco tempo, em vez de produzirem têxteis, os indianos compravam esses produtos dos britânicos e plantavam papoulas, de onde extraíam o ópio que a Companhia das Índias Orientais vendia na China.

O tráfico de escravizados no Atlântico repetiu o padrão na África, ainda que tenha começado em uma conjuntura de menor desenvolvimento do que as encontradas no sudeste Asiático e na Índia. Muitos Estados africanos foram transformados em máquinas de guerra projetadas para capturar e vender escravizados aos europeus. À medida que o conflito entre diferentes sociedades e Estados se transformava em uma guerra contínua, as instituições estatais, que em muitos casos ainda não haviam chegado a ser politicamente centralizadas, desmoronaram em grandes partes da África, pavimentando o caminho para as instituições extrativistas duradouras e os Estados falidos de hoje, que estudaremos mais adiante. Em algumas das poucas partes da África que escaparam do tráfico de escravizados, como a África do Sul, os europeus impuseram um conjunto diferente de instituições, dessa vez voltadas para a criação de uma reserva de mão de obra barata para suas minas e fazendas. O Estado sul-africano criou uma economia dual, impedindo que 80% da população tivesse acesso às ocupações qualificadas, à agropecuária comercial e ao empreendedorismo. Isso tudo não apenas explica por que a industrialização não ocorreu em grande parte do mundo, como também revela o modo pelo qual o desenvolvimento econômico por vezes pode ser alimentado, até mesmo criado, pelo subdesenvolvimento em alguma outra parte da economia nacional ou internacional.

10.

A DIFUSÃO DA PROSPERIDADE

Honra entre ladrões

A INGLATERRA DO SÉCULO XVIII — ou, mais precisamente, a Grã-Bretanha depois da união da Inglaterra, do País de Gales e da Escócia em 1707 — tinha um jeito simples de lidar com criminosos: o que os olhos não veem, o coração não sente — ou pelo menos não incomoda. Muitos eram transportados para colônias penais no império. Antes da Guerra de Independência, os criminosos condenados eram enviados principalmente para as colônias americanas. A partir de 1783, os Estados Unidos da América, independentes, já não eram tão acolhedores com os criminosos britânicos, e as autoridades na Grã-Bretanha tiveram que achar outro lar para eles. Primeiro pensaram na África Ocidental. Porém o clima, com doenças endêmicas como a malária e a febre amarela, contra as quais os europeus não tinham imunidade, era tão mortal que as autoridades decidiram ser inaceitável enviar até os condenados para a "cova dos brancos". A opção seguinte era a Austrália. A costa oriental australiana tinha sido explorada por um grande navegante, o capitão James Cook. Em 29 de abril de 1770, Cook desembarcou em uma enseada maravilhosa, que foi chamada de Botany Bay em função das ricas espécies encontradas pelos naturalistas que viajavam com ele. Aquela pareceu uma localização ideal para as autoridades britânicas. O clima era temperado, e o lugar ficava o mais longe da vista possível.

Uma frota de onze navios lotados com condenados estava a caminho de Botany Bay em janeiro de 1788 sob o comando do capitão Arthur Philip. Em 26 de janeiro, hoje celebrado como Dia da Austrália, eles montaram acampamento na angra de Sydney, o coração da atual cidade de Sydney, e chamaram a colônia de Nova Gales do Sul. A bordo de um dos navios, o *Alexander*, capitaneado por Duncan Sinclair, ia um casal de condenados casados, Henry e Susannah Cable. A mulher tinha sido considerada culpada de roubo e inicialmente condenada à morte, mas a sentença foi mais tarde reduzida para catorze anos de prisão e degredo para as colônias americanas. O plano naufragou com a independência americana. Enquanto isso, na prisão de Norwich Castle, Susannah conheceu Henry, outro condenado, e se apaixonou. Em 1787 ela foi escolhida para ser deportada para a nova colônia de condenados na Austrália na primeira frota que ia para lá. Henry, no entanto, não foi. Os dois tinham um filho, também chamado Henry, e isso significava que a família seria separada. Susannah foi transportada para um barco-prisão ancorado no Tâmisa. Mas sua história dolorosa vazou e chegou ao conhecimento de uma filantropa, lady Cadogan, que organizou uma campanha bem-sucedida para reunir os Cables. Agora, os dois seriam deportados para a Austrália junto com o jovem Henry. Lady Cadogan também arrecadou 20 libras para comprar produtos, que os dois receberiam já na Austrália. O casal navegou no *Alexander*, mas, quando chegou a Botany Bay, o pacote com os produtos havia desaparecido — ou pelo menos foi o que alegou o capitão Sinclair.

O que os Cables poderiam fazer? Não muito, de acordo com as leis inglesas ou britânicas. Embora em 1787 a Grã-Bretanha tivesse instituições políticas e econômicas inclusivas, essa inclusão não se estendia aos condenados, que praticamente não tinham direitos. Eles não podiam ter propriedades. Certamente não tinham o direito de processar alguém. Na verdade, não podiam sequer apresentar provas num tribunal. Sinclair sabia disso e provavelmente roubou o pacote. Embora jamais tenha admitido, chegou a se gabar por não poder ser processado pelos Cables. Ele estava certo segundo a lei britânica — e na Grã-Bretanha o caso teria se encerrado aí. Mas não na Austrália. Uma petição foi expedida para David Collins, juiz militar local, nos seguintes termos:

> Considerando que Henry Cable e sua esposa, novos colonos deste local, tinham antes de partir da Inglaterra um certo pacote enviado a bordo do *Alexander*, comandado pelo capitão Duncan Sinclair, no qual havia roupas e vários outros artigos convenientes para sua atual situação que foram coletados e trazidos à custa de muitas pessoas de disposição caridosa para uso do dito Henry Cable, sua esposa e filho. Diversas diligências foram feitas na intenção de obter o pacote em questão do capitão do *Alexander*, que atualmente se encontra neste porto, e isso sem efeito (exceto) por uma pequena parte do dito pacote que continha alguns livros; o restante, que tem valor mais considerável, permanece a bordo do dito navio *Alexander*, cujo capitão parece ser muito negligente em fazer com que seja entregue aos respectivos donos, como mencionado.

Henry e Susannah, ambos analfabetos, não podiam assinar a petição e simplesmente fizeram "cruzes" na parte de baixo do documento. As palavras "novos colonos deste local" mais tarde foram riscadas, porém eram bastante significativas. Alguém imaginou que, caso Henry Cable e a esposa fossem descritos como condenados, não haveria esperanças de o caso ir em frente. Então alguém teve a ideia de chamá-los novos colonos, o que provavelmente foi um pouco demais para o juiz Collins, que parece ter riscado os dizeres. Entretanto, a petição funcionou. Collins não arquivou o caso e reuniu o tribunal com um júri composto integralmente de soldados. Sinclair foi chamado perante a corte. Os Cables venceram, embora Collins não tenha ficado exatamente entusiasmado com o caso e o júri fosse composto por pessoas enviadas à Austrália justamente para vigiar gente como os Cables. Sinclair contestou todo o procedimento alegando que os Cables eram criminosos, mas o veredito foi mantido, e ele teve de pagar 15 libras.

Para chegar a esse veredito, o juiz Collins não aplicou a lei britânica; ele a ignorou. Esse foi o primeiro processo civil julgado na Austrália. O primeiro caso criminal pareceria igualmente bizarro para quem estivesse na Grã-Bretanha. Um condenado foi considerado culpado por roubar de outro condenado um pão que valia 2 centavos. Na época, um caso desse não teria chegado aos tribunais, uma vez que condenados não tinham permissão para ser proprietários de nada. Mas a Austrália não era a Grã-Bretanha, e sua lei não seria a lei britânica. E a Austrália em breve iria divergir da Grã-Bretanha nas leis criminais e civis tanto quanto em uma série de instituições econômicas e políticas.

A colônia penal de Nova Gales do Sul era composta pelos condenados e pelos guardas, quase todos soldados. Havia poucos "colonos livres" na Austrália antes de 1820, e o degredo de condenados, embora tenha sido encerrado em Nova Gales do Sul em 1840, continuou na parte ocidental da Austrália até 1868. Os condenados precisavam realizar "trabalho compulsório", o que basicamente era outro nome para trabalho forçado, e os guardas ganhariam dinheiro com isso. No começo, os condenados não recebiam pagamento, e os guardas ficavam com o que eles produziam. Mas esse sistema, assim como aqueles experimentados pela Companhia da Virgínia em Jamestown, não funcionou muito bem, porque os condenados não tinham incentivo para trabalhar de forma diligente nem para fazer um bom trabalho. Assim, eram açoitados ou banidos para a ilha Norfolk, um território de apenas 33 quilômetros quadrados situado a mais de 1.600 quilômetros da Austrália, no oceano Pacífico. Como nem o banimento nem o açoite funcionavam, a alternativa foi dar incentivos. Essa não era uma ideia natural para soldados e guardas. Condenados eram condenados, e não deviam vender seu trabalho nem possuir nada. Mas na Austrália não havia mais ninguém para trabalhar. Claro, havia os aborígenes, que talvez chegassem a 1 milhão na época da descoberta de Nova Gales do Sul, mas estavam espalhados por um vasto continente, e sua densidade em Nova Gales do Sul era insuficiente para a criação de uma economia baseada na exploração da força de trabalho. Não havia uma opção como a latino-americana na Austrália. Sendo assim, os guardas enveredaram por um caminho que em última instância levaria a instituições ainda mais inclusivas do que as da Grã-Bretanha. Os condenados recebiam uma série de tarefas para fazer e, caso tivessem tempo extra, podiam trabalhar para si mesmos e vender o que produziam.

Os guardas também se beneficiaram das novas liberdades econômicas dos condenados: a produção aumentou, e eles criaram monopólios para vender mercadorias aos condenados. O mais lucrativo era o de rum. Na época, Nova Gales do Sul, assim como outras colônias britânicas, era administrada por um governador apontado pelo governo britânico. Em 1806 a Grã-Bretanha nomeou William Bligh, o homem que dezessete anos antes, em 1789, havia sido capitão do H.M.S. *Bounty* durante o famoso "Motim do *Bounty*". Bligh era rigoroso com a disciplina, característica que provavelmente foi uma das causas do motim. Sua conduta não havia mudado, e ele imediatamente desafiou os donos do monopólio do rum. Isso levaria a outro motim, dessa vez da parte dos monopolistas, liderados por um ex-soldado, John Macarthur. Esses acontecimentos, que passaram a ser conhecidos como a Rebelião do Rum, mais uma vez levaram Bligh a ser derrotado por rebeldes, dessa vez em terra, e não a bordo do *Bounty*. Macarthur mandou prender Bligh. As autoridades britânicas enviaram mais soldados para lidar com a rebelião. Macarthur foi preso e mandado de volta para a Grã-Bretanha, porém logo foi solto e voltou para a Austrália, onde desempenhou um papel importante tanto na política quanto na economia da colônia.

As raízes da Rebelião do Rum eram econômicas. A estratégia de dar aos condenados incentivos estava gerando muito dinheiro para homens como Macarthur, que chegou à Austrália como soldado no segundo grupo de navios que atracaram em 1790. Em 1796, ele se desligou do Exército para se concentrar nos negócios. Na época, já tinha sua primeira ovelha, e percebeu que era possível ganhar muito dinheiro criando os animais e exportando lã. Adentrando o continente a partir de Sydney, ficam as Montanhas Azuis, que foram enfim cruzadas em 1813, revelando vastas extensões de campos abertos do outro lado. Era o paraíso das ovelhas. Macarthur em breve seria o homem mais rico da Austrália, e ele e seus colegas magnatas da criação de gado ovino passaram a ser conhecidos como posseiros, uma vez que a terra na qual as ovelhas pastavam não era deles, e sim do governo britânico. De início, porém, esse era um pequeno detalhe. Os posseiros eram a elite da Austrália, ou, para sermos mais precisos, a posseirocracia.

Mesmo com uma posseirocracia, Nova Gales do Sul não se parecia em nada com os regimes absolutistas do Leste Europeu ou das colônias sul-americanas. Não havia servos, como na Áustria-Hungria e na Rússia, nem grandes populações nativas para serem exploradas, como no México e no Peru. Em muitos aspectos, Nova Gales do Sul era como Jamestown, na Virgínia: a elite acabou descobrindo ser de seu interesse criar instituições econômicas significativamente mais inclusivas do que as de Áustria-Hungria, Rússia, México e Peru. Os condenados eram a única mão de obra, e o único modo de incentivá-los era pagar salários pelo trabalho que faziam.

Não demorou para que os condenados recebessem permissão para se tornar empreendedores e contratar outros condenados. O que chama ainda mais a atenção é que, depois de cumprir suas penas, eles chegavam a receber terras e tinham todos os direitos restabelecidos. Alguns começaram a enriquecer, inclusive o analfabeto Henry Cable. Em 1798, ele era proprietário de um hotel chamado Ramping Horse e tinha uma loja. Então, comprou um barco e entrou no comércio de peles de foca. Em

1809, já era dono de pelo menos nove fazendas de cerca de 190 hectares, além de ter várias lojas e casas em Sydney.

O próximo conflito de Nova Gales do Sul seria entre a elite e o restante da sociedade, composta de condenados, ex-condenados e suas famílias. A elite, liderada por ex-guardas e soldados como Macarthur, incluía alguns dos colonos livres que tinham sido atraídos para a colônia em função da florescente economia da lã. A propriedade continuava bastante concentrada nas mãos da elite, e os ex-condenados e seus descendentes queriam o fim do degredo de presos, a oportunidade de julgamento por um júri de pares e acesso a terras desocupadas. A elite não queria implantar nada disso. Sua principal preocupação era conseguir títulos formais para as terras de que haviam tomado posse. Mais uma vez, uma situação semelhante ao que havia acontecido na América do Norte mais de dois séculos antes. Como vimos no Capítulo 1, as vitórias dos trabalhadores contratados contra a Companhia da Virgínia foram seguidas pelas lutas em Maryland e nas Carolinas. Em Nova Gales do Sul, os papéis de lorde Baltimore e Sir Anthony Ashley-Cooper foram vividos por Macarthur e os posseiros. O governo britânico estava outra vez ao lado da elite, embora também temesse que um dia Macarthur e os posseiros se sentissem tentados a declarar independência.

O governo britânico enviou John Bigge para a colônia em 1819 a fim de chefiar uma comissão de inquérito sobre o que acontecera. Bigge ficou chocado com os direitos de que os condenados gozavam e surpreso pela natureza fundamentalmente inclusiva das instituições econômicas da colônia penal. Ele recomendou uma revisão radical: os condenados não poderiam ser donos de terras, ninguém deveria ter permissão para pagar salários a condenados, os indultos deveriam ser limitados, ex-condenados não deveriam receber terras, e as punições deveriam ser muito mais draconianas. Bigge viu nos posseiros uma aristocracia natural da Austrália e vislumbrou uma sociedade aristocrática dominada por eles. Não permitiria que fosse assim.

Enquanto Bigge tentava fazer as coisas voltarem no tempo, os ex-condenados e seus descendentes exigiam novos direitos. Tinham percebido também como nos Estados Unidos, que, para consolidar seus direitos econômicos e políticos era necessário ter instituições políticas que os incluíssem no processo de tomada de decisão. Exigiram eleições de que pudessem participar como iguais e instituições e assembleias representativas em que pudessem ter cargos.

Os ex-presidiários e seus filhos e filhas eram liderados pelo exótico escritor, explorador e jornalista William Wentworth, um dos líderes da primeira expedição que cruzou as Montanhas Azuis e abriu os vastos campos de pasto para os posseiros — uma cidade nessas montanhas ainda leva seu nome. Ele estava do lado dos presidiários, talvez por causa de seu pai, que foi acusado de roubo e teve que aceitar a deportação para a Austrália para evitar ser julgado e possivelmente condenado. Àquela altura, Wentworth era um forte defensor de instituições políticas mais inclusivas, de uma assembleia eleita, do julgamento de ex-presidiários e suas famílias por um júri e do fim das deportações para Nova Gales do Sul. Ele criou um jornal, o *Australian*, que lideraria o ataque às instituições políticas existentes. Macarthur não gostava de Wentworth e certamente não gostava do que ele estava pedindo. Ele fez uma lista dos partidários de Wentworth, caracterizando-os assim:

>condenado à forca depois de chegar aqui
>açoitado diversas vezes enquanto amarrado a uma carroça
>judeu de Londres
>publicano judeu recentemente privado de sua licença
>leiloeiro deportado por comércio de escravos
>frequentemente açoitado aqui
>filho de dois presidiários
>vigarista — profundamente endividado
>americano aventureiro
>advogado sem nenhum caráter
>estrangeiro que recentemente faliu uma loja de música aqui
>casado com a filha de dois condenados
>casado com uma condenada que tocava tamborim

Contudo, a vigorosa oposição de Macarthur e dos posseiros não conseguiu virar a maré na Austrália. A demanda por instituições representativas era forte e não podia ser reprimida. Até 1823, o governo geriu Nova Gales do Sul mais ou menos como quis. Naquele ano, seus poderes foram limitados pela criação de um conselho nomeado pelo governo britânico. No começo, os membros eram indicados pelos posseiros e pela elite de não presidiários, Macarthur entre eles, mas esse arranjo não duraria muito tempo. Em 1831, o governador Richard Bourke se rendeu à pressão e permitiu que ex-presidiários participassem de júris. Ex-presidiários e muitos novos colonos livres também queriam que a deportação de condenados da Grã-Bretanha acabasse, porque criava uma concorrência no mercado de mão de obra e reduzia os salários. Os posseiros gostavam de salários baixos, mas perderam. Em 1840 o degredo para Nova Gales do Sul foi encerrado, e em 1842 criou-se um conselho legislativo com dois terços de membros eleitos (os demais eram nomeados). Ex-presidiários podiam votar e se candidatar à assembleia, desde que tivessem quantidade suficiente de propriedades, e muitos tinham.

Na década de 1850, a Austrália havia permitido o sufrágio dos eleitores brancos adultos do sexo masculino. As demandas dos cidadãos, ex-presidiários e suas famílias eram bem maiores do que William Wentworth tinha imaginado de início. Na verdade, ele passara para o lado dos conservadores, insistindo que o Conselho Legislativo não fosse eleito. Mas, assim como acontecera com Macarthur, Wentworth não seria capaz de parar a maré rumo a instituições políticas mais inclusivas. Em 1856, o estado de Victoria, que se emancipara de Nova Gales do Sul em 1851, e o estado da Tasmânia se tornariam os primeiros lugares do mundo a usar um sistema de voto secreto eficiente, o que impediu a compra de votos e a coação. Até hoje o voto secreto é chamado, em inglês, de *Australian ballot* [votação australiana].

As circunstâncias iniciais em Sydney, Nova Gales do Sul, eram muito semelhantes às de Jamestown, Virgínia, 181 anos antes, embora os colonos de Jamestown fossem em sua maioria trabalhadores pagos, e não presidiários. Em ambos os casos, as circunstâncias iniciais não permitiam a criação de instituições coloniais extrativistas. Nenhuma das duas colônias tinha grande densidade de populações nativas próximas para explorar, acesso fácil a metais preciosos como ouro ou prata, ou solo e cultivos que tornassem economicamente viáveis a instituição de latifúndios baseados em trabalho escravo. O tráfico de escravizados ainda era intenso na década de 1780, e Nova Gales do Sul poderia ter sido povoada com escravizados caso isso fosse lucrativo. Não era. Tanto a Companhia da Virgínia quanto os soldados e colonos livres que administravam Nova Gales do Sul se curvaram às pressões e criaram instituições econômicas inclusivas que se desenvolveram em conjunto com instituições políticas também inclusivas. Isso aconteceu em Nova Gales do Sul com ainda menos dificuldades do que havia acontecido na Virgínia, e as tentativas posteriores de reverter essa tendência fracassaram.

A AUSTRÁLIA, ASSIM COMO OS ESTADOS UNIDOS, trilhou um caminho diferente do inglês até chegar a instituições inclusivas. Revoluções como as que abalaram a Inglaterra durante a Guerra Civil e depois na Revolução Gloriosa não foram necessárias nos Estados Unidos ou na Austrália, em função das circunstâncias muito diferentes em que esses países foram fundados — isso não significa, é claro, que instituições inclusivas tenham sido estabelecidas sem qualquer conflito, e no processo os Estados Unidos precisaram se libertar do colonialismo britânico. Na Inglaterra, o governo absolutista tinha uma longa história, profundamente arraigada, que exigiu uma revolução para ser removida. Nos Estados Unidos e na Austrália não havia nada do gênero. Embora lorde Baltimore, em Maryland, e John Macarthur, em Nova Gales do Sul, possam ter aspirado a esse papel, não tinham como criar um domínio forte o suficiente sobre a sociedade para que seus planos frutificassem. Graças às instituições inclusivas estabelecidas nos Estados Unidos e na Austrália, a Revolução Industrial se disseminou depressa nessas terras, que começaram a enriquecer. O caminho adotado por esses países foi seguido por colônias como o Canadá e a Nova Zelândia.

Houve ainda outros caminhos para chegar a instituições inclusivas. Grandes porções da Europa Ocidental seguiram um terceiro caminho rumo às instituições inclusivas sob o ímpeto da Revolução Francesa, que derrubou o absolutismo na França e depois gerou uma série de conflitos entre nações que espalharam as reformas institucionais por boa parte da Europa Ocidental. A consequência econômica dessas reformas foi o surgimento de instituições inclusivas na maior parte da Europa Ocidental, a Revolução Industrial e o crescimento econômico.

Rompendo barreiras: a Revolução Francesa

Nos três séculos anteriores a 1789, a França foi governada por uma monarquia absolutista. A sociedade francesa estava dividida em três segmentos, denominados estados. Os aristocratas (a nobreza) compunham o Segundo Estado, o clero era o Primeiro Estado, e todas as outras pessoas formavam o Terceiro Estado, cada grupo sujeito a leis diferentes, e os dois primeiros com direitos que o restante da população não tinha. A nobreza e o clero não pagavam impostos, ao passo que os cidadãos precisavam pagar toda sorte de tributos, como esperaríamos que acontecesse em um regime bastante extrativista. Na verdade, a Igreja não só estava isenta de tributação, como também possuía grandes faixas de terra e podia impor impostos a camponeses. O monarca, a nobreza e o clero desfrutavam um estilo de vida luxuoso, enquanto a maior parte do Terceiro Estado vivia em pobreza abjeta. Leis diferentes garantiam não apenas uma posição econômica imensamente vantajosa para a nobreza e o clero, mas também lhes dava poder político.

A vida nas cidades francesas no século XVIII era difícil e insalubre. As manufaturas eram reguladas por guildas poderosas, que geravam boas receitas para seus membros, porém impediam que outras pessoas exercessem essas ocupações ou abrissem novos negócios. O chamado

Ancien Régime se orgulhava de sua continuidade e estabilidade. A entrada de empreendedores e indivíduos talentosos em novas ocupações não era tolerada, pois criaria instabilidade. Se a vida nas cidades era difícil, nos vilarejos era provavelmente pior. Como vimos, a forma mais extrema de servidão, que prendia as pessoas à terra e as forçava a trabalhar e a pagar taxas aos senhores feudais, estava em declínio na França. No entanto, havia restrições à mobilidade e uma pletora de taxas feudais que os camponeses precisavam pagar ao monarca, à nobreza e à Igreja.

Tendo esse arranjo social como cenário, a Revolução Francesa foi uma mudança radical. Em 4 de agosto de 1789, a Assembleia Nacional Constituinte mudou completamente as leis, propondo uma nova Constituição. O primeiro artigo afirmava:

> A Assembleia Nacional, por meio desta, abole completamente o sistema feudal. Decreta que, entre os direitos e as taxas existentes, tanto feudais quanto censitários, todos aqueles que se originam na servidão pessoal ou a representam devem ser abolidos sem indenização.

O artigo nono continuava:

> Privilégios pecuniários, pessoais ou reais, no pagamento de tributos estão para sempre abolidos. Os tributos devem ser coletados de todos os cidadãos, e sobre toda propriedade, da mesma maneira e na mesma forma. Deve-se pensar em planos segundo os quais os tributos devam ser pagos proporcionalmente por todos, inclusive para os últimos seis meses do corrente ano.

Assim, de uma vez só, a Revolução Francesa aboliu o sistema feudal e todas as suas obrigações e taxas associadas e acabou de vez com as isenções tributárias da nobreza e do clero. Porém o mais radical, talvez até impensável na época, foi o artigo onze, que afirmava:

> Todos os cidadãos, sem distinções de nascimento, podem ocupar qualquer cargo ou posto, seja eclesiástico, civil ou militar; e nenhuma profissão deve ter qualquer caráter derrogatório.

Aí estava a igualdade de todos diante da lei, não apenas na vida cotidiana e nos negócios, como também na política. As reformas da revolução continuaram depois de 4 de agosto. Na sequência, foi abolida a autoridade da Igreja para cobrar tributos especiais, e os membros do clero foram transformados em funcionários do Estado. Junto com essa remoção dos rígidos papéis políticos e sociais, barreiras decisivas contra atividades econômicas foram retiradas. As guildas e todas as restrições ocupacionais foram abolidas, criando maior igualdade nas cidades.

Essas reformas foram um primeiro passo rumo ao fim do absolutismo dos monarcas franceses. Várias décadas de instabilidade e guerra se seguiram à declaração de 4 de agosto. No entanto um passo irreversível havia sido dado para que a França saísse do absolutismo e das instituições extrativistas e rumasse para instituições políticas e econômicas inclusivas. Essas mudanças seriam seguidas por outras reformas na economia e na política, culminando na Terceira República em 1870, que levaria à França o tipo de sistema parlamentar que a Revolução Gloriosa criou na Inglaterra. A Revolução Francesa gerou muita violência, sofrimento, instabilidade e guerra. Contudo, graças a ela, a França não ficou presa a instituições extrativistas que bloqueavam o crescimento econômico e a prosperidade, a exemplo do que ocorreu com os regimes absolutistas do Leste Europeu como a Áustria-Hungria e a Rússia.

Como a monarquia absolutista francesa chegou à beira da revolução de 1789? Afinal, vimos que muitos regimes do tipo conseguiram sobreviver por longos períodos, mesmo em meio à estagnação econômica e a convulsões sociais. Assim como na maioria dos casos de revoluções e mudanças radicais, houve uma confluência de fatores que abriram caminho para a Revolução Francesa, fatores intimamente relacionados à rápida industrialização da Grã-Bretanha. E é claro que o caminho foi contingente, como de costume, uma vez que muitas das tentativas de estabilizar o regime feitas pela monarquia fracassaram, e a revolução acabou tendo mais êxito na mudança das instituições na França e em outras partes da Europa do que se poderia ter imaginado em 1789.

Muitas leis e muitos privilégios na França eram vestígios da época medieval. Não apenas favoreciam o Primeiro e o Segundo Estados na comparação com a maioria da população, como também davam enormes privilégios à Coroa. Luís XIV, o Rei Sol, governou a França por 54 anos, entre 1661 e sua morte, em 1715, embora tenha chegado ao trono em 1643, aos cinco anos. Ele consolidou o poder da monarquia, aprofundando o processo em direção a um absolutismo ainda mais forte do que havia se iniciado séculos antes. Muitos monarcas consultavam a chamada Assembleia dos Notáveis, composta de aristocratas de importância fundamental, escolhidos a dedo pela Coroa. Embora em grande medida tivesse funções apenas consultivas, a Assembleia atuava como uma fraca restrição ao poder do monarca. Por isso, Luís XIV governou sem convocá-la. Em seu reinado, a França obteve algum crescimento econômico — por exemplo, ao participar do comércio transatlântico e do comércio colonial. O hábil ministro das Finanças, Jean-Baptiste Colbert, também supervisionou o desenvolvimento de uma indústria financiada e controlada pelo governo, que criou um tipo de crescimento extrativista. Essa quantidade limitada de crescimento beneficiou quase exclusivamente o Primeiro e o Segundo Estados. Luís XIV também quis racionalizar o sistema tributário francês, pois o Estado tinha problemas para financiar as guerras frequentes, o grande exército permanente e o luxuoso séquito do rei, além de seus gastos e seus palácios. A impossibilidade de tributar até mesmo a baixa nobreza colocava sérios entraves às receitas.

Apesar da existência desse pequeno crescimento econômico, quando Luís XVI chegou ao poder, em 1774, grandes mudanças haviam ocorrido na sociedade. Além disso, os problemas tributários haviam se transformado em uma crise fiscal, e a Guerra dos Sete Anos com os britânicos, entre 1756 e 1763, em que a França perdeu o, foi particularmente custosa. Várias figuras importantes tentaram equilibrar o orçamento real reestruturando a dívida e aumentando a tributação; entre eles esteve Anne Robert Jacques Turgot, um dos mais famosos economistas da época; Jacques Necker, que também teve papel importante depois da revolução; e Charles Alexandre de Calonne. Nenhum deles, porém, foi bem-sucedido. Parte da estratégia de Calonne foi convencer Luís XVI a convocar a Assembleia dos Notáveis. O rei e seus conselheiros esperavam que a Assembleia avalizasse suas reformas mais ou menos do mesmo modo como Carlos I esperara que o Parlamento Inglês simplesmente concordasse em financiar um exército para combater os escoceses quando o convocou em 1640. A Assembleia deu um passo inesperado e afirmou que apenas um organismo representativo, os Estados Gerais, podia avalizar tais reformas.

Os Estados Gerais eram um órgão muito diferente da Assembleia de Notáveis. A Assembleia era composta da nobreza, e seus membros em grande medida eram escolhidos a dedo pela Coroa entre os principais aristocratas, ao passo que os Estados Gerais incluíam representantes dos três estados. Os Estados Gerais haviam sido convocados pela última vez em 1614. Quando se reuniram de novo em 1789, em Versalhes, imediatamente ficou claro que não se chegaria a um acordo. Havia diferenças irreconciliáveis, uma vez que o Terceiro Estado via naquela convocação a chance de aumentar seu poder político e desejava mais votos nos Estados Gerais, ao que a nobreza e o clero se opuseram com firmeza. A sessão terminou em 5 de maio de 1789 sem qualquer resolução, exceto pela decisão de convocar um organismo mais poderoso, a Assembleia Nacional, o que aprofundou a crise política. O Terceiro Estado, composto de mercadores, empresários, profissionais e artesãos, que, sem exceção, exigiam maior poder, via nesses desdobramentos prova de sua crescente influência. Portanto, na Assembleia Nacional exigiram ainda mais voz nos procedimentos e direitos mais amplos. O apoio que receberam nas ruas de todo o país de cidadãos estimulados por esses desdobramentos levou à reconstituição da Assembleia, em 9 de julho, como Assembleia Nacional Constituinte.

Enquanto isso, o clima no país, e especialmente em Paris, se radicalizava. Em reação, os círculos conservadores em torno de Luís XVI o convenceram a demitir Necker, o ministro das Finanças reformista. Isso levou a uma radicalização ainda maior nas ruas. O resultado foi a célebre tomada da Bastilha, em 14 de julho de 1789. Desse ponto em diante, a revolução começou para valer. Necker foi readmitido no ministério, e o revolucionário marquês de Lafayette foi posto no comando da Guarda Nacional de Paris.

Ainda mais impressionante do que a tomada da Bastilha foi a dinâmica da Assembleia Nacional Constituinte, que em 4 de agosto de 1789, com confiança recém-adquirida, aprovou a nova Constituição, abolindo o feudalismo e os privilégios especiais do Primeiro e do Segundo Estados. No entanto, essa radicalização levou a uma segmentação na Assembleia, causada pelos muitos pontos de vista conflitantes sobre a forma que a sociedade deveria assumir. O primeiro passo foi a formação de clubes locais, com destaque especial para o Clube Jacobino, que mais tarde assumiria o controle da revolução. Ao mesmo tempo, uma grande quantidade de nobres fugiam do país — eram os chamados *émigrés*. Muitos também estimulavam o rei a romper com a Assembleia e a agir, ou com suas próprias forças ou com a ajuda de potências estrangeiras, como a Áustria, país de origem da rainha Maria Antonieta e principal destino de fuga dos *émigrés*. À medida que muitos nas ruas começaram a ver uma ameaça iminente às conquistas que a revolução alcançara nos dois anos anteriores, a radicalização se acelerou. A Assembleia Nacional Constituinte aprovou a versão final da Constituição em 29 de setembro de 1791, transformando a França em uma monarquia constitucional, com igualdade de direitos para todos os homens e nenhum tipo de obrigação ou taxa feudal e pondo fim a todas as restrições comerciais impostas pelas guildas. A França continuava uma monarquia, porém o rei tinha um papel pequeno e, na verdade, sequer era livre.

No entanto, a dinâmica da revolução foi alterada de maneira irreversível pela guerra que se iniciou em 1792 entre a França e a "Primeira Coalizão", liderada pela Áustria. A guerra aumentou a determinação e o radicalismo dos revolucionários e das massas (os *sans-culottes*, expressão que pode ser traduzida como "sem calções", chamados assim porque não tinham como pagar pelo estilo de calças que estava na moda na época). O resultado desse processo foi o período conhecido como Terror, sob o comando da facção jacobina liderada por Robespierre e Saint-Just, iniciado depois das execuções de Luís XVI e Maria Antonieta. O Terror levou à execução dezenas de aristocratas e contrarrevolucionários, além de figuras importantes da revolução, incluindo ex-líderes populares como Brissot, Danton e Desmoulins.

O Terror logo saiu do controle e terminou em julho de 1794 com a execução de seus próprios líderes, como Robespierre e Saint-Just. Seguiu-se uma fase de relativa estabilidade, primeiro sob o comando do pouco eficiente Diretório, entre 1795 e 1799, e depois com o poder mais concentrado na forma de um Consulado de três pessoas, composto por Ducos, Sieyès e Napoleão Bonaparte. Já durante o Diretório, o jovem general Napoleão Bonaparte tinha conquistado fama pelos sucessos militares, e sua influência apenas cresceria depois de 1799. O Consulado logo se transformou no governo pessoal de Napoleão.

Os anos entre 1799 e o fim do reinado de Napoleão, em 1815, testemunharam uma série de grandes vitórias militares para a França, incluindo Austerlitz, Jena-Auerstedt e Wagram, colocando a Europa continental de joelhos. Essas vitórias também permitiram a Napoleão impor sua vontade, suas reformas e seu Código Civil em um amplo território. A queda de Napoleão, após a derrota final em 1815, também traria um período de recuo, com direitos políticos mais limitados e a restauração da monarquia francesa sob Luís XVIII. Todos esses eventos, porém, apenas atrasaram um pouco o surgimento de instituições políticas mais inclusivas.

As forças liberadas pela revolução de 1789 acabaram com o absolutismo francês e levariam, ainda que lentamente, ao surgimento inevitável de instituições inclusivas. A França e as partes da Europa que importaram as reformas revolucionárias tomariam parte do processo de industrialização que já ocorria no século XIX.

Exportando a revolução

Às vésperas da Revolução Francesa, em 1789, havia duras restrições impostas aos judeus em toda a Europa. Na cidade alemã de Frankfurt, por exemplo, a vida dos judeus era regulada por um estatuto medieval. Não podia haver mais de quinhentas famílias judias em Frankfurt, e todos deviam morar em uma parte pequena e murada da cidade, o Judengasse, o gueto judeu. Não podiam sair do gueto à noite, aos domingos ou durante qualquer festividade cristã.

O Judengasse era abarrotado. Tinha 400 metros de comprimento, mas não mais do que 4 metros de largura, e em alguns pontos apenas 3. Os judeus viviam sob constante repressão e regulação. A cada ano, no máximo duas famílias podiam ser admitidas no gueto e no máximo doze casais de judeus podiam se casar, isso se os dois tivessem mais de 25 anos. Os judeus não podiam cultivar a terra; também não podiam vender armas, especiarias, vinho ou grãos. Até 1726, precisavam usar marcas específicas, dois círculos concêntricos amarelos para os homens e um véu listrado para as mulheres. Todo judeu precisava pagar um imposto individual especial.

Quando a Revolução Francesa começou, um jovem judeu bem-sucedido, Mayer Amschel Rothschild, morava no Judengasse de Frankfurt. No início da década de 1780, Rothschild se tornara o principal comerciante de moedas, metais e antiguidades em Frankfurt. Mas, como todo judeu da cidade, não podia abrir um negócio nem morar fora do gueto.

Tudo isso logo mudaria. Em 1791 a Assembleia Nacional Francesa emancipou os judeus da França. Os exércitos franceses ocupavam também a Renânia e emanciparam os judeus da parte ocidental da Alemanha. Em Frankfurt, o efeito seria mais abrupto e talvez menos intencional. Em 1796, a França bombardeou Frankfurt, demolindo metade do Judengasse. Cerca de 2 mil judeus ficaram sem teto e precisaram se mudar para fora do gueto, os Rothschilds entre eles. Fora do gueto e livres da miríade de regulações que os impedia de empreender, eles puderam aproveitar novas oportunidades de negócios, inclusive a possibilidade de fazer um contrato para fornecer grãos ao Exército austríaco, o que antes não teriam permissão para fazer.

Quando a década terminou, Rothschild era um dos judeus mais ricos de Frankfurt e um empresário bem estabelecido. A emancipação completa só veio em 1811, e foi finalmente levada a cabo por Karl von Dalberg, intitulado grão-duque de Frankfurt durante a reorganização da Alemanha feita por Napoleão. Mayer Amschel disse ao filho: "Você agora é um cidadão."

Tais eventos não puseram fim à luta pela emancipação dos judeus, uma vez que houve retrocessos posteriores, particularmente no Congresso de Viena de 1815, que criou um acordo político pós-napoleônico. Mas os Rothschilds não voltariam para o gueto. Mayer Amschel e seus filhos em breve teriam o maior banco da Europa do século XIX, com filiais em Frankfurt, Londres, Paris, Nápoles e Viena.

Esse não foi um fato isolado. Primeiro os exércitos revolucionários franceses e em seguida Napoleão invadiram grandes porções da Europa continental — em quase todas as áreas invadidas, as instituições existentes eram vestígios de tempos medievais, dando poder a reis, príncipes e à nobreza e restringindo o comércio tanto nas cidades quanto no campo. A servidão e o feudalismo eram muito mais importantes em muitas dessas áreas do que na própria França. No Leste Europeu, incluindo a Prússia e a parte húngara da Áustria-Hungria, os servos estavam presos à terra. No Ocidente, essa forma estrita de servidão já havia desaparecido, mas os camponeses deviam aos senhores feudais várias taxas, tributos e obrigações de trabalho. Por exemplo, em Nassau-Usingen, os camponeses estavam sujeitos a 230 diferentes pagamentos, taxas e serviços. Havia uma taxa que deveria ser paga depois que um animal fosse abatido, chamada de dízimo de sangue; também havia o dízimo das abelhas e o dízimo da cera. Se um lote de terra era comprado ou vendido, era preciso pagar taxas ao senhor. As guildas que regulavam todo tipo de atividade econômica na cidade também eram mais fortes nesses lugares do que na França. Em Colônia e Aachen, cidades ocidentais da Alemanha, a adoção das máquinas de fiar e tecer era proibida. Muitas cidades, de Berna, na Suíça, a Florença, na Itália, eram controladas por um grupo pequeno de famílias.

Os líderes da Revolução Francesa e posteriormente Napoleão exportaram a revolução para essas áreas, destruindo o absolutismo, acabando com as relações feudais, abolindo as guildas e impondo a igualdade diante da lei — a importantíssima noção do Estado de Direito, que discutiremos com mais detalhes no próximo capítulo. Com isso, a Revolução Francesa preparou a França e também grande parte do restante da Europa para as instituições inclusivas e o crescimento econômico que elas trariam.

Como vimos, alarmadas pelo que ocorrera na França, várias potências europeias se organizaram em torno da Áustria em 1792 para atacar a França, supostamente para libertar o rei Luís XVI, mas na verdade com a intenção de acabar com a Revolução Francesa. A expectativa era de que os exércitos improvisados pela revolução em pouco tempo desmoronariam. Mas, depois de algumas derrotas iniciais, os exércitos da nova República Francesa saíram vitoriosos numa guerra que inicialmente era defensiva. Havia sérios problemas de organização a serem superados. Contudo, os franceses estavam bem à frente de outros países em uma grande inovação: o recrutamento em massa. Introduzido em agosto de 1793, o recrutamento em massa permitiu que a França organizasse grandes exércitos e passasse a ter uma vantagem militar que beirou a supremacia antes mesmo de as famosas habilidades militares de Napoleão entrarem em cena.

Os êxitos militares iniciais estimularam as lideranças da república a expandir as fronteiras da França, de olho na criação de um espaço que

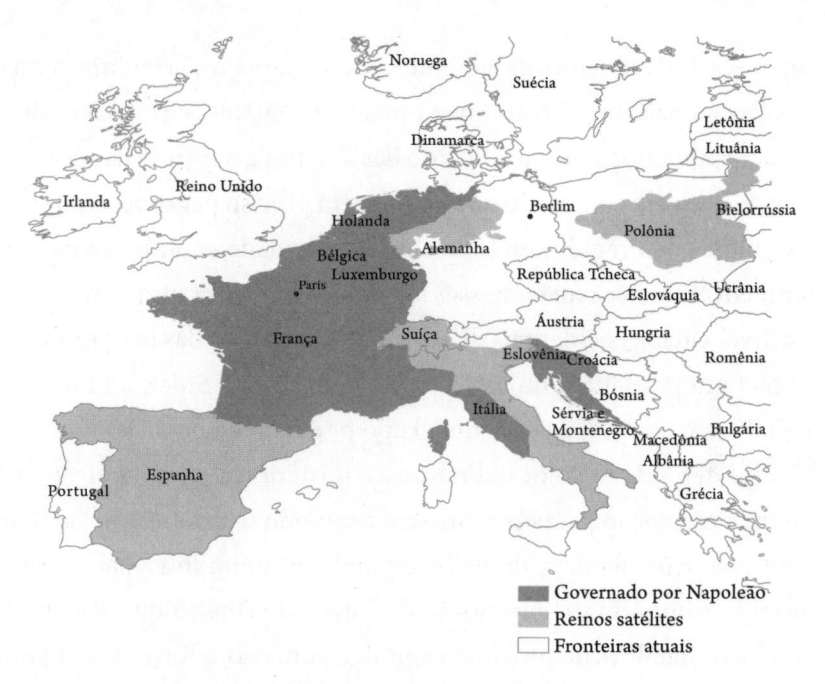

Mapa 17: O império de Napoleão.

servisse de proteção entre a nova república e os monarcas hostis da Prússia e da Áustria. Os franceses logo tomaram os Países Baixos Austríacos e as Províncias Unidas, basicamente as atuais Bélgica e Holanda. Também tomaram grande parte da atual Suíça. Nos três lugares, mantiveram um forte controle durante a década de 1790.

A Alemanha no início foi disputada com ardor. Mas, em 1795, a França tinha firme controle sobre a Renânia, a parte ocidental da Alemanha à esquerda do rio Reno, e os prussianos foram forçados a reconhecer o fato pelo Tratado da Basileia. Entre 1795 e 1802, os franceses dominaram a Renânia, mas nenhuma outra parte da Alemanha. Em 1802, a Renânia foi oficialmente incorporada à França.

A Itália foi o principal palco da guerra durante a segunda metade da década de 1790, com os austríacos como principais oponentes dos franceses. A Savoia foi anexada à França em 1792, e um impasse foi criado até a invasão de Napoleão, em abril de 1796. Em sua primeira grande campanha continental, no início de 1797, Napoleão tinha conquistado quase todo o norte da Itália, à exceção de Veneza, tomada pelos austríacos. O Tratado de Campo Formio, assinado com os austríacos em outubro de 1797, pôs fim à Guerra da Primeira Coalizão e reconheceu várias repúblicas controladas pela França no norte da Itália. No entanto, a França continuou a expandir seu controle sobre a Itália mesmo depois desse tratado, invadindo os Estados Papais e estabelecendo a República Romana em março de 1798. Em janeiro de 1799, Nápoles foi conquistada, e criou-se a República Partenopeia. À exceção de Veneza, que permaneceu austríaca, os franceses tinham o controle sobre toda a península itálica, seja diretamente, como no caso da Savoia, seja por meio de Estados-satélites, como as repúblicas Cisalpina, Lígure, Romana e Partenopeia.

Houve mais reviravoltas na Guerra da Segunda Coalizão, entre 1798 e 1801, entretanto, o conflito terminou com a França ainda essencialmente no controle. Os exércitos revolucionários franceses passaram a difundir um processo radical de reformas nos territórios conquistados, abolindo os vestígios de servidão e de relações agrícolas feudais e impondo a igualdade diante da lei. O clero perdeu o status especial e o poder; as guildas nas áreas urbanas foram eliminadas ou no mínimo saíram bastante enfraquecidas. Essas reformas ocorreram nos Países Baixos Austríacos imediatamente após a invasão francesa, em 1795, e nas Províncias Unidas, onde os franceses fundaram a República Batava, com instituições políticas muito semelhantes às francesas. Na Suíça, a situação foi semelhante, e as guildas, assim como os senhores feudais e a Igreja, foram derrotadas; os privilégios feudais foram eliminados; e as guildas foram abolidas e expropriadas.

Aquilo que foi iniciado pelos exércitos revolucionários franceses teve continuidade, de uma forma ou de outra, nas mãos de Napoleão, cujo principal interesse era estabelecer um firme controle sobre os territórios que havia conquistado. Isso por vezes incluía fazer acordos com as elites locais ou colocar seus parentes e aliados no comando, como aconteceu durante o breve período em que controlou a Espanha e a Polônia. No entanto, Napoleão também tinha um desejo genuíno de continuar e aprofundar as reformas da revolução. Ainda por cima, se utilizou do direito romano e das ideias de igualdade perante a lei para criar um sistema legal que ficou conhecido como Código Napoleônico. Ele considerava esse código seu grande legado e desejava impô-lo a todo o território sob seu controle.

Claro, as reformas impostas pela Revolução Francesa e por Napoleão não eram irreversíveis. Em alguns lugares, como em Hanôver, na Alemanha, as velhas elites voltaram ao poder logo após a queda de Napoleão, e muito do que os franceses haviam conquistado se perdeu para sempre. Todavia, em muitos outros lugares o feudalismo, as guildas e a nobreza foram destruídos de vez, ou pelo menos enfraquecidos. Mesmo depois de os franceses partirem, em muitos casos o Código Napoleônico continuou em vigência.

Levando tudo em conta, os exércitos franceses causaram grande sofrimento na Europa, porém também transformaram radicalmente o panorama. Em grande parte do continente, deixaram de existir as relações feudais; o poder das guildas; o domínio do clero sobre as forças econômicas, sociais e políticas; e as bases do *Ancien Régime*, que tratava pessoas diferentes de modos desiguais com base em seu status de nascimento. Essas mudanças criaram o tipo de instituições econômicas inclusivas que permitiriam que a industrialização criasse raízes. Em meados do século XIX, a industrialização ocorria rapidamente em quase todos os lugares que a França havia controlado, ao passo que lugares como a Áustria-Hungria e a Rússia, que os franceses não conquistaram, ou a Polônia e a Espanha, onde o domínio francês foi temporário e limitado, seguiam bastante estagnados.

Em busca da modernidade

No outono de 1867, Okubo Toshimishi, um dos principais cortesãos do domínio de Satsuma, no Japão, viajou da capital, Edo, atual Tóquio, para a cidade de Yamaguchi. Em 14 de outubro, ele se encontrou com líderes do domínio de Choshu. Tinha uma proposta simples: somarem forças, marcharem com seus exércitos sobre Edo e derrubarem o shogun, o governante do Japão. Na ocasião, Okubo Toshimicho já tinha a seu lado os líderes dos domínios de Tosa e Hizen. Quando os líderes da poderosa Choshu concordaram, foi selada uma secreta Aliança Satcho.

Em 1868, o Japão era um país economicamente subdesenvolvido, controlado desde 1600 pela família Tokugawa, cujo governante assumira o título de shogun (comandante). O imperador japonês fora deixado à parte e tinha papel puramente cerimonial. Os shoguns Tokugawas eram membros dominantes de uma classe de senhores feudais que governavam e tributavam seus próprios domínios, entre os quais o de Satsuma, governado pela família Shimazu. Esses senhores, junto com sua força militar, composta pelos famosos samurais, dirigiam uma sociedade semelhante à da Europa medieval, com categorias ocupacionais rigorosas, restrições comerciais e altas alíquotas de tributos impostas aos produtores rurais. A sede do governo do shogun era Edo, de onde ele monopolizava e controlava o comércio exterior e proibia a entrada de estrangeiros no país. As instituições políticas e econômicas eram extrativistas e o Japão era pobre.

Apesar disso, o domínio do shogun não era total. Mesmo quando a família Tokugawa assumiu o comando do país, em 1600, não conseguiu controlar toda a população. No sul, o domínio Satsuma permaneceu bastante autônomo e inclusive tinha permissão para fazer comércio com o mundo exterior de modo independente, por meio das ilhas Ryukyu. Foi em Kagoshima, capital de Satsuma, que Okubo Toshimichi nasceu, em 1830. Sendo filho de um samurai, também se tornou samurai. Seu talento foi identificado precocemente por Shimazu Nariakira, o senhor feudal de Satsuma, que logo o promoveu. Na época, Shimazu Nariakira já tinha um plano para usar o exército de Satsuma para derrubar o shogun. Ele desejava expandir o comércio com a Ásia e a Europa, abolir as velhas instituições econômicas feudais e construir um Estado moderno no Japão. O plano foi interrompido com sua morte, em 1858. Seu sucessor, Shimazu Hisamitsu, era mais circunspecto, pelo menos no começo.

Àquela altura, Okubo Toshimichi estava cada vez mais convicto da necessidade de derrubar o shogunato feudal no Japão, e acabou convencendo Shimazu Hisamitsu. Para conseguir apoio à causa, os dois se mostraram ultrajados pela situação do imperador, que não tinha poderes. O tratado que Okubo Toshimichi assinara com o domínio Tosa afirmava que "um país não tem dois monarcas, uma casa não tem dois senhores; o governo recai sobre um soberano". Porém a real intenção não era apenas devolver o poder ao imperador, mas sim modificar completamente as instituições políticas e econômicas. Pelo lado de Tosa, um dos signatários do tratado era Sakamoto Ryoma. Enquanto Satsuma e Choshu mobilizavam seus exércitos, Sakamoto Ryoma apresentou ao shogun um plano de oito pontos, incitando-o a renunciar para evitar uma guerra civil. O plano era radical, e, embora a primeira cláusula afirmasse que "o poder político do país deve ser devolvido à Corte Imperial e todo decreto deverá ser emitido pela corte", o documento contemplava bem mais do que a simples restauração do imperador. As cláusulas 2, 3, 4 e 5 afirmavam:

2. Dois corpos legislativos, uma câmara Superior e outra Inferior, deverão ser estabelecidos, e toda medida do governo deverá ser decidida com base na opinião geral.
3. Homens hábeis entre os senhores feudais, nobres e as pessoas em geral deverão ser usados como conselheiros, e os cargos tradicionais do passado que perderam seu propósito deverão ser abolidos.
4. Assuntos internacionais deverão ser tratados de acordo com os regulamentos adequados formulados com base na opinião geral.
5. A legislação e as regulações de períodos anteriores devem ser abandonadas, e um código legal novo e apropriado deverá ser escolhido.

O shogun Yoshinobu aceitou renunciar, e, em 3 de janeiro de 1868, foi declarada a Restauração Meiji. O imperador Komei, que morreu um mês depois, e seu filho, Meiji, reassumiram o poder. Embora as forças de Satsuma e de Choshu estivessem ocupando Edo e a capital imperial,

Kyoto, eles temiam que os Tokugawas tentassem reconquistar o poder e recriar o shogunato. Okubo Toshimichi queria eliminar os Tokugawas para sempre, então convenceu o imperador a abolir o domínio e a confiscar as terras dos Tokugawas. Em 27 de janeiro, o antigo shogun Yoshinobu atacou as forças de Satsuma e Choshu, e teve início uma guerra civil que durou até o verão, quando os Tokugawas finalmente foram derrotados.

Após a Restauração Meiji, o Japão passou por reformas institucionais transformadoras. Em 1869, o feudalismo foi abolido, e os trezentos feudos foram entregues ao governo e transformados em administrações locais, sob controle de um governador indicado. A tributação foi centralizada, e um Estado burocrático moderno substituiu o velho Estado feudal. Em 1869, a igualdade das classes sociais perante a lei foi introduzida, e as restrições à migração interna e ao comércio foram extintas. A classe dos samurais foi abolida, embora tenha havido algumas rebeliões. Foram introduzidos direitos de propriedade sobre a terra, e as pessoas passaram a ter permissão para escolher qualquer profissão. O Estado se envolveu profundamente na construção de infraestrutura. Em contraste com os regimes absolutistas em relação às ferrovias, em 1869 o regime japonês criou uma linha de navegação para barcos a vapor entre Tóquio e Osaka e construiu a primeira estrada de ferro entre Tóquio e Yokohama. O governo também começou a desenvolver uma indústria de manufaturas, e Okubo Toshimichi, como ministro das Finanças, supervisionou o início de um esforço conjunto de industrialização. O senhor do domínio Satsuma foi um líder nesse processo: construiu fábricas de cerâmica, canhões e fiação de algodão e importou máquinas têxteis inglesas para criar a primeira fiação moderna de algodão no Japão, em 1861. Ele também construiu dois estaleiros modernos. Em 1890, o Japão foi o primeiro país asiático a adotar uma Constituição escrita e criou uma monarquia constitucional com um parlamento eleito, a Dieta, e um Judiciário independente. Essas mudanças foram fatores decisivos para que o Japão se tornasse o maior beneficiário da Revolução Industrial na Ásia.

Em meados do século XIX, tanto a China quanto o Japão eram nações pobres, definhando sob regimes absolutistas. O regime absolutista na China manteve-se desconfiado em relação a mudanças por séculos. Embora houvesse muitas semelhanças entre a China e o Japão — o shogun Tokugawa havia proibido o comércio exterior no século XVII, assim como os imperadores chineses tinham feito, e também se opunha a mudanças econômicas e políticas — também havia diferenças políticas notáveis. A China era um império burocrático centralizado governado por um imperador absolutista. O poder do imperador certamente tinha limitações, e a mais importante era a ameaça de uma rebelião. Entre 1850 e 1864, todo o sul da China foi devastado pela Rebelião Taiping, em que milhões morreram — seja no conflito, seja de fome. Mas a oposição ao imperador não era institucionalizada.

A estrutura das instituições políticas japonesas era diferente. O shogunato havia retirado o poder do imperador, porém, como vimos, o poder dos Tokugawas não era absoluto, e domínios como Satsuma mantinham a independência, o que incluía até a possibilidade de fazer comércio com outros países por conta própria.

Assim como no caso da França, uma consequência importante da Revolução Industrial britânica para a China e o Japão foi a vulnerabilidade militar. A China foi humilhada pelo poderio marítimo britânico durante a Primeira Guerra do Ópio, entre 1839 e 1842, e um perigo semelhante se tornou iminente para os japoneses quando os navios de guerra americanos, liderados pelo comodoro Matthew Perry, ancoraram na baía de Edo em 1853. A percepção de que o atraso econômico gerava atraso militar foi parte do ímpeto por trás do plano de Shimazu Nariakira para derrubar o shogunato e colocar em andamento as mudanças que acabaram levando à Restauração Meiji. Os líderes do domínio Satsuma perceberam que o crescimento econômico — talvez até a própria sobrevivência do Japão — só seria possível por meio de reformas institucionais. O shogun se opunha a isso, pois seu poder estava atrelado ao conjunto de instituições existente. Para fazer reformas, seria preciso derrubá-lo, e foi o que aconteceu. A situação era semelhante na China, mas as diferentes instituições políticas iniciais tornaram muito mais difícil derrubar o imperador, o que só viria a ocorrer em 1911. Em vez de reformar as instituições, os chineses tentaram se equiparar militarmente aos britânicos por meio da importação de armas modernas. Os japoneses construíram uma indústria própria de armamentos.

Como consequência dessas diferenças iniciais, cada país teve sua própria resposta aos desafios do século XIX, e Japão e China divergiram dramaticamente ao se deparar com a conjuntura crítica criada pela Revolução Industrial. Enquanto as instituições japonesas eram reformadas, e a economia começava a trilhar um caminho de crescimento acelerado, na China as forças que pediam mudanças institucionais não eram poderosas o suficiente, e as instituições extrativistas perduraram sem mudanças até uma guinada para algo pior, com a revolução comunista de Mao em 1949.

Raízes da desigualdade mundial

Este e os três capítulos anteriores contaram a história de como instituições econômicas e políticas inclusivas emergiram na Inglaterra, viabilizando a Revolução Industrial, e por que alguns países se beneficiaram dela e trilharam um caminho rumo ao crescimento, ao passo que outros ou não se beneficiaram ou de fato se recusaram a permitir até mesmo um princípio de industrialização. A adesão de um país à industrialização era em grande medida uma função de suas instituições. Os Estados Unidos, que passaram por uma transformação semelhante à Revolução Gloriosa inglesa, já tinham desenvolvido instituições políticas e econômicas inclusivas próprias no fim do século XVIII. Sendo assim, se tornaram a primeira nação a explorar as novas tecnologias vindas das Ilhas Britânicas, e em pouco tempo ultrapassariam a Grã-Bretanha e se tornariam precursores da industrialização e da mudança tecnológica. A Austrália seguiu um caminho semelhante rumo às instituições inclusivas, embora um pouco mais tarde e ainda que esse processo tenha chamado um pouco menos de atenção. Seus cidadãos, assim como os da Inglaterra e os dos Estados Unidos, precisaram lutar para garantir essas instituições. Depois dessa implementação, a Austrália daria início a seu processo de crescimento econômico. A Austrália e os Estados Unidos cresceram rápido porque suas instituições relativamente inclusivas não impediam novas tecnologias, inovações ou a destruição criativa.

O mesmo não ocorreu em outras colônias europeias. A dinâmica nesses lugares era praticamente oposta à da Austrália e dos Estados Unidos. A ausência de uma população nativa ou de recursos a serem extraídos tornou o colonialismo na Austrália e nos Estados Unidos muito diferente, ainda que seus cidadãos precisassem lutar por seus direitos políticos e por instituições inclusivas. Nas Molucas, assim como em muitos outros lugares que os europeus colonizaram na Ásia, no Caribe e na América do Sul, os cidadãos tiveram poucas chances de sair vencedores na disputa. Nesses lugares, os colonos europeus impuseram novos tipos de instituições extrativistas — ou assumiram o controle das instituições extrativistas que encontraram — a fim de extrair recursos valiosos, de especiarias e açúcar a prata e ouro. Em muitos desses lugares, estabeleceu-se um conjunto de mudanças institucionais que tornaria muito improvável o surgimento de instituições inclusivas. Em alguns deles, foram proibidas explicitamente quaisquer indústrias em desenvolvimento, assim como quaisquer instituições inclusivas já existentes. A maioria desses lugares não estaria em condições de se beneficiar da industrialização no século XIX, ou mesmo no século XX.

A dinâmica no restante da Europa também foi bem diferente da que se deu na Austrália e nos Estados Unidos. Enquanto a Revolução Industrial ganhava velocidade na Grã-Bretanha no fim do século XVIII, a maior parte dos países europeus era governada por regimes absolutistas, controlados por monarcas e aristocracias cuja maior fonte de renda vinha das terras ou dos privilégios comerciais de que desfrutavam graças às barreiras de entrada proibitivas. A destruição criativa que seria forjada pelo processo de industrialização iria erodir os lucros comerciais desse grupo e retirar recursos e mão de obra de suas terras. As aristocracias teriam perdas econômicas com a industrialização, mas sobretudo perdas políticas, uma vez que esse processo, sem dúvida, criaria instabilidade e desafios políticos a seu monopólio do poder.

Contudo, as transições institucionais na Grã-Bretanha e a Revolução Industrial criaram oportunidades e desafios para os Estados europeus. Embora houvesse absolutismo na Europa Ocidental, a região havia compartilhado grande parte da diferenciação institucional que impactara a Grã-Bretanha no milênio anterior. A situação era muito diferente no Leste Europeu, no Império Otomano e na China. Essas diferenças tiveram importância no avanço da industrialização. Assim como nos casos da peste bubônica ou do crescimento do comércio transatlântico, a conjuntura crítica criada pela industrialização intensificou os sempre presentes conflitos relativos às instituições em muitas nações europeias. Um fator fundamental foi a Revolução Francesa de 1789. O fim do absolutismo na França abriu caminho para instituições inclusivas, e a França aderiu à industrialização e passou a ter rápido crescimento econômico. A Revolução Francesa ainda fez mais do que isso: exportou suas instituições, invadindo e reformando à força as instituições extrativistas de vários países vizinhos. Desse modo, a revolução abriu caminho para a industrialização não apenas na França, mas também na Bélgica, na Holanda, na Suíça e em parte da Alemanha e da Itália. Mais a leste, a reação foi semelhante à ocorrida após a peste, quando, ao invés de ruir, o feudalismo se intensificou. A Áustria-Hungria, a Rússia e o Império Otomano se tornaram ainda mais atrasados economicamente, porém suas monarquias absolutistas conseguiram permanecer de pé até a Primeira Guerra Mundial.

Em outras partes do mundo, o absolutismo foi tão resiliente quanto no Leste Europeu. Isso foi particularmente verdadeiro no caso da China, onde a transição entre as dinastias Ming e Qing levou a um Estado comprometido com a construção de uma sociedade agrária estável e hostil ao comércio internacional. Mas também havia diferenças institucionais importantes na Ásia. Se a China reagiu à Revolução Industrial do mesmo modo que o Leste Europeu, o Japão reagiu como a Europa Ocidental.

Assim como na França, foi necessário ocorrer uma revolução para mudar o sistema, dessa vez liderada pelos senhores feudais renegados dos domínios de Satsuma, Choshu, Tosa e Hizen. Esses senhores feudais derrubaram o shogun, criaram a Restauração Meiji e conduziram o Japão rumo às reformas institucionais e ao crescimento econômico.

Também vimos que o absolutismo foi resiliente na isolada Etiópia. Em outras partes do continente, a mesmíssima força do comércio internacional que ajudou a transformar as instituições inglesas durante o século XVII manteve grandes porções da África Ocidental e central presas a instituições bastante extrativistas por meio do comércio escravagista. Isso destruiu sociedades em alguns lugares, e em outros levou à criação de Estados escravistas extrativistas.

Em última instância, a dinâmica institucional que descrevemos determinou quais países se beneficiaram das grandes oportunidades presentes do século XIX em diante e quais não conseguiram fazer o mesmo. As raízes da desigualdade mundial que observamos hoje podem ser encontradas nessa divergência. Com poucas exceções, os países ricos de hoje são aqueles que aderiram ao processo de industrialização e mudanças tecnológicas iniciado no século XIX, e os pobres são os que não aderiram.

11.

O CÍRCULO VIRTUOSO

O Black Act

O CASTELO WINDSOR, localizado a oeste de Londres, é uma das grandiosas residências reais da Inglaterra. No início do século XVIII, era cercado por uma grande floresta cheia de cervos, embora restem poucos vestígios disso. Um dos responsáveis pela guarda da floresta em 1722, Baptist Nunn, se envolveu em um conflito violento. Em 27 de junho, ele registrou:

> Os Negros vieram à noite, atiraram contra mim três vezes, duas balas na janela do meu quarto, e concordei em lhes pagar 5 guinéus em Crowthorne no dia 30.

Outra entrada no diário de Nunn dizia: "Nova surpresa. Um deles apareceu disfarçado com uma mensagem de destruição." Quem eram esses "Negros" misteriosos que faziam ameaças, atiravam em Nunn e exigiam dinheiro? Eram grupos de homens da região que pintavam o rosto de preto para ocultar suas aparições noturnas e apareciam em várias partes do sul da Inglaterra nesse período, matando e mutilando cervos e outros animais, queimando palheiros e celeiros e destruindo cercas e lagos de peixes. Pode parecer mera barbárie, mas não era. A caça ilegal de cervos em propriedades do rei ou de outros membros da aristocracia ocorria havia muito tempo. Na década de 1640, durante a Guerra Civil, toda a população de cervos do Castelo de Windsor foi morta. Depois da Restauração, em 1660, quando Carlos II ascendeu ao trono, novos animais foram colocados na área. Mas os Negros não estavam apenas matando cervos ilegalmente para comer; também estavam praticando violência deliberada. Com qual propósito?

Um fator crucial da Revolução Gloriosa de 1688 foi a natureza pluralista dos interesses representados no Parlamento. Nenhum mercador, industrial, membro da pequena nobreza ou da aristocrata aliado a Guilherme de Orange e, mais tarde, aos monarcas Hanôveres, sucessores da rainha Anne em 1714, tinha força suficiente para impor sua vontade de forma unilateral.

Tentativas de restabelecer a monarquia Stuart continuaram ao longo de grande parte do século XVIII. Depois da morte de Jaime II, em 1701, seu filho, Jaime Francisco Eduardo Stuart, o "Velho Pretendente", foi reconhecido como herdeiro legal do trono inglês pela França, pela Espanha, pelo papa e pelos apoiadores da monarquia Stuart na Inglaterra e na Escócia, os chamados jacobitas. Em 1708, o Velho Pretendente tentou retomar o trono com apoio de tropas francesas, mas não teve sucesso. Nas décadas seguintes, haveria várias revoltas jacobitas, incluindo duas grandes: as de 1715 e 1719. Em 1745-46, o filho do Velho Pretendente, Carlos Eduardo Stuart, o "Jovem Pretendente", tentou recuperar o trono, mas suas forças foram derrotadas pelo exército britânico.

O partido político Whig, que, como vimos (Capítulo 7), havia sido fundado nos anos 1670 para representar os nascentes interesses mercantis e econômicos, foi a principal organização por trás da Revolução Gloriosa, e seus integrantes dominaram o Parlamento entre 1714 e 1760. Ao chegar ao poder, eles se sentiram tentados a usar a nova posição para atacar os direitos de outros, desejando ter o melhor de dois mundos. Não eram diferentes dos reis Stuarts, porém seu poder estava longe de ser absoluto. O poder dos Whigs era limitado tanto por grupos concorrentes no Parlamento — especialmente pelo Partido Tory, formado para se opor aos Whigs — quanto pelas próprias instituições que eles próprios tinham lutado para criar, querendo fortalecer o Parlamento e impedir o surgimento de um novo absolutismo e o retorno dos Stuarts. A natureza pluralista da sociedade que surgiu da Revolução Gloriosa também significava que a população em geral, mesmo aqueles que não contavam com representação formal no Parlamento, foi fortalecida, e o surgimento dos "Negros" foi precisamente uma resposta das pessoas comuns à percepção de que os Whigs estavam abusando do poder.

O caso de William Cadogan, um bem-sucedido general da Guerra da Sucessão Espanhola, ocorrida entre 1701 e 1714, e na repressão das revoltas jacobitas, exemplifica uma das formas como os Whigs usurpavam os direitos das pessoas comuns — o que levaria ao surgimento dos Negros. Jorge I intitulou Cadogan barão em 1716 e depois conde, em 1718. Ele também era um membro influente do Conselho de Regentes, que tratava de assuntos de Estado de grande importância, e atuava como comandante em chefe. Ele comprou uma grande propriedade de aproximadamente quatrocentos hectares em Caversham, cerca de 30 quilômetros a oeste de Windsor. Ali, construiu uma casa imponente com jardins ornamentais e criou um parque de cem hectares para a criação de cervos. No entanto, a propriedade foi consolidada por meio da usurpação de direitos dos moradores no entorno. Pessoas foram despejadas, e seus direitos tradicionais de usar as áreas como pasto para animais e para coletar turfa e lenha foram revogados. Cadogan enfrentou a ira dos Negros. Em janeiro e em julho de 1722, a área de criação de cervos foi invadida por Negros armados e montados a cavalo. O primeiro ataque matou dezesseis cervos. O conde Cadogan não foi o único: as propriedades de muitos notáveis e políticos também estavam sendo alvo de ataques dos Negros.

O governo Whig não ficaria impassível. Em maio de 1723, o Parlamento aprovou o Black Act [Lei dos Negros], que criou nada menos do que cinquenta crimes passíveis de punição por enforcamento. O Black Act tornou crime não apenas portar armas, mas também pintar o rosto de preto. Na realidade, a lei recebeu uma emenda pouco tempo depois para aplicar a pena de morte a quem pintasse o rosto de preto. As elites Whigs saíram aplicando a lei com prazer. Baptist Nunn criou uma rede de informantes na Floresta de Windsor para descobrir a identidade dos Negros, e várias pessoas foram presas em pouco tempo. A transição da prisão para o enforcamento deveria ter sido direta. Afinal, o Black Act já havia entrado em vigor, os Whigs comandavam o Parlamento, que comandava o país, e os Negros agiram em oposição direta aos interesses de alguns Whigs poderosos. Até Sir Robert Walpole, secretário de Estado, na época primeiro-ministro — e, assim como Cadogan, outro membro influente do Conselho de Regentes, estava envolvido. Walpole tinha pretensão de ganhos com o Richmond Park, no sudoeste de Londres, criado por Carlos I a partir de terras comunitárias. Esse parque também usurpava os direitos tradicionais dos habitantes da região de usar as terras para caçar lebres e coelhos e coletar lenha. No entanto, a fiscalização aparentemente não foi muito séria, e os moradores continuaram levando seus animais para pastar e caçando, até que Walpole deu um jeito de nomear seu filho como guarda-florestal. Nessa época, o parque foi fechado, um novo muro foi construído, e armadilhas foram instaladas. Walpole gostava de caçar cervos, e mandou construir uma cabana de veraneio em Houghton, dentro do parque. Isso logo despertou a animosidade dos Negros locais.

Em 10 de novembro de 1724, John Huntridge, um morador da região do parque, foi acusado de ajudar ladrões de cervos e de estar em conluio com Negros já identificados, ambos crimes passíveis de sentença de morte. A acusação contra Huntridge veio do mais alto escalão, feita pelo Conselho de Regentes, dominado por Walpole e Cadogan. Walpole chegou a ponto de obter provas da culpa de Huntridge ao interrogar por conta própria um informante, Richard Blackburn. A condenação devia ser uma conclusão óbvia, mas não foi o caso. Depois de um julgamento de oito ou nove horas, o júri considerou Huntridge inocente, em parte com base em questões procedimentais, como as irregularidades no modo como as provas foram coletadas.

Nem todos os Negros ou seus apoiadores tiveram a sorte de Huntridge. Embora alguns também tenham sido absolvidos ou tenham tido as penas reduzidas, muitos foram enforcados ou deportados para a colônia penal de preferência da época, a América do Norte — na verdade, a lei permaneceu válida até ser revogada em 1824. No entanto, a vitória de Huntridge é notável. Não era um júri de pares, mas sim composto por grandes proprietários de terra e gente da pequena nobreza, que devia ter o mesmo ponto de vista de Walpole. Mas já não era mais o século XVII, no qual a Corte da Câmara Estelar simplesmente seguia os desejos dos monarcas Stuarts e agia como ferramenta de repressão contra seus oponentes, quando os reis podiam remover juízes cujas decisões não lhes agradassem. Agora os Whigs também tinham de respeitar o Estado de Direito, o princípio segundo o qual as leis não podem ser aplicadas de modo seletivo ou arbitrário e ninguém está acima da lei.

O EPISÓDIO DO Black Act demonstraria que a Revolução Gloriosa havia instituído o Estado de Direito, que esse conceito estava mais arraigado na Inglaterra e na Grã-Bretanha e que as elites tinham suas ações bem mais limitadas do que supunham. É preciso observar que governar respeitando o Estado de Direito não é o mesmo que governar usando a lei a seu favor. Ainda que os Whigs dispusessem de meios para promulgar uma legislação severa e repressiva que acabasse com a resistência das pessoas comuns, haveria outras limitações em função do Estado de Direito. As leis deles violavam os direitos que a Revolução Gloriosa e as mudanças nas instituições políticas ocorridas em seu rastro já haviam estendido a todos ao aniquilar os direitos "divinos" dos reis e os privilégios das elites. Era inevitável, portanto, que tanto as elites quanto as demais camadas da sociedade resistissem à sua implementação.

O Estado de Direito é um conceito bastante estranho, pensando nele sob uma perspectiva histórica. Por que as leis deveriam ser aplicadas igualmente para todos? Se o rei e a aristocracia têm poder político, e o restante da sociedade não, é natural que algo considerado lícito para o rei e a aristocracia seja proibido para os demais. Na verdade, o Estado de Direito é inconcebível sob instituições políticas absolutistas. Ele é a criação de instituições políticas pluralistas e da ampla coalizão que apoia tal pluralismo. É só quando muitos indivíduos e grupos têm voz nas decisões e poder político para participar das discussões que a ideia de que todos devem ser tratados de modo igual começa a fazer sentido. No início do século XVIII, a Grã-Bretanha estava se tornando suficientemente pluralista, e as elites Whigs descobririam que, conforme previa a ideia de Estado de Direito, as leis e as instituições também imporiam limites a elas.

Mas por que os Whigs e os parlamentares respeitavam esses limites? Por que não usavam seu controle sobre o Parlamento e o Estado para forçar uma implementação intransigente do Black Act e reformar as decisões dos tribunais que não lhes agradassem? A resposta revela muito sobre a natureza da Revolução Gloriosa — o porquê de não ter simplesmente substituído um velho absolutismo por uma versão mais nova —, o elo entre o pluralismo e o Estado de Direito, e a dinâmica dos círculos virtuosos. Como vimos no Capítulo 7, a Revolução Gloriosa não foi a derrubada de uma elite por outra, mas, sim, uma revolução contra o absolutismo realizada por uma frente ampla formada pela pequena nobreza, pelos mercadores e por industriais, assim como por grupos de Whigs e Tories. O surgimento de instituições políticas pluralistas foi consequência dessa revolução. O Estado de Direito também emergiu como efeito colateral desse processo. Com muitos grupos compartilhando o poder, era natural haver leis e restrições que se aplicassem a todos, sob risco de um dos grupos começar a acumular poder demais e acabar minando as próprias fundações do pluralismo. Assim, a noção de que havia limites e restrições que deviam ser aplicados aos governantes, a essência do Estado de Direito, era parte da lógica do pluralismo engendrado pela frente ampla que se opôs ao absolutismo Stuart.

Portanto, não devia ser surpresa o fato de o princípio do Estado de Direito, associado à noção de que monarcas não tinham direitos divinos, ter sido um dos argumentos fundamentais contra o absolutismo Stuart. Nas palavras do historiador britânico E. P. Thompson, na luta contra os monarcas Stuarts:

> Foram feitos esforços imensos (...) para projetar a imagem de uma classe dominante que também estava sujeita ao império da lei e cuja legitimidade se baseava na igualdade e na universalidade dessas formas legais. E os governantes foram, em aspectos relevantes, deliberadamente ou não, prisioneiros de sua própria retórica; eles participaram de jogos de poder de acordo com regras que lhes eram convenientes, porém não podiam violar essas regras, ou o jogo como um todo estaria perdido.

Perder o jogo desestabilizaria o sistema e abriria caminho para o absolutismo de um dos grupos da frente ampla, ou poderia até significar a volta dos Stuarts. Nas palavras de Thompson, o que impedia o Parlamento de criar um novo absolutismo era que

> na ausência da lei, a prerrogativa real (...) poderia fazer submergir suas propriedades e vidas.

Além disso,

> Era inerente à própria natureza do meio de autodefesa escolhido por eles [aqueles aristocratas, mercadores etc. que combatiam a Coroa] o fato de não poderem ter seu uso reservado apenas para sua classe. A lei, em suas formas e tradições, trazia como consequências princípios de igualdade e de universalidade que (...) precisavam ser estendidos a todo tipo de homem, independentemente de posição social.

Depois de colocada em prática, a ideia do Estado de Direito não só impediu a volta do absolutismo, como também criou uma espécie de círculo virtuoso: caso as leis fossem aplicadas de modo igualitário a todos, nenhum indivíduo ou grupo, nem Cadogan ou Walpole, poderia ficar acima da lei, e as pessoas comuns acusadas de usurpar a propriedade privada continuavam com o direito a um julgamento justo.

VIMOS COMO SURGEM instituições econômicas e políticas inclusivas. Mas como elas perduram? A história do Black Act e dos limites à sua implementação é um exemplo do círculo virtuoso, um processo poderoso de retroalimentação positiva que preserva essas instituições diante de tentativas de miná-las e, na verdade, estimulam forças que levam a uma inclusão ainda maior. A lógica dos círculos virtuosos vem em parte do fato de que instituições inclusivas se baseiam em restrições ao exercício de poder e numa distribuição pluralista de poder político na sociedade, o que se resume na fórmula do Estado de Direito. Caso um subconjunto tenha poder político para impor sua vontade aos outros sem quaisquer limitações, ainda que se trate de cidadãos comuns, como era o caso de Huntridge, esse equilíbrio estará ameaçado. Se o Estado de Direito fosse suspenso temporariamente no caso dos camponeses que protestavam contra a usurpação de suas terras comunitárias, qual era a garantia de que essa suspensão não voltaria a ocorrer? E, na próxima vez que ele fosse suspenso, o que impediria que a Coroa e a aristocracia tomassem de volta aquilo que mercadores, empresários e a pequena nobreza tinham levado meio século para conquistar? Na verdade, na próxima vez que o Estado de Direito fosse suspenso, o projeto do pluralismo como um todo poderia desmoronar, e talvez um pequeno grupo assumisse o controle à custa da frente ampla. O sistema político não correria esse risco, o que tornou o pluralismo e o Estado de Direito, que surgiu como consequência, traços persistentes das instituições políticas britânicas. E veremos que, quando o pluralismo e o Estado de Direito estivessem estabelecidos, haveria exigências de um pluralismo ainda maior e de uma participação mais ampla no processo político.

O círculo virtuoso surge não apenas da lógica inerente ao pluralismo e do Estado de Direito, mas também do fato de as instituições políticas inclusivas terem a tendência de apoiar instituições econômicas inclusivas. Isso, por sua vez, leva a uma distribuição mais igualitária de renda, fortalecendo um amplo segmento da sociedade e nivelando o campo do jogo político. Isso limita o que pode ser obtido por meio da usurpação de poder político e reduz os incentivos para que se recriem instituições políticas extrativistas. Esses fatores foram essenciais no surgimento de instituições realmente democráticas na Grã-Bretanha.

O pluralismo também cria um sistema mais aberto e permite o florescimento de uma imprensa independente, o que facilita que grupos interessados na continuidade das instituições inclusivas tomem conhecimento de ameaças contra essas instituições e se organizem para defendê-las. É muito significativo que o Estado inglês tenha deixado de censurar a imprensa após 1688. A imprensa teve papel igualmente importante no empoderamento da população como um todo e na continuidade do círculo virtuoso do desenvolvimento institucional nos Estados Unidos, como veremos neste capítulo.

Embora o círculo virtuoso crie uma tendência para que as instituições inclusivas persistam, não é inevitável nem irreversível. Tanto na Grã-Bretanha quanto nos Estados Unidos, as instituições econômicas e políticas inclusivas estiveram sujeitas a muitos desafios. Em 1745, o Jovem Pretendente chegou com um exército a Derby, a meros 160 quilômetros de Londres, para eliminar as instituições políticas forjadas durante a Revolução Gloriosa, mas foi derrotado. Mais importante do que os desafios externos eram os potenciais desafios internos, que também poderiam levar à aniquilação das instituições inclusivas. Como vimos no contexto do Massacre de Peterloo, em Manchester, em 1819 (Capítulo 7), e como veremos mais detalhadamente a seguir, as elites políticas britânicas pensaram em usar a repressão para evitar abrir ainda mais o sistema político, mas tiveram de recuar. De modo semelhante, as instituições econômicas e políticas inclusivas nos Estados Unidos enfrentaram sérios desafios, e era concebível que essas políticas fossem derrotadas, mas não foram. E é evidente que não havia nada predeterminado quanto à vitória dessas políticas. O fato de as instituições inclusivas britânicas e americanas terem sobrevivido e se tornado substancialmente mais fortes ao longo do tempo não se deve apenas ao círculo virtuoso, mas também ao caminho contingente da história.

A lenta marcha da democracia

A resposta ao Black Act demonstrou aos britânicos comuns que eles tinham mais direitos do que imaginavam. Podiam defender seus direitos tradicionais e seus interesses econômicos nos tribunais e no Parlamento por meio de petições e lobby. No entanto, esse pluralismo ainda não tinha criado uma verdadeira democracia. A maior parte dos homens adultos não podia votar, as mulheres também não, e havia muitas desigualdades nas estruturas democráticas vigentes. Tudo isso iria mudar. O círculo virtuoso das instituições inclusivas não só preserva o que foi conquistado, como abre a porta para que haja maior inclusão. As probabilidades de que a elite britânica do século XVIII mantivesse seu controle sobre o poder político sem sérias contestações eram pequenas. Essa elite havia chegado ao poder após desafiar o direito divino dos reis e abrir a porta para a participação das pessoas na política, porém, depois disso, esse direito foi concedido apenas a uma pequena minoria. Era só uma questão de tempo até que uma parte cada vez maior da população exigisse o direito de participar do processo político — e isso aconteceu nos anos anteriores a 1831.

As primeiras três décadas do século XIX testemunharam uma agitação social crescente na Grã-Bretanha, principalmente como resposta a desigualdades econômicas cada vez maiores e a exigências de uma maioria sem direito a voto e que queria maior representação política. Os Levantes Luditas de 1811-1816, nos quais trabalhadores lutaram contra a introdução de novas tecnologias por acreditarem que iriam reduzir seus salários, foram seguidos de motins feitos explicitamente para reivindicar direitos políticos, os Levantes de Spa Fields em Londres, em 1816, e o Massacre de Peterloo em Manchester, em 1819. Nos motins conhecidos como Swing Riots, de 1830, trabalhadores rurais protestaram contra a queda nos padrões de vida e contra a introdução de novas tecnologias. Enquanto isso, em Paris, eclodia a Revolução de Julho de 1830. Começava a se formar um consenso entre as elites de que o descontentamento atingia o ponto de ebulição e que o único modo de desarmar a agitação social e evitar uma revolução era satisfazer as exigências da população e realizar reformas parlamentares.

Não é de surpreender, portanto, que as eleições de 1831 tenham tratado basicamente de uma única questão: reforma política. Os Whigs, quase cem anos depois de Sir Robert Walpole, eram muito mais responsivos aos desejos do cidadão comum e fizeram campanha pela ampliação do direito ao voto, mas isso só traria um pequeno aumento no eleitorado. O sufrágio universal, mesmo só para homens, não estava em discussão. Os Whigs venceram as eleições, e seu líder, conde Grey, se tornou primeiro-ministro. O conde Grey não era nenhum radical — longe disso. Ele e os Whigs não lutaram por reformas por acreditarem que uma base de eleitores mais ampla era mais justa ou por desejarem compartilhar o poder. A democracia britânica não foi concedida pelas elites; foi, em grande medida, tomada pelas massas, que se motivaram com os processos políticos que vinham ocorrendo na Inglaterra e no restante da Grã-Bretanha nos séculos anteriores, estimuladas pelas mudanças na natureza das instituições políticas causadas pela Revolução Gloriosa. As reformas ocorreram porque a elite achava que seriam o único modo de assegurar a continuidade de seu governo, mesmo que atenuado. O conde Grey, em seu famoso discurso ao Parlamento em favor da reforma política, disse isso de maneira muito clara:

> Não há ninguém mais resoluto em ser contra parlamentos anuais, sufrágio universal e a votação secreta do que eu. O que pretendo não é favorecer essas esperanças e projetos, e sim pôr fim a eles.

(...) O princípio da minha reforma é impedir a necessidade da revolução (...) reformar para preservar, não para destruir.

As massas não queriam apenas o direito ao voto, e sim um lugar à mesa para poder defender seus interesses. Isso foi bem compreendido pelo movimento cartista, que liderou a campanha pelo sufrágio universal depois de 1838, batizado em função de sua Carta do Povo, documento que tentava criar um paralelo com a Magna Carta. O cartista J. R. Stephens explicou por que o sufrágio universal e o voto para todos os cidadãos eram fundamentais para as massas:

A questão do sufrágio universal (...) é uma questão de garfo e faca, uma questão de pão e queijo (...) quando falo em sufrágio universal estou falando que todo trabalhador do país tem o direito de sair vestido com um bom casaco, de usar um bom chapéu, de ter um bom teto como abrigo dos seus, um bom jantar em sua mesa.

Stephens havia compreendido bem que o sufrágio universal era o meio mais duradouro de dar mais poder às massas britânicas e de garantir um casaco, um chapéu, um teto e um bom jantar para o trabalhador.

O conde Grey foi bem-sucedido tanto na aprovação da Primeira Lei da Reforma quanto na dissuasão das marés revolucionárias sem dar maiores passos rumo ao voto universal. As reformas de 1832 foram modestas, apenas dobrando o percentual de pessoas com direito a voto de 8% para 16% da população adulta do sexo masculino (de cerca de 2% para 4% da população como um todo). Também acabaram com os "burgos podres" e deram representação independente a novas cidades que se industrializavam, como Manchester, Leeds e Sheffield. Entretanto, isso deixou muitas questões pendentes. Assim, não demorou para surgir novas demandas por mais direito ao voto e novas agitações sociais. Como resposta, haveria novas reformas.

Por que as elites britânicas cederam às demandas? Por que o conde Grey acreditou que reformas parciais — muito limitadas — eram o único modo de preservar o sistema? Por que precisaram escolher o menor entre dois males, a reforma ou a revolução, em vez de se manter no poder sem qualquer alteração? Eles não poderiam ter feito o que os conquistadores espanhóis fizeram na América do Sul, o que os monarcas austro-húngaros e russos fariam nas décadas seguintes, quando as exigências de reforma chegaram a seus países, ou mesmo o que os próprios britânicos fizeram no Caribe e na Índia: usar a força para acabar com as demandas? A resposta vem do círculo virtuoso. As mudanças econômicas e políticas que já tinham acontecido na Grã-Bretanha tornaram o uso da força para reprimir essas demandas cada vez menos atraente para a elite, mas também cada vez menos viável. Como escreveu E. P. Thompson:

> Quando as lutas de 1790-1832 sinalizaram que esse equilíbrio havia mudado, os governantes da Inglaterra se depararam com alternativas alarmantes. Podiam tanto pôr fim ao Estado de Direito, desmantelar suas sofisticadas estruturas constitucionais, desmentir sua própria retórica e governar pela força, quanto se submeter às próprias regras e se render à sua hegemonia. (…) eles deram passos hesitantes na primeira direção. Contudo, no fim, ao invés de estilhaçar a própria imagem e repudiar 150 anos de legalidade constitucional, os governantes se renderam à lei.

Dizendo de outro modo, as mesmas forças que levaram a elite britânica a não derrubar o edifício do Estado de Direito durante o Black Act também as levaram a evitar a repressão e o governo por meio da força, que novamente colocariam em risco a estabilidade do sistema como um todo. Se debilitar a lei ao tentar implementar o Black Act teria enfraquecido o sistema que mercadores, empresários e a pequena nobreza haviam construído durante a Revolução Gloriosa, estabelecer uma ditadura repressiva em 1832 teria causado danos fatais a esse sistema. Na verdade, os organizadores dos protestos a favor de reformas parlamentares sabiam muito bem da importância do Estado de Direito e de seu simbolismo para as instituições políticas britânicas durante esse período e usaram sua retórica para ressaltá-los. Uma das primeiras organizações a lutar pelas reformas parlamentares se chamava Hampden Club, em homenagem a um parlamentar que resistira ao projeto do imposto naval de Carlos I, um fato crucial que levou a um dos primeiros grandes levantes contra o absolutismo Stuart, como vimos no Capítulo 7.

Também havia uma dinâmica positiva que levava instituições políticas e econômicas a alimentarem umas às outras, o que tornou o caminho adotado mais atraente. As instituições econômicas inclusivas levaram ao desenvolvimento de mercados inclusivos, o que induziu uma alocação de recursos mais eficiente, maiores incentivos para instruir e desenvolver habilidades e o surgimento de novas inovações tecnológicas. Em 1831, todas essas forças estavam atuando. Reprimir as demandas populares e dar um golpe contra as instituições políticas inclusivas também destruiria esses ganhos, e as elites que se opunham à maior democratização e inclusão podiam estar entre aquelas que perderiam suas fortunas com essa destruição.

Outro aspecto dessa retroalimentação positiva é que as instituições econômicas e políticas inclusivas tornavam o controle do poder uma questão menos central. Na Áustria-Hungria e na Rússia, como vimos no Capítulo 8, os monarcas e a aristocracia tinham muito a perder com a industrialização e as reformas. Já na Grã-Bretanha do início do século XIX, graças ao desenvolvimento de instituições econômicas inclusivas, havia muito menos em jogo: não havia servos, a coerção no mercado de trabalho era relativamente pequena, e poucos eram os monopólios protegidos por barreiras de entrada. Agarrar-se ao poder, portanto, era menos valioso para a elite britânica.

A lógica do círculo virtuoso também significava que esses passos repressivos seriam cada vez menos viáveis, mais uma vez em função da interação positiva entre instituições econômicas e políticas inclusivas. As instituições econômicas inclusivas levam a uma distribuição mais igualitária dos recursos do que acontece com as instituições extrativistas. Assim, afetam os cidadãos como um todo e criam oportunidades mais igualitárias, mesmo quando se trata da disputa pelo poder. Isso torna mais difícil que uma pequena elite reprima as massas, em vez de ceder às suas demandas, ou pelo menos a parte delas. As instituições inclusivas britânicas também já tinham aberto as portas para a Revolução Industrial, e a Grã-Bretanha era bastante urbanizada. Usar a repressão contra um grupo de pessoas em área urbana, concentrado e parcialmente organizado e mobilizado, seria muito mais difícil do que reprimir um campesinato composto por servos em situação de dependência.

O círculo virtuoso levou à Primeira Lei da Reforma da Grã-Bretanha, em 1832, mas isso era apenas o começo. Ainda havia um longo caminho a ser percorrido até a verdadeira democracia, já que, em 1832, a elite apenas ofereceu aquilo que julgava necessário e nada mais. A questão da reforma parlamentar foi adotada pelo movimento cartista, cuja Carta do Povo de 1838 incluía as seguintes cláusulas:

> Um voto para cada homem de 21 anos de idade, de mente sã e que não esteja sendo punido por um crime. Voto secreto — para proteger o eleitor no exercício do voto.
> Ausência de qualificação por propriedades para membros do Parlamento, permitindo aos eleitores escolher quem desejassem, sejam ricos, sejam pobres.
> Pagamento dos membros do Parlamento, permitindo que comerciantes, trabalhadores ou outras pessoas honestas representem seu eleitorado, quando tiverem de deixar seus negócios para atender aos interesses do País.
> Distritos eleitorais proporcionais, assegurando a mesma quantidade de representantes para a mesma quantidade de eleitores, em vez de permitir que distritos pequenos sufoquem os votos de outros maiores.

Eleições anuais para o Parlamento, o que garantiria o modo mais eficaz de impedir subornos e intimidação, já que, embora um eleitorado possa ser comprado uma vez a cada sete anos (mesmo com o voto secreto), não haveria bolso capaz de comprar um eleitorado inteiro (num sistema de sufrágio universal) a cada doze meses; e os membros, ao serem eleitos para apenas um ano, não seriam capazes de desafiar e trair seus eleitores como fazem hoje.

O voto secreto significava o fim do voto aberto, que havia facilitado a compra de votos e a coerção de eleitores.

O movimento cartista organizou uma série de protestos, e durante todo esse período o Parlamento discutiu a possibilidade de novas reformas. Embora os cartistas tenham se fragmentado depois de 1848, o movimento foi sucedido pela União Reformista Nacional, fundada em 1864, e pela Liga da Reforma, fundada em 1865. Em julho de 1866, aconteceram grandes manifestações no Hyde Park e puseram as reformas políticas no topo da agenda política nacional mais uma vez. Essa pressão trouxe como resultado a Segunda Lei da Reforma de 1867, pela qual o eleitorado total dobrou de tamanho, e os eleitores da classe operária se tornaram maioria em todos os distritos eleitorais urbanos. Pouco depois, o voto secreto foi introduzido, e houve movimentos na direção de eliminar práticas eleitorais corruptas, como a compra de votos (quando os eleitores recebiam um presente, no geral dinheiro, comida ou álcool). O eleitorado dobrou outra vez com a Terceira Lei da Reforma de 1884, quando 60% dos adultos do sexo masculino passaram a ter direito ao voto. Depois da Primeira Guerra Mundial, a Lei de Representação do Povo, de 1918, concedeu o voto a todos os adultos do sexo masculino acima de 21 anos e para mulheres acima de 30 anos que fossem pagadoras de impostos ou casadas com pagadores de impostos. Por fim, em 1928 todas as mulheres receberam o direito ao voto nos mesmos termos que os homens. As medidas adotadas em 1918 foram negociadas durante a guerra e refletiam uma disputa entre o governo e as classes trabalhadoras, necessárias para garantir o combate e produzir munições. O governo também pode ter levado em conta o radicalismo da Revolução Russa.

Em paralelo com o desenvolvimento gradual de instituições políticas mais inclusivas, houve um movimento em direção a instituições econômicas ainda mais inclusivas. Uma consequência importante da Primeira Lei da Reforma foi a revogação das Leis dos Cereais de 1846. Como vimos no Capítulo 7, tais leis proibiam a importação de grãos e cereais, o que mantinha o preço desses produtos altos e garantia lucros significativos para os grandes proprietários de terra. Os novos parlamentares de Manchester e Birmingham queriam milho barato e salários baixos. Eles venceram, e os interesses dos proprietários de terra sofreram uma grande derrota.

As mudanças no eleitorado e em outras dimensões das instituições políticas que ocorreram durante o século XIX foram seguidas por mais reformas. Em 1871, o primeiro-ministro liberal Gladstone passou a contratar servidores públicos por meio de concurso, tornando os cargos meritocráticos e dando, assim, continuidade ao processo de centralização política e de construção de instituições estatais iniciado durante o período Tudor. Durante esse período, tanto os governos liberais quanto os Tories aprovaram uma quantidade considerável de leis relativas ao mercado de trabalho. Por exemplo, as Leis dos Empregadores e Empregados — que permitiam aos empregadores reduzir a mobilidade dos seus trabalhadores — foram revogadas, mudando a natureza das relações trabalhistas em favor dos trabalhadores. Entre 1906 e 1914, o Partido Liberal, sob a liderança de H. H. Asquith e David Lloyd George, começou a usar o Estado para o fornecimento de uma quantidade bem maior de serviços públicos, como seguro de saúde e seguro desemprego, pensões financiadas pelo governo, salários mínimos e um compromisso com a tributação redistributiva. Como resultado dessas mudanças fiscais, a proporção entre a carga tributária e o produto interno bruto mais do que duplicou nas últimas três décadas do século XIX, depois duplicou de novo nas primeiras três décadas do século XX. O sistema tributário também se tornou mais "progressivo", de modo que os mais ricos pagassem mais do que os pobres.

Enquanto isso, o sistema educacional, que antes era voltado principalmente para a elite, administrado por entidades religiosas, ou exigia que os pobres pagassem uma taxa, se tornou mais acessível para as massas. A Lei da Educação de 1870 foi a primeira vez que o governo se comprometeu com a provisão sistemática de educação universal. A educação se tornou gratuita em 1891. A idade mínima para sair da escola foi estabelecida em onze anos em 1893. Em 1899, foi aumentada para doze, e foram criadas condições especiais para as famílias carentes. Como resultado, a proporção de crianças de dez anos matriculadas na escola, que era de decepcionantes 40% em 1870, aumentou para 100% em 1900. Por fim, a Lei de Educação de 1902 levou a um grande aumento de recursos para as escolas e criou as escolas de gramática, que posteriormente seriam a base do ensino secundário na Grã-Bretanha.

Na verdade, o caso britânico, que serve de exemplo para o círculo virtuoso das instituições, também serve como exemplo de um "círculo virtuoso gradual". As mudanças políticas iam inequivocamente na direção de instituições políticas mais inclusivas e eram resultado de demandas que partiam de massas mobilizadas. No entanto, também eram graduais. A cada década, mais um passo, por vezes menor, por vezes maior, era dado na direção da democracia. Cada um era cercado de conflitos, e o resultado era sempre contingente. Mas o círculo virtuoso criou forças que reduziram a necessidade de uma classe permanecer agarrada ao poder e também estimulava o Estado de Direito, tornando mais difícil o uso da força contra quem reinvidicasse o que as próprias elites exigiram, muito antes, dos monarcas Stuarts. A chance de que um conflito se transformasse em uma revolução diminuía, e era cada vez mais provável que os conflitos fossem resolvidos em favor de maior inclusão. Há grande virtude nessa espécie de mudanças graduais, que são menos ameaçadoras para a elite do que a derrubada completa do sistema. Cada passo é pequeno, e faz mais sentido ceder do que criar um confronto de grandes proporções. Em parte, isso explica como as Leis dos Cereais foram revogadas sem que tenha havido conflitos mais graves. Em 1846, os proprietários de terra já não podiam controlar a legislação no Parlamento, o que foi resultado da Primeira Lei da Reforma. No entanto, caso em 1832 a expansão do eleitorado, a reforma dos "burgos podres" e a revogação das Leis dos Grãos tivessem sido discutidas ao mesmo tempo, os proprietários de terra teriam organizado uma resistência muito maior. O fato de que primeiro houve reformas políticas limitadas e só depois as Leis dos Cereais foram discutidas diluiu o conflito.

Mudanças graduais também impediram que se navegasse por territórios desconhecidos. A derrocada violenta do sistema significa que algo completamente novo tem de ser erigido em seu lugar. Foi o que aconteceu na Revolução Francesa, quando o primeiro experimento com a democracia levou ao Terror, depois de volta à monarquia, duas vezes, antes de finalmente levar à Terceira República Francesa, em 1870. Foi o caso na Revolução Russa: o desejo de muitos por um sistema mais igualitário no lugar do Império Russo levou a uma ditadura de partido único que foi muito mais violenta, sangrenta e perniciosa do que o que ela substituiu. Era difícil fazer reformas graduais nessas sociedades justamente porque, além de não serem pluralistas, eram extremamente extrativistas. Foi o pluralismo que emergiu da Revolução Gloriosa, seguido pelo Estado de Direito, mudanças que tornaram viáveis e desejáveis as transformações graduais na Grã-Bretanha.

O comentarista conservador inglês Edmund Burke, opositor veemente da Revolução Francesa, escreveu em 1790: "É com infinita cautela que cada homem deve se aventurar a derrubar uma edificação que atendeu durante eras e em grau no mínimo tolerável aos propósitos comuns da sociedade, ou mesmo a reconstruí-lo sem modelos e padrões de comprovada utilidade." Burke estava errado no longo prazo. A Revolução Francesa substituiu edificações insalubres e abriu caminho para instituições inclusivas não apenas na França, mas também em grande parte da Europa

Ocidental. Contudo, a cautela de Burke não era totalmente desproposi-tada. O processo gradual de reforma política ocorrido na Grã-Bretanha, iniciado em 1688 e que ganharia velocidade três décadas depois da sua morte, seria muito mais eficiente em função de sua natureza gradual, que o tornou mais poderoso, de mais difícil contraposição e, em última instância, mais duradouro.

Quebrando trustes

As instituições inclusivas nos Estados Unidos tinham raízes nas disputas na Virgínia, em Maryland e nas Carolinas durante o período colonial (Capítulo 1). Essas instituições foram reforçadas pela Constituição dos Estados Unidos, com seu sistema de limitações e a separação dos po-deres, mas essa Constituição não marcou o fim do desenvolvimento de instituições inclusivas. Assim como na Grã-Bretanha, essas instituições foram reforçadas por um processo de interação positiva baseado no círculo virtuoso.

Em meados do século XIX, todos os homens brancos, mas não as mu-lheres nem os negros, podiam votar nos Estados Unidos. As instituições econômicas se tornaram mais inclusivas — por exemplo, com a aprovação da Lei da Propriedade Rural de 1862 (Capítulo 1), que tornou as terras de fronteira disponíveis para potenciais colonos, em vez de reservá-las para as elites políticas. Mas, assim como na Grã-Bretanha, sempre houve desafios à implementação de instituições inclusivas. O fim da Guerra Civil Americana deu início a um breve surto de crescimento econômico no norte. Com a expansão das ferrovias, das indústrias e do comércio, umas poucas pessoas fizeram fortuna. Encorajados pelo sucesso econômico, esses homens e suas empresas se tornaram cada vez mais inescrupulosos. Eram chamados de Barões Ladrões, em função de suas práticas de negócios voltadas para a consolidação de monopólios e da tentativa de impedir que quaisquer concorrentes em potencial entrassem no mercado para competir em pé de igualdade. Um dos mais célebres deles foi Cornelius

Vanderbilt, autor da famosa frase: "Desde quando eu me importo com a lei? Eu não tenho o poder?"

Outro foi John D. Rockefeller, que fundou a Standard Oil Company em 1870. Ele logo eliminou seus rivais em Cleveland e tentou monopolizar o transporte e o varejo do petróleo e seus derivados. Em 1882, já tinha criado um imenso monopólio — na linguagem de hoje, um truste. Em 1890, a Standard Oil controlava 88% do petróleo refinado nos Estados Unidos, e Rockefeller se tornou o primeiro bilionário do mundo em 1916. Cartuns da época mostram a Standard Oil como um polvo com os tentáculos não só em torno da indústria petrolífera, como também do Congresso americano.

John Pierpont Morgan era quase tão infame quanto Rockefeller. Ele foi o fundador do conglomerado bancário J. P. Morgan, que mais tarde, depois de muitas fusões ao longo das décadas, se transformou no JPMorgan Chase. Junto com Andrew Carnegie, Morgan fundou a Companhia Siderúrgica dos Estados Unidos, primeira corporação com valor de mercado de mais de 1 bilhão de dólares e de longe a maior siderúrgica do mundo. Na década de 1890, grandes trustes começaram a surgir em quase todos os setores da economia, e muitos deles controlavam mais de 70% do mercado em que atuavam. Entre essas empresas estavam nomes conhecidos, como Du Pont, Eastman Kodak e International Harvester. Historicamente, as regiões norte e centro-oeste dos Estados Unidos tinham mercados relativamente competitivos e eram mais igualitárias do que outras partes do país, particularmente o sul. Contudo, durante esse período a concorrência foi substituída pelo monopólio, e a desigualdade de riqueza escalonou depressa.

O sistema político pluralista dos Estados Unidos já mobilizara um amplo segmento da sociedade que tinha meios para se contrapor a esse tipo de usurpação. As vítimas das práticas monopolistas dos Barões Ladrões, ou quem fosse contra o domínio inescrupuloso que mantinham sobre seus setores, começaram a se organizar. Assim se formou o movimento populista e, na sequência, o movimento progressista.

O movimento populista surgiu de uma longa crise agrária que atingiu o centro-oeste a partir do fim da década de 1860. A Associação Nacional dos Criadores de Animais, que reunia pecuaristas dos Estados Unidos, fundada em 1867, começou a mobilizar fazendeiros contra práticas de negócios injustas e discriminatórias. Em 1873 e 1874, a associação conseguiu maioria em onze legislaturas estaduais do centro-oeste, e o descontentamento da área rural culminou, em 1892, na formação do Partido do Povo, que recebeu 8,5% dos votos dos eleitores na eleição presidencial de 1892. Nas duas eleições seguintes, os populistas apoiaram as duas campanhas malsucedidas de William Jennings Bryan, que defendia muitas das suas causas. A oposição popular à disseminação dos trustes estava organizada para tentar equilibrar a influência que Rockefeller e os Barões Ladrões exerciam sobre a política nacional.

Esses movimentos políticos pouco a pouco começaram a ter impacto nas atitudes políticas e depois na legislação, sobretudo no que diz respeito ao papel do Estado na regulação dos monopólios. A primeira legislação importante foi a Lei de Comércio Interestadual de 1887, que criou a Comissão de Comércio Interestadual e deu início ao desenvolvimento da regulamentação federal da indústria. Logo se seguiu a Lei Antitruste Sherman de 1890, que ainda é parte importante da regulamentação antitruste americana e se tornaria a base dos ataques aos trustes dos Barões Ladrões. Ações importantes contra esses monopólios aconteceram depois da eleição de presidentes comprometidos com a reforma e a limitação do poder dos Barões Ladrões: Theodore Roosevelt (1901-1909), William Taft (1909-1913) e Woodrow Wilson (1913-1921).

Uma força política fundamental por trás do movimento antitruste e do apelo para que se criasse uma regulamentação federal da indústria mobilizou outra vez o voto rural. Na década de 1870, tentativas iniciais de estados individuais de regular as ferrovias partiram de organizações de fazendeiros. Na verdade, quase todas as 59 petições referentes a trustes enviadas ao Congresso antes da aprovação da Lei Sherman vinham de estados agrícolas e partiam de organizações como a União dos Fazendeiros, a Aliança dos Fazendeiros, a Associação para Benefício Mútuo dos Fazendeiros e os Criadores de Animais. Os fazendeiros descobriram um interesse coletivo na oposição às práticas monopolistas da indústria.

Das cinzas dos populistas, que entraram em sério declínio depois de usar sua força para apoiar os democratas, surgiram os progressistas, um movimento reformista heterogêneo preocupado com muitas das mesmas questões. O movimento progressista de início se aglutinou em torno da figura de Teddy Roosevelt, vice-presidente de William McKinley, que assumiu a Presidência depois do assassinato de McKinley, em 1901. Antes de sua ascensão ao cargo, Roosevelt foi um governador de Nova York intransigente que se esforçou para eliminar a corrupção e o "aparelhamento político". Em seu primeiro discurso ao Congresso, Roosevelt voltou a atenção para os trustes, afirmando que as bases da prosperidade dos Estados Unidos eram a economia de mercado e a engenhosidade dos empresários, mas ao mesmo tempo:

> Há realmente grandes males (...) e uma (...) convicção disseminada na mente do povo americano de que as grandes corporações conhecidas como trustes são, em certos aspectos e tendências, prejudiciais ao bem-estar geral. Isso não decorre de um sentimento de inveja nem de falta de caridade, muito menos da falta de orgulho pelas grandes conquistas da indústria que colocaram este país à frente das nações na luta pela supremacia comercial. Isso não decorre de uma falta de inteligência para apreciar a necessidade de satisfazer condições de negócios em mutação e já modificados por meio do uso de novos métodos, nem da ignorância do fato de que é necessária a soma de capitais no esforço para chegar a grandes realizações num momento em que o progresso do mundo exige que coisas grandiosas sejam feitas. Isso se baseia na sincera convicção de que a associação e a

concentração não deveriam ser proibidas, mas, sim, supervisionadas e controladas dentro de níveis razoáveis; e julgo que essa convicção esteja certa.

Ele prosseguiu: "Aqueles que desejam melhorias sociais deveriam ter como objetivos livrar o mundo dos negócios dos crimes de astúcia e livrar o corpo político todo dos crimes de violência." A conclusão dele era que:

> No interesse da população como um todo, a nação deveria, sem interferir no poder dos estados no que diz respeito à questão em si, também assumir o poder de supervisão e de regulação sobre todas as corporações que atuem fazendo negócios interestaduais. Sobretudo nos casos em que uma corporação deriva uma porção de sua riqueza da existência de algum elemento monopolista ou de uma tendência ao monopólio em seus negócios.

Roosevelt propôs que o Congresso estabelecesse uma agência federal com poderes para investigar os negócios de grandes corporações e que, caso necessário, poderia ser usada uma emenda à Constituição para criar tal agência. Em 1902, Roosevelt já havia usado a Lei Sherman para fragmentar a Northern Securities Company, afetando os interesses da J.P. Morgan, e processos semelhantes foram instaurados contra a Du Pont, a American Tobacco Company e a Standard Oil Company. Roosevelt fortaleceu a Lei de Comércio Interestadual com a Lei Hepburn de 1906, que ampliou os poderes da Comissão de Comércio Interestadual, permitindo que inspecionasse as contas das ferrovias e estendendo sua autoridade para novas esferas. O sucessor de Roosevelt, William Taft, levou trustes à Justiça com frequência ainda maior, chegando ao ápice com a fragmentação da Standard Oil Company, em 1911. Taft também promoveu outras reformas importantes, como a criação de um imposto de renda federal, que entrou em vigência em 1913 com a ratificação da Décima Sexta Emenda.

O apogeu das reformas progressistas veio com a eleição de Woodrow Wilson, em 1912. Wilson observou em seu livro, *A nova liberdade*, em 1912: "Caso persista, o monopólio terá sempre nas mãos o timão do governo. Não espero que o monopólio crie limitações para si mesmo. Se houver neste país homens grandes o suficiente para serem donos do governo dos Estados Unidos, eles serão seus donos."

Wilson trabalhou para aprovar a Lei Antitruste Clayton em 1914, fortalecendo a Lei Sherman, e criou a Comissão Federal de Comércio, que aplicou a Lei Clayton. Além disso, impulsionado pela investigação da Comissão Pujo, liderada pelo deputado Arsène Pujo, da Louisiana, sobre o "truste do dinheiro" — a disseminação dos monopólios para a indústria financeira —, Wilson agiu para aumentar a regulamentação do mercado financeiro. Em 1913, criou o Sistema de Reserva Federal dos Estados Unidos, que regularia as atividades monopolistas do setor financeiro.

A ascensão dos Barões Ladrões e de seus trustes monopolistas no fim do século XIX e no início do século XX ressalta o fato de que, conforme enfatizamos no Capítulo 3, a presença de mercados não é garantia de instituições inclusivas. Mercados podem ser dominados por um punhado de empresas que cobram preços exorbitantes e bloqueiam a entrada de rivais mais eficientes e de novas tecnologias. Mercados, agindo por conta própria, podem deixar de ser inclusivos, tornando-se cada vez mais dominados por quem tem o poder econômico e político. Instituições econômicas inclusivas exigem não apenas mercados, mas também mercados inclusivos que criem condições mais igualitárias de disputa e oportunidades econômicas para a maioria. O monopólio amplo, apoiado pelo poder político da elite, entra em contradição com isso. No entanto, a reação aos trustes monopolistas é também um exemplo de que, quando são inclusivas, as instituições políticas criam uma força que se contrapõe a movimentos que afastem os mercados de sua característica inclusiva. É o círculo virtuoso em ação. As instituições econômicas inclusivas oferecem as bases sobre as quais as instituições políticas inclusivas podem florescer, ao passo que as instituições políticas inclusivas restringem desvios que possam ocorrer nas instituições econômicas inclusivas. A quebra dos trustes nos Estados Unidos, em contraste com o que vimos no México (Capítulo 1), exemplifica essa faceta do círculo virtuoso. Enquanto não existiu qualquer corpo político no México restringindo o monopólio de Carlos Slim, as Leis Sherman e Clayton foram usadas diversas vezes nos Estados Unidos ao longo do século passado para restringir trustes, monopólios e cartéis e garantir que os mercados permanecessem inclusivos.

A experiência norte-americana na primeira metade do século XX também enfatiza o importante papel da imprensa livre para mobilizar amplos segmentos da sociedade e, por meio disso, o círculo virtuoso. Em 1906, Roosevelt cunhou o termo *muckraker* — em tradução literal para o português, alguém que revira a lama —, baseado em um personagem literário, o homem com o *muckrake* [ancinho] da obra *O peregrino*, de Bunyan, para descrever aquilo que via como jornalismo invasivo. A expressão pegou e passou a simbolizar jornalistas que criavam denúncias invasivas — mas eficazes — dos excessos dos Barões Ladrões, assim como a corrupção na política local e federal. Talvez a *muckraker* mais famosa tenha sido Ida Tarbell, que, com seu livro de 1904, *History of the Standard Oil Company*, teve papel decisivo em levar a opinião pública contra Rockefeller e seus interesses comerciais, o que culminou na fragmentação da Standard Oil em 1911. Outro *muckraker* fundamental foi o advogado e escritor Louis Brandeis, que mais tarde seria nomeado ministro da Suprema Corte pelo presidente Wilson. Brandeis fez uma série de relatos de escândalos financeiros em seu livro *Other People's Money and How Bankers Use It* [O dinheiro dos outros e como os banqueiros o usam], que teve grande influência sobre a Comissão Pujo. O magnata dos jornais William Randolph Hearst também teve papel de destaque como *muckraker*. A série de textos de David Graham Phillips chamada "A traição do Senado", publicada em sua revista *The Cosmopolitan*, em 1906, deu força à campanha que pedia eleições diretas para o Senado, outra reforma progressista essencial que aconteceu com a aprovação da Décima Sétima Emenda à Constituição americana, em 1913.

Os *muckrakers* desempenharam papel decisivo ao induzir os políticos a agirem contra os trustes. Os Barões Ladrões detestavam os *muckrakers*, mas as instituições políticas dos Estados Unidos os impediram de parar o trabalho dos jornalistas ou de silenciá-los. Instituições políticas inclusivas permitem o florescimento de uma imprensa livre, que, por sua vez, aumenta as probabilidades de que ameaças às instituições econômicas e políticas inclusivas se tornem amplamente conhecidas e sejam combatidas. Por outro lado, essa liberdade é impossível quando há instituições políticas extrativistas, absolutismo ou ditaduras, o que ajuda os regimes extrativistas a impedir a formação de uma oposição séria. As informações difundidas pela imprensa livre foram fundamentais na primeira metade do século XX nos Estados Unidos. Sem essas informações, a população americana não teria conhecido a real extensão do poder e dos abusos dos Barões Ladrões e não teria se mobilizado contra seus trustes.

Manipulando a justiça

Franklin D. Roosevelt, candidato do Partido Democrata e primo de Teddy Roosevelt, foi eleito presidente em 1932 em meio à Grande Depressão. Ele chegou ao poder eleito por vontade popular para implementar um ambicioso conjunto de políticas para combater a Grande Depressão. Na época de sua posse, no início de 1933, um quarto da força de trabalho estava desempregada, com muitos lançados na pobreza. A produção industrial tinha sido reduzida em mais da metade desde o início da Depressão, em 1929, e o nível de investimento desmoronara. As políticas propostas para fazer frente a essa situação ficaram conhecidas como New Deal. Roosevelt havia conquistado uma vitória sólida, com 57% dos votos da população, e o Partido Democrata tinha maioria tanto na Câmara quanto no Senado, o suficiente para aprovar as leis do New Deal. No entanto, parte das leis era relativa a questões constitucionais e precisava ser levada à Suprema Corte, onde a vitória popular de Roosevelt tinha muito menos peso.

Um dos pilares fundamentais do New Deal era a Lei da Recuperação da Indústria Nacional. O Capítulo 1 se concentrava na recuperação da indústria. O presidente Roosevelt e sua equipe acreditavam que restrições à concorrência industrial, maiores direitos para que os trabalhadores fundassem sindicatos e a regulamentação de padrões de trabalho eram fatores cruciais para o esforço de recuperação. O Capítulo 2 criava a Administração de Obras Públicas, que tinha entre seus projetos de infraestrutura marcos como a estação ferroviária da 30th Street, na Filadélfia; a ponte Triborough; a represa Grand Coulee; e a Overseas Highway, a rodovia que liga Key West, na Flórida, ao continente. O presidente Roosevelt assinou o projeto em 16 de junho de 1933, e a Lei de Recuperação da Indústria Nacional entrou em vigência. No entanto, foi imediatamente contestada nos tribunais. Em 27 de maio de 1935, a Suprema Corte decidiu por unanimidade que o Capítulo 1 da lei era inconstitucional. O veredito observava solenemente que "Situações extraordinárias podem exigir medidas extraordinárias. Contudo (...) situações extraordinárias não criam nem ampliam poderes constitucionais".

Antes da decisão da Suprema Corte, Roosevelt dava o passo seguinte de sua agenda, assinando a Lei da Seguridade Social, que criou o moderno Estado de bem-estar social nos Estados Unidos: aposentadorias, benefícios para desempregados, assistência para famílias com filhos dependentes e um certo grau de saúde pública e benefícios para pessoas com deficiência. Ele também sancionou a Lei Nacional de Relações Trabalhistas, que fortaleceu e ampliou os direitos dos trabalhadores para organizar sindicatos, participar de negociações coletivas e fazer greves contra empregadores. Tais medidas também foram contestadas na Suprema Corte. Enquanto tramitavam no Judiciário, Roosevelt foi reeleito em 1936 com forte apoio popular, recebendo 61% dos votos.

Com a popularidade em níveis recorde, Roosevelt não pretendia deixar que a Suprema Corte tirasse sua agenda para o país ainda mais dos trilhos. Ele delineou seus planos em uma de suas frequentes Conversas ao Pé da Lareira, transmitida ao vivo pelo rádio em 9 de março de 1937.

Ele começou ressaltando que, em seu primeiro mandato, políticas tremendamente necessárias só tinham conseguido o aval da Suprema Corte por um triz. Ele prosseguiu:

> Eu me lembro daquela noite em março, quatro anos atrás, quando falei com vocês pelo rádio pela primeira vez. Estávamos em meio a uma grande crise bancária. Logo depois, com a autoridade do Congresso, pedimos à nação que entregasse todo o ouro que estivesse em propriedade privada, dólar por dólar, ao governo dos Estados Unidos. A recuperação de hoje prova quanto aquela política foi acertada. Mas quando, quase dois anos depois, foi julgada na Suprema Corte, sua constitucionalidade foi decidida por um placar apertado de cinco votos a quatro. A mudança de um voto teria jogado todos os negócios desta grande nação de volta a um caos incorrigível. Na verdade, quatro ministros da Suprema Corte decidiram que, havendo um contrato particular, o direito de cobrar uma dívida era mais sagrado do que os principais objetivos constitucionais de estabelecer uma nação duradoura.

Obviamente, não se devia correr esse risco de novo. Roosevelt continuou:

> Na última quinta, descrevi a forma americana de governo como um conjunto de três cavalos fornecidos pela Constituição para que o povo americano possa arar suas terras. Os três cavalos são, evidentemente, os três poderes — o Congresso, o Executivo e os tribunais. Dois dos cavalos, o Congresso e o Executivo, estão puxando o arado na mesma direção; hoje, o terceiro não está.

Roosevelt então ressaltou que a Constituição americana não concedia à Suprema Corte o direito de contestar a constitucionalidade das leis, porém o tribunal havia assumido esse papel em 1803. Naquela época, o ministro Bushrod Washington estipulara que a Suprema Corte deveria "presumir a validade [de uma lei] até que a violação à Constituição ficasse provada além de toda dúvida razoável". Roosevelt então atacou:

> Nos últimos quatro anos, a regra sadia de dar aos estatutos um razoável benefício da dúvida foi deixado de lado. A Suprema Corte vem agindo não como órgão judicial, e sim como um órgão formulador de políticas públicas.

Roosevelt disse que tinha um mandato dado pelo povo para mudar essa situação e que, "depois de pensar sobre quais reformas propor, o único método claramente constitucional (...) seria colocar sangue novo em todos os nossos tribunais". Ele também afirmou que os ministros da Suprema Corte estavam sobrecarregados, e que a carga de trabalho era excessiva para os ministros mais velhos — que, por acaso, eram aqueles que atacavam suas leis. Ele então propôs que todo juiz deveria se aposentar compulsoriamente aos 70 anos e que deveria poder indicar até seis novos ministros. Esse plano, que Roosevelt apresentou como o Projeto de Reorganização Judiciária, bastaria para remover os ministros indicados por governos mais conservadores e que constituíam oposição mais veemente ao New Deal.

Embora Roosevelt tenha tentado conquistar apoio popular para a medida, as pesquisas de opinião pública sugeriam que apenas cerca de 40% da população apoiava o plano. Louis Brandeis agora era ministro da Suprema Corte. Embora simpatizasse com boa parte das leis de Roosevelt, Brandeis se pronunciou contra as tentativas de reduzir o poder da Suprema Corte e contra as alegações do presidente de que os ministros estavam sobrecarregados. O Partido Democrata de Roosevelt tinha ampla maioria em ambas as casas do Congresso, mas, em certa medida, a Câmara se recusou a fazer tramitar o projeto de Roosevelt, que então tentou o Senado. O projeto foi enviado para a Comissão Judiciária do Senado, que realizou sessões bastante polêmicas, solicitando várias opiniões sobre a proposta. A Comissão acabou enviando o projeto para ser votado no plenário do Senado com um parecer contrário à aprovação, alegando que era um "abandono desnecessário, inútil e profundamente perigoso dos princípios constitucionais, (...) sem precedentes e sem justificativas". O Senado decidiu enviar o projeto de novo à Comissão, para ser reescrito, por setenta votos contra vinte. Todos os elementos sobre a "manipulação dos tribunais" foram eliminados. Roosevelt não teria como se livrar das restrições que a Suprema Corte podia impor a seus poderes. Embora os poderes de Roosevelt tenham continuado limitados, houve acordos entre as partes, e tanto a Lei da Seguridade Social quanto a Lei Nacional das Relações Trabalhistas foram consideradas constitucionais pela Suprema Corte.

A lição geral que se pôde tirar do episódio foi mais importante do que o destino dessas duas leis. As instituições políticas inclusivas não apenas servem de contrapeso a importantes desvios nas instituições econômicas inclusivas, como também resistem a tentativas que minem sua continuidade. A Câmara e o Senado, compostos majoritariamente pelos democratas, tinham interesse direto em influenciar a composição do tribunal e garantir que a legislação do New Deal sobrevivesse. No entanto, assim como as elites políticas no início do século XVIII compreenderam que suspender o Estado de Direito poria em risco as conquistas que haviam arrancado da monarquia, os deputados e senadores compreenderam que, caso o presidente conseguisse reduzir a independência do Judiciário, o equilíbrio de poderes do sistema que os protegia contra o presidente e que garantia a continuidade das instituições políticas pluralistas seria minado.

Talvez Roosevelt pudesse ter decidido, se conseguisse essa vitória, que obter maiorias no Legislativo exigia muitos acordos e tomava tempo demais e que, em vez disso, iria governar por decreto, o que causaria danos enormes ao pluralismo e ao sistema político norte-americano. O Congresso com certeza não teria aprovado isso, mas Roosevelt poderia apelar à nação, afirmando que o Congresso impedia as medidas necessárias para combater a Depressão. Poderia usar a força policial para fechar o Congresso. Parece exagero? Foi exatamente o que aconteceu no Peru e na Venezuela nos anos 1990. Os presidentes Fujimori e Chávez se aproveitaram de terem sido eleitos por vontade popular para fechar Congressos que se recusavam a colaborar com eles, então reescreveram a Constituição para fortalecer os poderes presidenciais. O medo dessa bola de neve por parte daqueles que compartilhavam o poder sob instituições políticas pluralistas foi exatamente o que impediu Walpole de manipular os tribunais britânicos, na década de 1720, e o que impediu o Congresso americano de apoiar o projeto de Roosevelt de influenciar a composição dos tribunais. Roosevelt havia se deparado com o poder dos ciclos virtuosos.

No entanto, essa lógica nem sempre funciona, sobretudo em sociedades que podem ter algumas características inclusivas, mas que são amplamente extrativistas. Já vimos essa dinâmica em Roma e Veneza. Temos outro exemplo ao comparar a tentativa fracassada de Roosevelt de interferir na composição dos tribunais com esforços semelhantes na Argentina, onde uma disputa quase igual se desenrolou no contexto de instituições econômicas e políticas predominantemente extrativistas.

A Constituição da Argentina de 1853 criou uma Suprema Corte com atribuições semelhantes às da Suprema Corte norte-americana, e uma decisão de 1887 permitiu que a Suprema Corte argentina assumisse o mesmo papel da Suprema Corte dos Estados Unidos de decidir se leis específicas eram ou não constitucionais. Em tese, a Suprema Corte poderia ter se tornado um importante elemento das instituições políticas inclusivas na Argentina, porém o restante do sistema político e econômico permaneceu altamente extrativista, e na Argentina não houve a concessão de poderes para amplos segmentos da sociedade nem pluralismo. Assim como nos Estados Unidos, o papel constitucional da Suprema Corte da Argentina seria contestado. Em 1946, Juan Domingo Perón foi democraticamente eleito presidente do país. Perón era um ex-coronel e ganhou destaque pela primeira vez após um golpe militar em 1943, que o nomeou ministro do Trabalho. Nesse cargo, construiu uma coalizão política com sindicatos e o movimento trabalhista que seria crucial para sua candidatura presidencial.

Pouco depois da vitória de Perón, sua base na Câmara dos Deputados propôs o impeachment de quatro dos cinco ministros do tribunal. As acusações contra a Suprema Corte eram diversas. Uma delas envolvia ter aceitado de maneira inconstitucional a legalidade de dois regimes militares em 1930 e 1943 — o que era irônico, já que Perón tivera papel fundamental nesse último golpe. A outra acusação era relativa às leis que a Corte havia anulado, assim como ocorrera com sua contraparte norte-americana. Pouco antes de Perón ser eleito presidente, a Suprema Corte havia decidido que seu novo Conselho de Relações Trabalhistas era inconstitucional. Assim como Roosevelt havia criticado severamente a Suprema Corte em sua campanha de reeleição de 1936, Perón fez o mesmo em sua campanha de 1946. Nove meses depois do início do processo, a Câmara dos Deputados decretou o impeachment de três ministros, sendo que o quarto já havia renunciado. O Senado aprovou a moção. Perón então nomeou quatro novos ministros. A fragilização da Suprema Corte teve o efeito evidente de livrar Perón de restrições políticas, e ele agora podia exercer um poder sem limites, de modo muito semelhante ao que havia acontecido com os regimes militares da Argentina antes de ele assumir a Presidência. Seus ministros, por exemplo, declararam constitucional a condenação de Ricardo Balbín, líder do principal partido de oposição a Perón, o Partido Radical, por desrespeito ao presidente, que teve toda a liberdade para de fato governar como ditador.

Desde o momento em que Perón teve sucesso em manipular a formação da Suprema Corte, virou norma na Argentina que todo novo presidente escolhesse seus ministros da Suprema Corte. Desse modo, uma instituição política que poderia ter exercido um papel limitador ao poder do Executivo desapareceu. O regime de Perón foi derrubado por outro golpe em 1955, e seguiu-se uma longa sequência de transições entre governos militares e civis. Cada novo regime militar e civil escolhia seus ministros. Mas escolher os ministros da Suprema Corte na Argentina não era uma atividade que se limitava a transições entre governos militares e civis. Em 1990, a Argentina finalmente viveu uma transição entre dois governos democraticamente eleitos — um governo democrático seguido por outro. No entanto, a essa altura, os governos democráticos não se comportavam de modo muito diferente dos militares no que dizia respeito à Suprema Corte. O presidente que estava tomando posse era Carlos Saúl Menem, do Partido Peronista. A Suprema Corte daquele momento havia sido indicada, depois da transição para a democracia em 1983, por Raúl Alfonsín, presidente pelo Partido Radical. Como se tratava de uma transição democrática, não deveria haver razão para que Menem indicasse seu próprio tribunal, mas, pouco antes da eleição, ele já havia mostrado a que vinha. Menem ofereceu vários estímulos para que os ministros da Suprema Corte renunciassem, recorrendo até a intimidações, embora sem sucesso. Ficou famosa a história de que ele ofereceu um posto em uma embaixada ao ministro Carlos Fayt. Mas ele foi repreendido, e Fayt respondeu enviando um exemplar de seu livro *Lei e ética*, com um bilhete que dizia: "Cuidado, eu escrevi isso." Sem se deixar demover, três meses depois de assumir, Menem enviou um projeto de lei para a Câmara dos Deputados propondo expandir a Suprema Corte de cinco para nove membros. Um dos argumentos era igual ao que Roosevelt usara em 1937: a Corte estava sobrecarregada. A lei foi aprovada pelo Senado e pela Câmara, o que permitiu a Menem nomear quatro novos ministros. Ele agora tinha a maioria.

A vitória de Menem contra a Suprema Corte fez surgir o tipo de bola de neve que mencionamos antes. Seu próximo passo foi reescrever a Constituição para retirar o limite de um único mandato, para que pudesse concorrer à reeleição. Depois de reeleito, Menem tentou reescrever a Constituição de novo, porém foi impedido não pelas instituições políticas argentinas, e sim por facções dentro do próprio Partido Peronista, que combatiam seu domínio pessoal.

Desde a independência, a Argentina sofreu com a maioria dos problemas institucionais que afetaram a América Latina. O país ficou preso a um círculo vicioso, não virtuoso. Como consequência, desdobramentos positivos, como os primeiros passos em direção à criação de uma Suprema Corte independente, jamais foram adiante. Com o pluralismo, nenhum grupo deseja ou ousa tirar outro do poder pela força, por receio de que sua permanência no poder seja também contestada. Ao mesmo tempo, a ampla distribuição do poder torna difícil a derrubada de um governo. Uma Suprema Corte pode ter poder caso receba apoio significativo de amplos segmentos da sociedade dispostos a rejeitar tentativas de corromper sua independência. Foi o que aconteceu nos Estados Unidos, mas não na Argentina. Os parlamentares ficaram felizes em fragilizar o tribunal, mesmo prevendo que isso poderia colocar em risco sua própria posição. Um dos motivos é o fato de que, quando existem instituições extrativistas, há muito a se ganhar com a ruína da Suprema Corte, e os possíveis benefícios valem o risco.

Interação positiva e círculos virtuosos

Instituições econômicas e políticas inclusivas não surgem por conta própria. Frequentemente são o resultado de um conflito significativo entre elites que resistem ao crescimento econômico e às mudanças políticas e aqueles que desejam limitar os poderes econômicos e políticos dessas elites. As instituições inclusivas surgem em conjunturas críticas, como aconteceu durante a Revolução Gloriosa, na Inglaterra, ou na fundação da colônia de Jamestown, na América do Norte, quando uma série de fatores enfraquece o domínio que as elites têm sobre o poder, tornam seus oponentes mais fortes e criam incentivos para a formação de uma sociedade pluralista. O resultado do conflito político nunca é certo, e, mesmo que em retrospectiva vejamos muitos fatos históricos como inevitáveis, o caminho da história é contingente. No entanto, depois de estabelecidas, as instituições econômicas e políticas tendem a criar um círculo virtuoso, um processo de retroalimentação positiva que torna mais provável que essas instituições persistam e até se expandam.

O círculo virtuoso opera por meio de diversos mecanismos. O primeiro é a lógica das instituições políticas pluralistas, que torna muito mais difícil a usurpação do poder por um ditador, por uma facção dentro de um governo ou mesmo por um presidente bem-intencionado, como Franklin Roosevelt descobriu ao tentar remover os limites a seu poder impostos pela Suprema Corte e Sir Robert Walpole descobriu ao tentar implementar o Black Act. Em ambos os casos, a concentração ainda maior de poder nas mãos de um indivíduo ou de um pequeno grupo político teria começado a minar as bases das instituições políticas pluralistas, e a verdadeira marca do pluralismo é sua capacidade de resistir a tentativas como essas. O pluralismo também traz em si a noção do Estado de Direito, o princípio segundo o qual as leis devem ser aplicadas igualmente a todos — que é impossível em uma monarquia absolutista. O Estado de Direito, por sua vez, significa que as leis não podem ser simplesmente usadas por um grupo para usurpar os direitos de outro. Além disso, o princípio do Estado de Direito abre as portas para maior participação no processo político e maior inclusão, uma vez que introduz de maneira poderosa a ideia de que as pessoas devem ser iguais não apenas perante a lei, mas também no sistema político. Esse foi um dos princípios que dificultaram a resistência do sistema político britânico aos fortes apelos por mais democracia durante o século XX, abrindo caminho para a gradual extensão do direito a voto para todos os adultos.

Em segundo lugar, como vimos muitas vezes, as instituições políticas inclusivas apoiam e são apoiadas por instituições econômicas inclusivas. Isso cria outro mecanismo do círculo virtuoso. As instituições econômicas inclusivas acabam com as relações econômicas extrativistas mais notórias, como a escravidão e a servidão, reduzem a importância dos monopólios e criam uma economia dinâmica — fatores que reduzem os benefícios econômicos que podem ser atingidos, pelo menos a curto prazo, por meio da usurpação do poder político. Como as instituições econômicas já haviam se tornado suficientemente inclusivas na Grã-Bretanha do século XVIII, a elite tinha menos a ganhar se agarrando ao poder e muito a perder ao empregar repressão ampla contra aqueles que exigiam mais democracia. Essa faceta do círculo virtuoso tornou a marcha gradual da democracia no século XIX na Grã-Bretanha menos ameaçadora para as elites, ao mesmo tempo que aumentou suas chances de êxito. Situação bem diferente da que se viu em regimes absolutistas como os impérios Austro-Húngaro e Russo, nos quais as instituições econômicas ainda eram altamente extrativistas e, como consequência, os apelos para maior inclusão política foram reprimidos, uma vez que a elite tinha muito a perder com uma possível divisão do poder.

Por fim, as instituições políticas inclusivas permitem o florescimento de uma imprensa independente, que muitas vezes fornece informações e mobilizam a oposição contra ameaças às instituições inclusivas, como aconteceu durante os últimos vinte e cinco anos do século XIX e os primeiros vinte e cinco anos do século XX, quando o crescente domínio econômico dos Barões Ladrões ameaçava a essência das instituições econômicas inclusivas nos Estados Unidos.

Embora o resultado dos conflitos permanentes continue a ser contingente, o círculo virtuoso cria uma tendência poderosa para que as instituições inclusivas persistam, resistindo aos desafios e se expandindo, como aconteceu tanto na Grã-Bretanha quanto nos Estados Unidos. Infelizmente, como veremos no próximo capítulo, as instituições extrativistas criam forças igualmente poderosas que favorecem sua permanência — o processo do círculo vicioso.

12.

O CÍRCULO VICIOSO

Não se pode mais pegar o trem para Bo

TODA A NAÇÃO AFRICANA DE SERRA LEOA se tornou uma colônia britânica em 1896. A capital, Freetown, havia sido fundada no fim do século XVIII como lar para escravizados repatriados e libertos. Porém, quando Freetown se tornou uma colônia britânica, o interior de Serra Leoa ainda se compunha de vários pequenos reinos. Gradualmente, na segunda metade do século XIX, os britânicos estenderam seu domínio para o interior por meio de uma longa série de tratados com governantes locais. Em 31 de agosto de 1896, o governo britânico declarou a colônia africana um protetorado com base nesses tratados. Os britânicos identificaram governantes importantes e deram a eles um novo título: chefe supremo. Em Serra Leoa oriental, por exemplo, no atual distrito de mineração de diamantes de Kono, encontraram Suluku, um poderoso rei guerreiro. O rei Suluku foi transformado em chefe supremo Suluku, e a região de Sandor foi criada como unidade administrativa do protetorado.

Embora tivessem assinado tratados com a administração britânica, reis como Suluku não haviam compreendido que isso lhes daria carta branca para a implantação de uma colônia. Quando os britânicos tentaram cobrar um imposto domiciliar — um tributo de cinco xelins por casa —, em janeiro de 1898, os chefes deram início ao que se tornou conhecido como Rebelião do Imposto Domiciliar. A rebelião começou no norte, mas foi mais forte e mais duradoura no sul, em particular na Mendeland, dominada pelo grupo étnico mende. A Rebelião do Imposto Domiciliar logo foi suprimida, mas serviu como alerta aos britânicos sobre os desafios de controlar o interior de Serra Leoa. Os britânicos já tinham começado a construir uma ferrovia de Freetown para o interior. Os trabalhos começaram em março de 1896, e a linha chegou à cidade de Songo em dezembro de 1898, em meio à Rebelião do Imposto Domiciliar. Documentos do Parlamento britânico de 1904 registram que:

> No caso das ferrovias de Serra Leoa, a Insurreição dos Nativos que eclodiu em fevereiro de 1898 teve o efeito de paralisar as obras e desorganizar os trabalhadores por um tempo. Os rebeldes foram até a ferrovia, e toda a equipe precisou ser removida para Freetown (...) Rotifunk, hoje situada a 90 quilômetros de Freetown pela ferrovia, na época estava tomada pelos rebeldes.

Na verdade, Rotifunk não estava no trajeto da ferrovia que foi planejada, em 1894. A rota foi modificada depois do início da rebelião, de modo que, em vez de seguir para nordeste, a estrada de ferro fosse para o sul, passando para Rotifunk e depois por Bo até chegar à Mendeland. Os britânicos desejavam acesso rápido a Mendeland, o coração da rebelião, e a outras partes do interior com potencial para turbulências, para o caso de eclosão de outra rebelião.

Quando Serra Leoa se tornou independente, em 1961, os britânicos passaram o poder para Sir Milton Margai e seu Partido do Povo de Serra Leoa (PPSL), que angariou apoio sobretudo no sul, particularmente na Mendeland, e no leste. Sir Milton foi sucedido como primeiro-ministro por seu irmão, Sir Albert Margai, em 1964. Em 1967, o PPSL, numa eleição bastante disputada, perdeu por pouco para a oposição, o Partido do Congresso de Todos os Povos (PCTP), liderado por Siaka Stevens, um limba do norte, e o PCTP recebeu a maior parte de seu apoio dos grupos étnicos do norte, os limbas, os temmes e os lokos.

Embora a ferrovia rumo ao sul tivesse sido planejada pelos britânicos para ajudá-los a governar Serra Leoa, em 1967, seu papel era econômico, transportando a maior parte das exportações do país: café, cacau e diamantes. Os fazendeiros que plantavam café e cacau eram mendes, e a ferrovia era a janela da Mendeland para o mundo. A Mendeland votou maciçamente em Albert Margai nas eleições de 1967, pois Stevens estava muito mais interessado em manter o poder do que em promover as exportações da Mendeland. Seu raciocínio era simples: tudo que fosse bom para os mendes era bom para o PPSL e ruim para Stevens. Portanto, bloqueou a linha ferroviária para a Mendeland. Depois disso, vendeu os trilhos e os trens para tornar a mudança o mais irreversível possível. Hoje, quando você vai de carro de Freetown para o leste, passa pelas estações ferroviárias dilapidadas de Hastings e Waterloo. Não há mais trens para Bo. Claro, o gesto drástico de Stevens prejudicou parte dos setores mais vibrantes da economia de Serra Leoa. Mas, como aconteceu com muitos outros líderes da África pós-independência quando tiveram de escolher entre consolidar o poder e incentivar o crescimento econômico, Stevens escolheu a consolidação do poder e deu a questão por resolvida. Hoje, não é mais possível pegar o trem para Bo porque, assim como o czar Nicolau I, que temia que as ferrovias levassem a revolução para a Rússia, Stevens acreditava que as ferrovias fortaleceriam seus oponentes. Como muitos outros governantes no controle de instituições extrativistas, ele tinha medo dos desafios a seu poder político e estava disposto a sacrificar o crescimento econômico para derrotar esses desafios.

Num primeiro momento, a estratégia de Stevens parece contrastar com a dos britânicos. Na verdade, porém, existe um grande grau de continuidade entre o governo britânico e o regime de Stevens que serve de exemplo da lógica dos círculos viciosos. Stevens governou Serra Leoa extraindo recursos de seu povo por meio de métodos semelhantes. Ele ainda estava no poder em 1985, não por ter sido reeleito pela população, mas sim porque, depois de 1967, estabeleceu uma ditadura violenta, matando e assediando adversários políticos, em particular os membros do PPSL. Ele se autodeclarou presidente em 1971, e, a partir de 1978, Serra Leoa teve apenas um partido político, o PCTP de Stevens. Dessa forma Stevens teve êxito na consolidação de seu poder, ainda que ao custo de empobrecer grande parte do interior.

Durante o período colonial, os britânicos usaram um sistema de administração indireta para governar Serra Leoa, assim como fizeram com a maior parte de suas colônias africanas. Os chefes supremos estavam na base desse sistema, e eram eles que cobravam impostos, comandavam o sistema de justiça e mantinham a ordem. Os britânicos não lidavam com os produtores de cacau e de café isolando-os, mas os forçando a vender toda a produção a uma junta comercial criada pelo governo colonial supostamente com o objetivo de ajudar os produtores rurais. Os preços das mercadorias agrícolas oscilavam bastante. O preço do cacau podia estar alto num ano e baixo no seguinte. As receitas dos fazendeiros oscilavam na mesma medida, como consequência. A justificativa para a existência das juntas comerciais era que elas, e não os produtores, absorveriam as flutuações de preços. Quando os preços no mercado internacional estivessem altos, a junta pagaria aos fazendeiros de Serra Leoa menos do que o preço internacional, porém, quando os preços estivessem baixos, ocorreria o oposto. Em tese parecia uma boa ideia. No entanto, a realidade foi muito diferente. A Junta Comercial da Produção de Serra Leoa foi criada em 1949 e obviamente precisava de uma fonte de receitas para funcionar. O melhor modo de obter essa receita seria pagar aos produtores rurais um pouco a menos do que teriam recebido em bons ou maus anos. Esses fundos poderiam ser usados para cobrir as despesas gerais e administrativas. Em pouco tempo, o pagamento um pouco menor se tornou muito menor. O Estado colonial estava usando a junta comercial para forçar altas taxas aos fazendeiros.

Muitos esperavam que as piores práticas do governo colonial da África subsaariana fossem deixadas de lado depois da independência e que o uso de juntas comerciais para tributar de maneira excessiva os fazendeiros fosse encerrado. Entretanto, nenhuma das duas coisas aconteceu. Na verdade, a exploração dos produtores rurais por meio de juntas comerciais piorou muito. Em meados dos anos 1960, os produtores de amêndoa de dendê recebiam o equivalente a 56% do preço nos mercados internacionais; os produtores de cacau, 48%; e os produtores de café, 49%. Na época em que Stevens deixou de ser presidente, em 1985, renunciando para permitir que o sucessor que escolhera a dedo, Joseph Momoh, assumisse em seu lugar, esses números eram de 37%, 19% e 27%, respectivamente. Por mais deploráveis que possam parecer, a situação era melhor do que durante o reinado de Stevens, que com frequência chegou a pagar meros 10% — ou seja, 90% da receita dos fazendeiros era extraída pelo governo não para fornecer serviços públicos, como estradas ou educação, mas para enriquecer Stevens e seus amigos e para a compra de apoio político.

Como parte da administração indireta, os britânicos também estipularam que o cargo de chefe supremo seria vitalício. Para ser chefe, era preciso se tornar membro de uma "casa regente" reconhecida. A identidade das casas regentes se desenvolveu ao longo do tempo, mas se baseava, em essência, na linhagem dos reis em uma área específica e na das famílias da elite que assinaram tratados com os britânicos no fim do século XIX. Os chefes eram eleitos, mas não democraticamente. Um órgão denominado Autoridade Tribal, cujos membros eram chefes menores do vilarejo ou eram nomeados pelos chefes supremos, pelos chefes do vilarejo ou pelas autoridades britânicas, decidiam quem se tornaria chefe supremo. Seria de imaginar que essa instituição colonial também fosse abolida — ou pelo menos reformada — após a independência. Mas, assim como no caso da junta comercial, isso não aconteceu, e a Autoridade Tribal permaneceu inalterada. Na atualidade, os chefes supremos continuam responsáveis pela coleta de impostos. Já não se trata de mais um imposto residencial, mas de um descendente próximo, um imposto per capita. Em 2005, a Autoridade Tribal em Sandor elegeu um novo chefe supremo. Apenas candidatos da casa regente de Fasuluku, a única casa regente, podiam se apresentar. O vitorioso foi Sheku Fasululu, trineto do rei Suluku.

O comportamento das associações comerciais e dos sistemas tradicionais de propriedade da terra explicam em grande medida o porquê de a produtividade ser tão baixa em Serra Leoa e em grande parte da África subsaariana. Nos anos 1980, o cientista político Robert Bates tentou compreender por que a agricultura era tão pouco produtiva na África embora, segundo os livros de economia, esse devesse ser um dos setores mais dinâmicos da economia. Ele percebeu que isso não tinha nada a ver com a geografia ou com os tipos de fatores discutidos no Capítulo 2, em geral usados para afirmar que a produtividade agrícola era intrinsecamente baixa. Muito pelo contrário, se devia tão somente às políticas de preço praticadas pelas juntas comerciais, que anulavam todo o incentivo para o investimento dos produtores em fertilizantes ou preservação do solo.

O motivo para as políticas das juntas comerciais serem tão desfavoráveis aos interesses do campo era o fato de esses interesses serem desprovidos de qualquer poder político. Tais políticas de preços interagiam com outros fatores fundamentais que tornavam a propriedade da terra insegura, o que reduzia ainda mais o incentivo para investimentos. Em Serra Leoa, os chefes supremos não apenas garantem a lei e a ordem, prestam serviços jurídicos e aumentam impostos, como também são "tutores da terra". Embora famílias, clãs e dinastias tivessem direitos de uso e direitos tradicionais à terra, em última instância quem determinava a posse da terra eram os chefes locais. Seu direito de propriedade sobre a terra só estará seguro se você estiver ligado ao chefe, talvez por pertencer à mesma casa regente. A terra não pode ser comprada, nem vendida, nem usada como garantia para um empréstimo, e, se você nasce fora de uma certa região administrativa, não tem o direito de cultivar qualquer produto perene, como café, cacau ou dendê, para que não acabe estabelecendo direito de usucapião sobre a terra.

O contraste entre as instituições extrativistas instauradas pelos britânicos em Serra Leoa e as instituições inclusivas desenvolvidas em outras colônias, como a Austrália, pode ser demonstrado pelo tratamento dado aos recursos minerais. Em janeiro de 1930, descobriram-se diamantes em Kono, no leste de Serra Leoa. Esses diamantes eram de aluvião, ou seja, não estavam em minas profundas, então o método principal para mineração era o garimpo nos rios. Alguns cientistas sociais os chamam de "diamantes democráticos", pois muitas pessoas podem se envolver na mineração, criando uma oportunidade potencialmente inclusiva. Não foi o caso em Serra Leoa. Feliz em ignorar a natureza intrinsecamente democrática do garimpo de diamantes, o governo britânico estabeleceu um monopólio para o protetorado como um todo, chamado de Truste da Mineração de Serra Leoa, que foi entregue à De Beers, a gigante de mineração diamantífera da África do Sul. Em 1936, a De Beers também passou a ter o direito de criar a Força de Proteção dos Diamantes, um exército particular que se tornaria maior do que o exército do governo colonial em Serra Leoa. Mesmo assim, a grande disponibilidade de diamantes de aluvião dificultava a fiscalização. Nos anos 1950, a Força de Proteção dos Diamantes se deparou com uma enxurrada de milhares de garimpeiros ilegais, uma enorme fonte de conflito e caos. Em 1955, o governo britânico abriu alguns campos de mineração de diamantes para garimpeiros licenciados de fora do truste, embora a companhia tenha mantido as áreas mais ricas em Yengema e Koidu e nos Campos de Tongo. As coisas só pioraram depois da independência. Em 1970, Siaka Stevens nacionalizou o Truste de Mineração de Serra Leoa com a criação da Companhia Mineradora Nacional de Diamantes (Serra Leoa) Ltda., da qual o governo, ou seja, Stevens, possuía 51%. Essa foi a fase inicial do plano de Stevens para assumir a mineração de diamantes no país.

Na Austrália do século XIX foi o ouro, descoberto em 1851 em Nova Gales do Sul e no recém-criado estado de Victoria, e não os diamantes, que atraiu a atenção de todos. Assim como os diamantes em Serra Leoa, o ouro era de aluvião, e era preciso tomar uma decisão quanto ao modo de explorá-lo. Alguns, como James Macarthur, filho de John Macarthur, o proeminente líder dos Posseiros que discutimos no Capítulo 10, propôs a instalação de cercas em torno das áreas de mineração e a venda de direitos de monopólio por meio de leilão. Eles queriam uma versão australiana do truste de Serra Leoa. No entanto, muitos na Austrália desejavam livre acesso às áreas de mineração de ouro. O modelo inclusivo venceu, e, no lugar de se estabelecer um monopólio, as autoridades australianas concederam, em troca de uma taxa anual, o direito de fazer escavações em busca de ouro. Logo os escavadores, como vieram a ficar conhecidos aqueles aventureiros, se tornaram uma força poderosa na política australiana, sobretudo em Victoria. Eles desempenharam um papel importante na luta pelo sufrágio universal e pelo voto secreto.

Já vimos dois efeitos perniciosos da expansão europeia e do governo colonial na África: a criação do tráfico negreiro transatlântico, que estimulou o desenvolvimento de instituições políticas e econômicas de caráter extrativista, e o uso das leis e das instituições coloniais para inibir o desenvolvimento de uma agricultura comercial que poderia ter concorrido com a europeia. A escravidão era uma força central em Serra Leoa. Na época da colonização, não havia um Estado forte centralizado no interior; apenas muitos reinos pequenos, antagônicos e que continuamente invadiam uns aos outros, capturando homens e mulheres. A escravidão era endêmica, e talvez 50% da população tenha chegado a trabalhar escravizada. As condições insalubres impossibilitavam a criação de grandes colônias de brancos em Serra Leoa, diferente do que aconteceu na África do Sul. Portanto, não havia brancos concorrendo com os africanos. Além disso, a ausência de uma economia mineradora na escala do que havia em Johannesburgo significava que, além da ausência de demanda por mão de obra africana da parte de fazendeiros brancos, não havia incentivo para criar as instituições de mão de obra extrativistas tão características do *apartheid* da África do Sul.

Porém, outros mecanismos também estavam em operação. Os produtores de cacau e de café de Serra Leoa não concorriam com os brancos, embora suas receitas ainda fossem expropriadas por meio do monopólio governamental, a junta comercial. Serra Leoa também sofria com a administração indireta. Em muitas partes da África onde se desejou usar a administração indireta, as autoridades britânicas encontraram povos que não tinham um sistema de autoridade centralizada que pudesse ser assumido. Por exemplo, na porção oriental da Nigéria, os povos igbos não tinham chefes quando os britânicos os encontraram, no século XIX. Os ingleses criaram os postos de chefia, os chefes por delegação. Em Serra Leoa, os britânicos baseariam a administração indireta em instituições nativas e sistemas de autoridade preexistentes.

No entanto, independentemente da base histórica que levava os indivíduos a serem reconhecidos como chefes supremos em 1896, a administração indireta e os poderes com que ela investiu os chefes supremos mudaram por completo a política de Serra Leoa. Para citar um exemplo, a nova política introduziu um sistema de estratificação social — as casas regentes —, sendo que nada do gênero existia antes. Uma aristocracia hereditária substituiu uma situação muito mais fluida, na qual os chefes precisavam de apoio popular. Em vez disso, o que surgiu foi um sistema rígido, no qual os chefes tinham cargo vitalício e uma obrigação com seus protetores em Freetown ou na Grã-Bretanha, mas uma responsabilidade bem menor quanto às pessoas que governavam. Os britânicos ficaram felizes em subverter as instituições também de outras maneiras, por exemplo, substituindo chefes legítimos por pessoas mais dispostas a colaborar com eles. Na verdade, a família Margai, que forneceu os dois primeiros-ministros de Serra Leoa depois da independência, chegou ao poder na região administrativa do Baixo Banta ao se posicionar ao lado dos britânicos na Rebelião do Imposto Domiciliar e contra o chefe que estava no poder, Nyama, que foi deposto, e os Margais se tornaram chefes e mantiveram a posição até 2010.

O mais notável é o grau de continuidade entre a Serra Leoa da época colonial e a Serra Leoa independente. Os britânicos criaram as juntas comerciais e as usaram para tributar os produtores rurais. Os governos pós-coloniais fizeram o mesmo, extraindo alíquotas ainda mais altas. Os britânicos implementaram o sistema de administração indireta por meio dos chefes supremos. Os governos que vieram depois da independência não rejeitaram essa instituição colonial — pelo contrário, a adotaram na administração pública. Os britânicos estabeleceram o monopólio sobre os diamantes e tentaram impedir os africanos de participarem do garimpo. Os governos pós-independência fizeram o mesmo. É verdade que os britânicos acharam que construir ferrovias era um bom meio para governar a Mendeland, ao passo que Siaka Stevens acreditava no oposto. Os britânicos tinham como confiar em seu exército e sabiam que poderia ser enviado a Mendeland caso ocorresse uma rebelião. Stevens, por outro lado, não contava com essa possibilidade. Assim como em muitas outras nações africanas, um exército forte se tornaria uma ameaça para o governo dele. Foi por isso que Stevens enfraqueceu o exército, reduzindo-o e privatizando a violência por meio de unidades paramilitares criadas especialmente para isso e leais só a ele; nesse processo, acelerou o declínio da pequena autoridade estatal existente em Serra Leoa. Em vez do exército, quem chegava primeiro era a Unidade de Segurança Interna — ISU, na sigla em inglês — que o povo de Serra Leoa, depois de tantos sofrimentos, chamava de *I shoot you*, ou "Disparando na Sociedade". Depois vinha a divisão de Segurança de Serra Leoa — SSD, na sigla em inglês —, que as pessoas conheciam como *Siaka Stevens Dogs*, ou "Cães do Siaka Stevens". No fim, a ausência de um exército que apoiasse o regime também seria sua ruína. Foi um grupo de trinta soldados, liderados pelo capitão Valentine Strasser, que derrubou o regime do PCTP em 29 de abril de 1992.

O desenvolvimento de Serra Leoa, ou a falta dele, pode ser explicado como resultado do círculo vicioso. As autoridades coloniais britânicas começaram a construção de instituições extrativistas, e os políticos africanos pós-independência ficaram mais do que satisfeitos em assumir o comando dessas instituições. O padrão foi assustadoramente semelhante em toda a África subsaariana. Houve esperança semelhante de que houvesse desenvolvimento após a independência em Gana, no Quênia, na Zâmbia e em muitos outros países africanos. No entanto, em todos esses casos, as instituições extrativistas foram recriadas em um padrão previsto pelo círculo vicioso — e que só se tornou mais vicioso com o passar do tempo. Em todos esses países, por exemplo, as juntas comerciais e a administração indireta criadas pelos britânicos foram mantidas.

Há razões naturais para esse círculo vicioso. Instituições políticas extrativistas levam a instituições econômicas extrativistas, que enriquecem algumas pessoas à custa de muitas. Desse modo, aqueles que se beneficiam têm recursos para construir seus exércitos (privados) e contratar mercenários, para comprar juízes e fraudar eleições a fim de permanecer no poder. Também têm todo o interesse em defender a manutenção do sistema. Portanto, as instituições econômicas extrativistas servem a plataforma para que suas contrapartes políticas se perpetuem. O poder é valioso em regimes com instituições políticas extrativistas, pois é irrestrito e leva a riquezas econômicas.

Instituições políticas extrativistas também dificultam a restrição dos abusos de poder. Persiste o debate se o poder corrompe ou não, mas lorde Acton com certeza estava certo ao dizer que o poder absoluto corrompe absolutamente. Vimos no capítulo anterior que mesmo quando Franklin Roosevelt desejou usar seus poderes presidenciais de um modo que acreditava ser benéfico para a sociedade, sem enfrentar limitações impostas pela Suprema Corte, as instituições políticas inclusivas dos Estados Unidos o impediram de eliminar essas limitações a seu poder. Num ambiente de instituições políticas extrativistas, há poucas restrições ao exercício do poder, por mais distorcido e sociopata que possa se tornar. Em 1980, Sam Bangura, na época presidente do Banco Central de Serra Leoa, criticou as extravagâncias políticas de Siaka Stevens. Não levou muito tempo para que ele fosse assassinado e jogado do último andar do prédio do Banco Central para a rua, ironicamente nomeada de rua Siaka

Stevens. Instituições políticas extrativistas, portanto, também tendem a criar um círculo vicioso por não oferecer uma defesa contra quem quer usurpar e abusar ainda mais dos poderes do Estado.

Outro mecanismo do círculo vicioso é o fato de as instituições extrativistas, ao criar poderes ilimitados e grande desigualdade de renda, aumentarem os prêmios e riscos do jogo político. Como quem controla o Estado se torna beneficiário desse poder excessivo e da riqueza que ele gera, as instituições extrativistas criam incentivos a disputas para controlar o poder e seus benefícios, uma dinâmica que vimos ocorrer nas cidades-Estado maias e na Roma Antiga. Considerando isso, não surpreende que as instituições extrativistas que muitos países africanos herdaram das potências coloniais tenham funcionado como sementes de disputas de poder e guerras civis. Essas disputas eram conflitos muito diferentes da Guerra Civil Inglesa e da Revolução Gloriosa. Não tinham como objetivo modificar as instituições políticas, estabelecer restrições ao exercício do poder ou criar pluralismo, mas, sim, tomar o poder e enriquecer um grupo à custa dos demais. Em Angola, no Burundi, no Chade, na Costa do Marfim, na Etiópia, na Libéria, em Moçambique, na Nigéria, na República do Congo, na República Democrática do Congo, em Ruanda, na Somália, no Sudão, em Uganda e, é claro, em Serra Leoa, como veremos com mais detalhes no próximo capítulo, esses conflitos se transformaram em guerras civis sangrentas e criaram ruína econômica e sofrimento humano sem paralelo — além de levar ao fracasso do Estado.

Da *encomienda* à apropriação de terras

Em 14 de janeiro de 1993, Ramiro de León Carpio tomou posse como presidente da Guatemala. Ele nomeou Richard Aitkenhead Castillo ministro das Finanças e Ricardo Castillo Sinbaldi ministro do Desenvolvimento. Esses três homens tinham algo em comum: todos eram descendentes de conquistadores espanhóis que chegaram à Guatemala no início do século XVI. O ilustre ancestral do presidente De León era Juan de León Cardona, enquanto os Castillos eram aparentados com Bernal Díaz Castillo, que escreveu um dos mais famosos relatos testemunhais da conquista do México. Como recompensa por seu serviço a Hernán Cortés, Díaz del Castillo foi nomeado governador de Santiago de los Caballeros, a atual cidade de Antígua, na Guatemala. Tanto Castillo quanto De León fundaram dinastias, assim como outros conquistadores, como Pedro de Alvarado. A socióloga guatemalteca Marta Casaús Arzú identificou um núcleo duro de 22 famílias na Guatemala que tinham laços por meio de casamentos com outras 26 famílias próximas ao núcleo. O estudo genealógico e político sugeria que essas famílias controlavam o poder econômico e político na Guatemala desde 1531. Uma definição ainda mais ampla de quais famílias faziam parte dessa elite sugeriu que esse grupo equivalia a pouco mais de 1% da população da Guatemala na década de 1990.

Em Serra Leoa e em grande parte da África subsaariana, o círculo vicioso assumiu a forma de instituições extrativistas estabelecidas pelas potências coloniais que foram assumidas pelos líderes pós-independência. Na Guatemala, assim como em grande parte da América Central, vemos uma forma mais simples e mais crua de círculo vicioso: quem tem o poder econômico e político estrutura as instituições de modo a assegurar a continuidade de seu poder. Esse tipo de círculo vicioso leva à persistência de instituições extrativistas e à persistência das mesmas elites no poder, assim como à persistência do subdesenvolvimento.

Na época da conquista, a Guatemala era densamente povoada, com uma população de cerca de 2 milhões de maias. A doença e a exploração cobraram um preço alto, assim como em todas as colônias das Américas. A população total do país só voltou a esse nível na década de 1920. Como em todo o restante do Império Espanhol, os nativos foram concedidos aos conquistadores por meio da *encomienda*. Conforme vimos no contexto da colonização do México e do Peru, a *encomienda* era um sistema de trabalho forçado que posteriormente cedeu lugar a outras instituições coercitivas, em particular o *repartimiento*, também chamado na Guatemala de *mandamiento*. A elite, composta pelos descendentes dos conquistadores e por alguns indivíduos indígenas, não apenas se beneficiava dos vários sistemas de trabalho forçado, como também controlava e exercia monopólio sobre o comércio por meio de uma guilda mercantil denominada Consulado de Comércio. A maior parte da população da Guatemala vivia nas montanhas e longe da costa. Os altos custos de transporte reduziram a dimensão da economia de exportação e, de início, a terra não era muito valiosa. Grande parte da terra continuava nas mãos de povos indígenas, que tinham grandes propriedades comunitárias denominadas *ejidos*. O restante das áreas ficava em grande medida desocupado e em tese pertencia ao governo. Ganhava-se mais dinheiro controlando e tributando o comércio do que controlando a terra.

Assim como no México, a elite guatemalteca via com hostilidade a Constituição de Cádiz (Capítulo 1), que os estimulava a declarar independência, assim como o fizeram as elites mexicanas. Depois de uma breve união com o México e com a Federação Centro-Americana, a elite colonial governou a Guatemala por meio da ditadura de Rafael Carrera entre 1839 e 1865. Durante esse período, os descendentes dos conquistadores e a elite nativa mantiveram as instituições econômicas extrativistas do período colonial em grande medida inalteradas. Nem mesmo a organização do Consulado se alterou com a independência. Embora fosse uma instituição real, o governo republicano ficou bastante feliz em mantê-la.

A independência, portanto, foi apenas um golpe das elites locais preexistentes, que, assim como no México, continuaram usufruindo das instituições econômicas extrativistas da qual se beneficiaram tanto. Ironicamente, durante esse período, o Consulado de Comércio continuou encarregado do desenvolvimento econômico da nação. Mas, como havia ocorrido antes da independência, a instituição operava levando em conta interesses próprios, e não os do país. Parte de sua responsabilidade era desenvolver a infraestrutura, com obras como portos e rodovias, mas, assim como na Áustria-Hungria, na Rússia e em Serra Leoa, essas obras com frequência ameaçavam trazer destruição criativa e poderiam levar à desestabilização do sistema. Portanto, o desenvolvimento da infraestrutura muitas vezes foi alvo de resistência. Por exemplo, o desenvolvimento de um porto na costa de Suchitepéquez, no oceano Pacífico, era um dos projetos propostos. Na época, os únicos portos adequados do país estavam na costa caribenha e eram controlados pelo Consulado, que nada fez no lado do Pacífico, porque um porto na região teria fornecido um canal de escoamento muito mais simples para os produtos das cidades de planície de Mazatenango e Quetzaltenango. Caso esses produtos tivessem acesso a um mercado diferente, o monopólio do Consulado sobre o comércio exterior estaria ameaçado. A mesma lógica se aplicava às rodovias, que, mais uma vez, eram responsabilidade do Consulado. Previsivelmente, a instituição também se recusou a construir estradas que fortalecessem grupos concorrentes ou que tivessem potencial para desfazer seu monopólio. A pressão para fazer isso veio da porção ocidental da Guatemala e de Quetzaltenango, na região de Los Altos. Mas, se a estrada ligando Los Altos e a costa de Suchitepéquez recebesse melhorias, poderia criar uma classe mercantil em concorrência com os mercadores do Consulado na capital. A estrada não recebeu melhorias.

Em decorrência da dominação da elite, a Guatemala ficou parada no tempo em meados do século XIX, enquanto o restante do mundo evoluía depressa. No entanto, essas mudanças acabariam afetando a Guatemala. Os custos de transporte caíam devido às inovações tecnológicas como o trem a vapor, as ferrovias e tipos novos e mais rápidos de navio. Além disso, o aumento da renda média na Europa Ocidental e na América do Norte criava enorme demanda por muitos produtos que um país como a Guatemala tinha potencial para produzir.

No início do século, dois corantes naturais, índigo e cochonilha, foram produzidos para exportação, mas a oportunidade mais lucrativa viria com a produção de café. A Guatemala tinha grande quantidade de terras adequadas a esse cultivo, que começou a se disseminar sem qualquer assistência do Consulado. À medida que os preços do café no mercado mundial subiam, e o comércio internacional se expandia, passou a ser possível obter grandes lucros com o cultivo, e a elite guatemalteca ficou interessada. Em 1871, o regime duradouro criado pelo ditador Carrera foi enfim derrubado pelo grupo dos autodenominados Liberais, em homenagem ao movimento mundial que usava esse nome. O significado do liberalismo mudou ao longo do tempo. No século XIX, nos Estados Unidos e na Europa, era semelhante ao que hoje chamamos de libertarianismo, e o movimento defendia a liberdade dos indivíduos, o governo limitado e o livre-comércio. Na Guatemala, as coisas funcionavam de forma um pouco diferente. Liderados primeiro por Miguel García Granados e depois de 1873 por Justo Rufino Barrios, os liberais da Guatemala não eram novos homens com ideais liberais. Em grande medida, as mesmas famílias permaneceram no poder, mantiveram as instituições políticas extrativistas e implementaram uma grande reorganização da economia para explorar o café. O Consulado de Comércio foi abolido em 1871, mas as circunstâncias econômicas haviam mudado. O foco das instituições econômicas extrativistas passara a ser a produção e a exportação de café.

A produção de café exigia terras e mão de obra. Para que houvesse terras para a plantação, os liberais defenderam a privatização da terra, o que na verdade era uma apropriação que lhes permitiria tomar para si áreas que antes pertenciam a comunidades ou ao governo. Embora a tentativa tenha sido muito contestada, tendo em vista as instituições políticas altamente extrativistas e a concentração do poder político na Guatemala, a elite saiu vitoriosa. Entre 1871 e 1883, quase 1 milhão de acres de terra, na maior parte áreas de comunidades indígenas e terras em áreas de fronteira, passaram para as mãos da elite, e só então a produção de café se desenvolveu em ritmo acelerado. O objetivo era a formação de grandes propriedades. As terras privatizadas foram quase todas leiloadas para membros da elite tradicional ou pessoas ligadas a eles. O poder coercitivo do Estado Liberal foi usado para ajudar grandes proprietários de terra a terem acesso a mão de obra por meio da adaptação e da intensificação de diversos sistemas de trabalho forçado. Em novembro de 1876, o presidente Barrios escreveu a todos os governadores da Guatemala observando que

> como o país tem extensões de terra que precisa explorar por meio do cultivo, utilizando a multidão de trabalhadores que hoje permanecem fora do movimento de desenvolvimento dos elementos produtivos da nação, os senhores devem dar toda a ajuda para a agricultura de exportação:
> 1. As cidades indígenas de sua jurisdição devem oferecer aos proprietários das fincas [fazendas] que solicitarem mão de obra a quantidade de trabalhadores necessária, sejam cinquenta ou cem.

O *repartimiento*, sistema de convocação para trabalho forçado, jamais chegou a ser abolido depois da independência, mas seu escopo e sua duração foram ampliados. O sistema foi institucionalizado em 1877 pelo Decreto 177, o qual especificava que os empregadores podiam requerer e receber do governo até sessenta trabalhadores para quinze dias de trabalho, caso a propriedade estivesse no mesmo departamento, e para trinta dias, se fosse de outro departamento. A requisição poderia ser renovada se fosse o desejo do empregador. Esses trabalhadores podiam ser recrutados à força, a não ser que apresentassem documentos comprovando que o mesmo serviço havia sido prestado recentemente de maneira satisfatória. Todo trabalhador rural também era forçado a levar consigo um livro de anotações trabalhistas, a *libreta*, que registrava para quem estavam trabalhando e quaisquer dívidas que tivessem. Muitos trabalhadores rurais deviam seus empregadores, e um trabalhador endividado não podia abandonar seu atual empregador sem permissão. O Decreto 177 estipulava, ainda, que o único modo de evitar a convocação pelo *repartimiento* era demonstrar que estava em dívida com algum empregador. Os trabalhadores estavam numa cilada. Além dessas leis, foram aprovadas diversas outras contra a vadiagem, para que quem não pudesse comprovar vínculo empregatício fosse imediatamente recrutado para o *repartimiento* ou outros tipos de trabalho forçado nas estradas ou fosse obrigado a aceitar emprego em uma fazenda. Como na África do Sul dos séculos XIX e XX, as políticas fundiárias depois de 1871 também foram planejadas para reduzir a economia de subsistência dos povos indígenas, forçando-os a trabalhar em troca de salários baixos. O *repartimiento* durou até a década de 1920; o sistema da *libreta* e uma vasta gama de leis contra a vadiagem continuaram em vigência até 1945, quando a Guatemala experimentou, pela primeira vez, um breve florescimento da democracia.

Assim como antes de 1871, a elite guatemalteca governou por meio de líderes militares, o que persistiu mesmo depois do fim do período áureo do café. Jorge Ubico, presidente entre 1931 e 1944, foi quem governou por mais tempo. Ubico venceu as eleições presidenciais de 1931 sem adversários, uma vez que ninguém era tolo o suficiente para concorrer com ele. Assim como o Consulado, ele não aprovava a realização do que pudesse induzir a destruição criativa e ameaçasse tanto o seu poder político quanto os seus lucros e os da elite. Portanto, se opunha à indústria pelo mesmo motivo de Francisco I na Áustria-Hungria e Nicolau I na Rússia: trabalhadores industriais causariam problemas. Em uma legislação sem paralelos, guiado por uma paranoia repressiva, Ubico proibiu o uso de palavras como *obreros* (trabalhadores), *sindicatos* e *huelgas* (greves). Falar uma delas era passível de prisão. Embora Ubico fosse poderoso, a elite continuava manipulando o poder. A oposição ao regime de Ubico cresceu em 1944, liderada por estudantes universitários insatisfeitos que começaram a organizar protestos. O descontentamento popular cresceu, e em 24 de junho, 311 pessoas, muitas delas da elite, assinaram o "Memorial de los 311", uma carta aberta denunciando o regime. Ubico renunciou em 1o de julho. Ainda que tenha sido sucedido por um regime democrático em 1945, esse novo governo foi retirado do poder por um golpe em 1954, levando a uma guerra civil sangrenta. A Guatemala só voltou a ser democrática em 1986.

Os conquistadores espanhóis não sentiam remorso por estabelecer um sistema político e econômico extrativista — foi para isso que se deslocaram até o Novo Mundo. Mas a maior parte das instituições criadas por eles deveria ser temporária. A *encomienda*, por exemplo, era uma concessão temporária de direitos sobre a mão de obra. Eles não tinham um plano completo para estabelecer um sistema que persistiria por mais quatrocentos anos. Na verdade, essas instituições se modificaram bastante ao longo do caminho, exceto por uma coisa: sua natureza extrativista, resultado do círculo vicioso. A forma de extração mudou, porém nem a natureza extrativista das instituições nem a identidade da elite mudaram. Na Guatemala, a *encomienda*, o *repartimiento* e o monopólio sobre o comércio cederam espaço para a *libreta* e a apropriação de terras. No entanto, a maioria dos indígenas maias continuou como mão de obra mal remunerada com pouca instrução, sem direitos e sem acesso a serviços públicos.

Na Guatemala, como em grande parte da América Central, em um padrão típico do círculo vicioso, as instituições políticas extrativistas apoiaram suas contrapartidas econômicas, que por sua vez forneceram a base para instituições políticas extrativistas e para a continuidade do poder de uma mesma elite.

Da escravidão às leis Jim Crow

Na Guatemala, as instituições extrativistas persistiram desde o período colonial até os tempos modernos com a mesma elite firme no controle. Quaisquer mudanças nas instituições foram resultado de adaptações a mudanças no ambiente, como foi o caso da apropriação de terras pela elite, motivada pelo *boom* do café. As instituições no sul dos Estados Unidos foram igualmente extrativistas até a Guerra Civil. A economia e a política eram dominadas pela elite sulista, donos de plantações com grandes áreas de terra e escravizados, que não tinham direitos políticos nem econômicos — na verdade, possuíam poucos direitos de qualquer gênero.

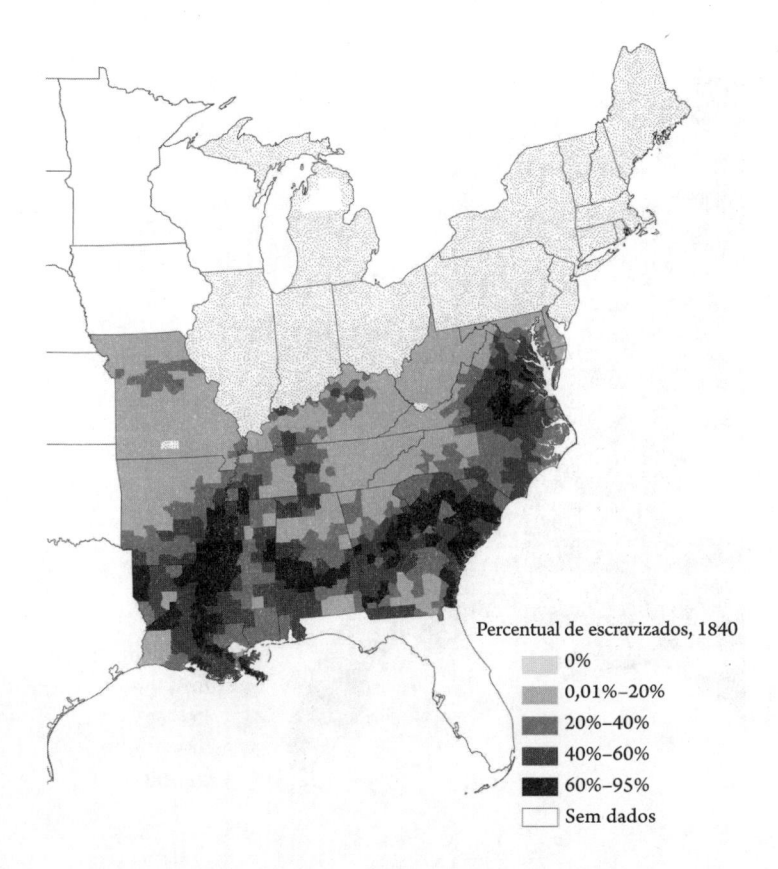

Mapa 18: Escravidão nos distritos dos Estados Unidos em 1840.

As instituições econômicas e políticas extrativistas tornaram o sul consideravelmente mais pobre do que o norte até meados do século XIX. O sul não tinha indústrias e investia relativamente pouco em infraestrutura. Em 1860, a produção total de manufaturados da região era menor do que a da Pensilvânia, Nova York ou Massachusetts. Apenas 9% da população do sul vivia em áreas urbanas, em contraste com 35% da população do nordeste. A densidade das ferrovias (ou seja, os quilômetros de trilhos divididos pela área de terra) era três vezes mais alta no norte do que nos estados do sul. A proporção de quilômetros de canais era semelhante.

O Mapa 18 mostra a extensão da escravidão, registrando a porcentagem da população escravizada nos distritos dos Estados Unidos em 1840. É aparente que a escravidão era dominante no sul, com alguns

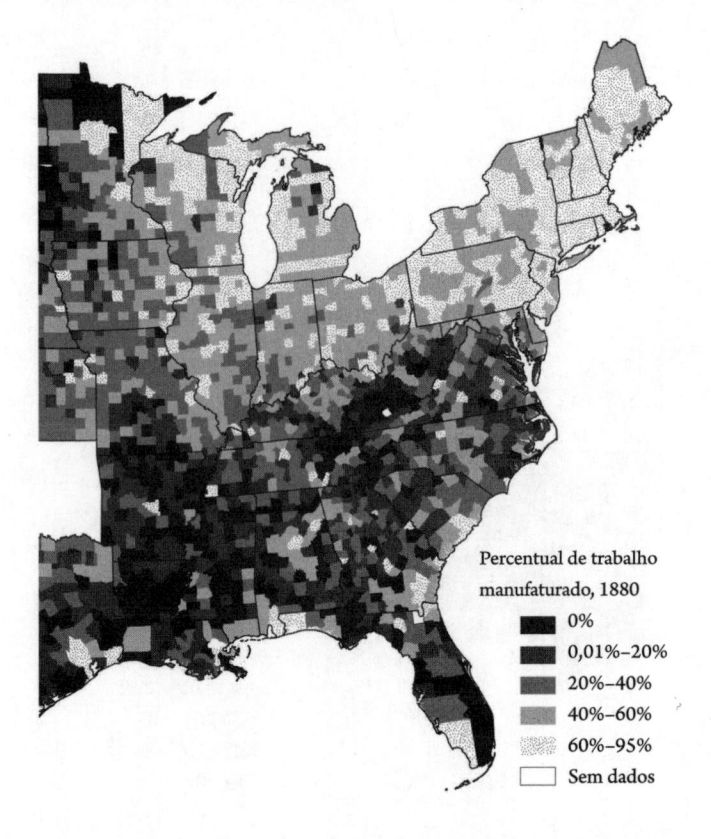

Mapa 19: Força de trabalho empregada em manufaturas nos distritos dos Estados Unidos em 1880.

distritos, por exemplo, ao longo do rio Mississippi, chegando a ter mais de 95% de sua população composta de escravizados. O Mapa 19 mostra uma das consequências disso: a proporção da mão de obra trabalhando em manufaturas em 1880. Embora essa taxa não fosse alta em nenhum lugar, com base nos padrões do século XX, há diferenças nítidas entre o norte e o sul. Em grande parte da região nordeste, mais de 10% da força de trabalho estava ocupada com manufaturas. Em contraste, em grande parte do sul, em especial nas áreas com grande concentração de escravizados, a proporção era próxima de zero.

O sul sequer era inovador nos setores em que se especializou: entre 1837 e 1859, os números de patentes concedidas anualmente para inovações relativas ao cultivo de milho e trigo eram em média doze e dez, respectivamente; havia apenas uma patente por ano para o cultivo mais importante do sul, o algodão. Não havia indícios de industrialização e crescimento econômico. No entanto, a derrota na Guerra Civil foi seguida de reformas econômicas e políticas fundamentais feitas sob a mira das armas do norte. A escravidão foi abolida, e os homens negros passaram a ter direito a voto.

Essas mudanças importantes deveriam ter aberto caminho para uma transformação radical que impeliria as instituições extrativistas a se tornarem inclusivas e levaria o sul por um caminho de prosperidade econômica. Contudo, em mais uma manifestação do círculo vicioso, nada do gênero aconteceu. Uma continuidade das instituições extrativistas, dessa vez sob a forma das leis Jim Crow, em vez da escravidão, surgiu no sul. A expressão *Jim Crow*, que supostamente veio de *"Jump Jim Crow"*, uma sátira aos negros do início do século XIX interpretada por brancos com "blackface" (o rosto pintado de preto), veio a designar toda uma gama de leis segregacionistas aprovadas no sul depois de 1865. Essas leis perduraram por quase um século, até a chegada de outra revolta: o movimento dos direitos civis. Enquanto isso, os negros continuaram excluídos do poder e sofrendo com a opressão institucional. A agricultura do tipo *plantation* — baseada em baixos salários pagos a mão de obra pouco instruída — persistiu, e as rendas do sul caíram ainda mais em comparação com a média dos Estados Unidos. O círculo vicioso das instituições extrativistas era mais forte do que muitos esperavam na época.

O motivo para a trajetória econômica e política do sul jamais ter mudado, embora a escravidão tenha sido abolida e os negros do sexo masculino tenham passado a ter direito a voto, foi a fragilidade do poder político e da independência econômica dos negros. Os fazendeiros do sul perderam a guerra, mas venceriam na paz. Continuavam organizados e ainda eram os proprietários da terra. Durante a guerra, escravizados libertos tinham recebido a promessa de quarenta acres de terra e uma mula quando a escravidão fosse abolida, e alguns chegaram a receber a recompensa durante as famosas campanhas do general William T. Sherman. Todavia, em 1865, o presidente Andrew Johnson revogou as ordens de Sherman, e a esperada distribuição de terras jamais aconteceu. Em um debate sobre essa questão no Congresso, o deputado George Washington Julian observou, antecipando o que ocorreria: "De que valeria uma lei aprovada pelo Congresso abolindo completamente a escravidão (...) se perdurarem as velhas bases agrícolas do poder aristocrático?" Esse foi o início da "redenção" do velho sul e da perpetuação da velha elite agrária sulista.

O sociólogo Jonathan Wiener estudou a perpetuação da elite agrária em cinco distritos do Cinturão Negro, região de grandes produtores de algodão, localizados no Alabama. Rastreando famílias pelo censo dos Estados Unidos e considerando as pessoas que tinham pelo menos 10 mil dólares em propriedades agrícolas, ele descobriu que, dos 236 membros da elite agrária em 1850, 101 mantinham sua posição em 1870. Curiosamente, essa taxa de permanência era muito semelhante à que existia no período anterior à Guerra Civil: das 236 famílias mais ricas do campo em 1850, apenas 110 continuavam nessa lista uma década mais tarde. No entanto, dos 25 fazendeiros com maiores propriedades rurais em 1870, 18 (72%) estavam na lista das famílias da elite desde 1860 e 16 estavam na lista de 1850. Embora mais de 600 mil pessoas tenham sido mortas na Guerra Civil, as elites agrárias sofreram poucas baixas. A lei, redigida pelos fazendeiros e para os fazendeiros, isentava do serviço militar um proprietário de escravizados para cada vinte pessoas escravizadas. Enquanto centenas de milhares de homens morriam para preservar a economia latifundiária do sul, muitos grandes proprietários de escravizados e seus filhos passaram a guerra em suas varandas, e assim foram capazes de garantir a continuidade da economia latifundiária.

Depois do fim da guerra, as elites agrárias que controlavam a terra conseguiram voltar a exercer controle sobre a mão de obra. Embora a instituição econômica da escravidão tivesse sido abolida, os indícios mostram uma clara linha de continuidade no sistema econômico do sul, baseado na agricultura do tipo *plantation* com mão de obra barata. Esse sistema econômico foi mantido por diversas maneiras, incluindo o controle da política local e o exercício da violência. Como consequência, nas palavras do intelectual afroamericano W. E. B. Du Bois, o sul se tornou "um campo armado para intimidar o povo negro".

Em 1865, o Legislativo estadual do Alabama aprovou o Código dos Negros, importante marco na repressão da mão de obra negra. Semelhante ao Decreto 177 da Guatemala, o Código dos Negros do Alabama era uma lei contra a vadiagem e contra o "aliciamento" de trabalhadores. O objetivo era impedir a mobilidade da mão de obra e reduzir a concorrência no mercado de trabalho, de forma a garantir que os fazendeiros do sul continuassem com um suprimento confiável de mão de obra barata.

Depois da Guerra Civil, o período chamado de Reconstrução durou de 1865 a 1877. Políticos do norte, com a ajuda do Exército da União, engendraram algumas mudanças sociais no sul. No entanto, uma reação sistemática da elite sulista disfarçada de apoio para os chamados redentores, que almejavam a redenção do sul, recriou o velho sistema. Na eleição presidencial de 1877, Rutherford Hayes precisava do apoio do sul no Colégio Eleitoral. Esse colégio, utilizado ainda hoje, estava no coração da eleição indireta para presidente criada pela Constituição americana. Os votos dos cidadãos não elegiam diretamente o presidente, e sim delegados, que então escolhiam o presidente no Colégio Eleitoral. Em troca de apoio no Colégio Eleitoral, os sulistas exigiram que os soldados da União fossem retirados do sul e a região fosse deixada por conta própria. Hayes concordou. Com o apoio do sul, Hayes se tornou presidente e retirou as tropas. O período depois de 1877 marcou então o verdadeiro ressurgimento da elite agrária pré-Guerra Civil. A redenção do sul envolvia a introdução de novos impostos per capita e testes de alfabetização para obter o direito ao voto, o que sistematicamente retirava dos negros — e também da população branca empobrecida — a possibilidade de votar. Essas tentativas tiveram êxito e criaram um regime de partido único, sob o Partido Democrata, com grande parte do poder político depositado nas mãos da elite agrária.

As leis Jim Crow criaram escolas segregadas e previsivelmente inferiores. O Alabama, por exemplo, reescreveu sua Constituição em 1901 para tornar a segregação possível. É chocante que ainda hoje a Seção 256 da Constituição do Alabama, embora não seja mais aplicada, ainda afirme ser:

> Dever do Legislativo criar e manter o sistema público de ensino; a repartição do fundo público de educação; a separação das escolas para crianças brancas e de cor.
>
> O Legislativo deverá criar, organizar e manter um sistema liberal de escolas públicas em todo o estado para benefício das crianças entre as idades de 7 e 21 anos. O fundo público de educação deve ser repartido entre as diversas comarcas proporcionalmente ao número de crianças em idade escolar, e repartido entre as escolas nos distritos ou municípios nas comarcas de modo a garantir, na medida do possível, períodos escolares de igual duração em tais distritos ou municípios. Escolas separadas devem ser oferecidas para crianças brancas e de cor, e nenhuma criança de qualquer raça deve ter permissão para frequentar escola de outra raça.

Uma emenda para revogar a Seção 256 da Constituição foi derrotada por poucos votos de diferença no Legislativo estadual em 2004.

A retirada do direito ao voto, as leis contra a vadiagem, como o Código dos Negros do Alabama, as várias leis Jim Crow e as ações da Ku Klux Klan, muitas vezes financiadas e apoiadas pela elite, transformaram o sul pós-Guerra Civil em uma verdadeira sociedade de *apartheid*, onde negros e brancos viviam vidas diferentes. Assim como na África do Sul, essas leis e práticas tinham como objetivo o controle da população negra e de sua força de trabalho.

Políticos sulistas em Washington também trabalharam para garantir que as instituições extrativistas do sul pudessem perdurar. Por exemplo, garantiram que não fosse aprovado nenhum projeto ou obra pública federal que pudesse colocar em risco o controle que a elite branca tinha sobre a mão de obra negra. Como consequência, o sul entrou no século XX como uma sociedade bastante rural, com baixos níveis de instrução e tecnologia atrasada, ainda utilizando trabalho manual e animais de tração, praticamente sem a assistência de implementos mecânicos. Embora a proporção de pessoas vivendo em áreas urbanas tenha aumentado, esse número seguia bem mais baixo do que no norte. Em 1900, por exemplo, 13,5% da população do sul era urbana, contra 60% no nordeste.

No fim das contas, as instituições extrativistas no sul dos Estados Unidos, baseadas no poder da elite agrária, na agricultura do tipo *plantation* e na mão de obra mal remunerada e de pouca instrução, perdurou durante boa parte do século XX. Essas instituições só começaram a ruir depois da Segunda Guerra Mundial e, com mais força, depois de os movimentos dos direitos civis terem destruído a base política do sistema. Só depois do fim dessas instituições, nos anos 1950 e 1960, o sul começou seu processo de rápida convergência com o norte.

O sul dos Estados Unidos mostra outra faceta, mais resiliente, do círculo vicioso: assim como na Guatemala, a elite agrária do sul permaneceu no poder e estruturou as instituições econômicas e políticas de modo a garantir a continuidade desse poder. Mas, ao contrário do que aconteceu na Guatemala, esse sistema se deparou com desafios significativos depois da derrota na Guerra Civil, que aboliu a escravidão e reverteu a exclusão total e constitucional dos negros no que dizia respeito a participação política. Mas existe mais de um jeito de fazer as coisas: enquanto continuou no controle de suas enormes propriedades rurais e permaneceu organizada, a elite agrária pôde estruturar um novo conjunto de instituições, as leis Jim Crow, no lugar da escravidão, para atingir o mesmo objetivo. O círculo vicioso se revelou mais forte do que muitas pessoas, incluindo Abraham Lincoln, haviam imaginado. O círculo vicioso se baseia em instituições políticas extrativistas que criam instituições econômicas extrativistas, que por sua vez dão apoio a instituições políticas extrativistas, já que a riqueza e o poder econômicos compram poder político. Quando conseguiu eliminar a proposta da distribuição de quarenta acres de terra e uma mula, a elite agrária sulista garantiu que seu poder permanecesse inalterado. E, sem qualquer surpresa, infelizmente persistiram as consequências nefastas para a população negra do sul, e para o desenvolvimento econômico da região.

A lei de ferro da oligarquia

A dinastia salomônica na Etiópia permaneceu no poder até ser derrubada por um golpe militar em 1974. O golpe foi liderado pelo Derg, um grupo de oficiais marxistas do Exército. O regime que o Derg retirou do poder parecia ter estagnado em algum século anterior, um anacronismo histórico. O imperador Haile Selassie começava o dia indo até o pátio do Grande Palácio, construído pelo imperador Menelique II no fim do século XIX. Fora do palácio ficava uma multidão de dignitários à espera de sua chegada, fazendo reverências e tentando desesperadamente chamar-lhe a atenção. O imperador recebia sua corte no Saguão de Audiências, sentado no trono imperial. (Selassie era um homem pequeno; para que suas pernas não ficassem balançando no ar, um carregador de almofadas tinha a tarefa de acompanhá-lo aonde quer que ele fosse para se certificar de que havia uma almofada adequada a ser posta debaixo de seus pés. O carregador mantinha um estoque de 52 almofadas para lidar com qualquer situação.) Selassie comandava um conjunto extremo de instituições extrativistas e administrava o país como se fosse sua propriedade privada, distribuindo favores e proteção e punindo de modo implacável a falta de lealdade. Não havia desenvolvimento econômico na Etiópia sob a dinastia salomônica.

O Derg inicialmente era formado por 108 representantes de diferentes unidades militares de todo o país. O representante da 3ª Divisão na província de Harar era um major chamado Mengistu Haile Mariam. Embora, em sua declaração inicial de 4 de julho de 1974, os oficiais do Derg tenham declarado lealdade ao imperador, em pouco tempo começaram a prender membros do governo, testando quanta oposição isso criaria.

Quando ganharam confiança de que o regime de Selassie não tinha apoio, passaram ao próprio imperador, prendendo-o em 12 de setembro. Então, tiveram início as execuções. Muitos políticos no coração do antigo regime foram assassinados. Em dezembro, o Derg declarou que a Etiópia era um Estado socialista. Selassie morreu, provavelmente assassinado, em 27 de agosto de 1975. Em 1975, o Derg começou a nacionalizar propriedades, incluindo toda a terra urbana e rural e a maior parte dos tipos de propriedade privada. O comportamento cada vez mais autoritário do regime fez surgir uma oposição no país. Grandes porções da Etiópia foram agrupadas durante a expansão colonial europeia no fim do século XIX e início do século XX por meio das políticas do imperador Menelique II, o vencedor da Batalha de Adowa, que vimos no Capítulo 8. Entre essas regiões estavam a Eritreia e Tigré ao norte e Ogaden a leste. Surgiram, na Eritreia e no Tigré, movimentos de independência em resposta ao regime inclemente do Derg, ao passo que o exército da Somália invadiu Ogaden, de língua somali. O Derg também começou a se desintegrar e a se dividir em facções. O major Mengistu se revelou o mais implacável e mais esperto do grupo. Em meados de 1977, já havia eliminado seus principais oponentes e praticamente tomado para si o regime, que foi salvo do colapso apenas por um imenso influxo de armas e tropas da União Soviética e de Cuba, enviados em novembro daquele ano.

Em 1978, o regime organizou uma celebração nacional para marcar o quarto aniversário da derrubada de Haile Selassie. A essa altura, Mengistu era o líder incontesto do Derg. Ele havia escolhido o Grande Palácio de Selassie como sua residência, o lugar de onde ele governaria a Etiópia, que estava desocupado desde que a monarquia fora abolida. Na celebração, ele se sentou em uma poltrona dourada, exatamente como os antigos imperadores, para assistir à parada. As funções oficiais voltaram a ser realizadas no Grande Palácio, com Mengistu sentado no antigo trono de Haile Selassie. Mengistu começou a se comparar ao imperador Teodoro, que fundou a dinastia salomônica em meados do século XIX, depois de um período de declínio.

Um de seus ministros, Dawit Wolde Giorgis, lembraria em sua autobiografia:

> No início da Revolução, todos nós rejeitávamos tudo que tivesse a ver com o passado. Não dirigíamos mais carros nem usávamos ternos; gravatas eram consideradas crime. Qualquer coisa que fizesse a pessoa parecer rica ou burguesa, qualquer coisa que lembrasse opulência ou sofisticação, era desprezada como parte da antiga ordem. Depois, lá por 1978, tudo isso começou a mudar. Aos poucos, o materialismo se tornou aceito, até que passou a ser exigido. Roupas desenhadas pelos melhores alfaiates europeus eram o uniforme de todas as mais altas autoridades do governo e dos membros do Conselho Militar. Tínhamos tudo do bom e do melhor: as melhores casas, os melhores carros, o melhor uísque, champanhe, comida. Era o completo inverso dos ideais da Revolução.

Giorgis também se lembraria vividamente de como Mengistu mudou depois de se tornar o único governante:

> O verdadeiro Mengistu apareceu: vingativo, cruel e autoritário (...) Muitos de nós, que costumávamos conversar com ele com as mãos nos bolsos, como se ele, fosse um de nós, nos pegamos parados em posição de sentido, em um respeito cauteloso em sua presença. Ao falar com ele, sempre usávamos a forma familiar "você", *ante*; então nos pegamos mudando para o mais formal "senhor", *ersiwo*. Ele se mudou para um escritório maior, mais suntuoso, no Palácio de Menelique (...) Começou a usar os carros do imperador (...) Pensávamos que estávamos fazendo uma revolução de igualdade, mas ele tinha se tornado o novo imperador.

O padrão do círculo vicioso retratado na transição entre Haile Selassie e Mengistu, ou entre o governo colonial britânico de Serra Leoa e Siaka Stevens, é tão extremo e, em algum nível, tão estranho que merece um nome especial. Como já mencionamos no Capítulo 4, o sociólogo alemão Robert Michels chamava isso de lei de ferro da oligarquia. A lógica interna das oligarquias e de qualquer organização hierárquica, segundo Michels, é de que se reproduzirão não apenas quando o mesmo grupo estiver no poder, mas também quando um grupo completamente novo assumir o controle. O que Michels talvez não tenha antecipado era um eco da observação de Karl Marx segundo a qual a história se repete — da primeira vez como tragédia, da segunda, como farsa.

Muitos líderes pós-coloniais africanos, além de se mudarem para as mesmas residências, usarem as mesmas redes de proteção e empregarem os mesmos modos de manipular mercados e extrair recursos usados pelos regimes coloniais e pelos imperadores que estavam substituindo, também fizeram coisas piores. Foi realmente uma farsa que o oponente ardoroso do colonialismo estivesse preocupado em controlar o mesmo povo, os mendes, que os britânicos tentaram controlar; que se apoiasse nos mesmos chefes que os britânicos haviam colocado no poder e depois usado para controlar o interior; que gerisse a economia do mesmo modo, expropriando os fazendeiros com as mesmas juntas comerciais e controlando os diamantes por meio de um monopólio semelhante. Foi de fato uma farsa, e muito triste, que Laurent Kabila — que mobilizou um exército contra a ditadura de Mobutu com a promessa de libertar o povo; acabar com a corrupção e a repressão que sufocavam e empobreciam o Zaire, governado por Mobutu — tenha depois estabelecido um regime tão corrupto quanto o anterior e talvez ainda mais desastroso. Certamente foi farsesco que ele tenha tentado iniciar um culto de sua personalidade ajudado e instigado por Dominique Sakombi Inongo, ex- -ministro de Informações de Mobutu, e que o próprio regime de Mobutu tenha se moldado de acordo com padrões de exploração das massas que tiveram início mais de um século antes, com o Estado Livre do Congo sob a administração do rei Leopoldo. Foi de fato uma farsa que o oficial marxista Mengistu tenha começado a morar em um palácio, vendo a si mesmo como um imperador, e enriquecendo a si e à sua comitiva assim como Haile Selassie e outros imperadores haviam feito antes dele.

Era tudo uma farsa, mas também era mais trágico do que a tragédia original, e não apenas pelas esperanças que haviam sido criadas. Stevens e Kabila, assim como muitos outros governantes na África, começaram assassinando seus oponentes e depois mataram cidadãos inocentes. Mengistu e as políticas do Derg trariam a fome recorrente às terras férteis da Etiópia. A história estava se repetindo, mas de forma muito distorcida. Foi a aparente indiferença de Haile Selassie em relação à fome de 1973, ocorrida na província de Wollo, que finalmente consolidou a oposição ao seu regime. Selassie pelo menos ficou só na indiferença. Mengistu, por sua vez, viu na fome uma ferramenta política para fragilizar seus oponentes. A História não foi apenas farsesca e trágica — foi também cruel com os cidadãos da Etiópia e de grande parte da África subsaariana.

A essência da lei de ferro da oligarquia, essa faceta específica do círculo vicioso, é que os novos líderes que derrubam os velhos com promessas de mudanças radicais trazem apenas mais do mesmo. Em algum nível, a lei de ferro da oligarquia é mais difícil de compreender do que outras formas do círculo vicioso. Existe uma lógica clara na persistência das instituições extrativistas no sul dos Estados Unidos e na Guatemala. Os mesmos grupos continuaram a dominar a economia e a política por séculos. Mesmo quando desafiados, como aconteceu com os fazendeiros do sul dos Estados Unidos depois da Guerra Civil, seu poder permaneceu intacto, e eles foram capazes de manter e recriar um conjunto semelhante de instituições extrativistas das quais podiam voltar a se beneficiar. Mas como entender que o mesmo sistema seja recriado por aqueles que chegam ao poder em nome de mudanças radicais? A resposta a essa pergunta revela, mais uma vez, que o círculo vicioso é mais forte do que parece.

Nem toda mudança radical está fadada ao fracasso. A Revolução Gloriosa foi uma mudança radical e levou àquilo que talvez tenha sido a mais importante transformação política dos dois últimos milênios. A Revolução Francesa foi ainda mais radical, com caos e violência excessivos e com a ascensão de Napoleão Bonaparte, porém não recriou o *Ancien Régime*.

Três fatores facilitaram imensamente o surgimento de instituições políticas mais inclusivas depois da Revolução Gloriosa e da Revolução Francesa. O primeiro foi que novos comerciantes e empresários desejavam libertar a destruição criativa que iria beneficiar eles mesmos — esses indivíduos estavam entre os membros fundamentais das coalizões revolucionárias e não desejavam ver o desenvolvimento de mais um conjunto de instituições extrativistas que os prejudicaria.

O segundo fator foi a natureza da frente ampla que se formou em ambos os casos. A Revolução Gloriosa, por exemplo, não foi um golpe de um pequeno grupo ou de um interesse específico, e sim um movimento apoiado por comerciantes, industriais, a pequena nobreza e diversos grupos políticos. Isso também vale em grande medida para a Revolução Francesa.

O terceiro fator se relaciona com a história das instituições políticas inglesas e francesas, que criaram um cenário contra o qual novos regimes, mais inclusivos, podiam se desenvolver. Em ambos os países havia uma tradição de parlamentos e compartilhamento de poder que remontava à Magna Carta na Inglaterra e à Assembleia de Notáveis na França. Além disso, ambas as revoluções ocorreram em meio a um processo que já havia enfraquecido o domínio dos regimes absolutistas ou que aspiravam ao absolutismo.

Em nenhum dos casos, essas instituições políticas facilitavam que o controle do Estado fosse assumido por novos governantes ou um pequeno grupo com pretensão de usurpar a riqueza econômica existente e construir um poder político duradouro e sem limites. Depois da Revolução Francesa, um pequeno grupo sob a liderança de Robespierre e Saint-Just de fato assumiu o controle, com consequências desastrosas, mas foi temporário e não tirou a França do caminho das instituições mais inclusivas. Tudo isso contrasta com a situação de sociedades com um longo histórico de instituições políticas e econômicas extremamente extrativistas, sem limites para o poder dos governantes. Nessas sociedades, não havia novos mercadores ou empresários fortes para apoiar e financiar a resistência contra o regime existente, em parte para garantir instituições econômicas mais inclusivas; não havia amplas coalizões que criassem limitações ao poder de cada um de seus membros; não havia instituições políticas que inibissem a vontade dos novos governantes de usurpar e explorar o poder.

Como consequência, em Serra Leoa, na Etiópia e no Congo, o círculo vicioso seria bem mais difícil de ser quebrado, e os movimentos em direção a instituições mais inclusivas tinham muito menor probabilidade de ocorrer. Também não havia instituições tradicionais ou históricas que pudessem limitar o poder daqueles que controlariam o Estado. Tais instituições chegaram a existir em algumas partes da África, e em outras, como no caso de Botsuana, sobreviveram até à era colonial. Mas tinham um destaque muito menor na história de Serra Leoa e, mesmo quando existiam, acabavam deformadas pelo governo indireto. A situação era semelhante em outras colônias britânicas na África, como o Quênia e a Nigéria. Essas instituições jamais existiram no reino absolutista da Etiópia. No Congo, as instituições indígenas foram enfraquecidas pelo governo colonial belga e pelas políticas autocráticas de Mobutu. Em todas essas sociedades, também não havia novos comerciantes, empresários ou empreendedores apoiando os novos regimes e exigindo segurança para os direitos de propriedade e o fim das antigas instituições extrativistas. Na verdade, em função das instituições econômicas extrativistas do período colonial, nem sequer havia muito empreendedorismo e muitas empresas.

A comunidade internacional achava que a independência africana pós-colonial levaria a um crescimento por meio de um processo de planejamento estatal e do desenvolvimento do setor privado. O setor privado, porém, não existia — exceto em áreas rurais, que não tinham representação nos novos governos e, portanto, seriam as primeiras vítimas do extrativismo. Mais importante, talvez, é que na maior parte desses casos havia enormes benefícios para quem estivesse no poder. Esses benefícios atraíam os homens mais inescrupulosos, como Stevens, que desejavam monopolizar esse poder, ao mesmo tempo que faziam aflorar o pior deles quando ali chegavam. Não havia nada para romper o círculo vicioso.

A interação negativa e os círculos viciosos

Países ricos em grande medida são ricos por terem conseguido desenvolver instituições inclusivas em algum momento nos últimos trezentos anos. Essas instituições perduraram por meio de um processo de círculos virtuosos. Mesmo que tenham se iniciado inclusivas num sentido limitado, e por vezes frágil, as instituições geraram dinâmicas que criariam um processo de interação positiva, levando pouco a pouco a maior grau de inclusão. A Inglaterra não se tornou uma democracia depois da Revolução Gloriosa de 1688 — longe disso. Apenas uma pequena fração da população tinha representação formal, mas o crucial é que essa fração era pluralista. Depois de instalado o pluralismo, houve uma tendência a que as instituições se tornassem mais inclusivas, ainda que o processo fosse longo, tumultuado e incerto.

Nisso a Inglaterra teve um caminho típico dos círculos virtuosos: instituições políticas inclusivas criam restrições ao exercício e à usurpação do poder. Também tendem a criar instituições econômicas inclusivas, que por sua vez tornam mais provável a continuidade das instituições políticas inclusivas.

Quando há instituições econômicas inclusivas, a riqueza não se concentra nas mãos de um pequeno grupo, que pode então usar seu poder econômico para aumentar seu poder político de forma desproporcional. Além disso, quando há instituições econômicas inclusivas, há ganhos mais limitados na manutenção do poder político, havendo, portanto, incentivos mais fracos para que cada grupo e cada indivíduo ambicioso e arrivista tente assumir o controle do Estado. Uma confluência de fatores em uma conjuntura crítica, incluindo a interação entre as instituições existentes e as oportunidades e os desafios trazidos pela conjuntura crítica, costuma ser responsável pelo início de instituições inclusivas, como demonstra o caso inglês. Entretanto, depois de estabelecidas essas instituições, não é necessário que haja a mesma confluência de fatores para que elas sobrevivam. Os círculos virtuosos, embora ainda sujeitos a um grau significativo de contingência, permitem a continuidade das instituições e com frequência geram uma dinâmica que leva a sociedade a ser mais inclusiva

Assim como os círculos virtuosos levam à persistência das instituições inclusivas, os círculos viciosos criam forças poderosas que facilitam a persistência das instituições extrativistas. História não é destino, e os círculos viciosos não são inquebráveis, como veremos no Capítulo 14. Porém, são resilientes. Criam um processo poderoso de interação negativa, em que as instituições políticas extrativistas forjam instituições econômicas extrativistas, que por sua vez criam a base para a persistência das instituições políticas extrativistas. Vimos isso com mais clareza no caso da Guatemala, onde a mesma elite se manteve no poder, primeiro sob o governo colonial e depois na Guatemala independente, por mais de quatro séculos — as instituições extrativistas enriquecem a elite, e essa riqueza forma a base para a continuidade de seu domínio.

O mesmo processo dos círculos viciosos também fica aparente na economia de *plantation* do sul dos Estados Unidos, exceto pelo fato de que esse exemplo mostra a grande resiliência do círculo vicioso quando confrontado por desafios. Os fazendeiros do sul dos Estados Unidos perderam o controle formal das instituições econômicas e políticas depois da derrota na Guerra Civil. A escravidão, base da economia de *plantation*, foi abolida, e os negros conquistaram direitos políticos e econômicos iguais. No entanto, a Guerra Civil não destruiu o poder político da elite agrária nem sua base econômica, e essa elite foi capaz de reestruturar o sistema sob um disfarce diferente, porém mantendo-o sob seu controle político local e atingindo o mesmo objetivo: abundância de mão de obra barata para as fazendas.

Essa forma de círculo vicioso, na qual as instituições extrativistas perduram porque a elite tem controle sobre elas e se beneficia delas, não é a única. A princípio, foi uma forma de interação negativa mais intrigante, porém não menos real e não menos perniciosa, que acabou por moldar o desenvolvimento político e econômico de muitas nações, como exemplificam as experiências de grande parte da África subsaariana, em particular Serra Leoa e Etiópia. Em uma faceta definida pelo sociólogo Robert Michels como lei de ferro da oligarquia, a derrubada de um regime que governa por meio de instituições extrativistas anuncia a chegada de um novo conjunto de dominadores que irá explorar o mesmo conjunto de instituições extrativistas perniciosas.

A lógica desse tipo de círculo vicioso também é simples de entender em retrospectiva: as instituições políticas extrativistas criam poucas limitações para o exercício do poder, e, portanto, praticamente não existem instituições para restringir o uso e o abuso do poder por parte dos que derrubaram os antigos ditadores e assumiram o controle do Estado; e as instituições econômicas extrativistas implicam que há grandes lucros e riquezas a serem obtidas meramente pelo controle do poder, com expropriação dos ativos de terceiros, e pelo estabelecimento de monopólios.

Claro, a lei de ferro da oligarquia não é uma lei de verdade, no mesmo sentido das leis da física. Ela não traça um caminho inevitável, como ilustram a Revolução Gloriosa na Inglaterra ou a Restauração Meiji no Japão.

Um fator decisivo nesses episódios que levaram a uma grande guinada na direção de instituições inclusivas foi o empoderamento de uma frente ampla que tinha condições de enfrentar o absolutismo e viria a substituir as instituições absolutistas por outras mais inclusivas e pluralistas. Uma revolução feita por uma frente ampla aumenta as chances de surgirem instituições políticas pluralistas. Em Serra Leoa e na Etiópia, a lei de ferro da oligarquia se tornou mais provável não apenas em função das instituições altamente extrativistas em vigor, mas também porque nem o movimento de independência de Serra Leoa nem o golpe do Derg na Etiópia foram revoluções lideradas por frentes amplas desse tipo, e sim por indivíduos e grupos em busca do poder para assumir a exploração alheia.

Há uma outra faceta, ainda mais destrutiva, do círculo vicioso, antecipada por nossa discussão sobre as cidades-Estado maias no Capítulo 5.

Quando instituições extrativistas criam imensas desigualdades na sociedade e grande riqueza e poder sem limites para aqueles que estão no controle, haverá muitas pessoas desejando lutar para assumir o controle do Estado e das instituições. Portanto, as instituições extrativistas não apenas pavimentam o caminho para o regime seguinte, que será ainda mais extrativista, como também engendram lutas internas e guerras civis contínuas. Essas guerras civis causam mais sofrimento humano e destroem até mesmo o pequeno grau de centralização estatal que essas sociedades conseguem atingir. Isso também dá início a um processo de declínio rumo à barbárie, ao fracasso do Estado e ao caos político, acabando com qualquer esperança de prosperidade econômica, como mostrará o capítulo a seguir.

13.

POR QUE AS NAÇÕES FRACASSAM HOJE

Como ganhar na loteria no Zimbábue

Era janeiro de 2000 em Harare, no Zimbábue. O mestre de cerimônias Fallot Chawawa estava encarregado de sortear o bilhete vencedor da loteria nacional organizada por um banco parcialmente estatal, o Zimbabwe Banking Corporation (Zimbank). A loteria estava aberta a todos os clientes que tivessem mantido 5 mil dólares de Zimbábue ou mais nas contas durante o mês de dezembro de 1999. Quando sorteou o bilhete, Chawawa ficou perplexo. Segundo a nota divulgada pelo Zimbank, "o mestre de cerimônias Chawawa mal pôde acreditar no que via quando recebeu o bilhete sorteado com o prêmio de 100 mil dólares de Zimbábue e viu escrito o nome de Sua Excelência RG Mugabe".

O presidente Robert Mugabe, que governava o Zimbábue desde 1980 usando todos os métodos possíveis, geralmente com pulso de ferro, ganhara um prêmio de 100 mil dólares do Zimbábue, mais ou menos cinco vezes a renda per capita anual do país. O Zimbank afirmou que o nome de Mugabe foi sorteado dentre milhares de apostadores aptos para concorrer ao prêmio. Que homem de sorte! Não é preciso dizer que ele não precisava do dinheiro. Mugabe, na verdade, já concedera aumentos salariais de até 200% a si mesmo e a seu gabinete algum tempo antes do sorteio.

O bilhete de loteria era apenas mais um indício das instituições extrativistas do Zimbábue. Isso poderia ser taxado simplesmente de corrupção, mas é apenas mais um sintoma da doença institucional do país. O fato de Mugabe poder ganhar na loteria, se quisesse, mostrava o tamanho de seu controle sobre a vida no país e deu ao mundo uma noção da dimensão de suas instituições extrativistas.

Hoje em dia, o motivo mais comum para que os países fracassem é a existência de instituições extrativistas, e o regime de Mugabe no Zimbábue é uma ilustração vívida das consequências econômicas e sociais que advêm disso. Embora as estatísticas nacionais do Zimbábue sejam bem pouco confiáveis, a melhor estimativa é de que, em 2008, a renda per capita do país fosse metade do que era quando o país se tornou independente, em 1980. A queda é dramática, mas nem de longe dá conta de mostrar a deterioração dos padrões de vida no Zimbábue. O Estado entrou em colapso e, em maior ou menor grau, parou de oferecer qualquer tipo de serviço público. Entre 2008 e 2009, a deterioração dos sistemas de saúde levou a um surto de cólera. Em 10 de janeiro de 2010, houve 98.741 casos registrados e 4.293 mortes, o que fez dessa a epidemia de cólera mais fatal na África num período de quinze anos. Nesse ínterim, o desemprego em massa também chegou a níveis sem precedentes. No início de 2009, o Escritório de Coordenação de Assuntos Humanitários da ONU afirmou que a taxa de desemprego havia atingido inacreditáveis 94%.

As raízes de muitas instituições econômicas e políticas no Zimbábue, como acontece no caso de grande parte da África subsaariana, remontam ao período colonial. Em 1890, a Companhia Britânica da África do Sul, de Cecil Rhodes, enviou uma expedição militar para o reino de Ndebele, sediado em Matabelelândia, e também para a vizinha Maxonalândia. O armamento superior dos britânicos venceu depressa a resistência dos africanos e, em 1901, a colônia da Rodésia do Sul, batizada em homenagem a Rhodes, havia sido formada na área do atual Zimbábue. Agora que a área era uma propriedade privada concedida à Companhia Britânica da África do Sul, Rhodes imaginou que ganharia dinheiro com a prospecção e o garimpo de metais preciosos. O empreendimento nunca saiu do papel, mas as terras agrícolas, muito produtivas, começaram a atrair migrantes brancos. Esses colonos logo anexaram grande parte das terras. Em 1923, já haviam se libertado da administração da Companhia Britânica da África do Sul e convencido o governo britânico a deixá-los se autogovernar. O que ocorreu então foi semelhante ao que se passou na África do Sul, mais ou menos uma década antes, quando a Lei de Terras (Capítulo 9) criou uma economia dual. A Rodésia aprovou leis muito semelhantes, e um Estado de *apartheid* só para os brancos inspirado no modelo sul-africano foi construído depois de 1923.

Vendo os impérios coloniais europeus entrando em colapso, no fim da década de 1950 e início dos anos 1960, a elite branca na Rodésia, que equivalia possivelmente a 5% da população, liderada por Ian Smith, declarou independência da Grã-Bretanha em 1965. Poucos governos internacionais reconheceram a independência da Rodésia, e as Nações Unidas impuseram sanções econômicas e políticas contra o país. Os cidadãos negros organizaram uma guerrilha com base nos vizinhos Moçambique e Zâmbia. A pressão internacional e a rebelião promovida pelas duas principais associações, a União Nacional Africana do Zimbábue (Zanu, na sigla em inglês), de Mugabe, e a União dos Povos Africanos do Zimbábue (Zapu, na sigla em inglês), liderada por Joshua Nkomo, resultou em um fim negociado do domínio branco. O Estado do Zimbábue foi criado em 1980.

Depois da independência, Mugabe logo estabeleceu um controle de pessoal; ou eliminava os oponentes com violência, ou os cooptava. Os atos mais famosos de violência ocorreram em Matabelelândia, onde se concentrava muito do apoio à Zapu e onde até 20 mil pessoas foram assassinadas no início dos anos 1980. Em 1987, a Zapu já havia se fundido com a Zanu para criar a Zanu-PF, e Joshua Nkomo perdeu o poder político. Mugabe conseguiu reescrever a Constituição que herdara como parte da negociação de independência, tornando-se presidente (ele começou como primeiro-ministro), aboliu as listas de eleitores brancos que eram parte do acordo de independência e, por fim, em 1990, se livrou de vez do Senado e criou cargos no Legislativo que podia preencher por nomeações. O resultado foi um Estado que na prática era unipartidário, comandado por Mugabe.

Após a independência, Mugabe assumiu um conjunto de instituições econômicas extrativistas criadas pelo regime branco, entre elas uma série de regulações de preços e do comércio exterior, indústrias estatais e as juntas comerciais obrigatórias para venda de produtos agrícolas. A quantidade de empregos no Estado aumentou rápido, com cargos ocupados por apoiadores da Zanu-PF. A regulação rigorosa da economia era conveniente para as elites da Zanu-PF, pois dificultava o surgimento de uma classe independente de empresários africanos que poderia contestar o antigo monopólio político. Era uma situação muito semelhante à que vimos na Gana dos anos 1960, no Capítulo 2. Ironicamente, é claro, deixou os brancos como principal classe empresarial. Durante esse período, os principais pontos fortes da economia dos brancos — em especial o setor agrícola de exportação, altamente produtivo — foram deixados intocados. Mas isso só se manteria até que Mugabe passasse a ser impopular.

O modelo de regulação e intervenção no mercado aos poucos foi se tornando insustentável, e um processo de mudanças institucionais, com apoio do Banco Mundial e do Fundo Monetário Internacional, teve início em 1991, depois de uma severa crise fiscal. A deterioração do desempenho econômico acabou levando ao surgimento de uma séria oposição política ao governo unipartidário da Zanu-PF: o Movimento pela Mudança Democrática (MDC, na sigla em inglês). As eleições parlamentares de 1995 passaram longe de serem competitivas. A Zanu-PF recebeu 81% dos votos e conquistou 118 das 120 cadeiras. Cinquenta e cinco desses membros do

Parlamento foram eleitos sem concorrência. A eleição presidencial no ano seguinte mostrou ainda mais sinais de irregularidade e fraude. Mugabe recebeu 93% dos votos, porém seus dois oponentes, Abel Muzorewa e Ndabaningi Sithole, já tinham retirado suas candidaturas antes da eleição e acusado o governo de coerção e fraude.

Depois de 2000, apesar de toda a corrupção, o domínio da Zanu-PF estava enfraquecendo. O partido recebeu apenas 49% dos votos e conquistou 63 cadeiras. Todos os resultados foram contestados pelo MDC, que obteve todas as cadeiras na capital, Harare. Na eleição presidencial de 2002, Mugabe ganhou raspando, com apenas 56% dos votos. As duas eleições só foram vencidas pela Zanu-PF em função do uso de violência e intimidação, além da fraude eleitoral.

A resposta de Mugabe ao colapso de seu controle político foi intensificar tanto a repressão quanto o uso das políticas governamentais para comprar apoio. Ele investiu pesado contra os proprietários de terras brancos. A partir de 2000, ele incentivou e apoiou uma série de ocupações de terras e expropriações. Muitas vezes, eram lideradas por associações de veteranos de guerra, grupos supostamente compostos por ex-combatentes da guerra de independência. Uma parcela das terras expropriadas foi dada a esses grupos, mas grande parte também foi destinada às elites da Zanu-PF. A insegurança dos direitos de propriedade forjada por Mugabe e pela Zanu-PF levou a um colapso da produção agrícola e da produtividade. À medida que a economia se deteriorava ainda mais, a única coisa que restou foi imprimir dinheiro para comprar apoio, o que levou a uma enorme hiperinflação. Em janeiro de 2009, foi legalizado o uso de outras moedas, como o rand sul-africano, e o dólar do Zimbábue sumiu de circulação, tornando-se nada mais do que um pedaço de papel sem valor.

O que aconteceu no Zimbábue depois de 1980 foi lugar-comum na África subsaariana desde seus processos de independência. O Zimbábue herdou um conjunto de instituições políticas e econômicas altamente extrativistas em 1980. Por uma década e meia, essas instituições foram mantidas mais ou menos intocadas. Embora ocorressem eleições, as instituições políticas nada tinham de inclusivas. As instituições econômicas sofreram certo grau de mudança — por exemplo, deixou de haver discriminações explícitas contra os negros. No geral, porém, as instituições permaneceram extrativistas, com a única diferença: em vez de a exploração ser liderada por Ian Smith e pelos brancos, agora quem enchia os bolsos eram Robert Mugabe e as elites da Zanu-PF. Ao longo do tempo, as instituições se tornaram ainda mais extrativistas, e as rendas no Zimbábue despencaram. O fracasso econômico e político no Zimbábue é mais uma manifestação da lei de ferro da oligarquia — nesse exemplo, com o regime extrativista e repressor de Ian Smith sendo substituído pelo regime extrativista, corrupto e repressor de Robert Mugabe. A farsa do sorteio da loteria que deu o prêmio a Mugabe em 2000, portanto, era nada mais do que a ponta de um iceberg bastante corrupto, moldado ao longo da história.

Os países fracassam hoje porque suas instituições econômicas extrativistas não criam os incentivos necessários para que as pessoas poupem, invistam e inovem. Instituições políticas extrativistas apoiam instituições econômicas semelhantes ao consolidar o poder dos que se beneficiam com o extrativismo. As instituições econômicas e políticas extrativistas, apesar de variarem nos detalhes de acordo com as diferentes circunstâncias, estão sempre na raiz desse fracasso. Em muitos casos, por exemplo, como veremos na Argentina, na Colômbia e no Egito, esse fracasso assume a forma de uma profunda ausência de atividade econômica, uma vez que os políticos estão bastante satisfeitos com a extração de recursos ou em aniquilar qualquer tipo de atividade econômica independente que traga ameaças a eles e às elites econômicas. Em alguns casos extremos, como no Zimbábue e em Serra Leoa, que discutiremos a seguir, as instituições extrativistas pavimentam o caminho para o completo fracasso do Estado, destruindo não apenas a lei e a ordem, mas até mesmo os incentivos econômicos mais básicos. O resultado é a estagnação econômica e — como demonstra a história recente de Angola, de Camarões, do Chade, do Haiti, da Libéria, do Nepal, da República Democrática do Congo, de

Serra Leoa, do Sudão e do Zimbábue — guerras civis, deslocamentos de multidões, fomes endêmicas e epidemias, o que torna esses países ainda mais pobres hoje do que eram nos anos 1960.

Uma cruzada das crianças?

Em 23 de março de 1991, um grupo de homens armados sob a liderança de Foday Sankoh atravessou a fronteira da Libéria com Serra Leoa e atacou a cidade fronteiriça de Kailahun, no sul. Sankoh, antigo cabo no Exército de Serra Leoa, havia sido preso em 1971, depois de participar de um golpe malsucedido contra o governo de Siaka Stevens. Ao ser solto, acabou indo para a Líbia, onde entrou num campo de treinamento que o ditador líbio, coronel Gaddafi, mantinha para revolucionários africanos. Lá, conheceu Charles Taylor, que tramava a derrubada do governo da Libéria. Quando Taylor invadiu a Libéria, na noite de Natal de 1989, Sankoh estava ao seu lado; e foi com um grupo dos homens de Taylor, quase todos cidadãos da Libéria e de Burquina Fasso, que Sankoh invadiu Serra Leoa. Eles se autodenominavam Frente Unida Revolucionária (FUR) e anunciaram o intuito de derrubar o governo corrupto e tirano do PCTP.

Como vimos no capítulo anterior, Siaka Stevens e seu Partido do Congresso de Todos os Povos, o PCTP, assumiram e intensificaram as instituições extrativistas do governo colonial de Serra Leoa, assim como Mugabe e a Zanu-PF fizeram no Zimbábue. Em 1985, quando Stevens, com câncer, colocou Joseph Momoh em seu lugar, a economia estava entrando em colapso. Stevens, aparentemente sem ironia, gostava de citar o aforismo "a vaca pasta onde está amarrada". E, onde antes Stevens havia pastado, Momoh agora se refestelava. As estradas estavam em frangalhos, e as escolas caíam aos pedaços. As transmissões nacionais televisivas foram interrompidas em 1987, quando a emissora foi vendida pelo ministério da Informação, e em 1989 uma antena de rádio alocada em Freetown caiu, cessando as transmissões para fora da capital. Uma análise publicada em um jornal na capital em 1995 parece bastante verdadeira:

> No fim do governo, Momoh havia parado de pagar aos funcionários públicos, aos professores e até mesmo aos chefes supremos. O governo central havia entrado em colapso, e depois, é claro, tivemos incursões pelas fronteiras, "rebeldes" e todas aquelas armas automáticas entrando pela fronteira com a Libéria. A NPRC, os "rebeldes", os soldados que se rebelaram: tudo isso constitui o caos que é esperado quando o governo desaparece. Nada disso é a causa de nossos problemas, mas são todos sintomas.

O colapso do Estado durante o governo de Momoh, mais uma consequência do círculo vicioso gerado pelas instituições extrativistas extremas de Stevens, significava que não havia nada para impedir que a FUR atravessasse a fronteira em 1991. O Estado não tinha capacidade de se opor à invasão. Stevens já havia enfraquecido as forças armadas, por estar preocupado com a possibilidade de ser derrubado pelo exército. Portanto foi fácil para um número relativamente pequeno de homens armados criar o caos em grande parte do país. Eles tinham até um manifesto, intitulado "Passos para a Democracia", que começava com uma citação do intelectual negro Frantz Fanon: "Cada geração deve, de sua relativa obscuridade, descobrir sua missão, cumpri-la ou traí-la." A seção "Pelo que lutamos?" começa assim:

> Continuamos a luta porque estamos cansados de sermos vítimas perpétuas de uma pobreza patrocinada pelo Estado e de humilhações impostas por anos de governo autocrático e militarismo. Ainda assim, devemos ser moderados e continuar esperando pacientemente no ponto de encontro com a paz — onde todos nos tornaremos vencedores. Estamos

comprometidos com a paz, por todos os meios necessários, mas o que não podemos fazer é nos comprometer em sermos vítimas da paz. Sabemos que nossa causa é justa e que Deus/Alá jamais irá nos abandonar nessa luta para construir uma nova Serra Leoa.

Embora Sankoh e outros líderes da FUR tenham começado como injustiçados políticos e o sofrimento sob as instituições extrativistas do regime do PCTP possa ter incentivado o povo a se unir ao movimento, a situação mudou rápido e saiu de controle. A "missão" da FUR mergulhou o país na agonia, como mostra o depoimento de um adolescente de Geoma, no sul de Serra Leoa:

> Eles reuniram alguns de nós. (...) Escolheram alguns de nossos amigos e mataram dois. Eram filhos de chefes e tinham coturnos e objetos de soldados em casa. Eles foram baleados simplesmente por serem acusados de abrigar soldados. Os chefes também foram assassinados — como parte do governo. Eles escolheram alguém para ser o novo chefe. Ficavam dizendo que tinham vindo para nos libertar do PCTP. Depois de um tempo, já não escolhiam gente para matar, simplesmente iam atirando.

No primeiro ano da invasão, qualquer possível raiz intelectual que a FUR tivera se extinguiu por completo. Sankoh executou quem criticava as crescentes atrocidades. Em pouco tempo, eram raros os que se uniam voluntariamente à FUR. Em vez disso, passaram a fazer recrutamento forçado, particularmente de crianças. Na verdade, todos os lados faziam isso, incluindo o Exército. Se a guerra civil de Serra Leoa foi uma cruzada para construir uma sociedade melhor, acabou sendo uma cruzada de crianças. O conflito se intensificou com massacres e abusos generalizados de direitos humanos, incluindo estupros em massa e a amputação de mãos e orelhas. Quando a FUR assumia uma área, passava a explorá-la economicamente. Isso era mais evidente nas áreas de mineração de diamantes, onde as pessoas eram obrigadas a trabalhar nos garimpos, mas a exploração era disseminada por todo o país.

A FUR não era a única a cometer atrocidades, realizar massacres e impor trabalhos forçados. O governo fazia o mesmo. Tamanho era o colapso da lei e da ordem que passou a ser difícil discernir quem era soldado e quem era rebelde. A disciplina militar desapareceu. Quando a guerra acabou, em 2001, provavelmente 80 mil pessoas haviam morrido, e o país inteiro estava devastado. Estradas, casas e edifícios tinham sido destruídos. Hoje, se você vai a Koidu, uma importante área de mineração de diamantes no leste do país, ainda verá fileiras de casas incendiadas com marcas de bala na parede.

Em 1991, o Estado de Serra Leoa estava falido. Pense no que o rei Shyaam fez com os bushongos (Capítulo 5): estabeleceu instituições extrativistas para consolidar seu poder e explorar aquilo que o restante da sociedade produzia. Porém, mesmo instituições extrativistas e uma autoridade central concentrada nas mãos dele era melhor em relação à falta de lei e ordem, autoridade central e de direitos de propriedade que caracterizava a sociedade dos leles, do outro lado do rio Cassai. Essa falta de ordem e de autoridade central tem sido o destino de muitos países africanos nas últimas décadas, em parte porque o processo de centralização política aconteceu tardiamente em grande parte da África subsaariana, mas também porque o círculo vicioso das instituições extrativistas retrocedia qualquer centralização estatal, pavimentando o caminho para o fracasso do Estado.

Serra Leoa, durante sua sangrenta guerra civil de dez anos, entre 1991 e 2001, foi um típico caso de Estado falido. O país começou como apenas mais uma nação deteriorada por instituições extrativistas, embora fossem de um tipo particularmente pernicioso e ineficiente. Os países não se transformam em Estados falidos por causa de sua geografia ou de sua cultura, mas sim em função do legado das instituições extrativistas, que concentram o poder e a riqueza nas mãos daqueles que controlam o Estado, abrindo caminho para agitações, conflitos e guerra civil. As instituições extrativistas também contribuem diretamente para o fracasso gradual do Estado ao negligenciar os investimentos nos serviços públicos mais básicos, exatamente como aconteceu em Serra Leoa.

Instituições extrativistas que expropriam e empobrecem as pessoas e bloqueiam o desenvolvimento econômico são bastante comuns na África, na Ásia e na América do Sul. Charles Taylor ajudou a iniciar a guerra civil em Serra Leoa ao mesmo tempo que dava início a um conflito brutal na Libéria, que também levou à falência do Estado. O padrão de instituições extrativistas entrando em colapso e dando início a guerras civis aconteceu em outros lugares na África — por exemplo, em Angola, na Costa do Marfim, em Moçambique, na República do Congo, na República Democrática do Congo, na Somália, so Sudão e em Uganda. O extrativismo abre caminho para conflitos, que não são muito diferentes dos que ocorreram nas cidades-Estado maias quase mil anos antes. Os conflitos precipitam a falência do Estado. Portanto, outra causa para o fracasso das nações hoje é o fracasso de seus Estados. Isso, por sua vez, é consequência de décadas de governos utilizando instituições econômicas e políticas extrativistas.

Quem é o Estado?

Os casos de Zimbábue, da Somália e de Serra Leoa, ainda que sejam típicos em países pobres da África, talvez até da Ásia, parecem bastante extremos. Certamente a América Latina não tem países com Estados falidos, certo? Claro que os presidentes latino-americanos não são descarados o suficiente para ganhar na loteria, certo?

Na Colômbia, a cordilheira dos Andes se funde com uma grande planície litorânea que encontra o Caribe, ao norte. Os colombianos chamam essa porção do país de *tierra caliente*, a "terra quente", para distingui-la do mundo andino, a *tierra fria*, a "terra fria". Nos últimos cinquenta anos, a

Colômbia tem sido considerada pela maior parte dos cientistas políticos e por outros governos uma democracia. Os Estados Unidos se dizem satisfeitos em negociar um potencial tratado de livre-comércio com o país e fornecem todo tipo de auxílio, particularmente no campo militar. Depois de um breve governo militar, que se encerrou em 1958, as eleições têm sido regulares, embora, em 1974, um pacto tenha tornado o poder político e a presidência rotativos entre dois dos partidos políticos mais tradicionais, os Conservadores e os Liberais, passando sempre de um para outro. Mesmo assim, esse pacto, a Frente Nacional, foi ratificado pelo povo colombiano por meio de um plebiscito, e tudo isso parece bastante democrático.

No entanto, embora a Colômbia tenha uma longa história de eleições democráticas, o país não tem instituições inclusivas. Pelo contrário, sua história tem sido marcada por violações de liberdades civis, execuções extrajudiciais, violência contra civis e guerra civil. Não exatamente o tipo de resultado que se espera de uma democracia. A guerra civil na Colômbia é diferente da que aconteceu em Serra Leoa, onde o Estado e a sociedade entraram em colapso e o caos imperou. O governo militar dos anos 1950 foi parcialmente responsável por uma guerra civil conhecida em espanhol como La Violencia. Desde aquela época, vários grupos insurgentes, quase todos revolucionários comunistas, infestaram o interior, raptando e assassinando. Na área rural da Colômbia, para evitar essas opções desagradáveis, era preciso pagar a *vacuna*, literalmente "vacina", um nome simbólico para a proteção contra assassinatos ou sequestros com pagamentos mensais para algum grupo de bandidos armados.

Nem todos os grupos armados da Colômbia são comunistas. Em 1981, membros da principal guerrilha comunista da Colômbia, as Forças Armadas Revolucionárias da Colômbia (Farc), sequestraram Jesús Castaño, um fazendeiro que criava gado leiteiro e morava em uma cidadezinha chamada Amalfi, nas *tierras calientes*, região nordeste do departamento de Antioquia. As Farc exigiram um resgate de 7,5 mil dólares, uma pequena fortuna na Colômbia rural. A família arrecadou o valor hipotecando a fazenda, mas mesmo assim o corpo do pai foi encontrado acorrentado a uma árvore. Isso foi a gota d'água para os três filhos de Castaño, Carlos, Fidel e Vicente. Eles fundaram um grupo paramilitar, Los Tangueros, para caçar membros das Farc e vingar o pai. Os irmãos eram bons de organização, e em pouco tempo o grupo cresceu e começou a achar interesses em comum com outros grupos paramilitares que surgiram por motivos semelhantes. Colombianos de muitas regiões sofriam nas mãos das guerrilhas de esquerda, e os paramilitares de direita se organizaram para fazer frente a eles. Os paramilitares eram usados pelos proprietários de terra que queriam se defender contra as guerrilhas, mas também estavam envolvidos com tráfico de drogas, extorsão, sequestro e assassinato.

Em 1997, os paramilitares, sob a liderança dos irmãos Castaño, conseguiram formar uma organização nacional denominada Autodefesas Unidas da Colômbia (AUC), que expandiu sua atuação para várias partes do país, particularmente nas *tierras calientes*, nos departamentos de Córdoba, Sucre, Magdalena e César. Em 2001, a AUC pode ter chegado a um contingente de 30 mil homens armados à disposição e estava organizada em diferentes blocos. Em Córdoba, o grupo paramilitar Bloque Catatumbo era liderado por Salvatore Mancuso. Seu poder continuava a crescer, e a AUC tomou a decisão estratégica de se envolver com a política. Paramilitares e políticos flertavam uns com os outros. Vários dos líderes da AUC organizaram uma reunião com políticos de destaque na cidade de Santa Fé de Ralito, em Córdoba. Um documento conjunto, um pacto clamando pela "refundação do país", foi publicado e assinado pelos principais membros da AUC — como "Jorge 40", apelido de Rodrigo Tovar Pupo; Adolfo Paz, nome de guerra de Diego Fernando "Don Berna" Murillo; e Diego Vecino, cujo verdadeiro nome era Edwar Cobo Téllez — junto com políticos como os senadores William Montes e Miguel de la Espriella. Àquela altura, a AUC administrava grandes porções da Colômbia e não teve dificuldade em fraudar as eleições de

2002 para decidir quem seria eleito à Câmara e ao Senado. Por exemplo, no município de San Onofre, em Sucre, a eleição foi fraudada pelo líder militar Cadena ("corrente"). Uma testemunha ocular descreve o que ocorreu:

> Os caminhões de Cadena percorriam os bairros, *corregimientos* e áreas rurais de San Onofre pegando pessoas. De acordo com alguns habitantes (...) nas eleições de 2002, centenas de camponeses foram levados ao *corregimiento* de Plan Parejo para ver o rosto dos candidatos em que deveriam votar nas eleições parlamentares: Jairo Merlando para o Senado e Muriel Benito Rebollo para a Câmara.
> Cadena colocou num saco os nomes dos membros da Câmara Municipal, tirou dois e disse que, caso Muriel não vencesse seriam assassinados junto com outras pessoas que ele escolheria aleatoriamente.

A ameaça parece ter funcionado: os dois candidatos tiveram 40 mil votos em Sucre. Não chega a ser surpresa que o prefeito de San Onofre tenha assinado o pacto de Santa Fé de Ralito. Provavelmente um terço dos deputados e senadores devia sua eleição em 2002 ao apoio dos paramilitares, e o Mapa 20 (a seguir), que mostra as áreas da Colômbia sob o controle dessas milícias, deixa claro como era grande a área dominada . O próprio Salvatore Mancuso expôs a situação numa entrevista:

> Trinta e cinco por cento da Câmara foi eleita em áreas de estados dos grupos de autodefesa, onde nós cobrávamos os impostos, fazíamos o papel do Judiciário, e tínhamos o controle militar e territorial. Todo mundo que queria entrar para a política precisava negociar com os representantes políticos que tínhamos lá.

Mapa 20: Presença paramilitar na Colômbia, 1997-2005.

Não é difícil imaginar o efeito de um controle paramilitar tão extenso sobre a política e a sociedade, as instituições econômicas e as políticas públicas. A expansão da AUC não foi pacífica. O grupo lutava contra as Farc, mas também matava civis inocentes e expulsava centenas de milhares de pessoas de suas casas. De acordo com o Centro de Monitoramento para Deslocamento Interno do Conselho Norueguês de Refugiados, no início de 2010, cerca de 10% da população da Colômbia, perto de 4,5 milhões de pessoas, tinha sido deslocada de sua região de origem. Os paramilitares, como Mancuso sugeriu, também tinham assumido o governo e todas as suas funções, exceto pelo fato de que os impostos cobrados eram simplesmente expropriação, e o dinheiro ia para os seus bolsos. Um pacto extraordinário entre o líder paramilitar Martín Llanos, cujo nome verdadeiro é Héctor Germán Buitrago, e os prefeitos de Tauramena,

Aguazul, Maní, Villanueva, Monterrey e Sabanalarga, no departamento de Casanare, no leste da Colômbia, elenca as seguintes regras a que os prefeitos precisavam aderir por ordem dos "Camponeses Paramilitares de Casanare":

9) Entregar 50% do orçamento municipal para que seja executado pelos Camponeses Paramilitares de Casanare.
10) 10% de todos os contratos da prefeitura [devem ser dados aos Camponeses Paramilitares de Casanare].
11) Comparecimento obrigatório a todas as reuniões convocadas pelos Camponeses Paramilitares de Casanare.
12) Inclusão dos Camponeses Paramilitares de Casanare em todos os projetos de infraestrutura.
13) Filiação ao novo partido político formado pelos Camponeses Paramilitares de Casanare.
14) Cumprimento do programa de governo.

Casanare não é um departamento pobre. Pelo contrário, é o departamento com maior renda per capita da Colômbia, por conta dos grandes campos de petróleo, exatamente o tipo de recurso que atrai paramilitares. Na verdade, depois de chegarem ao poder, essas milícias intensificaram a expropriação sistemática de propriedades. O próprio Mancuso supostamente teria acumulado o equivalente a 25 milhões de dólares em propriedades urbanas e rurais. As estimativas de terras expropriadas por militares na Colômbia chegam a 10% de toda área rural.

A Colômbia não é um caso de Estado falido à beira do colapso, mas é um Estado sem centralização suficiente e longe de possuir autoridade completa sobre todo o seu território. Embora o seja capaz de oferecer segurança e serviços públicos em grandes áreas urbanas, como Bogotá e Barranquilla, há partes significativas do país onde o Estado oferece poucos serviços públicos e quase não há lei e ordem. Em vez disso, outros grupos e indivíduos, como Mancuso, controlam a política e os recursos.

Em algumas partes do país, as instituições econômicas funcionam bastante bem e há altos níveis de capital humano e talentos empresariais; em outras, as instituições são bastante extrativistas, chegando a não oferecer sequer um grau mínimo de autoridade estatal.

Pode ser difícil compreender como uma situação desse tipo pode se sustentar por décadas, até mesmo séculos. No entanto, a situação tem uma lógica própria, uma espécie de círculo vicioso. A violência e a ausência de instituições estatais entram em relação simbiótica com os políticos que administram as partes funcionais da sociedade. O relacionamento simbiótico surge porque os políticos de nível nacional exploram a ausência de lei nas partes periféricas do país enquanto os grupos paramilitares não são combatidos pelo governo nacional.

Esse padrão ficou mais aparente nos anos 2000. As eleições presidenciais de 2002 foram vencidas por Álvaro Uribe, que tinha algo em comum com os irmãos Castaño: seu pai havia sido assassinado pelas Farc. Uribe teve como base de sua campanha o repúdio às tentativas dos governos anteriores de fazer as pazes com as Farc. Em 2002, teve votação três pontos percentuais mais alta nas áreas onde havia paramilitares. Em 2006, quando reeleito, a votação foi onze pontos percentuais mais alta nessas áreas. Se eram capazes de obter votos para a Câmara e o Senado, Mancuso e seus sócios podiam fazer o mesmo nas eleições presidenciais, particularmente quando se tratava de um presidente bastante alinhado com sua visão de mundo e que provavelmente seria leniente com eles. Jairo Angarita — que trabalhava para Mancuso e fora líder dos blocos da AUC em Sinú e San Jorge — disse, em setembro de 2005, que tinha orgulho de trabalhar pela "reeleição do melhor presidente que já tivemos".

Depois de eleitos, os senadores e deputados paramilitares votaram de acordo com os desejos de Uribe, principalmente mudando a Constituição para que ele pudesse ser reeleito em 2006, o que não era permitido na época de sua primeira eleição, em 2002. Em troca, o presidente aprovou uma lei muito leniente que permitia a desmobilização das forças paramilitares. Desmobilização não significava o fim do paramilitarismo, e sim sua institucionalização em grandes partes da Colômbia e no Estado colombiano, que os paramilitares haviam tomado e tiveram permissão para manter.

Na Colômbia, muitos aspectos das instituições econômicas e políticas se tornaram mais inclusivos ao longo do tempo. Contudo, alguns elementos extrativistas importantes perduram. A ausência de legalidade e a insegurança quanto aos direitos de propriedade é endêmica em grandes porções do país, consequência da falta de controle do Estado nacional em muitas regiões e principalmente da falta de centralização do Estado. Mas essa situação não é inevitável; é consequência da dinâmica especular do círculo vicioso: as instituições políticas na Colômbia não geram incentivos para que os políticos ofereçam serviços públicos, lei e ordem em grande parte do país e não impõem restrições suficientes a eles para evitar acordos implícitos ou explícitos com bandidos e paramilitares.

El Corralito

A Argentina estava em meio a uma crise econômica no fim de 2001. Por três anos, a renda vinha caindo, o desemprego estava crescente, e o país havia acumulado uma dívida externa gigantesca. As políticas que levaram a essa situação foram adotadas depois de 1989, pelo governo de Carlos Menem, para cessar a hiperinflação e estabilizar a economia. E funcionaram por um tempo.

Em 1991, Menem indexou o peso argentino ao dólar: por lei, 1 peso equivalia a 1 dólar, e a taxa de câmbio não variava. Ponto-final — bom, quase. Para assegurar as pessoas de que realmente pretendia seguir a lei, o governo convenceu a população a abrir contas bancárias em dólares. Era possível usar dólares nas lojas da capital, Buenos Aires, e fazer saques na moeda norte-americana em caixas eletrônicos por toda a cidade. Essa política pode ter ajudado a estabilizar a economia, porém havia um grande inconveniente: isso tornava as exportações argentinas muito caras, e as importações de outros países, muito baratas. As exportações minguaram, e as importações explodiram. Só se podia pagar por elas fazendo empréstimos. A situação era insustentável. A preocupação com a sustentabilidade do peso aumentava, e cada vez mais pessoas colocavam o dinheiro em contas bancárias em dólar. Afinal, se o governo rasgasse a lei e desvalorizasse o peso, as contas em dólar estariam a salvo, certo? As pessoas tinham razão em se preocupar com o peso, mas estavam otimistas demais em relação ao dólar.

Em 1º de dezembro de 2001, o governo congelou todas as contas bancárias, a princípio por noventa dias. Apenas uma pequena quantia em dinheiro podia ser sacada semanalmente. De início, eram 250 pesos, que ainda equivaliam a 250 dólares; depois, 300 pesos. Mas os saques só podiam ser realizados das contas em peso. Ninguém tinha permissão para sacar dinheiro das contas em dólar, a não ser que concordassem com a conversão dos dólares para pesos. Ninguém queria isso. Os argentinos apelidaram a situação de *El Corralito*, "O Curralzinho": os correntistas estavam presos como gado em um curral, sem ter para onde ir. Em janeiro finalmente veio a desvalorização, e, em vez da equivalência entre peso e dólar, não demorou para que cada 4 pesos valesse 1 dólar. Isso parecia dar razão aos que acharam que podiam poupar em dólares, mas não foi o caso, porque o governo converteu à força todas as contas bancárias em dólares para pesos, mas usando a antiga taxa de um para um. Quem tivesse mil dólares na conta de repente se viu com 250. O governo havia expropriado três quartos da poupança da população.

Para os economistas, a Argentina é um país intrigante. Para exemplificar como é difícil compreendê-la, Simon Kuznets, vencedor do Nobel de Economia, disse, numa frase célebre, que havia quatro tipos de países: os desenvolvidos, os subdesenvolvidos, o Japão e a Argentina. Kuznets achava isso porque, na época da Primeira Guerra Mundial, a Argentina era um dos países mais ricos do mundo. Depois, entrou em um declínio contínuo em relação a outros países na Europa Ocidental e na América do

Norte que acabou levando, nas décadas de 1970 e 1980, a uma decadência absoluta. Na superfície, o desempenho econômico da Argentina é difícil de compreender, porém as razões para sua decadência se tornam mais claras quando observadas pelas lentes das instituições inclusivas e extrativistas.

É verdade que, antes de 1914, a Argentina viveu cerca de cinquenta anos de crescimento econômico, mas foi um clássico exemplo de crescimento em meio a instituições extrativistas. Na época, o país era governado por uma pequena elite das exportações agrícolas, e a economia crescia em função da exportação de carnes, couros e grãos, em meio a um momento de alta nos preços desses produtos no mercado internacional. Como toda experiência do gênero em meio a instituições extrativistas, o crescimento argentino também não gerou destruição criativa nem inovação. E não era sustentável. Mais ou menos na época da Primeira Guerra Mundial, revoltas armadas e a instabilidade política crescente levaram as elites argentinas a tentar abrir o sistema político, mas isso causou uma mobilização de forças que elas não tinham como controlar, e em 1930 aconteceu o primeiro golpe militar. Daí até 1983, a Argentina oscilou entre ditaduras e democracias e entre diversos tipos de instituições extrativistas. Houve grande repressão de governos militares, que chegaram ao auge na década de 1970, quando pelo menos 9 mil pessoas, mas provavelmente bem mais do que isso, foram executadas ilegalmente. Centenas de milhares foram presas e torturadas.

Durante os períodos de governo civil havia eleições — uma espécie de democracia —, mas o sistema político passava longe de ser inclusivo. Desde a ascensão de Perón, na década de 1940, a Argentina democrática foi dominada pelo partido político que ele criou, o Partido Justicialista, em geral chamado apenas de Partido Peronista. Os peronistas venciam eleições graças a uma imensa máquina política que atingia o sucesso por meio da compra de votos, do oferecimento de proteção e da corrupção, que incluía a concessão de contratos e cargos no governo em troca de apoio político. Em certo sentido, havia democracia, mas não havia pluralismo. O poder era muito concentrado no Partido Peronista, que enfrentava poucas limitações e podia fazer quase tudo o que quisesse, pelo menos quando não era tirado do poder pelos militares. Como vimos no Capítulo 11, se a Suprema Corte mudasse uma política, quem se dava mal era a Suprema Corte.

Na década de 1940, Perón transformou o movimento trabalhista em sua base política. Quando o movimento foi enfraquecido nas décadas de 1970 e 1980 pela repressão militar, o Partido Peronista simplesmente passou a comprar votos em outros lugares. As políticas e as instituições econômicas eram planejadas para gerar renda aos apoiadores do partido, não para criar oportunidades iguais. Quando o presidente Menem se deparou com um limite de mandatos que o impedia de se reeleger nos anos 1990, o que se viu foi mais do mesmo; ele só conseguiu reescrever a Constituição e se livrar do limite de mandatos. Como mostra *El Corralito*, ainda que a Argentina tenha eleições e representantes eleitos pelo povo, o governo é perfeitamente capaz de passar por cima dos direitos de propriedade e expropriar seus cidadãos impunemente. Os presidentes e as elites da Argentina enfrentam poucos limites, e certamente não existe pluralismo.

O que intrigava Kuznets e sem dúvida muitas outras pessoas que visitam Buenos Aires é o fato de a cidade parecer tão diferente de Lima, da Cidade da Guatemala ou mesmo da Cidade do México. Não se vê indígenas nem descendentes de ex-escravizados. A arquitetura é gloriosa, com edifícios construídos durante a Belle Époque, quando o país cresceu sob as instituições extrativistas. Acontece que Buenos Aires é apenas parte da Argentina. Menem, por exemplo, não veio de Buenos Aires; nasceu em Anillaco, na província de La Rioja, nas montanhas distantes da capital, a nordeste, e foi por três vezes governador da província. Na época da conquista das Américas pelos espanhóis, essa área era uma parte remota do Império Inca e tinha uma densa população indígena (ver Mapa 1). Os espanhóis criaram *encomiendas* ali, e uma economia altamente extrativista se desenvolveu com o cultivo de alimentos e a criação de mulas para garimpeiros de Potosí, ao norte. Na verdade, La

Rioja era muito mais parecida com a área de Potosí no Peru e na Bolívia do que com Buenos Aires. No século XIX, La Rioja produziu o célebre caudilho Facundo Quiroga, que governou a área sem leis e marchou com seu exército para Buenos Aires. A história do desenvolvimento das instituições políticas da Argentina é uma história sobre como as províncias do interior, incluindo La Rioja, chegaram a acordos com Buenos Aires. Esses acordos eram uma trégua: os caudilhos de La Rioja concordaram em deixar a capital em paz, ganhando dinheiro, e, em troca, as elites de Buenos Aires abriam mão de reformar as instituições "do interior". Desse modo, a Argentina inicialmente parece um mundo à parte do Peru ou da Bolívia, mas na verdade a diferença não é tanta depois que você sai dos bulevares elegantes da capital. Como as preferências e a política do interior se incrustaram nas instituições argentinas, o país trilhou um caminho institucional bastante semelhante ao de outros países extrativistas latino-americanos.

É típico da América Latina que as eleições não levem a instituições políticas ou econômicas inclusivas. Na Colômbia, os paramilitares conseguem fraudar um terço das eleições nacionais. Na Venezuela, assim como na Argentina, o governo democraticamente eleito de Hugo Chávez ataca seus oponentes, demite-os de cargos públicos, fecha jornais por não gostar de suas linhas editoriais e expropria propriedades. Em tudo que faz, Chávez enfrenta limitações muito menores do que Sir Robert Walpole enfrentou na Grã-Bretanha dos anos 1720, quando não conseguiu condenar John Huntridge usando o Black Act (Capítulo 11). Huntridge teria se dado mal na Venezuela ou na Argentina dos dias de hoje.

Embora a democracia que está emergindo na América Latina seja, em tese, diametralmente oposta ao domínio das elites, e em sua retórica e ação redistribua direitos e oportunidades para que não fiquem restritos a uma porção tão limitada da população, suas raízes se baseiam nos regimes extrativistas, e em dois sentidos. Primeiro, as desigualdades que persistem há séculos em meio a regimes extrativistas fazem com que eleitores em democracias jovens votem em candidatos com políticas extremas. Não que os argentinos sejam ingênuos e acreditem que Juan Perón ou os peronistas mais recentes, como Menem ou os Kirchners, sejam altruístas e estejam cuidando dos interesses da população, ou então que os venezuelanos vejam sua salvação em Hugo Chávez. Na verdade, muitos argentinos e venezuelanos reconhecem que todos os outros políticos e partidos fracassaram por tempo demais, sem lhes dar voz, sem fornecer os serviços públicos mais básicos, como estradas e educação, e sem protegê-los contra a exploração das elites locais. Muitos venezuelanos apoiam as políticas de Chávez, ainda que venham acompanhadas de corrupção e desperdícios, assim como muitos argentinos apoiaram as políticas de Perón nas décadas de 1940 e 1970. Em segundo lugar, mais uma vez são as instituições extrativistas de base que tornam a política tão atraente e tão enviesada em favor de líderes como Perón e Chávez, em vez de beneficiar um sistema partidário forte que produza alternativas socialmente desejáveis. Perón, Chávez e dezenas de outros líderes da América Latina são apenas mais uma faceta da lei de ferro da oligarquia, e, como sugere o nome, as raízes dessa lei de ferro estão nos regimes subjacentes controlados pela elite.

O novo absolutismo

Em novembro de 2009, o governo da Coreia do Norte fez o que os economistas chamam de reforma monetária, que costumam ser causadas por picos inflacionários. Na França, em janeiro de 1960, uma reforma monetária instituiu o novo franco, que equivalia a 100 francos antigos. Os francos antigos continuaram em circulação e era possível estabelecer preços na moeda velha enquanto era feita uma transição gradual. No fim, os francos antigos deixaram de ter validade em janeiro de 2002, quando o país passou a usar o euro. À primeira vista, a reforma norte-coreana foi parecida. Assim como os franceses em 1960, o governo norte-coreano decidiu cortar dois zeros da moeda. Cem wons antigos, a moeda da Coreia do Norte, passariam a valer um won novo. As pessoas podiam trocar o dinheiro antigo pelo novo, embora isso precisasse ser feito no prazo de uma semana e não ao longo de 42 anos, como ocorreu na França. Aí vinha a pegadinha: o governo anunciou que ninguém poderia converter mais do que 100 mil wons, embora mais tarde esse valor tenha sido aumentado para 500 mil wons. Cem mil wons valiam mais ou menos 40 dólares no mercado ilegal. Em uma canetada, o governo havia aniquilado uma imensa fração da riqueza privada de seus cidadãos — não sabemos ao certo quanto, mas provavelmente uma quantia maior do que a expropriada pelo governo argentino em 2002.

O governo da Coreia do Norte é uma ditadura comunista que se opõe à propriedade privada e aos mercados. Porém, é difícil controlar mercados ilegais, cujas transações são em dinheiro vivo. Claro que sempre há uma pequena parcela de dinheiro estrangeiro envolvida, principalmente moeda chinesa, mas muitas transações são feitas em wons. A reforma monetária foi planejada para punir quem usava esses mercados e, mais especificamente, para garantir que essas pessoas não se tornassem ricas ou poderosas o suficiente para ameaçar o regime. Manter as pessoas na pobreza era mais seguro. Mas os mercados ilegais não são o único motivo para reter moeda. As pessoas na Coreia do Norte também mantêm seu dinheiro em wons porque há poucos bancos no país e todos são estatais. Na verdade, o governo usou a reforma para expropriar grande parte das poupanças.

Embora o governo diga ver os mercados ilegais com maus olhos, a elite norte-coreana gosta daquilo que eles podem lhes proporcionar. O líder, Kim-Jong-Il, tinha um palácio dos prazeres de sete andares equipado com bar, máquina de karaokê e um pequeno cinema. O térreo tinha uma enorme piscina com ondas artificiais, onde Kim gostava de usar uma prancha de *bodyboard* equipada com um pequeno motor. Em 2006, quando impuseram sanções à Coreia do Norte, os Estados Unidos sabiam onde o regime sentiria o golpe: tornaram ilegal a exportação de mais de sessenta itens de luxo para o país, como iates, motos aquáticas, carros de corrida, motocicletas, aparelhos de DVD e televisores acima de 29 polegadas. Não haveria mais echarpes de seda, canetas-tinteiro de marca, peles ou malas de couro — exatamente os itens colecionados por Kim e pelas elites do Partido Comunista. Um acadêmico usou números das vendas da empresa francesa Henessy para estimar que o orçamento anual de Kim para conhaque antes das sanções pode ter chegado a 800 mil dólares.

É impossível compreender muitas das regiões mais pobres do mundo no fim do século xx sem compreender o novo absolutismo desse mesmo século: o comunismo. A visão de Marx era de um sistema que geraria prosperidade em condições mais humanas e sem desigualdade. Lênin e o Partido Comunista se inspiraram em Marx, mas a prática não podia estar mais distante da teoria. A Revolução Bolchevique de 1917 foi um episódio sangrento, sem nenhum aspecto humanitário. A igualdade também não era parte da equação, uma vez que a primeira coisa que Lênin e sua comitiva fizeram foi propiciar o surgimento de uma nova elite, formada por eles mesmos, na liderança do Partido Bolchevique. No processo, expurgaram e mataram não apenas indivíduos não comunistas, mas também outros comunistas que podiam ameaçar seu poder. Mas as verdadeiras tragédias ainda estavam por acontecer, primeiro com a guerra civil, depois com a coletivização de Stálin e seus frequentes expurgos, que podem ter matado até 40 milhões de pessoas. O comunismo russo foi brutal, repressivo e sangrento, porém não foi um caso isolado. As consequências econômicas e o sofrimento humano foram bastante parecidos com o que aconteceu em outros lugares — por exemplo, no Camboja na década de 1970, com o regime do Khmer Vermelho, na China e na Coreia do Norte. Em todos os casos, o comunismo levou a ditaduras malignas e a abusos constantes dos direitos humanos. Além do sofrimento humano e da carnificina, todos os regimes comunistas criaram vários tipos de instituições extrativistas. As instituições econômicas, com ou sem mercados, eram planejadas para explorar recursos da população e, por abominarem os direitos de propriedade, era frequente que esses regimes criassem riqueza, em vez de prosperidade. No caso soviético, como vimos no Capítulo 5, o sistema comunista gerou um crescimento rápido no início, mas não conseguiu manter o ritmo e atingiu a estagnação. As consequências foram muito mais devastadoras durante o período do governo de Mao na China, ou no governo do Khmer Vermelho no Camboja e na Coreia do Norte, onde as instituições econômicas levaram ao colapso econômico e à fome.

As instituições econômicas do comunismo, por sua vez, tinham apoio de instituições políticas extrativistas e concentravam todo o poder nas mãos dos partidos comunistas, permitindo que fosse exercido sem restrições. Embora fossem diferentes na forma, tais instituições extrativistas tiveram efeitos sobre a vida das pessoas semelhantes aos gerados no Zimbábue e em Serra Leoa.

O rei algodão

O algodão responde por cerca de 45% das exportações do Uzbequistão, o que torna essa a cultura mais importante do país desde a independência, com o fim da União Soviética, em 1991. No comunismo soviético, todas as terras agricultáveis no Uzbequistão estavam sob controle de 2.048 fazendas estatais. Depois de 1991, essas fazendas foram loteadas, e a terra foi distribuída, mas isso não significava que os agricultores pudessem agir de maneira independente. O algodão era valioso demais para o governo do primeiro, e, até a data de escrita deste livro, único presidente do Uzbequistão, Islam Karimov.* Foram criadas regulações determinando o que os fazendeiros podiam plantar e os preços exatos que podiam praticar. O algodão era um produto de exportação valioso, e os fazendeiros recebiam uma pequena fração dos preços nos mercados internacionais pela sua produção, sendo que o restante ficava com o governo. Ninguém queria cultivar algodão por aqueles preços, então o governo teve de forçar as pessoas. Todo fazendeiro tinha a obrigação de destinar 35% de sua terra ao algodão. Isso causou muitos problemas, como dificuldades com o

---

* Karimov foi presidente do Uzbequistão até sua morte, em 2016. [N. E.]

maquinário. Na época da independência, cerca de 40% da safra era colhida por colheitadeiras. Depois de 1991, sem nenhuma surpresa, dados os incentivos que o regime do presidente Karimov criou, os produtores não estavam dispostos a comprar e manter esses equipamentos. Reconhecendo o problema, Karimov bolou uma solução, que na verdade era uma opção mais barata do que colheitadeiras: crianças em idade escolar.

O algodão está pronto para ser colhido no início de setembro, mais ou menos na mesma época em que as crianças voltam às aulas. Karimov estabeleceu aos governadores que determinassem cotas de algodão para as escolas colherem. No início de setembro, as escolas estavam vazias, sem seus 2,7 milhões de alunos (números de 2006). Os professores, em vez de educar, recrutavam mão de obra. Gulnaz, mãe de duas dessas crianças, explicou o que acontecia:

> No início de cada ano letivo, mais ou menos no começo de setembro, as aulas são suspensas, e as crianças são mandadas para fazer a colheita do algodão. Ninguém pede o consentimento dos pais. Os alunos não têm fim de semana [durante a colheita]. Se uma criança não vai para a escola, o professor ou o tutor da turma vai até a casa e denuncia os pais. Cada criança recebe um plano, que estabelece cotas entre 20 e 60 quilos diários, dependendo da idade. Se a criança não atinge a cota, na manhã seguinte é humilhada diante de toda a turma.

A colheita dura dois meses. Crianças da área rural que têm a sorte de serem designadas para fazendas perto de casa podem ir para o trabalho andando ou de ônibus. As que moram mais longe ou são de áreas urbanas têm de dormir nos galpões ou depósitos junto com o maquinário e os animais. Não há banheiro nem cozinha. As crianças têm de levar o próprio almoço.

Os principais beneficiários de todo esse trabalho forçado são as elites políticas, lideradas pelo presidente Karimov, que na prática é o rei de todo o algodão do país. As crianças deveriam ser pagas pelo trabalho, mas o pagamento não sai da teoria. Em 2006, quando o preço do algodão nos mercados internacionais estava em torno de 1,40 dólar por quilo, as crianças recebiam 3 centavos de dólar pela cota de vinte a sessenta quilos. Provavelmente 75% do algodão em 2012 era colhido por crianças. Na primavera, a escola fica fechada para que os alunos trabalhem compulsoriamente capinando, tirando as ervas daninhas e fazendo o transplante das mudas.

Como as coisas chegaram a esse ponto? Esperava-se que o Uzbequistão, assim como outras repúblicas socialistas soviéticas, se tornasse independente depois do colapso da União Soviética e desenvolvesse uma economia de mercado e uma democracia. Como no caso de muitas outras repúblicas soviéticas, não foi o que aconteceu. O presidente Karimov, que iniciou sua carreira política no Partido Comunista da antiga União Soviética, chegando a se tornar primeiro-secretário para o Uzbequistão no momento oportuno de 1989, bem quando o Muro de Berlim caía, conseguiu se reinventar como nacionalista. Com o apoio crucial das forças de segurança, em dezembro de 1991, ele venceu as primeiras eleições presidenciais da história do Uzbequistão. Depois de assumir o poder, garroteou a oposição política independente. Seus adversários foram parar ou na cadeia ou no exílio. Não existia imprensa independente no Uzbequistão e nenhuma ONG tinha permissão para funcionar no governo de Karimov. O apogeu da repressão aconteceu em 2005, quando possivelmente 750 manifestantes, quem sabe um número maior, foram mortos pela polícia e pelo exército em Andijon.

Usando seu comando sobre as forças de segurança e o total controle da imprensa, Karimov primeiro estendeu seu mandato presidencial para cinco anos, por meio de um referendo, depois venceu a reeleição para um novo período de sete anos em 2000, com 91,2% dos votos. Seu único oponente declarou ter votado em Karimov! Na reeleição de 2007, vista por muitos como uma fraude, ele teve 88% dos votos. As eleições no Uzbequistão são semelhantes às que Joseph Stálin costumava organizar no apogeu da União Soviética. Uma delas, em 1937, recebeu famosa cobertura do correspondente do *New York Times*, Harold Denny, que reproduziu uma tradução do *Pravda*, o jornal do Partido Comunista, que deveria dar uma noção da tensão e da empolgação com as eleições soviéticas:

> Bate a meia-noite. Doze de dezembro, o dia das primeiras eleições gerais, igualitárias e diretas para o Soviete Supremo, acabou. O resultado da votação está prestes a ser anunciado.
> A comissão permanece sozinha na sala. Tudo está em silêncio, e os lampiões brilham, solenes. Em meio à intensa expectativa geral, com todos atentos, o presidente realiza todas as formalidades necessárias antes da apuração — checando em listas quantos eleitores há e quantos votaram — e o resultado é de 100%. 100%! Em qual eleição em outro país algum candidato obteve uma resposta de 100%?
> A atividade principal começa agora. Empolgado, o presidente inspeciona os lacres nas caixas. Depois, os membros da comissão fazem o mesmo. Os lacres estão intactos e são rompidos. As caixas são abertas.
> Tudo está em silêncio. Eles se sentam, atentos e sérios, os inspetores e organizadores das eleições.
> É hora de abrir os envelopes. Três membros da comissão pegam tesouras. O presidente se levanta. Os responsáveis por anotar os resultados estão com os cadernos prontos. O primeiro envelope é aberto. Todos os olhos se voltam para ele. O presidente pega dois papéis — branco [para um candidato ao Soviete da União] e azul [para um candidato ao Soviete das Nacionalidades] — e lê em voz alta e distinta: "Camarada Stálin."
> A solenidade é imediatamente rompida. Todos na sala pulam e aplaudem, alegres e arrebatados, o primeiro voto da

primeira eleição secreta sob a Constituição Stalinista — um voto com o nome do criador da Constituição.

Esse clima serviria para mostrar o suspense em torno das reeleições de Karimov, que parece ter aprendido com Stálin sobre repressão e controle político, e que organiza eleições que concorrem com as de Stálin em surrealismo.

Sob o regime de Karimov, o Uzbequistão se tornou um país pobre e com instituições políticas e econômicas muito extrativistas. Provavelmente um terço das pessoas vive na pobreza, e a renda anual média está em torno de 1.000 dólares. Nem todos os indicadores de desenvolvimento são ruins. De acordo com dados do Banco Mundial, as matrículas escolares são de 100% — bem, possivelmente à exceção do período de colheita de algodão. A alfabetização também é bastante alta, embora, além de controlar toda a imprensa, o governo também controle livros e censure a internet. Embora a maior parte das pessoas receba apenas alguns centavos por dia pela colheita de algodão, a família Karimov e seus antigos amigos comunistas que se reinventaram depois de 1989 no papel de novas elites econômicas e políticas do Uzbequistão acumularam fortunas fabulosas.

Os interesses econômicos da família são geridos pela filha de Karimov, Gulnora, que imaginam que será a sucessora do pai como presidente.* Em um país com tão pouca transparência e com tantos segredos, ninguém sabe exatamente o que a família Karimov controla ou quanto dinheiro ganha, mas a experiência da empresa norte-americana Interspan é um indício do que ocorreu na economia uzbeque ao longo das últimas duas décadas. O algodão não é o único produto agrícola; partes do país são ideais para o cultivo de chá, e a

---

* O real sucessor foi Shavkat Mirziyoyev, que é presidente desde 2016. [N. E.]

Interspan decidiu investir nisso. Em 2005, a empresa tinha conquistado mais de 30% do mercado legal, mas aí começaram os problemas. Gulnora decidiu que a indústria do chá parecia economicamente promissora. Em pouco tempo, funcionários da Interspan que trabalhavam no país começaram a ser presos, espancados e torturados. A operação se tornou impossível, e, em agosto de 2006, a empresa deixou o país. Seus ativos foram assumidos pelas empresas de chá da família Karimov, que cresciam depressa, representando na época 67% no mercado, quando poucos anos antes tinha uma fatia de apenas 2%.

Em muitos aspectos, o Uzbequistão parece uma relíquia do passado, de uma era esquecida. É um país que definha sob o absolutismo de uma única família e dos amigos que a cercam, com uma economia baseada em trabalho forçado — pior: trabalho infantil forçado. Só que não é bem assim. O país é parte de um mosaico atual de sociedades que fracassam em meio a instituições extrativistas, e infelizmente há muitas coisas em comum com outras ex-repúblicas socialistas soviéticas, de Armênia e Azerbaijão a Quirquistão, Tadjiquistão e Turcomenistão, e nos faz lembrar que, mesmo no século XXI, as instituições econômicas e políticas extrativistas podem ser desavergonhadas e atrozes.

Mantendo o jogo desigual

A década de 1990 foi um período de reformas no Egito. Desde o golpe militar que derrubou a monarquia, em 1954, o Egito vinha sendo governado como uma sociedade semissocialista em que o governo desempenhava papel central na economia. Muitos setores da economia eram dominados por estatais. Ao longo dos anos, a retórica socialista foi deixada de lado, os mercados se abriram, e o setor privado se desenvolveu. No entanto, os mercados criados não eram inclusivos, mas, sim, controlados pelo Estado e por um punhado de empresários aliados ao Partido Democrático Nacional (PDN), o partido político fundado pelo presidente Anwar Sadat em 1978. Os empresários se envolveram cada vez mais com o partido e o partido se envolveu ainda mais com eles durante o governo de Hosni Mubarak, que se tornou presidente em 1981, depois do assassinato de Anwar Sadat, e governou com o PDN até ser removido do poder por protestos populares e pelos militares em fevereiro de 2011, como discutimos no Prefácio.

Muitos empresários foram nomeados para cargos importantes, em áreas intimamente relacionadas a seus interesses econômicos. Rasheed Mohamed Rasheed, ex-presidente da Unilever para a África, o Oriente Médio e a Turquia, se tornou ministro do Comércio Exterior e da Indústria; Mohamed Zoheir Wahid Garana, proprietário e diretor da Companhia de Viagens Garana, uma das maiores do Egito, se tornou ministro do Turismo; Amin Ahmed Mohamed Osman Abaza, fundador da Companhia de Comércio de Algodão do Nilo, a maior exportadora de algodão no Egito, foi indicado para o Ministério da Agricultura.

Em muitos setores da economia, empresários convenceram o governo a restringir a entrada de novos atores por meio da regulação estatal. Entre esses setores estavam a mídia, o ferro e o aço, a indústria automotiva, as bebidas alcoólicas e o cimento. Todos os setores eram muito concentrados, com altas barreiras de entrada protegendo os empresários e as companhias que tinham conexões políticas. Grandes empresários próximos ao regime, como Ahmed Ezz (ferro e aço), a família Sawiris (multimídia, bebidas e telecomunicações) e Mohamed Nosseir (bebidas e telecomunicações), receberam proteção estatal, contratos com o governo e grandes empréstimos bancários sem a necessidade de apresentar garantias. Ahmed Ezz era presidente da Ezz Stell, a maior siderúrgica do país, que produzia 70% do aço do Egito, e membro do alto escalão do PDN, presidente da Comissão de Orçamento e Planejamento da Assembleia do Povo e aliado próximo de Gamal Mubarak, um dos filhos do presidente.

As reformas econômicas dos anos 1990, promovidas por instituições financeiras internacionais, tinham como objetivo abrir os mercados e reduzir o papel do Estado na economia. Um dos pilares fundamentais de reformas desse gênero é a privatização de ativos estatais. A privatização mexicana (Capítulo 1), em vez de aumentar a concorrência, simplesmente transformou monopólios estatais em privados, enriquecendo empresários que detinham conchavos políticos, como Carlos Slim. Exatamente o mesmo ocorreu no Egito. Os empresários próximos ao regime conseguiram ter forte influência no processo de privatização, de modo que favorecesse a rica elite empresarial — ou as "baleias", como essas pessoas são conhecidas no país. Na época em que a privatização começou, a economia era dominada por 32 dessas baleias.

Uma delas era Ahmed Zayat, que comandava o Luxor Group. Em 1996, o governo decidiu privatizar a Al Ahram Beverages (ABC), uma empresa que tinha o monopólio da produção de cerveja do Egito. A Companhia Financeira Egípcia, liderada pelo empreiteiro Farid Saad, junto com a primeira empresa de capital de risco do Egito, formada em 1995, apresentou uma proposta. O consórcio contava com Fouad Sultan, ex-ministro do turismo, Mohamed Nosseir, e Mohamed Ragab, outro membro da elite empresarial. O grupo tinha boas conexões, mas não eram boas o suficiente. A proposta de 400 milhões de libras egípcias foi recusada sob a alegação de ser muito baixa. Zayat tinha conexões melhores, mas não tinha dinheiro para comprar a ABC, por isso bolou um esquema engenhoso à moda de Carlos Slim. As ações da ABC foram colocadas à venda pela primeira vez na Bolsa de Londres, e o Luxor Group comprou 74,9% dessas ações a 68,5 libras egípcias cada. Três meses depois, essas ações foram repartidas em duas, e o Luxor Group conseguiu vendê-las todas a 52,5 libras cada, com lucro líquido de 36%, o que permitiu a Zayat comprar a ABC no mês seguinte por 231 milhões de libras. Na época, a ABC lucrava por ano 41,3 milhões de libras e tinha reservas em caixa de 93 milhões de libras egípcias. Uma barganha e tanto. Em 1999, a recém-privatizada ABC estendeu seu monopólio da cerveja para o vinho com a privatização do monopólio estatal de vinho Gianaclis, uma companhia bastante lucrativa, protegida por uma tarifa de 3.000% imposta a vinhos importados e com uma margem de lucro de 70% quando foi vendida. Em 2002, o monopólio mudou outra vez de mãos quando Zayat vendeu a ABC para a Heineken por 1,3 bilhão de libras egípcias. Um lucro de 563% em cinco anos.

Mohamed Nosseir nem sempre esteve do lado perdedor. Em 1993, ele comprou a privatizada El Nasr Companhia de Engarrafamento, que tinha direito ao monopólio do engarrafamento e da venda de Coca-Cola no Egito. As relações de Nosseir com o ministro de estatais da época, Atef Ebeid, permitiram que ele fizesse a compra com pouca concorrência. Nosseir vendeu a empresa depois de dois anos por mais de três vezes o preço de aquisição. Outro exemplo foi o movimento em fins da década de 1990 para envolver o setor privado na indústria estatal de cinema. Mais uma vez, as conexões políticas implicaram que apenas duas famílias poderiam fazer ofertas e operar os cinemas, e uma delas era a família Sawiri.

O Egito hoje é um país pobre — não tão pobre quanto a maior parte dos países ao sul, na África subsaariana, mas ainda assim um país no qual cerca de 40% da população é bastante pobre e vive com menos de 2 dólares por dia. Ironicamente, como vimos antes (Capítulo 2), no século XIX o Egito foi palco de uma tentativa inicialmente bem-sucedida de mudanças institucionais e modernização econômica sob Muhammad Ali, que de fato gerou um período de crescimento econômico extrativista antes de o país ser efetivamente anexado ao Império Britânico. Desde o período colonial britânico, um conjunto de instituições extrativistas surgiu, tendo sido mantido pelos militares depois de 1954. Houve certo grau de crescimento econômico e de investimentos em educação, mas a maioria da população tinha poucas oportunidades financeiras, ao passo que a nova elite podia se beneficiar de suas ligações com o governo.

Essas instituições econômicas extrativistas eram, mais uma vez, apoiadas por instituições políticas extrativistas. O presidente Mubarak planejava dar início a uma dinastia política, preparando seu filho Gamal para substituí-lo. O plano só foi interrompido pelo colapso de seu regime extrativista no início de 2011, diante da agitação disseminada e de protestos durante a chamada Primavera Árabe. Durante a presidência de Nasser, houve alguns aspectos inclusivos nas instituições econômicas, e o Estado efetivamente abriu o sistema educacional e ofereceu algumas oportunidades que o regime anterior do rei Farouk não oferecia. Contudo, foi um exemplo de uma combinação instável de instituições políticas extrativistas com algumas instituições econômicas inclusivas.

O resultado inevitável, como se viu durante o reinado de Mubarak, foi que as instituições econômicas se tornaram ainda mais extrativistas, refletindo a distribuição política do poder. Em certo sentido, a Primavera Árabe foi uma reação a esse cenário — fato que vale não apenas para o Egito, mas também para a Tunísia. Três décadas de crescimento sob instituições políticas extrativistas começaram a entrar em colapso à medida que o presidente Ben Ali e sua família passaram a espoliar cada vez mais a economia.

Por que as nações fracassam

As nações fracassam economicamente devido às suas instituições extrativistas, que mantêm os países na pobreza e os impedem de entrar no caminho do desenvolvimento econômico. Atualmente, isso se aplica à África em lugares como Zimbábue e Serra Leoa; à América do Sul em lugares como a Colômbia e a Argentina; à Ásia em países como a Coreia do Norte e o Uzbequistão; e ao Oriente Médio em países como o Egito. Há diferenças notáveis entre esses países. Alguns são tropicais, outros estão em latitudes temperadas. Alguns foram colônias britânicas; outros, do Japão, da Espanha e da Rússia. Suas histórias, idiomas e culturas são muito diferentes. O que todos compartilham são as instituições extrativistas. Em todos esses casos, a base dessas instituições é uma elite que planeja as instituições econômicas para enriquecer e se perpetuar no poder à custa da vasta maioria da sociedade. As diferentes histórias e estruturas sociais dos países levam às diferenças na natureza das elites e nos detalhes das instituições extrativistas. Entretanto, a razão para que essas instituições perdurem está sempre relacionada ao círculo vicioso, e as consequências em termos de empobrecimento de seus cidadãos, é semelhante — ainda que haja uma diferença de intensidade.

No Zimbábue, por exemplo, a elite é composta por Robert Mugabe e pelo núcleo da Zanu-PF, que liderou a luta anticolonial na década de 1970. Na Coreia do Norte, é o séquito em torno de Kim Jong-il e do Partido Comunista. No Uzbequistão, é o presidente Islam Karimov, sua família e seu grupo de amigos da extinta União Soviética. Esses grupos são muito distintos, e suas diferenças, junto com as sociedades e economias diversificadas que governam, significam que a forma específica das instituições extrativistas é diferente. Por exemplo, como a Coreia do Norte foi criada por uma revolução comunista, o país assume como modelo o governo unipartidário do Partido Comunista. Embora Mugabe tenha convidado as forças militares da Coreia do Norte ao Zimbábue nos anos 1970 para massacrar seus adversários em Matabelelândia, esse modelo de instituição política extrativista não é aplicável ao Zimbábue. Em vez disso, em função do modo como chegou ao poder na luta anticolonial, Mugabe teve de disfarçar seu domínio com eleições, mesmo que durante certo período tenha conseguido engendrar um Estado unipartidário consagrado pela Constituição.

Já a Colômbia, depois da independência da Espanha, teve uma longa história de eleições que historicamente foram um método para compartilhar o poder entre os partidos Liberal e Conservador. Além de as elites serem de origens diversas, seu tamanho também é variado. No Uzbequistão, Karimov conseguiu sequestrar os vestígios do Estado soviético, o que lhe ofereceu um forte aparato para reprimir e assassinar outras elites que pudessem ser alternativas ao seu poder. Na Colômbia, a falta de autoridade do Estado central em partes do país naturalmente levou a elites muito mais fragmentadas — na verdade, a ponto de às vezes matarem umas às outras. Apesar dessas elites diversificadas e das diferentes instituições políticas, essas instituições frequentemente conseguem consolidar e reproduzir o poder das elites que as criaram. No entanto, por vezes as disputas induzidas por elas levam ao colapso do Estado, como em Serra Leoa.

Assim como as histórias e estruturas diferentes significam que a identidade das elites e os detalhes das instituições políticas extrativistas diferem, o mesmo acontece com os detalhes das instituições econômicas extrativistas que as elites estabelecem. Na Coreia do Norte, essas ferramentas de extrativismo foram herdadas do kit de ferramentas comunista: a abolição da propriedade privada, com a agricultura e a indústria administradas pelo Estado.

No Egito, a situação foi bastante semelhante sob o regime militar declaradamente socialista criado pelo coronel Nasser depois de 1952. Nasser se aliou à União Soviética na Guerra Fria, expropriou investimentos externos, como o canal de Suez, de propriedade britânica, e estatizou grande parte da economia. Todavia, a situação no Egito das décadas de 1950 e 1960 era muito diferente do que se via na Coreia do Norte nos anos 1940. Foi muito mais fácil para os norte-coreanos criar uma economia moldada radicalmente no estilo comunista, expropriando antigos ativos japoneses e usando o modelo econômico da Revolução Chinesa.

Na prática, a Revolução Egípcia foi mais um golpe de um grupo de oficiais das Forças Armadas. Então, quando o Egito mudou de lado na Guerra Fria e se tornou pró-Ocidente, foi relativamente fácil — e oportuno — que os militares egípcios passassem de um comando central para um capitalismo clientelista como método de extrativismo. Mesmo assim, o melhor desempenho econômico do Egito, quando comparado com a Coreia do Norte, foi resultado da natureza extrativista mais limitada das instituições egípcias. Por exemplo, por não contar com o controle rigoroso à disposição do Partido Comunista norte-coreano, o regime egípcio precisava aplacar sua população de um modo que não é necessário para o governo da Coreia do Norte. Além disso, mesmo o capitalismo clientelista cria alguns incentivos para investimentos — pelo menos entre favorecidos pelo regime — o que não existe na Coreia do Norte.

Embora esses detalhes sejam importantes e interessantes, as lições fundamentais estão no quadro geral, que revela que em todos esses casos as instituições políticas extrativistas criaram instituições econômicas extrativistas, transferindo riqueza e poder para a elite.

A intensidade do extrativismo nesses diferentes países obviamente varia e tem importantes consequências para a prosperidade. Na Argentina, por exemplo, a Constituição e as eleições democráticas não são eficazes em promover o pluralismo, mas funcionam muito melhor do que na Colômbia. Pelo menos na Argentina o Estado consegue reivindicar o monopólio da violência. Em parte como consequência disso, a renda per capita na Argentina é o dobro da registrada na Colômbia. As instituições políticas em ambos os países são muito mais eficientes para limitar as elites do que as do Zimbábue e de Serra Leoa, que, como resultado, são muito mais pobres do que a Argentina e a Colômbia.

O círculo vicioso também implica que, mesmo quando as instituições extrativistas levam ao colapso estatal, como em Serra Leoa e no Zimbábue, não acaba o domínio dessas instituições. Já vimos que guerras civis e revoluções, embora possam ocorrer em conjunturas críticas, não levam necessariamente a mudanças institucionais. Os acontecimentos em Serra Leoa desde a guerra civil encerrada em 2002 ilustram vividamente essa possibilidade.

Em 2007, o velho partido de Siaka Stevens, o PCTP, voltou ao poder por meio de uma eleição democrática. Embora o candidato vencedor nas eleições presidenciais, Ernest Bai Koroma, não tivesse ligação com os antigos governos do partido, muitas pessoas de seu ministério tinham. Dois dos filhos de Stevens, Bockarie e Jengo, foram inclusive nomeados embaixadores nos Estados Unidos e na Alemanha. Em certo sentido, essa é uma versão mais volátil do que vimos acontecer na Colômbia. Lá, a ausência da autoridade estatal em muitas partes do país perdura ao longo do tempo porque interessa a parte da elite política nacional que seja assim, porém as instituições estatais centrais também são fortes o bastante para impedir que a desordem se transforme num completo caos. Em Serra Leoa, em parte devido à natureza mais extrativista das instituições e em parte devido à história de instituições políticas altamente extrativistas, a sociedade sofreu economicamente e ainda ficou no limite entre a completa desordem e um certo grau de ordem. Mesmo assim, o efeito de longo prazo é o mesmo: o Estado está praticamente ausente e as instituições são extrativistas.

Em todos esses casos houve uma longa história de instituições extrativistas que remonta, pelo menos, ao século XIX. Cada país está preso em um círculo vicioso. Na Colômbia e na Argentina, esses círculos viciosos têm raízes nas instituições do domínio colonial espanhol (Capítulo 1). No Zimbábue e em Serra Leoa, as origens estão nos regimes coloniais britânicos estabelecidos em fins do século XIX. Em Serra Leoa, na ausência de colonos brancos, esses regimes se basearam muito em estruturas extrativistas pré-coloniais de poder político e as intensificaram. Essas estruturas, por sua vez, foram resultado de um longo círculo vicioso que incluía a ausência de centralização política e os efeitos desastrosos do comércio escravagista. No Zimbábue, houve em maior medida o surgimento de uma nova forma de instituição extrativista, uma vez que a Companhia Britânica Sul-Africana criou uma economia dual. No Uzbequistão, o governo pôde assumir as instituições extrativistas da União Soviética e, assim como no Egito, transformá-las num capitalismo clientelista. Em muitos aspectos, as instituições extrativistas da União Soviética eram uma continuidade das instituições do regime czarista, mais uma vez em um padrão resultante da lei de ferro da oligarquia. Esses vários círculos viciosos foram se perpetuando em diferentes partes do mundo ao longo dos últimos 250 anos, dando origem à desigualdade mundial — que ainda persiste.

A solução para o fracasso econômico e político das nações, hoje, é a transformação das instituições extrativistas em inclusivas. Em função do círculo vicioso, isso não é fácil. Mas não é impossível, e a lei de ferro da oligarquia não é inevitável. Círculos viciosos podem ser rompidos por elementos inclusivos preexistentes ou a presença de amplas coalizões que levam a uma disputa com o regime em vigência, ou ainda simplesmente a natureza contingente da história. Assim como a guerra civil em Serra

Leoa, a Revolução Gloriosa em 1688 foi uma disputa pelo poder. Contudo, foram disputas de natureza muito diferente. Pode-se imaginar que alguns membros do Parlamento que lutavam para derrubar Jaime II depois da Revolução Gloriosa tenham se visto no papel do novo absolutista, como aconteceu com Oliver Cromwell depois da Guerra Civil Inglesa. Mas o fato de o Parlamento já ser poderoso e constituído por uma coalizão composta de diferentes interesses econômicos e diversos pontos de vista minimizou as chances de aplicação da lei de ferro da oligarquia em 1688. A isso se somou o fato de a sorte estar do lado do Parlamento e contra Jaime II. No capítulo seguinte, veremos outros exemplos de países que conseguiram quebrar o ciclo e transformar suas instituições para melhor, ainda que tivessem uma longa história de extrativismo.

14.

QUEBRANDO O CICLO

Três chefes africanos

EM 6 DE SETEMBRO DE 1895, o transatlântico *Tantallion Castle* atracou em Plymouth, na costa sul da Inglaterra. Três chefes africanos, Khama, de Ngwato, Bathoen, de Ngwaketse, e Sebele, de Kwena, desembarcaram e pegaram o trem expresso das 8h10 para a Estação Paddington, em Londres. Os três tinham ido à Inglaterra em uma missão: salvar de Cecil Rhodes os seus e mais cinco outros Estados tswanas. Ngwato, Ngwaketse e Kwena eram três dos Estados tswanas do que na época era conhecido como Bechuanalândia, que se tornaria Botsuana depois da independência, em 1966.

As tribos mantiveram relações comerciais com os europeus durante boa parte do século XIX. Na década de 1840, o famoso missionário escocês David Livingstone viajou por boa parte da Bechuanalândia e converteu o rei Sechele de Kwena ao cristianismo. A primeira tradução da Bíblia para uma língua africana foi para o setswana, o idioma dos tswanas. Em 1885, a Grã-Bretanha declarou a Bechuanalândia um protetorado. Os tswanas ficaram contentes com o arranjo, achando que isso os protegeria contra mais invasões europeias, sobretudo contra os bôeres, com quem estavam em conflito desde a Grande Caminhada de 1835, uma migração de milhares de bôeres rumo ao interior para escapar do colonialismo britânico. Os ingleses, por outro lado, desejavam controlar a área para bloquear tanto novas expansões dos bôeres (Capítulo 9) quanto possíveis expansões dos alemães, que dominavam a área do sudoeste africano correspondente à atual Namíbia. Os britânicos não achavam que uma colonização plena valesse a pena. O alto-comissário Rey resumiu com clareza as atitudes do governo britânico em 1885: "Não temos interesse na região ao norte do Molope [o protetorado da Bechuanalândia], exceto como estrada para o interior; podemos, portanto, nos limitar, no presente momento, a impedir que aquela parte do Protetorado seja ocupada ou por aventureiros ou por potências estrangeiras utilizando a menor quantidade possível de gestão ou colonização."

Mas a situação mudou para os tswanas em 1889, quando a Companhia Britânica Sul-Africana começou a se expandir para o norte a partir da África do Sul, expropriando grandes áreas de terra que acabariam se tornando a Rodésia do Norte e a Rodésia do Sul, atuais Zâmbia e Zimbábue. Em 1895, o ano da visita dos três chefes a Londres, Rhodes estava de olho nos territórios a sudoeste da Rodésia, a Bechuanalândia. Os chefes sabiam que, caso caíssem sob o controle de Rhodes, apenas desastre e exploração haveria no futuro de seus territórios. Embora não tivessem como garantir a derrota militar de Rhodes, estavam determinados a combatê-lo como fosse possível. Decidiram escolher o menor entre dois males: maior controle britânico em vez da anexação por Rhodes. Com a ajuda da Sociedade Missionária de Londres, eles viajaram à capital inglesa para tentar convencer a rainha Vitória e Joseph Chamberlain, na época secretário colonial, a assumir maior controle sobre a Bechuanalândia e a protegê-la contra Rhodes.

Em 11 de setembro de 1895, os chefes tiveram a primeira reunião com Chamberlain. Sebele falou primeiro, depois Bathoen e, por fim, Khama. O secretário disse que pensaria na possibilidade de impor o controle britânico para proteger as tribos contra Rhodes. Enquanto isso, os chefes percorreriam o país a fim de obter apoio para seu pedido. Fizeram visitas e discursos em Windsor e Reading, perto de Londres; em Southampton, na costa sul; e em Leicester e Birmingham, na base de apoio político de Chamberlain, as Midlands. Prosseguiram para o norte, rumo à industrial Yorkshire, para Sheffield, Leeds, Halifax e Bradford; também foram para oeste, até Bristol, e depois subiram para Manchester e Liverpool.

Enquanto isso, na África do Sul, Cecil Rhodes fazia preparativos para aquilo que se tornaria a desastrosa Incursão Jameson, um ataque armado à República Bôer do Transvaal, apesar das fortes objeções de Chamberlain. Esses fatos provavelmente tornaram o secretário colonial muito mais simpático à situação dos chefes do que normalmente seria. Em 6 de novembro, os três se encontraram novamente com Chamberlain em Londres. Os chefes falaram por meio de um intérprete:

> **Chamberlain:** Vou falar sobre as terras dos Chefes, sobre a ferrovia e sobre a lei que deve ser observada no território dos Chefes. (...) Vejamos o mapa. (...) Pegaremos a terra necessária para a ferrovia, e mais nada.
> **Khama:** Digo que, se o próprio sr. Chamberlain for pegar as terras, eu fico contente.
> **Chamberlain:** Então diga a ele que eu mesmo vou construir a ferrovia pelos olhos de alguém que vou enviar e que só irá pegar o tanto que eu disser e que vai haver compensação se o que eu pegar tiver valor.
> **Khama:** Gostaria de saber para onde a ferrovia vai.
> **Chamberlain:** A estrada vai cortar seu território, mas ficará cercada, e nós não vamos ficar com nenhuma terra.
> **Khama:** Confio que você vai fazer esse trabalho e que vai ser justo comigo.
> **Chamberlain:** Vou proteger seus interesses.

No dia seguinte, Edward Fairfield, no Escritório Colonial, explicou o acordo de Chamberlain mais detalhadamente:

> Cada um dos três chefes, Khama, Sebele e Bathoen, terá um território dentro do qual viverá como viveu até hoje, porém sob a proteção da Rainha. A Rainha apontará um ministro que viverá no território. Os chefes governarão seus povos basicamente como fizeram até hoje.

A reação de Rhodes ao saber que tinha sido derrotado por três chefes africanos foi previsível: enviou um telegrama para um de seus empregados dizendo: "Eu me recuso a ser vencido por três nativos hipócritas."

Os chefes de fato tinham algo valioso que haviam protegido contra Rhodes e que posteriormente protegeriam contra o governo indireto dos britânicos. No século XIX, os Estados tswanas tinham desenvolvido um conjunto central de instituições políticas e incluíam um grau incomum de centralização política, de acordo com os padrões da África subsaariana, e procedimentos coletivos para tomada de decisão que podem até ser vistos como uma forma nascente e primitiva de pluralismo. Assim como a Magna Carta permitiu a participação dos barões no processo de tomada de decisões políticas e colocou algumas restrições às ações dos monarcas ingleses, as instituições políticas dos tswanas, em particular a *kgotla*, também incentivavam a participação política e impunham limitações aos chefes. O antropólogo sul-africano Isaac Schapera descreve o funcionamento da *kgotla*:

> Todos os assuntos ligados à política tribal acabam sendo levados a uma assembleia geral dos adultos do sexo masculino na *kgotla* (sala do conselho) do chefe. Essas reuniões ocorrem com grande frequência (...) entre os tópicos discutidos (...) estão disputas tribais, brigas entre os chefes e seus parentes, a imposição de novas taxas, a realização de novas obras,

a promulgação de novos decretos pelo chefe (...) não é impossível que a assembleia tribal vete os desejos do chefe. Como qualquer um pode falar, essas reuniões permitem que ele conheça o sentimento geral da população e ofereça uma oportunidade para que as pessoas façam suas queixas. Se a ocasião pedir, ele e seus conselheiros podem ser bastante reprimidos, pois as pessoas não têm medo de falar aberta e francamente.

Além da *kgotla*, a posição de chefe tswana não era estritamente hereditária, estando aberta a qualquer homem que demonstrasse talento e habilidade significativos. O antropólogo John Comaroff estudou a fundo a história política do Estado tswana dos Rolongs. Ele demonstrou que, embora os tswanas parecessem ter regras claras estipulando como os cargos de chefia deviam ser herdados, na prática essas regras eram interpretadas de modo a remover maus governantes do poder e a permitir que candidatos talentosos se tornassem chefes. Ele demonstrou que vencer a disputa para o cargo de chefe era algo que se conquistava, mas que depois havia uma racionalização para que o concorrente escolhido parecesse ser o herdeiro por direito. Os tswanas resumiam essa ideia em um provérbio, com tons de monarquia constitucional: *kgosi ke kgosi ka morafe* — "O rei é rei pela graça do povo".

Os chefes tswanas prosseguiram nas tentativas de manter a independência em relação à Grã-Bretanha e preservar suas instituições originais depois da viagem a Londres. Eles permitiram a construção de ferrovias na Bechuanalândia, porém limitaram a intervenção dos britânicos em outros aspectos da vida econômica e política. Não se opuseram à construção das estradas de ferro, porém não havia relação dessa permissividade com os motivos que levaram os monarcas austro-húngaros e russos a impedirem esses avanços, e sim porque sabiam que as ferrovias, assim como o restante das políticas dos britânicos, não levariam desenvolvimento à Bechuanalândia enquanto estivessem sob controle colonial. Quando ainda era jovem, Quett Masire, presidente da Botsuana independente entre 1980 e 1998, vivenciou experiências que explicam o porquê disso. Masire era um fazendeiro empreendedor na década de 1950 que desenvolveu novas técnicas de cultivo para o sorgo e descobriu um cliente em potencial na Vryburg Milling, uma companhia localizada do outro lado da fronteira, na África do Sul. Marsire foi se encontrar com o chefe da estação ferroviária em Lobatse, na Bechuanalândia, e pediu para alugar dois caminhões a fim de transportar sua safra para Vryburg. O chefe da estação negou. Masire, então, pediu que um amigo branco interviesse. Apesar da relutância, o chefe da estação cedeu, mas quis cobrar quatro vezes o que cobrava dos brancos. Masire desistiu e concluiu: "Eram as práticas dos brancos, e não apenas a proibição de que os negros fossem donos de terras e obtivessem licenças comerciais, que impediam que os negros desenvolvessem empreendimentos na Bechuanalândia."

No fim das contas, os chefes e a população tswana tinham dado sorte. Talvez contrariando as probabilidades, tiveram sucesso em impedir que Rhodes assumisse o controle do território. Como a Bechuanalândia continuava sendo de interesse marginal para os britânicos, o estabelecimento de um governo indireto lá não criou o tipo de círculo vicioso que tomou conta de Serra Leoa (Capítulo 12). Eles também evitaram o tipo de expansão colonial que acontecia no interior da África do Sul e que transformaria aquelas terras em repositórios de mão de obra barata para mineradores ou fazendeiros brancos. As primeiras etapas do processo de colonização são uma conjuntura crítica para a maioria das sociedades, um período crucial durante o qual ocorrem fatos que terão consequências importantes a longo prazo para o desenvolvimento econômico e político. Como discutimos no Capítulo 9, a maior parte das sociedades na África subsaariana, assim como aquelas na América do Sul e no sul da Ásia, testemunhou o estabelecimento ou a intensificação de instituições extrativistas durante a colonização. Os tswanas, por outro lado, evitaram tanto o governo indireto intenso quanto o destino bem pior que teria se dado caso Rhodes tivesse êxito na anexação de suas terras. Mas isso não foi apenas sorte. Mais uma vez, foi resultado da interação entre as instituições vigentes, moldadas pela diferenciação institucional do povo tswana, e a conjuntura crítica criada pelo colonialismo. Os três chefes definiram a própria sorte ao tomar a iniciativa de viajar a Londres, o que conseguiram por terem um grau incomum de autoridade em comparação a outros líderes tribais na África subsaariana — fruto da centralização política que as tribos tswanas tinham atingido — além de possivelmente terem um grau incomum de legitimidade, em função do mínimo de pluralismo embutido em suas instituições tribais.

Outra conjuntura crítica no fim do período colonial seria mais central para o sucesso de Botsuana, permitindo que o país desenvolvesse instituições inclusivas. Na época em que a Bechuanalândia se tornou independente, em 1966, com o nome de Botsuana, a boa sorte e o sucesso dos chefes Sebele, Bathoen e Khama já era passado distante. Nos anos que se passaram desde então, os britânicos pouco investiram na Bechuanalândia. Na independência, Botsuana era um dos países mais pobres do mundo: havia um total de 12 quilômetros de estradas asfaltadas, 22 cidadãos com diplomas universitários e cem que tinham terminado o ensino secundário. Para piorar, o país estava cercado pelos regimes liderados por brancos da África do Sul, da Namíbia e da Rodésia, todos hostis a países africanos independentes governados por negros. Poucas pessoas teriam colocado Botsuana na lista de países com maior probabilidade de sucesso. No entanto, nos quarenta e cinco anos seguintes, o lugar se tornaria um dos países de crescimento mais rápido no mundo. Hoje, Botsuana tem a renda per capita mais alta da África subsaariana, no mesmo nível de países bem-sucedidos do Leste Europeu, como a Estônia e a Hungria, e das nações mais bem-sucedidas da América Latina, como a Costa Rica.

Como Botsuana conseguiu romper com o ciclo? Por meio do rápido desenvolvimento de instituições econômicas e políticas inclusivas depois da independência. Desde então, o país é democrático, realiza eleições regulares e concorridas e jamais passou por guerras civis ou intervenções militares. O governo criou instituições econômicas que garantem os direitos de propriedade, propiciando estabilidade macroeconômica e incentivando o desenvolvimento de uma economia de mercado inclusiva. Mas, é claro, a questão mais desafiadora é como Botsuana conseguiu estabelecer uma democracia estável e instituições pluralistas e escolher instituições econômicas inclusivas quando a maior parte dos outros países africanos fazia o oposto? Para responder a isso, precisamos compreender como uma conjuntura crítica, dessa vez o fim do governo colonial, interagiu com as instituições vigentes em Botsuana.

Na maior parte da África subsaariana — por exemplo, em Serra Leoa e no Zimbábue —, a independência foi uma oportunidade perdida, acompanhada pela recriação dos mesmos tipos de instituições extrativistas que existiam durante o período colonial. As primeiras etapas da independência ocorreriam de modo bem diferente em Botsuana, novamente em grande medida por causa do pano de fundo criado pelas instituições históricas dos tswanas. Nesse ponto, Botsuana exibia muitos paralelos com a Inglaterra às vésperas da Revolução Gloriosa, quando tinha conseguido uma rápida centralização política sob os Tudors e possuía a Magna Carta e a tradição do Parlamento, que podia pelo menos aspirar a restringir os monarcas e garantir certo grau de pluralismo. Botsuana também tinha certo grau de centralização estatal e instituições tribais relativamente pluralistas que sobreviveram ao colonialismo. A Inglaterra tinha uma ampla coalizão recém-formada, composta por mercadores transatlânticos, industriais e pela pequena nobreza de mentalidade comercial, que era a favor de garantias fortes aos direitos de propriedade. Botsuana tinha sua coalizão a favor da segurança dos procedimentos, formada pelos chefes tswanas e pelas elites que eram donas do principal ativo da economia, o gado. Embora a terra fosse comunitária, o gado era propriedade privada nos Estados tswanas, e as elites eram igualmente favoráveis à garantia dos direitos de propriedade. Claro que nada disso nega o caminho contingente da história. As coisas teriam sido diferentes na Inglaterra caso os líderes parlamentares e o novo monarca tivessem tentado usar a Revolução Gloriosa para usurpar o poder. Do mesmo modo, as coisas podiam ter saído muito diferentes em Botsuana, sobretudo se o país não tivesse tido a sorte de contar com líderes como Seretse Khama ou Quett Masire, que decidiram contestar o poder em eleições ao invés de subverter o sistema eleitoral, como fizeram muitos líderes pós-independência na África subsaariana.

À época da independência, os tswanas já tinham uma história de instituições que limitavam o poder dos chefes e os faziam prestar contas em certo grau. Os tswanas evidentemente não foram um caso único na África por contar com instituições desse tipo, mas foram únicos na medida em que essas instituições sobreviveram incólumes ao período colonial. O governo britânico foi praticamente inexistente ali. A Bechuanalândia foi administrada a partir de Mafeking, na África do Sul, e foi apenas durante a transição para a independência, na década de 1960, que se planejou a transferência para a nova capital, Gaborone. A capital e as novas estruturas não tinham objetivo de eliminar as instituições nativas, e sim de usá-las como ponto de partida — à medida que Gaborone era construída, novas *kgotlas* também foram planejadas.

A independência também foi relativamente tranquila. O movimento foi liderado pelo Partido Democrático de Botsuana (PDB), fundado em 1960 por Quett Masire e Seretse Khama, neto do rei Khama III. Seu primeiro nome, Seretse, significa "a argila que une", o que se revelou excepcionalmente adequado. Khama era o chefe hereditário de Ngwato, e a maior parte dos chefes e das elites tswanas entrou para o Partido Democrático de Botsuana. O país não tinha juntas comerciais, porque os britânicos não demonstraram interesse na colônia. O PDB criou uma em 1967: a Comissão de Comércio de Carnes de Botsuana. Mas, em vez de expropriar os donos dos sítios e do gado, a comissão desempenhou um papel central no desenvolvimento da economia pecuária: foram instaladas cercas para controlar a febre aftosa e houve promoção das exportações, duas medidas que contribuíram para o desenvolvimento econômico e aumentaram o apoio para as instituições econômicas inclusivas.

Embora o crescimento inicial de Botsuana dependesse das exportações de carne, houve uma mudança dramática com a descoberta de diamantes.

O modo de gerir os recursos naturais em Botsuana também foi bastante diferente do que se viu em outras nações africanas. Durante o período colonial, os chefes tswanas haviam tentado impedir a prospecção de minérios na Bechuanalândia por saberem que sua autonomia acabaria caso os europeus descobrissem metais ou pedras preciosas. A primeira grande descoberta de diamantes aconteceu em terras ngwato, a tradicional pátria de Seretse Khama. Antes de a descoberta ser anunciada, Khama fez com que a lei fosse mudada para que os direitos a todos os minerais do subsolo pertencessem à nação, não à tribo, o que garantiu que a riqueza dos diamantes não criaria grandes desigualdades. A resolução também deu novo ímpeto ao processo de centralização estatal, uma vez que as receitas dos diamantes podiam ser utilizadas para criar uma burocracia estatal e investir em infraestrutura e educação. Em Serra Leoa, e, em muitos outros países subsaarianos, os diamantes foram motivo de conflitos entre diferentes grupos e ajudaram a sustentar guerras civis, merecendo o rótulo de Diamantes de Sangue pela carnificina causada em nome do controle das pedras. Em Botsuana, as receitas dos diamantes foram usadas para o bem do país.

A mudança na legislação dos direitos aos minérios do subsolo não foi a única política de construção de Estado implementada pelo governo de Seretse Khama. Em última instância, a Lei dos Chefes de 1965, aprovada pela Assembleia Legislativa antes da independência, e a Emenda à Lei dos Chefes de 1970 dariam continuidade ao processo de centralização política, consagrando o poder do Estado e do presidente eleito ao tirar dos chefes o direito de alocar terras e permitindo que o presidente retirasse um chefe do cargo caso necessário. Outra faceta da centralização política foi o esforço para unificar mais o país, por exemplo, com leis que garantissem que apenas o setswana e o inglês fossem lecionados nas escolas. Hoje, Botsuana parece um país homogêneo, sem fragmentações étnicas e linguísticas associadas a muitos outros países africanos. Contudo, isso foi resultado da política de ter apenas o inglês e uma única língua nacional, o setswana, ensinados nas escolas para minimizar os conflitos entre diferentes tribos e grupos dentro da sociedade. O último censo a perguntar sobre etnias foi o de 1946, que revelou uma heterogeneidade considerável em Botsuana. Na reserva de Ngwato, por exemplo, apenas 20% da população se identificou como puramente ngwata; embora houvesse outras tribos tswanas presentes, também havia muitos grupos não tswanas cujo primeiro idioma não era o setswana. Essa heterogeneidade subjacente foi modulada tanto pelas políticas do governo pós-independência quanto pelas instituições relativamente inclusivas das tribos tswanas, do mesmo modo que a heterogeneidade entre os ingleses e os galeses na Grã-Bretanha, por exemplo, foi modulada pelo Estado britânico. O Estado de Botsuana agiu da mesma forma. Desde a independência, o censo de Botsuana jamais perguntou sobre heterogeneidade étnica, porque considera que todos são tswanas.

O país atingiu taxas de crescimento notáveis depois da independência porque Seretse Khama, Quett Masire e o Partido Democrático de Botsuana levaram o país rumo a instituições econômicas e políticas inclusivas. Quando os diamantes apareceram, na década de 1970, isso não causou uma guerra civil, e sim ofereceu uma forte base fiscal para o governo, que usaria as receitas para investir em serviços públicos. Havia muito menos incentivos para desafiar ou derrubar o governo e controlar o Estado. As instituições políticas inclusivas geraram estabilidade política e deram apoio a instituições econômicas inclusivas. Em um padrão familiar do círculo virtuoso descrito no Capítulo 11, as instituições econômicas inclusivas aumentaram a viabilidade e a durabilidade das instituições políticas inclusivas.

Botsuana rompeu com o ciclo por ter sido capaz de aproveitar uma conjuntura crítica, a independência pós-colonial, e estabelecer instituições inclusivas. O Partido Democrático de Botsuana e as elites tradicionais, incluindo o próprio Khama, não tentaram formar um regime ditatorial ou estabelecer instituições extrativistas que pudessem ter trazido riqueza para si mesmos à custa da sociedade. Isso também foi resultado da interação entre uma conjuntura crítica e instituições vigentes. Como vimos, ao contrário de quase toda a África subsaariana, Botsuana já tinha instituições tribais com certo grau de autoridade centralizada e importantes traços de pluralismo. Além disso, as elites econômicas do país tinham muito a ganhar com a segurança dos direitos de propriedade.

Não menos importante foi que o caminho contingente da história trabalhou a favor de Botsuana. O país foi particularmente afortunado porque Seretse Khama e Quett Masire não eram Siaka Stevens e Robert Mugabe. Seretse trabalhou dura e honestamente para construir instituições inclusivas sobre as fundações das instituições tribais dos tswanas. Tudo isso tornou mais provável que Botsuana tivesse sucesso trilhando um caminho rumo a instituições inclusivas, ao passo que grande parte da África subsaariana nem sequer tentou, ou fracassou imediatamente.

O fim da extração no sul

Era 1º de dezembro de 1955. A cidade de Montgomery, no Alabama, registrou no mandado de prisão que a infração havia ocorrido às 18h06. James Blake, motorista de ônibus, estava com problemas, chamou a polícia, e os policiais Day e Mixon chegaram ao local. Seu relatório diz o seguinte:

> Recebemos uma chamada e, ao chegarmos, o motorista disse que havia uma mulher de cor sentada na seção destinada aos brancos e que não sairia de lá. Nós (...) também a vimos. O motorista assinou um mandado para ela. Rosa Parks foi acusada de violar o capítulo 6, seção 11, do Código Municipal de Montgomery.

A infração cometida por Rosa Parks foi sentar-se na parte reservada para brancos do ônibus da linha Cleveland Avenue, o que, segundo as leis Jim Crow do Alabama, era um crime. Parks foi multada em 10 dólares, além de ter de pagar os 4 dólares de honorários da corte. Rosa Parks não era uma pessoa qualquer. Ela era secretária da divisão de Montgomery da Associação Nacional para o Progresso das Pessoas de Cor (NAACP, na sigla em inglês), que lutava há muito tempo pela mudança nas instituições do sul dos Estados Unidos. Sua prisão deu início a um grande movimento, o Boicote dos Ônibus de Montgomery, idealizado por Martin Luther King Jr. Em 3 de dezembro, King e outros líderes negros organizaram e coordenaram um boicote aos ônibus, convencendo todos os negros de que não deviam pegar nenhum ônibus em Montgomery. O boicote foi um sucesso e durou até 20 de dezembro de 1956, dando início a um processo que culminou com a decisão da Suprema Corte de que as leis que segregavam os ônibus no Alabama eram inconstitucionais.

O Boicote aos Ônibus de Montgomery foi uma conjuntura crítica para o avanço dos direitos civis no sul dos Estados Unidos. O movimento foi parte de uma série de acontecimentos e mudanças que acabaram rompendo com o padrão de segregação no sul e levaram a uma transformação fundamental nas instituições. Como vimos no Capítulo 12, depois da Guerra Civil, as elites agrárias do sul haviam conseguido recriar as instituições econômicas e políticas extrativistas que haviam dominado a região. Embora os detalhes dessas instituições tenham mudado — por exemplo, a escravidão já não era possível —, o impacto negativo sobre os incentivos econômicos e a prosperidade no sul foi o mesmo. O sul era nitidamente mais pobre do que o restante dos Estados Unidos.

A partir da década de 1950, as instituições sulistas começariam a levar a região a uma trajetória de crescimento muito mais rápida. As instituições extrativistas que enfim foram eliminadas no sul dos Estados Unidos eram diferentes das instituições coloniais anteriores à independência de Botsuana. A conjuntura crítica que deu início à sua derrocada também foi diferente, mas havia muito em comum entre elas. A partir da década de 1940, aqueles que suportavam o peso da discriminação e das instituições extrativistas no sul, pessoas como Rosa Parks, começaram a se organizar muito melhor em sua luta de resistência. Ao mesmo tempo, a Suprema Corte norte-americana e o governo federal finalmente começaram a intervir de maneira sistemática para reformar as instituições extrativistas no sul. Assim, um dos principais fatores a criar uma conjuntura crítica para mudanças foi a mobilização dos negros e o fim do domínio inconteste das elites sulistas.

As instituições políticas do sul, tanto antes da Guerra Civil quanto depois, tinham uma clara lógica econômica, não muito diferente do regime do *apartheid* da África do Sul: assegurar mão de obra barata para a agricultura. Mas, na década de 1950, essa lógica se tornou menos convincente. Por um lado, já acontecia uma migração massiva dos negros para fora do sul, um legado tanto da Grande Depressão quanto da Segunda Guerra Mundial. Nas décadas de 1940 e 1950, os números chegaram a uma média de centenas de milhares de pessoas por ano. Enquanto isso, as inovações tecnológicas na agricultura, embora adotadas lentamente, reduziam a dependência que os donos de latifúndios tinham de mão de obra barata, quase sempre usada na colheita de algodão. Em 1950, quase todo o algodão do sul continuava sendo colhido manualmente, mas a mecanização estava reduzindo a demanda por esse tipo de trabalho. Em 1960, nos estados-chave do Alabama, Louisiana e Mississippi, quase metade da produção havia sido mecanizada. Ao mesmo tempo que ficava mais difícil aliciar os negros no sul, eles também se tornavam menos indispensáveis para os donos de grandes propriedades. Assim, havia menos motivos para que as elites lutassem para manter as antigas instituições econômicas extrativistas. Isso não significava, contudo, que iriam aceitar de boa vontade as mudanças institucionais. Em vez disso, o que se seguiu foi um longo conflito. Uma coalizão inusitada entre os negros do sul e as instituições federais inclusivas dos Estados Unidos criou uma força poderosa que se afastava do extrativismo sulista rumo a direitos políticos e civis igualitários para os negros da região, que finalmente puseram fim às enormes barreiras para o crescimento econômico no sul dos Estados Unidos.

O ímpeto mais importante para as mudanças veio do movimento pelos direitos civis. Como em Montgomery, foi a mobilização dos negros do sul que abriu caminho, desafiando as instituições extrativistas à sua volta, exigindo seus direitos, protestando e se mobilizando para que esses direitos fossem assegurados. Entretanto, os negros não estavam sozinhos nisso, porque o sul dos Estados Unidos não era um país à parte, e as elites sulistas não tinham liberdade total, como acontecia com as elites da Guatemala, por exemplo. Como parte dos Estados Unidos da América, o sul estava sujeito à Constituição norte-americana e às leis federais. A causa das reformas fundamentais no sul acabaria tendo apoio do Executivo, do Legislativo e da Suprema Corte dos Estados Unidos, e isso em parte porque o movimento dos direitos civis conseguiu que sua voz fosse ouvida fora do sul, mobilizando o governo federal.

A intervenção federal para mudar as instituições no sul começou com a decisão da Suprema Corte, em 1944, de que as eleições primárias em que apenas brancos podiam votar eram inconstitucionais. Como vimos, os negros tinham perdido o direito ao voto na década de 1890 com a introdução de impostos per capita e testes de alfabetização (Capítulo 12). Esses testes eram manipulados rotineiramente para discriminar os negros, embora permitissem que brancos pobres e analfabetos votassem. Em um famoso exemplo do início dos anos 1960, um branco da Louisiana foi considerado alfabetizado depois de responder "FRDUM FOOF SPETGH" ["Freedom of speech", liberdade de expressão] a uma pergunta sobre a Constituição estadual. A decisão da Suprema Corte de 1944 foi o primeiro tiro de uma longa batalha para abrir o sistema político para os negros, e a Corte compreendeu a importância de reduzir o controle dos brancos sobre os partidos políticos.

Essa decisão foi seguida por *Brown contra o Conselho de Educação*, em 1954, em que a Suprema Corte determinou que a segregação das escolas e de outros espaços públicos criados pelos estados era inconstitucional. Em 1962, a Suprema Corte derrubou outro pilar do domínio político das elites brancas: a desproporcionalidade da representação legislativa. Quando o legislativo é desproporcional — como no caso dos "burgos podres" na Inglaterra, antes da Primeira Lei da Reforma —, algumas áreas ou regiões recebem representação muito maior do que deveriam com base em sua porcentagem da população. A desproporção no sul fazia com que as áreas rurais, o coração da elite agrária, tivessem representação excessiva na comparação com as áreas urbanas. A Suprema Corte pôs fim a isso em 1962 com a decisão no caso *Baker contra Carr*, que introduziu o padrão "uma pessoa, um voto".

Contudo, as decisões da Suprema Corte teriam tido um impacto mínimo se não tivessem sido implementadas. Na década de 1890, a lei federal que dava direito de voto aos negros não foi implementada porque os órgãos locais que deveriam garantir a sua vigência estavam sob controle da elite sulista e do Partido Democrata, e o governo federal ficou satisfeito em deixar as coisas assim. Mas, à medida que os negros começaram a se revoltar contra as elites do sul, esse bastião de apoio às leis Jim Crow ruiu, e o Partido Democrata, liderado por seus membros de fora do sul, se voltou contra a segregação racial. Os membros renegados dos democratas se reagruparam sob a bandeira do Partido Democrata pelos Direitos dos Estados e concorreram às eleições presidenciais de 1948. Seu candidato, Strom Thurmond, venceu em quatro estados e conseguiu 39 votos no Colégio Eleitoral, mas isso estava longe do poder que o Partido Democrata unificado tinha na política nacional e da tomada desse partido pelas elites sulistas. A campanha de Strom Thurmond se centrou no seu desafio à capacidade do governo federal de intervir nas instituições do sul. Ele afirmou essa posição de maneira enérgica: "Quero lhes dizer, senhoras e senhores, que não há soldados suficientes no Exército para forçar o povo do sul a acabar com a segregação e a admitir a raça negra em nossos teatros, em nossas piscinas, em nossas casas e em nossas igrejas."

Ele estava errado. As decisões da Suprema Corte significavam que as instituições educacionais do sul eram obrigadas a acabar com a segregação, o que incluía a Universidade do Mississippi, em Oxford. Em 1962, depois de uma longa batalha judicial, as cortes federais determinaram que James Meredith, um jovem negro veterano da Aeronáutica, tinha de ser aceito na "Ole Miss". A oposição à implementação dessa decisão foi orquestrada pelos chamados Conselhos de Cidadãos, dos quais o primeiro havia sido formado em Indianola, no Mississippi, em 1954, para lutar contra o fim da segregação no sul. Em 13 de setembro, o governador do estado, Ross Barnett, foi a público na televisão, rejeitar o fim da segregação determinado pelo tribunal, anunciando que seria melhor fechar as universidades estaduais do que admitir o fim da segregação. Por fim, depois de muita negociação entre Barnett, o presidente John Kennedy e o procurador-geral Robert Kennedy, em Washington, o governo federal interveio para implementar a decisão. Foi estabelecido um dia para que agentes federais levassem Meredith a Oxford. Supremacistas brancos se anteciparam e começaram a se organizar. Em 30 de setembro, véspera do dia marcado para o comparecimento de Meredith, os agentes federais entraram no *campus* da universidade e cercaram o principal bloco administrativo. Uma multidão de cerca de 2.500 pessoas apareceu para protestar, e logo teve início uma rebelião. Os agentes usaram gás lacrimogêneo para dispersar os manifestantes, mas logo passaram a ser atacados. Às dez da noite, tropas federais chegaram à cidade para restabelecer a ordem. Logo havia 20 mil soldados e 11 mil homens da Guarda Nacional em Oxford. No total, trezentas pessoas foram presas. Meredith decidiu permanecer no *campus*, onde conseguiu se formar, protegido contra ameaças de morte por agentes federais e trezentos soldados.

A legislação federal foi decisiva no processo de reforma institucional no sul. Durante a aprovação da primeira Lei dos Direitos Civis, em 1957, Strom Thurmond, na época senador, falou ininterruptamente por 24 horas e 18 minutos para impedir, ou pelo menos adiar, a aprovação da lei. Durante seu discurso, ele leu de tudo, desde a Declaração da Independência até várias listas telefônicas. Mas não adiantou. A lei de 1957 culminou na Lei dos Direitos Civis de 1964, que baniu toda uma gama de leis e práticas estaduais. A Lei de Direito ao Voto de 1965 declarou que os testes de alfabetização, os impostos per capita e outros métodos usados para retirar o direito ao voto dos negros do sul eram ilegais. A lei também ampliava bastante a vigilância federal sobre as eleições estaduais.

O impacto de tudo isso foi uma mudança significativa nas instituições econômicas e legais no sul. No Mississippi, por exemplo, apenas cerca de 5% dos negros que cumpriam com os pré-requisitos votavam em 1960. Em 1970, esse número tinha subido para 50%. No Alabama e na Carolina do Sul, o número subiu de 10% em 1960 para 50% em 1970. Esses padrões mudaram a natureza das eleições, tanto para cargos locais quanto nacionais. Mais importante, o apoio político que o dominante Partido Democrata dava para as instituições extrativistas discriminatórias contra os negros ruiu. O caminho estava aberto para toda uma gama de mudanças nas instituições econômicas. Antes das reformas institucionais da década de 1960, os negros estavam quase totalmente excluídos de empregos em fábricas de têxteis. Em 1960, apenas 5% dos empregados nas fábricas de têxteis do sul eram negros. As leis dos direitos civis impediram essa discriminação. Em 1970, essa proporção havia crescido para 15%; em 1990, era de 25%. A discriminação econômica contra os negros entrou em declínio, as oportunidades educacionais para os negros melhoraram bastante, e o mercado de mão de obra no sul se tornou mais competitivo. Junto com essas instituições inclusivas, vieram melhorias econômicas mais rápidas. Em 1940, os estados do sul tinham apenas cerca de 50% do nível de renda per capita dos Estados Unidos, o que começou a mudar no fim da década de 1940 e na década de 1950. Em 1990, essa diferença havia praticamente desaparecido.

Como em Botsuana, a chave no sul dos Estados Unidos foi o desenvolvimento de instituições políticas e econômicas inclusivas. Isso aconteceu com a soma de um descontentamento muito maior entre os negros que sofriam com as instituições extrativistas no sul e o desmoronamento do domínio unipartidário do Partido Democrata na região. Mais uma vez, as instituições vigentes moldaram o caminho da mudança. Nesse caso, as instituições do sul estarem inseridas nas instituições federais inclusivas dos Estados Unidos foi fator decisivo e permitiu aos negros do sul finalmente mobilizar o governo federal e as instituições federais em nome de sua causa. O processo como um todo também foi facilitado pelo fato de que, com a migração massiva dos negros para fora do sul e a mecanização da produção do algodão, as condições econômicas haviam mudado, deixando as elites sulistas menos dispostas a travar mais um combate.

Renascimento na China

O Partido Comunista, sob a liderança de Mao Zedong, finalmente tirou do poder os nacionalistas, liderados por Chang Kai-shek, em 1949. A República Popular da China foi proclamada em 1º de outubro. As instituições políticas e econômicas criadas depois de 1949 eram bastante extrativistas. Politicamente, eram marcadas pela ditadura do Partido Comunista Chinês. Nenhuma outra organização política foi permitida na China desde então. Até sua morte, em 1976, Mao dominou o Partido Comunista e o governo. Acompanhando essas instituições políticas autoritárias e extrativistas, vieram instituições econômicas altamente extrativistas. Mao nacionalizou a terra e aboliu todo tipo de direito de propriedade com uma única canetada. Ele fez com que grandes proprietários de terra, assim como outros segmentos que considerava contrários ao regime, fossem executados. A economia de mercado foi basicamente abolida. A população das áreas rurais foi aos poucos organizada em fazendas comunitárias. O dinheiro e os salários foram substituídos por "pontos de trabalho", que podiam ser trocados por mercadorias. Em 1956, foram criados passaportes internos, que proibiam viagens sem a devida autorização, para aumentar o controle político e econômico. A indústria foi igualmente nacionalizada, e Mao deu início a uma tentativa ambiciosa de promover o rápido desenvolvimento da indústria por meio de "planos quinquenais" baseados no modelo soviético.

Como no caso de todas as instituições extrativistas, o regime de Mao estava tentando extrair recursos do imenso país que ele agora controlava. Assim como o governo de Serra Leoa com sua associação comercial, o Partido Comunista Chinês tinha o monopólio sobre a venda de produtos agrícolas como arroz e grãos, o que foi usado para cobrar taxas altíssimas dos fazendeiros. As tentativas de industrialização convergiram no infame Grande Salto Adiante depois de 1958, com a apresentação do segundo plano quinquenal. Mao anunciou que a produção de aço iria duplicar em um ano graças a altos-fornos de "fundo de quintal" de pequeno porte. Ele afirmou que, em quinze anos, a China alcançaria a produção de aço da Grã-Bretanha. O único problema era que não havia modo viável de cumprir essas metas. Para cumpri-las, seria preciso encontrar sucata, e as pessoas teriam de fundir suas panelas e até implementos agrícolas, como enxadas e arados. Trabalhadores que deviam estar cuidando da lavoura passaram a produzir aço; para isso destruíam seus arados e, como consequência, sua capacidade futura de alimentar a si mesmos e ao país. O resultado foi uma fome calamitosa no campo. Embora acadêmicos debatam o impacto da política de Mao na catástrofe, citando as secas que ocorreram no mesmo período, ninguém duvida que o Grande Salto Adiante teve papel central na morte de algo entre 20 e 40 milhões de pessoas. Não sabemos exatamente quantas porque o regime de Mao não coletou números que teriam documentado as atrocidades. A renda per capita caiu em cerca de um quarto.

Uma consequência do Grande Salto Adiante foi que um membro graduado do Partido Comunista, Deng Xiaoping, um general de grande sucesso durante a revolução e que liderou uma campanha "antidireitista" que resultou na execução de muitos "inimigos da revolução", mudou de opinião. Em uma conferência em Guangzhou, no sul da China, em 1961, Deng afirmou: "Não importa se o gato é preto ou branco, se caçar o rato, é um bom gato." Não importava se as políticas pareciam comunistas ou não; a China precisava de incentivos à produção para alimentar sua população.

No entanto, Deng logo sofreria em função de seu novo pragmatismo. Em 16 de maio de 1966, Mao anunciou que a revolução estava sendo ameaçada por interesses "burgueses" que minavam a sociedade comunista chinesa e desejavam recriar o capitalismo. Como resposta, anunciou a Grande Revolução Cultural Proletária, geralmente chamada de Revolução Cultural. Ela se baseava em dezesseis pontos. O primeiro afirmava:

> Embora tenha sido derrubada, a burguesia ainda tenta utilizar as velhas ideias, cultura, costumes e hábitos de explorar classes para corromper as massas, ganhar suas mentes e tentar encenar uma volta. O proletariado deve fazer o exato oposto: enfrentar diretamente cada desafio da burguesia no campo ideológico e usar as novas ideias, cultura, costumes e hábitos do proletariado para mudar a mentalidade da sociedade como um todo. No momento, nosso objetivo é combater e derrotar as pessoas em cargos de autoridade que estejam tomando a estrada para o capitalismo, criticar e repudiar as autoridades acadêmicas burguesas reacionárias e a ideologia da burguesia e de todas as outras classes exploradoras e transformar a educação, a literatura e a arte e todas as demais partes da superestrutura que não correspondam à base econômica socialista, de modo a facilitar a consolidação e o desenvolvimento do sistema socialista.

Em pouco tempo, a Revolução Cultural e o Grande Salto Adiante começariam a destruir não só a economia mas também muitas vidas humanas. Unidades da Guarda Vermelha foram formadas pelo país: membros jovens e entusiasmados do Partido Comunista que foram usados para expurgar adversários do regime. Muitas pessoas foram mortas, presas ou "exiladas" dentro do país. O próprio Mao respondeu às preocupações quanto à extensão da violência, afirmando: "Aquele homem, Hitler, era ainda mais feroz. Quanto mais feroz, melhor, você não acha? Quanto mais pessoas você mata, mais revolucionário você é."

Deng foi rotulado como número dois na lista dos que estavam tomando a estrada para o capitalismo. Ele foi preso em 1967 e "exilado" para a província de Jiangxi em 1969, para trabalhar em uma fábrica rural de tratores. Em 1974, acabou reabilitado, e Mao foi convencido pelo primeiro-ministro, Zhou Enlai, a nomeá-lo seu vice-primeiro-ministro. Já em 1975, Deng supervisionou a composição de três documentos do partido que teriam traçado uma nova direção caso tivessem sido adotados. Eles clamavam pela revitalização do ensino superior, pelo retorno de incentivos materiais na indústria e na agricultura e pela remoção dos "esquerdistas" do partido. Na época, a saúde de Mao estava se deteriorando, e o poder se concentrava cada vez mais nas mãos dos próprios esquerdistas que Deng Xiaoping queria remover do poder. A esposa de Mao, Jiang Qing, e três de seus aliados mais próximos, conhecidos coletivamente como a Gangue dos Quatro, tinham sido grandes apoiadores da Revolução Cultural e da repressão resultante. Eles pretendiam continuar usando esse plano para governar o país sob a ditadura do Partido Comunista. Em 5 de abril, uma celebração espontânea da vida de Zhou Enlai na Praça da Paz Celestial se transformou em um protesto contra o governo. A Gangue dos Quatro culpou Deng pelos protestos e, mais uma vez, ele perdeu todos os seus cargos e foi dispensado. Em vez de tirar os esquerdistas do poder, Deng se viu limado da política por esses mesmos esquerdistas. Depois da morte de Zhou Enlai, Mao havia nomeado Hua Guofeng primeiro-ministro interino, em vez de Deng. No relativo vácuo de poder de 1976, Hua conseguiu acumular uma grande quantidade de poder pessoal.

Em setembro, houve uma conjuntura crítica: Mao morreu. O Partido Comunista Chinês estivera sob o domínio de Mao, e tanto o Grande Salto Adiante quanto a Revolução Cultural foram, em grande medida, iniciativas dele. Com Mao morto, houve um verdadeiro vácuo de poder, que resultou em uma luta entre visões e diferentes crenças quanto às consequências da mudança. A Gangue dos Quatro pretendia continuar com as políticas da Revolução Cultural, que viam como o único modo de consolidar seu poder e o do Partido Comunista. Hua Guofeng desejava abandonar a Revolução Cultural, mas não podia se distanciar demais dela, porque devia sua ascensão no partido a seus efeitos. Em vez disso, ele defendeu um retorno a uma versão mais equilibrada da visão de Mao, que resumiu nos "Dois Quaisquer", o *Diário do Povo*, o jornal do Partido Comunista, em 1977. Hua afirmou: "Vamos defender com determinação quaisquer decisões políticas que o presidente Mao tenha tomado e seguir de maneira inabalável quaisquer instruções que o presidente Mao tenha deixado."

Deng Xiaoping não tinha pretensões maiores do que as de Hua de abolir o regime comunista e substituí-lo por mercados inclusivos, pois também fazia parte do grupo que fora levado ao poder pela revolução comunista. Contudo, ele e seus apoiadores acreditavam que era possível obter crescimento econômico significativo sem colocar em risco o controle político por meio de um modelo de crescimento sob instituições políticas extrativistas que não ameaçaria seu poder, porque o povo chinês precisava desesperadamente melhorar seus padrões de vida e porque toda oposição significativa ao Partido Comunista tinha sido aniquilada durante o reinado de Mao e a Revolução Cultural. Para tanto, o grupo pretendia repudiar não apenas a Revolução Cultural, como também grande parte do legado institucional maoísta. Eles perceberam que o crescimento econômico só seria possível caso passos significativos fossem dados na direção de instituições econômicas inclusivas. Portanto, desejavam reformar a economia e reforçar o papel das forças e dos incentivos do mercado. Também desejavam expandir o escopo da propriedade privada e reduzir o papel do Partido Comunista na sociedade e no governo, abandonando conceitos como a luta de classes. O grupo de Deng também estava aberto a investimentos estrangeiros e ao comércio exterior e desejava estabelecer uma política muito mais agressiva de integração com a economia internacional. Mesmo assim, havia limites, e a construção de instituições econômicas realmente inclusivas e que causassem perda significativa do controle do Partido Comunista sobre a economia sequer eram possibilidades.

O ponto de inflexão para a China foi o poder de Hua Guofeng e sua disposição para usá-lo contra a Gangue dos Quatro. Um mês depois da morte de Mao, Hua deu um golpe contra a Gangue dos Quatro, ordenando a prisão de todos. Depois, chamou Deng de volta para seu posto, em março de 1977. Essa sequência de fatos não tinha nada de inevitável, assim como também não eram inevitáveis os próximos passos que levaram o próprio Hua a ser derrotado pela estratégia de Deng Xiaoping, que incentivou as críticas da população à Revolução Cultural e começou a preencher cargos-chave do Partido Comunista em todos os níveis com pessoas que, assim como ele, haviam sofrido nesse período. Hua não podia repudiar a Revolução Cultural, e isso o enfraqueceu. Comparativamente, ele também era um recém-chegado ao centro do poder e não contava com a teia de conexões e as relações informais que Deng construíra ao longo de muitos anos. Em uma série de discursos, Deng começou a criticar as políticas de Hua. Em setembro de 1978, atacou explicitamente os Dois Quaisquer, observando que, em vez de deixar qualquer coisa que Mao tivesse dito determinar a política, a abordagem correta seria "buscar a verdade nos fatos".

Deng também começou, de modo brilhante, a fazer com que Hua sofresse com a pressão popular, o que se refletiu de maneira mais poderosa no movimento do Muro da Democracia em 1978, no qual as pessoas colavam reclamações sobre o país em um muro em Pequim. Em julho de 1978, um dos apoiadores de Deng, Hu Quaomu, apresentou alguns princípios básicos de reforma econômica, inclusive a noção de que as empresas deveriam ter mais iniciativa e autoridade quanto às suas decisões. Deveria haver permissão para que os preços flutuassem, de modo a conciliar oferta e demanda, em vez de o governo regular o processo, e a regulação estatal da economia deveria ser reduzida. Eram sugestões radicais, mas Deng estava ganhando influência. Em novembro e dezembro de 1978, a Terceira Plenária do Décimo Primeiro Congresso Nacional do Partido resultou em mudança: contrariando as objeções de Hua, decidiu-se que, dali em diante, o foco do partido não seria a luta de classes e sim a modernização econômica. A plenária anunciou alguns experimentos provisórios com um "sistema de responsabilidade familiar" em algumas províncias, uma tentativa de acabar com a agricultura coletiva e introduzir incentivos econômicos na produção rural. No ano seguinte, o Comitê Central reconheceu a centralidade da noção de "a verdade a partir dos fatos" e declarou que a Revolução Cultural tinha sido uma grande calamidade para o povo chinês. Durante esse período, Deng assegurou a nomeação de seus apoiadores para cargos importantes no partido, no Exército e no governo. Embora precisasse avançar devagar contra os apoiadores de Hua no Comitê Central, ele criou bases paralelas de poder. Em 1980, Hua foi forçado a renunciar ao cargo de primeiro-ministro, sendo substituído por Zhao Ziyang. Em 1982, Hua foi removido do Comitê Central. Mas Deng não parou por aí. No Décimo Segundo Congresso Nacional, em 1982, e depois na Conferência Nacional Popular, em setembro de 1985, ele conseguiu uma remodelação da liderança do partido e dos postos mais importantes. Entraram pessoas muito mais jovens, de mentalidade reformista. Comparando as estruturas de 1980 e 1985, percebe-se que, em cinco anos, haviam sido trocados 21 dos 26 membros do Politburo, 8 dos 11 membros do secretariado do Partido Comunista e 10 dos 18 vice-primeiros-ministros.

Agora que haviam consumado sua revolução política e estavam no controle do Estado, Deng e os reformistas deram início a uma série de mudanças nas instituições econômicas. Começaram pela agricultura: em 1983, seguindo as ideias de Hu Qiaomu, o sistema de responsabilidade familiar, que forneceria incentivos econômicos aos produtores rurais, foi adotado universalmente. Em 1985, a compra obrigatória de grãos pelo Estado foi abandonada e substituída por um sistema de contratos mais voluntários, e o controle administrativo dos preços da agricultura foi bastante suavizado. Na economia urbana, os empreendimentos estatais receberam maior autonomia, e catorze "cidades abertas" foram identificadas e receberam a possibilidade de atrair investimentos estrangeiros.

Foi a economia rural que decolou primeiro. A introdução de incentivos levou a um aumento dramático da produtividade agrícola. Em 1984, a produção de grãos foi um terço maior do que em 1978, embora menos pessoas estivessem envolvidas na agricultura. Muitas haviam passado para novas indústrias rurais, os chamados Empreendimentos dos Vilarejos, que tiveram permissão para crescer fora do sistema de planejamento industrial estatal após 1979, quando se aceitou que novas empresas poderiam concorrer com empresas estatais. Incentivos econômicos também foram pouco a pouco introduzidos no setor industrial, em particular na operação de empresas estatais, embora àquela altura não houvesse qualquer indício de privatização, o que precisou esperar até meados da década de 1990.

O renascimento da China aconteceu com um significativo distanciamento em relação ao conjunto de instituições econômicas mais extrativistas e uma aproximação de instituições mais inclusivas. Incentivos de mercado na agricultura e na indústria, seguidos mais tarde por investimentos externos e tecnologia, colocariam a China em uma estrada rumo ao crescimento econômico acelerado. Como discutiremos com mais detalhes no próximo capítulo, esse crescimento ocorreu sob instituições políticas extrativistas, ainda que não tão repressivas quanto tinham sido durante a Revolução Cultural e apesar de as instituições econômicas estarem se tornando parcialmente inclusivas. Nada disso deveria nos fazer subestimar o grau de radicalismo das mudanças nas instituições econômicas na China, que conseguiu quebrar o ciclo, ainda que não tenha transformado suas instituições políticas. Como em Botsuana e no sul dos Estados Unidos, as mudanças cruciais aconteceram durante uma conjuntura crítica — no caso da China, depois da morte de Mao. Elas também foram contingentes, na verdade altamente contingentes, uma vez que não havia nada de inevitável na perda de poder da Gangue dos Quatro e, caso não tivessem sido derrotados, a China não teria vivido o crescimento econômico sustentado que viveu nos últimos trinta anos. No entanto, a devastação e o sofrimento humano que o Grande Salto Adiante e a Revolução Cultural causaram geraram demandas suficientes por mudanças para que Deng Xiaoping e seus aliados conseguissem vencer a luta política.

Botsuana, a China e o sul dos Estados Unidos, assim como a Revolução Gloriosa na Inglaterra, a Revolução Francesa e a Restauração Meiji no Japão, são exemplos vívidos de que a História não é destino. Apesar do círculo vicioso, as instituições extrativistas podem ser substituídas por outras, inclusivas — mas isso não é automático nem fácil. Uma confluência de fatores, em particular uma conjuntura crítica, somados a uma frente ampla daqueles que pedem reformas ou outras instituições vigentes propícias, é muitas vezes necessária para fazer com que um país caminhe na direção de instituições mais inclusivas. Além disso, é fundamental contar com um pouco de sorte, uma vez que os caminhos da história são sempre contingentes.

15.
ENTENDENDO A POBREZA E A PROSPERIDADE

Origens históricas

HÁ IMENSAS DIFERENÇAS nos padrões de vida no mundo. Mesmo os cidadãos mais pobres dos Estados Unidos têm renda e acesso a tratamentos de saúde, educação, serviços públicos e oportunidades econômicas e sociais muito superiores ao que está disponível para a imensa massa de pessoas que vive na África subsaariana, no sul da Ásia e na América Central. O contraste entre a Coreia do Sul e a Coreia do Norte, entre as duas Nogales e entre os Estados Unidos e o México nos lembram que esses são fenômenos relativamente recentes. Quinhentos anos atrás, o México, sede do Império Asteca, certamente era mais rico do que as sociedades do norte, e os Estados Unidos só começaram a se sair melhor do que o México no século XIX. A diferença entre as duas Nogales é ainda mais recente. A Coreia do Sul e a Coreia do Norte eram indistinguíveis economicamente, assim como social e culturalmente, antes de o país ser dividido no Paralelo 38 N, após a Segunda Guerra Mundial. Nessa mesma lógica, a maior parte das imensas diferenças econômicas que observamos à nossa volta hoje surgiu ao longo dos últimos duzentos anos.

Precisava ser assim? Será que havia uma predeterminação histórica — ou geográfica, cultural ou étnica — para que a Europa Ocidental, os Estados Unidos e o Japão se tornassem tão mais ricos do que a África subsaariana, a América Latina e a China ao longo dos últimos duzentos anos? Será que era inevitável que a Revolução Industrial tivesse início na Grã-Bretanha do século XVIII e depois se disseminasse para a Europa Ocidental e as ramificações europeias na América do Norte e na Australásia? Seria possível um mundo contrafactual no qual a Revolução Gloriosa e a Revolução Industrial aconteceriam no Peru, que a seguir colonizaria a Europa Ocidental e escravizaria os brancos, ou isso é apenas uma ficção científica histórica?

Para responder — na verdade, até mesmo para raciocinar sobre essas questões — precisamos de uma teoria que explique por que algumas nações são prósperas, ao passo que outras fracassam e são pobres. A teoria precisa delinear tanto os fatores que criam e retardam a prosperidade quanto suas origens históricas. Este livro propôs tal teoria. É possível que qualquer fenômeno social complexo, como as origens de diferentes trajetórias econômicas e políticas de centenas de sociedades ao redor do globo, tenha provavelmente uma multiplicidade de causas, o que leva a maior parte dos cientistas sociais a evitar teorias monocausais, simples e de ampla aplicação, procurando, em vez disso, explicações diferentes para resultados aparentemente semelhantes que surgem em diferentes épocas e lugares. Pelo contrário, aqui oferecemos uma teoria simples e a usamos para explicar os principais contornos do desenvolvimento econômico e político pelo planeta desde a Revolução do Neolítico. Nossa escolha não foi motivada por uma crença ingênua de que essa teoria possa explicar tudo, mas pela crença de que uma teoria deve permitir que nos concentremos nos paralelos, por vezes à custa de abstrair muitos detalhes interessantes. Uma teoria bem-sucedida dessas não reproduz com fidelidade os detalhes, e sim oferece uma explicação útil e empiricamente bem fundamentada para uma gama de processos, ao mesmo tempo que esclarece as principais forças atuantes.

Nossa teoria tentou chegar a esse resultado operando em dois níveis. O primeiro é a distinção entre instituições econômicas e políticas extrativistas e inclusivas. O segundo é nossa explicação sobre por que instituições inclusivas surgiram em algumas partes do mundo e não em outras. Se o primeiro nível da teoria trata de uma interpretação institucional da História, o segundo trata de como a História moldou as trajetórias institucionais dos países.

A relação entre instituições econômicas e políticas inclusivas e prosperidade é central para nossa teoria. Instituições econômicas inclusivas que garantem o direito à propriedade, criam oportunidades igualitárias e incentivam investimentos em novas tecnologias e habilidades têm mais chances de levar ao crescimento econômico do que instituições econômicas extrativistas estruturadas para que poucos possam extrair recursos de muitos e que não protegem o direito à propriedade nem oferecem incentivos para a atividade econômica. Instituições econômicas inclusivas, por sua vez, apoiam e são apoiadas por instituições políticas inclusivas — ou seja, instituições que distribuem amplamente o poder político de maneira pluralista e são capazes de obter certo grau de centralização política de modo a estabelecer a lei e a ordem, as bases para a segurança dos direitos de propriedade e uma economia de mercado inclusiva. Da mesma forma, instituições econômicas extrativistas têm uma ligação sinérgica com instituições políticas extrativistas, que concentram o poder nas mãos de poucos, que terão incentivos para manter e desenvolver instituições econômicas extrativistas em seu benefício e usar os recursos obtidos para consolidar seu domínio sobre o poder político.

Essas tendências não significam que instituições econômicas e políticas extrativistas sejam incompatíveis com o crescimento econômico. Pelo contrário, toda elite gostaria, mantendo tudo o mais constante, de incentivar a maior quantidade de crescimento possível para ter maior quantidade de recursos para extrair. Com frequência, instituições extrativistas que atingiram pelo menos um grau mínimo de centralização política são capazes de gerar certo crescimento. O crucial, contudo, é que o crescimento sob essas instituições não será sustentado, por dois motivos fundamentais. Em primeiro lugar, um crescimento econômico sustentado requer inovação, que só pode acontecer associada à destruição criativa, que substitui o velho pelo novo no campo da economia e também desestabiliza as relações de poder na política. Como temem a destruição criativa, as elites que dominam as instituições extrativistas resistirão a ela, e qualquer crescimento que germine será breve. Em segundo lugar, a capacidade daqueles que dominam as instituições extrativistas de se beneficiarem imensamente à custa do restante da sociedade significa que o poder político, quando há instituições extrativistas, é altamente cobiçado, levando muitos indivíduos e grupos a lutarem por sua obtenção. Como consequência, haverá forças poderosas empurrando sociedades que vivem sob instituições extrativistas rumo à instabilidade política.

As sinergias entre as instituições econômicas e políticas extrativistas criam um círculo vicioso, no qual as instituições extrativistas, depois de instaladas, tendem a persistir. Do mesmo modo, há um ciclo virtuoso associado às instituições econômicas e políticas inclusivas. Contudo, nem o círculo vicioso nem o virtuoso são absolutos. Na verdade, alguns países vivem sob instituições inclusivas hoje porque, embora as instituições extrativistas tenham sido a norma na História, algumas sociedades conseguiram romper o ciclo e fazer a transição rumo a instituições inclusivas. Nossa explicação para essas transições é histórica, mas não historicamente predeterminada. Grandes mudanças institucionais, o pré-requisito para grandes mudanças econômicas, acontecem como resultado da interação entre instituições vigentes e conjunturas críticas, são grandes acontecimentos que perturbam o equilíbrio político e econômico — como a peste negra, que possivelmente matou metade da população de muitas regiões da Europa no século XIV; a abertura das rotas comerciais no Atlântico, que criou enormes oportunidades de lucro para muitos na Europa Ocidental; e a Revolução Industrial, que ofereceu o potencial para mudanças rápidas, mas também disruptivas, na estrutura das economias em torno do globo.

As diferenças institucionais existentes entre as sociedades também são resultado de mudanças institucionais passadas. Por que o caminho da mudança institucional é diferente de uma sociedade para outra? A resposta para essa pergunta está na diferenciação institucional. Do mesmo modo que os genes de duas populações isoladas de organismos se diferenciarão lentamente em função de mutações aleatórias no chamado processo de diferenciação evolucionária ou genética, duas sociedades semelhantes também se diferenciarão do ponto de vista institucional — embora isso também ocorra lentamente. O conflito relacionado diretamente a renda e a poder e indiretamente a instituições é uma constante em toda sociedade. Esse conflito muitas vezes tem um resultado contingente, ainda que as regras do jogo favoreçam uma das partes. O resultado desse conflito leva a diferenciações institucionais. Contudo, esse não é necessariamente um processo cumulativo e não implica que as pequenas diferenças que surgem em algum ponto necessariamente se ampliarão ao longo do tempo. Pelo contrário, como exemplifica nossa discussão sobre a Bretanha Romana no Capítulo 6, pequenas diferenças surgem, depois desaparecem e reaparecem. No entanto, quando surge uma conjuntura crítica, essas pequenas distinções que apareceram como resultado de diferenciações institucionais podem ser relevantes para levar sociedades bastante semelhantes a divergir radicalmente.

Nos Capítulos 7 e 8, vimos que, apesar de muitas similaridades entre a Inglaterra, a França e a Espanha, a conjuntura crítica do comércio transatlântico teve impacto mais transformador na Inglaterra por causa dessas pequenas diferenças — o fato de que, devido aos acontecimentos dos séculos XV e XVI, a Coroa Inglesa não tinha como controlar o comércio exterior, enquanto na França e na Espanha esse comércio estava basicamente sob monopólio da Coroa. Como resultado, na França e na Espanha foram a monarquia e seus aliados que se tornaram os principais beneficiários dos grandes lucros do comércio transatlântico e pela expansão colonial, ao passo que, na Inglaterra, foram grupos que se opunham fortemente à monarquia que obtiveram ganhos com as oportunidades econômicas criadas por essa conjuntura crítica. Embora a diferenciação institucional leve a pequenas diferenças, sua interação com conjunturas críticas leva à divergência institucional, que, por sua vez, cria diferenças institucionais maiores, que serão afetadas pela próxima conjuntura crítica.

A História é decisiva, uma vez que são os processos históricos que, por meio da diferenciação institucional, criam as características que podem se tornar relevantes durante as conjunturas críticas. As próprias conjunturas críticas são pontos de inflexão históricos. E os círculos viciosos e virtuosos implicam que precisamos estudar a História para compreender a natureza das diferenças institucionais historicamente estruturadas. No entanto, nossa teoria não implica determinismo histórico — nem de qualquer outro tipo. É por isso que a resposta à pergunta com a qual começamos este capítulo é "não": não havia uma necessidade histórica determinando que o Peru acabaria sendo tão mais pobre do que a Europa Ocidental ou os Estados Unidos.

Para começo de conversa, ao contrário do que afirmam as hipóteses geográfica e cultural, o Peru não está condenado à pobreza por sua geografia ou por sua cultura. Na nossa teoria, o Peru é bem mais pobre hoje do que a Europa Ocidental e os Estados Unidos por causa de suas instituições, e, para compreender as razões disso, precisamos compreender o processo histórico de desenvolvimento institucional no Peru. Como vimos no Capítulo 2, quinhentos anos atrás, o Império Inca, que ocupava o território do atual Peru, era mais rico, mais tecnologicamente sofisticado e mais politicamente centralizado do que as pequenas sociedades que ocupavam a América do Norte. O ponto de inflexão foi o modo como essa área foi colonizada e como isso contrastou com a colonização da América do Norte. Não foi resultado de um processo histórico predeterminado, mas, sim, um resultado contingente de vários desdobramentos institucionais imprescindíveis ocorridos em conjunturas críticas. Pelo menos três fatores poderiam ter mudado essa trajetória e levado a padrões muito diferentes no longo prazo.

Em primeiro lugar, as diferenças institucionais nas Américas no século XV moldaram a colonização dessas áreas. A América do Norte seguiu uma trajetória institucional diferente da ocorrida no Peru por seu povoamento esparso antes da colonização e por ter atraído colonos europeus que tiveram êxito ao se rebelar contra a elite que entidades como a Companhia da Virgínia e a Coroa Inglesa haviam tentado criar. Por outro lado, no Peru, os conquistadores espanhóis encontraram um Estado extrativista centralizado que podiam dominar e uma grande população que podia ser forçada a trabalhar em minas e plantações. Também não havia nada geograficamente determinado sobre o futuro das Américas quando os europeus chegaram. Do mesmo modo que o surgimento de um Estado centralizado liderado pelo rei Shyaam entre os bushongos resultou de uma grande inovação institucional, ou quem sabe até mesmo de uma revolução política, como vimos no Capítulo 5, a civilização inca no Peru e as grandes populações dessa área resultaram de grandes inovações institucionais. Essas inovações poderiam ter ocorrido na América do Norte, em lugares como o Vale do Mississippi, ou mesmo no nordeste dos Estados Unidos. Fosse esse o caso, os europeus talvez tivessem encontrado terras vazias nos Andes e Estados centralizados na América do Norte, e os papéis do Peru e dos Estados Unidos poderiam ser invertidos. Os europeus teriam se assentado em áreas em torno do Peru, e o conflito entre a maioria dos colonos e a elite poderia ter levado à criação de instituições inclusivas ali, e não na América do Norte. É provável que os caminhos de desenvolvimento econômico trilhados depois fossem diferentes.

Em segundo lugar, o Império Inca poderia ter resistido ao colonialismo europeu, assim como o Japão resistiu aos navios do comodoro Perry que atracaram na baía de Edo. Embora o maior extrativismo do Império Inca, quando comparado a Tokugawa, no Japão, certamente tornasse uma revolução semelhante à Restauração Meiji menos provável no Peru, não havia uma necessidade histórica de que os incas sucumbissem ao domínio europeu. Caso tivessem conseguido resistir e até mesmo se modernizar, do ponto de vista institucional, em resposta às ameaças, todo o caminho histórico do Novo Mundo, e com ele a história do mundo como um todo, poderia ter sido diferente.

Em terceiro lugar, e aqui se trata de algo mais radical, não estava sequer predeterminado, do ponto de vista histórico, geográfico ou cultural, que seriam os europeus a colonizar o mundo. Poderiam ter sido os chineses ou mesmo os incas. Claro, um resultado desse tipo é impossível quando olhamos do ponto de vista do século XV, época em que a Europa Ocidental já havia se colocado à frente das Américas, e a China já se voltara para dentro. No entanto, a Europa Ocidental do século XV, foi também resultado de um processo contingente de diferenciação institucional pontuado por conjunturas críticas, e nada relacionado a isso era inevitável. As potências da Europa Ocidental não poderiam ter levado vantagem em relação às demais nações e conquistado o mundo sem que houvesse vários pontos de inflexão históricos, entre os quais estão o caminho específico tomado pelo feudalismo, que levou à substituição da escravidão e enfraqueceu o poder dos monarcas; o fato de que os séculos seguintes à virada do primeiro milênio na Europa testemunharam o desenvolvimento de cidades independentes e comercialmente autônomas; o fato de que os monarcas europeus não se sentiam tão ameaçados pelo comércio exterior quanto os imperadores chineses durante a dinastia Ming, e portanto não tenham tentado desestimulá-lo; e a chegada da peste negra, que abalou as fundações da ordem feudal. Caso esses acontecimentos tivessem transcorrido de outra maneira, poderíamos estar vivendo em um mundo muito diferente, em que o Peru poderia ser mais rico do que a Europa Ocidental ou os Estados Unidos.

NATURALMENTE, UMA TEORIA EM QUE tanto pequenas diferenças quanto a contingência têm papéis fundamentais terá poder de previsão limitado. Poucos teriam previsto no século XV, ou mesmo no XVI, muito menos nos vários séculos que se seguiram à queda do Império Romano, que o maior avanço rumo a instituições inclusivas aconteceria na Grã-Bretanha. Isso só se tornou possível graças ao processo específico de diferenciação institucional e à natureza da conjuntura crítica criada pela abertura do comércio transatlântico. Muitos também não teriam acreditado durante a Revolução Cultural, nos anos 1970, que em pouco tempo a China tomaria um caminho que a levaria a mudanças radicais em suas instituições e, posteriormente, a uma trajetória de crescimento explosivo. Do mesmo modo, é impossível prever com qualquer grau de segurança como serão as coisas daqui a quinhentos anos. No entanto, isso não quer dizer que a teoria seja falha. O relato que apresentamos até aqui indica que qualquer abordagem baseada no determinismo histórico — com base em fatores geográficos, culturais ou até mesmo históricos — é inadequada. Pequenas diferenças e contingência não são apenas parte de nossa teoria, são parte da construção da história.

Ainda que seja difícil fazer previsões precisas quanto a quais sociedades serão mais prósperas quando comparadas a outras, vimos ao longo deste livro que nossa teoria explica bastante bem as grandes diferenças de prosperidade e de pobreza nos países do mundo. Veremos, no restante deste capítulo, que ela também oferece algumas orientações quanto a que tipos de sociedade têm maior probabilidade de obter crescimento econômico ao longo das próximas décadas.

Os círculos viciosos e virtuosos geram grande persistência e morosidade. Não há muita dúvida de que daqui a cinquenta, ou mesmo cem anos, os Estados Unidos e a Europa Ocidental, com base em suas instituições econômicas e políticas inclusivas, serão mais ricos, e com grande probabilidade consideravelmente mais ricos, do que a África subsaariana, o Oriente Médio, a América Central ou o Sudoeste Asiático. No entanto, dentro desses padrões amplos deve haver grandes mudanças institucionais ao longo do próximo século, com alguns países rompendo o ciclo, deixando de ser pobres e se tornando ricos.

Nações que quase não têm centralização política, como a Somália e o Afeganistão, ou aquelas que passaram por um colapso estatal, como aconteceu com o Haiti ao longo das últimas décadas — muito antes do terremoto gigantesco de 2010 que devastou a infraestrutura do país —, dificilmente conseguirão crescer sob instituições políticas extrativistas ou fazer grandes mudanças rumo a instituições inclusivas. Pelo contrário, os países que devem crescer ao longo das próximas décadas — embora provavelmente sob instituições extrativistas — são aqueles que conseguiram certo grau de centralização política. Na África subsaariana, isso inclui Burundi, Etiópia, Ruanda, nações com uma longa história de Estados centralizados, e a Tanzânia, que conseguiu essa centralização, ou pelo menos gerou alguns dos pré-requisitos para a centralização, como a independência. Na América Latina, essa lista inclui Brasil, Chile e México, que não só são centralizados politicamente, como também deram passos significativos na direção de um pluralismo nascente. Nossa teoria sugeriria que o crescimento econômico sustentado é bastante improvável na Colômbia.

Nossa teoria também sugere que o crescimento sob instituições políticas extrativistas, como na China, não será sustentado, e provavelmente perderá força. Além desses casos, há grande incerteza. Cuba, por exemplo, pode fazer uma transição rumo a instituições inclusivas e passar por uma grande transformação econômica, ou pode permanecer sob instituições políticas e econômicas extrativistas. O mesmo vale para a Coreia do Norte e Mianmar, na Ásia. Assim, embora nossa teoria ofereça as ferramentas para pensar como as instituições mudam e as consequências de tais mudanças, a natureza dessa mudança — o papel das pequenas diferenças e da contingência — dificulta a precisão das previsões.

É preciso ter cautela ainda maior ao fazer recomendações sobre políticas públicas a partir desse relato geral sobre as origens da prosperidade e da pobreza. Assim como o impacto das conjunturas críticas, o modo como uma sociedade irá responder a uma mesma intervenção política depende das instituições vigentes. Claro, nossa teoria trata de como as nações podem dar passos rumo à prosperidade ao transformar suas instituições de extrativistas em inclusivas, mas também deixa muito claro desde o princípio que não existem receitas fáceis para fazer essa transição. Em primeiro lugar, o círculo vicioso torna a mudança institucional muito mais difícil do que pode parecer — sobretudo em instituições extrativistas, que podem se recriar sob diferentes disfarces, como vimos com a lei de ferro da oligarquia no Capítulo 12. Logo, o fato de que o regime extrativista do presidente Mubarak foi derrubado por protestos populares em fevereiro de 2011 não garante que o Egito vá trilhar um caminho de instituições mais inclusivas. Pode acontecer de instituições extrativistas se recriarem apesar do movimento vibrante e esperançoso pró-democracia. Em segundo lugar, como para a história seguir um caminho contingente implica uma dificuldade em saber se uma interação específica entre conjunturas críticas e diferenças institucionais vigentes levará a instituições mais inclusivas ou extrativistas, seria ousado formular recomendações políticas gerais para estimular mudanças em direção a instituições inclusivas. No entanto, nossa teoria ainda é útil para análises políticas, na medida em que nos permite reconhecer maus conselhos políticos, com base ou em hipóteses incorretas ou na compreensão inadequada de como as instituições podem mudar. Nesse ponto, assim como na maioria dos casos, evitar os piores erros é tão importante quanto tentar desenvolver soluções simples — e também é mais realista. Talvez isso fique mais nítido quando consideramos as atuais recomendações políticas que estimulem "crescimento autoritário" com base na experiência bem-sucedida da China nas últimas décadas. Explicamos a seguir por que essas recomendações políticas são equivocadas e por que o crescimento chinês, do modo como aconteceu até aqui, é só mais uma forma de crescimento sob instituições políticas extrativistas, que dificilmente se traduzirá em desenvolvimento econômico sustentado.

O charme irresistível do crescimento autoritário

Dai Guofang reconheceu precocemente a explosão urbana que tinha início na China. Novas rodovias, centros comerciais, residências e arranha-céus brotavam em todo canto na década de 1990, e Dai previu que esse crescimento ganharia ainda mais velocidade na década seguinte. Ele imaginou que sua empresa, a Jiangsu Tieben Ferro e Aço, poderia ganhar uma grande fatia do mercado produzindo a baixo custo, em especial quando comparada às ineficientes siderúrgicas estatais. Dai planejou construir uma verdadeira gigante do aço e, com apoio dos chefes locais do partido em Changzhou, começou a fazer isso em 2003. Em março de 2004, no entanto, o projeto foi interrompido por ordem do Partido Comunista Chinês em Pequim, e Dai foi preso por razões que nunca ficaram claras. As autoridades podem ter presumido que encontrariam indícios de crime nas contas dele, que passou os cinco anos seguintes na cadeia e em prisão domiciliar e em 2009 foi considerado culpado de uma infração leve. Seu verdadeiro crime foi dar início a um grande projeto que concorreria com empresas estatais sem a aprovação dos escalões mais altos do Partido Comunista. Essa certamente foi a lição que outros tiraram do episódio.

A reação do Partido Comunista a empreendedores como Dai não deveria ser uma surpresa. Chen Yun, um dos aliados mais próximos de Deng Xiaoping e possivelmente o maior arquiteto por trás das primeiras reformas do mercado, resumiu os pontos de vista da maior parte dos quadros com uma analogia sobre a economia, falando sobre um "pássaro na gaiola": a economia da China era o pássaro, e o controle do partido era a gaiola, que precisava ser ampliada para tornar o pássaro mais saudável e mais dinâmico, porém não podia ser aberta ou retirada, sob risco de o pássaro fugir. Jiang Zemin, pouco depois de se tornar secretário-geral do Partido Comunista, em 1989, o mais poderoso cargo na China, foi ainda mais longe e resumiu a suspeita do partido em relação aos empreendedores caracterizando-os como "negociantes autoempregados e mascates que enganam, roubam, subornam e sonegam". Ao longo da década de 1990, mesmo com a grande quantidade de investimentos estrangeiros que chegava à China e as estatais sendo incentivadas a se expandir, as empresas privadas eram vistas com suspeita, e muitos empreendedores foram expropriados ou mesmo presos. A visão de Jiang Zemin sobre os empreendedores, embora em relativo declínio, ainda é bastante disseminada na China. Nas palavras de um economista chinês: "Grandes empresas estatais podem se envolver em grandes projetos. Mas, quando empresas privadas fazem o mesmo, especialmente em concorrência com o Estado, os problemas vêm de todo canto."

Embora dezenas de empresas privadas operem de maneira lucrativa na China, muitos elementos da economia ainda estão sob o comando e a proteção do Partido. O jornalista Richard McGregor relata que na mesa do chefe de cada uma das grandes estatais chinesas há um telefone vermelho. Quando ele toca, é o Partido ligando com ordens sobre o que a empresa deve fazer, onde deve investir e quais devem ser suas metas. Essas empresas gigantes continuam sob o comando do Partido, um fato de que somos lembrados quando o Partido decide trocar a posição de seus principais executivos, demiti-los ou promovê-los sem maiores explicações.

Essas histórias evidentemente não negam que a China deu grandes passos em direção a instituições econômicas inclusivas, algo que deu sustentação a suas espetaculares taxas de crescimento ao longo dos últimos trinta anos. A maior parte dos empreendedores tem alguma segurança, inclusive por cultivarem o apoio dos quadros locais e das elites do Partido Comunista em Pequim. A maior parte das estatais busca lucros e concorre em mercados internacionais, uma mudança radical em relação à China de Mao. Como vimos no capítulo anterior, a China foi capaz de crescer porque, sob Deng Xiaoping, reformas radicais afastaram o país das instituições econômicas extrativistas e o levaram rumo a instituições econômicas mais inclusivas. O crescimento continuou à medida que essas instituições trilharam um caminho rumo a uma maior inclusão, embora num ritmo lento. A China também se beneficia muito de seu grande suprimento de mão de obra barata e de seu acesso a mercados, capitais e tecnologias estrangeiros.

Ainda que as instituições econômicas chinesas sejam incomparavelmente mais inclusivas hoje do que há três décadas, a experiência chinesa é um exemplo de crescimento sob instituições políticas extrativistas. Apesar da recente ênfase que a China vem dando a inovação e tecnologia, seu crescimento se baseia na adoção de tecnologias existentes e investimentos rápidos, não na destruição criativa. Um aspecto importante disso é que o direito à propriedade não é totalmente seguro na China. De tempos em tempos, assim como aconteceu com Dai, alguns empreendedores são expropriados. A mobilidade da mão de obra é bastante regulada, e o mais básico dos direitos de propriedade — o de vender sua força de trabalho do modo como bem entender — ainda é bastante imperfeito. Pode-se exemplificar a distância que ainda precisa ser percorrida para que as instituições econômicas sejam verdadeiramente inclusivas com o fato de que são poucos os empresários que ousariam iniciar alguma atividade sem o suporte dos quadros locais do Partido ou, ainda mais importante, de Pequim. A conexão entre as empresas e o Partido é altamente lucrativa para ambas as partes. As empresas apoiadas recebem contratos em termos favoráveis, conseguem despejar pessoas comuns para expropriar suas terras e violam leis e regulamentos impunemente. O Partido passará por cima de quem atrapalhar esse plano de negócios, podendo prender ou inclusive assassiná-los.

O peso onipresente do Partido Comunista e das instituições extrativistas chinesas nos faz lembrar das muitas semelhanças entre o crescimento soviético nas décadas de 1950 e 1960 e o crescimento chinês hoje, embora também haja diferenças notáveis. A União Soviética obteve crescimento sob instituições econômicas e políticas extrativistas por ter alocado à força recursos para a indústria, usando uma estrutura de comando centralizada, particularmente para a produção de armamentos e na indústria pesada. Esse crescimento foi viável porque o país estava muito atrasado. O crescimento sob instituições extrativistas é mais fácil quando a destruição criativa não é uma necessidade. As instituições econômicas chinesas certamente são mais inclusivas do que as da União Soviética, mas as instituições políticas ainda são extrativistas. O Partido Comunista tudo pode na China e controla toda a burocracia estatal, as forças armadas, a imprensa e grandes segmentos da economia. O povo chinês tem poucas liberdades políticas e pouquíssima participação no processo político.

Muitos acreditaram que o crescimento na China levaria à democracia e a um maior pluralismo. Em 1989, havia uma genuína impressão de que os protestos na Praça da Paz Celestial resultariam em maior abertura e talvez até mesmo ao colapso do regime comunista. Mas tanques foram usados contra os manifestantes, e, em vez de relatarem uma revolução pacífica, os livros de história hoje chamam o episódio de Massacre da Praça da Paz Celestial. Em muitos sentidos, as instituições políticas chinesas se tornaram ainda mais extrativistas após o massacre — reformistas como Zhao Ziyang, que como secretário-geral do Partido Comunista apoiou os estudantes na Praça da Paz Celestial, foram expurgados, e o partido passou a restringir ainda mais as liberdades civis e a liberdade de imprensa. Zhao Ziyang foi colocado em prisão domiciliar por mais de quinze anos, e sua experiência na vida pública foi aos poucos apagada, para que ele não fosse sequer um símbolo para quem defendia mudanças políticas.

Hoje, o controle do partido sobre a imprensa, incluindo a internet, não tem precedentes. Grande parte acontece por meio de autocensura: os meios de comunicação sabem que não devem mencionar Zhao Ziyang ou Liu Xiaobo, um crítico do governo que exigiu maior democratização e ainda definha numa cela, mesmo depois de ter recebido o prêmio Nobel da Paz. A autocensura tem o suporte de um aparato orwelliano que pode monitorar conversas e comunicações, fechar sites e jornais e até bloquear seletivamente acesso a reportagens na internet. Tudo isso ficou evidente quando notícias sobre acusações de corrupção contra o filho do secretário-geral do partido desde 2002, Hu Jintao, foram divulgadas em 2009. O aparato do partido entrou imediatamente em ação e não apenas impediu que a imprensa chinesa cobrisse o caso, como também conseguiu bloquear reportagens seletivamente nos sites do *New York Times* e do *Financial Times*.

Em função do controle do Partido sobre as instituições econômicas, a destruição criativa é severamente limitada, e permanecerá assim até que haja uma reforma radical nas instituições políticas. Assim como na União Soviética, a experiência chinesa de crescimento sob instituições políticas extrativistas é em grande medida facilitada porque o país estava bastante atrasado em relação a outras potências. A renda per capita na China continua sendo uma fração do que vemos nos Estados Unidos e na Europa Ocidental. Claro, o crescimento chinês é consideravelmente mais diversificado do que o soviético — não depende apenas de armamentos ou da indústria pesada, e os empreendedores chineses vêm dando mostras de grande engenhosidade. Mesmo assim, esse crescimento perderá força a não ser que as instituições políticas extrativistas cedam lugar a instituições inclusivas. Enquanto as instituições políticas continuarem sendo extrativistas, o crescimento terá uma limitação inerente, assim como aconteceu em todos os casos semelhantes.

A experiência chinesa inspira diversas questões interessantes sobre o futuro do crescimento chinês e, mais importante, sobre até que ponto o crescimento autoritário é desejável e viável. Esse tipo de crescimento se tornou uma alternativa popular ao "consenso de Washington", que dá ênfase à importância do mercado, da liberalização do comércio e de certos modelos de reformas institucionais para impulsionar o crescimento econômico em muitas partes menos desenvolvidas do mundo. Embora parte do apelo do crescimento autoritário seja uma reação ao consenso de Washington, talvez seu maior charme — certamente para os governantes que comandam instituições extrativistas — seja o fato de que dá liberdade para que mantenham e até mesmo fortaleçam o domínio sobre o poder e legitimem o extrativismo.

Como nossa teoria ressalta, esse tipo de crescimento sob instituições extrativistas é possível especialmente em sociedades que passaram por algum grau de centralização estatal e pode até se tornar o cenário mais provável para muitas nações, numa lista que vai de Camboja e Vietnã até Burundi, Etiópia e Ruanda. No entanto, isso implica que, assim como todos os demais exemplos de crescimento sob instituições políticas extrativistas, esse não será sustentado.

No caso da China, o processo de crescimento baseado em redução das diferenças em relação a países mais avançados, importação de tecnologia estrangeira e exportação de produtos manufaturados baratos provavelmente continuará por mais algum tempo. No entanto, é possível que o crescimento chinês também chegue ao fim, sobretudo depois que a China atingir os padrões de vida de um país de renda mediana. O cenário mais provável pode ser aquele em que o Partido Comunista Chinês e a elite econômica chinesa, cada vez mais poderosa, consigam manter pleno domínio sobre o poder por várias décadas. Nesse caso, a história e a nossa teoria sugerem que o crescimento com destruição criativa e inovação genuína não chegará, e as taxas espetaculares de crescimento na China irão evaporar lentamente. Contudo, esse resultado está longe de ser predeterminado — ele pode ser evitado caso a China faça uma transição para instituições políticas inclusivas antes de seu crescimento sob instituições extrativistas chegar ao limite. Contudo, como veremos a seguir, há poucas razões para esperar que essa transição seja provável ou venha acontecer de modo automático e indolor.

Mesmo algumas vozes dentro do Partido Comunista Chinês reconhecem os perigos que esperam pelo caminho e andam falando que é preciso fazer reformas políticas — ou seja, uma transição rumo a instituições políticas mais inclusivas, para usar a nossa terminologia. O poderoso primeiro-ministro Wen Jiabao* recentemente alertou para o perigo de que o crescimento econômico seja dificultado caso não ocorram reformas políticas. Achamos a análise de Wen presciente, ainda que algumas pessoas tenham duvidado de sua sinceridade. No entanto, muitos no Ocidente não concordam com as declarações de Wen. Para eles, a China mostra um caminho alternativo de crescimento econômico sustentado, um caminho que se dá sob o autoritarismo, e não sob instituições econômicas e políticas inclusivas. Mas estão errados. Já vimos as raízes mais importantes do sucesso chinês: uma mudança radical nas instituições econômicas, que deixaram de ser rigorosamente comunistas e caminharam para instituições que oferecem incentivos ao crescimento da produtividade e do comércio. Olhando dessa perspectiva, não há nada fundamentalmente diferente na experiência chinesa

---

* Wen Jiabao foi primeiro-ministro da China entre 2003 e 2013. (N. da E.)

quando a comparamos com países que conseguiram se afastar de instituições econômicas extrativistas e dar alguns passos em direção a instituições econômicas inclusivas, ainda que isso continue ocorrendo sob instituições políticas extrativistas, como é o caso da China, que não conseguiu seu crescimento econômico graças às suas instituições políticas extrativistas, mas apesar delas. Essa experiência de crescimento bem-sucedida ao longo das últimas três décadas se deve a uma mudança radical, passando para instituições econômicas mais inclusivas, uma passagem que se tornou mais difícil, e não mais fácil, pela presença de instituições políticas altamente autoritárias e extrativistas.

UM TIPO DIFERENTE de endosso ao crescimento autoritário reconhece sua natureza pouco atraente, mas afirma que o autoritarismo é apenas uma fase passageira. Essa ideia remonta a uma das teorias clássicas da sociologia política, a teoria da modernização, formulada por Seymour Martin Lipset. A teoria da modernização afirma que toda sociedade, à medida que cresce, caminha rumo a uma existência mais moderna, desenvolvida e civilizada, e particularmente rumo à democracia. Muitos seguidores da teoria da modernização também afirmam que, assim como a democracia, instituições inclusivas surgirão como um subproduto desse processo de crescimento. Além disso, ainda que democracia não implique necessariamente instituições políticas inclusivas, é provável que eleições regulares e uma concorrência política relativamente livre levem ao desenvolvimento de instituições políticas inclusivas. Diferentes versões da teoria da modernização também afirmam que uma mão de obra instruída naturalmente levará à democracia e a melhores instituições. Em uma versão um tanto pós-moderna da teoria, o colunista do *The New York Times* Thomas Friedman chegou a ponto de sugerir que a partir do momento em que um país tem uma quantidade suficiente de McDonald's, a democracia e as instituições certamente virão. Tudo isso pinta um quadro otimista. Ao longo dos últimos sessenta anos, vários países, inclusive alguns com instituições extrativistas, testemunharam aumentos notáveis no nível de instrução de sua mão de obra. Portanto, à medida que a renda e o nível de instrução continuam a crescer, todas as outras coisas boas, como democracia, direitos humanos, liberdades civis e segurança dos direitos à propriedade, deveriam surgir.

A teoria da modernização tem muitos seguidores tanto dentro quanto fora da academia. Atitudes recentes dos Estados Unidos em relação à China, por exemplo, foram moldadas por essa teoria. George H. W. Bush resumiu a política americana em relação à democracia chinesa como: "Pratique o livre-comércio com a China, e o tempo estará do nosso lado." A ideia era de que a China cresceria à medida que praticasse o livre-comércio com o Ocidente, e esse crescimento levaria à democracia e a melhores instituições, segundo previa a teoria da modernização. No entanto, o rápido aumento no comércio entre os Estados Unidos e a China desde meados dos anos 1980 pouco fez pela democracia chinesa, e a integração ainda maior que provavelmente seguirá ocorrendo não trará grandes resultados.

A atitude de muitos em relação ao futuro da sociedade iraquiana e à democracia depois da invasão liderada pelos Estados Unidos era igualmente otimista em função da teoria da modernização. Apesar do desempenho econômico desastroso sob o regime de Saddam Hussein, o Iraque de 2002 não era tão pobre quanto muitas nações da África subsaariana, e, comparativamente, tinha uma população com bom grau de instrução — assim, acreditava-se que o país estivesse maduro para o desenvolvimento da democracia e das liberdades civis, talvez até mesmo para aquilo que descreveríamos como pluralismo. Essas esperanças rapidamente desmoronaram à medida que o caos e a guerra civil tomaram conta da sociedade iraquiana.

A teoria da modernização não só é incorreta, como também não nos ajuda a pensar sobre como enfrentar os grandes problemas das instituições extrativistas nas nações que estão fracassando. O indício mais forte a favor da teoria da modernização é o fato de que as nações ricas são as que têm regimes democráticos, respeitam os direitos civis e os direitos humanos e contam com mercados funcionais e instituições econômicas inclusivas em geral. No entanto, interpretar essa associação como algo que corrobora a teoria da modernização é ignorar o grande efeito das instituições econômicas e políticas inclusivas sobre o crescimento econômico. Como afirmamos ao longo deste livro, são as sociedades com instituições inclusivas que cresceram ao longo dos últimos trezentos anos e na atualidade se tornaram relativamente ricas. Para demonstrar esta afirmação, basta olhar para os fatos de modo um pouco diferente: se por um lado os países que construíram instituições econômicas e políticas inclusivas ao longo dos últimos séculos conseguiram um crescimento econômico sustentado, por outro, regimes autoritários que cresceram mais depressa ao longo dos últimos sessenta ou cem anos, ao contrário do que afirmaria a teoria da modernização de Lipset, não se tornaram mais democráticos. E esse fato não surpreende. O crescimento sob instituições extrativistas é possível porque não leva necessária ou automaticamente à morte dessas instituições. Na verdade, esse crescimento muitas vezes é gerado porque as pessoas que estão no controle das instituições extrativistas veem o crescimento econômico não como uma ameaça, mas, sim, como algo que dá sustentação a seu regime, como é o caso do Partido Comunista Chinês desde a década de 1980. Também não causa surpresa que o crescimento gerado pelo aumento de valor dos recursos naturais de um país, como no Gabão, na Rússia, na Arábia Saudita e na Venezuela, dificilmente leve a uma transformação fundamental desses regimes autoritários na direção de instituições inclusivas.

Os fatos históricos são ainda menos generosos com a teoria da modernização. Muitas nações prósperas sucumbiram e apoiaram ditaduras repressivas e a instituições extrativistas. Tanto a Alemanha quanto o Japão estavam entre as nações mais ricas e mais industrializadas do mundo na primeira metade do século XX e tinham cidadãos com grau comparativamente alto de instrução. Isso não impediu a ascensão do Partido Nacional-Socialista na Alemanha nem de um regime militarista com tendências à expansão territorial por meio da guerra no Japão — fazendo com que tanto as instituições políticas quanto as econômicas desses países dessem uma forte guinada rumo a instituições extrativistas. A Argentina também era um dos países mais ricos do mundo no século XIX, tão rica quanto a Grã-Bretanha ou talvez até mais, em função de ter se beneficiado do boom mundial de *commodities*; o país também tinha a população mais instruída da América Latina. A democracia e o pluralismo, porém, não tiveram maior êxito — pode-se até dizer que tiveram menor êxito — na Argentina do que em grande parte do resto da América Latina. O país viveu golpe atrás de golpe, e, como vimos no Capítulo 11, até líderes democraticamente eleitos agiram como ditadores predatórios. Mesmo recentemente, houve pouco progresso em direção a instituições econômicas inclusivas, e, como vimos no Capítulo 13, os governos argentinos do século XXI ainda são capazes de expropriar a riqueza de seus cidadãos impunemente.

Tudo isso dá destaque a várias ideias importantes. Em primeiro lugar, o crescimento sob instituições políticas autoritárias e extrativistas na China, embora provavelmente ainda vá continuar por mais um tempo, não se traduzirá em crescimento sustentado com apoio em instituições econômicas realmente inclusivas e na destruição criativa. Em segundo lugar, ao contrário do que afirma a teoria da modernização, não devemos contar que o crescimento autoritário leve à democracia ou a instituições políticas inclusivas. A China, a Rússia e vários outros regimes autoritários que têm conseguido crescer decerto atingirão o limite desse crescimento extrativista antes de transformar suas instituições políticas numa direção mais inclusiva — e, na verdade, é provável que isso ocorra antes que surja na elite qualquer desejo por tais transformações ou qualquer oposição forte capaz de produzi-las. Em terceiro lugar, o crescimento autoritário no longo prazo não é nem desejável nem viável, e, portanto, não deveria receber o aval da comunidade internacional como modelo a ser seguido por países da América Latina, da Ásia e da África subsaariana, ainda que este seja um caminho que vá ser escolhido por muitas nações precisamente pela compatibilidade com os interesses das elites econômicas e políticas que as dominam.

É impossível forjar a prosperidade

Ao contrário da teoria que desenvolvemos neste livro, a hipótese da ignorância vem imediatamente com uma sugestão sobre como "resolver" o problema da pobreza: se a ignorância nos trouxe até aqui, governantes e formuladores de políticas esclarecidos e com conhecimento podem nos tirar dessa e devemos ser capazes de "construir" a prosperidade nas diversas nações do mundo oferecendo os conselhos certos e explicando aos políticos quais são as boas políticas econômicas. No Capítulo 2, quando discutimos essa hipótese, mostramos como a experiência do primeiro-ministro de Gana, Kofi Busia, no início da década de 1970 ressaltou o fato de que o principal obstáculo para a adoção de políticas que reduziriam as falhas de mercado e incentivariam o crescimento econômico não é a ignorância dos políticos, mas, sim, os incentivos e os limites com que eles se deparam e que provêm das instituições econômicas e políticas existentes em suas sociedades. No entanto, a hipótese da ignorância continua a reinar suprema nos círculos de formulação de políticas públicas ocidentais, que focam em forjar a prosperidade e, na prática, deixam de lado todo o resto.

Essas tentativas vêm em dois sabores. O primeiro, em geral defendido por organizações internacionais como o Fundo Monetário Internacional, reconhece que o subdesenvolvimento é causado por más políticas e más instituições econômicas, então propõe uma lista de aprimoramentos que essas organizações internacionais tentam induzir nações pobres a adotar. (O consenso de Washington formula uma dessas listas.) Esses aprimoramentos se concentram em aspectos sensatos como estabilidade macroeconômica e metas macroeconômicas que parecem atraentes, como reduzir o tamanho do setor estatal, taxas de câmbio flutuantes e liberalização da conta capital. Também se concentram em metas mais microeconômicas, como privatização, melhorias na eficiência dos serviços públicos prestados e talvez também sugestões sobre como melhorar o funcionamento do próprio Estado por meio da ênfase em medidas anticorrupção. Embora essas reformas possam ser sensatas, a abordagem das organizações internacionais em Washington, Londres, Paris e nos demais lugares se baseia em uma perspectiva incorreta que deixa de reconhecer o papel das instituições políticas e os limites que elas impõem à formulação de políticas públicas. Quando instituições internacionais tentam construir um crescimento econômico coagindo países mais pobres a adotar melhores políticas e instituições, não são bem-sucedidas porque, para começo de conversa, não são acompanhadas de uma justificativa que explique por que essas más políticas e instituições existem à exceção da explicação segundo a qual os líderes de países pobres são ignorantes. A consequência é que as políticas não são adotadas nem implementadas, ou são implementadas só da boca para fora.

Por exemplo, muitas economias do planeta que supostamente estavam implementando tais reformas estagnaram durante os anos 1980 e 1990, sobretudo na América Latina. Na verdade, essas reformas foram impostas em contextos em que a política continuou funcionando da maneira de sempre. Assim, mesmo quando as reformas foram adotadas, o objetivo era subvertido, ou os políticos empregavam estratégias para atenuar seu impacto. Tudo isso pode ser exemplificado pela "implementação" de uma das recomendações mais importantes das instituições internacionais visando à obtenção da estabilidade macroeconômica: a independência do Banco Central. Essa recomendação ou é implantada em teoria, mas não na prática, ou é minada pelo uso de outros instrumentos políticos. Em princípio trata-se de algo bastante sensato. Muitos políticos estavam gastando mais do que arrecadavam com tributos e forçavam seus bancos centrais a compensar a diferença com a impressão de dinheiro. A inflação que resultava disso criava instabilidade e incerteza. A teoria era que bancos centrais independentes, como o Bundesbank, na Alemanha, resistiriam à pressão política e barrariam a inflação. O presidente do Zimbábue, Mugabe, decidiu seguir o conselho internacional: declarou a independência do Banco Central do Zimbábue em 1995. Antes disso, a inflação no Zimbábue estava em torno de 20%. Em 2002, havia chegado a 140%; em 2003, a quase 600%; em 2007, 66.000%; e, em 2008, a uma porcentagem de 230 milhões! Claro, em um país em que o presidente ganha na loteria (Capítulo 13) não deveria ser surpresa que a aprovação de uma lei que dava independência ao Banco Central não signifique nada. O presidente do Banco Central do Zimbábue provavelmente sabia como, em Serra Leoa, alguém que ocupava o mesmo cargo que ele havia "caído" do último andar do edifício do Banco Central quando discordou de Siaka Stevens (Capítulo 12). Independente ou não, satisfazer o presidente era a escolha prudente para a própria saúde, ainda que não para a saúde da economia. Nem todos os países procederam como o Zimbábue. Na Argentina e na Colômbia, os bancos centrais também foram declarados independentes na década de 1990 e de fato cumpriram com sua missão de reduzir a inflação. Contudo, como em nenhum dos dois países houve mudanças políticas, as elites puderam se utilizar de outros meios para comprar votos, manter seus interesses e recompensar a si mesmos e a seus seguidores. Como não havia mais como conseguirem isso por meio da impressão de dinheiro, foi preciso encontrar outro jeito. Nos dois países, a criação do Banco Central independente coincidiu com um grande aumento nas despesas do governo, financiado em grande medida por empréstimos.

A segunda abordagem para construir a prosperidade está muito mais em voga hoje em dia. Ela reconhece que não há modos fáceis de elevar um país da pobreza para a prosperidade do dia para a noite ou ao longo de poucas décadas. Em vez disso, a abordagem afirma que existem muitas "microfalhas de mercado" que podem ser consertadas com bons conselhos, e a prosperidade virá caso os formuladores de políticas públicas aproveitem essas oportunidades — o que, também nesse caso, pode ser realizado com a ajuda e a visão de economistas, entre outros. Pequenas falhas de mercado estão em todo lugar nos países pobres, segundo essa abordagem — por exemplo, nos sistemas educacionais, no sistema de saúde e no modo como os mercados são organizados. Isso sem dúvida é verdade. No entanto, o problema é que essas pequenas falhas de mercado podem ser apenas a ponta do iceberg, o sintoma de problemas com raízes mais profundas em uma sociedade que opera sob instituições extrativistas.

Assim como não é coincidência o fato de países pobres terem más políticas macroeconômicas, não é coincidência que seus sistemas educacionais não funcionem bem. Essas falhas de mercado talvez não se devam apenas à ignorância. Os formuladores de políticas públicas e burocratas que, em tese, deveriam agir com base em conselhos bem-intencionados muito provavelmente são parte do problema, e as várias tentativas de consertar essas ineficiências podem sair pela culatra precisamente porque os responsáveis por elas não estão tentando combater as causas institucionais da pobreza.

Um exemplo desses problemas foi a intervenção feita pela organização não governamental (ONG) Seva Mandir para aprimorar o sistema de saúde no estado do Rajastão, na Índia. O sistema de saúde na Índia tem um histórico de ineficiência e falhas profundamente enraizadas. O serviço público de saúde é, pelo menos em teoria, barato e disponível para uma grande quantidade de pessoas, e os funcionários em geral são qualificados. Entretanto mesmo os indianos mais pobres não usam as instalações do serviço público de saúde, optando por serviços privados muito mais caros, sem regulamentação e que em muitos casos são ineficientes. Isso não se deve a algum tipo de irracionalidade: as pessoas não conseguem ser tratadas no serviço público, pois as unidades de saúde sofrem de uma endemia de faltas dos servidores. Caso um indiano vá a uma unidade de saúde gerida pelo governo, além de não encontrar enfermeiras, é provável que sequer consiga entrar no prédio, pois as instalações estão quase sempre fechadas.

Em 2006, a Seva Mandir, junto com um grupo de economistas, planejou um esquema de incentivos para fazer com que as enfermeiras comparecessem ao trabalho no distrito de Udaipur, no Rajastão. A ideia era simples: a ONG instalou relógios de ponto que marcariam a data e o horário em que as enfermeiras estivessem no trabalho. Elas deveriam bater o cartão três vezes por dia, para garantir que chegaram na hora, permaneceram ali e saíram na hora. Caso o esquema funcionasse e aumentasse a qualidade e a quantidade dos serviços oferecidos, seria um ótimo exemplo da teoria segundo a qual há soluções fáceis para problemas fundamentais de desenvolvimento.

A intervenção revelou algo bastante diferente. Pouco depois de o programa ser implementado, houve um aumento significativo no comparecimento das enfermeiras, mas isso não durou. Em pouco mais de um ano, a administração local de serviços de saúde do distrito havia minado o esquema de incentivos criado pela Seva Mandir. As faltas ao trabalho voltaram ao nível normal, embora tenha havido um aumento significativo nos "dias de folga", nos quais as enfermeiras não iriam trabalhar — mas nesse caso com chancela oficial da administração local. Também houve um grande aumento na quantidade de casos de "problemas com as máquinas", quando os relógios de ponto quebravam. No entanto, a Seva Mandir não conseguia substituí-los porque os secretários de saúde não colaboravam.

Forçar enfermeiras a bater os cartões de ponto três vezes por dia não parece uma ideia tão inovadora. Na verdade, trata-se de uma prática comum na indústria, inclusive na indústria indiana, e deve ter passado pela cabeça dos administradores dos serviços de saúde como uma possível solução para seus problemas. Parece improvável, portanto, que a ignorância de um esquema de incentivos tão simples tenha impedido seu uso. O que ocorreu durante o programa apenas confirmou isso. Os administradores de saúde sabotaram o programa porque estavam de conluio com as enfermeiras e eram cúmplices no problema endêmico das faltas. Eles não desejavam um esquema de incentivos que forçasse as enfermeiras a comparecer ou que reduzisse o salário delas caso não fossem trabalhar.

O que esse episódio ilustra é uma microversão das dificuldades de implementar mudanças significativas quando as instituições são a causa dos problemas. Neste caso, não foram políticos corruptos nem empresários poderosos que minaram as reformas institucionais, mas, sim, a administração local de saúde e as enfermeiras que foram capazes de sabotar o esquema de incentivos da Seva Mandir e dos economistas desenvolvimentistas. Essa situação sugere que várias microfalhas de mercado aparentemente fáceis de corrigir podem ser ilusões: a estrutura institucional que cria as falhas de mercado também impedirá a implementação de intervenções que melhorem os incentivos em um micronível. A tentativa de criar a prosperidade sem enfrentar a raiz dos problemas — instituições extrativistas e as políticas que as mantêm — dificilmente dará frutos.

A falha da ajuda internacional

Depois dos ataques da Al Qaeda em 11 de setembro de 2001, uma coalizão liderada pelos Estados Unidos logo derrubou o regime repressivo do Talibã no Afeganistão, que abrigava e se recusava a entregar membros importantes da Al-Qaeda. O Acordo de Bonn, de dezembro de 2001, firmado entre os líderes da antiga *mujahidin*, que haviam colaborado com as Forças Armadas dos Estados Unidos, e membros importantes da diáspora afegã, entre eles Hamid Karzai, criou um plano para o estabelecimento de um regime democrático. Um primeiro passo foi a grande assembleia nacional, a Loya Jirga, que elegeu Karzai para liderar o governo interino. As coisas pareciam estar melhorando para o Afeganistão. A maioria dos afegãos desejava deixar o Talibã para trás, e a comunidade internacional achava que o país só precisava de uma grande injeção de ajuda externa. Representantes das Nações Unidas e grandes ONGs em pouco tempo desembarcaram na capital, Cabul.

O que aconteceu a seguir não deveria ser surpresa, sobretudo tendo em vista o fracasso da ajuda internacional oferecida a países pobres e Estados falidos nas últimas cinco décadas. Surpresa ou não, o ritual de sempre se repetiu. Dezenas de trabalhadores especializados em assistência chegaram à cidade em seus jatinhos particulares com suas comitivas, ONGs de todo tipo compareceram para cumprir com aquilo a que se propunham e reuniões de cúpula entre governos e delegações da comunidade internacional foram realizadas. Bilhões de dólares chegavam ao Afeganistão, mas apenas uma pequena parte desse dinheiro foi usada na construção de infraestrutura, escolas ou outros serviços públicos essenciais para o desenvolvimento de instituições inclusivas e até mesmo para o restabelecimento da lei e da ordem. Embora grande parte da infraestrutura permanecesse em frangalhos, a primeira parcela do dinheiro foi usada para alugar um jato que fizesse o transporte de autoridades da ONU e de outras instituições internacionais. Em seguida, precisavam de motoristas e intérpretes. Logo, contrataram alguns burocratas falantes de inglês e os professores que restavam nas escolas para servir de motoristas e acompanhantes dessas autoridades, com salários que correspondiam a muitas vezes o que um afegão em geral recebia. Com os poucos burocratas capacitados desviados para trabalhar para a comunidade internacional que foi ao país prestar auxílio, o dinheiro da assistência, que supostamente deveria pôr de pé e fortalecer o Estado afegão, acabou por enfraquecê-lo, sem ser utilizado para ajudar na construção de infraestrutura no país.

Moradores de um vilarejo remoto no vale central do Afeganistão ouviram pelo rádio um anúncio sobre um novo programa multimilionário para restabelecer os abrigos da região. Depois de muito tempo, foram entregues umas poucas vigas de madeira transportadas pelo cartel de Ismail Khan, um antigo e renomado chefe militar que era membro do governo afegão. Mas eram grandes demais para terem alguma utilidade no distrito, e os moradores lhes deram a única finalidade possível: lenha. O que havia acontecido com os milhões de dólares prometidos aos moradores dos vilarejos? Do dinheiro prometido, 20% foram usados para pagar os custos do escritório central da ONU em Genebra. O restante foi usado para subcontratar uma ONG, que ficou com 20% para cobrir os custos de seu escritório central em Bruxelas, e assim por diante, por mais três camadas, com cada parte envolvida retirando aproximadamente 20% do que restava. O pouco dinheiro que chegou ao Afeganistão foi usado para comprar madeira na parte ocidental do Irã, sendo que grande parte foi usada para cobrir os custos superfaturados do cartel de transportes de Ismail Khan. Chega a ser um milagre que aquelas vigas gigantes tenham chegado ao vilarejo.

O que aconteceu no vale central do Afeganistão não é um incidente isolado. Muitos estudos estimam que apenas entre 10% e 20% da ajuda chegue a seu destino. Há dezenas de investigações sobre fraudes que teriam sido cometidas por funcionários da ONU e por autoridades locais, desviando dinheiro de ajuda financeira. Mas a maior parte do desperdício de dinheiro da ajuda internacional não se deve a fraude, e sim a simples incompetência ou, pior ainda, a métodos comuns para as organizações de ajuda.

A experiência afegã com a ajuda internacional provavelmente foi um grande sucesso se comparada a outras. Ao longo das últimas cinco décadas, centenas de bilhões de dólares foram pagas a governos em várias regiões do mundo a título de auxílio para o "desenvolvimento". Grande parte foi desperdiçada com despesas gerais e corrupção, exatamente como no Afeganistão. Pior, muito dinheiro foi repassado para ditadores como Mobutu, que dependiam da ajuda estrangeira de seus benfeitores ocidentais tanto para comprar apoio de seus clientes e proteger seu regime, quanto para enriquecer. O cenário em grande parte da África subsaariana foi parecido. A ajuda humanitária dada para socorro temporário em momentos de crise, como os que ocorreram no Haiti e no Paquistão, certamente foi mais útil, embora seu repasse também tenha sofrido com problemas semelhantes.

Apesar desse histórico pouco lisonjeiro da ajuda para "desenvolvimento", a contribuição estrangeira é uma das políticas mais populares entre as que os governos ocidentais, organizações internacionais como as Nações Unidas e ONGs de diferentes tipos recomendam como meio para combater a pobreza no mundo. E, claro, o ciclo de fracassos da ajuda estrangeira se repete infinitas vezes. A ideia de que os países ocidentais ricos deveriam fazer repasses de grandes quantias como "ajuda para o desenvolvimento" a fim de resolver o problema da pobreza na África subsaariana, no Caribe, na América Central e no sul da Ásia se baseia numa compreensão incorreta das causas da pobreza. Países como o Afeganistão são pobres por causa de suas instituições extrativistas — que têm como resultado a ausência de direito à propriedade, de lei e ordem, ou de sistemas judiciais funcionais, assim como o domínio sufocante de elites nacionais ou, mais frequentemente, elites locais sobre a vida política e econômica. Os mesmos problemas institucionais significam que a ajuda estrangeira será ineficiente, já que será saqueada e dificilmente chegará aonde deveria. Na pior das hipóteses, isso ajudará a manter os regimes que são a verdadeira raiz dos problemas dessas sociedades. Se o crescimento econômico sustentado depende de instituições econômicas inclusivas, dar ajuda para regimes que mantêm instituições extrativistas não pode ser a solução. Com isso, não estamos negando que, mesmo deixando de lado os casos de ajuda humanitária, algum bem resulte de programas de ajuda específicos que constroem escolas em áreas onde elas não existiam e remuneram professores que, não fosse por isso, ficariam sem remuneração. Embora grande parte dos grupos de assistência que foi a Cabul tenha feito pouco para melhorar a vida dos afegãos comuns, houve notáveis sucessos na construção de escolas, em especial para meninas, que eram completamente excluídas do sistema educacional durante o regime Talibã, e mesmo antes.

Uma solução — que recentemente se popularizou, em parte com base no reconhecimento de que as instituições têm algo a ver com a prosperidade e até mesmo com o repasse de verbas de ajuda internacional — é tornar a ajuda "condicional". De acordo com essa abordagem, para receber ajuda estrangeira continuada um governo precisa satisfazer certas condições — por exemplo, a liberalização dos mercados e caminhar rumo à democracia. O governo de George W. Bush deu o maior passo na direção desse tipo de ajuda condicional ao dar início às Contas do Desafio do Milênio, que atrelaram futuras verbas de assistência a melhorias quantitativas em diversas dimensões do desenvolvimento econômico e político. A eficiência da assistência condicional, porém, não parece melhor do que a da assistência sem condições. Países que não conseguem satisfazer essas condições, em geral, recebem a mesma quantidade de auxílio que aqueles que as satisfazem. Existe um motivo simples: esses lugares têm maior necessidade de ajuda, tanto para desenvolvimento quanto para socorro humanitário. E, como seria fácil de prever, a ajuda condicional parece ter pouco efeito sobre as instituições de um país. Afinal, seria bastante surpreendente se alguém como Siaka Stevens, em Serra Leoa, ou Mobutu, no Congo, começasse a desmantelar as instituições extrativistas que os mantinham no poder só para receber um pouco mais de ajuda estrangeira. Mesmo na África subsaariana, onde a ajuda estrangeira equivale a uma fração significativa do orçamento total de vários governos, e mesmo depois das Contas do Desafio do Milênio, que ampliaram a extensão das condicionalidades, a quantidade de ajuda estrangeira adicional que um ditador pode obter minando seu poder é pequena e não compensa o risco de perder domínio sobre o país ou até mesmo de pagar por isso com a própria vida.

Mas isso não significa que a ajuda estrangeira, excetuada a ajuda humanitária, deva cessar. Encerrar a ajuda estrangeira é impraticável e provavelmente causaria ainda mais sofrimento humano. É impraticável porque os cidadãos de muitas nações ocidentais sentem culpa e desconforto pelos desastres econômicos e humanitários que acontecem no mundo, e a ajuda internacional faz com que essas pessoas acreditem que algo está sendo feito para combater os problemas. Ainda que não seja muito eficiente, o desejo de contribuir permanecerá, e o mesmo ocorrerá com a ajuda internacional. O enorme complexo de organizações internacionais e ONGs também irá pedir e mobilizar incessantemente recursos para garantir a continuidade do *statu quo*. Além disso, seria insensibilidade cortar a ajuda oferecida às nações mais necessitadas. Sim, grande parte é desperdiçada. Mas se 10 centavos de cada dólar doado para ajuda internacional chegarem às pessoas mais pobres do mundo, são 10 centavos a mais para aliviar a pobreza mais abjeta, e isso pode ser melhor do que nada.

Há duas lições importantes aqui. Em primeiro lugar, a ajuda estrangeira não é um modo muito eficiente para lidar com o fracasso atual dos países. Longe disso. Os países precisam de instituições econômicas e políticas inclusivas para romper o círculo da pobreza. A ajuda estrangeira não pode fazer muito em relação a isso, com certeza não do modo como é organizada hoje em dia. Reconhecer as raízes da desigualdade mundial e da pobreza é importante sobretudo para que não desperdicemos nossas esperanças com falsas promessas. Como essas raízes estão nas instituições, a ajuda estrangeira, dentro da estrutura das instituições vigentes nas nações que recebem os recursos, pouco fará para gerar crescimento sustentado. Em segundo lugar, como o desenvolvimento de instituições econômicas e políticas inclusivas é fundamental, seria útil usar os fluxos existentes na ajuda internacional, pelo menos em parte, para facilitar esse desenvolvimento. Como vimos, a condicionalidade não é a resposta aqui, pois exige que os governantes façam concessões. Em vez disso, talvez estruturar a ajuda estrangeira de modo que seu uso e sua gestão levem grupos e líderes excluídos do poder a participar do processo decisório e dar poder a um amplo segmento da população pode ser uma ideia melhor.

Mobilização

Parecia que o 12 de maio de 1978 seria um dia normal na fábrica de caminhões da Scania em São Bernardo, em São Paulo. Mas os trabalhadores estavam agitados. As greves estavam proibidas no Brasil desde 1964, quando os militares derrubaram o governo democrático do presidente João Goulart. Circulavam notícias de que o governo manipulava os índices nacionais de inflação para que o aumento no custo de vida fosse subestimado. Às sete, quando começou o turno da manhã, os trabalhadores cruzaram os braços. Às oito, Gilson Menezes, um sindicalista que trabalhava na unidade, convocou o sindicato. O presidente do sindicato dos metalúrgicos de São Bernardo era um ativista de 33 anos chamado Luiz Inácio Lula da Silva, o Lula. Ao meio-dia, Lula estava na fábrica. Quando a empresa pediu que ele convencesse os operários a voltar ao trabalho, Lula se recusou.

A greve da Scania foi a primeira de uma onda de greves que varreu o Brasil. Aparentemente se tratava de lutas por melhores salários, porém, como Lula observou mais tarde:

> Eu acho que o econômico e o político são dois fatores que a gente não pode desvincular (...) A luta (...) foi por salário, mas a classe operária, ao brigar por salário, teve um resultado político na sua movimentação.

O ressurgimento do movimento sindical brasileiro era apenas parte de uma reação social muito mais ampla a uma década e meia de regime militar. O intelectual de esquerda Fernando Henrique Cardoso, que assim como Lula se tornaria presidente do Brasil depois da redemocratização, afirmou, em 1973, que a democracia no Brasil seria criada pela união dos muitos grupos sociais que se opunham aos militares. Ele disse que era necessário uma "reativação da sociedade civil (...) as associações profissionais, os sindicatos, as igrejas, as organizações estudantis, os grupos de estudo e círculos de debates, dos movimentos sociais" — em outras palavras, uma frente ampla com o objetivo de recriar a democracia e mudar a sociedade brasileira.

A greve na fábrica da Scania anunciou a formação dessa coalizão. No fim de 1978, Lula cogitava a ideia de criar um partido político, o Partido dos Trabalhadores, mas que não seria apenas dos sindicalistas. Lula insistiu que deveria ser um partido para todos os assalariados e para os pobres em geral. Aqui, as tentativas dos sindicalistas de organizar uma plataforma política começavam a se unir aos muitos movimentos sociais que surgiam. Em 18 de agosto de 1979, uma assembleia em São Paulo discutiu a formação do Partido dos Trabalhadores, que reuniu antigos líderes oposicionistas, líderes sindicais, estudantes, intelectuais e pessoas que representavam uma centena de movimentos sociais diversos e tinham começado a se organizar no Brasil na década de 1970. O Partido dos Trabalhadores, lançado no restaurante São Judas Tadeu, em São Bernardo do Campo, em outubro de 1979, passaria a representar todos esses grupos.

O partido logo começou a se beneficiar da abertura política que os militares organizavam com tanta relutância. Nas eleições municipais de 1982, o partido lançou candidaturas pela primeira vez e elegeu dois prefeitos. Durante a década de 1980, à medida que a democracia gradualmente voltava ao Brasil, o Partido dos Trabalhadores começou a assumir um número cada vez maior de prefeituras. Em 1988, o partido controlava 36 prefeituras, incluindo cidades grandes como São Paulo e Porto Alegre. Em 1989, nas primeiras eleições presidenciais desde o golpe militar, Lula teve 16% dos votos no primeiro turno, como representante do partido. No segundo turno, contra Fernando Collor, obteve 44% dos votos.

Ao assumir muitas prefeituras, algo que se acelerou na década de 1990, o Partido dos Trabalhadores começou a entrar em uma relação simbiótica com muitos movimentos sociais locais. Em Porto Alegre, a primeira gestão do PT depois de 1988 criou o "orçamento participativo", um mecanismo para que cidadãos comuns participassem da formulação das prioridades de gastos na cidade. Isso criou um sistema que se tornou modelo mundial para a responsabilização e a responsividade de governos municipais, e ocorreu em paralelo com grandes aprimoramentos nos serviços públicos e na qualidade de vida na cidade. A bem-sucedida estrutura de governança do partido em nível municipal gerou maior mobilização política e levou ao êxito no nível nacional. Embora tenha sido derrotado por Fernando Henrique Cardoso nas eleições presidenciais de 1994 e 1998, Lula foi eleito presidente do Brasil em 2002. O Partido dos Trabalhadores ainda estava no poder durante a escrita deste livro.

A formação de uma frente ampla no Brasil como resultado da união de diversos movimentos sociais e dos sindicatos teve impacto notável na economia brasileira. Desde 1990, o crescimento econômico foi rápido, com a proporção da população na pobreza caindo de 45% para 30% em 2006. A desigualdade, que cresceu depressa nos governos militares, caiu bruscamente, em particular depois da chegada do Partido dos Trabalhadores ao poder, e houve imensa expansão educacional, com a média de anos de escolaridade da população passando de seis, em 1995, para oito em 2006. O Brasil se tornou parte do grupo do Bric (Brasil, Rússia, Índia e China), sendo o primeiro país latino-americano a de fato ter peso nos círculos diplomáticos internacionais.

A ASCENSÃO BRASILEIRA desde a década de 1970 não foi forjada por economistas de instituições internacionais que instruíram os formuladores de políticas públicas do país, dizendo quais políticas seguir ou como evitar falhas de mercado. Não foi resultado da injeção de ajuda estrangeira. Não foi resultado natural da modernização. Em vez disso, foi a consequência de diversos grupos de pessoas construindo instituições inclusivas de forma corajosa, o que acabou levando a instituições econômicas mais inclusivas. Mas a transformação brasileira, assim como a que aconteceu na Inglaterra no século XVII, começou com a criação de instituições políticas inclusivas. Como uma sociedade pode construir instituições políticas inclusivas?

A história, como vimos, está repleta de exemplos de movimentos reformistas que sucumbiram à lei de ferro da oligarquia e substituíram um conjunto de instituições extrativistas por outro ainda pior. Vimos que a Inglaterra em 1688, a França em 1789 e o Japão durante a Restauração Meiji de 1868 deram início ao processo de criação de instituições políticas inclusivas com uma revolução política. Mas essas revoluções políticas em geral criam grande destruição e dificuldades, e seu sucesso está longe de ser garantido. A Revolução Bolchevique propagandeou que seu objetivo era substituir o sistema econômico de exploração da Rússia czarista por outro, mais justo e eficiente, que levaria liberdade e prosperidade a milhões de russos. Infelizmente, o resultado foi o oposto, e instituições muito mais repressivas e extrativistas substituíram as geridas pelo governo derrubado pelos bolcheviques. As experiências na China, em Cuba e no Vietnã foram semelhantes. Muitas reformas não comunistas, impostas de cima para baixo, não se saíram muito melhor. Nasser jurou construir uma sociedade egípcia moderna e igualitária, mas isso só levou ao regime corrupto de Hosni Mubarak, como vimos no Capítulo 13. Robert Mugabe foi visto por muitos como um campeão da liberdade ao derrubar o regime racista e altamente extrativista de Ian Smith na Rodésia. As instituições do Zimbábue, porém, não se tornaram menos extrativistas, e o desempenho econômico do país piorou ainda mais em relação ao período anterior à independência.

O que existe de comum entre as revoluções políticas que pavimentaram com sucesso o caminho rumo a instituições mais inclusivas e mudanças institucionais graduais na América do Norte, na Inglaterra do século XIX e em Botsuana depois da independência — e que também levaram a um fortalecimento significativo das instituições políticas inclusivas — é o fato de elas terem tido êxito no empoderamento de um amplo recorte da sociedade. O pluralismo, o pilar das instituições políticas inclusivas, exige que o poder político esteja amplamente disseminado na sociedade e, quando o ponto de partida são instituições extrativistas que concedem poder apenas a uma pequena elite, é necessário um processo de empoderamento. Isso, conforme enfatizamos no Capítulo 7, é o que diferencia a Revolução Gloriosa da derrubada de uma elite por outra. No caso da Revolução Gloriosa, as raízes do pluralismo estavam na derrubada de Jaime II por uma revolução política liderada por uma ampla coalizão composta de comerciantes, industriais, a pequena nobreza e até mesmo muitos membros da aristocracia inglesa que não estavam aliados com a Coroa. Como vimos, a Revolução Gloriosa foi facilitada pela mobilização e o empoderamento prévios de uma ampla coalizão, e, mais importante, ela levou a um maior empoderamento de segmentos ainda mais amplos da sociedade — embora claramente esses segmentos não fossem tão amplos quanto a própria sociedade e a Inglaterra ainda fosse se manter distante de uma democracia genuína por mais de duzentos anos. Os fatores que levaram ao surgimento de instituições inclusivas nas colônias norte-americanas também foram semelhantes, como vimos no primeiro capítulo. Mais uma vez, o caminho que teve início na Virgínia, na Carolina do Sul, em Maryland e em Massachusetts e levou à Declaração da Independência e à consolidação das instituições políticas inclusivas nos

Estados Unidos foi um caminho de empoderamento de segmentos cada vez mais amplos da sociedade.

A Revolução Francesa também é um exemplo de empoderamento de um segmento mais amplo da sociedade, que se levantou contra o *Ancien Régime* na França e conseguiu pavimentar o caminho para um sistema político mais pluralista. Entretanto, a Revolução Francesa, especialmente no interlúdio do Terror sob Robespierre, um regime opressivo e assassino, também é um exemplo de como o processo de empoderamento tem suas armadilhas. Em última instância, porém, Robespierre e seus amigos jacobinos foram retirados do poder, e o legado mais importante da Revolução Francesas acabou não sendo a guilhotina, e sim as profundas reformas que a revolução implementou na França e em outras partes da Europa.

Há muitos paralelos entre esses processos históricos de empoderamento e o que aconteceu no Brasil a partir da década de 1970. Embora uma das raízes do Partido dos Trabalhadores seja o movimento sindical, desde o princípio, líderes como Lula, junto com muitos intelectuais e oposicionistas que deram apoio ao partido, buscaram transformá-lo em uma frente ampla. Esses impulsos começaram a se fundir com movimentos sociais locais em todo o país, à medida que o partido assumia prefeituras, incentivando a participação cívica e causando uma espécie de revolução na governança em todo o país. No Brasil, ao contrário do que aconteceu na Inglaterra do século XVII ou na França na virada do século XVIII, não houve revolução radical para dar início ao processo de transformação das instituições políticas de um só fôlego. Contudo, o processo de empoderamento que teve início nas fábricas de São Bernardo do Campo foi eficiente, em parte, por se traduzir numa mudança política fundamental no nível nacional — por exemplo, com a transição do governo militar para a democracia. Ainda mais importante é o empoderamento em nível local no Brasil, o qual garantiu que a transição para a democracia correspondesse a um movimento rumo a instituições políticas inclusivas e, portanto, foi um fator decisivo para o surgimento de um governo comprometido com os serviços públicos, a expansão educacional e oportunidades de fato igualitárias. Como vimos, a democracia não é garantia de que haverá pluralismo. O contraste entre o desenvolvimento de instituições pluralistas no Brasil e a experiência venezuelana é reveladora nesse contexto. A Venezuela também fez a transição para a democracia depois de 1958, no entanto isso aconteceu sem o empoderamento em nível local e sem fomentar uma distribuição pluralista de poder político. Pelo contrário, a corrupção, as redes de compadrio e os conflitos persistiram na Venezuela e, em parte como resultado disso, quando foram às urnas, os eleitores estavam dispostos até mesmo a dar seu apoio a déspotas em potencial, como Hugo Chávez, provavelmente por acreditarem que somente ele seria capaz de enfrentar as elites da Venezuela. Como consequência, o país continua perecendo sob instituições extrativistas, ao passo que o Brasil quebrou seu ciclo.

O QUE SE PODE FAZER para dar início ou simplesmente facilitar o processo de empoderamento e, com isso, o desenvolvimento de instituições políticas inclusivas? A resposta honesta, evidentemente, é que não existe uma receita para construir essas instituições. É claro que existem alguns fatores óbvios que tornariam a decolagem do processo de empoderamento mais provável. Entre eles estão a presença de um certo grau de centralização política para que os movimentos sociais que desafiam os regimes não caiam imediatamente na barbárie; algumas instituições políticas preexistentes que gerem um mínimo de pluralismo, como as instituições políticas tradicionais em Botsuana, de modo que as amplas coalizões possam se formar e perdurar; e a presença de instituições da sociedade civil que possam coordenar as demandas da população para que os movimentos de oposição não sejam facilmente esmagados pelas elites nem se tornem um veículo para que outro grupo assuma o controle das instituições extrativistas vigentes. Muitos desses fatores, porém, são historicamente predeterminados e mudam muito lentamente. O caso brasileiro ilustra como as instituições da sociedade civil e organizações partidárias associadas podem ser construídas do zero, mas esse é um processo lento, e não se sabe exatamente o grau de sucesso que será obtido em diferentes circunstâncias.

Há outro ator, ou conjunto de atores, que pode desempenhar um papel transformador no processo de empoderamento: a imprensa. O empoderamento da sociedade como um todo é difícil de coordenar e manter sem que haja a disseminação de informações sobre os possíveis abusos econômicos e políticos dos que estão no poder. Vimos no Capítulo 11 o papel da imprensa ao informar a população e coordenar suas demandas contra as forças que minavam as instituições inclusivas nos Estados Unidos. Outro papel fundamental é canalizar a mobilização de um amplo segmento da sociedade para que se converta em reformas políticas mais duradouras, como mais uma vez mostra nossa discussão no Capítulo 11, especialmente no contexto da democratização da Grã-Bretanha.

Panfletos e livros que informavam e incitavam as pessoas tiveram papel importante na Revolução Gloriosa na Inglaterra, na Revolução Francesa e na marcha rumo à democracia na Grã-Bretanha do século XIX. Do mesmo modo, a mídia, particularmente as novas formas baseadas em avanços na tecnologia da informação e da comunicação, como os blogs, os chats anônimos, o Facebook e o Twitter, desempenharam papel central na oposição iraniana contra a eleição fraudulenta de Ahmadinejad em 2009 e na repressão que se seguiu, e parecem estar desempenhando papel igualmente central nos protestos da Primavera Árabe que estavam ocorrendo enquanto esse manuscrito era concluído.

Regimes autoritários muitas vezes têm consciência da importância de uma imprensa livre e fazem o que podem para combatê-la. Um exemplo extremo disso vem do governo de Alberto Fujimori no Peru. Embora tenha sido eleito democraticamente, ele logo estabeleceu um regime ditatorial no Peru, organizando um golpe enquanto ainda estava no cargo, em 1992. Depois, mesmo havendo eleições, estruturou um regime corrupto e governou por meio da repressão e de propinas. Para isso, ele dependia bastante de seu braço direito, Vladimiro Montesinos, que chefiava o serviço nacional de inteligência no Peru. Montesinos era um sujeito muito organizado, que manteve bons registros de quanto o governo pagava a várias pessoas como recompensa por sua lealdade, chegando a gravar em vídeo vários atos de suborno. Havia uma lógica nisso: além de servir como registro, essas provas garantiam que os cúmplices estavam gravados e seriam considerados tão culpados quanto Fujimori e Montesinos. Depois da queda do governo, esses registros caíram nas mãos de jornalistas e de autoridades. As quantidades são reveladoras quanto ao valor da imprensa para uma ditadura. Um ministro da Suprema Corte valia entre 5 e10 mil dólares por mês, políticos do mesmo partido ou de outros partidos recebiam quantias semelhantes. Mas, quando se tratava de jornais e emissoras de televisão, as somas chegavam à casa dos milhões. Fujimori e Montesinos pagaram 9 milhões de dólares em certa ocasião e mais de 10 milhões de dólares em outra para controlar emissoras de televisão. Eles pagaram mais de 1 milhão de dólares para um jornal importante, e para outros jornais pagavam entre 3 e 8 mil dólares por manchete. Fujimori e Montesinos acreditavam que controlar a imprensa era muito mais importante do que controlar políticos e ministros da Suprema Corte. Um dos capangas de Montesinos, o general Bello, resumiu isso em um dos vídeos ao afirmar: "Se não controlar a televisão, a gente não faz nada."

As atuais instituições extrativistas na China também dependem do controle que as autoridades chinesas têm sobre a mídia, que, como vimos, se tornou assustadoramente sofisticado. Como resumiu um comentarista chinês: "Para dar sustentação à liderança do Partido nas reformas políticas, três princípios devem ser seguidos: o Partido deve controlar as Forças Armadas; o Partido deve controlar seus quadros de líderes; e o Partido deve controlar o noticiário."

Mas é claro que uma mídia livre e novas tecnologias de comunicação só podem ajudar até certo ponto, fornecendo informações e coordenando as demandas e ações daqueles que tentam implantar instituições mais inclusivas. Sua ajuda só se traduzirá em mudanças significativas quando um amplo segmento da sociedade se mobilizar e se organizar para obter mudanças políticas, e o fizer não por motivos sectários ou para assumir o controle de instituições extrativistas, mas, sim, para transformá-las, tornando-as mais inclusivas. Se um processo desse tipo terá início e abrirá as portas para mais mobilização social, e em última instância para reformas políticas duradouras, dependerá, como vimos em muitos exemplos diferentes, da história das instituições econômicas e políticas, de muitas pequenas diferenças relevantes e do caminho contingente da história.

Agradecimentos

ESTE LIVRO É A CONCLUSÃO de quinze anos de pesquisa colaborativa, e ao longo do caminho acumulamos muitas dívidas práticas e intelectuais. Nossa maior dívida é com nosso colaborador de longa data Simon Johnson, coautor de muitos dos artigos científicos fundamentais que moldaram nossa compreensão do desenvolvimento econômico comparado.

Nossos demais coautores, que trabalharam conosco em projetos de pesquisa relacionados, tiveram papel importante no desenvolvimento de nossos pontos de vista, e gostaríamos de agradecer particularmente a Philippe Aghion, Jean-Marie Baland, María Angélica Bautista, Davide Cantoni, Isaías Chaves, Jonathan Conning, Melissa Dell, Georgy Egorov, Leopoldo Fergusson, Camilo García-Jimeno, Tarek Hassan, Sebastián Mazzuca, Jeffrey Nugent, Neil Parsons, Steve Pincus, Pablo Querubín, Rafael Santos, Konstantin Sonin, Davide Ticchi, Ragnar Torvik, Juan Fernando Vargas, Thierry Verdier, Andrea Vindigni, Alex Wolitzky, Pierre Yared e Fabrizio Zilibotti.

Muitas outras pessoas tiveram papéis muito importantes por nos incentivar, desafiar e criticar ao longo dos anos. Gostaríamos de agradecer, em especial, a Lee Alston, Abhijit Banerjee, Robert Bates, Timothy Besley, John Coatsworth, Jared Diamond, Richard Easterlin, Stanley Engerman, Peter Evans, Jeff Frieden, Peter Gourevitch, Stephen Haber, Mark Harrison, Elhanan Helpman, Peter Lindert, Karl Ove Moene, Dani Rodrik e Barry Weingast.

Duas pessoas tiveram papel significativo ao moldar nossos pontos de vista e incentivar nossas pesquisas, e gostaríamos de aproveitar esta oportunidade para expressar nossa dívida intelectual e nossa gratidão sincera: Joel Mokyr e Ken Sokoloff, que infelizmente morreram antes de este livro ser escrito. Sentimos profundamente a falta de Ken.

Também somos muito agradecidos aos estudiosos que compareceram à conferência sobre uma versão inicial do manuscrito do livro que organizamos em fevereiro de 2010 no Instituto de Ciências Sociais Quantitativas em Harvard. Queremos agradecer em especial aos coorganizadores, Jim Alt e Ken Shepsle, e a nossos debatedores na conferência: Robert Allen, Abhijit Banerjee, Robert Bates, Stanley Engerman, Claudia Goldin, Elhanan Helpman, Joel Mokyr, Ian Morris, Sevket Pamuk, Steve Pincus e Peter Temin. Também somos gratos a Melissa Dell, Jesús Fernández-Villaverde, Sándor László, Suresh Naidu, Roger Owen, Dan Trefler, Michael Walton e Noam Yuchtman, que nos ofereceram longos comentários na conferência e em muitas outras ocasiões.

Também somos gratos a Charles Mann, Leandro Prados de la Escosura e David Webster por seus conselhos especializados.

Durante grande parte do processo de pesquisa e de escrita deste livro fomos ambos membros do Instituto Canadense de Pesquisas Avançadas (Cifar), dentro do programa Instituições, Organizações e Crescimento. Apresentamos pesquisas relacionadas a este livro em muitos encontros no Cifar e nos beneficiamos imensamente do apoio dessa organização maravilhosa e dos acadêmicos que ela reúne.

Também recebemos comentários, literalmente, de centenas de pessoas em diversos seminários e conferências sobre o material desenvolvido neste livro, e pedimos desculpas por não atribuir adequadamente quaisquer sugestões, ideias ou *insights* que recebemos nessas apresentações e discussões.

Também somos muito gratos a María Angélica Bautista, Melissa Dell e Leander Heldring pela maravilhosa assistência de pesquisa neste projeto.

Por último, mas certamente não menos importante, tivemos a grande sorte de ter um editor incrível, que nos deu todo o apoio, John Mahaney. Os comentários e as sugestões de John aprimoraram muito nosso livro, e o apoio e o entusiasmo dele pelo projeto tornaram o último ano e meio muito mais agradável e muito menos pesado do que poderia ter sido.

ENSAIO BIBLIOGRÁFICO
E FONTES

Prefácio

Os pontos de vista de Mohamed ElBaradei podem ser encontrados em twitter.com/#!/ElBaradei.

As citações de Mosaab El Shami e Noba Hamed são do Yahoo! News, em 6 de fevereiro de 2011, em <yahoo.com/news/egyptian-voices-tahrir-square-210511432.html>.

Sobre as doze exigências imediatas postadas no blog de Wael Khalil, ver alethonews. <wordpress.com/2011/02/27/egypt-reviewing-the-demands/>.

Reda Metwaly é citado na Al Jazeera, 1º de fevereiro de 2011, em <https://www.aljazeera.com/news/2011/2/1/voices-from-cairos-tahrir-square>.

Capítulo 1: Tão perto, mas tão diferente

Uma boa discussão sobre a exploração espanhola do rio da Prata é de Rock (1992), cap. 1. Sobre a descoberta e a colonização dos guaranis, ver Ganson (2003). As citações de Sahagún vêm de Sahagún (1975), pp. 47-69. Gibson (1963) é leitura fundamental sobre a conquista espanhola do México e as instituições que eles estruturaram. As citações de Las Casas vêm de Las Casas (1992), pp. 39, 117-8 e 107, respectivamente.

Sobre Pizarro no Peru, ver Hemming (1983). Os caps. de 1 a 6 cobrem o encontro em Cajamarca, a marcha para o sul e a captura da capital dos incas, Cusco. Ver Hemming (1983), caps. 20, sobre de Toledo. Bakewell (1984) oferece um panorama sobre o funcionamento da *mita* de Potosí e Dell (2010) oferece indícios estatísticos demonstrando os efeitos persistentes que isso teve ao longo do tempo

A citação de Arthur Young é reproduzida de Sheridan (1973), p. 8. Há muitos bons livros que descrevem os primórdios da história de Jamestown: por exemplo, Price (2003) e Kupperman (2007). Nossa abordagem é bastante influenciada por Morgan (1975) e Galenson (1996). A citação de Anas Todkill vem da p. 28 de Todkill (1885). As citações de John Smith são de Price (2003), p. 77 ("Os víveres..."), p. 93 ("Se seu rei...") e p. 96 ("Quando enviardes..."). A Carta Régia de Maryland, as Constituições Fundamentais da Carolina e outras Constituições coloniais foram postadas na internet pelo projeto Avalon, da Universidade de Yale, em <avalon.law.yale.edu/17th_century>.

Bakewell (2009), cap. 14, discute a independência do México e sua Constituição. Ver Stevens (1991) e Knight (2011) sobre a instabilidade depois da independência e os presidentes. Coastworth (1978) é o artigo seminal sobre os indícios do declínio econômico do México depois da independência. Haber (2010) apresenta a comparação do desenvolvimento do sistema bancário no México e nos Estados Unidos. Sokoloff (1988) e Sokoloff e Khan (1990) oferecem indícios das origens sociais dos inovadores nos Estados Unidos que pediram patentes. Ver Israel (2000) para uma biografia de Thomas Edison. Haber, Maurer e Razo (2003) propõem uma interpretação da economia política do regime de Porfirio Díaz que tem muito do espírito de nossa discussão. Haber, Klein, Maurer e Middlebrook (2008) ampliam essa abordagem da economia política do México para o século XX. Sobre as diferentes alocações de terras de fronteira na América do Norte e na América Latina, ver Nugent e Robinson (2010) e García-Jimeno e Robinson (2011). Hu-DeHart (1984) discute a deportação do povo yaqui no cap. 6. Sobre a fortuna de Carlos Slim e como ela foi acumulada, ver Relea (2007) e Martinez (2002).

Nossa interpretação do desenvolvimento econômico comparado das Américas se baseia em nossas pesquisas com Simon Johnson, particularmente Acemoglu, Johson e Robinson (2001, 2002), e também foi bastante influenciada por Coatsworth (1978, 2008) e Engerman e Sokollof (1997).

Capítulo 2: Teorias que não funcionam

Os pontos de vista de Jared Diamond sobre a desigualdade mundial são apresentados em seu livro *Guns, Germs and Steel* (1997). Sachs (2006) apresenta sua própria versão do determinismo geográfico. Visões sobre a cultura estão bastante disseminadas na literatura acadêmica, mas jamais foram reunidas em uma única obra. Weber (2002) afirmou que era a Reforma Protestante que explicava por que foi na Europa que a Revolução Industrial aconteceu. Landes (1999) propôs que os europeus do norte desenvolveram um conjunto singular de atitudes culturais que os levou a se esforçarem mais, a pouparem e a serem inovadores. Harrison e Huntington, orgs. (2000), é uma afirmação veemente da importância da cultura para o desenvolvimento econômico comparado. A noção de que há uma espécie de cultura britânica superior ou um conjunto superior de instituições britânicas está disseminada e é usada para explicar a excepcionalidade dos Estados Unidos (Fisher, 1989) e também padrões de desenvolvimento comparado de maneira mais geral (La Porta, Lopez-de-Silanes e Sheifer, 2008). As obras de Banfield (1958) e Putnam, Leonardi e Nanetti (1994) são interpretações culturais muito influentes sobre como um aspecto da cultura, ou o "capital social", como o chamam, faz com que o sul da Itália seja pobre. Para uma pesquisa de como os economistas usam noções de cultura, ver Guiso, Sapienza e Zingales (2006). Tabellini (2010) examina a correlação entre o grau de confiança entre as pessoas na Europa Ocidental e os níveis de renda per capita anuais. Nunn e Wantchekon (2010) demonstram como a ausência de confiança e de capital social na África está correlacionada com a intensidade histórica do tráfico de escravizados.

A história relevante do Congo é apresentada em Holton (1985) e em Thornton (1983). Sobre o atraso histórico da tecnologia africana, ver as obras de Goody (1971), Law (1980) e Austen e Headrick (1983).

A definição de economia proposta por Robbins vem de Robbins (1935), p. 16.

A citação de Abba Lerner está em Lerner (1972), p. 259. A ideia de que a ignorância explica o desenvolvimento comparativo está implícita na maior parte das análises de desenvolvimento econômico e de reformas políticas: por exemplo, Williamson (1990); Perkins, Radelet e Lindauer (2006); e Aghion e Howitt (2009). Uma versão recente e forte dessa visão é desenvolvida em Banerjee e Duflo (2011).

Acemoglu, Johnson e Robinson (2001, 2002) oferecem uma análise estatística sobre o papel relativo de instituições, geografia e cultura, demonstrando que as instituições dominam os outros dois tipos de explicações na contabilidade de diferenças de renda per capita hoje.

Capítulo 3: A criação da prosperidade e da pobreza

A reconstrução do encontro entre Hwang Pyöng-Wön e seu irmão vem da entrevista que James A. Foley fez com Hwang, transcrita em Foley (2003), pp. 197-203.

O conceito de instituições extrativistas tem origem em Acemoglu, Johnson e Robinson (2001). A terminologia de instituições inclusivas nos foi sugerida por Tim Besley. A terminologia dos fracassados econômicos e a distinção entre eles e os perdedores políticos vem de Acemoglu e Robinson (2000b). Os dados sobre Barbados vêm de Dunn (1969). A abordagem que damos à economia soviética se apoia bastante em Nove (1992) e Davies (1998). Allen (2003) oferece uma interpretação alternativa e mais positiva da histórica econômica soviética.

Na literatura das ciências sociais há uma grande quantidade de pesquisas relacionadas à nossa teoria e ao nosso argumento. Ver Acemoglu, Johnson e Robinson (2005b) para um panorama dessa literatura e de nossa contribuição a ela. A visão institucional do desenvolvimento econômico parte de várias obras importantes. Especialmente notável é o trabalho de North; ver North e Thomas (1973), North (1982), North e Weingast (1989) e North, Wallis e Weingast (2009). Olson (1984) também ofereceu um relato bastante influente da economia política do crescimento econômico. Mokyr (1990) é um livro fundamental que associa os perdedores econômicos à mudança tecnológica comparada na história mundial. O conceito de perdedores econômicos é bastante disseminado nas ciências sociais para explicar por que resultados eficientes no âmbito institucional e nas políticas públicas não ocorrem. Nossa interpretação, que parte de Robinson (1998) e Acemoglu e Robinson (2000b, 2006b), difere por dar ênfase à ideia de que a barreira mais importante para o surgimento de instituições inclusivas é o temor das elites de perder o poder político. Jones (2003) oferece uma rica análise de história comparada dando ênfase a temas semelhantes, e o importante trabalho de Engerman e Sokoloff (1997) sobre as Américas também enfatiza essas ideias. Uma interpretação seminal de economia política sobre o subdesenvolvimento africano foi apresentada por Bates

(1981, 1983, 1989), cuja obra teve grande influência sobre a nossa. Estudos seminais de Dalton (1965) e Killick (1978) enfatizam o papel da política no desenvolvimento africano e particularmente no modo como o receio da perda de poder político influencia a política econômica. O conceito de perdedores políticos esteve previamente implícito em outras obras teóricas sobre economia política, por exemplo, Besley e Coate (1998) e Bourguignon e Verdier (2000). O papel da centralização política e das instituições de Estado no desenvolvimento foi grandemente enfatizado por sociólogos da história que seguiram a obra de Max Weber. São notáveis as obras de Mann (1986, 1993), Migdal (1988) e Evans (1995). Na África, a conexão entre Estado e desenvolvimento é enfatizada por Herbst (2000) e Bates (2001). Economistas começaram recentemente a contribuir para essa literatura; por exemplo, Acemoglu (2005) e Besley e Persson (2011). Por fim, Johnson (1982), Haggard (1990), Wade (1990) e Amsden (1992) enfatizaram que foi a economia política singular das nações do Leste Asiático que permitiu tamanho êxito econômico. Finley (1965) fez um argumento seminal segundo o qual a escravidão foi responsável pela ausência de dinamismo tecnológico no mundo clássico.

A ideia de que o crescimento sob instituições extrativistas é possível, mas que provavelmente perderá força, é enfatizada por Acemoglu (2008).

Capítulo 4: Pequenas diferenças e conjunturas críticas: o peso da história

Benedictow (2004) oferece uma visão panorâmica da peste negra, embora suas estimativas de mortes causadas pela doença sejam controversas. As citações de Boccaccio e de Ralph de Shrewsbury são reproduzidas de Horrox (1994). Hatcher (2008) faz um relato arrebatador da espera e da chegada da peste na Inglaterra. O texto do Estatuto dos Trabalhadores está disponível on-line no Projeto Avalon, em <law.yale.edu/medieval/statlab.asp>.

Os textos fundamentais sobre o impacto da peste negra na divergência entre o Leste Europeu e a Europa Ocidental são de North e Thomas (1973) e em especial de Brenner (1976), cuja análise de como a distribuição inicial de poder político afetou as consequências da peste teve grande influência sobre nosso pensamento. Ver DuPlessis (1997) sobre a Segunda Servidão no Leste Europeu. Conning (2010) e Acemoglu e Wolitzky (2011) desenvolvem formalizações da tese de Brenner. A citação de James Watt é reproduzida de Robinson (1964), pp. 223-4.

Em Acemoglu, Johnson e Robinson (2005b) apresentamos pela primeira vez o argumento segundo o qual foi a interação entre o comércio transatlântico e as diferenças institucionais iniciais que levou às divergências das instituições inglesas e posteriormente à Revolução Industrial. O conceito da lei de ferro da oligarquia é de Michels (1962). O conceito de conjuntura crítica foi inicialmente desenvolvido por Lipset e Rokkan (1967).

Sobre o papel das instituições no desenvolvimento de longo prazo do Império Otomano, a pesquisa de Owen (1981), Owen e Pamuk (1999) e Pamuk (2006) é fundamental.

Capítulo 5: "Eu vi o futuro, e ele funciona"

Sobre a missão de Steffens na Rússia e suas palavras a Baruch, ver Steffens (1931), cap. 18, pp. 290-802. Para o número de vítimas da fome na década de 1930, usamos os dados de Davies e Wheatcroft (2004). Sobre os números do censo de 1937, ver Wheatcroft e Davies (1994a, 1994b). A natureza da inovação na União Soviética é estudada por Berliner (1976). Nossa discussão sobre como o stalinismo, particularmente o planejamento econômico, funcionava de verdade se baseia em Gregory e Harrison (2005). Sobre como os escritores dos textos universitários sobre economia compreendiam continuamente de maneira equivocada o crescimento econômico soviético, ver Levy e Peart (2009).

A abordagem e a interpretação que damos aos leles e aos bushongos se baseia na pesquisa de Douglas (1962, 1963) e na de Vansina (1978).

Sobre o conceito do Longo Verão, ver Fagan (2003). Uma introdução acessível aos natufianos e aos sítios arqueológicos que mencionamos pode ser encontrada em Mithen (2006) e Barker (2006). A obra seminal sobre Abu Hureyra é Moore, Hillman e Legge (2000), que documenta como a vida sedentária e as inovações institucionais apareceram antes da agricultura. Ver Smith (1998) para um panorama dos indícios de que a vida sedentária precedeu a agricultura e ver Bar-Yosef e Belfer-Cohen (2002) sobre o caso dos natufianos. Nossa abordagem da Revolução Neolítica se inspira em Sahlins (1972), que também conta a anedota sobre o Yir Yoront.

Nossa discussão sobre a história dos maias segue Martin e Grube (2000) e Webster (2002). A reconstrução da história da população de Copán vem de Webster, Freter e Gonlin (2000). A quantidade de monumentos datados vem de Suidrys e Berger (1979).

Capítulo 6: Diferenciação

A discussão sobre o caso veneziano segue Puga e Trefler (2010) e os caps. 8 e 9 de Lane (1973).

O material sobre Roma aparece em qualquer livro de história padrão. Nossa interpretação das instituições econômicas romanas segue Finlay (1999) e Bang (2008). Nosso relato do declínio romano segue Wand-Perkins (2006) e Goldsworthy (2009). Sobre mudanças institucionais no Império Romano tardio, ver Jones (1964). As anedotas sobre Tibério e Adriano vêm de Finley (1999).

Os indícios de naufrágios foram primeiramente usados por Hopkins (1980). Ver De Callataÿ (2005) e Jongman (2007) para um panorama disso e do Projeto do Núcleo de Gelo da Groenlândia.

As placas de Vindolanda estão disponíveis on-line em <vindolanda.csad.ox.ac.uk/>. A citação que usamos vem de TvII Puv nº: 343.

A discussão dos fatores que levaram ao declínio da Bretanha Romana segue Cleary (1989), cap. 4; Faulkner (2000), cap. 7; Dark (1994), cap. 2.

Sobre Axum, ver Munro-Hay (1991). A obra seminal sobre o feudalismo europeu e suas origens é Bloch (1961); ver Crummey (2000) sobre o feudalismo etíope. Phillipson (1998) faz a comparação entre o colapso de Axum e o do Império Romano.

Capítulo 7: O ponto de inflexão

A história da máquina de Lee e o encontro com a rainha Elizabeth I está disponível em <calverton.homestead.com/willlee.html>.

Allen (2009b) apresenta os dados sobre os salários reais usando o edito de Diocleciano sobre Preços Máximos.

Nosso argumento sobre as causas da Revolução Industrial é altamente influenciado pelos argumentos apresentados em North e Thomas (1973), North e Weingast (1989), Brenner (1993), Pincus (2009) e Pincus e Robinson (2010). Esses estudiosos, por sua vez, se inspiraram em interpretações marxistas anteriores sobre a mudança institucional britânica e o surgimento do capitalismo; ver Dobb (1963) e Hill (1961, 1980). Ver também a tese de Tawney (1941) sobre como o projeto de construção de Estado de Henrique VIII mudou a estrutura social inglesa.

O texto da Magna Carta está disponível on-line no Projeto Avalon, em <Avalon.law.yale.edu/medieval/magframe.asp>.

Elton (1953) é a obra seminal sobre o desenvolvimento das instituições estatais sob Henrique VIII, e Neale (1971) correlaciona essas instituições à evolução do Parlamento.

Sobre a Revolta Camponesa, ver Hilton (2003). A citação de Hill sobre os monopólios vem de Hill (1961), p. 25. Sobre o período do "governo pessoal" de Carlos I, seguimos Sharp (1992). Nossos indícios de como diferentes grupos e regiões se alinharam a favor ou contra o Parlamento vêm de Brunton e Pennington (1954), Hill (1961) e Stone (2001). Pincus (2009) é fundamental sobre a Revolução Gloriosa e discute várias das mudanças específicas nas políticas e nas instituições econômicas — por exemplo, a revogação do imposto sobre lareiras e a criação do Banco da Inglaterra. Ver também Pincus e Robinson (2010). Pettigrew (2007, 2009) discute o ataque aos monopólios, incluindo a Real Companhia Africana, e nossos dados sobre petições vêm de seus artigos. Knights (2010) enfatiza a importância política das petições. Nossas informações sobre o Hoare's Bank vêm de Temin e Voth (2008).

Nossas informações sobre o supervisor Cowperthwaite e a burocracia do imposto sobre consumo vêm de Brewer (1988).

Nossa visão geral sobre a história econômica da Revolução Industrial se apoia em Mantoux (1961), Daunton (1995), Allen (2009a) e Mokyr (1990, 2009), que oferecem detalhes sobre os famosos inventores e as invenções que discutimos. A história sobre a família Baldwin vem de Bogart e Richardson (2009, 2011), que ressalta a conexão entre a Revolução Gloriosa, a reorganização dos direitos de propriedade e a construção de estradas e canais. Sobre as Leis da Chita e as Leis de Manchester, ver O'Brien, Griffiths e Hunt (1991), que é a fonte das citações da legislação. Sobre o domínio de pessoas novas na indústria, ver Daunton (1995), cap. 7, e Crouzet (1985).

Nosso relato sobre por que as grandes mudanças institucionais aconteceram primeiro na Inglaterra se baseia em Acemoglu, Johnson e Robinson (2005a) e Brenner (1976). Os dados sobre a quantidade de comerciantes independentes e suas preferências políticas vêm de Zahedieh (2010).

Capítulo 8: Não no nosso território

Sobre a oposição aos processos de impressão no Império Otomano, ver Savage-Smith (2003), pp. 656-9. Dados históricos comparados sobre alfabetização vêm de Easterlin (1981).

Nossa discussão sobre as instituições políticas na Espanha segue Thompson (1994a, 1994b). Para indícios sobre o declínio econômico da Espanha ao longo deste período, ver Nogal e Prados de la Escosura (2007).

Nossa discussão sobre os impedimentos ao desenvolvimento econômico na Áustria-Hungria segue Blum (1943), Freudenberger (1967) e Gross (1973). A citação de Maria Teresa vem de Freudenberger, p. 495. Todas as demais citações do conde Hartig e de Francisco I vêm de Blum. A resposta de Francisco I aos delegados do Tirol está citada em Jászi (1929), pp. 80-1. O comentário de Friedrich von Gentz para Robert Owen também é uma citação de Jászi (1929), p. 80. A experiência dos Rothschilds na Áustria é discutida no cap. 2 de Corti (1928).

Nossa análise da Rússia segue Gerschenkron (1970). A citação de Kropotkin é da p. 60 da edição de 2009 de seu livro. A conversa entre Nicolau e Miguel é citada de Saunders (1992), p. 117. A citação de Kankrin sobre as ferrovias está em Owen (1991), pp. 15-6.

O discurso de Nicolau aos manufatureiros é reproduzido de Pintner (1967), p. 100. A citação de A. A. Zakrevskii vem de Pintner (1967), p. 235.

Sobre o almirante Zheng, ver Dreyer (2007). A história econômica dos primórdios da China moderna está coberta em Myers e Wang (2002). A citação de T'ang Chen vem de Myers e Wang, pp. 564-5.

Ver Zewde (2002) para uma visão geral de trechos relevantes da história etíope. Os dados sobre quão extrativista foi a Etiópia historicamente vêm de Pankhurst (1961), assim como todas as citações que reproduzimos aqui.

Nossa descrição das instituições e da história da Somália segue Lewis (1961, 2002). O *heer* de Hassan Ugaas está reproduzido na p. 177 de Lewis (1961); nossa descrição de um feudo vem do cap. 8 de Lewis (1961), onde ele relata muitos outros exemplos. Sobre o Reino de Taqali e a escrita, ver Ewald (1988).

Capítulo 9: Retrocesso no desenvolvimento

Nossa discussão sobre a Tomada de Amboína e Banda pela Companhia Holandesa das Índias Orientais e sobre o efeito negativo que a companhia teve no desenvolvimento do Sudeste Asiático segue Hanna (1978) e particularmente Reid (1993), cap. 5. As citações de Reid sobre Tomé Pires são da p. 271; o fator holandês em Maguindanao, p. 299; o sultão de Maguindanao, pp. 299-300. Dados sobre o impacto da Companhia Holandesa das Índias Orientais no preço das especiarias vêm de O'Rourke e Williamson (2002).

Uma visão geral definitiva sobre a escravidão na sociedade africana e sobre o impacto do tráfico de escravizados é Lovejoy (2000). Lovejoy, p. 47, Tabela 31, relata estimativas consensuais sobre a extensão do tráfico de escravizados. Nunn (2008) ofereceu as primeiras estimativas quantitativas do impacto que o tráfico de escravizados teve sobre as instituições econômicas africanas e sobre o crescimento econômico do continente. Os dados sobre importações de armas de fogo e pólvora vêm de Inkori (1977). O testemunho de Francis Moore é citado de Lovejoy (2000), pp. 89-90. Law (1977) é um estudo seminal sobre a expansão do Estado de Oió. As estimativas sobre o impacto do tráfico de escravizados sobre a população na África são tomadas de Manning (1990). Lovejoy (2000), cap. 8, os ensaios em Law (1995) e o importante livro de Austin (2005) são a base para nossa discussão da análise do período do "comércio legítimo". Dados sobre a proporção de africanos escravizados na África vêm de Lovejoy (2000), por exemplo, na p. 192, Tabela 9.2.

Os dados sobre o comércio na Libéria vêm de Clower, Dalton, Harwitz e Walters (1966).

A ideia da economia dual foi desenvolvida por Lewis (1954). Fergusson (2010) desenvolve um modelo matemático da economia dual. A noção de que isso foi uma criação do colonialismo foi inicialmente proposta na coleção seminal de ensaios organizada por Palmer e Parson (1977). Nosso relato sobre a África do Sul de baseia em Bundy (1979) e Feinstein (2005).

O missionário morávio está citado em Bundy (1979), p. 46, e John Hemming está citado em Bundy, p. 72. A disseminação da propriedade de terras em Griqualândia Oriental vem de Bundy, p. 89; as explorações de Stephen Sonjica vêm de Bundy,

p. 94; a citação de Matthew Blyth é da p. 97; e a citação de um observador europeu na Fingolândia em 1884 vem de Bundy, pp. 100-1. George Albu é citado em Feinstein (2005), p. 63; o secretário para assuntos nativos é citado de Feinstein, p. 45; e Verwoerd é citado de Feinstein, p. 159. Dados sobre os reais salários dos mineradores de ouro na África vêm de Wilson (1972), p. 66. G. Findlay está citado em Bundy (1979), p. 242.

A noção de que o desenvolvimento dos países ricos ocidentais é a imagem espelhada do subdesenvolvimento do restante do mundo foi originalmente desenvolvida por Wallerstein (1974-2011), embora ele enfatize mecanismos muito diferentes.

Capítulo 10: A difusão da prosperidade

Este capítulo se baseia bastante em nossas pesquisas anteriores com Simon Johnson e Davide Cantoni: Acemoglu, Johnson e Robinson (2002) e Acemoglu, Cantoni, Johnson e Robinson (2010, 2011).

Nossa discussão sobre o desenvolvimento das primeiras instituições na Austrália segue a obra seminal de Hirst (1983, 1988, 2003) e Neal (1991). O manuscrito original sobre o mandado concedido pelo juiz Collins está disponível (graças à Universidade de Direito Macquarie, na Austrália) em <www.law.mq.edu.au/scnsw/html/Cable%20v%20Sinclair,%201788.htm>.

A caracterização feita por Macarthur dos apoiadores de Wentworth é citada de Melbourne (1963), pp. 131-2.

Nossa discussão sobre as origens dos Rothschilds segue Ferguson (1998); a observação feita por Mayer Rothschild a seu filho é reproduzida de Ferguson, p. 76.

Nossa discussão sobre o impacto da França nas instituições europeias vem de Acemoglu, Cantoni, Johnson e Robinson (2010, 2011) e das referências usadas ali. Ver Doyle (2002) para uma visão geral padrão sobre a Revolução Francesa. Informações sobre os tributos feudais em Nassau-Usingen vêm de Lenger (2004), p. 96. Ogilivie (2011) oferece uma visão geral sobre o impacto histórico das guildas no desenvolvimento europeu.

Para um estudo sobre a vida de Okubo Toshimichi, ver Iwata (1964). O plano de oito pontos de Sakamoto Ryoma é reproduzido de Jansen (2000), p. 310.

Capítulo 11: O círculo virtuoso

Nossa discussão sobre o Black Act segue Thompson (1975). O relatório de Baptist Nunn de 27 de junho vem de Thompson (1975), pp. 65-6. As demais citações vêm da seção de Thompson sobre o Estado de Direito, pp. 258-69, que bem vale ser lido integralmente.

Nossa abordagem da democratização na Inglaterra se baseia em Acemoglu e Robinson (2000a, 2001 e 2006a). O discurso do conde Grey é citado de Evans (1996), p. 223. O comentário de Stephen sobre a democracia está citado em Briggs (1959), p. 34. A citação de Thompson vem de Thompson (1975), p. 269.

O texto completo da Carta do Povo pode ser encontrado em Cole e Filson (1951) e em <web.bham.ac.uk/1848/document/peoplech.htm>.

A citação de Burke é tomada de Burke (1790/1969), p. 152.

Lindert (2004, 2009) é um estudo seminal sobre a evolução conjunta de democracia e políticas públicas ao longo dos últimos 200 anos.

Keyssar (2009) é uma introdução seminal à evolução dos direitos políticos nos Estados Unidos. Vanderbilt é citado em Josephson (1934), p. 15. O texto do discurso de Roosevelt está em <www.theodore-roosevelt.com/sotu1.html>.

A citação de Woodrow Wilson vem de Wilson (1913), p. 286.

O texto da Conversa ao Pé da Lareira, do presidente Roosevelt, pode ser encontrado em <millercenter.org/scripps/archive/speeches/detail/3309>.

Dados comparados sobre os mandatos dos ministros da Suprema Corte na Argentina e nos Estados Unidos são apresentados em Iaryczower, Spiller e Tommasi (2002). Helmke (2004) discute a história da manipulação da corte na Argentina e cita o ministro Carlos Fayt.

Capítulo 12: O círculo vicioso

Este capítulo se baseia fortemente em nossas pesquisas teóricas e empíricas sobre a persistência das instituições, em especial Acemoglu, Johnson e Robinson (2005b) e Acemoglu e Robinson (2008a). Heath (1972) e Kelley e Klein (1980) fizeram uma aplicação seminal da lei de ferro da oligarquia à Revolução Boliviana de 1952.

A citação dos documentos parlamentares britânicos é reproduzida da p. 15 da Câmara dos Comuns (1904). Os primórdios da história de Serra Leoa pós-independência estão contados em Cartwright (1970). Embora as interpretações divirjam em relação a por que Siaka Stevens desmontou a linha ferroviária, a que se destaca é a que diz que ele o fez para isolar a Mendeland. Nisso seguimos Abraham e Sesay (1993), p. 120; Richards (1996), pp. 42-3, e Davies (2007), pp. 684-5. Reno (1995, 2003) tem os melhores estudos sobre o regime de Stevens. Os dados sobre as associações comerciais agrícolas vêm de Davies (2007). Sobre o assassinato de Sam Bangura por defenestramento, ver Reno (1995), pp. 137-41. Jackson (2004), p. 63, e Keen (2005), p. 17, discutem os acrônimos DNS e CSS. Bates (1981) é a análise seminal de como as associações comerciais destruíram a produtividade agrícola na África pós-independência. Ver Goldstein e Udry (2009) sobre como as conexões políticas com os chefes determinam os direitos de propriedade à terra em Gana.

Sobre a relação entre políticos em 1993 e os conquistadores, ver Dosal (1995), cap. 1, e Casaús Arzú (2007). Nossa discussão sobre as políticas do Consulado de Comércio segue Woodward (1966). A citação do presidente Barrios vem de McCreery (1994), pp. 187-8. Nossa discussão sobre o regime de Jorge Ubico segue Grieb (1979).

Nossa discussão sobre o subdesenvolvimento do sul dos Estados Unidos segue Acemoglu e Robinson (2008b). Ver Wright (1978) sobre o desenvolvimento da economia escravagista pré-Guerra Civil, e Bateman e Weiss (1981) sobre a escassez de indústrias. Fogel e Engerman (1874) apresentam uma interpretação diferente e controversa. Wright (1986) e Ransom e Sutch (2001) oferecem visões gerais sobre a extensão das mudanças da economia sulista depois de 1865. O deputado George Washington Julian é citado em Wiener (1978), p. 6. O mesmo livro contém a análise sobre a persistência das elites agrárias no sul depois da Guerra Civil. Naidu (2009) examina o impacto da introdução de impostos per capita e testes de alfabetização na década de 1890 nos estados do sul. A citação de W. E. B. Du Bois está em seu livro Du Bois (1903), p. 88. A cláusula 256 da Constituição do Alabama pode ser encontrada em <www.legislature.state.al.us/CodeOfAlabama/Constitution/1901/CA-245806.htm>.

Alston e Ferrie (1999) discutem como os políticos sulistas bloquearam a legislação federal que eles imaginaram ser disruptiva para a economia do sul. Woodward (1955) oferece um panorama seminal da criação das leis Jim Crow.

Visões gerais da revolução etíope são oferecidas em Halliday e Molyneux (1981). Sobre as almofadas do imperador, ver *Kapuściński* (1983). As citações de Dawit Wolde Giorgis são de Dawit Wolde Giorgis (1989), pp. 49 e 48, respectivamente.

Capítulo 13: Por que as nações fracassam hoje

Para a reportagem da BBC sobre o sucesso de Mugabe na loteria, incluindo a declaração pública do Zimbank, ver <news.bbc.co.uk/2/hi/africa/621895.stm>.

O tratamento que damos à criação do domínio branco na Rodésia segue Palmer (1977) e Alexander (2006). Meredith (2007) oferece um bom panorama da política mais recente no Zimbábue.

Nosso relato sobre a guerra civil em Serra Leoa segue Richards (1996), a Comissão da Verdade e da Reconciliação (2004) e Keen (2005). A análise publicada em um jornal na capital, Freetown, em 1995, é citada de Keen (2005), p. 34. O texto dos "Passos para a Democracia", do FUR, podem ser encontrados em <www.sierra-leone.org/AFRC-RUF/footpaths.html>.

A citação do adolescente de Geoma é de Keen (2005), p. 42.

Nossa discussão sobre os paramilitares colombianos segue Acemoglu, Robinson e Santos (2010) e Chaves e Robinson (2010), que, por sua vez, se baseiam profundamente no extenso trabalho de acadêmicos colombianos, especialmente Romero (2003), os ensaios em Romero (2007) e López (2010). León (2009) é um relato acessível e equilibrado sobre a natureza dos conflitos contemporâneos na Colômbia. Igualmente fundamental é o site mantido pelo semanário *Semana*, <www.verdadabierta.com/>. Todas as citações vêm de Acemoglu, Robinson e Santos (2010). O contrato entre Martín Llanos e os prefeitos em Casanares está disponível em espanhol em <www.verdadabierta.com/victimarios/los-jefes/714-perfil-hector-german-buitrago-alias-martin-llanos>.

As origens e as consequências do *Corralito* estão bem apresentadas em uma série de artigos da revista *The Economist*, disponível em <www.economist.com/search/apachesolr_search/corralito>.

Sobre o papel do interior no desenvolvimento da Argentina, ver Sawers (1996).

Hassig e Oh (2009) oferecem um relato excelente e valioso sobre a vida na Coreia do Norte. O cap. 2 cobre o estilo de vida luxuoso da liderança e os caps. 3 e 4, as realidades econômicas vividas pela maior parte das pessoas. A cobertura da BBC sobre a reforma monetária pode ser encontrada em <news.bbc.co.uk/2/hi/8500017.stm>.

Sobre o palácio dos prazeres e o consumo de conhaque, ver o cap. 12 de Post (2014).

Nossa discussão sobre o trabalho infantil na colheita de algodão no Uzbequistão segue Kandiyoti (2008), disponível em <www.soas.ac.uk/cccac/events/cottonsector--in-central-asia-2005/file49842.pdf>. A citação de Gulnaz está na p. 20 de Kandiyoti. Sobre o levante de Andijou, ver Grupo Internacional de Crise (2005). A descrição da eleição de Joseph Stálin na União Soviética é reproduzida de Denny (1937).

Nossa análise do "capitalismo de compadrio" no Egito segue Sfakianakis (2004).

Capítulo 14: Quebrando o ciclo

Nossa abordagem de Botsuana segue Acemoglu, Johnson e Robinson (2003); Robinson e Parsons (2006); e Leith (2005). Schapera (1970) e Parsons, Henderson e Tlou (1995) são obras fundamentais. O alto-comissário Rey é citado em Acemoglu, Johnson e Robinson (2003), p. 96. A discussão sobre a visita dos três chefes à Inglaterra segue Parsons (1998) e todas as citações relativas a isso vêm de seu livro: Chamberlain, pp. 206-7; Fairfield, p. 209; e Rhodes, p. 223. Schapera é citado de Schapera (1940), p. 72. A citação de Quett Masire vem de Masire (2006), p. 43. Sobre a composição étnica das tribos tswanas, ver Schapera (1952).

Nossa abordagem da mudança do sul dos Estados Unidos segue Acemoglu e Robinson (2008b). Sobre o movimento populacional para fora do sul, ver Wright (1999); sobre a mecanização da colheita do algodão, Heinicke (1994). "LERBEDAD DER SPRESSAUM" é citado de Mickey (2008), p. 50. O discurso de Thurmond em 1948 é tomado de <www.slate.com/id/2075151/>, onde você também pode escutar a gravação em áudio. Sobre James Meredith e Oxford, Mississippi, ver Doyle (2001). Ver Wright (1999) sobre o impacto das leis de direitos civis na votação dos negros no sul.

Sobre a natureza e a política da transição política chinesa depois da morte de Mao, ver Harding (1987) e MacFarquhar e Schoenhals (2008). A citação de Deng sobre o gato vem de Harding, p. 58. O primeiro ponto da Revolução Cultural vem de Schoenhals (1996), p. 33; a declaração de Mao sobre Hitler é de MacFarquhar e Schoenhals, p. 102; a citação de Hua sobre o "Dois Quaisquer" vem de Harding, p. 56.

Capítulo 15: Entendendo a pobreza e a prosperidade

Para a história de Dai Guofang, ver McGregor (2010), pp. 219-26. A história dos telefones vermelhos também vem de McGregor, cap. 1. Sobre o controle do partido em relação à mídia, ver Pan (2008), cap. 9, e McGregor (2010), pp. 64-9 e 235-62. As citações sobre as atitudes do partido em relação a empreendedores vêm de McGregor (2010), pp. 200-1 e 223. Para os comentários de Wen Jiabao sobre reformas políticas na China, ver <www.guardian.co.uk/world/2010/aug/29/wenjiabao-china-reform>.

A hipótese da modernização é articulada de maneira clara em Lipset (1959). Os indícios contra ela são discutidos detalhadamente em Acemoglu, Johnson, Robinson e Yared (2008, 2009). A citação de George H. W. Bush vem de <news.bbc.co.uk/2/hi/business/752224.stm>.

Nossa discussão sobre a atividade de ONGs e sobre a ajuda estrangeira no Afeganistão depois de dezembro de 2001 se baseia em Ghani e Lockhart (2008). Ver também Reinikka e Svensson (2004) e Easterly (2006) sobre os problemas da ajuda estrangeira.

Nossa discussão sobre os problemas das reformas macroeconômicas e da inflação no Zimbábue vem de Acemoglu, Johnson, Robinson e Querubín (2008). A discussão sobre a Seva Mandir usa como base Banerjee, Duflo e Glennerster (2008).

A formação do Partido dos Trabalhadores no Brasil é tratada em Keck (1992); sobre a greve na Scania, ver o cap. 4. A citação de Cardoso é de Keck, pp. 44-5; a citação de Lula vem de Keck, p. 65.

A discussão sobre os esforços de Fujimori e Montesinos para controlar a mídia vem de McMillan e Zoido (2004) e a citação sobre o controle do Partido Comunista Chinês vem de McGregor (2010), p. 69.

Fontes dos mapas

Mapa 1: O Império Inca e o sistema de estradas é adaptado de John V. Murra (1984), "Andean Societies before 1532", em Leslie Bethell, org., *The Cambridge History of Latin America*, vol. 1 (Nova York: Cambridge University Press). O mapa sobre a área de captura para a *mita* vem de Melissa Dell (2010), "The Persistent Effects of Peru's Mining *Mita*", Econometrica 78: 6, 1863 –1903.

Mapa 2: Desenhado a partir de dados de Miriam Bruhn e Francisco Gallego (2010), "The Good, the Bad, and the Ugly: Do They Matter for Economic Development?", a ser publicado na *Review of Economics and Statistics*.

Mapa 3: Desenhado com o uso de dados dos Indicadores de Desenvolvimento Mundial (2008), do Banco Mundial.

Mapa 4: Mapa de porcos selvagens adaptado de W. L. R. Oliver; I. L. Brisbin, Jr.; e S. Takahashi (1993), "The Eurasian Wild Pig (*Sus scrofa*)", em W. L. R. Oliver, org., *Pigs, Peccaries, and Hippos: Status Survey and Action Plan* (Gland, Suíça: IUCN), pp. 112–21. Mapa sobre gado selvagem adaptado por Cis van Vuure (2005), *Retracing the Aurochs* (Sofia: Pensoft Publishers), p. 41.

Mapa 5: Adaptado de Daniel Zohary e Maria Hopf (2001), *The Domestication of Plants in the Old World*, 3ª edição (Nova York: Oxford University Press), Mapa do Trigo 4, p. 56; Mapa da Cevada 5, p. 55. Mapa da distribuição de arroz de Te-Tzu Chang (1976), "The Origin, Evolution, Cultivation, Dissemination, and Diversification of Asian and African Rices", *Euphytica* 25, 425–41, figura 2, p. 433.

Mapa 6: O Reino Cuba se baseia em Jan Vansina (1978), *The Children of Woot* (Madison: University of Wisconsin Press), mapa 2, p. 8. Congo baseado em Jan Vansina (1995), "Equatorial Africa Before the Nineteenth Century", em Philip Curtin, Steven Feierman, Leonard Thompson e Jan Vansina, *African History: From Earliest Times to Independence* (Nova York: Longman), mapa 8.4, p. 228.

Mapa 7: Desenhado a partir de dados do Defense Meteorological Satellite Program's Operational Linescan System (DMSP-OLS), que registra imagens da Terra à noite capturadas entre as 20 e as 21h30, horário local, a uma altitude de 830 quilômetros <http://www.ngdc.noaa.gov/dmsp/sensors/ols.html>.

Mapa 8: Construído a partir de dados encontrados em Jerome Blum (1998), *The End of the Old Order in Rural Europe* (Princeton: Princeton University Press).

Mapa 9: Adaptado dos mapas em Colin Martin e Geoffrey Parker (1988), *The Spanish Armada* (Londres: Hamilton), pp. i–ii, 243.

Mapa 10: Adaptado de Simon Martin e Nikolai Gribe (2000), *Chronicle of the Maya Kings and Queens: Deciphering the Dynasties of the Ancient Maya* (Londres: Thames and Hudson), p. 21.

Map 11: Mapa adaptado de Mark A. Kishlansky, Patrick Geary e Patricia O'Brien (1991), *Civilization in the West* (Nova York: HarperCollins Publishers), p. 151.

Mapa 12: Clãs familiares somalis adaptado de Ioan M. Lewis (2002), *A Modern History of Somalia* (Oxford: James Currey), mapa de "Somali Ethnic and Clan-Family Distribution 2002"; mapa de Axum adaptado de Kevin Shillington (1995), *History of Africa*, 2ª edição (Nova York: St. Martin's Press), mapa 5.4, p. 69.

Mapa 13: J. R. Walton (1998), "Changing Patterns of Trade and Interaction Since 1500", em R. A. Butlin e R. A. Dodgshon, orgs., *An Historical Geography of Europe* (Oxford: Oxford University Press), figura 15.2, p. 326.

Mapa 14: Adaptado de Anthony Reid (1988), *Southeast Asia in the Age of Commerce, 1450-1680: Volume 1, The Land Below the Winds* (New Haven: Yale University Press), mapa 2, p. 9.

Mapa 15: Desenhado a partir de dados extraídos de Nathan Nunn (2008), "The Long Term Effects of Africa's Slave Trades", *Quarterly Journal of Economics* 123, nº 1, p. 139-76.

Mapa 16: Mapas baseados nos seguintes mapas: para a África do Sul, A. J. Christopher (2001), *The Atlas of Changing South Africa* (Londres: Routledge), figura 1.19, p. 31; para o Zimbábue, Robin Palmer (1977), *Land and Racial Domination in Rhodesia* (Berkeley: University of California Press), mapa 5, p. 245.

Mapa 17: Adaptado de Alexander Grab (2003), *Napoleon and the Transformation of Europe* (Londres: Palgrave Macmillan), mapa 1, p. 17; mapa 2, p. 91.

Mapa 18: Desenhado a partir dos dados do censo americano de 1840, que podem ser baixados no National Historical Geographic Information System: <http://www.nhgis.org/>.

Mapa 19: Desenhado a partir de dados do censo americano de 1880, que pode ser baixado no National Historical Geographic Information System: <http://www.nhgis.org/>.

Mapa 20: Daron Acemoglu, James A. Robinson e Rafael J. Santos (2010), "The Monopoly of Violence: Evidence from Colombia", em <http://scholar.harvard.edu/jrobinson/files/jr_formationofstate.pdf>.

REFERÊNCIAS

ABRAHAM, Arthur e Habib Sesay (1993). "Regional Politics and Social Service Provision Since Independence". Em C. Magbaily Fyle, org. *The State and the Provision of Social Services in Sierra Leone Since Independence, 1961-1991*. Oxford, Reino Unido: Codesaria.

ACEMOGLU, Daron (2005). "Politics and Economics in Weak and Strong States". *Journal of Monetary Economics* 52: 1199-226.

——— (2008). "Oligarchic Versus Democratic Societies". *Journal of European Economic Association* 6: 1-44.

ACEMOGLU, Daron, Davide Cantoni, Simon Johnson e James A. Robinson (2010). "From Ancien Régime to Capitalism: The Spread of the French Revolution as a Natural Experiment", in Jared Diamond e James A. Robinson, orgs. *Natural Experiments in History*. Cambridge, Mass.: Harvard University Press.

——— (2011). "Consequences of Radical Reform: The French Revolution". *American Economic Review*.

ACEMOGLU, Daron, Simon Johnson e James A. Robinson (2001). "The Colonial Origins of Comparative Development: An Empirical Investigation". *American Economic Review* 91: 1369-1401.

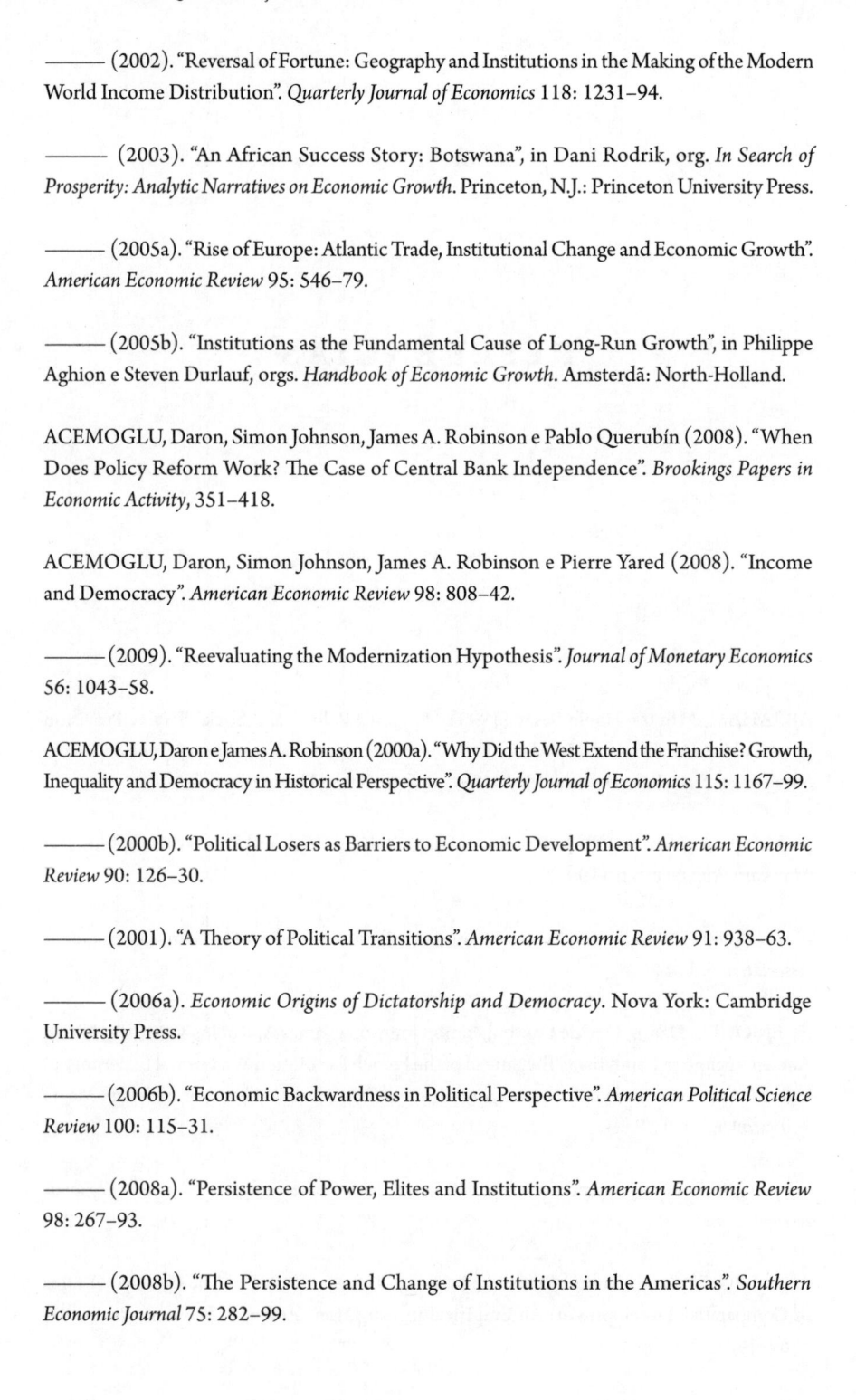

————— (2002). "Reversal of Fortune: Geography and Institutions in the Making of the Modern World Income Distribution". *Quarterly Journal of Economics* 118: 1231–94.

————— (2003). "An African Success Story: Botswana", in Dani Rodrik, org. *In Search of Prosperity: Analytic Narratives on Economic Growth*. Princeton, N.J.: Princeton University Press.

————— (2005a). "Rise of Europe: Atlantic Trade, Institutional Change and Economic Growth". *American Economic Review* 95: 546–79.

————— (2005b). "Institutions as the Fundamental Cause of Long-Run Growth", in Philippe Aghion e Steven Durlauf, orgs. *Handbook of Economic Growth*. Amsterdã: North-Holland.

ACEMOGLU, Daron, Simon Johnson, James A. Robinson e Pablo Querubín (2008). "When Does Policy Reform Work? The Case of Central Bank Independence". *Brookings Papers in Economic Activity*, 351–418.

ACEMOGLU, Daron, Simon Johnson, James A. Robinson e Pierre Yared (2008). "Income and Democracy". *American Economic Review* 98: 808–42.

————— (2009). "Reevaluating the Modernization Hypothesis". *Journal of Monetary Economics* 56: 1043–58.

ACEMOGLU, Daron e James A. Robinson (2000a). "Why Did the West Extend the Franchise? Growth, Inequality and Democracy in Historical Perspective". *Quarterly Journal of Economics* 115: 1167–99.

————— (2000b). "Political Losers as Barriers to Economic Development". *American Economic Review* 90: 126–30.

————— (2001). "A Theory of Political Transitions". *American Economic Review* 91: 938–63.

————— (2006a). *Economic Origins of Dictatorship and Democracy*. Nova York: Cambridge University Press.

————— (2006b). "Economic Backwardness in Political Perspective". *American Political Science Review* 100: 115–31.

————— (2008a). "Persistence of Power, Elites and Institutions". *American Economic Review* 98: 267–93.

————— (2008b). "The Persistence and Change of Institutions in the Americas". *Southern Economic Journal* 75: 282–99.

ACEMOGLU, Daron, James A. Robinson e Rafael Santos (2010). "The Monopoly of Violence: Evidence from Colombia". Inédito.

ACEMOGLU, Daron e Alex Wolitzky (2010). "The Economics of Labor Coercion". *Econometric*, 79: 555–600.

AGHION, Philippe e Peter Howitt (2009). *The Economics of Growth*. Cambridge, Mass.: MIT Press.

ALEXANDER, Jocelyn (2006). *The Unsettled Land: State-making and the Politics of Land in Zimbabwe, 1893–2003*. Oxford, Reino Unido: James Currey.

ALLEN, Robert C. (2003). *Farm to Factory: A Reinterpretation of the Soviet Industrial Revolution*. Princeton, N.J.: Princeton University Press.

——— (2009a). *The British Industrial Revolution in Global Perspective*. Nova York: Cambridge University Press.

——— (2009b). "How Prosperous Were the Romans? Evidence from Diocletian's Price Edict (301 AD)", in Alan Bowman e Andrew Wilson, orgs. *Quantifying the Roman Economy: Methods and Problems*. Oxford, U.K.: Oxford University Press.

ALSTON, Lee J. e Joseph P. Ferrie (1999). *Southern Paternalism and the Rise of the American Welfare State: Economics, Politics, and Institutions in the South*. Nova York: Cambridge University Press.

AMSDEN, Alice H. (1992). *Asia's Next Giant*. Nova York: Oxford University Press.

AUSTEN, Ralph A. e Daniel Headrick (1983). "The Role of Technology in the African Past". *African Studies Review* 26: 163–84.

AUSTIN, Gareth (2005). *Labour, Land and Capital in Ghana: From Slavery to Free Labour in Asante, 1807–1956*. Rochester, N.Y.: University of Rochester Press.

BAKEWELL, Peter J. (1984). *Miners of the Red Mountain: Indian Labor in Potosí, 1545–1650*. Albuquerque: University of New Mexico Press.

——— (2009). *A History of Latin America to 1825*. Hoboken, N.J.: Wiley-Blackwell.

BANERJEE, Abhijit V. e Esther Duflo (2011). *Poor Economics: A Radical Rethinking of the Way to Fight Global Poverty*. Nova York: Public Affairs.

BANERJEE, Abhijit V., Esther Duflo e Rachel Glennerster (2008). "Putting a Band-Aid on a Corpse: Incentives for Nurses in the Indian Public Health Care System". *Journal of the European Economic Association* 7: 487-500.

BANFIELD, Edward C. (1958). *The Moral Basis of a Backward Society*. Glencoe, N.Y.: Free Press.

BANG, Peter (2008). *The Roman Bazaar*. Nova York: Cambridge University Press.

BARKER, Graeme (2006). *The Agricultural Revolution in Prehistory: Why Did Foragers Become Farmers?*. Nova York: Oxford University Press.

BAR-YOSEF, Ofer e Avner Belfer-Cohen (1992). "From Foraging to Farming in the Mediterranean Levant", in A. B. Gebauer e T. D. Price, orgs. *Transitions to Agriculture in Prehistory*. Madison, Wisc.: Prehistory Press.

BATEMAN, Fred e Thomas Weiss (1981). *A Deplorable Scarcity: The Failure of Industrialization in the Slave Economy*. Chapel Hill: University of North Carolina Press.

BATES, Robert H. (1981). *Markets and States in Tropical Africa*. Berkeley: University of California Press.

——— (1983). *Essays in the Political Economy of Rural Africa*. Nova York: Cambridge University Press.

——— (1989). *Beyond the Miracle of the Market*. Nova York: Cambridge University Press.

——— (2001). *Prosperity and Violence: The Political Economy of Development*. Nova York: W.W. Norton.

BENEDICTOW, Ole J. (2004). *The Black Death, 1346-1353: The Complete History*. Rochester, N.Y.: Boydell Press.

BERLINER, Joseph S. (1976). *The Innovation Decision in Soviet Industry*. Cambridge, Mass.: Harvard University Press.

BESLEY, Timothy e Stephen Coate (1998). "Sources of Inefficiency in a Representative Democracy: A Dynamic Analysis". *American Economic Review* 88: 139-56.

BESLEY, Timothy e Torsten Persson (2011). *Pillars of Prosperity: The Political Economics of Development Clusters*. Princeton, N.J.: Princeton University Press.

BLOCH, Marc L. B. (1961). *Feudal Society*. 2 vols. Chicago: University of Chicago Press.

BLUM, Jerome (1943). "Transportation and Industry in Austria, 1815-1848". *The Journal of Modern History* 15: 24-38.

BOGART, Dan e Gary Richardson (2009). "Making Property Productive: Reorganizing Rights to Real and Equitable Estates in Britain, 1660 to 1830". *European Review of Economic History* 13: 3-30.

―――― (2011). "Did the Glorious Revolution Contribute to the Transport Revolution? Evidence from Investment in Roads and Rivers". *Economic History Review*.

BOURGUIGNON, François e Thierry Verdier (1990). "Oligarchy, Democracy, Inequality and Growth". *Journal of Development Economics* 62: 285-313.

BRENNER, Robert (1976). "Agrarian Class Structure and Economic Development in Preindustrial Europe". *Past and Present* 70: 30-75.

―――― (1993). *Merchants and Revolution*. Princeton, N.J.: Princeton University Press.

BRENNER, Robert e Christopher Isett (2002). "England's Divergence from China's Yangzi Delta: Property Relations, Microeconomics, and Patterns of Development". *Journal of Asian Studies* 61: 609-62.

BREWER, John (1988). *The Sinews of Power: War, Money and the English State, 1688-1773*. Cambridge, Mass.: Harvard University Press.

BRIGGS, Asa (1959). *Chartist Studies*. Londres: Macmillan.

BRUNTON, D. e D. H. Pennington (1954). *Members of the Long Parliament*. Londres: George Allen e Unwin.

BUNDY, Colin (1979). *The Rise and Fall of the South African Peasantry*. Berkeley: University of California Press.

BURKE, Edmund (1790/1969). *Reflections of the Revolution in France*. Baltimore, Md.: Penguin Books.

CARTWRIGHT, John R. (1970). *Politics in Sierra Leone 1947-67*. Toronto: University of Toronto Press.

CASAÚS ARZÚ, Marta (2007). *Guatemala: Linaje y Racismo*. 3ª ed., rev. e ampliada. Cidade da Guatemala: F&G Editores.

CHAVES, Isaías e James A. Robinson (2010). "Political Consequences of Civil Wars". <http://www.2hhh.umn.edu>.

CLEARY, A. S. Esmonde (1989). *The Ending of Roman Britain*. Londres: B.T. Batsford Ltd.

CLOWER, Robert W., George H. Dalton, Mitchell Harwitz e Alan Walters (1966). *Growth Without Development; an Economic Survey of Liberia*. Evanston: Northwestern University Press.

COATSWORTH, John H. (1974). "Railroads, Landholding and Agrarian Protest in the Early Porfiriato". *Hispanic American Historical Review* 54: 48–71.

—— (1978). "Obstacles to Economic Growth in Nineteenth-Century Mexico". *American Historical Review* 83: 80–100.

—— (2008). "Inequality, Institutions and Economic Growth in Latin America". *Journal of Latin American Studies* 40: 545–69.

COLE, G. D. H. e A. W. Filson, orgs. (1951). *British Working Class Movements: Select Documents 1789–1875*. Londres: Macmillan.

CONNING, Jonathan (2010). "On the Causes of Slavery or Serfdom and the Roads to Agrarian Capitalism: Domar's Hypothesis Revisited". Departmento de Economia, Hunter College, CUNY.

CORTI, Egon Caeser (1928). *The Reign of the House of Rothschild*. Nova York: Cosmopolitan Book Corporation.

CROUZET, François (1985). *The First Industrialists: The Problem of Origins*. Nova York: Cambridge University Press.

CRUMMEY, Donald E. (2000). *Land and Society in the Christian Kingdom of Ethiopia: From the Thirteenth to the Twentieth Century*. Urbana: University of Illinois Press.

DALTON, George H. (1965). "History, Politics and Economic Development in Liberia". *Journal of Economic History* 25: 569–91.

DARK, K. R. (1994). *Civitas to Kingdom: British Political Continuity 300–800*. Leicester, U.K.: Leicester University Press.

DAUNTON, Martin J. (1995). *Progress and Poverty: An Economic and Social History of Britain, 1700–1850*. Oxford, Reino Unido: Oxford University Press.

DAVIES, Robert W. (1998). *Soviet Economic Development from Lenin to Khrushchev.* Nova York: Cambridge University Press.

DAVIES, Robert W. e Stephen G. Wheatcroft (2004). *The Years of Hunger: Soviet Agriculture, 1931-33.* Nova York: Palgrave Macmillan.

DAVIES, Victor A. B. (2007). "Sierra Leone's Economic Growth Performance, 1961- 2000", in Benno J. Ndulu et al., orgs. *The Political Economy of Growth in Africa, 1960-2000.* Vol. 2. Nova York: Cambridge University Press.

Dawit Wolde Giorgis (1989). *Red Teas: War, Famine and Revolution in Ethiopia.* Trenton, N.J.: Red Sea Press.

DE CALLATAŸ, François (2005). "The Graeco-Roman Economy in the Super Longrun: Lead, Copper, and Shipwrecks". *Journal of Roman Archaeology* 18: 361-72.

DE LAS CASAS, Bartolomé (1992). *A Short Account of the Destruction of the Indies.* Nova York: Penguin Books.

DELL, Melissa (2010). "The Persistent Effects of Peru's Mining Mita". *Econometrica* 78: 1863-903.

DENNY, Harold (1937). "Stalin Wins Poll by a Vote of 1005". *The New York Times*, 14 de dezembro de 1937, p. 11.

DE SAHAGÚN, Bernardino (1975). *Florentine Codex: General History of the Things of New Spain. Book 12: The Conquest of Mexico.* Santa Fé, N.M.: School of American Research.

DIAMOND, Jared (1997). *Guns, Germs and Steel.* Nova York: W. W. Norton and Co.

DOBB, Maurice (1963). *Studies in the Development of Capitalism.* Ed. rev. Nova York: International Publishers.

DOSAL, Paul J. (1995). *Power in Transition: The Rise of Guatemala's Industrial Oligarchy, 1871-1994.* Westport, Conn.: Praeger.

DOUGLAS, Mary (1962). "Lele Economy Compared to the Bushong", in Paul Bohannan e George Dalton, orgs. *Markets in Africa.* Evanston, Ill.: Northwestern University Press.

―――― (1963). *The Lele of the Kasai.* Londres: Oxford University Press.

DOYLE, William (2001). *An American Insurrection: The Battle of Oxford Mississippi*. Nova York: Doubleday.

——— (2002). *The Oxford History of the French Revolution*. 2ª ed. Nova York: Oxford University Press.

DREYER, Edward L. (2007). *Zheng He: China and the Oceans in the Early Ming Dynasty, 1405-1433*. Nova York: Pearson Longman.

DU BOIS, W. E. B. (1903). *The Souls of Black Folk*. Nova York: A.C. McClurg & Company.

DUNN, Richard S. (1969). "The Barbados Census of 1680: Profile of the Richest Colony in English America". *William and Mary Quarterly* 26: 3–30.

DUPLESSIS, Robert S. (1997). *Transitions to Capitalism in Early Modern Europe*. Nova York: Cambridge University Press.

EASTERLY, William (2006). *The White Man's Burden: Why the West's Efforts to Aid the Rest Have Done So Much Ill and So Little Good*. Nova York: Oxford University Press.

ELTON, Geoffrey R. (1953). *The Tudor Revolution in Government*. Nova York: Cambridge University Press.

ENGERMAN, Stanley L. (2007). *Slavery, Emancipation & Freedom: Comparative Perspectives*. Baton Rouge: University of Louisiana Press.

ENGERMAN, Stanley L. e Kenneth L. Sokoloff (1997). "Factor Endowments, Institutions, and Differential Paths of Growth Among New World Economies", in Stephen H. Haber, org. *How Latin America Fell Behind*. Stanford, Calif.: Stanford University Press.

——— (2005). "The Evolution of Suffrage Institutions in the New World". *Journal of Economic History* 65: 891–921.

EVANS, Eric J. (1996). *The Forging of the Modern State: Early Industrial Britain, 1783-1870*. 2ª ed. Nova York: Longman.

EVANS, Peter B. (1995). *Embedded Autonomy: States and Industrial Transformation*. Princeton, N.J.: Princeton University Press.

EWALD, Janet (1988). "Speaking, Writing and Authority: Explorations in and from the Kingdom of Taqali". *Comparative Studies in History and Society* 30: 199–224.

FAGAN, Brian (2003). *The Long Summer: How Climate Changed Civilization*. Nova York: Basic Books.

FAULKNER, Neil (2000). *The Decline and Fall of Roman Britain*. Stroud, Reino Unido: Tempus Publishers.

FEINSTEIN, Charles H. (2005). *An Economic History of South Africa: Conquest, Discrimination and Development*. Nova York: Cambridge University Press.

FERGUSON, Niall (1998). *The House of Rothschild: Vol. 1: Money's Prophets, 1798– 1848*. Nova York: Viking.

FERGUSSON, Leopoldo (2010). "The Political Economy of Rural Property Rights and the Persistance of the Dual Economy". <http://economia.uniandes.edu.co>.

FINLEY, Moses (1965). "Technical Innovation and Economic Progress in the Ancient World". *Economic History Review* 18: 29–4.

——— (1999). *The Ancient Economy*. Berkeley: University of California Press.

FISCHER, David H. (1989). *Albion's Seed: Four British Folkways in America*. Nova York: Oxford University Press.

FOGEL, Robert W. e Stanley L. Engerman (1974). *Time on the Cross: The Economics of American Negro Slavery*. Boston: Little, Brown.

FOLEY, James A. (2003). *Korea's Divided Families: Fifty Years of Separation*. Nova York: Routledge.

FREUDENBERGER, Herman (1967). "The State as an Obstacle to Economic Growth in the Habsburg Monarchy". *Journal of Economic History* 27: 493–509.

GALENSON, David W. (1996). "The Settlement and Growth of the Colonies: Population, Labor and Economic Development", in Stanley L. Engerman e Robert E. Gallman, orgs. *The Cambridge Economic History of the United States, Volume I: The Colonial Era*. Nova York: Cambridge University Press.

GANSON, Barbara (2003). *The Guaraní Under Spanish Rule in the Río de la Plata*. Palo Alto, Calif.: Stanford University Press.

GARCÍA-JIMENO, Camilo e James A. Robinson (2011). "The Myth of the Frontier", in Dora L. Costa e Naomi R. Lamoreaux, orgs. *Understanding Long-Run Economic Growth*. Chicago: University of Chicago Press.

GERSCHENKRON, Alexander (1970). *Europe in the Russian Mirror*. Nova York: Cambridge University Press.

GHANI, Ashraf e Clare Lockhart (2008). *Fixing Failed States: A Framework for Rebuilding a Fractured World*. Nova York: Oxford University Press.

GIBSON, Charles (1963). *The Aztecs Under Spanish Rule*. Nova York: Cambridge University Press.

GOLDSTEIN, Marcus e Christopher Udry (2008). "The Profits of Power: Land Rights and Agricultural Investment in Ghana". *Journal of Political Economy* 116: 981-1022.

GOLDSWORTHY, Adrian K. (2009). *How Rome Fell: Death of a Superpower*. New Haven, Conn.: Yale University Press.

GOODY, Jack (1971). *Technology, Tradition and the State in Africa*. Nova York: Cambridge University Press.

GREGORY, Paul R. e Mark Harrison (2005). "Allocation Under Dictatorship: Research in Stalin's Archives". *Journal of Economic Literature* 43: 721-61.

GRIEB, Kenneth J. (1979). *Guatemalan Caudillo: The Regime of Jorge Ubico, 1931-1944*. Athens: Ohio University Press.

GROSS, Nachum T. (1973). "The Habsburg Monarchy, 1750-1914", in Carlo M. Cipolla, org. *The Fontana Economic History of Europe*. Glasgow, Reino Unido: William Collins Sons and Co.

GUISO, Luigi, Paola Sapienza e Luigi Zingales (2006). "Does Culture Affect Economic Outcomes?". *Journal of Economic Perspectives* 20: 23-48.

HABER, Stephen H. (2010). "Politics, Banking, and Economic Development: Evidence from New World Economies", in Jared Diamond e James A. Robinson, orgs. *Natural Experiments of History*. Cambridge, Mass.: Belknap Press of Harvard University Press.

HABER, Stephen H., Herbert S. Klein, Noel Maurer e Kevin J. Middlebrook (2008). *Mexico Since 1980*. Nova York: Cambridge University Press.

HABER, Stephen H., Noel Maurer e Armando Razo (2003). *The Politics of Property Rights: Political Instability, Credible Commitments, and Economic Growth in Mexico, 1876-1929*. Nova York: Cambridge University Press.

HAGGARD, Stephan (1990). *Pathways from the Periphery: The Politics of Growth in the Newly Industrializing Countries*. Ithaca, N.Y.: Cornell University Press.

HALLIDAY, Fred e Maxine Molyneux (1981). *The Ethiopian Revolution*. Londres: Verso.

HANNA, Willard (1978). *Indonesian Banda: Colonialism and Its Aftermath in the Nutmeg Islands.* Filadélfia: Institute for the Study of Human Issues.

HARDING, Harry (1987). *China's Second Revolution: Reform After Mao.* Washington, D.C.: Brookings Institution Press.

HARRISON, Lawrence E. e Samuel P. Huntington, orgs. (2000). *Culture Matters: How Values Shape Human Progress.* Nova York: Basic Books.

HASSIG, Ralph C. e Kongdan Oh (2009). *The Hidden People of North Korea: Everyday Life in the Hermit Kingdom.* Lanham, Md.: Rowman and Littlefield Publishers.

HATCHER, John (2008). *The Black Death: A Personal History.* Filadélfia: Da Capo Press.

HEATH, Dwight (1972). "New Patrons for Old: Changing Patron-Client Relations in the Bolivian Yungas", in Arnold Strickton e Sidney Greenfield, orgs. *Structure and Process in Latin America.* Albuquerque: University of New Mexico Press.

HEINICKE, Craig (1994). "African-American Migration and Mechanized Cotton Harvesting, 1950–1960". *Explorations in Economic History* 31: 501–20.

HELMKE, Gretchen (2004). *Courts Under Constraints: Judges, Generals, and Presidents in Argentina.* Nova York: Cambridge University Press.

HEMMING, John (1983). *The Conquest of the Incas.* Nova York: Penguin Books.

HERBST, Jeffrey I. (2000). *States and Power in Africa.* Princeton, N.J.: Princeton University Press.

HILL, Christopher (1961). *The Century of Revolution, 1603–1714.* Nova York: W. W. Norton and Co.

——— (1980). "A Bourgeois Revolution?", in Lawrence Stone, org. *The British Revolutions: 1641, 1688, 1776.* Princeton, N.J.: Princeton University Press.

HILTON, Anne (1985). *The Kingdom of Kongo.* Nova York: Oxford University Press.

HILTON, Rodney (2003). *Bond Men Made Free: Medieval Peasant Movements and the English Rising of 1381.* 2ª ed. Nova York: Routledge.

HIRST, John B. (1983). *Convict Society and Its Enemies: A History of Early New South Wales.* Boston: Allen and Unwin.

―――― (1988). *The Strange Birth of Colonial Democracy: New South Wales, 1848–1884*. Boston: Allen and Unwin.

―――― (2003). *Australia's Democracy: A Short History*. Londres: Allen and Unwin.

HOPKINS, Anthony G. (1973). *An Economic History of West Africa*. Nova York: Addison Wesley Longman.

HOPKINS, Keith (1980). "Taxes and Trade in the Roman Empire, 200 BC–400 AD". *Journal of Roman Studies* Lxx: 101-25.

HORROX, Rosemary, org. (1994). *The Black Death*. Nova York: St. Martin's Press.

House of Commons (1904). "Papers Relating to the Construction of Railways in Sierra Leone, Lagos and the Gold Coast".

HU-DEHART, Evelyn (1984). *Yaqui Resistance and Survival: The Struggle for Land and Autonomy, 1821–1910*. Madison: University of Wisconsin Press.

IARYCZOWER, Matías, Pablo Spiller e Mariano Tommasi (2002). "Judicial Independence in Unstable Environments: Argentina 1935–1998". *American Journal of Political Science* 46: 699-716.

INIKORI, Joseph (1977). "The Import of Firearms into West Africa, 1751–1807". *Journal of African History* 18: 339-68.

International Crisis Group (2005). "Uzbekistan: The Andijon Uprising". Asia Briefing nº 38, <www.crisisgroup.org/en/regions/asia/central-asia/uzbekistan/B038-uzbekistan-the-andijon-uprising.aspx>.

ISRAEL, Paul (2000). *Edison: A Life of Invention*. Hoboken, N.J.: John Wiley and Sons.

IWATA, Masakazu (1964). *Okubo Toshimichi: The Bismarck of Japan*. Berkeley: University of California Press.

JACKSON, Michael (2004). *In Sierra Leone*. Durham, N.C.: Duke University Press.

JANSEN, Marius B. (2000). *The Making of Modern Japan*. Cambridge, Mass.: Harvard University Press.

JÁSZI, Oscar (1929). *The Dissolution of the Habsburg Monarchy*. Chicago: University of Chicago Press.

JOHNSON, Chalmers A. (1982). *MITI and the Japanese Miracle: The Growth of Industrial Policy, 1925-1975*. Palo Alto, Calif.: Stanford University Press.

JONES, A. M. H. (1964). *The Later Roman Empire*. Volume 2. Oxford, U.K.: Basil Blackwell.

JONES, Eric L. (2003). *The European Miracle: Environments, Economies and Geopolitics in the History of Europe and Asia*. 3ª ed. Nova York: Cambridge University Press.

JONGMAN, Willem M. (2007). "Gibbon Was Right: The Decline and Fall of the Roman Economy", in O. Hekster et al., orgs. *Crises and the Roman Empire*. Leiden, Holanda: BRILL.

JOSEPHSON, Matthew (1934). *The Robber Barons*. Orlando, Fla.: Harcourt.

KANDIYOTI, Deniz (2008). "Invisible to the World? The Dynamics of Forced Child Labour in the Cotton Sector of Uzbekistan". School of Oriental and Africa Studies.

KAPUSCINSKI, Ryszard (1983). *The Emperor: Downfall of an Autocrat*. San Diego: Harcourt Brace Jovanovich.

KECK, Margaret E. (1992). *The Workers' Party and Democratization in Brazil*. New Haven, Conn.: Yale University Press.

KEEN, David (2005). *Conflict and Collusion in Sierra Leone*. Nova York: Palgrave Macmillan.

KELLEY, Jonathan e Herbert S. Klein (1980). *Revolution and the Rebirth of Inequality: A Theory of Inequality and Inherited Privilege Applied to the Bolivian National Revolution*. Berkeley: University of California Press.

KEYSSAR, Alexander (2009). *The Right to Vote: The Contested History of Democracy in the United States*. Edição revisada. Nova York: Basic Books.

KILLICK, Tony (1978). *Development Economics in Action*. Londres: Heinemann.

KNIGHT, Alan (2011). *Mexico: The Nineteenth and Twentieth Centuries*. Nova York: Cambridge University Press.

KNIGHTS, Mark (2010). "Participation and Representation Before Democracy: Petitions and Addresses in Premodern Britain", in Ian Shapiro, Susan C. Stokes, Elisabeth Jean Wood e Alexander S. Kirshner, orgs. *Political Representation*. Nova York: Cambridge University Press.

KROPOTKIN, Peter (2009). *Memoirs of a Revolutionary*. Nova York: Cosimo.

KUPPERMAN, Karen O. (2007). *The Jamestown Project*. Cambridge, Mass.: Belknap Press of Harvard University Press.

LANDES, David S. (1999). *The Wealth and Poverty of Nations: Why Some Are So Rich and Some So Poor*. Nova York: W. W. Norton and Co.

LANE, Frederick C. (1973). *Venice: A Maritime Republic*. Baltimore, Md.: Johns Hopkins University Press.

LA PORTA, Rafael, Florencio Lopez-de-Silanes e Andrei Shleifer (2008). "The Economic Consequences of Legal Origins". *Journal of Economic Literature* 46: 285-332.

LAW, Robin C. (1977). *The Oyo Empire, c.1600-c.1836: West African Imperialism in the Era of the Atlantic Slave Trade*. Oxford, Reino Unido: The Clarendon Press.

——— (1980). "Wheeled Transportation in Pre-Colonial West Africa". *Africa* 50: 249-62.

———, org. (1995). *From Slave Trade to "Legitimate" Commerce: The Commercial Transition in Nineteenth-century West Africa*. Nova York: Cambridge University Press.

LEITH, Clark J. (2005). *Why Botswana Prospered*. Montreal: McGill University Press.

LENGER, Friedrich (2004). "Economy and Society", in Jonathan Sperber, org. *The Shorter Oxford History of Germany: Germany 1800-1870*. Nova York: Oxford University Press.

LEÓN, Juanita (2009). *Country of Bullets: Chronicles of War*. Albuquerque: University of New Mexico Press.

LERNER, Abba P. (1972). "The Economics and Politics of Consumer Sovereignty". *American Economic Review* 62: 258-66.

LEVY, David M., e Sandra J. Peart (2009). "Soviet Growth and American Textbooks". <papers.ssrn.com/sol3/papers-cfm?abstract_it=1517983>.

LEWIS, I. M. (1961). *A Pastoral Democracy*. Oxford, Reino Unido: Oxford University Press.

——— (2002). *A Modern History of the Somali*. 4ª ed. Oxford, Reino Unido: James Currey.

LEWIS, W. Arthur (1954). "Economic Development with Unlimited Supplies of Labour". *Manchester School of Economic and Social Studies* 22: 139-91.

LINDERT, Peter H. (2004). *Growing Public. Volume 1: Social Spending and Economic Growth Since the Eighteenth Century.* Nova York: Cambridge University Press.

——— (2009). *Growing Public. Volume 2: Further Evidence: Social Spending and Economic Growth Since the Eighteenth Century.* Nova York: Cambridge University Press.

LIPSET, Seymour Martin (1959). "Some Social Requisites of Democracy: Economic Development and Political Legitimacy". *American Political Science Review* 53: 69–105.

LIPSET, Seymour Martin e Stein Rokkan, orgs. (1967). *Party System and Voter Alignments.* Nova York: Free Press.

LÓPEZ, Claudia, org. (2010). *Y Refundaron la Patria... de cómo mafiosos y políticos reconfiguraron el Estado Colombiano.* Bogotá: Corporación Nuevo Arco Iris: Intermedio.

LOVEJOY, Paul E. (2000). *Transformations in Slavery: A History of Slavery in Africa.* 2ª ed. Nova York: Cambridge University Press.

MACFARQUHAR, Roderick e Michael Schoenhals (2008). *Mao's Last Revolution.* Cambridge, Mass.: Harvard University Press.

MANN, Michael (1986). *The Sources of Social Power. Volume 1: A History of Power from the Beginning to A.D. 1760.* Nova York: Cambridge University Press.

——— (1993). *The Sources of Social Power. Volume 2: The Rise of Classes and Nation-states, 1760–1914.* Nova York: Cambridge University Press.

MANNING, Patrick (1990). *Slavery and African Life: Occidental, Oriental, and African Slave Trades.* Nova York: Cambridge University Press.

MANTOUX, Paul (1961). *The Industrial Revolution in the Eighteenth Century.* Ed. rev. Nova York: Harper and Row.

MARTIN, Simon e Nikolai Grube (2000). *Chronicle of the Maya Kings and Queens: Deciphering the Dynasties of the Ancient Maya.* Nova York: Thames and Hudson.

MARTINEZ, José (2002). *Carlos Slim: Retrato inédito.* Cidade do México: Editorial Oceano.

MASIRE, Quett K. J. (2006). *Very Brave or Very Foolish? Memoirs of an African Democrat.* Gaborone, Botsuana: Macmillan.

MCCREERY, David J. (1994). *Rural Guatemala, 1760-1940*. Palo Alto, Calif.: Stanford University Press.

MCGREGOR, Richard (2010). *The Party: The Secret World of China's Communist Rulers*. Nova York: Harper.

MCMILLAN, John e Pablo Zoido (2004). "How to Subvert Democracy: Montesinos in Peru". *Journal of Economic Perspectives* 18: 69-92.

MELBOURNE, Alexander C. V. (1963). *Early Constitutional Development in Australia: New South Wales 1788-1856; Queensland 1859-1922*. Com notas do editor até 1963. Organização e introdução de R. B. Joyce. 2ª ed. Sta. Lúcia: University of Queensland Press.

MEREDITH, Martin (2007). *Mugabe: Power, Plunder, and the Struggle for Zimbabwe's Future*. Nova York: Public Affairs Press.

MICHELS, Robert (1962). *Political Parties: A Sociological Study of the Oligarchical Tendencies of Modern Democracy*. Nova York: Free Press.

MICKEY, Robert W. (2008). *Paths out of Dixie: The Democratization of Authoritarian Enclaves in America's Deep South, 1944-1972*.

MIGDAL, Joel S. (1988). *Strong Societies and Weak States: State-Society Relations and State Capabilities in the Third World*. Princeton, N.J.: Princeton University Press.

MITHEN, Stephen (2006). *After the Ice: A Global Human History 20,000-5000 BC*. Cambridge, Mass.: Harvard University Press.

MOKYR, Joel (1990). *The Lever of Riches: Technological Creativity and Economic Progress*. Nova York: Oxford University Press.

—— (2009). *The Enlightened Economy*. Nova York: Penguin.

MOORE, Andrew M. T., G. C. Hillman e A. J. Legge (2000). *Village on the Euphrates: From Foraging to Farming at Abu Hureyra*. Nova York: Oxford University Press.

MORGAN, Edmund S. (1975). *American Slavery, American Freedom: The Ordeal of Colonial Virginia*. Nova York: W. W. Norton and Co.

MUNRO-HAY, Stuart C. (1991). *Aksum: An African Civilisation of Late Antiquity*. Edimburgo: Edinburgh University Press.

MYERS, Ramon H. e Yeh-Chien Wang (2002). "Economic Developments, 1644–1800", in Willard J. Peterson, org. *The Cambridge History of China. Volume 9, Part 1: The Ch'ing Empire to 1800*. Nova York: Cambridge University Press.

NAIDU, Suresh (2009). "Suffrage, Schooling, and Sorting in the Post-Bellum South". Department of Economics, Columbia University. <tuvalu.santafe.edu/~snaidu/papers/suffrage_sept_16_2010_combined.pdf>.

NARAYAN, Deepa, org. (2002). *Empowerment and Poverty Reduction: A Sourcebook*. Washington, D.C.: Banco Mundial.

NEAL, David (1991). *The Rule of Law in a Penal Colony*. Nova York: Cambridge University Press.

NEALE, J. E. (1971). *Elizabeth i and Her Parliaments, 1559–1581*. Londres: Cape.

NOGAL, C. Álvarez e Leandro Prados de la Escosura (2007). "The Decline of Spain (1500–1850): Conjectural Estimates". *European Review of Economic History* 11: 319–66.

NORTH, Douglass C. (1982). *Structure and Change in Economic History*. Nova York: W. W. Norton and Co.

NORTH, Douglass C. e Robert P. Thomas (1973). *The Rise of the Western World: A New Economic History*. Nova York: Cambridge University Press.

NORTH, Douglass C., John J. Wallis e Barry R. Weingast (1989). *Violence and Social Orders: A Conceptual Framework for Interpreting Recorded Human History*. Princeton, N.J.: Princeton University Press.

NORTH, Douglass C. e Barry R. Weingast (1989). "Constitutions and Commitment: Evolution of Institutions Governing Public Choice in 17th Century England". *Journal of Economic History* 49: 803–32.

NOVE, Alec (1992). *An Economic History of the USSR 1917–1991*. 3ª ed. Nova York: Penguin Books.

NUGENT, Jeffrey B. e James A. Robinson (2010). "Are Endowments Fate? On the Political Economy of Comparative Institutional Development". *Revista de Historia Económica (Journal of Iberian and Latin American Economic History)* 28: 45–82.

NUNN, Nathan (2008). "The Long-Term Effects of Africa's Slave Trades". *Quarterly Journal of Economics* 123: 139–76.

NUNN, Nathan e Leonard Wantchekon (2011). "The Slave Trade and the Origins of Mistrust in Africa", *American Economic Review*. <aeaweb.org/articles?id=101257/aer.101.7.3221>.

O'BRIEN, Patrick K., Trevor Griffiths e Philip Hunt (1991). "Political Components of the Industrial Revolution: Parliament and the English Cotton Textile Industry, 1660–1774". *Economic History Review*, New Series 44: 395–423.

OGILVIE, Sheilagh (2011). *Institutions and European Trade: Merchant Guilds 1000–1500*. Nova York: Cambridge University Press.

OLSON, Mancur C. (1984). *The Rise and Decline of Nations: Economic Growth, Stagflation, and Social Rigidities*. New Haven, Conn.: Yale University Press.

O'ROURKE, Kevin H. e Jeffrey G. Williamson (2002). "After Columbus: Explaining the Global Trade Boom 1500–1800". *Journal of Economic History* 62: 417–56.

OWEN, E. Roger (1981). *The Middle East in the World Economy, 1800–1914*. Londres: Methuen and Co.

OWEN, E. Roger e Sevket Pamuk (1999). A *History of Middle East Economies in the Twentieth Century*. Cambridge, Mass.: Harvard University Press.

OWEN, Thomas C. (1991). *The Corporation Under Russian Law, 1800–1917*. Nova York: Cambridge University Press.

PALMER, Robin H. (1977). *Land and Racial Domination in Rhodesia*. Berkeley: University of California Press.

PALMER, Robin H. e Q. Neil Parsons, orgs. (1977). *The Roots of Rural Poverty in Central and Southern Africa*. Londres: Heinemann Educational.

PAMUK, Şevket (2006). "Estimating Economic Growth in the Middle East Since 1820". *Journal of Economic History* 66: 809–28.

PAN, Philip P. (2008). *Out Of Mao's Shadow: The Struggle for the Soul of a New China*. Nova York: Simon & Schuster.

PANKHURST, Richard (1961). *An Introduction to the Economic History of Ethiopia, from Early Times to 1800*. Londres: Lalibela House.

PARSONS, Q. Neil (1998). *King Khama, Emperor Joe and the Great White Queen*. Chicago: University of Chicago Press.

PARSONS, Q. Neil, Willie Henderson e Thomas Tlou (1995). *Seretse Khama, 1921– 1980.* Bloemfontein, África do Sul: Macmillan.

PERKINS, Dwight H., Steven Radelet e David L. Lindauer (2006). *Development Economics.* 6ª ed. Nova York: W. W. Norton and Co.

PETTIGREW, William (2007). "Free to Enslave: Politics and the Escalation of Britain's Transatlantic Slave Trade, 1688–1714". *William and Mary Quarterly,* 3ª ser., Lxiv: 3–37.

——— (2009). "Some Underappreciated Connections Between Constitutional Change and National Economic Growth in England, 1660–1720". Departamento de História, University of Kent, Cantuária.

PHILLIPSON, David W. (1998). *Ancient Ethiopia: Aksum, Its Antecedents and Successors.* Londres: British Museum Press.

PINCUS, Steven C. A. (2009). *1688: The First Modern Revolution.* New Haven, Conn.: Yale University Press.

PINCUS, Steven C. A. e James A. Robinson (2010). "What Really Happened During the Glorious Revolution?". <http://scholar.harvard.edu/jrobinson>.

PINTNER, Walter M. (1967). *Russian Economic Policy Under Nicholas I.* Ithaca, N.Y.: Cornell University Press.

POST, Jerrold M. (2004). *Leaders and Their Followers in a Dangerous World: The Psychology of Political Behavior.* Ithaca, N.Y.: Cornell University Press.

PRICE, David A. (2003). *Love and Hate in Jamestown: John Smith, Pocahontas, and the Heart of a New Nation.* Nova York: Knopf.

PUGA, Diego e Daniel Trefler (2010). "International Trade and Domestic Institutions: The Medieval Response to Globalization". Departamento de Economia, University of Toronto.

PUTNAM, Robert H., Robert Leonardi e Raffaella Y. Nanetti (1994). *Making Democracy Work: Civic Traditions in Modern Italy.* Princeton, N.J.: Princeton University Press.

RANSOM, Roger L. e Richard Sutch (2001). *One Kind of Freedom: The Economic Consequences of Emancipation.* 2ª ed. Nova York: Cambridge University Press.

REID, Anthony (1993). *Southeast Asia in the Age of Commerce, 1450–1680. Volume 2: Expansion and Crisis.* New Haven, Conn.: Yale University Press.

REINIKKA, Ritva e Jacob Svensson (2004). "Local Capture: Evidence from a Central Government Transfer Program in Uganda". *Quarterly Journal of Economics*, 119: 679–705.

RELEA, Francesco (2007). "Carlos Slim, Liderazgo sin Competencia", in Jorge Zepeda Patterson, org. *Los amos de México: los juegos de poder a los que sólo unos pocos son invitados*. Cidade do México: Planeta Mexicana.

RENO, William (1995). *Corruption and State Politics in Sierra Leone*. Nova York: Cambridge University Press.

——— (2003). "Political Networks in a Failing State: The Roots and Future of Violent Conflict in Sierra Leone". IPG 2: 44–66.

RICHARDS, Paul (1996). *Fighting for the Rainforest: War, Youth and Resources in Sierra Leone*. Oxford, Reino Unido: James Currey.

ROBBINS, Lionel (1935). *An Essay on the Nature and Significance of Economic Science*. 2ª ed. Londres: Macmillan.

ROBINSON, Eric (1964). "Matthew Boulton and the Art of Parliamentary Lobbying". *The Historical Journal* 7: 209–29.

ROBINSON, James A. (1998). "Theories of Bad Policy". *Journal of Policy Reform* 1, 1–46.

ROBINSON, James A. e Q. Neil Parsons (2006). "State Formation and Governance in Botswana". *Journal of African Economies* 15, AERC Supplement (2006): 100–140.

ROCK, David (1992). *Argentina 1516–1982: From Spanish Colonization to the Falklands War*. Berkeley: University of California Press.

ROMERO, Mauricio (2003). *Paramilitares y autodefensas, 1982–2003*. Bogotá: Editorial Planeta Colombiana.

———, org. (2007). *Para Política: La Ruta de la Expansión Paramilitar y los Acuerdos Políticos*, Bogotá: Corporación Nuevo Arco Iris: Intermedio.

SACHS, Jeffrey B. (2006). *The End of Poverty: Economic Possibilities for Our Time*. Nova York: Penguin.

SAHLINS, Marshall (1972). *Stone Age Economics*. Chicago: Aldine.

SAUNDERS, David (1992). *Russia in the Age of Reaction and Reform, 1801–1881*. Nova York: Longman.

SAVAGE-SMITH, Emily (2003). "Islam", in Roy Porter, org. *The Cambridge History of Science. Volume 4: Eighteenth-Century Science*. Nova York: Cambridge University Press.

SAWERS, Larry (1996). *The Other Argentina: The Interior and National Development*. Boulder: Westview Press.

SCHAPERA, Isaac (1940). "The Political Organization of the Ngwato of Bechuanaland Protectorate", in E. E. Evans-Pritchard e Meyer Fortes, orgs. *African Political Systems*. Oxford, Reino Unido: Oxford University Press.

—— (1952). *The Ethnic Composition of the Tswana Tribes*. Londres: London School of Economics and Political Science.

—— (1970). *Tribal Innovators: Tswana Chiefs and Social Change 1795–1940*. Londres: The Athlone Press.

SCHOENHALS, Michael, org. (1996). *China's Cultural Revolution, 1966–1969*. Armonk, N.Y.: M.E. Sharpe.

SFAKIANAKIS, John (2004). "The Whales of the Nile: Networks, Businessmen and Bureaucrats During the Era of Privatization in Egypt", in Steven Heydemann, org. *Networks of Privilege in the Middle East*. Nova York: Palgrave Macmillan.

SHARP, Kevin (1992). *The Personal Rule of Charles I*. New Haven, Conn.: Yale University Press.

SHERIDAN, Richard B. (1973). *Sugar and Slaves: An Economic History of the British West Indies 1623–1775*. Baltimore, Md.: Johns Hopkins University Press.

SIDRYS, Raymond e Rainer Berger (1979). "Lowland Maya Radiocarbon Dates and the Classic Maya Collapse". *Nature* 277: 269–77.

SMITH, Bruce D. (1998). *Emergence of Agriculture*. Nova York: Scientific American Library.

SOKOLOFF, Kenneth L. (1988). "Inventive Activity in Early Industrial America: Evidence from Patent Records, 1790–1846". *Journal of Economic History* 48: 813–30.

SOKOLOFF, Kenneth L. e B. Zorina Khan (1990). "The Democratization of Invention During Early Industrialization: Evidence from the United States, 1790–1846". *Journal of Economic History* 50: 363–78.

STEFFENS, Lincoln (1931). *The Autobiography of Lincoln Steffens*. Nova York: Harcourt, Brace and Company.

STEVENS, Donald F. (1991). *Origins of Instability in Early Republican Mexico*. Durham, N.C.: Duke University Press.

STONE, Lawrence (2001). *The Causes of the English Revolution, 1529–1642*. Nova York: Routledge.

TABELLINI, Guido (2010). "Culture and Institutions: Economic Development in the Regions of Europe". *Journal of the European Economic Association* 8, 677–716.

TARBELL, Ida M. (1904). *The History of the Standard Oil Company*. Nova York: McClure, Phillips.

TAWNEY, R. H. (1941). "The Rise of the Gentry". *Economic History Review* 11: 1–38.

TEMIN, Peter e Hans-Joachim Voth (2008). "Private Borrowing During the Financial Revolution: Hoare's Bank and Its Customers, 1702–24". *Economic History Review* 61: 541–64.

THOMPSON, E. P. (1975). *Whigs and Hunters: The Origin of the Black Act*. Nova York: Pantheon Books.

THOMPSON, I. A. A. (1994a). "Castile: Polity, Fiscality and Fiscal Crisis", in Philip T. Hoffman e Kathryn Norberg, orgs. *Fiscal Crisis, Liberty, and Representative Government 1450–1789*. Palo Alto, Calif.: Stanford University Press.

—— (1994b). "Castile: Absolutism, Constitutionalism and Liberty", in Philip T. Hoffman and Kathryn Norberg, orgs. *Fiscal Crisis, Liberty, and Representative Government 1450–1789*. Palo Alto, Calif.: Stanford University Press.

THORNTON, John (1983). *The Kingdom of Kongo: Civil War and Transition, 1641–1718*. Madison: University of Wisconsin Press.

TODKILL, Anas (1885). *My Lady Pocahontas: A True Relation of Virginia. Writ by Anas Todkill, Puritan and Pilgrim*. Boston: Houghton, Mifflin and Company.

Comissão da Verdade e da Reconciliação (2004). *Relatório final da Comissão da Verdade e da Reconciliação*. Freetown.

VANSINA, Jan (1978). *The Children of Woot: A History of the Kuba People*. Madison: University of Wisconsin Press.

WADE, Robert H. (1990). *Governing the Market: Economic Theory and the Role of Government in East Asian Industrialization*. Princeton, N.J.: Princeton University Press.

WALLERSTEIN, Immanuel (1974-2011). *The Modern World System*. 4 vol. Nova York: Academic Press.

WARD-PERKINS, Bryan (2006). *The Fall of Rome and the End of Civilization*. Nova York: Oxford University Press.

WEBER, Max (2002). *The Protestant Ethic and the Spirit of Capitalism*. Nova York: Penguin.

WEBSTER, David L. (2002). *The Fall of the Ancient Maya*. Nova York: Thames and Hudson.

WEBSTER, David L., Ann Corinne Freter e Nancy Gonlin (2000). *Copan: The Rise and Fall of an Ancient Maya Kingdom*. Fort Worth, Tex.: Harcourt College Publishers.

WHEATCROFT, Stephen G. e Robert W. Davies (1994a). "The Crooked Mirror of Soviet Economic Statistics", in Robert W. Davies, Mark Harrison e Stephen G. Wheatcroft, orgs. *The Economic Transformation of the Soviet Union, 1913-1945*. Nova York: Cambridge University Press.

——— (1994b). "Population", in Robert W. Davies, Mark Harrison e Stephen G. Wheatcroft, orgs. *The Economic Transformation of the Soviet Union, 1913-1945*. Nova York: Cambridge University Press.

WIENER, Jonathan M. (1978). *Social Origins of the New South: Alabama, 1860-1885*. Baton Rouge: Louisiana State University Press.

WILLIAMSON, John (1990). *Latin American Adjustment: How Much Has Happened?*. Washington, D.C.: Institute of International Economics.

WILSON, Francis (1972). *Labour in the South African Gold Mines, 1911-1969*. Nova York: Cambridge University Press.

WILSON, Woodrow (1913). *The New Freedom: A Call for the Emancipation of the Generous Energies of a People*. Nova York: Doubleday.

WOODWARD, C. Vann (1955). *The Strange Career of Jim Crow*. Nova York: Oxford University Press.

WOODWARD, Ralph L. (1966). *Class Privilege and Economic Development: The Consulado de Comercio of Guatemala, 1793-1871*. Chapel Hill: University of North Carolina Press.

WRIGHT, Gavin (1978). *The Political Economy of the Cotton South: Households, Markets, and Wealth in the Nineteenth Century*. Nova York: Norton.

—— (1986). *Old South, New South: Revolutions in the Southern Economy Since the Civil War*. Nova York: Basic Books.

—— (1999). "The Civil Rights Movement as Economic History". *Journal of Economic History* 59: 267-89.

ZAHEDIEH, Nuala (2010). *The Capital and the Colonies: London and the Atlantic Economy, 1660-1700*. Nova York: Cambridge University Press.

ZEWDE, Bahru (2002). *History of Modern Ethiopia, 1855-1991*. Athens: Ohio University Press.

ZOHARY, Daniel e Maria Hopf (2001). *Domestication of Plants in the Old World: The Origin and Spread of Cultivated Plants in West Asia, Europe, and the Nile Valley*. 3ª ed., Nova York: Oxford University Press.

ÍNDICE REMISSIVO

Nota: Números de páginas em *itálico* se referem a mapas ou gráficos.

Abissínia, *ver* Etiópia
Abu Hureyra, vilarejo de, 154, 157-158, 193-194, 204-205
Acheampong, Ignatius Kutu, 75
Acordo de Bonn (2001), 503-505
Acordo do Missouri, 33-34
Adriano, imperador de Roma, 187-188, 192
Afeganistão: ajuda estrangeira no, 503-507
  descentralização política no, 240-241, 272, 486-487
  pobreza no, 50-52, 53, 128
  Talibã no, 503-505
África do Sul: africânderes (bôeres) na, 290-292
  agricultura na, 291-295
  e a hipótese geográfica, 55-56
  economia dual da, 288-303, 304-305
  Guerras Bôeres, 291-292
  instituições extrativistas da, 301-302, 381-382
  Lei da Educação Bantu (1994), 300-301
  Lei das Autoridades Bantu (1951), 297-299
  Lei de Terras (1913), 295-297, 297, 299, 412-413
  levante de Soweto (1976), 301-303
  minas na, 66-67, 291-292, 294-295, 297-298, 299, 301-302

  Pátrias, 295-299, 300-302
  propriedade de terras na, 292-294, 299, 455-456
  sociedade do *apartheid* na, 130-131, 295-303, 381-382, 398, 463-464
África subsaariana: agricultura na, 292-293
  centralização política na, 486-488
  e a hipótese geográfica, 55-56, 59-60
  Estados falidos na, 100-101
  instituições extrativistas na, 101-102, 105, 125-126, 128, 385-386, 416, 456-457
África: mão de obra barata na, 294-296, 297-298, 299, 300-301
  círculos viciosos na, 402-404
  colônias europeias da, 65-67, 100-101, 129-130, 262-264, 286-287, 294-295, 297-298, 381-382, 412-413, 451-452
  comércio legítimo da, 285-287
  doenças na, 54-55, 57, 290-291, 306-307, 381-382, 412-413
  e a diferenciação institucional, 128
  e a hipótese cultural, 63-64, 65-67
  e a hipótese da ignorância, 73-75
  e a hipótese geográfica, 55-56, 59-61

e a Revolução Industrial, 65-67, 128
governos pós-independência da, 66-67, 125, 129-130, 377-378, 383-384, 405-407, 412-414
guerra e conflito na, 281-283, 284-285, 304-305, 384-385
instabilidade na, 128, 265, 420-421
instituições tribais na, 405-406
islã na, 194-195
peste na, 107
pobreza na, 46-47, 50-52, 53, 63-64, 128
subsaariana, *ver* África subsaariana
trabalho forçado na, 285-286
tráfico de escravizados na, *ver* escravidão
ver também países específicos
Agricola, governador romano da Bretanha, 191
agricultura: coletivização da, 140-141
alimentos básicos da, 20-22
e a hipótese geográfica, 3-4, 57-59
e a propriedade de terras, 378-380
e a Revolução do Neolítico, 147-148, 153
e domesticação, 153-155, 157-158
e instituições extrativistas, 159-166
e os solos tropicais, 54-55
e os Swing Riots (1830), 346-347
espécies de plantas e animais, 57-59, 60-61, 154
plantations, 83-84, 86, 88-89, 90-91, 102-103, 105, 395-397, 399, 408, 463-465
produtividade na, 58-59, 151-152, 378-379, 463-464, 476
transição para a, 156-158, 159-160, 166
Ahmadinejad, Mahmoud, 516-517
ajuda estrangeira, fracasso da, 503-510
Alabama, 395-398, 452-465, 468
Alarico (líder godo), 184-185
Albu, George, 294-296
Alemanha: colônias africanas da, 451-452
contraste entre leste e oeste, 54-55
controle francês da, 325-327, 328-329
e a hipótese da ignorância, 73-75, 498-499
escravidão em, 280, 283-285
Gana: declínio econômico na, 71-73
industrialização na, 334-335
Partido Nacional-Socialista (Nazista), 497-498
pós-independência em, 383-384, 413-414
servos na, 111-112
Alfonsín, Raúl, 370-371
Ali, Muhammad, 68, 444

Allen, Paul, 47-48
Allen, Robert, 204-205
Almeida, Manoel de, 260-263
Al-Qaeda, 503-504
Alvarado, Pedro de, 385-386
Álvares, Francisco, 260
Amade III, sultão, 238-239
Amboína, 275, 274-277
América do Norte: instituições democráticas na, 27-29, 91-92
colônias inglesas na, 20-23, 24-25, 25-30, 118-119, 340-341, 482-484
direitos políticos na, 28-29
empoderamento na, 512-513
prosperidade na, 39-40, 46-47, 51-52, 53
ver também colônias específicas
América Latina, *ver* Américas
Américas: instituições absolutistas na, 89-90
centralização política nas, 487-488
círculos viciosos nas, 385-394
colônias espanholas nas, 9-20, 27-28, 58-59, 88-89, 117-118, 127-128, 242-246, 386-387, 391-392, 449-450, 484
colônias inglesas na, 20-24, 25-30, 234-235, 306-307, 315-316, 484
colonização europeia da, 11-12, 127, 198-199, 333-334, 431-432, 484-485
crise constitucional nas, 31
democracias na, 41-42, 432-433
densidade populacional (1500), 26, 25-27
descoberta das, 55-56, 117-119, 194-195, 244-245
divisão entre ricos e pobres na, 51-52, 53-54
e a globalização, 39-40
e a hipótese cultural, 63-64
e a hipótese geográfica, 52-60, 61
encomiendas na, 13-15, 17, 19, 20, 31, 85, 386-387, 391-392, 431-432
extração de recursos na, 10-12, 20, 85, 90-91, 127, 198-199, 243-245, 391-392, 432-433, 484
independência nas, 31, 306-307
lei de ferro das oligarquias na, 432-434
mudanças dependentes de caminhos nas, 39-42
reducciones nas, 17-18
reforma econômica na, 499-501
repartimiento de mercancias nas, 19-20, 85, 386-387, 391-392

ÍNDICE REMISSIVO — 565

sistema das mitas nas, 17-19, *18*, 20, 85, 86, 128
sistema legal nas, 85
sistemas de escrita nas, 59-60
terras fronteiriças na, 39-41
trabalho forçado na, 10-12, 14-15, 17, 19, 20, 31, 85, 86
ver também países específicos
Angevino, família, 120-121
Angola, 280, 281-282, *281*, 384-385, 417, 420-421
Aníbal, 176-177
aquecimento global, eras de, 151-153, 158-159
Arábia Saudita, petróleo, 51-52, 68, 497-498
Arábia, comércio de especiarias com, 273-274
Argentina: Banco Central na, 501
   assassinatos em massa na, 41-42
   círculo vicioso na, 370-371
   colapso econômico na, 134, 416, 428-431, 445
   Constituição reescrita na, 370-371
   crescimento econômico na, 52-54, 430-431
   e a hipótese cultural, 69
   e a hipótese geográfica, 55-56, 61
   eleições na, 448-449
   fundação de Buenos Aires, 9-12
   Império Inca na, 431-432
   instituições extrativistas na, 368, 416, 430-431, 432-433, 445, 448-450, 497-498
   instituições políticas nas, 430-433, 448-449
   pampas na, 10-11
   prosperidade na, 51-52, 53, 70-71, 127-128, 497-498
   Suprema Corte na, 368-372, 430-431
Arkwright, Richard, 115, 117-118, 227-228, 232
Armada Espanhola, 20, 124, *125*
Armênia, 440-441
arroz, distribuição do, 60-61, 63
Ashley-Cooper, Sir Anthony, 28-29, 312
Asquith, H. H., 353
Atahualpa, 16
Átila, o Huno, 185-186
auroques, distribuição de, 60-61, *62*
Austrália, 306-316
   agricultura na, 310-311, 312
   como colônia de povoamento, 127, 306-310, 333-334
   crescimento econômico na, 333-334
   direito ao voto na, 314, 381-382
   instituições inclusivas nas, 312-313, 315-316, 333-334

leis na, 308-309, 314
mineração na, 380-382
Posseiros na, 310-314, 381-382
povos primitivos na, 55-56, 157-158, 309-310
prosperidade na, 46-47, 50-51, 51-52, *53*, 55-56, 69
Revolução Industrial na, 315-316
Áustria, 322, 325-327
Axante, Gana, 283-284, 285-287
Axum, Etiópia, 57, 195-196, *197*, 260-261, 264
Ayolas, Juan de, 10-12

Bajazeto II, sultão, 237-238
Baker v. Carr, 465-466
Balbín, Ricardo, 369
Baldwyn, Sir Timothy, 220-221
Ballmer, Steve, 47-48
Baltimore, Cecilius Calvert, lorde, 27-29, 312, 315-316
Banco Mundial, 75, 414-415
Bangura, Sam, 384-385
Barbados: como colônia inglesa, 118-119
   escravidão em, 83-84, 86, 90-91, 102-103
   instituições extrativistas em, 83-84, 86, 88-89, 90-92, 140-142, 146-147
   plantations em, 83-84, 86, 88-89, 90-91, 102-103, 105
   população de, 83-84
Barnett, Ross, 467
Barragán, Miguel, 33-34
Barrios, Justo Rufino, 389-390
Baruch, Bernard, 139-140
Bathoen, rei dos ngwaketses, 451-457
Bélgica, industrialização na, 334-335
Belize, cidades-Estado maias em, 159-160
Ben Ali, Zine El Abidine, 1-2, 445
Bezos, Jeff, 47-48, 87-88
Bigge, John, 312
Bismarck, Otto von, 264
Bligh, William, 309-311
Blyth, Matthew, 293-294
Boccaccio, Giovanni, 107-109
Bôeres: Grande Caminhada (1835), 451-452
   Incursão Jameson, 452-453
   na África do Sul, 290-292
Bolivar, Simón, 32-33
Bolívia, 17, 31
   e a hipótese geográfica, 55-56

instituições extrativistas na, 86, 128, 198-199
pobreza na, 51-52, 53, 70-71, 128
reforma agrária na, 40-41
revolução na (1952), 40-41
Bonaparte, Napoleão, 4-5, 30, 31, 68, 238-239, 246, 322, 324, 404-405
  império de, 325, 326, 327-328
  queda de, 328-329
Botsuana (Bechuanalândia), 5-6, 130-131, 290-291, 405-406, 451-457, 459
  contingências em, 130-131
  crescimento econômico de, 54-55, 125-126, 129-131, 456-457, 461-462
  descoberta de diamantes em, 459-460, 461-462
  e o círculo virtuoso, 461-462
  eleições em, 457-458, 459
  independência de, 455-457, 459
  instituições inclusivas de, 456-458, 461-463, 515
  Leis dos Chefes, 460
  pluralismo em, 457-458, 461-462
  povo san em, 120-121
  povo tswana de, 451-462
  quebrando o círculo, 456-463, 476
  visita dos chefes a Londres, 451-457
Bourke, Richard, 314
Brandeis, Louis, 362, 366-367
Brasil, 12: reforma agrária no, 40-41
  movimento sindical no, 509-512, 513-514
  transformação política no, 5-6, 487-488, 511-512, 513-517
  prosperidade no, 51-52, 53
Bretanha, ver Grã-Bretanha
Brin, Sergey, 47-48, 87-88
Brindley, James, 228-229
Brown v. Secretaria de Educação, 465-466
Bruce, John, 260
Brunel, Reino Isambard, 115
Bryan, William Jennings, 357-358
Buenos Aires, fundação de, 9-12
Buffett, Warren, 41-42
Bullitt, William, 139-140
Burke, Edmund, 355-356
Burma (Mianmar), 487-488
Burquina Fasso, 417
Burundi, 384-385, 486-487, 492-493
Bush, George H. W., 496-497
Bush, George W., 507

bushongo, povo, 67, 148-152, 158-159, 163, 420-421, 484
Busia, Kofi, 73-75, 498-499

Cable, Henry e Susannah, 307-309, 312
caçadores-coletores, 120-121, 153, 154-157, 290-291
Cadogan, Lady, 307-308
Cadogan, William, 339-341
Calonne, Charles Alexandre de, 320
Camarões, pobreza em, 417
Camboja, 51-52, 53, 55-56, 435-436, 492-493
Canadá: aquisição pelos britânicos, 320
  colônias francesas no, 118-119
  como colônia de povoamento, 127
  e a hipótese geográfica, 55-56
  prosperidade no, 50-52, 53, 69, 198-199, 315-316
Cão, Diogo, 64-65
Cardoso, Fernando Henrique, 509-510, 511-512
Carlos I, rei da Inglaterra, 27-28, 209-212, 320, 339-340
Carlos II, rei da Inglaterra, 211-213, 214-215, 337
Carlos Magno, 169, 195-196
Carlos V, Sacro Imperador Romano, 242-244, 246
Carlos X, rei da França, 230-231
Carnegie, Andrew, 357-358
Carolina (colônia), 28-29, 312, 513-514
Carolina do Sul, 28-29, 468
Carrera, Rafael, 386-387, 389-390
Cartwright, Edmund, 228-229
Cassai, Rio, 148-152, 420-421
Castaño, Jesus, 422-423, 426-427
Caxton, William, 237-238
centralização política, 97-98, 105, 128, 129-130, 486-488
  e as instituições absolutistas, 240-242, 272
  e as instituições extrativistas, 166, 480-481
  e as instituições inclusivas, 240-241, 270-272, 480-481, 515
  e o pluralismo, 97-98, 206-208, 218, 246, 515
  resistência à, 241-242
  conflito político, 204-212
César Augusto, 182-184, 186-187, 198-199
Chade, 384-385, 417

Chamberlain, Joseph, 452-454
Charles Stuart "Jovem pretendente",
    pretendente jacobita à Coroa da Inglaterra,
    338-339, 345
charrua, povo, 10-11
Chávez, Hugo, 432-433, 515
Chawawa, Fallot, 411-412
Chen Yun, 489-490
Chiang Kai-shek, 469-470
Chile: reforma agrária no, 40-41
    centralização política no, 487-488
    e a hipótese geográfica, 55-56, 60-61, 61
    prosperidade no, 51-52, 53, 70-71, 127-128
    repressão e assassinatos em massa no, 41-42
China: absolutismo no, 130-132, 133, 239-240,
    256-261, 270-271, 331-332, 334-336
    censura à mídia na, 491-493, 517-518
    comércio com, 221-222, 258-261, 273-274,
    473-474, 485, 494, 496-497
    crescimento autoritário na, 488-495, 496-
    497, 498
    crescimento econômico na, 50-51, 52-54,
    69-71, 75-76, 103-105, 132-133, 167-168,
    472-474, 490-492, 494-495, 497-498
    direito à propriedade na, 490-491
    "Dois Quaisquer", 472-473, 474
    e a hipótese cultural, 63-64
    e a hipótese geográfica, 55-56
    Empreendimentos de Vilarejos, 476
    fome na, 470-471
    Gangue dos Quatro na, 471-474, 476
    Grande Salto Adiante na, 69, 469-471, 472, 476
    Guerras do Ópio, 131-132, 133, 304-305,
    332-333
    inovações tecnológicas na, 256-258
    instituições extrativistas na, 105, 256-259,
    332-333, 469-470, 472-473, 487-488, 490-
    492, 494, 497-498, 512-513, 517-518
    instituições inclusivas na, 476, 490-491, 494
    movimento do Muro da Democracia na,
    473-474
    Partido Comunista na, 103-104, 105, 168,
    435-436, 469-475, 488-492, 494, 497-498,
    517-518
    peste na, 107
    protesto na Praça da Paz Celestial, 471-473,
    491-492
    Rebelião Taiping na, 331-332

renascimento econômico na, 469-476, 486-
    487, 490-491
Revolução Cultural na, 69, 470-476, 485-487
Chun Doo-hwan, 103-104
cidades-Estado iorubás, 286-287
Cidades maias: Era Clássica das, 159-160, 163,
    165-166, 167
    colapso das, 106, 164-166, 175-176, 186-187
    e crescimento econômico, 147-148, 163
    guerras constantes entre as, 163-164, 165-
    166, 165
    idiomas das, 160-161
    instituições extrativistas das, 159-167, 198-
    199, 385-386, 391-392, 409, 420-421
    invasão espanhola das, 127
Cipião Africano, 176-177
círculos viciosos: na Argentina, 370-371
    e a lei de ferro da oligarquia, 402-403, 409,
    487-488
    e a retroalimentação negativa, 407-410
    e instituições extrativistas, 383-384, 385-
    386, 391-394, 395, 399, 404-406, 408-409,
    420-421, 447, 448-450, 480-481, 487-488
    em Serra Leoa, 374-385, 386, 388, 402-404,
    405-406, 409, 418-419, 455-456, 501
    na Etiópia, 402-403, 405-406, 409
    na Guatemala, 385-394, 404-405, 408
    no sul dos EUA, 392-399, 404-405, 408
    quebrando, 449-450, 486-487
círculos virtuosos, 341-342, 348-349, 350-351, 354
    e a retroalimentação positiva, 371-373, 407
    e as instituições inclusivas, 344-347, 373,
    407-408, 480-482
    previsão de, 486-487
Ciskei, 289-294, 295-296, 299
civilização asteca, 23-24, 55-56, 58-59, 60, 163
    e a Invasão Espanhola, 11-14, 127
Cláudio, imperador de Roma, 191
Códices Florentinos, 12-13
Código Napoleônico, 322, 327-329
Coen, Jan Pieterszoon, 276-277
Colbert, Jean-Baptiste, 318-319
Collins, David, 307-309
Colômbia: reforma agrária na, 40-41
    Banco Central na, 501
    colonialismo, fim do, 124-125, 457-458,
    461-462
    e a hipótese cultural, 70-71

eleições na, 421-422, 426-427, 432-433, 447, 448-449
e prosperidade, 51-52, 53
falta de centralização estatal na, 428, 447, 448-449, 487-488
guerra civil na, 40-41, 421-428, 424-425
independência da, 447
instituições extrativistas na, 416, 445, 448-449, 450
Colombo, Cristóvão, 11-12, 55-56, 242-243
Comaroff, John, 454-455
comércio internacional, 39-40, 41, 118-120, 122-124, 125-126, 196-198, 209, 228-229, 244-245
concorrência no, 221-225
de escravizados, *ver* escravidão
diferenciação institucional, 233
protecionismo tarifário, 221-225
comércio transatlântico, 175-176
como uma conjuntura crítica, 122-124, 125-126, 236, 334-335, 481-482, 483, 485
e a Grã-Bretanha, 122-124, 125-126, 209, 228-229, 233, 234-235, 236, 243-244, 482-483, 485
Comissão Federal de Comércio, 41-43
Companhia Britânica da África do Sul, 412-413, 449-450, 452-453
Companhia da Virgínia, *ver* Jamestown
Companhia Holandesa das Índias Orientais, 118-119, 274-279, 290-291, 302-304
Companhia Inglesa das Índias Orientais, 118-119, 221-223, 274-276, 303-305
Compra Gadsden (1853), 8-9
Congo, Reino do, 64-67, 67, 92-94, 97-102, 128, 149-150, 250-251, 260-261, 280, 283-284
Congo, República Democrática do, 64-67, 67, 148-152
círculo vicioso no, 405-406
domínio colonial belga no, 405-406
educação no, 87-89
fracasso do Estado no, 100-101, 102, 384-385, 420-421
independência do, 100-101
instituições extrativistas no, 92-94, 97-102, 129-130, 403-404
pobreza no, 97-102, 417
zaireanização do (1973), 100-101
Congresso Continental, Primeiro (1774), 30

conjunturas críticas: rotas de comércio atlânticas, 122-124, 125-126, 236, 334-335, 481-482, 483, 485
comércio internacional, 118-120, 122-124
contingências, 122-126
definição de, 481-482
descoberta das Américas, 194-195, 247
desenvolvimento institucional durante, 484
e amplas coalizões, 477
e diferenciação institucional, 121-123, 128, 196-198, 200, 481-482, 483, 485
e guerras civis, 448-449
e instituições extrativistas, 125-126, 129-130, 204-205
e o feudalismo, 195-196, 233, 485
e pequenas diferenças, 118-123, 125-126, 174-176, 194-195, 233, 247, 481-482, 483
e sorte, 477
fim do colonialismo, 124-125, 457-458, 461-462
Longo Verão, 158-159
morte de Mao, 472-473, 476
movimento dos direitos civis, 463-468
peste negra, 122-123, 125-126, 194-195, 196, 200, 233, 334-335, 481-482, 485
processo de colonização, 455-457, 482-483
Revolução Francesa, 127, 334-335
Revolução Industrial, 241-242, 247, 270-271, 272, 334-335
Consenso de Washington, 492-493, 498-500
Constantino, imperador de Roma, 195-196
Contas do Desafio do Milênio, 507-509
contingências, 122-126, 130-131, 449-450, 477
Cook, Capitão James, 306-307
Copán, cidade de, 160-162, *165*, 165-166
Coreia do Norte: instituições absolutistas na, 82-83, 89-90, 447
fome na, 81-82, 85, 435-436
instituições extrativistas na, 85, 88-89, 435-436, 445, 448, 448-449, 487-488
Partido Comunista na, 85, 88-89, 433-436, 447, 448
pobreza na, 1-2, 3-4, 51-52, 53, 64-65, 79-80, 81-82, 83, 435-436
reforma monetária na, 433-436
ver também Coreia
Coreia do Sul: crescimento econômico na, 103-104, 105, 132-133

e a hipótese geográfica, 54-56
economia de mercado na, 79-81, 82-83
instituições inclusivas na, 82-84, 88-90
lei e ordem na, 82-83
prosperidade na, 46-47, 50-51, 64-65, 79-80, 81-82
tecnologia na, 86-88
ver também Coreia
Coreia: contraste entre Norte e Sul, 54-55, 63-65, 70-71, 81-82, *80*
paralelo 38 na, 64-65, 78-82
ver também Coreia do Norte, Coreia do Sul
Corrida espacial, 105, 142-143
Cort, Henry, 226
Cortés, Hernán, 11-12, 13-14, 21-22, 23-24, 40-41, 72-73, 242-243, 385-386
Costa do Marfim, 384-385, 420-421
Cowperthwaite, George, 218-220
Crescente Fértil, agricultura no, 58-59, 60
crescimento autoritário, 488-499
e a mídia, 516-518
e a teoria da modernização, 495-498
na China, 488-495, 496-497, 498
Crompton, Samuel, 227-228
Cromwell, Oliver, 211-212, 235-236, 449-450
Cuba, Reino de, 67, 149-151, 166
Cuba, 13-14, 40-41, 102-103, 105, 140-141, 487-488, 512-513
cultura natufiana, 153-160, 163, 166, 198-199
curandeiros, 293-294
Cusco: captura pelos espanhóis, 16-17, 18
colônia espanhola em, 19

Dai Guofang, 488-491
Dalberg, Karl von, 324
Dale, Sir Thomas, 24-25, 26-27
Daomé, escravidão em, 283-284, 285-287
Darby, Abraham, 226
David, Jacques-Louis, O Juramento dos Horácios, 176-177
Davis, W. J., 293-294
De Beers, companhia de mineração de diamantes, 380
De León Cardona, Juan, 385-386
De León Carpio, Ramiro, 385-386
Deng Xiaoping, 70-71, 76, 470-471, 472-476, 489-491
desigualdade mundial: hipótese cultural para, 62-71

divisão entre ricos e pobres, 51-52, 53, 52-54, 478-479
e a distribuição do poder político, 46-48
e as instituições econômicas, 46-47, 48-49, 479-482
e instituições políticas, 46-47, 48-49, 76-77, 479-482
e poder político, 47-48, 76
e recomendações de políticas públicas, 487-489
hipótese da ignorância para, 70-76
hipótese geográfica para, 52-62
injustiças e ressentimento causados pela, 45-46
origens históricas da teoria, 478-489
poder de previsão da teoria, 485-489
raízes da, 508-509
tecnologia industrial na, 58-60
teoria da, 44-49, 479-480, 482-483, 485-489
destruição criativa, 94-97, 171-173
e crescimento, 96-97, 105, 167, 171-172, 494
e inovação tecnológica, 105, 203-205, 225-226, 229-230, 334-335, 480-481
e poder político, 95, 229-231, 492-493
e revolução, 404-405
temor da, 94, 102-103, 135, 203-204, 232, 239-240, 240-242, 251-252, 322-323, 258-259, 260, 480-481
determinismo histórico, 486-487
Diamond, Jared, 57-61, 157-158
Dias, Bartolomeu, 273-274
Díaz del Castillo, Bernal, 385-386
Díaz, Porfirio, 37-38, 39-41, 73-74, 91-92
diferença de riqueza, *ver* desigualdade mundial
Diferenciação evolucionária ou genética, 481-482
Diferenciação institucional, 120-123, 128, 174-175, 194-195, 196-198, 200, 233-236, 334-335, 456-457, 481-482, 485
Diocleciano, imperador de Roma, 188-189, 204-205
domesticação, 153-155, 157-158
Douglas, Mary, 148-149, 150
Du Bois, W.E.B., 397

economia de mercado: definição da, 71-72
mão invisível da, 145
economia dual, 288-303
África do Sul, 288-292, 293-294, 295-296, 297-303

e propriedade da terra, 292-294, 295-296, 296-297
setor moderno *versus* setor tradicional na, 288, 295-296, 297-298
Zimbábue, 449-450
Edison, Thomas A., 36, 86, 87-88
Eduardo III, rei da Inglaterra, 108-109, 110-111
Egito: e a Primavera Árabe, 1-2, 3-4, 445, 487-488
  e a hipótese cultural, 3-4, 68
  e a União Soviética, 448
  e o Canal de Suez, 448
  e o colonialismo britânico, 4-5, 444
  e o Império Otomano, 4-5
  imprensa no, 238-239
  instituições extrativistas no, 416, 444-445, 448, 449-450, 512-513
  pirâmides de Gizé no, 193-194
  pobreza no, 1-5, 51-52, 68
  problemas econômicos no, 2-3, 445
  reformas econômicas no, 441-445, 487-488
Eisenhower, Dwight D., 37-38
El Salvador, guerra civil no, 40-41
Elizabeth I, rainha da Inglaterra, 117-118, 118-119, 124, 202-204, 207-208
empoderamento, 509-512, 513-518
Equador, 51-52, 53, 70-71
Era Clássica, 159-160, 163, 165-166, 167
Era do Gelo, 151-152
Eritréia, colônia italiana na, 264
Escócia: Tratado de União em, 213-214, 306-307
  Inglaterra *vs*, 210
escravidão: abolição da, 284-288, 395-396, 399
  comércio africano, 66-67, 98-99, 128-130, 196-198, 214-216, 262-263, 278-288, 281-282, 304-305, 336, 381-382, 449-450
  declínio da, 175-176, 195-196, 200, 485
  em economias extrativistas, 90-91, 129-130, 166
  em Roma, 187-189, 191, 280
  nas colônias inglesas, 83-84
  no Caribe, 102-103, 166, 280
  nos Estados Unidos, 32-34, 278-279, 284-285, 392-396, 393, 408, 463-464
Espanha: instituições absolutistas na, 209, 234-235, 242-247, 270-271
  astecas invadidos pela, 11-14
  colônias americanas da, 9-20, 27-28, 58-59, 88-89, 117-118, 127-128, 242-246, 386-387, 391-392, 449-450, 484

Constituição de Cádis, 30, 31, 386-387
Cortes (parlamento), 30, 31, 117-118, 119-120, 242-243, 244-246
declínio econômico da, 246
estratégias de colonização, 11-12, 14-17, 19-20, 24-25
independência das colônias da, 8-9, 30, 31-33, 34-35, 386-387
invasões de Bonaparte na, 30, 31, 246
judeus expulsos da, 243-244
Junta Central da, 30, 31
monarquia Bourbon na, 248-249
monarquia constitucional na, 30
Reconquista na, 242-243
Revolta dos Comuneros (1520), 246
soberania popular da, 30
tecnologia na, 58-60
Estado: centralização do, 106
  colapso do, 106, 420-422, 445-450
  definição do, 89-91
  transformação do, 449-450
Estado Livre de Orange, 290-292, 301-302
Estados Unidos: equilíbrio de poder nos, 368
  Administração de Obras Públicas 363-365
  bancos nos, 36-37, 38-40
  Barões Ladrões, 356-364, 373
  centralizado, estados poderosos nos, 89-90
  círculos virtuosos nos, 345, 356-357, 362, 368
  Comissão Federal de Comércio, 360-361
  como colônia de povoamento, 127, 333-334
  Compromisso do Missouri, 33-34
  Congresso Continental, 30
  Constituição, 30, 32-34, 38, 356-357, 360-361, 362, 397, 464-465
  Declaração de Independência, 513-514
  democracia nos, 7-8, 9-10, 27-28, 30, 36
  densidade populacional (1500), 26, 25-27
  direito ao voto nos, 356-357, 395, 397, 464-465, 465-466, 467-468
  direito de propriedade nos, 47-48, 83-84
  direitos políticos nos, 30, 39-40
  e a hipótese da ignorância, 72-74
  e a hipótese geográfica, 55-56
  economia de mercado dos, 360-362
  eleições nos, 38-40, 464-465
  empoderamento nos, 513-514
  empreendedores nos, 34-35, 36-37, 45-46, 46-47, 48-49, 86

emprego em manufaturas nos, 395
escravidão nos, 32-34, 278-279, 284-285, 392-396, 393, 408, 463-464
estabilidade política nos, 47-48, 368
Estado de Direito nos, 47-48, 83-84
estados individuais nos, 32-34
fronteira entre México e, 8-10
Guerra Civil nos, 33-34, 356-357, 392-394, 395, 396, 397, 399, 408, 463-464
Homestead Act (1862), 356-357
independência dos, 30, 306-307, 315-316
instituições inclusivas nos, 47-48, 82-84, 89-90, 315-316, 333-334, 345-347, 356-357, 360-364, 366-368, 384-385, 464-465, 468, 513-514
instituições políticas nos, 4-6, 46-47, 47-48, 363-364, 366-367
Ku Klux Klan nos, 398
Lei Antitruste Clayton (1914), 360-361, 362
Lei Antitruste Sherman (1890), 358-359, 360-361, 362
Lei da Seguridade Social, 364-365, 366-367, 371-372
Lei de Comércio Internacional (1887), 358-359, 360-361
Lei de Recuperação da Indústria Nacional (1933), 363-365
Lei Hepburn (1906), 360-361
Lei Nacional das Relações Trabalhistas, 364-365, 366-367
leis Jim Crow nos, 397-399, 452-467
Leis Negras, 397-398
mídia nos, 345, 362, 363-364, 372-373, 516-517
monopólios nos, 356-358, 360-361, 362
movimento populista, 357-359
movimento progressista, 357-359, 360-361, 362
movimentos dos direitos civis nos, 399, 452-468
muckrakers nos, 362-364
New Deal, 363-364, 366-367
oportunidades econômicas nos, 4-6, 33-34, 36-37, 38
poder político nos, 30, 46-48
propriedade de terras nos, 356-357
prosperidade nos, 3-4, 46-47, 51-52, 53, 69, 198-199

quebra de monopólios nos, 356-364
Reconstrução, 397
regra dos três quintos, 32-34
Revolução Industrial nos, 35-37, 50-51, 191, 315-316, 333-334
Sistema de Reservas Federais, 360-361
sul, 392-399, 404-405, 408, 452-468, 476
Suprema Corte, 363-368, 369, 371-372, 384-385, 464-466
terras fronteiriças, 40-41
tributação nos, 360-361
Estagnação econômica, 416-417, 435-436
Estatuto dos Trabalhadores (1351), 109-111, 112
Estônia, 456-457
Etiópia, 195-198, 197
    Batalha de Adowa (1896), 264
    centralização política na, 486-487
    círculo vicioso na, 402-403, 405-406, 409
    e a Itália, 264
    e o tráfico de escravizados, 262-263
    fome na, 403-404
    instituições absolutistas na, 196-198, 260-265, 270-271, 336, 405-406
    instituições extrativistas na, 264-265, 270-271, 409, 492-493
    lei de ferro da oligarquia na, 400-404
    lutas pelo poder na, 384-385, 400-402
    pobreza na, 46-47, 264-265
euro, criação do, 433-434
Europa: aristocracias da, 95-97, 334-335
    conflitos internacionais na, 315-316, 320, 322, 325-329
    conjunturas críticas na, 485
    crescimento industrial na, 274-276, 315-316, 328-329
    e a hipótese cultural, 69
    e a Revolução Industrial, 127, 136-137, 315-316
    ferrovias na, 257, 256-258
    feudalismo/servidão na, 109-113, 119-121, 122, 195-196, 328-329
    instituições inclusivas na, 201, 315-316, 325
    invasão napoleônica na, 324-327, 326
    Oriental *vs* Ocidental, 111-113, 119-123, 122, 125-126, 127, 174-175, 233, 248-249, 324, 334-335
    peste negra na, *ver* peste negra
    prosperidade na, 46-47, 51-52, 53, 52-54, 96-97

revoluções na, 255, 256-258
Ezana, rei de Axum, 195-196

falhas de mercado: definição das, 71-72
   microfalhas de mercado, 501-504
Fanon, Frantz, 418-419
Farouk, rei do Egito, 445
Fasuluku, Sheku, 378-379
Fayt, Carlos, *Lei e Ética*, 370-371
Felipe II, rei da Espanha, 20, 117-118, 124, 243-244, 246
Felipe III, rei da Espanha, 243-244
Fernando VII, rei da Espanha, 31
Fernando, rei da Espanha, 30, 242-243, 244-245
feudalismo, 109-113, 119-121, *122*, 122-123, 175-176, 195-196, 200-201, 233, 316-318, 321, 324, 327-328, 329, 485
Fingolândia, 291-295
Flabianico, Domenico, 170-171
Flávio Aécio, 184-186
Foster, John, 229-230
França: instituições absolutistas na, 209, 234-235, 316-317, 318-319, 323
   ancien régime, 316-317, 328-329
   Assembleia de Notáveis na, 318-319, 320, 404-405
   Assembleia Nacional Constituinte, 321, 323
   colônias da, 68, 118-119, 318-319
   como monarquia constitucional, 321-322
   concorrência internacional com, 303-304, 482-483
   Constituição na, 316-318, 321
   e a Renânia, 325-327
   e o México, 37
   empoderamento na, 513-514
   Espanha invadida pela, 30
   Estados-Gerais na, 117-118, 119-120, 320-321
   exércitos da, 325-329
   Fronda (1648-1652), 118-119
   golpe do Dezoito Brumário na, 322
   Guerra dos Sete Anos, 320
   imprensa na, 516-517
   instituições inclusivas na, 323, 355-356, 404-406, 512-513
   Jacobinos na, 321, 322, 513-514
   peste negra na, 107
   prosperidade da, 66-67
   reforma monetária na, 433-434
   Reinado do Terror na, 322, 513-514
   República da, 325-327
   Revolução de Julho em (1830), 230-231, 346-347
   Revolução na (1789), 4-5, 127, 230-231, 315-316, 317-323, 325-328, 334-335, 355-356, 404-406, 476, 512-513, 514, 516-517
   Terceira República, 318-319, 355-356
   tomada da Bastilha, 321
   tributação na, 316-318
Francisco I, Sacro Império Romano, 248-252, 391-392
Freter, AnnCorinne, 162
Fujimori, Alberto, 516-518
Fundo Monetário Internacional (FMI), 73-75, 414-415, 498-500

Gabão, recursos naturais no, 497-498
Gadaffi, Muammar, 417
gado, distribuição de, 60-61, *62*, 154
Gagarin, Yuri, 142-143
Gama, Vasco da, 117-118, 273-274
Gates, Bill, 41-42, 47-49, 87-88
Gates, Sir Thomas, 24-25
Genserico, rei dos Vândalos, 185-186
Gentz, Friedrich von, 250-251
Gibbon, Edward, 262-263
   Declínio e Queda do Império Romano, 184-185
Giorgis, Dawit Wolde, 401-403
Gladstone, William, 353
globalização, 39-40, 44
Godos, 184-185, 186
Gómez Farías, Valentín, 33-34
Gonlin, Nancy, 162
Gorbachev, Mikhail, 147-148
Goulart, João, 509-510
Grã-Bretanha: e o comércio transatlântico, 122-124, 125-126, 209, 233, 234-235, 236, 243-244, 482-483, 485
   agitação social na, 346-349
   alfabetização na, 239-240
   Banco da Inglaterra, 217
   Black Act (1723), 337-341, 344, 346-347, 349-350, 371-372, 432-433
   Carta do Povo, 347-349, 350-352
   círculos virtuosos na, 341-342, 344-347, 348-349, 350-351, 354

classe mercantil na, 243-244, 338-339
colônias da, 4-5, 20-24, 25-30, 50-51, 68, 69, 116, 118-119, 125-127, 222-223, 290-291, 292, 293-294, 374-385, 484
colônias penais, 306-310, 312
crescimento econômico na, 50-51, 125-126
Declaração de Direitos, 212-213
diferenciação institucional na, 233-236, 334-335, 485
direito ao voto, 213-215, 346-347, 348-349, 351-353, 355-356, 372-373
direito de propriedade na, 213-214, 217, 219-222, 225, 232, 457-458
e a Armada Espanhola, 124, 125
e a escravidão, 284-285
e centralização política, 206-208, 217-218, 241-242
empoderamento dos cidadãos na, 345, 350-351
empoderamento na, 512-514
era Romana na, 191-195, 200
Estado de Direito na, 340-347, 349-350, 354, 355-356, 366-368, 372-373
Estado redistributivo da, 353-354
fim da censura na, 345
guerra civil na, 20, 113-114, 118-119, 206-207, 210-212, 214-215, 234-235, 337, 449-450
Guerra dos Sete Anos, 320
imprensa na, 516-517
instituições inclusivas na, 113-116, 174-175, 194-195, 200, 201, 217, 232, 344-347, 349-351, 354, 371-372, 404-406, 407, 485, 512-513
Jacobitas na, 338-340
Lei da Representação do Povo (1918), 353
Lei de Manchester (1736), 224, 235-236
Leis da Chita, 222-224, 303-304
Leis da Educação (1870-1902), 354
Leis da Navegação, 224-225
Leis dos Cereais, 229-230, 231, 353, 354-356
Leis Suntuárias, 222-223
Levantes de Spa Fields (1816), 346-347
Magna Carta, 205-206, 207, 210, 212-213, 233, 347-348, 404-405, 454-455, 457-458
Massacre de Peterloo, 230-231, 345, 346-347
mercado de trabalho na, 111-112
monopólios na, 34-35, 207-212, 214-216, 219-220, 221-222, 223, 225, 232, 233

movimento cartista na, 347-348, 350-352
oportunidades econômicas na, 4-5, 243-244
Parlamento, 117-118, 119-120, 121, 205-208, 209-218, 221-222, 224, 230-231, 233-236, 241-242, 265, 303-304, 338-339, 340, 341-342, 346-347, 348, 351-352, 355-356, 449-450
Partido *Tory*, 338-339, 341-342, 353
Partido *Whig*, 234-235, 338-342, 347-348
peste negra na, 108-112
pluralismo na, *ver* pluralismo
Primeira Lei da Reforma, 230-231, 350-351, 353, 465-466
prosperidade na, 3-4, 66-67
proteção comercial na, 221-225, 303-304
protestos de trabalhadores, 229-231
Rebeliões Luditas (1811-1816), 346-347
Restauração (1660), 337
Revolta dos Camponeses (1381), 110-111, 207-208, 233
Revolução Gloriosa na, *ver* Revolução Gloriosa
Revolução Industrial na, *ver* Revolução Industrial
saúde pública na, 57
Stonehenge na, 193-194
surgimento da democracia na, 346-356, 372-373
Swing Riots (1830), 346-347
tributação na, 218-220, 246, 354
união de 1707, 213-214, 306-307
União Nacional pelas Reformas, 351-352
Grande Depressão, 363-364, 368, 463-464
Grant, Ulysses S., 37
grãos, distribuição de, 60-61, 63, 154
Grey, Conde, 347-348, 349
Grube, Nikolai, 164
Grupos sedentários, 154-158
Guarani, povo, 10-12
Guatemala: reforma agrária na, 40-41
cidades-Estado maias na, 159-160, 163, 164, 385-386, 391-392, 409
círculo vicioso na, 385-394, 404-405, 408
guerra civil na, 40-41, 391-392
independência da, 386-387, 408
pobreza na, 51-52, 53
produção de café na, 388-390, 391-392, 393-394

repressão e assassinatos em massa na, 41-42
Guerra Civil, Estados Unidos, 33-34, 356-357, 392-394, 395, 396, 397, 399, 408, 463-464
Guerra da Coreia, 64-65, 79-80
Guerra da Crimeia (1853-1856), 256-258
Guerra da Sucessão Espanhola (1701-1714), 339-340
Guerra das Rosas, 20, 206-207, 233
Guerra dos Sete Anos (1756-1763), 320
Guerra Mexicano-Americana (1846-1848), 8-9, 33-34
Guerras do Ópio, 131-132, 133, 304-305, 332-333
Guerras Napoleônicas, 290-291
guildas, 250-251, 316-317, 318, 322, 325, 327-328, 329
Guilherme de Orange, 211-212, 213-214, 235-236, 338-339
Gutenberg, Johannes, 237-238

Habsburgo, domínio, 242-244, 247-252
Haile Selassie, 400-404
Haiti: educação no, 87-89
    colapso do Estado no, 486-487
    descentralização política do, 240-241, 272
    instituições extrativistas do, 102-103, 105, 140-141
    pobreza no, 50-51, 51-52, 53, 128, 417
Harappa, civilização, 57
Hargreaves, James, 95, 227-228
Hayes, Rutherford B., 397
Hearst, William Randolph, 362
Hemming, John, 291-293
Henrique II, rei da França, 117-118
Henrique VII, rei da Inglaterra, 206-207, 218
Henrique VIII, rei da Inglaterra, 207-208, 218, 241-242
Hidalgo, Padre Miguel, 31
Hill, Christopher, 207-209
hipótese cultural, 3-4, 62-71
hipótese da ignorância, 70-76, 498-499
hipótese geográfica, 3-4, 52-62
Hispaniola, 13-14
história, pontos de inflexão na, 482-485
Holanda, 66-67, 111-112, 334-335
    captura pela França, 325-327, 328
    Companhia Holandesa das Índias Orientais, 118-119, 274-279, 290-291, 302-304

Homestead Act (1862), 40-41
Honduras, cidades-Estado maias em, 159-160
Hong Kong, e a hipótese cultural, 63-64
Hongwu, imperador da China, 258-259
Hu Jintao, 491-493
Hu Qiaomu, 473-474
Hua Guofeng, 472-475
Humbolt, Alexander von, 34-35
Hungria, 456-457
    servos na, 111-113, 120-121
    ver também Império Áustro-Húngaro
Hunos, 184-186, 194-195, 196
Huntridge, John, 340-341, 344, 432-433
Hussein, Saddam, 496-497
Hwang Pyong-Won, 78-80

Idade da Pedra, civilizações, 55-56
Idade das Trevas, 194-195
igbo, povos, 381-383
Ilha de Norfolk, 309-310
Ilhas Banda, 273-274, 275, 276-278, 302-304
Ilhas das Especiarias, 273-277, 275
Ilhas do Caribe: colonização das, 118-119, 302-303, 333-334, 348-349
    instituições extrativistas nas, 140-141, 166
    tráfico de escravizados na, 102-103, 166, 280
    plantations de açúcar nas, 280
Ilhas Ryukyu, 329-330
Império Austro-Húngaro, 96-97, 247-252, 255, 256-258, 270-271, 324, 334-335, 350-351, 372-373, 386-388, 455-456
Império Bizantino, 194-195
Império Inca, 16-20, 18, 22-23, 23-24, 55-56, 58-59, 59-60, 127, 431-432, 482-483, 484
Império Otomano, 4-5, 62, 68
    barreiras ao desenvolvimento no, 237-241, 334-335
    colapso do, 240-241
    instituições absolutistas no, 239-240, 240-241, 256-258, 270-271, 334-335
    instituições extrativistas do, 134-135
    rotas comerciais, 273-274
Império Romano, 174-196, *183*
    Assembleia dos Plebeus no, 176-178, 180, 182-184, 186-187, 205-206
    colapso do, 106, 109-110, 165-166, 169, 174-175, 182-184, 185-191, 192-193, 194-195, 198-200

crescimento econômico no, 178, 180, 188-189
diferença de riqueza no, 180-182
e naufrágios, 178-179, 188-189
e os bárbaros, 184-185, 186-187, 200
escravidão no, 187-189, 191, 280
expansão do, 180, 188-189, 198-200
expectativa de vida no, 204-205
Guarda Pretoriana, 186-187
guerras civis no, 182-183, 184-185, 186-187, 188
instituições extrativistas do, 175-176, 186-187, 188-189, 204-205, 368
legado do, 174-176, 200
pão e circo no, 186-187, 191
reforma agrária no, 181-182, 186-187
tecnologias no, 188-190
temor da destruição criativa no, 190-191
imprensa, 237-240
Independência do Banco Central, 499-501
Índia: sistema de castas na, 131-132
comércio de especiarias na, 273-274
como colônia inglesa, 131-132, 348-349
diferenciação institucional na, 131-132
e a companhia das Índias Orientais, 303-304
e a hipótese geográfica, 55-56, 60-61
governantes mongóis da, 131-132, 303-304
produtores de têxteis na, 221-223, 303-305
serviços de saúde na, 502-504
Inglaterra, *ver* Grã-Bretanha
Inongo, Dominique Sakombi, 403-404
Instituições absolutistas, 89-90, 96-97, 99-102
do Leste Europeu *versus* Europa Ocidental, 119-121, 328-329
definição de, 240-241
e centralização, 240-242, 272
na África, 128, 129-130, 196-198
novo absolutismo, 433-436
oponentes do, 118-119, 232-233, 234-235, 236, 272
Partido Comunista, 434-436
Instituições econômicas extrativistas, 81-85, 240-241
características das, 480-481, 507
e as instituições políticas extrativistas, 448-450, 480-481
e Estados fracassados, 445-450
sob o comunismo, 435-436
Instituições econômicas inclusivas, 81-89
a criação de, 113-116

características das, 479-481
e a ajuda estrangeira, 508-510
e a destruição criativa, 94-95, 171-173, 480-481
e a economia de mercado, 125-126, 349-350, 360-361
e a prosperidade, 83-84, 85-89, 92-98, 479-480
e as instituições políticas inclusivas, 345, 350-351, 362, 372-373, 407
e o crescimento econômico sustentado, 507
e os avanços tecnológicos, 349-350
educação e habilidades criadas nas, 349-350, 354
reversão das, 174-175, 200
Instituições econômicas: escolha das, 92-98
conflitos nas, 96-98
e as instituições políticas, 46-47, 48-49, 76-77, 90-93, 97-98, 101-102, 105
inclusivas *vs* extrativistas, 85-89, 90-91, 479-482
Instituições políticas extrativistas, 88-93
absolutistas, 240-241, 302-303
crescimento sob, 101-106, 142-143, 147-148, 151-152, 159-163, 167, 168, 204-205, 480-481, 487-488, 490-495, 496-499
disputas internas nas, 106, 167
e a lei de ferro da oligarquia, 449-450, 487-488
e as instituições econômicas extrativistas, 448-450, 480-481
e conjunturas críticas, 125-126, 129-130
e descentralização, 302-303
e o poder, 383-385, 447-448, 480-481
e os círculos viciosos, 383-384, 384, 385-386, 391-394, 395, 399, 404-406, 408-409, 420-421, 447, 448-450, 480-481, 487-488
impedindo a industrialização, 270-271, 302-303
instabilidades nas, 167, 480-481
Instituições políticas inclusivas, 88-93
características das, 480-481
centralização na, 240-241, 270-272, 480-481, 515
e as instituições econômicas inclusivas, 345, 350-351, 362, 372-373, 407
e os círculos virtuosos, 344-347, 373, 407-408, 480-482
resistência às, 241-242
Revolução Gloriosa (1688), 113-116, 125-126, 217, 232, 371-372

Instituições políticas: limites à formulação de
políticas, 499-500
  contextualizadas 447
  criadas pela sociedade, 88-89, 92-98
  e a desigualdade mundial, 46-47, 48-49, 76-77, 479-482
  e as instituições econômicas, 46-47, 48-49, 76-77, 90-93, 97-98, 101-102, 105
  extrativistas *vs* inclusivas, 88-93
  regras que regem os incentivos nas, 88-90
invenções, 34-35, 37, 39-40, 86, 202-204, 219-220
Irã, 516-517
Iraque, 61, 496-497
Isabel, rainha da Espanha, 242-243, 244-245
Islã, 68, 194-195, 238-239
Israel, prosperidade de, 158-160
Itália, 66-67, 264, 334-335
  invasão de Napoleão da, 325-328
  peste negra na, 107-109
Iturbide, Augustín de, 32-33, 33-34, 37-38

Jaime II, rei da Ingalterra, 211-212, 214-215, 216, 217, 221-222, 234-235, 236, 338-339, 449-450, 512-513
Jamaica, 102-103, 105, 140-141, 146-147
Jame I, rei da Inglaterra, 21-22, 23-24, 203-204, 207-209, 210
James "Velho Pretendente", pretendente Jacobita à Coroa da Inglaterra, 338-339
Jamestown: colônia inglesa em, 21-24, 118-119, 309-310, 484, 513-514
  Assembleia Geral em, 27-28, 30, 91-92
  autogoverno em, 91-92, 312
  embargo dos povos nativos a 22, 24-25
  instituições inclusivas em, 314-316, 371-372
Japão, 5-6
  Aliança Satcho no, 328-329
  comércio internacional com o, 131-132, 332-333, 484
  crescimento econômico no, 132-133, 336
  Dieta (parlamento) no, 331-332
  domínio Satsuma no, 328-333, 336
  domínio Tosa no, 329-330
  e a hipótese geográfica, 55-56
  e a Segunda Guerra Mundial, 78-79
  expansão territorial do, 497-498
  família Shimazu no, 329-330
  família Tokugawa, 328-330, 330-331, 332-333
  governo absolutista no, 131-133, 331-332
  industrialização no, 331-332
  monarquia constitucional no, 331-332
  prosperidade no, 46-47, 50-51, 51-52, 53, 55-56, 69
  reforma institucional no, 132-133, 336
  Restauração Meiji no, 132-133, 330-331, 332-333, 336, 409, 476, 484, 512-513
  samurais no, 328-332
  shogunato no, 328-333, 336
Java, 273-274, 276-277, 277-278
Jericó, cidade de, 157-158, 193-194
Jiang Qing, 471-472
Jiang Zemin, 489-490
João I, rei do Congo, 64-65, 66-67
João, rei da Inglaterra, 205-206, 212-213
Jobs, Steve, 47-48, 87-88
Johnson, Andrew, 395-396
Johnson, Joseph, 230-231
Jordânia, pobreza na, 51-52
José II, imperador da Áustria-Hungria, 248-249
Juche, sistema, 81-82
Judeus, 243-244, 323-324
Júlio César, 182-184, 198-199

Kabila, Laurent, 92-93, 403-404
Kangxi, imperador da China, 259-260
Kankrin, Conde Egor, 254-256
Karimov, Ismail, 435-441, 447
Karimova, Gulnora, 440-441
Kay, John, 95, 227-228
Kennedy, John F., 467
Kennedy, Robert F., 467
Khalil, Wael, 2-3
Khama, rei de Botsuana e Ngwato, 129-131, 451-457, 459
Khama, Seretse, 129-131, 459-460, 461-462
Khan, Ismail, 504-505, 506
Khoikhoi, povo, 290-291
Khrushchev, Nikita, 141-142
Killick, Tony, 71-73
Kim Il-sung, 81-82
Kim Jong-il, 81-82, 434-435, 447
King, Martin Luther, Jr., 452-463
Kinich Yax, chefe maia, 160-162
Knight, John, 230-231
Koroma, Ernest Bai, 448-449

ÍNDICE REMISSIVO — 577

Kropotkin, Peter, 253
Kuwait, petróleo no, 51-52, 68
Kuznets, Simon, 429, 431-432

Lafayette, Marquês de, 321
Land Ordinance (1785), 40-41
Laos, pobreza no, 51-52, 53
las Casas, Bartolomé de, 13-16
    Brevíssima Relação da Destruição das Índias Ocidentais, 13-14
Lee, William, 202-204, 207-208, 229-230
lei de ferro da oligarquia, 124-125, 400-405, 409, 416, 432-434, 449-450, 450, 487-488, 511-513
lei e ordem: e centralização política, 97-98, 105
    Estado de Direito, 47-48, 83-84, 340-347, 349-350, 354, 355-356, 372-373
    garantia pelo Estado, 89-90
Leibniz, Gottfried, 226
Lele, povo, 67, 148-152, 420-421
Lênin, V. I., 139-140, 434-435
Leopoldo II, rei da Bélgica, 100-101, 403-404
Lewis, Sir Arthur, 72-73, 288-289, 295-296, 297-298, 300-301, 301-302
liberalismo, sentidos variados do, 389-390
Libéria, 288, 384-385, 417
libertarianismo, 389-390
Lincoln, Abraham, 399
Lipset, Seymour Martin, 495
Liu Xiaobo, 491-492
Livingstone, David, 451-452
Livy, 180
Lloyd George, David, 353
Locke, John, 28-29
Longo Verão, 151-160
Louisiana, 463-464, 465
Lúcio Cornélio Sula, 182-184
Lucius Aemilius Paullus, 176-177
Luditas, 95, 203-204, 346-347
Luís XIV, rei da França (Rei Sol), 119-120, 318-320
Luís XVI, rei da França, 320, 321, 322, 325-327
Luís XVII, 322
Lula da Silva, Luiz Inácio, 509-512, 513-514

Macarthur, James, 380
Macarthur, John, 310-311, 312, 314, 315-316
Madagascar, 129-130

Magna Carta, 205-206, 206-207, 210, 212-213, 233, 347-348, 404-405, 454-455, 457-458
Mali, 46-47, 280
Mancuso, Salvatore, 422-427
Mao Zedong, 69, 70-71, 332-333, 435-436, 469-472, 473-474, 490-491
Maomé II, Sultão, 134
máquina de fiar, 95, 227-228
Marco Aurélio, 184-185, 187-188
Margai, Sir Albert, 375-377
Margai, Sir Milton, 375-376, 382-383
Maria Antonieta, rainha da França, 321, 322
Maria Teresa, Imperatriz, 248-249, 249-250
Martin, Simon, 164
Marx, Karl, 402-403, 434-435
Maryland, Carta Régia de, 27-29, 312, 315-316, 513-514
Masire, Quett, 455-456, 459, 461-462
Matabelelândia, 412-413, 414, 447
Maximiliano I, Sacro Imperador Romano, 242-243
Maximiliano, imperador do México, 37
McAdam, John, 228-229
McKinley, William, 358-359
Melaka, 273-274
Mendeland, 374-377, 382-383, 403-404
Mendoza, Pedro de, 10-11, 11-12
Menelique II, rei da Etiópia, 264, 400-402
Menem, Carlos Saúl, 370-371, 428, 431-432, 432-433
Mênfis, Egito, 193-194
Mengistu Haile Mariam, 400-404
Meredith, James, 467
Mesopotâmia, 193-194, 269-270
Metternich, Klemens von, 249-250
México: bancos no, 37, 38
    Batalha de Tecoac, 37
    cidades-Estado maias no, 159-160
    comércio internacional com o, 40-41, 45-46
    como colônia espanhola, 24-25, 27-28, 31, 39-40, 242-243
    conquista espanhola do, 11-12, 16
    constituições de, 30-33, 38, 44
    contrastes com os Estados Unidos, 7-10, 30-35, 37-47, 54-55, 70-71, 72-74
    densidade populacional (1500), 26, 25-27
    direito de propriedade no, 38
    e a França, 37

e a hipótese cultural, 63-64
e a hipótese da ignorância, 72-74, 75
e a hipótese geográfica, 55-56, 59-60, 61
estagnação econômica no, 40-41
Grupo Corso no, 42-43, 44
incentivos bloqueados no, 34-35, 42-43, 46-47
independência da Espanha, 8-9, 30, 31-33, 34-35, 386-387
instabilidade política no, 32-33, 34-35, 37, 40-41
instituições extrativistas no, 34-35, 91-92, 198-199
instituições políticas no, 8-9, 37, 40-41, 487-488
monopólios no, 34-35, 42-44, 442-443
mudança dependente de caminhos no, 39-42
Plan de Iguala, 32-33
pobreza no, 58-59, 75
prosperidade no, 51-52, 53
recurso de amparo no, 44
recursos naturais no, 39-40
Revolta de Hidalgo (1810) no, 31
Michels, Robert, 124, 125, 402-403, 409
Microsoft Corporation, 41-43
mídia: censura da, 345, 491-493, 517-518
e empoderamento, 516-518
e revoluções, 516-517
na China, 491-493, 517-518
no Peru, 516-518
nos EUA, 345, 362, 363-364, 372-373
milho, domesticação do, 153, 198-199
Ming, dinastia, 130-132, 256-261, 334-336, 485
Mississippi, 463-464, 467
Mobutu, Joseph, 92-94, 100-101, 403-404, 508-509
Moçambique, 384-385, 413-414, 420-421
Mohenjo Daro, civilização, 57
Molucas, arquipélago das, 273-276, 275, 278-279, 333-334
Momoh, Joseph, 377-378, 417-419
Montesinos, Valdimiro, 516-518
Montesquieu, barão de, 54-55
Montezuma, 12-14
Moore, Francis, 282-283
Morgan, J. P., 357-358, 359-360
movimento dos direitos civis, 399, 452-468
Mubarak, Gamal, 442-443, 445

Mubarak, Hosni, 1-2, 3-4, 5, 441-442, 445, 487-488, 512-513
Mugabe, Robert, 411-416, 417, 447, 499-500, 512-513
Muro de Berlim, 54-55

NAACP (National Association for the Advancement of Colored People), 452-463
Namíbia, 129-130, 451-452, 456-457
Napoleão II, imperador da França, 37
Napoleão, Luís, 404-405
Nariakira, Shimazu, 329-330, 332-333
Nasser, Gamal Abdel, 68, 445, 448, 512-513
Natal, Estado de, 289, 291-292, 301-302
Ndebele, povo, 412-413
Necker, Jacques, 320, 321
Need, Samuel, 227-228
Nepal, 50-51, 128, 240-241, 272, 417
Newcomen, Thomas, 225
Newport, Christopher, 21-22, 23-24, 25
Nicarágua, 13-15, 40-41
Nicholas de Upton, irmão, 109-110
Nicolau I, czar da Rússia, 253-255, 376-377, 391-392
Nigéria: governo britânico na, 381-383
colapso econômico na, 286-287
disputas pelo poder na, 384-385
e o tráfico de escravizados, 283-284
instituições tribais na, 405-406
oráculo de Arochukwa na, 282-284
pobreza na, 69
Nkomo, Joshua, 413-414
Nkrumah, Kwame, 71-72, 73-74
Nogales, Arizona, 7-10, 41-42, 44, 45-46, 46-47, 70-71
e a hipótese geográfica, 54-55, 57, 59-60
saúde pública em, 57
Nogales, México, 7-10, 41-42, 44, 45-46, 47, 54-55
e a hipótese cultural, 63-64, 70-71
Nosseir, Mohamed, 442-444
Nova Espanha, 13-16
Nova França, 118-119
Nova Gales do Sul, 306-307, 309-316, 380
instituições inclusivas na, 312-313, 315-316
posseiros na, 310-314
Rebelião do Rum (1806), 309-311
Nova Granada, 14-15, 244-245

Nova Zelândia, 46-47, 50-51, 55-56, 315-316
Novo Mundo, 13-20, 28-29
    ver também Américas
Nunn, Baptist, 337, 339-340
Nzinga a Nkuwu, rei do Congo, 64-65

ONGs (organizações não governamentais), 502-504, 505-506, 508-509
11 de setembro, ataques, 503-504
Organização das Nações Unidas (ONU), 504-505, 506
Oriente Médio: regimes autoritários no, 68
    colonização europeia no, 135
    divisão entre ricos e pobres no, 51-52, 53-54
    e a hipótese geográfica, 61-62
    e o Império Otomano, 62, 68, 134-135
    Flancos Montanhosos, 153, 154, 157-158
    Islã no, 68
    petróleo no, 51-52, 68
    Revolução do Neolítico no, 174-175, 193-194
Owen, Robert, 249-251

Page, Larry, 47-48, 87-88
Palestina, 135, 158-159
Papin, Dionysius, 225-226
Paraguai, 10-11, 51-52, 53
Park Chung-Hee, 79-81, 103-104
Parks, Rosa, 452-463, 463-464
Patentes, sistemas, 35-37, 202-204, 225-230, 232, 395
Paul, Lewis, 227-228
Pedro o Grande, imperador da Rússia, 119-120, 241-242, 253, 265
Península Malaia, 54-55, 273-274, 275
pequenas diferenças, 117-123
    absolutismo na Espanha, 242-247
    e conjunturas críticas, 118-123, 125-126, 174-176, 194-195, 233, 247, 481-482, 482-483
    e diferenciação institucional, 174-175, 481-482, 482-483
Perón, Juan Domingo, 369, 430-431, 432-433
Perry, Matthew C., 131-132, 332-333, 484
Peru: reforma agrária no, 40-41
    conquista espanhola do, 16, 17, 24-25, 242-243, 482-484
    Constituição reescrita no, 368
    densidade populacional (1500), 26, 25-27

e a hipótese geográfica, 55-56, 59-60
e prosperidade, 51-52, 53
exploração europeia do, 11-12
guerra civil no, 40-41
instituições extrativistas no, 86, 128, 198-199, 482-483, 484
mídia no, 516-518
pobreza no, 46-47, 58-59, 70-71, 75, 128, 482-483
povos indígenas no, 70-71
sistema da *mita* no, 18-19, 128, 148-149
tecnologia no, 58-60
peste negra, 107-113, 120-121, 122-123, 125-126, 175-176, 194-195, 195-196, 200, 233, 334-335, 481-482, 485
Petronius Maximus, 185-186
Phillips, David Graham, 362
Pinochet Ugarte, Augusto, 41-42
Pizarro, Francisco, 11-12, 16, 17, 21-22, 23-24, 40-41
Plínio, o Velho, 190
pluralismo, 89-90, 96-98, 176-177
    e a centralização política, 97-98, 206-208, 218, 246, 515
    e a monarquia, 116, 117-118, 205-208, 342-343, 512-513
    e a Revolução Gloriosa, 122-123, 217, 233, 234-236, 338-339, 341-345, 355-356, 407, 409, 457-458, 512-513
    e as instituições inclusivas, 90-91, 206-208, 344-347, 372-373, 407, 515
    e o Estado de Direito, 341-345, 355-356, 372-373
    e o Parlamento, 205-208, 214-215, 218, 221-222, 224, 235-236
Plutarco, 181-182
pobreza: e doença, 57
    e falhas de mercado, 71-72
    em climas tropicais, 52-57
    em 2008, 51-52, 53
    origens da, 487-488
    política da, 48-49
Pocahontas, 22-23
Polônia, servos na, 111-112
Polônia-Lituânia, Reino da, 119-120
porcos, distribuição do, 60-61, 62, 154
Portugal: instituições absolutistas no, 234-235
    colônias de, 11-12, 64-66

comércio internacional, 128, 273-274, 280, 303-304
educação em, 239-240
exploradores de, 59-61
pós-independência na, 377-378, 383-384, 409, 416, 420-421, 487-488
pobreza na, 46-47, 50-51, 52-54, 128, 403-404
Potosí, cidade de, 17-19, 128
Powhatan, Confederação de, 21-24
Preste João, 260-260, 262-263
Primavera Árabe, 1-2, 3-4, 445, 487-488, 516-517
Primeira Guerra Mundial, fim da, 139-140
Primeiro Teorema do Bem-Estar, 71-72
produtividade: agrícola, 58-59, 151-152, 378-379, 463-464, 476
e a ética protestante, 63-64, 66-68
e a Revolução Industrial, 34-35
e as doenças tropicais, 54-55
e educação, 87-89
e instituições extrativistas, 101-103
e instituições inclusivas, 83-84, 86-88
incentivos para, 144-147
Projeto do Núcleo de Gelo da Groenlândia, 179
prosperidade: e a destruição criativa, 94-97
e a democracia, 496-497
e a educação, 86
e instituições inclusivas, 83-84, 85-89, 92-98, 479-480
em 2008, 51-52, 53
e tecnologia, 86, 336
forjando a, 498-504
padrões de, 51-52, 52-54, 487-488
política da, 48-49
Prússia, 325-327
Publius Cornelius Scipio Nasica, 176-177
Pujo, Arsene, 360-361, 362

Qing, dinastia, 256-258, 259-261, 334-336
Quechua, idioma, 19
Quênia, 383-384, 405-406
Querandí, povo, 10-11
Quiroga, Facundo, 431-432

Real Companhia Africana, 214-216
Rei Sol Inti, 16
religião, 63-64, 66-68

República Batávia, 327-328
República Bôer do Transvaal, 452-453
República de Veneza, 125-126, 169-174, 174-175, 198-200, 204-205, 221-222, 368
República Dominicana, 51-52, 53
República Partenopeana, 327-328
República Popular da China, *ver* China
República Romana, 327-328
Restauração Meiji, 132-133, 330-331, 332-333, 336, 409, 476, 484, 512-513
retroalimentação negativa, 407-410
retroalimentação positiva, 371-373, 407
Revolução de Jasmim, 1-2
revolução do Neolítico, 61-62, 147-148, 153, 157-159, 166, 174-175, 193-194, 195, 198-199
Revolução Egípcia (1952), 68, 448
Revolução Gloriosa, Inglaterra (1688), 4-5, 118-119, 206-207, 219-220, 303-304, 347-348, 404-405
e a imprensa, 516-517
e instituições inclusivas, 113-116, 125-126, 217, 232, 371-372
e o Estado de Direito, 340-342, 355-356
e o Parlamento, 318-319, 338-339, 449-450, 457-458
e o pluralismo, 122-123, 217, 233, 234-236, 338-339, 341-345, 355-356, 407, 409, 457-458, 512-513
Revolução Industrial, 4-5, 113-116
avanços tecnológicos na, 34-35, 94, 115, 117-118, 202-204, 219-220, 225-230, 237-238, 239-240, 251-252, 270-271
como conjuntura crítica, 241-242, 256-258, 270-271, 272, 334-335, 481-482
disseminação da, 125-126, 127, 136-137, 174-175, 315-316
e a destruição criativa, 94-97, 229-230, 334-335
e prosperidade, 52-54, 65-67, 302-303
e protestos de trabalhadores, 229-231
impacto da, 239-240, 272, 332-333, 334-335
inovação na, 35-37, 87-88, 225-230
na Grã-Bretanha, 35-37, 50-51, 60-61, 94-97, 115, 125-126, 136-137, 174-175, 193-194, 198-199, 200, 213-214, 216, 219-220, 225-236, 239-240, 247, 332-333, 334-335, 350-351
nos Estados Unidos, 35-37, 50-51, 191, 315-316, 333-334

oponentes da, 95-97, 237-272
Revolução Mexicana, 37, 40-41
revolução: no Egito, 68, 448
  e transformação política, 4-6, 512-514
  fracasso da, 5-6
  na França, *ver* em França
  na Inglaterra (1688), *ver* Revolução Gloriosa
  na Rússia (1917), 139-140, 353, 355-356, 434-435, 512-513
  no México, 37, 40-41
Rhee, Syngman, 79-80
Rhodes, Cecil, 412-413, 451-455, 456-457
Ríos Montt, Efrain, 41-42
Roanoke, colônia inglesa em, 21-22, 118-119
Robbins, Lionel, 71-72
Roberts, Richard, 227-228
Robespierre, Maximilien de, 322, 405-406, 513-514
Rockefeller, John D., 356-357, 358, 362
roda de fiar, 227-228
Rodésia do Sul, 412-414, 452-453, 512-513
Roh Tae-woo, 103-104
Roosevelt, Franklin D., 363-369, 371-372, 383-385
Roosevelt, Theodore, 73-74, 358-361, 362, 363-364
Rota da Seda, 107
Rothschild, Amschel, 323-324
Rothschild, Nathan, 251-252
Rothschild, Salomon, 251-252
Ruanda, 384-385, 486-487, 492-493
Rússia: reino absolutista na, 96-97, 240-241, 242, 247, 253-258, 270-271, 334-335, 350-351, 372-373, 388, 449-450, 497-498
  depois de 1922, *ver* União Soviética
  Dezembristas na, 254
  ferrovias, 255-258, 376-377, 455-456
  instituições extrativistas na, 487-488, 512-513
  recursos naturais, 497-498
  resistência ao desenvolvimento na, 388
  Revolução Bolchevique (1917) na, 139-140, 353, 355-356, 434-435, 512-513
Ryoma, Sakamoto, 329-330

Saad, Farid, 442-443
Sabá, Rainha de, 260
Sachs, Jeffrey, 54-55
Sacro Império Romano, 247
Sadat, Anwar, 441-442
Sahagún, Bernardino de, 12-13
Saint-Just, Louis-Antoine de, 322, 405-406
Salinas, Carlos, 42-43
Salomão, rei da Etiópia, 260, 401-402
Samuelson, Paul, 142-143
Sankoh, Foday, 417, 418-420
Santa Ana, Antonio López de, 33-35, 37-38, 39-40
Sawiris, família, 442-443, 444
Saxton, John Thacker, 230-231
Schumpeter, Joseph, 94
Sebele, rei de Kwena, 451-457
Segunda Servidão, 111-113, 122-123, 248-249
Selim I, Sultão, 237-238
Serra Leoa: mineração de diamantes em, 380, 382-383, 403-404, 419-420, 460
  círculo vicioso em, 374-385, 385-386, 388, 402-404, 405-406, 409, 418-419, 455-456, 501
  e a escravidão, 286-288, 381-382, 449-450
  fracasso do Estado em, 416, 417-419, 420-421, 422, 435-436, 445, 448, 449-450
  instituições extrativistas em, 445, 448-450, 457-458
  invasão da FUR/guerra civil de, 417-420, 421-422, 448-449, 450
  pobreza em, 1-2, 3-4, 46-47, 69, 417
  pós-independência em, 375-376, 380, 382-384, 385-386, 409, 448-449, 457-458
  servos, 109-113, 119-121, 122, 195-196, 248-249, 250-251, 253, 254, 316-317, 324, 327-328
Seva Mandir, 502-504
Sherman, William Tecumseh, 395-396
Shyaam, rei de Cuba, 149-152, 156-157, 158-159, 163, 166, 420-421, 484
Sinclair, Duncan, 306-308
Singapura: e a hipótese cultural, 63-64, 69
  e a hipótese geográfica, 55-56
  prosperidade em, 46-47, 50-51, 54-55, 56, 69
Síria, pobreza na, 51-52, 68, 158-159
Slim, Carlos, 41-42, 43-44, 48-49, 362, 442-443
Smeaton, John, 226, 228-229
Smith, Adam, 145
Smith, Ian, 413-414, 416, 512-513
Smith, John, 22-25, 72-73, 217
Solimão I o Magnífico, Sultão, 134
Solís, Juan Díaz de, 9-10, 11-12
Somália, *197*, 265-271

caos na, 90-91, 420-421, 486-487
clãs na, 89-90, 97-98, 265-268, 269-270, 272
colônia britânica na, 268-269
colônia italiana na, 264
disputas pelo poder na, 384-385, 420-421
Song, dinastia, 256-258, 260-261
Songhai, escravidão em, 280
Sonjica, Stephen, 292-293
Stálin, Joseph, 139-141, 142-144, 146-147, 438-440
Steffens, Lincoln, 139-140, 141-142
Stephens, J. R., 347-349
Stephenson, George, 229-230, 251-252
Stevens, Siaka, 375-376, 377-378, 380, 382-383, 384-385, 402-404, 417, 418-419, 448-449, 501, 508-509
Strasser, Valentine, 383-384
Strutt, Jedediah, 227-228
Sudão, 286-287, 384-385, 417, 420-421
Sudeste Asiático: e a Companhia Holandesa das Índias Orientais, 274-279, 302-304
e o comércio de especiarias, 274, 274-276
Suez, Canal de, 448
Suíça, 327-328, 334-335
Suluku (rei guerreiro), 374-375, 378-379

Taft, William Howard, 358-359, 360-361
Taiwan, prosperidade na, 46-47, 50-51, 132-133
Tang Chen, 259-260
Tanzânia, 129-130, 486-488
Taqali, Reino de, 268-270
Tarbell, Ida, 362
Tarquínio, o Soberbo, 176-177
Taylor, Charles, 417, 420-421
tecelagem, 95, 227-229
Telford, Thomas, 228-229
Templo do Sol, Cusco, 17
Tenochtitlán, invasão espanhola de, 11-14
Teodorico, o Gótico, 185-186
Teodoro II, imperador da Etiópia, 262-264, 401-402
teoria da modernização, 495-498
teosinto, 153
Texas, anexação do, 34-35
Thompson, E. P., 342-343, 348-349
Thurmond, Strom, 465-466, 467
Tibério Graco, 175-177, 180, 181-182, 186-187, 190
Tokugawa, família, 131-133

Toledo, Francisco de, 17, 19, 21-22, 40-41
Toshimichi, Okubo, 328-332
Transkei, 289-294, 295-296, 299
transportes: canais, 219-220, 228-229
estradas, 220-221, 228-229
ferrovias, 39-40, 228-229, 230, 251-252, 254-258, 257, 331-332, 358-359, 376-377, 388, 453-454, 455-456
inovações tecnológicas nos, 388
investimento em, 219-221
motores a vapor, 225-226
navios a vapor, 39-40, 115, 226, 331-332
revolução nos, 219-221, 228-230
Transvaal, 290-292, 301-302, 452-453
Trevithick, Richard, 115, 228-230
Tswana, povos, 451-462
e a independência, 459-462
kgotla, instituição política, 454-455, 456-457, 459, 515
visita dos chefes a Londres, 451-457
ver também Botsuana
Tunísia, 1-2, 2-3, 445
Turgot, Anne-Robert-Jacques, 320
Turquia, 61, 134
Tyler, Wat, 110-111

U.S. Steel Company, 357-358
Ubico, Jorge, 391-392
Uganda, disputas pelo poder em, 384-385, 420-421
Ukit Took, rei maia, 162
União Soviética: antes de 1922, *ver* Rússia
colapso da, 52-54, 103-104, 105, 134, 147-148, 435-436, 438-439
coletivização na, 140-141, 434-435
Comitês de Planejamento Estatal, 140-141, 142-145
crescimento econômico na, 52-54, 140-141, 142-143, 147-148, 167, 490-491, 492-493
e o Egito, 448
expurgos políticos na, 144, 146-147, 434-435
instituições extrativistas da, 103-104, 105, 146-148, 166, 188-189, 449-450, 490-492
Partido Comunista na, 140-141, 144, 146-147, 148, 166, 434-436
períodos de fome na, 140-141, 144
Planos Quinquenais na, 102-103, 140-141, 142-144

trajetória econômica da, 139-148
Uribe, Álvaro, 426-428
Uruguai, 51-52, 53, 69
Uzbequistão, 435-442, 445, 447, 449-450

Valores confucianos, 63-64
Vândalos, 185-186, 194-195, 196
Vanderbilt, Cornelius, 356-357
Vansina, Jan, 148-149
Venezuela, 40-41, 51-52, 368, 497-498, 515
Versailles, tratado de, 139-140
Verwoerd, Hendrik, 300-301
Vespasiano, imperador de Roma, 190-191
Vietnã, 492-493, 512-513
Vijayanagara, Índia, 55-57
Vitória, rainha da Inglaterra, 452-453, 454

Wahunsunacock, Chefe, 21-23, 24-25
Walpole, Sir Robert, 339-341, 347-348, 368, 371-372, 432-433
Washington, Bushrod, 365-366
Washington, George, 37
Watt, James, 115, 116, 117-118, 225, 232
Weber, Max, 63-64, 66-67, 89-90
Webster, David, 162
Wen Jiabao, 494
Wentworth, William, 313, 314
Wilberforce, William, 284-285
William and Mary, 211-212, 216-217
Williams, Ruth, 130-131
Wilson, Woodrow, 73-74, 139-140, 358-359, 360-361, 362
Wingfield, Edward Marie, 22-23

Xhosa, povo, 290-292

Yaqui, 40-41
Yax Ehb' Xook, rei maia, 163
Yax Pasaj, rei maia, 162, 164
Yir Yoront, povos, 157-158
Yongle, imperador da China, 258-259
Yoshinobu, xogum, 330-331
Young, Arthur, 20
Younger Dryas, 151-152

Zaire, círculo vicioso no, 403-404
Zâmbia, 383-384, 414-415, 452-453
Zayat, Ahmed, 442-443, 444

Zhao Ziyang, 474-475, 491-492
Zheng He, 258-259
Zhou Enlai, 471-472, 472-473
Zimbábue, 411-416, 452-453
    colapso econômico do, 414-416, 435-436, 445, 448-449, 499-501
    instituições extrativistas no, 449-450, 457-458, 512-513
    pobreza no, 1-2, 3-4, 417, 448-449
    pós-independência no, 413-416, 447, 448-449, 457-458
    propriedade de terras no, 296-297, 297

1ª edição	MAIO DE 2022
reimpressão	DEZEMBRO DE 2024
impressão	IMPRENSA DA FÉ
papel de miolo	LUX CREAM 60 G/M^2
papel de capa	CARTÃO SUPREMO ALTA ALVURA 250 G/M^2
tipografia	ARNO PRO